Politik der Ökonomie

Franz Hederer, PD Dr. phil., ist Privatdozent für Neuere Geschichte am Historischen Seminar und wissenschaftlicher Mitarbeiter am Institut für Rechtsgeschichte der Goethe-Universität Frankfurt am Main.

Franz Hederer

Politik der Ökonomie

Der Reichswirtschaftsrat in der Weimarer Republik

Campus Verlag
Frankfurt/New York

Gedruckt mit freundlicher Unterstützung der Geschwister Boehringer Ingelheim Stiftung für Geisteswissenschaften in Ingelheim am Rhein

MIX
Papier aus verantwortungsvollen Quellen
FSC
www.fsc.org
FSC® C089473

ISBN 978-3-593-51833-6 Print
ISBN 978-3-593-45651-5 E-Book (PDF)
ISBN 978-3-593-45650-8 E-Book (EPUB)

Umschlaggestaltung: Campus Verlag GmbH, Frankfurt am Main
Umschlagmotiv: August Müller, 63. Sitzung des erweiterten Vorstandes des vorläufigen Reichswirtschaftsrats, 6. November 1931 @ Bundesarchiv (BArch R 401/13, fol. 269)
Satz: le-tex xerif
Gesetzt aus der Alegereya
Druck und Bindung: Beltz Grafische Betriebe GmbH, Bad Langensalza
Beltz Grafische Betriebe ist ein klimaneutrales Unternehmen (ID 15985–2104-1001).
Printed in Germany

www.campus.de

Inhalt

1. Einleitung

1.1 Der Reichswirtschaftsrat, oder: Von der historiographischen Relevanz einer »bedeutungslosen« Institution

Wer sich mit dem Reichswirtschaftsrat beschäftigt, steht vor einem Paradox: Über kaum eine Institution der Weimarer Republik scheint so viel Klarheit zu herrschen, obwohl man von kaum einer Institution doch konkret so wenig weiß.[1] Dieser Konnex soll aufgebrochen werden – nicht als Selbstzweck, um eine vermeintlich randständige, »totgeborene«[2] Erfindung aus Revolutionszeiten zum archimedischen Punkt der Weimarer Politik und Wirtschaft zu stilisieren. Wohl aber soll die *black-box* »Reichswirtschaftsrat« geöffnet werden, um auf diesem Wege neue Einblicke in seine Bedeutung als Akteur, seine Rolle im politischen System und das spannungsreiche Verhältnis von Ökonomie und Politik in der Weimarer Republik zu erhalten. Angesichts des weitgehenden Forschungskonsenses,[3] über den zwischen 1920 und 1933/34 nur »vorläufig« existierenden Reichswirtschaftsrat hinreichend informiert zu sein, bedarf die im Folgenden unternommene Untersuchung eines erhöhten Begründungsaufwandes. Ziel ist, das gängige Bild eines »im Meer der Interessen«[4] dümpelnden Tankers, einer strukturell überforderten Institution mit einer dementsprechend unbedeutenden Performanz zu differenzieren. Zum Vorschein kommt so ein in mehrerlei Hinsicht hybrides[5]

1 Analog zur verbreiteten zeitgenössischen Praxis wird darauf verzichtet, das seit der Verordnung vom 4. Mai 1920 (RGBl. 1920, S. 858–869) offiziell als »Vorläufiger Reichswirtschaftsrat« betitelte Verfassungsorgan stets auch in dieser vollständigen Form zu bezeichnen. Da es realiter nie etwas anderes als eben diesen »Vorläufigen Reichswirtschaftsrat« gab, scheint es begründet, grundsätzlich von »Reichswirtschaftsrat« zu sprechen. Im Anmerkungsapparat wird auf die auch zeitgenössisch verwendete Abkürzung »RWR« zurückgegriffen.

2 Ritter, »Entstehung«, S. 74. Der Aufsatz ist mit Blick auf den RWR als historisches Phänomen wie auch als Gegenstand der Forschung zentral.

3 Vgl. hierzu im Detail die Ausführungen zur Forschungslage in Kapitel 1.2.

4 In Anlehnung an Berghoff/Köhler/Wixfordt, »Navigation«.

5 Anknüpfend an Nützenadel, *Stunde der Ökonomen*, S. 139–151.

Gebilde im Spannungsfeld von öffentlichen Erwartungen, verfassungsrechtlichen Grundsatzdiskussionen, wirtschaftlichen Interessen, politischen Konflikten und nicht zuletzt einer Vielzahl ganz handfester Probleme. All dies förderte einen bisher kaum gewürdigten institutionellen Wandlungsprozess des Reichswirtschaftsrats,[6] der einerseits durch Anpassung an veränderte Rahmenbedingungen Persistenz ermöglichte, andererseits aber auch einen dauerhaft prekären Status mit sich brachte. Eigentlich erklärungsbedürftig ist damit, wie der Reichswirtschaftsrat angesichts der gewaltigen ökonomischen Herausforderungen und steter politischer und sozialer Spannungen überhaupt bis zum Ende der Weimarer Republik bestehen bleiben konnte.[7] Denn auch wenn er den ambitionierten, teils inkongruenten und konkurrierenden Erwartungen, die Politik und Öffentlichkeit mit dem »Räteartikel«[8] der Weimarer Reichsverfassung verbanden und in der Folge mit politischem und juristischem Elan hineinlasen, nicht zu entsprechen vermochte, so scheint er doch im politischen System wie der Wirtschaftsordnung eine spezifische Funktion erfüllt und ein spezifisches Bedürfnis der Akteure bedient zu haben. Den Blick auf den bloßen *output* zu richten oder die empirisch ja nicht zu bestreitende Abweichung von der Verfassungsnorm als »Enttäuschung« zu werten, greift zu kurz: Denn je näher man kommt, desto farbiger wird das Bild, desto komplexer die Schattierungen und desto vielfältiger die Verbindungen, die gezogen werden können. Dieser Doppelprozess aus Annäherung im Detail – der Reichswirtschaftsrat als Akteur – und Deutung im Gesamtzusammenhang – der Reichswirtschaftsrat in Wirtschaftsordnung und politischem System der Weimarer Republik – definiert die Problemstellung, der im Folgenden systematisch nachgegangen werden soll.

Die Relevanz einer Neubetrachtung speist sich aus unterschiedlichen Quellen: Zunächst ist ganz grundsätzlich zu konstatieren, dass die etablierte (und vielfach nur graduell variierte) Annahme einer ebenso schillernden wie überforderten und rasch bedeutungslosen Institution den Blick für die Spezifik des Reichswirtschaftsrats verstellt. Damit soll nicht gegen Quellenevidenz behauptet werden, es sei alles ganz anders gewesen; vielmehr geht es darum, einige wichtige Probleme zu diskutieren, die auf Basis des gegenwärtigen Forschungsstandes nur unbefriedigend beantwortet werden können. Die im Folgenden kurz skizzierten Aspekte

6 Den konzeptionellen Bezugspunkt bildet der »Historische Institutionalismus«, insb.: Thelen, »How Institutions Evolve«; Mahoney/Thelen, »Theory«; Thelen/Mahoney, »Comparativ-historical analysis«; Hacker/Pierson/Thelen, »Drift and conversion«. Vgl. hierzu auch die Ausführungen in Kapitel 3.1.

7 Vgl. auch ähnlich unter Bezugnahme auf den Reichstag Mergel, *Parlamentarische Kultur*, S. 27–31, hier insb. S. 29.

8 Ritter, »Entstehung«. Bereits Clemens von Delbrück in der 62. Sitzung der Nationalversammlung, 21.7.1919, StenB 328, S. 1772 (»Räteparagraph«).

sollen einen Eindruck von den offenen Fragen und den hier vorgeschlagenen Wegen zu ihrer Beantwortung vermitteln:

Je näher man dem historischen Phänomen »Reichswirtschaftsrat« kommt, desto mehr drängt sich der Eindruck auf, es je nach Perspektive mit sehr unterschiedlichen Institutionen zu tun zu haben. Da ist *erstens* der »Reichswirtschaftsrat« der Verfassung (Art. 165 WRV), der als institutionelle Spitze einer sich über das gesamte Reichsgebiet erstreckenden Kaskade von regionalen *Wirtschafts*räten fungieren und gemeinsam mit einer spiegelbildlichen Kaskade von *Arbeiter*räten das politisch-ökonomische Herzstück einer neuen Wirtschaftsordnung bilden sollte. *Zweitens* der »Vorläufige Reichswirtschaftsrat«, der 1920 im Verordnungswege ins Werk gesetzt worden war und weder auf dem in der Verfassung entworfenen »Unterbau« fußte noch, und das ist wichtiger, das ursprünglich vorgesehene Gesetzesinitiativrecht besaß.[9] Sodann *drittens* der projektierte (und zwischen 1920 und 1926 im Verfassungsausschuss des Reichswirtschaftsrats akribisch diskutierte)[10] »endgültige Reichswirtschaftsrat«, der nur auf dem Papier[11] existierte und dessen Implementierung schließlich 1930 an der erforderlichen verfassungsändernden Zweidrittelmehrheit im Reichstag scheiterte. *Viertens* ein auch danach ja noch immer »vorläufiger« Reichswirtschaftsrat, der sich in gravierend veränderten ökonomischen und politischen Umständen neu positionieren musste. Und schließlich *fünftens* ein Reichswirtschaftsrat, der jenseits all dieser Brüche praktisch wirkte, und den seine führenden Mitglieder selbst und durchaus ostentativ als autonomen, relevanten und notwendigen Akteur an der Schnittstelle zwischen Ökonomie und Politik, Wirtschaft und Staat, Verbänden und Parteien, Fachkreisen und Öffentlichkeit positionierten. Diese unterschiedlichen Dimensionen stehen in der Forschung, sofern sie als solche überhaupt isoliert werden, weitgehend unverbunden nebeneinander oder greifen ineinander über; was fehlt, ist ein kohärentes und mit den empirischen Beobachtungen in Einklang zu bringendes Narrativ, das den Reichswirtschaftsrat als Institution zu verstehen und seine Bedeutung für die Wirtschafts-

9 Vgl. Lilla, *Reichswirtschaftsrat*, S. 29–38. Die Behauptung Lillas ebd., S. 32 mit Anm. 102, das RG habe dem RWR »sogar das Recht zu[gesprochen], einschlägige Gesetzentwürfe ›von sich aus und auch gegen den Willen der Reichsregierung vor dem Reichstag zu bringen und vor ihm zu vertreten‹«, ist insofern irreführend, als sich die hier von Lilla zitierte Entscheidung des RG auf die Verfassungsnorm bezieht, nicht aber auf die Verordnung. Letztere war aber für den RWR die entscheidende Rechtsgrundlage, auf der er arbeiten musste; von einem Gesetzesinitiativrecht war darin nicht die Rede.

10 Vgl. Lilla, *Reichswirtschaftsrat*, S. 94–116; Hauschild, *Reichswirtschaftsrat*, S. 495–518; *Der Vorläufige Reichswirtschaftsrat* (1933), S. 200–222. Die Akten des Verfassungsausschusses finden sich, soweit ersichtlich, vollständig im BArch Berlin-Lichterfelde. Vgl. hierzu auch Kap. 2.2.

11 Der »Entwurf eines Gesetzes über den Reichswirtschaftsrat und eines Gesetzes zur Ausführung des Gesetzes über den Reichswirtschaftsrat« wurde aufgrund der zwischenzeitlich erfolgten Auflösung des Reichstags zweimal zur 1. Lesung eingebracht: StenB 419, Nr. 3709 (12.11.1927) und (identisch) StenB 430, Nr. 348 (14.7.1928).

ordnung und das politische System der Weimarer Republik zu erklären vermag. Die Arbeit geht dabei von zwei Prämissen aus, die einen Perspektivwechsel begründen und eine Neuvermessung seiner Rolle initiieren können: *Zum einen* ist es notwendig, den Blick von der Norm auf die Praxis zu verlegen, zumal die Akteure selbst bereits in den frühen 1920er Jahren von einer Umsetzung der hypertrophen Verfassungsvorgaben Abstand genommen hatten – und dies weniger aus theoretischen Erwägungen denn als Konzession an praktische Notwendigkeiten.[12] *Zum anderen* kann mit dem herrschenden Narrativ der Bedeutungslosigkeit oder des sukzessiven Niedergangs die wenn auch prekäre, so doch beständige Präsenz des Reichswirtschaftsrats in der Wirtschafts-, Sozial- und Finanzpolitik der Weimarer Republik nicht erklärt werden. Hier ist von einem institutionellen Wandel »beyond big legislative changes«[13] auszugehen, der jenseits aller theoretischer und legislativer Debatten um die gegenwärtige oder zukünftige Gestalt des Reichswirtschaftsrats sein praktisches Handeln formte, prägte und stabilisierte. Dieser Dimension ist in der Forschung bisher kaum Beachtung geschenkt worden; für ein angemessenes Verständnis seiner Rolle in der Weimarer Republik ist sie jedoch von ganz entscheidender Bedeutung.

Dass viele Fragen an die konkrete Rolle des Reichswirtschaftsrats auf Grundlage des bisherigen Forschungsstandes offengeblieben sind, kann freilich auch erklärt werden, und steht in engem Zusammenhang mit den Konjunkturen der Weimar-Forschung. Doch auch die Empirie trug dazu bei: Denn in der Tat sah sich der Reichswirtschaftsrat von Beginn an mit einem Übermaß an Erwartungen konfrontiert, die nicht nur auf ein äußerst komplexes, krisengeschütteltes Umfeld trafen, sondern zu allem Überfluss auch noch erhebliche Zielkonflikte in sich bargen. Die Bedingung der Möglichkeit des Reichswirtschaftsrats – seine Anschlussfähigkeit an die unterschiedlichsten Konzepte einer Reorganisation des Verhältnisses von Wirtschaft, Staat und Politik nach den Erfahrungen des Ersten Weltkriegs – trug bereits den Keim jener »enttäuschten Erwartungen« in sich, die seine historische Betrachtung prägten und prägen. Weder konnten sämtliche auf den Reichswirtschaftsrat projizierten politischen Sehnsüchte – Räte, Stände, Expertengremium, Wirtschaftsparlament, »Kammer der Arbeit«[14] – befriedigt werden, noch die weitreichenden Erwartungen an eine grundsätzliche »Versachlichung« der Politik durch »Entlastung« des »politischen Parlaments« für alle

---

12 Vgl. hierzu die näher Kap. 2.2.

13 Hacker/Pierson/Thelen, »Drift and conversion«, S. 198–199.

14 So etwa Max Cohen auf dem Parteitag der SPD in Weimar im Juni 1919, in: *Protokoll über die Verhandlung*, hier S. 421–431.

Beteiligten erfüllt werden.[15] Angesichts der ökonomischen, sozialen, politischen und internationalen Rahmenfaktoren ist dies auch eigentlich alles andere als überraschend. Und dennoch festigte die Diskrepanz zwischen Verfassungsnorm und politischer Wirklichkeit, zwischen den akribischen Bemühungen um die »endgültige« Implementierung eines verfassungskonformen Reichswirtschaftsrats und dem (durchaus überraschenden) Scheitern der Gesetzentwürfe das Bild einer institutionellen Skurrilität, die nur sehr bedingt auf den Gang der Dinge Einfluss zu nehmen vormochte – und so zu einer Randerscheinung der deutschen Geschichte der Zwischenkriegszeit degenerierte.[16] Diese faktengeschichtliche Dimension des Reichswirtschaftsrats ist indes ebenso zutreffend wie irreführend: Indem sie die Perspektive auf eine in der Tat nur rudimentär erfolgte Umsetzung der hypertrophen Verfassungs*norm* verengt, geraten Etablierung und institutioneller Wandel des Reichswirtschaftsrats in der politischen *Praxis* aus dem Blick. Die Arbeit versucht, hier eine neue Perspektive zu eröffnen.

Zweifelsohne ist die Fokussierung auf den Reichswirtschaftsrat als Prisma unterschiedlicher theoretischer Entwürfe zur Neuordnung des durch die Kriegswirtschaft in mehrfacher Hinsicht verwirrten Verhältnisses von Wirtschaft und Staat interessant und einer eingehenden Analyse und Interpretation wert. Die mehr oder weniger radikalen Gegenentwürfe zur privatkapitalistischen Wirtschaftsordnung einerseits und der staatlichen Zwangswirtschaft andererseits, die im Reichswirtschaftsrat auch institutionell ein Ventil fanden, verstellen aber paradoxerweise den Blick für die Entwicklungen *im Verlauf* der 1920er Jahre, die die Ausformung alternativer Formen ökonomisch-politischer Kommunikation als Reaktion auf die jeweils aktuell gestellten Herausforderungen mit sich brachte. Die Deutung einer mit großen Erwartungen an eine grundsätzliche Neuordnung gestarteten Institution, die genau an diesen Erwartungen letztlich scheiterte, passte aber wohl zu gut zu den gängigen Deutungen der Weimarer Republik als eines überforderten und aufgrund mangelnder Unterstützung von innen heraus ausgezehrten politischen Systems. In der Tat ist der Reichswirtschaftsrat als typisch für seine Zeit anzusehen – allerdings weder für ein lineares Niedergangsnarrativ, noch für eine euphorische Erzählung der vielfältigen Chancen und Möglichkeiten.[17] Er verkörperte vielmehr

15 Vgl. exemplarisch den Kommentar von Schäffer, *Vorläufige Reichswirtschaftsrat*, S. 26–27 sowie hierzu die folgenden Ausführungen in Kap. 2.1 und 2.2.

16 Exemplarisch das anschauliche Zitat von Gusy, *Weimarer Reichsverfassung*, S. 366–369, hier S. 368: »Die staatstheoretische und staatsrechtliche Diskussion um den Reichswirtschaftsrat war umgekehrt proportional zu seiner politischen Bedeutung.« Zur Deutung des RWR in der Forschung, insb. in den bekannten Gesamtdarstellungen zur deutschen Geschichte in der ersten Hälfte des 20. Jahrhunderts, vgl. die Ausführungen in Kap. 1.2.

17 So aber etwa Müller, *Nach dem Krieg*. Vgl. genauer hierzu und zu den Deutungen der Weimarer Republik in der Forschung Kap. 1.2.

die grundsätzliche »Unausgetragenheit«[18] und Umstrittenheit der Weimarer Wirtschaftsordnung, die sich weder auf den simplen Gegensatz zwischen Kapital und Arbeit, noch den von links und rechts, noch den von demokratisch und autoritär reduzieren lässt. Darin liegt die Komplexität des Phänomens, darin liegt aber auch sein besonderer Reiz.

Will man den Reichswirtschaftsrat also in seinen historischen Bezügen verstehen, so ist es notwendig, sich von der Fixierung auf die bloß normative Ebene, d.h. die Nichtumsetzung der Verfassungsnorm zu lösen. Vielmehr gilt es, den institutionellen Wandel des Reichswirtschaftsrats in der politischen Praxis in den Vordergrund zu rücken – theoretisch wie empirisch. Darüber hinaus erscheint es notwendig, sich von den gängigen Labels zu verabschieden, die den Reichswirtschaftsrat vor allem im Lichte der Korporatismusforschung zu erfassen suchten; die damit verbundenen Prämissen und Annahmen (der Politikwissenschaft) scheinen mit Blick auf den Reichswirtschaftsrat mehr zu verhüllen, als zu erhellen.[19] Er bildete vielmehr einen spezifischen Realtypus, dessen Eigenart sich erst über eine Analyse von Praxis und Selbstverständnis erschließt. Eine solche Perspektive legt nahe, dass der Reichswirtschaftsrat nicht nur – zu Beginn und für sehr kurze Zeit – als Sehnsuchtsort all jener fungierte, die eine institutionelle Manifestation der »neuen Wirtschaft«[20] wünschten, sondern auch ein eminent praktisches Bedürfnis der Wirtschaftsakteure befriedigte. Angesichts der politischen Polarisierung im Inneren, die nicht zuletzt ihre Wurzeln in einer Vielzahl ungelöster ökonomischer Probleme besaß, bot der Reichswirtschaftsrat ein Forum, auf dem ohne ideologischen Konformitätsdruck kontroverse *policies* diskutiert, Netzwerke gepflegt und politische Entscheidungen beeinflusst werden konnten. Insofern verkörperte er eine spezifische Antwort auf das Problem des Verhältnisses von Wirtschaft und Politik, die einerseits dem offenen Horizont und dem Gestaltungsoptimismus der Zeit nach 1918 Rechnung trug,[21] andererseits aber eben auch die Labilität der daraus erwachsenden Ordnungsversuche artikulierte. Die Anerkennung dieser Hybridität eröffnet weiterführende Einsichten: Denn dass der Reichswirtschaftsrat nach 1945 zunächst als Vorbild für einen etwaigen Bundeswirtschaftsrat diente, man sich unter geänderten Vorzeichen dann aber für ein gänzlich anderes Modell

---

18 Begriff in Anlehnung an Neuhaus, *Reichsständische Repräsentationsformen*, S. 522.

19 Die politik- und sozialwissenschaftliche Perspektive exemplarisch bei Alemann (Hg.), *Neokorporatismus*; Streeck, *Korporatismus*; Czada, »Konjunkturen«; Winter, »Korporatismus«; Beyme, »Neokorporatismus«. Jüngst wieder Rehling, »Demokratie«. Weitere Literatur in Kapitel 1.2 und 2.1. Grundlegen die Arbeit von Schmitter, »Still the age« und Schmitter/Lehmbruch (Hg.), *Trends*.

20 Typisch, aber keineswegs repräsentativ Rathenau, *Neue Wirtschaft*. Zu Rathenau auch Plumpe, »Rathenau«.

21 Vgl. mit Blick auf die WRV etwa Gusy, »Überforderung«, hier S. 305–310; auch Föllmer/Graf/Leo, »Einleitung«, hier S. 38.

ökonomischer Politikberatung entschied,[22] zeigt die historische Bedingtheit, nach der das Verhältnis von Politik, Wirtschaft und Gesellschaft jeweils auch institutionell kanalisiert und politisch organisiert werden kann.[23] Der Reichswirtschaftsrat als Versuch der politischen Ordnungsstiftung durch Versachlichung stellte in der historischen Situation *eine* mögliche Lösung dar.

1.2 Forschungsstand

Das »Schattendasein«[24], das dem Reichswirtschaftsrat mit Blick auf seine periphere Rolle in der Weimarer Republik attestiert wurde,[25] gilt noch viel mehr für seine Rolle in der historischen Forschung. Gerade in den klassischen allgemeinhistorischen Handbuchdarstellungen zur Geschichte der Weimarer Republik sind informative Ausführungen zum Reichswirtschaftsrat selten, das Urteil über seine politische Irrelevanz als Relikt revolutionseuphorischer Großpläne dafür umso fester.[26] Randständigkeit, Schwerfälligkeit und Ineffizienz scheinen denn auch jene Formeln zu sein, die sich mit Blick auf die Charakterisierung des Reichswirtschaftsrats – von einigen Ausnahmen, auf die noch einzugehen sein wird, abgesehen – mehr oder weniger statisch in der Forschung gehalten haben.[27] Die Gründe für die

22 Vgl. Nützenadel, *Stunde der Ökonomen*, S. 136–144.

23 Hierzu jüngst für die erste Hälfte des 20. Jahrhunderts Hederer/Priemel, »In der Schwebe«.

24 Das Zitat bei Nocken, »Corporatism«, S. 48 und Nocken, »Korporatistische Theorien«, S. 36: »Ohne Macht und Einfluß lebte er ein Schattendasein in der Verfassungsgeschichte der Weimarer Republik und blieb nur eine Erinnerung an die starken korporatistischen Tendenzen in den ersten Jahren nach der Revolution.«

25 Ritter, »Entstehung«, S. 74 spricht etwa von der »Schaffung eines faktisch totgeborenen ›Vorläufigen Reichswirtschaftsrats‹«. Bereits 1930 Nassall, *Vorläufiger Reichswirtschaftsrat*, S. 81: »Insgesamt kann man abschliessend sagen, der vorl. RWRt war ein interessanter, staatsrechtlicher und wirtschaftspolitischer Konstruktionsversuch, der aber zu wirklichem Leben nicht erwachte.« Eine Ausnahme bildet exemplarisch Preller, *Sozialpolitik*, S. 481, der darauf verweist, dass der RWR zwar nicht im erwarteten Rahmen realisiert wurde, als »sachverständige Körperschaft« aber praktisch tätig war, »deren Gutachten sich wachsender Aufmerksamkeit bei Regierung und Reichsrat erfreuten.«

26 In gewisser Hinsicht typisch für diese Ambivalenz ist die – irreführende – Formulierung bei Schulze, *Weimar*, S. 62, wo unter Bezugnahme auf das Ende der ZAG 1924 behauptet wird, der RWR sei »über ein selten tagendes Diskussionsforum nie« hinausgewachsen. Wehler, *Gesellschaftsgeschichte*, verzichtet trotz sozialhistorischen Zugriffs ganz auf eine Nennung, während bei Büttner, *Weimar*, S. 119, 230 zwei Belege zu finden sind. Ähnlich auch Winkler, *Weimar*, S. 83–84, wo sich die Ausführungen zur Entstehung des (nicht einmal so bezeichneten) RWR auf knapp zehn Zeilen reduzieren. Mehr Aufmerksamkeit findet der RWR etwa bei Feldman, *Great Disorder*, passim, wenn auch hier nicht in systematischer Form. Kein Treffer wiederum allerdings bei Kellenbenz, *Deutsche Wirtschaftsgeschichte*; knapp, rein deskriptiv und ohne Einordnung Henning, *Deutsche Wirtschafts- und Sozialgeschichte*, S. 251–252.

27 Stellvertretend Reckendrees, »Weimar Germany«, S. 49, wo auf die Diskrepanz zwischen Verfassungsnorm und Wirklichkeit verwiesen wie (»in practice, it did not attain this position«).

offenkundige Stabilität dieses Narrativs sind zum einen in seiner hohen Anschlussfähigkeit an den über lange Zeit dominierenden Niedergangsdiskurs zu suchen, der – in gewisser Hinsicht ja nachvollziehbar – in der Weimarer Republik vor allem eine zu erklärende Vorgeschichte von »1933« gesehen, und damit den Fokus auf den Aspekt des »Scheiterns« (des Parlamentarismus, der liberalen Großstadtkultur, der demokratischen Öffentlichkeit, der Wirtschaftsordnung, des sozialpolitischen Anspruchs, des Friedens- und Sicherheitsversprechens etc.) gerichtet hatte.[28] Der Reichswirtschaftsrat als fehlkonzipierte Krönung eines überambitionierten Verfassungskonzepts passte da offenbar hervorragend hinein.[29] Zum anderen mag die schon in der frühen Bundesrepublik virulente und im Zuge der Debatten um die mögliche Einrichtung eines Bundeswirtschaftsrats artikulierte Skepsis gegenüber einer Weimarer Neuauflage eine prägende Rolle gespielt haben: Mit dem politischen Thema »Wirtschaftsrat« verschwand auch der historische Fall »Reichswirtschaftsrat« von der Tagesordnung; sein in den 1950er Jahren vermitteltes Bild schien offenbar erschöpfend.[30] So verfestigte sich die Vorstellung einer im Kern bedeutungslosen Institution, die zwar zu einzelnen Sachfragen in Erscheinung getreten sein mag, *politisch* aber vor dem Hintergrund der gehegten Erwartungen wirkungslos geblieben war.[31]

In den vergangenen Jahren waren es neben dem enzyklopädisch angelegten Band von Lilla, der eine unverzichtbare Ressource zur formalen Erschließung des Reichswirtschaftsrats darstellt,[32] vor allem Arbeiten mit einem im weiteren Sinne wirtschafts- und sozialhistorischen Fokus, die den Reichswirtschaftsrat als Akteur näher in den Blick genommen haben.[33] Dabei bietet insbesondre Alexander Nützenadels Charakterisierung als »Hybrid«, als eine Institution, auf die jeder

28 Prägend für die frühe Weimarforschung und das öffentliche Bild Sontheimer, *Antidemokratisches Denken*. Einen soliden Überblick bieten die Bände von Wirsching, *Weimarer Republik*, S. 47–51 und Kolb/Schumann, *Weimarer Republik*, S. 155–166 (auch in diesem Band ist im Übrigen kein Lemma »Reichswirtschaftsrat« zu finden). »Weimar« als »geschichtspolitische Argument« thematisiert Leonhard, »Weimarer Republik«, insb. S. 12–15.

29 Exemplarisch Büttner, *Weimar*, S. 119.

30 Neben Nützenadel, *Stunde der Ökonomen*, S. 136–151 die Arbeiten in der frühen Bundesrepublik, u.a. von Forsthoff, »Problematik«; Geberth, *Bundeswirtschaftsrat*, insb. S. 58–62 (zum RWR); Huber, *Selbstverwaltung* (1958), S. 48–54 (»Problem des Bundeswirtschaftsrats«); Papperitz, *Geschichte*; Tarnow, »Reichswirtschaftsrat« (1951); Nassall, *Vorläufiger Reichswirtschaftsrat*; Strauss, »Erfahrungen«.

31 Hierzu etwa die (vornehmlich rechts- bzw. dogmengeschichtliche) Arbeit von Matz, *Regulierung*, hier S. 144–168; Schubert, »Vorläufige Reichswirtschaftsrat«, S. 9–25, auch hier topisch, S. 23: »Trotz seiner umfangreichen Aktivitäten hat der RWR die ihm zugedachte verfassungspolitische Position nicht zu erringen vermocht.«

32 Lilla, *Reichswirtschaftsrat*; hierzu auch Lilla, »Mitglieder«.

33 Vgl. etwa Torp, *Konsum und Politik*, insb. S. 153–162, 308–310 und Nützenadel, *Stunde der Ökonomen*, S. 136–151; Rehling, *Konfliktstrategie*, S. 169–192 (doch auch hier geht es um das »Scheitern« des RWR, S. 191). Auch der systematische Zugriff bei Scholl, *Begrenzte Abhängigkeit*, hier S. 126–141.

projizieren konnte, was er wollte, und die gerade deshalb »nie scharfe Konturen« hatte gewinnen können,[34] eine Grundlage, auf der eine Neuvermessung plausibel gemacht werden kann. Doch nicht in der Konstatierung des Mangels liegt das eigentlich Wesentliche begründet, sondern darin, das Unfertige als Signum der Zeit wahrzunehmen und für eine neue Interpretation des Reichswirtschaftsrats nutzbar zu machen. Dabei kann ein solcher Zugriff an die in der jüngeren Weimar-Forschung registrierbare Tendenz anknüpfen, die »Offenheit« der Situation nach Ende des Ersten Weltkriegs stärker gegenüber den restringierenden Faktoren zu betonen, zumal die »Krise« ein erhebliches Dynamisierungs- und Gestaltungspotential barg und von den Zeitgenossen (auch) als »offene Entscheidungssituation« wahrgenommen wurde.[35] Dieser Paradigmenwechsel in der Deutung der Weimarer Republik, der freilich nicht zu einer historisch inadäquaten Verklärung führen sollte, findet seinen Niederschlag auch in den zum hundertjährigen Verfassungsjubiläum erschienen Sammelbänden, deren programmatische Titel sich nun auch begrifflich von der »Krisenrepublik« distanzieren und vielmehr das »Wagnis«, den »Aufbruch« oder den »Versuch« in den Fokus rücken.[36] Vor allem in der verfassungshistorischen Literatur war indes schon seit geraumer Zeit hervorgehoben worden, dass man weder mit dem Schlagwort der »Konstruktionsfehler«[37] und einer allzu dichotomen Gegenüberstellung von Weimar und Bonn, WRV und GG eine adäquaten Beschreibung der Verhältnisse liefern, noch grundsätzlich von einer 1919 fixierten, mithin statischen Verfassung ausgehen könne. Das lange Zeit unhinterfragte und bis heute im öffentlichen Diskurs virulente *blame game* zu

---

34 Nützenadel, *Stunde der Ökonomen*, S. 139: »Der Reichswirtschaftsrat, jenes hybride und unvollendete Gebilde zwischen Rätedemokratie und Ständestaat, hatte nie scharfe Konturen gewinnen können, weil er von den einen als Organ wirtschaftlicher Mitbestimmung, von den anderen als zweites Parlament, von dritten wiederum als wirtschaftspolitisches Beratungsorgan betrachtet worden war.«

35 Das Zitat bei Föllmer/Graf/Leo, »Einleitung«, S. 38 (Krise als »offene Entscheidungssituation« denn als »Niedergangsszenario«). Vgl. zum »Krisentopos« auch Gusy (Hg.), *Demokratie in der Krise*; Föllmer/Graf (Hg.), *Krise*; Hardtwig (Hg.), *Ordnungen in der Krise*; Graf, »Either-Or« sowie Graf, *Zukunft*, insb. S. 83–133, 359–380; Graf, »Optimismus«, S. 119 diagnostiziert in Anlehnung an Peukert eine »gestaltungsoptimistische Grundorientierung«, wobei »Gestaltungsoptimismus« auch eine Distanzierung vom »Fortschrittsoptimismus« als weitgehend passive Haltung impliziert. Klassisch Peukert, *Weimarer Republik*, der die Zwischenkriegszeit als »Krisenjahren der klassischen Moderne« interpretiert. Zur »Offenheit« exemplarisch Gusy, »Überforderung«, S. 306–307; Hofmeister, »Kultur- und Sozialgeschichte«, S. 445–446; Hung, »Beyond«, S. 9–12; Makropoulos, »Tendenzen«, S. 675–676; Wirsching, »Vernunftrepublikanismus«, S. 10–11 u.a. Einen luziden und griffigen Überblick über aktuelle und vergangene Trends der Weimar-Forschung bietet Büttner, »Ausgeforscht?«

36 Dreier/Waldhoff (Hg.), *Wagnis der Demokratie*; Voigt (Hg.), *Aufbruch zur Demokratie*; Schumann/Gusy/Mühlhausen (Hg.), *Demokratie versuchen*. Auch Hacke, »Wagnis« in dessen Essayband.

37 Roellecke, »Konstruktionsfehler«; dazu kritisch Dreier, »Grundrechte«, S. 166; Grimm, *Bedeutung*, S. 31; Gusy, »Weimarer Verfassung«, hier S. 47 (»eine gute Verfassung in schlechter Zeit« – so schließlich auch der Untertitel des jüngsten Bandes anlässlich 100 Jahre Weimarer Verfassung).

Lasten der Weimarer Reichsverfassung wurde so einer grundsätzlichen Revision unterzogen und der Fokus mehr auf die Entwicklungspotentiale der Verfassung einerseits, ihre retrospektiv allerdings nur sehr kurze (und überdies arg belastete) Entfaltungsphase andererseits gerichtet.[38] Dass dieses Veränderungspotential auch für den in der Verfassung normierten Reichswirtschaftsrat angenommen werden muss, liegt auf der Hand, wurde aber bisher kaum problematisiert.

Die eher geringe Relevanz des Reichswirtschaftsrats in der Forschung kontrastiert augenfällig mit seiner enormen Relevanz in der verfassungs- und staatsrechtlichen wie politisch-theoretischen Diskussion der Zeitgenossen: Neben ausführlichen Analysen des Verfassungsartikels[39] lässt sich eine Fülle an (zumeist juristischen) Arbeiten nachweisen, die sich aus der ein oder anderen Perspektive dem »Problem« des Reichswirtschaftsrats und den mit ihm aufgeworfenen Fragen – Rolle der Wirtschaft im Staat, Vertretung von »Berufsständen«, Rätesystem etc. – widmen;[40] sie verraten freilich mehr über die Zeit, in der sie entstanden, als über den Untersuchungsgegenstand selbst.[41] Die Beobachtung der erheblichen Diskrepanz zwischen der Menge an Literatur über den Reichswirtschaftsrat aus zeitgenössischer Perspektive[42] und dem Mangel an tiefgreifenden Interpretationen in der Forschung seit 1945 scheint zu bestätigen, dass der Reichswirtschaftsrat als ein typisch Weimarer Phänomen anzusehen ist und aus seiner Zeit heraus verstanden werden muss. Doch auch darüber hinaus scheint er einen Realtypus zu bilden, der sich in die herrschenden Klassifikationen der Regierungs- und der politischen Systemlehre nicht recht einfügen lässt. Dabei hat es eine gewisse Tradition, den Reichswirtschaftsrat, wenn auch bisweilen nur als Stichwort, im Kontext

38 Vgl. stellvertretend die resümierende Würdigung von Gusy, *100 Jahre*, S. 299–326. Mit Blick auf das GG exemplarisch auch Gusy, »Weimarer Verfassung« und Grimm, *Bedeutung*.

39 Tatarin-Tarnheyden, *Berufsverbände*; Tatarin-Tarnheyden, »Artikel 165«; Glum, »Reichswirtschaftsrat«.

40 Eine (alphabetische) Auswahl: Bergstraesser, »Neue Literatur«; Braun, »Zukunftsbedeutung«; Cohen, »Reichswirtschaftsrat«; Gieseke, *Rechtsverhältnisse*; Glum, »Problem«; Glum, *Deutsche und französische Reichswirtschaftsrat*; Hachenburg, »Künftige Reichswirtschaftsrat«; Hachenburg, »Endgültige Reichswirtschaftsrat«; Haubold, *Stellung*; Haubold, *Reichswirtschaftsrat*; Hauschild, *Reichswirtschaftsrat*; Hauschild, »[Art.] Reichswirtschaftrat«; Herrfahrt, *Problem*; Hoff, »Reichswirtschaftsrat«; Leipart, »Gewerkschaften«; Moellendorf, »Reichswirtschaftsrat«; Nawiasky, »Grundlegende Rechtsfragen«; Plötz, *Reichswirtschaftsrat*; Pothmann, *Reichswirtschaftsrat*; Schäffer, *Vorläufige Reichswirtschaftsrat* (1920); Schwarzkopf, »Rückblick«; Tarnow, »Reichswirtschaftsrat«. Dazu eine Reihe an Dissertationen, etwa: Bibra, *Reichswirtschaftsrat*; Claassen, *Reichswirtschaftsrat*; Erhard, *Vorläufige Reichswirtschaftsrat*; Gesch, *Reichswirtschaftsrat*; Grosch, *Reichswirtschaftsrat*; Kronheim, *Stellung*; List, *Berufsständegedanke*; Römer, *Gedanke*; Rouff, *Vorläufige Reichswirtschaftsrat*; Teschemacher, *Berufsstand*.

41 Vergleichbares gilt etwas für Arbeiten aus der DDR, in deren Augen der Reichswirtschaftsrat als »Instrument zur Irreführung der Massen« galt (Berndt, »Vorläufige Reichswirtschaftsrat«, S. 60).

42 Vgl. hierzu die umfänglichen Literaturverzeichnisse der beiden gleichsam als Rechenschaftsbericht verfassten Handbücher zum Reichswirtschaftsrat von Hauschild, *Reichswirtschaftsrat*, S. 641–670 (bis 1926) und *Vorläufige Reichswirtschaftsrat*, S. 321–350.

der weit ausgreifenden Forschungsdiskussion um den »Korporatismus« (in der Zwischenkriegszeit) bzw. jüngere Ansätze der (regulierten) »Selbstregulierung« zu lokalisieren.[43] Doch so zutreffend die Beobachtung eines inneren Zusammenhangs zwischen dem Wandel der ökonomischen Ordnungskonzeptionen und der Forderung nach einer institutionellen Manifestation dieser Veränderungen auch sein mag, und so sehr auch der Wunsch nach einem »Reichswirtschaftsrat« dieses Bedürfnis zu befriedigen suchte: Seine zeitgenössische Relevanz speiste sich gerade aus dem Oszillieren zwischen unterschiedlichen Charaktereigenschaften und Repräsentationslogiken. Zwar agierte er in einem »korporatistischen« Umfeld und bediente sich korporatistischer Praktiken; seine spezifische Rolle und Stellung ist damit aber nicht angemessen zu erfassen, sofern man an einem auch theoretisch belastbaren Konzept des »Korporatismus« festhalten möchte.[44] Dieser Verzicht auf eine typologische Qualifizierung mag auf den ersten Blick unbefriedigend erscheinen. Er öffnet aber erst den Raum für eine Deutung des Reichswirtschaftsrats in seinem historischen Umfeld, aus dem heraus sich seine konstitutive Ambivalenz, sein Changieren zwischen Fragilität und Persistenz verstehen lässt; die gängigen Modelle zur Umschreibung des »organisierten«[45] Verhältnisses von Wirtschaft und Staat im 20. Jahrhundert greifen hier ebenso zu kurz[46] wie die Konzeptualisierung des Reichswirtschaftsrats als »zweiter

43 Die vornehmlich politikwissenschaftlich verfahrende Korporatismus-Forschung nahm ihren Ausgangspunkt bei Philippe Schmitters wegweisender, an die Arbeit von Manoïlescu, *Le siècle du corporatisme* von 1934 anknüpfender Studie »Still the age of Corporatism« über die Persistenz einer eigentlich in der Vergangenheit lokalisierten Form des Politischen. Sie wurde seit den 1970er Jahren breit rezipiert und als *catch-all term* für die Verflechtungsstrukturen zwischen Staat, Verbänden, Gesellschaft, Politik, Wirtschaft etc. verwendet. Ohne näher auf den im engeren Sinne politik- und sozialwissenschaftlichen Diskurs einzugehen, gilt es hervorzuheben, dass der »Korporatismus« auch als historisches Konzept appliziert und seine Aussagekraft kontrovers diskutiert wurde. Wenn auch eine theoriegestützte Anwendung des »Korporatismus«-Theorems auf *historische* Fälle eher selten – wenn nicht ganz obsolet – geworden ist, scheint der Begriff weiterhin in der Forschung virulent zu sein, sein Gehalt aber eher von assoziativer, denn theoretischer Relevanz. Vgl. Schmitter, »Still the age«. Dazu auch Schmitter/Lehmbruch (Hg.), *Trends*; Streeck, *Korporatismus*; Bender, »Tarifautonomie«; Bender, »Korporatismus«; Beyme, »Korporatismus«; Beyme, »Neokorporatismus«; Alemann (Hg.), *Neokorporatismus*; Czada, »Konjunkturen«. Mit Blick auf den historiographischen Nutzen des Konzeptes vor allem Puhle, »Historische Konzepte«; Abelshauser, »Freiheitlicher Korporatismus«; Rehling, »Demokratie« sowie vor allem Rehling, *Konfliktstrategie*, hier insb. programmatisch S. 27 sowie die Bezugnahme auf den RWR, S. 14, 169–192. Zum Thema Korporatismus und RWR vgl. auch Collin, »Legitimation«, S. 22.

44 »Nur wo Interessengruppen untereinander in einen andauernden Konflikt geraten, so daß der Staat vermittelnd eingreift, liegt korporative Politik vor.« Beyme, »Neokorporatismus«, S. 224.

45 Vgl. Hilferding, *Aufgaben*, S. 5 et passim. Dazu exemplarisch Winkler (Hg.), *Organisierter Kapitalismus* und Puhle, »Historische Konzepte«.

46 Vergleichbares ließe sich auch über das Konzept des »Lobbyismus« als Analysetool sagen, wobei es gerade hier an fundierten theoriebasierten *historischen* Studien mangelt. Dazu die Diskussion mit Blick auf

Kammer« oder als »Oberhaus«,[47] auch wenn beides zeitgenössisch diskutiert[48] und in der Spätphase der Weimarer Republik als Reformprojekt (insbesondere) im rechten politischen Spektrum vorgestellt wurde.[49] Und schließlich trifft auch die Annahme, ihn als bloßes »Expertengremium«, als überdimensionierten Sachverständigenausschuss zu begreifen, nicht den Kern: Denn auch wenn sich der für die Zeit durchaus typische expertokratische Anspruch eindeutig und sehr prominent in Selbstverständnis und Praxis des Reichswirtschaftsrats nachweisen lässt, so ist er darauf gerade nicht zu reduzieren. Er verkörpert damit ein Organ *sui generis*, das normativ als Facette des Weimarer »Verfassungslaboratoriums«[50], empirisch als Ausdruck einer »unausgetragenen« Wirtschaftsordnung erscheint, und das sich in einer neuen, ungefestigten politischen Ordnung, einer Fülle von Konfliktlagen und nicht zuletzt einem extrem ungünstigen ökonomischen Umfeld zurechtfinden musste.

Auch die Interpretation der Wirtschaftsordnung der Weimarer Republik folgt vor diesem Hintergrund relativ stabilen Deutungsmustern, die Eigenart und Facetten einer Wirtschaftsordnung im »historischen Übergang« beschreiben.[51] Klassisch etwa das Narrativ eines fundamentalen Wandels vom liberalen zum »sozialen«, »staatsinterventionistischen« Modell, das in den zeitgenössischen Vorstellungen einer »organisierten«, »geplanten«, staatlich geregelten, in jedem Fall nicht mehr »freien« Wirtschaft zum Ausdruck kam,[52] und die ihrerseits als Symptom einer epochalen Transformationsdynamik »des Kapitalismus« schlecht-

---

den RWR und weiteren Nachweisen Hederer, »How to Handle«, S. 372–374 sowie die Ausführungen in Kap. 3.3.

47 So aber Wedel, *Entwicklung*, S. 153–208.

48 Hier sei exemplarisch auf das Konzept einer »Kammer der Arbeit« von Max Cohen und Julius Kaliski verwiesen. Vgl. ausführlich Kap. 2.1.

49 Darauf verweist etwa Büttner, *Weimar*, S. 230 (bezeichnenderweise handelt es sich dabei laut Register um eine von nur zwei Nennungen des RWR in der mehr als 800 Seiten umfassenden Gesamtdarstellung). Zeitgenössisch etwa Tatarin-Tarnheyden, »Kopfzahldemokratie«; Grosch, *Reichswirtschaftsrat*, S. 133; Apelt, *Bundesstaat*, S. 53; Bernhard, *Wirtschaftsparlamente*, S. 99; Haubold, *Stellung*, S. 68; Haubold, *Reichswirtschaftsrat*, S. 20.

50 Gusy, »Überforderung«, S. 301–302. Mit Blick auf den Grundrechtsteil der Verfassung (»Zweiter Hauptteil«), in dem sich auch der für den RWR maßgebliche Art. 165 fand, auch Pauly, *Grundrechtslaboratorium* und Dreier, »Grundrechte«.

51 Etwa Ambrosius, *Staat und Wirtschaftsordnung*, S. 128; auch Ambrosius/Hubbart, *Sozial- und Wirtschaftsgeschichte*, S. 250–261; Knortz, *Wirtschaftsgeschichte*, S. 25; Jaeger, *Geschichte*, S. 145–174. Bereits 1929 Sombart, »Wandlungen«, S. 39. Vgl. hierzu auch Hederer, »Wirtschaftsordnung« und Hederer/Priemel, »In der Schwebe«.

52 Überblick bei Wirsching, *Weimarer Republik*, S. 24–31; auch Plumpe, *Das kalte Herz*, S. 312–327. Vgl. etwa auch Puhle, »Historische Konzepte«; van Laak, »Planung«; Doering-Manteuffel, »Ordnung«.

hin gelesen wurde.[53] Dabei entwickelte sich die spezifische Struktur der Weimarer Wirtschaftsordnung aus einer doppelten Herausforderung: Einerseits galt es, dem Bedürfnis nach einer Rekalibrierung des durch die Kriegswirtschaft überformten, zu einem kaum entwirrbaren Knäuel verschlungenen institutionellen Arrangement aus Staat, Privatwirtschaft und Verbänden zu befriedigen. Wie genau diese Neuordnung auszusehen hatte, die weder die Fortsetzung staatlicher Zwangswirtschaft noch die Renaissance einer »freien«, liberalen Marktwirtschaft bringen sollte, blieb unscharf. Andererseits mussten ökonomische, soziale, und nicht zuletzt außenpolitische Probleme ungeahnten Ausmaßes gemeistert werden, denen ein manifester Zwang zur Pragmatik inhärent war. Zwischen beiden Polen bestand freilich ein nicht unerhebliches Spannungsverhältnis, das die Weimarer Wirtschaftsordnung zwischen 1918 und 1933 prägte.

Die verfassungsrechtliche Konzeption des Weimarer »Wirtschaftslebens«, wie sie sich in Art. 151–165 WRV niederschlug, war ein Kompromiss unterschiedlicher politischer Akteure und gesellschaftlicher Kräfte;[54] ihn als bloß »dilatorisch«[55] zu diskreditieren, mag einem in der Zwischenkriegszeit weit verbreiteten Streben nach »Einheit« und »Gemeinschaft« entsprochen haben.[56] Doch ganz bewusst bot die Verfassung einer parlamentarischen Demokratie durchaus angemessene Spielräume, die nach Ausdeutung und Konkretion verlangten.[57] Das dieser Offenheit inhärente Dynamisierungspotential war freilich ambivalent: Es ermöglichte Wandel, bezahlte diese Anpassungsfähigkeit aber mit einem Dauerkampf um die »richtige« Ordnung – ein Kampf, der in der Weimarer Republik nicht zum Abschluss gebracht werden konnte. Das Übermaß an unmittelbaren Herausfor-

53 Archetypisch die Deutung des »Spätkapitalismus« bei Sombart, »Wandlungen«. Prägend in diesem Zusammenhang auch das auf Rudolf Hilferding zurückgehende Diktum eines »organisierten Kapitalismus«, in welchem die »Führung des Unternehmens [...] nicht mehr Privatsache des Unternehmers, sondern gesellschaftliche Angelegenheit« sein könne (Hilferding, *Aufgaben*, S. 5). Ähnlich dem Konzept des »Korporatismus« sollte so die Verschränkung von organisierten Interessen, Politik und Staat erfasst und einer systematischen Analyse zugänglich gemacht werden. Vgl. Winkler (Hg.) *Organisierter Kapitalismus*; Puhle, »Historische Konzepte«; noch 2004 Höpner, »Organisierter Kapitalismus«. Jüngst kritisch Roelevink/Ziegler, »Kapitalismus«, hier S. 261.

54 Vgl. Gusy, *Weimarer Reichsverfassung*, S. 342–369; Gusy, *100 Jahre*, S. 252–263; Pauly, *Grundrechtslaboratorium*, S. 1–5; Huber, *Verfassungsgeschichte*, S. 1025–1080.

55 Der Begriff des »dilatorischen Formelkompromisses« bei Schmitt, *Verfassungslehre*, S. 32–34; kritisch dazu auch Rückert, »Weimarer Verfassung«, S. 231; jüngst Llanque, »Politische Kultur«.

56 Zum Streben nach »Einheit« etwa Mergel, »Führer«. Aus Sicht der Rechts- und Verfassungstheorie wäre etwa auch auf Rudolf Smends »Integrationslehre« zu verweisen (Smend, *Verfassung*); dazu knapp Pauly, *Grundrechtslaboratorium*, S. 65–67.

57 Gusy, »Überforderung«, S. 306–307. Auf den »offenen Charakter« verweist auch Peukert, »Weimarer Republik«, S. 46–52, betont aber auch ebd., S. 52, dass der Verfassung unter den gegebenen Bedingungen nicht »gegönnt« war, »sich zu erproben und über erfolgreiche Routinisierung als Grundgesetz des politischen und sozialen Handelns zu verankern [...].«

derungen, die einer raschen und konsistenten Lösung harrten, politisch aber schwer zu bekommen waren, verkomplizierte die ohnehin komplexe Lage noch weiter. In diesem Rahmen hatte sich der Reichswirtschaftsrat zurechtzufinden. Dem Betrachter zeigt sich so das Bild einer Ordnung, die angesichts der obwaltenden politischen und sozio-ökonomischen Kräfteverhältnisse, angesichts der enormen Herausforderungen und den Versuchen ihrer Bewältigung, vor allem aber angesichts der erheblichen Veränderungsdynamik zwischen Revolution und Weltwirtschaftskrise, die alle scheinbar statischen Konstellationen einem kontinuierlichen Anpassungsdruck unterwarf, »in der Schwebe« blieb – und von den Akteuren bis in die frühen 1930er Jahre hinein auch in der Schwebe gehalten wurde.[58] Das galt auch für den Reichswirtschaftsrat.

Bleibt die Frage nach dem Ort des Reichswirtschaftsrats in der historiographischen Deutung der Weimarer Republik: Es wurde bereits darauf verwiesen, dass das ehedem düstere Bild von Weimar in den vergangenen Jahren erheblich aufgehellt wurde und der Topos des »Scheiterns« jenem der »Potentiale« gewichen ist. In der Deutung des Reichswirtschaftsrats, so viel steht fest, hat sich dieser Trend indes nicht niedergeschlagen. Doch so bedeutsam auch die kritische Revision der ebenso zählebigen wie bekannten Weimar-Topoi – »Republik ohne Republikaner«, »Demokratie ohne Demokraten«, »Konstruktionsfehler«, »Überforderung« – mit Blick auf die politische Ordnung auch war und ist: Man sollte dabei nicht dem anderen Extrem verfallen, und *nur* »Optionen« sehen, wo es *auch* eine Vielzahl an Hemmnissen gab, die »Offenheit« des historischen Moments zu hypostasieren, wo – um einen theoretisch problematischen Begriff zu verwenden – »Strukturen« die Handlungsräume erheblich beschnitten. Dass Akteure auf der Mikroebene handeln, entscheiden und Strukturen dadurch verändern heißt eben nicht, dass auf der Mesoebene des politischen Systems nicht restringierende Faktoren wirkten, die in den eigenen Horizont integriert werden mussten, wollte man handlungsfähig bleiben.[59] Konkret bedeutet dies, dass auch eine (gebotene) Neubewertung der Weimarer Republik, die den Fokus auf ihren pluralistischen Charakter, den sozialen Aufbruch und die Freisetzung einer demokratischen Gesellschaft und Kultur lenkt, nicht die grundlegenden Belastungen negieren kann, denen sich

58 Hierzu ausführlich Hederer/Priemel, »In der Schwebe«.

59 Grundlegend Berger/Luckmann, *Gesellschaftliche Konstruktion*, insb. ebenso klassisch wie apodiktisch S. 65 (im Original kursiv): »Gesellschaft ist ein menschliches Produkt. Gesellschaft ist eine objektive Wirklichkeit. Der Mensch ist ein gesellschaftliches Produkt.« Giddens, *Konstitution*, S. 41: »Mit der Formulierung der Theorie der Strukturierung möchte ich den Dualismus von Objektivismus und Subjektivismus überwinden.« Und ebd., S. 70, 77: »Eine der Hauptaussagen der Theorie der Strukturierung ist, daß die Regeln und Ressourcen, die in die Produktion und Reproduktion sozialen Handelns einbezogen sind, gleichzeitig die Mittel der Systemreproduktion darstellen«. Es geht also um die »Dualität von Struktur«. Vgl. hierzu Reckwitz, »Anthony Giddens«; Joas/Knöbl, *Sozialtheorie*, S. 405–429 und Joas, »Einführung«.

die Republik vom ersten bis zum letzten Tag gegenüber sah. Denn die »Krise« als »offene Entscheidungssituation« und nicht als »Niedergangsszenario« zu konzeptualisieren,[60] verweist auch auf die fatalistische Komponente, nicht mehr viel zu verlieren zu haben. Die gravierenden Hypotheken der Republik,[61] die ganz im Unterschied zur frühen Bundesrepublik und den Entwicklungsmöglichkeiten des Grundgesetzes die Entfaltung einer pluralen und lebendigen »Verfassungskultur«[62] erheblich hemmten, machen dies unmittelbar greifbar – auch wenn, das sei konzediert, prinzipiell alles auch anders hätte kommen können. Aber es kam eben nicht anders. Und so bleibt auch »1933« als Zäsur erklärungsbedürftig – gerade dann, wenn der Horizont 1918/19 (angeblich) weit offen und die Chancen auf eine gar »sozialliberale« Entwicklung groß gewesen sein mochten.[63] Die Wahrheit liegt vermutlich in der Mitte, und so scheint das aktuell in der Öffentlichkeit ventilierte Geschichtsbild dazu zu tendieren, den tentativen Charakter der Weimarer Republik einerseits zu betonen, das extrem schwierige Umfeld dieser Bemühungen aber andererseits nicht zu verschweigen.[64]

---

60 Föllmer/Graf/Leo, »Einleitung«, S. 38 – die Deutung betont indes die »optimistische« Dimension.

61 Vgl. hier auch den Begriff der »mortgaged democracy« bei Feldman, *Great Disorder*, S. 837–858.

62 Jüngst bei Schumann/Gusy/Mühlhausen, »Entwicklung«, S. 15–27. Vgl. hierzu etwa den kritischen Hinweis von Vorländer, »Verfassungskultur«, S. 196–197, der für eine Emanzipation des (politischen) Verfassungsbegriffs vom bloßen Verfassungstext plädiert.

63 Diese Charakterisierung, die Tim B. Müller in einer Reihe an Aufsätzen vorgetragen hatte, ist freilich nicht unwidersprochen geblieben, im Gegenteil. Die teils hitzig geführte Diskussion muss hier nicht neu aufgerollt werden, verwiesen sei aber dennoch auf die einschlägigen Titel: Moderat und instruktiv Hacke, *Existenzkrise*, insb. S. 280–402 (vgl. hierzu auch Hederer/Priemel, »In der Schwebe«, S. 108–116). Deutlich kontroverser indes Müller, »Geburt des Sozial-Liberalismus«; Müller, »Demokratie und Wirtschaftspolitik«; vor allem aber Müller, *Nach dem Krieg*: Müller konzeptualisiert die Geschichte der Demokratie in der Zwischenkriegszeit als »Geschichte von Einfallsreichtum und Durchhaltevermögen« (S. 20–21) und verschiebt den Fokus der Betrachtung radikal auf die »Erfolge« der jungen Demokratien nach 1918 (etwa S. 112: »Die Lebensversuche moderner Demokratien nach dem Ersten Weltkrieg hatten enormes Durchhaltevermögen bewiesen und große Erfolge gezeitigt. Die Demokratie war Alltagserfahrung und Erwartungshorizont geworden. Die liberalen und sozialen Demokratien hatten begonnen, ein erstaunlich stabiles System demokratischer Wohlfahrtsstaatlichkeit zu schaffen«); dies kontrastiert bis zu einem gewissen Grade freilich mit den Entwicklungen der 1920er und frühen 1930er Jahre in Deutschland. Dass die »liberale und soziale Demokratie [...] nicht am Ende«, gewesen sondern »sogar gestärkt aus der großen Krise hervor[gegangen]« sei – »nur [eben] nicht in Deutschland« (S. 113), macht das ganze Dilemma der Argumentation deutlich, zumal Müller hier einen nicht weiter problematisierten deutschen »Sonderweg« unterstellt, von dem er zuvor (S. 48) noch vehement warnt. Vgl. stellvertretend die wirtschaftshistorische respektive demokratietheoretische Kritik von Köster, »Keine Zwangslagen?« und Kailitz, »Demokratie und Wirtschaftspolitik«.

64 Vgl. etwa die Rede von Bundespräsident Frank-Walter *Steinmeier* anlässlich des Festaktes »100 Jahre Weimarer Reichsverfassung«, 6.2.2019.
(ULR: https://www.bundespraesident.de/SharedDocs/Downloads/DE/Reden/2019/02/190206-Weimar-100Jahre-Reichsverfassung.pdf?__blob=publicationFile; Zugriff 22.5.2023).

Man sollte sich in diesem Zusammenhang allerdings auch vor einem selbstinduzierten *bias* hüten: Denn tentativ waren in den 1920er Jahren nämlich nicht nur jene Versuche, die in der Verfassung umrissene liberale, pluralistische und »soziale« Demokratie[65] zu festigen, sondern auch jene, die das genaue Gegenteil zu erreichen suchten. Im viel zitierten »Laboratorium der Moderne«[66] wurde eben nicht nur mit der repräsentativen Demokratie experimentiert, sondern auch mit einer Reihe alternativer Ordnungskonzepte – ganz abgesehen davon, dass der Demokratie-Begriff der 1920er Jahre semantisch eben auch politiktheoretische Ansätze umschloss, die alles andere als liberal und pluralistisch genannt werden können.[67] Genau in diesen Schwebezustand, in dem aufgrund der miteinander bisweilen auch gewaltsam rivalisierenden Ordnungsentwürfe eine Entscheidung offen gehalten wurde, ja werden musste, passt der Reichswirtschaftsrat – und aus dieser konstitutiven »Unausgetragenheit« heraus soll er im Folgenden verstanden werden.

1.3 Fragestellung und Hypothesen

1.3.1 Neuvermessungen

Die hier unternommene Untersuchung will weder den Reichswirtschaftsrat in demonstrativem Kontrast zur bisherigen Forschung nun zum vermeintlichen Herzstück der Weimarer Politik stilisieren, noch den Unsinn einer historiographischen Rehabilitierung unternehmen. Vielmehr geht es um die Neuvermessung der praktischen Rolle des Reichswirtschaftsrats in Wirtschaftsordnung und politischem System der Weimarer Republik; dass dies möglich und vor allem notwendig

65 Vgl. die Diskussion um die »sozialen Grundrechte« der WRV knapp bei Hederer, »Wirtschaftsordnung«, S. 788–790 sowie Huster, »Soziale Grundrechte«; Gusy, *Weimarer Reichsverfassung*, S. 342–369.

66 Vgl. Schumann/Gusy/Mühlhausen, »Entwicklung« (Untertitel et passim); auch zit. n. Büttner, »Ausgeforscht?«, S. 24.

67 Prägend Schmitt, *Parlamentarismus*, S. 41: »Es kann eine Demokratie geben ohne das, was man modernen Parlamentarismus nennt und einen Parlamentarismus ohne Demokratie; und Diktatur ist ebenso wenig der entscheidende Gegensatz zu Demokratie wie Demokratie der zu Diktatur.« Oder besonders polemisch: »Die Lage des Parlamentarismus ist heute so kritisch, weil die Entwicklung der modernen Massendemokratie die argumentierende öffentliche Diskussion zu einer leeren Formalität gemacht hat. Manche Normen des Parlamentsrechts, vor allem die Vorschriften über die Unabhängigkeit der Abgeordneten und über die Öffentlichkeit der Sitzungen, wirken infolgedessen wie eine überflüssige Dekoration, unnütz und sogar peinlich, als hätte jemand die Heizkörper einer modernen Zentralheizung mit roten Flammen angemalt, um die Illusion eines lodernden Feuers hervorzurufen.« (ebd. S. 10–11); zahlreiche weitere Fundstellen und Passagen ebd. Aber eben auch der liberale Moritz Julius Bonn, *Krisis*, S. 16: »Parlamentarismus und Demokratie sind nicht dasselbe.« Aus Sicht der politischen Philosophie grundsätzlich Hidalgo, *Antinomien*, hier knapp S. 216–222. Auch Boldt, »Demokratie«.

ist, soll die Arbeit auf drei Ebenen unterschiedlichen Abstraktionsgrades zeigen. Leitend ist die Annahme, dass die traditionelle Fokussierung der Forschung auf die in der Tat nur rudimentär erfolgte Implementierung der Verfassungsnorm den Blick auf Institutionalisierung und Wandel des Reichswirtschaftsrats in der politischen Praxis verstellt. Nur so erklärt sich das paradoxe Bild eines vermeintlich bedeutungslosen, gleichzeitig aber präsenten Akteurs, einer allseits bekannten, aber doch wenig greifbaren Institution. Diese letztlich undifferenzierte Erzählung über den Reichswirtschaftsrat fügt sich gleichsam suggestiv in das *master narrativ* einer im Kern »überforderten Republik«[68], deren Substanz angesichts der Unmenge unbewältigter Probleme sukzessive erodierte. Der Selbstevidenz dieser Niedergangserzählung ist es vermutlich auch zuzuschreiben, dass sich das Bild des Reichswirtschaftsrats als eines Papiertigers derart hartnäckig und letztlich unhinterfragt über Jahrzehnte, Jubiläen und Gedenktage hinweg halten konnte.

Die Untersuchung nimmt in einem *ersten*, grundlegenden Schritt (Kapitel 2) Entstehung und Etablierung des Reichswirtschaftsrats unter der Leitsemantik von »Erwartung« und »Ernüchterung« in den Blick. Im Vordergrund steht dabei nicht nur eine historisch »dichte Beschreibung« der Genese des Reichswirtschaftsrats, die für ein angemessenes Verständnis seiner institutionellen Ausgestaltung wie seines institutionellen Wandels von zentraler Bedeutung ist. Der Abschnitt widmet sich darüber hinaus der bereits früh greifbaren Skepsis gegenüber den Realisierungschancen des »Räteartikels« 165 WRV, die sich dann in der aus der Not geborenen Verordnung vom 4. Mai 1920[69] einerseits, den akribischen, detaillierten und langwierigen Beratungen des eigens zur Vorbereitung eines »endgültigen« Reichswirtschaftsrats eingerichteten »Verfassungsausschusses« spiegelte. Auf dieser Grundlage begründet das Kapitel die Relevanz einer Neubetrachtung, die sich nicht wie bisher auf eine normativ-legislative Ebene – die Verfassung von 1919, die Verordnung von 1920 und die im Reichstag gescheiterten Gesetzentwürfe von 1927/30 – beschränkt. Sie greift damit Überlegungen der rechts- und verfassungsgeschichtlichen Forschung auf, die die WRV nicht nur als offene und dynamische Verfassung begreift, sondern darüber hinaus deren gleichsam »stürmischen« Wandel akzentuiert, der die Beratungen und »Regelungsintentionen« der Nationalversammlung zehn Jahre später als »Irrlichter« erscheinen ließ.[70] Dies scheint auch auf den Reichswirtschaftsrat zuzutreffen.

Eine Neuvermessung des Reichswirtschaftsrats wird *zweitens* auf der Ebene des politischen Systems (Kapitel 3) vorgenommen: Hierbei geht es vor allem darum,

68 Prägend der Untertitel bei Büttner, *Weimar*.
69 Verordnung über den vorläufigen RWR vom 4. Mai 1920, RGBl. 1920, S. 858–869.
70 Gusy, »Überforderung«, S. 311 (dort die Zitate).

ein adäquates und theoretisch unterfüttertes Bild seines institutionellen Wandels als Akteur (und eben nicht als Norm) zu gewinnen. Der Institutionalisierungsprozess, so fragil er auch war, erfolgte dabei entlang der folgenden Variablen: Da ist zunächst die Kategorie »Zeit« hervorzuheben,[71] von der angesichts der überwältigenden, sich rasch wandelnden und sukzessive auftürmenden ökonomischen und (reparations-)politischen Probleme[72] nie ausreichend vorhanden war. Aus dieser Hast erklärt sich die von den Akteuren bewusst betriebene Abkehr von der Verfassungsnorm, um so den Reichswirtschaftsrat als handlungsfähiges und schlagkräftiges Reichsorgan positionieren zu können. Aus der Not – den inflationsbedingt massiven Einschnitten im Etat des Reichswirtschaftsrats, dem unter anderem sein quasi-parlamentarisches Plenum zum Opfer fiel – wurde so eine Tugend gemacht. Daneben hatte sich der Reichswirtschaftsrat von Beginn an in einem ihm nur bedingt freundlich gesonnenen institutionellen Umfeld zu behaupten. Insbesondere die Dauerkonflikte mit dem Reichstag, die nicht unbegründet als »Eifersüchteleien«[73] beschrieben wurden, prägten seine Arbeit in der Praxis, wohl aber auch in erheblichem Maße seine retrospektive Geringschätzung. Vergleichbar, wenn auch zunächst nicht derart spannungsgeladen, war sein Verhältnis zu den unterschiedlichen Regierungen. Auch wenn diese Konflikte, die ja vor allem deshalb so relevant waren, weil der Reichwirtschaftsrat auf Grundlage der Verordnung von 1920 nur sehr bedingt unabhängig agieren konnte, seine Handlungsfähigkeit erheblich restringierten, so bildeten sie auch den Nährboden für die Ausformung seiner »institutionellen DNA«, seines institutionellen Selbstverständnisses, das von den Akteuren ostentativ gegen politisch-dogmatische Voreingenommenheit oder wirtschaftliche Eigeninteressen ins Feld geführt wurde, und in seiner Bedeutung kaum überschätzt werden kann. Die Arbeit verfolgt die These, dass die Verbalisierung und Praktizierung dieses Habitus, der von der Notwendigkeit und Möglichkeit einer rationalen Wirtschafts-, Finanz- und Sozialpolitik ausging, einen zentralen Schlüssel zum Verständnis des Reichswirtschaftsrats in seinem historischen Umfeld bereit hält. Er situierte sich damit aus der Perspektive der Akteure in einem sehr schmalen Zwischenraum zwischen expertokratischen, parlamentarischen und korporatistischen Modi politischer Kommunikation; dies bedingte seine Persistenz, aber auch seine fragile Stellung im politischen System der Weimarer Republik.

71 Mit Blick auf die betriebliche Mitbestimmung ähnlich Plumpe, *Betriebliche Mitbestimmung*, S. 439.

72 Aus wirtschaftshistorischer Perspektive präzise und anschaulich Plumpe, »Weimar« (Untertitel: »Über das Anhäufen von Problemen«).

73 So etwa exemplarisch der Vorsitzende des RWR, Friedrich Edler von Braun, in der 4. Sitzung des Reparationsausschusses, 28.6.1921, BArch R 401/611, fol. 315–316. (Die Zitation foliierter Archivbestände folgt der Konvention, die Vorderseite nur mit der entsprechenden Blattziffer, die Rückseite durch ein zusätzliches Häkchen zu markieren).

Diese Überlegungen sollen *drittens* anhand ausgewählter und mit Blick auf die Politik- und Wirtschaftsgeschichte der Weimarer Republik repräsentativer Felder[74] – Sozialisierungen und Übergangswirtschaft (Kapitel 4.2), Reparationsregime und »Erfüllungspolitik« (Kapitel 4.3), Kartelle, Wettbewerb und Wirtschaftsordnung (Kapitel 4.4), Arbeitsbeschaffung und Konjunkturpolitik (Kapitel 4.5) – exemplifiziert, differenziert und problematisiert werden. Die empirische Analyse geht dabei von zwei zentralen Annahmen aus: Zum einen gelang es nicht, parallel zur Ausformung des institutionellen Selbstverständnisses auch einen belastbaren Modus zur Einbindung des Reichswirtschaftsrats in den Prozess der politischen Entscheidungsfindung zu etablieren. Während die Institution also im Zuge der praktischen Arbeit mehr und mehr an Form und Stabilität gewann, blieb ihre Rolle im politischen System fragil. Zum anderen verkörperte der Reichswirtschaftsrat aber aufgrund seiner ökonomischen Expertise und des durch ihn zur Verfügung gestellten kommunikativen Angebots trotzdem einen politischen Faktor, auf den Rücksicht genommen werden musste. Er schuf damit ein dynamisches Gravitationsfeld, das es empirisch zu erfassen gilt.[75]

Die Rekonstruktion der Rolle des Reichswirtschaftsrats im politischen System der Weimarer Republik und die Neuvermessung seiner Stellung im Spannungsfeld volkwirtschaftlicher Anforderungen, ökonomischer Interessen, politischer Prämissen und öffentlicher Erwartungen sollen darüber hinaus (Kapitel 5) einer Systematisierung zugeführt werden, die den historischen Ort des Reichswirtschaftsrats in übergreifende Bezüge einzuordnen versucht. Leitende Annahme ist, dass der Reichswirtschaftsrat als ein Symptom für die »Unausgetragenheit« der drängenden Fragen zum Verhältnis von Wirtschaft und Politik in der Weimarer Republik begriffen werden kann: Als eine Institution »zwischen den Stühlen«, deren *politischer* Geltungsanspruch durch ökonomische Sacharbeit und den Verzicht

74 Die Beschränkung der Analyse auf (im weitesten Sinne) Fragen der Wirtschaftspolitik hat zur Folge, dass die im RWR ausführlich diskutierten Themen der Sozialpolitik ebenso wenig in den Blick genommen werden, wie einzelne Fragen der Finanzpolitik (vgl. exemplarisch die – bis 1926 reichende – Übersicht über die Arbeiten des Sozial- bzw. Finanzpolitischen Ausschusses bei Hauschild, *Reichswirtschaftsrat*, hier S. 261–357 bzw. S. 358–495). Gleichwohl, und hierauf wird in Kap. 4.1 näher eingegangen, beanspruchen die ausgewählten Themenfelder insofern eine generelle Relevanz, als sie sowohl zu zentralen Fragen der Weimarer Republik Stellung beziehen, als damit auch finanz- und sozialpolitische Aspekte ansprechen – etwa mit Blick auf die Währungsstabilität der frühen 1920er oder arbeitsmarktpolitische Initiativen der frühen 1930er Jahre.

75 Es wäre eigens zu diskutieren, inwieweit der politikwissenschaftliche Vetospieler-Ansatz hierfür fruchtbar gemacht werden könnte, ohne den irreführenden Eindruck zu erzeugen, der RWR hätte aus eigener Kraft politische Entscheidungen explizit verhindern (als im vortheoretischen Sinne »ein Veto einlegen«) können. Vgl. hierzu die konzeptionellen Ausführungen in Kapitel 3.1 sowie Tsebelis, *Veto Players* (2002); Tsebelis, »Veto Players« (2000); Tsebelis, »Decision Making«; Tsebelis, »Veto Player Theory«. Vgl. auch knapp Ganghof/Schulze, »Vetospieler«; König/Debus, »Veto Players«.

auf ideologischen Dogmatismus allein nur schwer durchsetzbar war. Die daraus erwachsenden Ambivalenzen und Dynamiken gilt es transparent zu machen und als Grundlage für weiterführende Erkenntnisse über die deutsche Geschichte in der ersten Hälfte des 20. Jahrhunderts zu nutzen.

1.3.2 Der Reichswirtschaftsrat als politischer Akteur

Grundlage der im Folgenden entfalteten Erzählung ist die Überzeugung, dass ein Perspektivwechsel Not tut, der sich der Praxis, weniger der Norm des Reichswirtschaftsrats widmet. Die auch zeitgenössisch relevante, vor allem aber nach 1945 intensivierte Fixierung auf die Weimarer Verfassung als erklärende Variable für den (erlittenen bzw. bewusst herbeigeführten) Schiffbruch der parlamentarischen Demokratie in der Zwischenkriegszeit ist bekannt, zwischenzeitlich aber weitgehend als Facette eines bundesdeutschen Exkulpationsnarrativs diskreditiert.[76] Anstatt den Verfassungstext von 1919 als monolithischen Block zu verstehen, dessen rechtlicher Gehalt ein für alle Mal festgestanden hätte, gilt es den Blick auf die Offenheit der Verfassung einerseits, ihre Dynamik und ihren Wandel andererseits zu lenken.[77] Die intensiv und auf hohem Niveau geführten Debatten der Weimarer Staatsrechtslehre sind hierfür nur ein Beleg, die politischen Kontroversen um die aus der Verfassung abzuleitenden sozialen und ökonomischen »Grundrechte« oder die Auslegung durch die Rechtsprechung zwei weitere. All dies zeigt, dass der Schluss von der de facto nicht erfolgten Umsetzung der Verfassungsnorm auf die Praxis nicht nur zu kurz greift, sondern wesentliche Veränderungsprozesse im Verlauf der 1920er Jahre ausblendet. Es scheint die These nicht unbegründet, dass man es nicht nur hinsichtlich der Abfolge ökonomischer und politischer Krisen, sondern auch ideen- und mentalitätsgeschichtlich mit sehr unterschiedlichen Weimarer »Republiken« zu tun hat. Der hier unternommene Perspektivwechsel speist sich aus diesen Überlegungen und versucht, sie für den Reichswirtschaftrat nutzbar zu machen.

Im Kontrast zur gängigen Annahme eines spätestens mit den signifikanten Etatkürzungen seit 1923 einhergehenden Niedergangs des Reichswirtschaftsrats betont die vorliegende Studie *erstens* Beständigkeit und *Persistenz* eines Akteurs, der seinen institutionellen Wandel selbst zu gestalten suchte. Weshalb aber die unterschiedlichen Akteure an der Institution festhielten, ja dieser ein institutio-

76 Vgl. etwa Gusy, »Wirkung«, S. 36–37; Gusy, »Überforderung«, S. 298–304; Gusy, *100 Jahre*, S. 1–6; Gusy, *Weimarer Reichsverfassung*, S. 455–467; Waldhoff, »Folgen«, S. 291; Büttner, »Verfassung«, S. 42.

77 Exemplarisch Boldt, »Weimar«, S. 234; Gusy, »Überforderung«, S. 307; jüngst Schumann/Gusy/Mühlhausen, »Entwicklung«, S. 9–15.

nelles Selbstverständnis nach innen wie außen einzuschreiben vermochten, ist eine keineswegs einfach zu beantwortende Frage. Dass der Reichswirtschaftsrat ein Forum ökonomisch-rationaler Kommunikation jenseits von Parlament, Verbänden und Öffentlichkeit bot, mag als vorläufige und im Folgenden noch eingehender zu problematisierende These genügen. Doch das Faktum der Persistenz sagt freilich nichts über die konkrete »Bedeutung« des Reichswirtschaftsrats im politischen System. Und in der Tat erscheint *zweitens* weniger die institutionelle Existenz als vielmehr die politische Relevanz des Reichswirtschaftsrats als prekär.[78] Dabei speiste sich die *Fragilität* aus mehreren Quellen, die in ihrer Summe den Fortbestand des Reichswirtschaftsrats bis 1934 als das eigentlich Exklärungsbedürftige erscheinen lassen: Einerseits sind hier die im Vergleich zur Verfassungsnorm erheblich limitierten Instrumente zur Einflussnahme auf den politischen Entscheidungsprozess zu nennen, insbesondere das fehlende Gesetzesinitiativrecht. Man blieb so den Motiven und taktischen Überlegungen der Regierung ausgeliefert: wurde man nicht gebeten, hatte man auch nichts zu sagen. Es wird im Folgenden zu zeigen sein, wie sich diese Einschränkung auf die Arbeit des Reichswirtschaftsrats gerade in den »großen« Fragen der Weimarer Republik auswirkte. Andererseits trugen aber auch die Akteure im Reichswirtschaftsrat sehr unterschiedliche Erwartungen und politische Vorstellungen in die Ausschüsse hinein, die nach einem Modus der Kanalisierung und des rationalen Umgangs verlangten. Hier sollten sich, und das ist besonders hervorzuheben, sehr rasch Strategien etablieren, die das Selbstbild des sachlich-rationalen Gremiums zu befestigen halfen, auch wenn das dieser Konstellation stets inhärente Paralysepotential davon unberührt und als konfrontatives Gegenmodell stets aktivierbar blieb. Trotz all der Schwierigkeiten kam dem Reichswirtschaftsrat damit *drittens* die spezifische Funktion im politischen System der Weimarer Republik zu, durch ökonomische Expertise und die durch das Führungspersonal verbürgte Potenz das Handeln der Regierung auf unterschiedliche Weise zu beeinflussen, wenn auch nicht direkt zu steuern. Der Reichswirtschaftsrat kann, so die These, damit als ein *politischer Akteur* neu gefasst werden, ohne seine konstitutiv fragile Stellung negieren zu müssen. Zusammengenommen entsteht so das Bild einer durchweg ambivalenten Institution, deren Eigenart, Praxis und Zukunft umstritten, »unausgetragen« blieb. Angesichts der Rahmenfaktoren ist dies kaum überraschend: Der Reichswirtschaftsrat – ein charakteristisches Symptom der Weimarer Republik.

78 Zur Etymologie vgl. die lateinische Bedeutung nach Stowasser *precarius* – »1. erbeten, erbettelt, aus Gnade, durch Bitten erlangt [...]. 2. bis auf Widerruf gewährt, unsicher, unbeständig.«

2. Der Reichswirtschaftsrat: Zwischen Erwartung und Ernüchterung

2.1 Erwartungen: Der Reichswirtschaftsrat in der Weimarer Reichsverfassung

Mit dem Ende des Ersten Weltkriegs war nicht nur die Frage nach der zukünftigen politischen Ordnung des Deutschen Reiches – territorial, staatsorganisatorisch, legitimatorisch – aufgeworfen; auch das Problem wirtschaftlicher Ordnung stand im Brennpunkt ganz unterschiedlicher Deutungen von Vergangenheit, Gegenwart und Zukunft, die einer Klärung bedurften.[1] Zum *einen* drehte es sich um die Frage, in welche Volkswirtschaft die Kriegswirtschaft transformiert werden sollte: Hier konkurrierte eine grelle Vielfalt verschiedenster Systementwürfe, die ganz unterschiedliche Vorstellungen davon besaßen, wie das Verhältnis von Wirtschaft und Staat buchstäblich in Ordnung gebracht werden sollte. Es ist dies ein Feld, dem in der Forschung traditionell ein hohes Maß an Aufmerksamkeit zuteil wurde, und das tiefe Einblicke in theorie- und ideengeschichtliche Strömungen und politische Diskurse der Zeit erlaubt; mit Blick auf die Entstehungsbedingungen des Reichswirtschaftsrats soll dies erneut, wohl aber systematisch betrachtet werden. Zum *anderen* galt es, ganz handfeste ökonomische Probleme bisher ungekannter Radikalität und Tragweite zu moderieren, die überdies mit gravierenden diplomatischen, sozialen und politischen Problemen verschlungen waren. Rasch wurde deutlich, dass beide Dimensionen – die theoretische Frage nach der zukünftigen Wirtschaftsordnung und die praktische Frage nach der Bewältigung des Berges an Nachkriegsproblemen – in nicht unerheblicher Spannung zueinander standen.[2] Anhand des Reichswirtschaftsrats wird dies besonders greifbar. Die ersten

1 Vgl. zum Folgenden Hederer/Priemel, »In der Schwebe«, S. 92–96; zur Wirtschaftsgeschichte Feldman, *Great Disorder*, insb. die zusammenfassende Deutung der Weimarer Republik als einer »mortgaged democracy«, S. 837–858. Daneben auch Petzina, »Soziale und wirtschaftliche Entwicklung«; Petzina, *Wirtschaft*; Jaeger, *Geschichte*, S. 145–161; Büttner, *Weimar*, S. 33–64; Peukert, *Weimarer Republik*, S. 32–61 (»Hoffnungen« – »Entscheidungen« – »Enttäuschungen«); Winkler, *Weimar*, S. 13–32 (über das »zwiespältige Erbe«).

2 Vgl. zur Semantik des angehäuften Berges an Problemen Plumpe, »Weimar«.

Monate hatten allerdings bereits insofern für teilweise Klarheit gesorgt, als einige besonders plakative Konzepte, wie etwa die »Gemeinwirtschaft« von Wichard von Moellendorff und Rudolf Wissell,[3] als realistische Optionen aktiv vom Tisch genommen[4] oder angesichts veränderter »Umstände« nicht weiter verfolgt wurden bzw. werden konnten.[5]

Vor diesem Hintergrund soll der Reichswirtschaftsrat als ein *Prisma* begriffen werden, das die – weniger hinsichtlich der Diagnose als der darauf anzuwendenden Therapie – divergierenden Ansätze einer Neuordnung von Wirtschaft und Staat in sich bündelte und zu einem eigenständigen, keineswegs stabilen, sukzessive aber institutionell verfestigten Gebilde entwickelte. Im Reichswirtschaftsrat kristallisierten sich nicht nur die amorphen und ideologisch umkämpften Vorstellungen über die zukünftige sozio-politische Rolle »der Wirtschaft«. Er sah sich auch mit der Erwartung konfrontiert, fundierte Lösungen für die komplexen Herausforderungen auf Basis eines Ausgleichs unterschiedlicher Interessen vorzulegen. Dieser Überschuss an Erwartungen, einerseits als Institution die ideologisch überfrachteten Konzepte einer Neuordnung der Wirtschaft in sich aufzunehmen, und dabei andererseits gleichzeitig als Akteur die Fragen der Wirtschafts-, Sozial- und Finanzpolitik maßgeblich und vor allem an »objektiven« ökonomischen Erwägungen orientiert zu behandeln, war Hypothek und Existenzgarantie zugleich. Nur beides zusammen erklärt seine Persistenz als begrifflich

3 »Das Reichswirtschaftsministerium hat sich absichtlich bemüht, die von ihm verfochtene Art Sozialismus unter dem noch nicht abgegriffenen Ausdruck ›Gemeinwirtschaft‹ zu betreiben. *Es versteht darunter die zugunsten der Volksgemeinschaft planmäßig betriebene und gesellschaftlich kontrolliere Volkswirtschaft.*« (Denkschrift des Reichswirtschaftsministeriums zur wirtschaftlichen Lage, 7.5.1919, AdR Kab. Scheidemann, Nr. 63a, S. 272–283, hier S. 280, Hervorhebung in der Vorlage). Desgleich in der Broschüre *Aufbau der Gemeinwirtschaft* von 1919, hier S. 10. Die Denkschrift war ursprünglich nicht zur Veröffentlichung bestimmt, war aber dennoch an die Öffentlichkeit gelangt und zunächst in Teilen in der Vossischen Zeitung vom 24.5.1919 veröffentlicht worden. Vgl. auch Moellendorff, *Deutsche Gemeinwirtschaft*; Moellendorff, *Konservativer Sozialismus*; Wissell/Moellendorff, *Wirtschaftliche Selbstverwaltung*; Wissell, *Praktische Wirtschaftspolitik*. Zeitgenössisch darüber hinaus Heilberg, *Aufbau*; Gieseke, *Rechtsverhältnisse* sowie die (soweit ersichtlich) bis 1920 erschienene Schriftenreihe »Deutsche Gemeinwirtschaft«, darin etwa neben den zit. Arbeiten von Wissell und Moellendorf auch u.a. Naphtali, *Kapitalkontrolle*; Planck, *Privatrecht*; Potthoff, *Volkswirtschaft*. Vgl. zum Thema »Gemeinwirtschaft« auch die nicht zufällig in den 1970er und 1980er Jahre entstandenen Arbeiten von Ehlert, *Zentralbehörde*, vor allem S. 320–387; Biechele, *Kampf*, S. 107–108, 133 et passim (biographische Informationen zu Wissell S. 47–64, zu Moellendorff S. 65–76) und Thiemeyer, *Gemeinwirtschaftlichkeit*, insb. S. 17–21, 40–42 (der Band verfolgt allerdings eine betriebswirtschaftliche, damit gegenwartsbezogene Perspektive, vgl. das Vorwort ebd., S. 5–7); Ambrosius, »Ansätze«. Überblick auch knapp bei Fisch, »Strukturwandel«, S. 126–136.

4 So fällt das Programm von RWiM Rudolf Wissell (SPD) im Kabinett am 8.7.1919 glatt durch: vgl. AdR Kab. Bauer, Nr. 20, S. 92. Das Programm vom 7.5.1919 in den AdR Kab. Scheidemann, Nr. 63b. Vgl. auch Ritter, »Entstehung«, S. 106–107.

5 Das Thema »Räteorganisation« kann dafür als besonders plastisches Beispiel gelten, ebenso der institutionelle Wandel des RWR. Vgl. dazu die folgenden Ausführungen.

kaum fassbarer »Hybrid« bis in die frühen 1930er Jahre. Der Rekonstruktion seiner Entstehung kommt daher besondere Bedeutung zu.

2.1.1 Motive: Neuordnung des Verhältnisses von Wirtschaft und Staat

Für die maßgeblichen Akteure aus Politik und Wirtschaft lag auf der Hand, dass die Beziehungen zwischen Wirtschaft, Staat und Politik einer Neujustierung bedurften. Weder konnte und sollte die Kriegswirtschaft fortgesetzt,[6] noch die als allzu frei wahrgenommene Ordnung des klassischen Wirtschaftsliberalismus revitalisiert werden.[7] Was aber an die Stelle gesetzt werden sollte, war höchst umstritten – und blieb dies auch. Der Weimarer Republik sollte es zu keiner Zeit gelingen, ein kohärentes, in sich geschlossenes Paradigma wirtschaftlicher Ordnung zu etablieren; der Reichswirtschaftsrat, sein institutioneller Wandel und seine politische Praxis, stehen paradigmatisch für diese Beobachtung.[8] Die Frage freilich ist, woran sich diese Umstrittenheit, ja »Unausgetragenheit« konkret manifestierte, und wie sie sich erklären lässt: *Erstens* geht es dabei um einen Wandel in der Wahrnehmung der *Bedeutung* von Wirtschaft und die daraus folgenden Veränderungen im Verhältnisses von Ökonomie und Politik als zwei aufeinander bezogene, aber grundsätzlich unterschiedliche Sphären. *Zweitens* um Überlegungen zur institutionellen *Kanalisierung* von (organisierter) Wirtschaftsmacht, und schließlich *drittens* um die Konzeptualisierung einer den komplexen Bedingungen der Zeit angemessenen *Wirtschaftspolitik*.

Die Dynamiken der wirtschaftlichen Entwicklung Deutschlands hatten im letzten Drittel des 19. Jahrhunderts auf nahezu allen Ebenen gravierende Anpassungsprozesse provoziert, die zu signifikanten Umgruppierung und teilweisen Verschärfung gesellschaftlicher Konfliktlinien geführt hatten. Während auf der einen Seite mit Sozialdemokratie und Gewerkschaften politische Akteure sichtbar wurden, denen zwar mit Bismarckschen Mitteln (allein) nicht mehr beizukommen war, die aber selbst in weiten Teilen ihrer Mitgliedschaft alles andere als »systemfeindlich«

---

6 Zur Kriegswirtschaft grundlegend Roth, *Staat und Wirtschaft*, hier vor allem die Einleitung S. 15–27 und das Fazit S. 411–421; vgl. auch Ziegler, »Kriegswirtschaft«; Ullmann, »Kriegswirtschaft« sowie jüngst den Band von Boldorf (Hg.), *Deutsche Wirtschaft*, hier insb. Boldorf, »Ordnungspolitik« und Hardach, »Kriegsfinanzierung«. Mit Blick auf die Rolle der Unternehmen explizit Plumpe, »Logik«.

7 Vgl. die Ausführungen bei Plumpe, *Das kalte Herz*, S. 312–327. Die bekannten Arbeiten etwa Rathenaus zur Etablierung einer »neuen Wirtschaft« stehen dafür in gewisser Hinsicht paradigmatisch, wenn sie auch nicht als repräsentativ gelten können. Ausführlich auch Scholl, *Begrenzte Abhängigkeit*, S. 81–105.

8 Vgl. Hederer/Priemel, »In der Schwebe«, S. 96–100.

agierten,[9] so hatten sich auf der anderen Seite auch die Strukturen der Wirtschaft erheblich verschoben.[10] Sichtbar wurde dies etwa anhand eines zunehmenden Konzentrationsprozesses,[11] der, aus den Erfahrungen der Krisenjahre in den 1870er Jahren lernend, Unternehmenszusammenschlüsse, Marktabsprachen und die Nutzung von »Synergien« als probates Instrument in der »Not«[12] (aber beileibe nicht nur) erachtete. Auch die Auswirkungen der »ersten Welle der Globalisierung« mussten ökonomisch moderiert und politisch verarbeitet werden.[13]

Diese und andere Veränderungen in Ökonomie und Politik, die sich auf materieller, struktureller wie ideell-theoretischer Ebene vollzogen, blieben den Zeitgenossen keineswegs verborgen – und verlangten nach einer Erklärung.[14] Besondere

9 Zur Entwicklung der SPD im Kaiserreich vgl. exemplarisch Ritter, »Sozialdemokratie«, S. 336–362; Grebing, *Arbeiterbewegung*, insb. S. 117–134; Groh/Brandt, *Vaterlandslose Gesellen*, etwa S. 131–141, 158–173.

10 Vgl. jüngst Pfister u.a., »Einleitung« sowie insgesamt der von denselben hg. Sammelband *Deutschland 1871*, der anhand zahlreicher und instruktiver Fallstudien die Parallelität von Nationalstaatsgründung und dem »grundlegende[n] Strukturbruch der langfristigen wirtschaftlichen Entwicklung Deutschlands« in den Blick nimmt (ebd., S. 1). Im Ergebnis ist aber davon auszugehen, dass »die wirtschaftlichen Folgen der deutschen Nationalstaatsbildung wohl begrenzt waren« (ebd., S. 16), der Zusammenhang also mehr ein zeitlicher denn ein (wie auch immer konkret zu verstehender) kausaler sei. Grundlegend auch Burhop, *Wirtschaftsgeschichte*, S. 31–65, 153–166 (zur Kartellierung).

11 Einen Überblick bietet Jovovic, »Deutschland und die Kartelle«, hier vor allem S. 239–242, 249–273 sowie klassisch aus rechtshistorischer Sicht (mit nicht unproblematischer normativer Stoßrichtung) Nörr, *Leiden*, S. 7–30. Kritisch jüngst mit Blick auf die stets zitierte Entscheidung des RG zum »Sächsischen Holzstoffkartell« vom 4.2.1897 (RGZ 38, 155) Roelevink/Ziegler, »Kapitalismus«, S. 250–254.

12 Kleinwächter, *Kartelle*, S. 157 (et passim): »Endlich wird, u. zw. sowohl von den Gegnern als von den Vertheidigern der Kartelle darauf hingewiesen, dass alle diese Vereinigungen sehr kurzlebiger Natur sind und dass sie nur so lange dauern als es den einzelnen Kontrahenten convenire. Die meisten Kartelle seien Kinder der Noth und werden geschlossen wenn die Preise niedrig stehen, das Angebot also ein relativ großes ist [...].« (»Kinder der Not«); Jovovic, »Deutschland und die Kartelle«, S. 249–252.

13 Hierzu insbesondere Torp, *Herausforderung*, S. 27–49 sowie pointiert auch Torp, »Weltwirtschaft«, S. 608: Er verweist in diesem Zusammenhang aber auch auf den Bruch des globalen ökonomischen Integrationsprozesses infolge des Ersten Weltkriegs und der Weltwirtschaftskrise. Dagegen betonte jüngst Hesse, »Globale Verflechtung«, insb. S. 347–349, dass – entgegen der herrschenden wirtschaftshistorischen Auffassung von der »De-Globalisierung« – »die globale Verflechtung der Weimarer Wirtschaft in den 1920er Jahren durchaus beachtlich gewesen ist, sich aber nicht in der Außenhandelsstatistik niederschlug, weil die Konventionen einer nationalstaatlich orientierten Wirtschaftsstatistik nur eine bestimmte Form der internationalen Kooperation berücksichtigten.« D.h.: Es mag zutreffen, dass die Außenhandelsstatistik den Eindruck der abnehmenden weltwirtschaftlichen Integration bestärkt; die Verflechtung erfolgte aber auf einer anderen Ebene – auf der »Ebene der Unternehmen [...], die über globale Wertschöpfungsketten miteinander verbunden« waren (die Zitate ebd., S. 349).

14 Exemplarisch sei dabei auf die retrospektiv beinahe kurios anmutende, unter Zeitgenossen aber durchaus hitzig geführte Debatte verwiesen, ob Deutschland ein Agrar- oder Industriestaat sei bzw. sein solle: Vgl. den Vortrag von Karl Oldenberg, »Ueber Deutschland« und die unmittelbare Replik von Max Weber in den Verhandlungen des achten Evangelisch-sozialen Kongresses, 1897, hier S. 64–104 und 105–128. Gegen die »Agrarstaats«-These auch Brentano, »Schrecken«. Dazu Ambrosius, »Agrarstaat« und Harnisch, »Agrarstaat«.

Prägnanz und Signifikanz ist dabei Emil Lederers Arbeit über »Das ökonomische Element und die politische Idee im modernen Parteiwesen« von 1912 zu attestieren. Lederers Perspektive ist vor allem deshalb interessant, weil sie zeitdiagnostisch auf einen fundamentalen Wandel im Verhältnis von Politik und Wirtschaft aufmerksam macht, gleichwohl aber in einem weiteren ideengeschichtlichen Zusammenhang verstanden und verortet werden kann: Kernthese ist, dass infolge der wirtschaftlich bedingten »Atomisierung« der Gesellschaft der Typus der politischen Partei zusehends verdrängt würde vom neuen Typus der »Interessentenorganisationen«: Während Parteien die »Herrschaft eines Prinzips«[15] bestrebten, und damit im Kern auf einem exklusiven Wahrheitsanspruch basierten, würden Letztere dagegen nur mehr (aus)tauschbare ökonomische Interessen vertreten. Dieser Prozess sei durch die Entwicklungen der kapitalistischen Wirtschaft befördert: An der Ökonomie und ihrer Sogwirkung sei kein Vorbeikommen, neue Mechanismen des politischen Entscheidungsfindungsprozesses daher nötig.[16] Lederers Diagnose sollte sich hinsichtlich der Bedeutung der Wirtschaft, der Veränderungen im Verhältnis von Ökonomie und Politik und der Notwendigkeit einer institutionell fassbaren Neuordnung als besonders hellsichtig erweisen;[17] sie fügte sich aber auch in einen breiteren ideengeschichtlichen Bezugsrahmen: Denn die zunehmende Diffusion von Logiken des Ökonomischen – Egalität, Tausch, Konkurrenz[18] – in den Bereich des Politischen beschreibt einen in gewisser Hinsicht typisch »modernen«[19] Trend, der bereits deutlich früher fassbar ist, im ersten Drittel des 20. Jahrhunderts aber erneut von den Zeitgenossen aufgegriffen und in die jeweils passenden politischen Botschaften transformiert wurde. Die prominent etwa in Othmar Spanns »Wahrem Staat« von 1921 propagierten ständischen Ordnungskonzepte[20] rekurrierten nicht nur zufällig auf Adam Müller und sein organologisches Politik- und Ökonomieverständnis, das dieser in seinen »Elementen der Staatskunst« von 1809 stilbildend formuliert hatte.[21] Vielmehr wurde damit ein Unbehagen am Status quo zum Ausdruck gebracht, das ganz unterschiedliche politische Strömungen

15 Lederer, »Ökonomische Element«, S. 535–537, 541, 553 et passim

16 Ebd., S. 553 (»Bedürfnis nach neuen politischen Formen«); ebd., S. 557: Der Trend der Zeit »mußte an Stelle der politischen Idee die ökonomischen Interessen setzen«.

17 Etwa (aber keineswegs nur) mit Blick auf die Auseinandersetzungen um die Frage der Sozialisierungen (also den staatlichen Zugriff auf Privateigentum) einerseits, die von Franz Böhm und anderen in den späten 1920er und frühen 1930er Jahren lancierte Debatte um die Kolonisierung des Staates durch Private andererseits. Vgl. neben dem einschlägigen Aufsatz von Böhm, »Problem der privaten Macht« von 1927/28 vor allem Hederer/Priemel, »In der Schwebe«, S. 106–116.

18 Vgl. ausführlich Hederer, *Im Sog*, insb. S. 73–100.

19 Vgl. ebd. die Passagen zu Dumont, *Homo aequalis*.

20 Vgl. Köster, *Wissenschaft*, S. 180–191 und klassisch Spann, *Der wahre Staat*.

21 Vgl. zu Adam Müllers dreibändigen »Elementen der Staatskunst« von 1809 aus der Perspektive der ökonomischen Ideengeschichte detailliert Hederer, *Im Sog*, S. 310–336.

teilten – freilich aber auch ganz unterschiedliche Lösungsansätze favorisierten. Kurz: Dass sich im Verhältnis von Wirtschaft und Staat bzw. Ökonomie und Politik[22] Grundlegendes verschoben hatte, und dass darauf neue Antworten gefunden, formuliert und diskutiert werden mussten, war bereits um die Jahrhundertwende präsent, nahm aber nach dem Ersten Weltkrieg nochmals an Bedeutung zu. Die intensiven und vor allem kontroversen Diskussionen um die konkrete Form der Weimarer Wirtschaftsordnung machen unmittelbar deutlich, dass es sich dabei um eine Frage von eminenter politischer Brisanz handelte.[23]

Die Beobachtung einer zunehmenden »Landnahme«[24] des Ökonomischen, wie sie Emil Lederer in seiner Studie präsentiert hatte, war nur eine Stimme in einem wesentlich größeren und nicht eben homophonen Chor. Das musste freilich nicht bedeuten, dass »die Wirtschaft« (oder gar einzelne Unternehmer) sich »des Staates« bemächtigt hätte(n); ganz im Gegenteil war es, und darauf zielte auch Lederer, (zunächst) der Staat, der die Wirtschaft nicht nur »regulierte«, sondern mit zunehmender Kriegsdauer immer intensiver zum Instrument der staatlichen Zwangsbewirtschaftung griff, während die Unternehmen zusehen mussten, damit ökonomisch und strukturell zurecht zu kommen. Die Unterstützung der Kriegswirtschaft durch Umstellung auf Rüstungsproduktion schloss dies freilich mit ein.[25] Worum es also ging war eine Neujustierung des Verhältnisses von Wirtschaft und Staat; der im Krieg vollzogene »Strukturbruch« angesichts einer bis dato kaum für möglich gehaltenen Mobilisierung ökonomischer Ressourcen muss dabei als Trigger begriffen werden.[26]

Das Knäuel der Kriegswirtschaft zu entwirren war theoretische Herausforderung und praktische Aufgabe zugleich. Mit wenigen Ausnahmen – Moellendorff stellt hier eine besonders prominente dar – waren sich die maßgeblichen Akteure aus Wirtschaft und Politik weitgehend einig, dass das System der staatlichen

22 Ohne an dieser Stelle mit theoretischen Verkomplizierungen Verwirrung stiften zu wollen, ist die durch die beiden Begriffspaare markierte Unterscheidung nicht willkürlich: Während »Wirtschaft und Staat« auf Realien verweist, sind mit »Ökonomie und Politik« Konzepte, Zugriffe auf die Wirklichkeit angesprochen.

23 Vgl. hierzu Hederer, »Wirtschaftsordnung«. Pointiert Peukert, *Weimarer Republik*, S. 60–61.

24 Vgl. den – umstrittenen – Begriff exemplarisch bei Dörre, »Landnahme«, hier S. 39–46 sowie Dörre/Lessenich/Rosa, »Landnahme«, S. 296.

25 Vgl. insb. Plumpe, »Logik«, S. 343–357.

26 Etwa mit Blick auf die Kohlenbewirtschaftung Ziegler, »Kriegswirtschaft«, S. 320; aus rechtshistorischer Perspektive bereits Stolleis, »Entstehung«, S. 143–146. Ganz abgesehen davon tendiert die Wirtschaftsgeschichtsschreibung ohnehin dazu, den Schnitt nicht, wie in der politischen Geschichte konventionalisiert, 1918 zu setzen, sondern 1914 oder 1916; der Band von Feldman, *Great Disorder* mag ebenso als Beispiel dienen wie Henning, *Deutsche Wirtschafts- und Sozialgeschichte* oder Tooze, *Sintflut*. Vgl. auch Boldorf, »Forschungsfragen«, S. 5–8.

Zwangswirtschaft aus Kriegszeiten keine Zukunft hatte;[27] nur: was an dessen Stelle treten sollte, konzeptionell wie institutionell, war keineswegs klar. Für die politische Linke stellten zwar auf der einen Seite staatliche Eingriffe in privatwirtschaftliche Eigentumsrechte unter dem Schlagwort der »Sozialisierungen« kein grundsätzliches Problem, vielmehr ein Gebot der Stunde dar. Keineswegs aber war man sich zwischen Revisionisten, orthodoxen Marxisten, Gewerkschaftern, sozialdemokratischen Abgeordneten oder sozialistischen Intellektuellen darüber einig, wie man sich nun im Spannungsfeld von Theorie und Praxis bewegen sollte, ohne den Rückhalt der Basis (und diese wiederum an die linke Opposition und später die Kommunisten) zu verlieren.[28] Gleichzeitig wollte man unter keinen Umständen die nun endlich erlangte Macht durch ungestüme Radikalität aufs Spiel setzen, sondern vielmehr den praktischen Beweis erbringen, den Staat solide und verantwortungsbewusst führen und dabei gleichzeitig sozialistische Politik realisieren zu können.[29] Dazu kam, dass die sozialdemokratische und gewerkschaftliche Elite das politische Handwerkszeug im Kaiserreich erlernt hatte; diese Sozialisation ließ sich, selbst wenn man gewollt hätte, nicht so einfach abschütteln.[30] Trotz aller Gelübde schlug man so bald einen pragmatischen Weg ein, dessen Kompatibilität mit den Zielen »des Sozialismus« immer größeren (theoretischen) Begründungsaufwand – oder entsprechend kompensatorisch wirkende Sozialleistungen – er-

---

27 Vgl. etwa auch die Reaktionen auf die Rede Moellendorffs in den »Beratungen über die Frage der Selbstverwaltungskörper« des RDI am 12. Juni 1919 (hier S. 4–13), auch wenn innerhalb des RDI durchaus Konflikte über das zukünftige Verhältnis von Wirtschaft und Staat bestanden, worauf etwa Hans Kraemer ebd., S. 23–24 oder Clemens Lammers ebd., S. 26 verweisen. Teilweise wurde scharfe Kritik formuliert (etwa S. 28, 32, 34), während der Vorsitzende, Abraham Frowein, für eine gemäßigte und kooperative Haltung des RDI warb. Das zweifache Faktum, »erstens, daß wir diesen Krieg verloren haben, und zweitens, daß wir eine Revolution hinter uns haben«, sei zu akzeptieren; man könne dahinter schlicht nicht mehr zurück (ebd., S. 43–44).

28 Vgl. mit Blick auf das theoretische Problem der »Räte« u.a. Schneider/Kuda, *Arbeiterräte*, S. 21–33 und (»ideengeschichtlich« bzw. genauer: ideologiegeschichtlich) S. 34–41 (kann auch als Quelle gelesen werden); Überblick auch bei Brandt/Groh, *Vaterlandslose Gesellen*, S. 174–182; Lehnert, *Sozialdemokratie*, S. 119–142; Faulenbach, *Geschichte*, S. 37–47; pointiert Wirsching, »Paradoxe Revolution«. Zum »Reformismus«- bzw. »Revisionismusstreit« vgl. etwa Lehnert, *Sozialdemokratie*, S. 80–99; Grebing, *Arbeiterbewegung*, S. 112–116. Auch Fraenkel, »Rätemythos«.

29 Lehnert, »Sozialdemokratie«, S. 119–131 spricht von der SPD als »Staatsgründungspartei«, in der Folge (ebd., S. 136–137) als »Staatspartei«. Indes habe sich »gerade dieses politische Profil als wenig wählerwirksam erwiesen«.

30 Auf den Elitenkompromiss etwa mit Blick auf das noch näher zu diskutierende »Stinnes-Legien-Abkommen« verweist Krüger, *Stinnes-Legien-Abkommen*, S. 102–124; zum Topos der »Funktionsschwäche« der Parteien in der Weimarer Republik, die sich eben auch historisch bzw. aus dem Fortbestehen der Traditionen des Kaiserreichs erklären lässt, knapp und abwägend Wirsching, *Weimarer Republik*, S. 61–63, zur SPD ebd., S. 66–68; zeitgenössisch Radbruch, »Parteien«.

forderte.[31] Die Diskussion um die Integration wie auch immer gearteter Räte in die politische Ordnungsstruktur der Republik bildete einen Kristallisationspunkt dieser durchaus schwierigen Gemengelage. Sie provozierte Klärungsbedarf, der sich in einer Fülle an politischen, juristischen und theoretischen Debatten niederschlug und in der Folge perpetuierte. Grundsatzfragen blieben somit – und das Beispiel des Reichswirtschaftsrats wird dies besonders klar zeigen – umstritten und letztlich ungeklärt: ein Charakteristikum der Weimarer Wirtschaftsordnung als Ganzes.[32]

Aber auch Wirtschaftsvertretern, die allen »sozialistisch« erscheinenden Experimenten ablehnend gegenüberstanden,[33] war nach den Erfahrungen des Krieges klar, dass Konzessionen an die veränderten Umstände nicht nur politisch klug, sondern auch ökonomisch geboten seien.[34] Nur wenige Stimmen plädierten für eine Rückkehr zur liberalen Ära des 19. Jahrhunderts, die vielen eher als minder komplexe und damit inadäquate Form kapitalistischen Wirtschaftens erschien. Sombarts klassisch-triadische Stufenfolge des »modernen Kapitalismus«[35] stand hier Pate für die weit verbreitete Auffassung, in eine neue Phase wirtschaftlicher Ordnung eingetreten zu sein, in der man sich bei Strafe des Untergangs nicht mehr allein auf das Treiben Einzelner und eine dadurch vermeintlich bewirkte Aggregation des *bonum commune* würde verlassen können.[36] Ganz unterschiedliche Stimmen artikulierten das Gefühl, dass die Wirtschaft »nicht mehr Privatsache, sondern Sache der Gemeinschaft«[37] sei, dass alle Politik »Wirtschaftspolitik gewor-

31 Zur gleichsam kompensatorischen Funktion von Sozialpolitik (»Sozialpolitik als Methode der Sozialisierung«) exemplarisch und theoretisch elaboriert Heimann, *Soziale Theorie* von 1929, hier insb. S. 290–297, Zitate S. 290, 291, 292: »Sozialpolitik ist der institutionelle Niederschlag der sozialen Idee im Kapitalismus und gegen den Kapitalismus, der Idee also von einer sozialen Freiheitsordnung, welche die arbeitenden Menschen umfassen und tragen soll. [...] Ein Gegensatz zwischen Sozialismus und Sozialpolitik kann nach alledem nicht bestehen, so wenig wie andererseits eine kapitalistische Grenze für die Sozialpolitik [...]. Wenn man die Errichtung der sozialen Freiheitsordnung als Sozialisierung bezeichnet, so ist Sozialpolitik bisher der bevorzugte Weg der Sozialisierung.«

32 Vgl. hierzu im Folgenden insb. Kap. 2.1.2.

33 Vgl. etwa Carl Duisberg, 3. Sitzung des Unterausschusses zur Sozialisierungsfrage, 26.10.1920, BArch R 401/483, fol. 51': Er habe »lebhafte Bedenken gegen die Sozialisierung«. Hierzu auch Kap. 4.2.

34 Vgl. die Darstellung bei Krüger, *Stinnes-Legien-Abkommen*, S. 124–148 sowie ebd., S. 149–159, wo auf die Kritik am Kooperationskurs eingegangen wird.

35 Vgl. Sombart, *Der moderne Kapitalismus*, 3 Bde. sowie pointiert Sombart, »Wandlungen.« Hierzu auch knapp Plumpe, *Das kalte Herz*, S. 269–283.

36 Neben den Hinweisen oben auch Sinzheimer, *Protokoll über die Verhandlungen*, S. 408: »Die Zeit der ›freien Wirtschaft‹ ist vorbei. (Sehr richtig!) Wie können es nicht mehr dem Belieben des einzelnen überlassen, ob und wie die Versorgung des Volkes mit wirtschaftlichen Gütern stattfinden soll. Die Wirtschaft ist keine Privatsache, sondern Gemeinschaftssache.« Aus ideengeschichtlicher Perspektive instruktiv Hirschman, *Leidenschaften*; hierzu Hederer, *Im Sog*, S. 41–51.

37 Rathenau, *Neue Wirtschaft*, S. 5. Fast wortgleich Wissell, *Praktische Wirtschaftspolitik*, S. 7. Ähnlich auch Hilferding, *Aufgaben*. Dagegen Wiese, »Probleme«, S. 260, der dies für ein »törichte[s] Schlagwort« hält.

den« sei,[38] und man sich in einem Prozess der »Verwirtschaftlichung«[39] befinde, der eine Neuausrichtung von Politik, Staat und Wirtschaft fordere. Wenn etwa Carl Schmitt in seinem geschichtsphilosophisch maskierten Verdikt über die Weimarer Republik von einem »Zeitalter der Neutralisierungen und Entpolitisierungen« spricht und damit das Primat einer egalitären Logik des Tausches gegenüber der von ihm präferierten hierarchischen Logik des Entscheidens verwirft,[40] dann spiegelt sich darin ungeachtet aller rhetorischen Finten und theoretischen Stilisierungen nur eine spezifische Wahrnehmung, die Schmitt nicht exklusiv besaß.[41] Aus der geteilten Diagnose einer zunehmenden, gleichwohl diffusen »Macht« der Wirtschaft konnte alles Erdenkliche abgeleitet werden – und wurde es auch. Stand aber in der unmittelbaren Nachkriegszeit der Zugriff des Staates auf die Privatwirtschaft im Zentrum der Aufmerksamkeit, war es um 1930 die scheinbar unkontrollierbare Macht der Privaten, die das Primat der Politik untergrabe.[42] Die Frage, wie mit »der Wirtschaft« als Akteur und Gegenstandsbereich umzugehen sei, war damit eine politische (und juristische)[43] Kernfrage der Weimarer Republik, die mit entsprechender Intensität verhandelt wurde. Dabei waren bereits mit dem Hindenburg-Programm und seiner sozialpolitischen Umsetzung im »Gesetz über den Vaterländischen Hilfsdienst« vom Dezember 1916 Pfadabhängigkeiten begründet worden, die nach 1918 auch von den maßgeblichen Akteuren nicht mehr revidiert werden wollten: Während die Arbeitgeberseite mit der faktisch bereits 1916 erfolgten und im Stinnes-Legien-Abkommen[44] bekräftigten Anerkennung der Gewerkschaften als legitime Vertreter der Arbeiterschaft auch die Gewähr dafür erwarb, von den unkontrollierbaren Dynamiken der Revolution per »Sozialisierung« nicht aus dem Spiel genommen zu werden, bedeutete Gleiches für die Gewerkschaften nicht nur die Erfüllung einer alten Forderung, sondern auch den Einstieg in einen iterativen Prozess, an dessen Ende die (Mit-)Leitung der Betriebe durch die Arbeitnehmer ohne rüde Gewaltmaßnahmen stehen sollte. Ein Elitenkompromiss, der sich mit der »Zentralarbeitsgemeinschaft« (ZAG) perpetuierte –

38 Bonn, »Auflösung«, S. 130.

39 Der Begriff (in kritischer Absicht) bei Radbruch, »Parteien«, S. 288.

40 Vgl. Schmitt, »Zeitalter«.

41 Vgl. hierzu Hederer/Priemel, »In der Schwebe«, S. 95, 107–116.

42 Ebd., passim.

43 Hierauf wird an verschiedener Stelle der Arbeit noch detaillierter einzugehen sein; dass sich im Verlauf der 1920er Jahre das »Wirtschaftsrecht« als eigenständiges Rechtsgebiet und, zumindest temporär, mit dem Reichswirtschaftsgericht auch eine separate Gerichtsbarkeit etablierte, sind zwei der auffälligsten Erscheinungsformen dieses Phänomens. Vgl. Zacher, *Entstehung*; Goldschmidt, *Reichswirtschaftsrecht*, etwa S. 4; Nussbaum, *Wirtschaftsrecht*. Knapp auch Hederer, »[Art.] Reichswirtschaftsgericht«.

44 Vgl. ausführlich Krüger, *Stinnes-Legien-Abkommen*, insb. S. 81–94, 102–148, passim; hierzu Hederer, »[Rez.] Krüger«.

allerdings nach kurzer Zeit bereits zerbrach.[45] Ungeachtet dessen begründete vor allem Hugo Sinzheimers[46] Konzeption eines Arbeits- und Tarifrechts, verstanden als Ausdruck der »Idee der sozialen Selbstbestimmung im Recht«[47], wo »frei-organisierte gesellschaftliche Kräfte unmittelbar und planvoll objektives Recht erzeugen und selbsttätig verwalten«[48], eine Pfadabhängigkeit, die in den ersten Monaten nach Kriegsende und Revolution befestigt wurde. Klar war damit aber auch, dass mit der wechselseitigen Anerkennung von Arbeitgeber(verbänden) und Gewerkschaften der Weg zu einer (wie auch immer konkret verstandenen) »sozialistischen« Umgestaltung der politischen und wirtschaftlichen Ordnung schwer, wenn nicht gar unmöglich geworden war. Der »Sozialismus« blieb damit das, was er von Beginn an war: Schreckgespenst und Erwartungsbegriff zugleich.[49]

Sinzheimers Vorstellungen über etwas Drittes neben privatem und öffentlichem Recht, das sich als Raum der »sozialen Selbstbestimmung« konstituiere und dabei auch Recht eigener Qualität schöpfe,[50] prägte nicht nur die rechtliche Formung der (industriellen) Arbeitsbeziehungen. Sie beeinflussten auch in entscheidendem Maße den normativen Gehalt des »Räteartikels« 165 WRV,[51] der einerseits auf der *cleavage* zwischen Kapitel und Arbeit[52] aufbaute, gleichzeitig aber ein gemeinsames Interesse *beider* Seiten an ökonomischer Prosperität und die dafür essentielle Bereitschaft zur Kooperation unterstellte.[53] Gleichzeitig blieb der konkrete, praktische Gehalt der Verfassungsnormen einerseits, die Implementierung der als adäquat empfundenen *policies* andererseits Gegenstand notorischer politischer Kontroversen, die den Gang der Wirtschafts-, Sozial- und Finanzpolitik der Weimarer Republik unterschwellig strukturierten, auch wenn – zumal im Reichswirtschaftsrat – die ganz handfesten und drängenden ökonomischen Fragen den

45 Vgl. hierzu Feldman/Steinisch, *Industrie und Gewerkschaften*. Einen größeren Bogen spannt Rehling, *Konfliktstrategie* (dort auch zum RWR, S. 169–192). Zeitgenössisch auch Hoff, *Aufbau*.

46 Vgl. vor allem Sinzheimer, *Arbeitstarifgesetz* von 1916. Zur Arbeitsrechtsgeschichte vgl. etwa Nörr, *Zwischen den Mühlsteinen*, S. 177–221. Zu Sinzheimer knapp Blanke, »[Art.] Hugo Sinzheimer« und Müller, »Hugo Sinzheimer«; Albrecht, *Hugo Sinzheimer*, insb. S. 103, 118–120, 140–144 (»unverkennbar berufsständische Prägung« des Art. 165 durch Sinzheimer); Fraenkel, »Hugo Sinzheimer«.

47 Sinzheimer, *Arbeitstarifgesetz*, Untertitel, S. 186.

48 Ebd., S. 186.

49 Zur theoretischen Konzeption von »Erwartungsbegriffen« vgl. Koselleck, »Erfahrungsraum«, S. 30: Ein Begriff, »dem keine bisherige Empirie zu entsprechen vermochte.«

50 Vgl. Sinzheimer, *Arbeitstarifgesetz*, S. 110, 186, et passim (»objektives Recht«).

51 Zur »Entstehung des Räteartikels 165« grundlegend Ritter, »Entstehung« (zu Sinzheimer hier S. 91–102); zeitgenössisch schon Glum, *Deutsche und französische Reichswirtschaftsrat*, S. 45–47.

52 Zum politikwissenschaftlichen Begriff der »cleavage«, der hier aber nicht weiter analytisch verfolgt wird, vgl. Lipset/Rokkan, »Cleavage Structures«.

53 Exemplarisch die Ausführungen Sinzheimers in der Nationalversammlung, 35. Sitzung, 2.6.1919, StenB 336, S. 395.

Takt vorgeben sollten. Dazu kam, dass sich die unterschiedlichen Problemlagen nicht nur vielfach überlagerten und akkumulierten, sondern überdies eine Fülle an Steuerungs- und Zielkonflikten provozierten, die bei einer auch nur teilweise erfolgten Lösung des einen Problems die Verkomplizierung eines anderen mit sich brachten.[54] Neben der alle übrigen Fragen überlagernden bzw. grundierenden Reparationsproblematik samt ihrer diplomatischen, ökonomischen, fiskalischen, sozialen und nicht zuletzt politisch-ideologischen Begleiterscheinungen waren dies Währungsverfall und -stabilisierung, Haushaltsdefizit und Staatsverschuldung, eine negative Handelsbilanz, der Verlust ökonomisch zentraler Regionen (namentlich Lothringens und Oberschlesiens um Katowice) Weltwirtschaftskrise und Arbeitslosigkeit, Überkapazitäten und Absatzschwierigkeiten, Kartellierungs- und Konzentrationsprozesse – um nur einige wenige besonders augenfällige Phänomene zu nennen; von den politischen Friktionen, die damit einhergingen und die Republik schwer regierbar machten, ganz zu schweigen.[55] Die Frage also war: Wie sollte in diesem Umfeld und vor dem Hintergrund der perzipierten Bedeutungszunahme »der Wirtschaft« einerseits, der greifbaren ökonomischen Problemlagen andererseits Wirtschaftspolitik betrieben werden? Welche *Form* versprach, die praktischen, handwerklichen Herausforderungen zu meistern? Im Rahmen welcher Wirtschaftsordnung sollte dies bewerkstelligt werden? Die Verfassung bot darauf zwar *normativ* eine Lösung; was das in der Praxis und unter dem Druck der Umstände dann aber konkret hieß, blieb umkämpft und damit dynamisch. Der Reichswirtschaftsrat repräsentiert mit seiner hybriden Struktur, weder reiner Sachverständigenbeirat, noch Wirtschaftsparlament, noch Berufsständegremium, noch Räteorgan zu sein, diese Unausgetragenheit, und die Vielzahl an Unklarheiten, Hemmnissen oder gezielten Obstruktionen, die seine *performance*, sein Bild in der zeitgenössischen Öffentlichkeit und der Forschung präg(t)en, lässt sich daraus erklären. Vor dem Hintergrund der skizzierten Kontextfaktoren sollte diese Fragilität aber nicht überraschen oder als *explanans* seiner vermeintlichen Irrelevanz fungieren. Er ist vielmehr als typisches Exponat der Wirtschaftsordnung nach dem Ersten Weltkrieg, als »geschichtliches Laboratorium«[56] zu begreifen, das seine Form erst finden und seine Position festigen musste. Doch während erstere im Verlauf der 1920er Jahre trotz (oder gerade wegen) der zahlreichen Hürden gefunden werden sollte, blieb seine Stellung im politischen System brüchig, unsicher, ambivalent. Das hatte viele Gründe, basierte

54 Vgl. hier den Essay von Plumpe, »Weimar«.

55 Ohne an dieser Stelle auf sämtliche Einzelprobleme einzugehen: Vgl. stellvertretend und zusammenfassend Knortz, *Wirtschaftsgeschichte*, S. 14–34, 157–199 (»überforderte Ökonomie?«) und Hesse/Köster/Plumpe, *Große Depression*, S. 59–71.

56 So Nützenadel, »Wirtschaftliche Interessenvertretung«, S. 236.

jedoch auch in entscheidendem Maße auf seiner Genese, die Bedingung seiner Möglichkeit und Ursache seiner Fragilität gleichermaßen war.

2.1.2 Ideologischer Überschuss: Räte, Stände, Wirtschaftsverfassung

Kriegsende und Revolution hatten in Politik und Gesellschaft ideologische Potentiale freigesetzt, deren Beherrschung die ersten Monate der jungen Republik in Atem hielt, zwar (spätestens) mit Inkrafttreten der Verfassung kanalisiert, nie aber je befriedet werden konnten. Dass die Krise der Kriegsniederlage von den Zeitgenossen auch als »offene Entscheidungssituation«[57] begriffen wurde, die einen Möglichkeitsraum politischer Gestaltung aufschloss, scheint sich nirgends deutlicher als in der Debatte um die Inkorporation von »Räten« in die Verfassung bzw. das neue politische System zu zeigen.[58] Lange Zeit wurde in der Forschung die politische Positionierung und das Vorgehen des Sozialdemokratie wahlweise (und je nach Standpunkt) als »zögerlich«, als »vertane Chance« qualifiziert: Die Revolution sei nach dem Sturz der Monarchie mehr oder weniger zum Erliegen gekommen, habe sich seit dem Winter 1918/19 im Bündnis mit den alten (Funktions-)Eliten gegen ihre Fortführung gewandt und es vor allem verabsäumt, die ökonomischen Verhältnisse einer grundlegenden Umgestaltung und Neuordnung zu unterwerfen. Daran ist manches sicher nicht falsch; die im Kern normative Grundthese aber, man hätte tiefgreifendere Einschnitte vornehmen, einen radikaleren (Um-)Bruch vollziehen *müssen*, um eine demokratische Ordnung stabilisieren und perpetuieren zu können, ignoriert freilich die Handlungsräume der Zeitgenossen. Die Angst vor dem Abdriften des Landes in Anarchie einerseits, die ökonomischen und sozialen Herausforderungen andererseits waren die zentralen Triebfedern, die der Regierung allzu weitgehende Konzessionen an die »Räte« als inopportun erscheinen ließen.[59] Umstritten war freilich, was »Räte« eigentlich genau seien, wie sie ausgestaltet und mit welchen Rechten sie ausgestattet sein sollten, in welchem Verhältnis sie zu anderen Organen des Staates bzw. Institutionen von Wirtschaft und

---

57 Das Zitat bei Föllmer/Graf/Leo, »Einleitung«, S. 38

58 Vgl. zu diesem Klassikerthema der Weimar-Forschung den Überblick bei Winkler, *Weimar*, S. 33–86; Kolb/Schumann, *Weimarer Republik*, S. 166–178; Wirsching, *Weimarer Republik*, S. 51–55; Büttner, *Weimar*, S. 43–64; Gusy, *Weimarer Reichsverfassung*, S. 42–62; Kluge, *Deutsche Revolution*, S. 54–137. Ergänzend und mit weiteren Belegen auch die folgenden Ausführungen.

59 Hier ist auf die virulente Sorge vor »russischen Zuständen« bzw. dem »Bolschewismus« in weiten Teilen insbesondere der MSPD zu verweisen: Vgl. exemplarisch Lehnert, *Sozialdemokratie*, S. 122–123, der aber auch auf die (diffuse) Attraktivität der russischen Revolution für die linke SPD-Opposition (USPD, Spartakus) verweist. Pointiert etwa Schäfer, *Reichsverfassung*, S. 9: »Das russische Beispiel reizt nicht zu Nachahmung.«

Gesellschaft stehen und – ganz zentral – welche Kompetenzen sie im politischen Entscheidungsprozess erhalten sollten.[60] Ernst Fraenkel, sozialdemokratischer Jurist und heute aufgrund seiner wegweisenden Arbeiten zur Funktionslogik des Nationalsozialismus von 1941[61] und zum Problem des »Pluralismus« gemeinhin als ein »Klassiker der Politikwissenschaft« rezipiert,[62] betonte in Rückschau vor allem den basisdemokratischen Anspruch der Räte als »Protest gegen den Prozeß der Bürokratisierung des gesamten staatlichen und gesellschaftlichen Lebens, wie ihn Max Weber so eindrucksvoll analysiert« habe.[63] Die Unterschiedlichkeit der Konzepte war freilich auffallend: Während auch die Realisierung eines reinen Rätesystems anstelle des parlamentarischen Systems als realistische Alternative ebenso rasch vom Tisch war, wie die im nicht-sozialistischen Teil der Provisorischen Regierung virulente Hoffnung, auf diese ganz verzichten zu können,[64] sollte die Frage nach der konkreten »Ergänzung«[65] des politischen Systems durch (wie auch immer gebildete) Räte die Diskussion innerhalb der SPD und – in der Folge – der Nationalversammlung prägen. Denn auch die Konzeption (bloß) additiver Räteorgane im Kontext eines parlamentarischen Systems oszilliert zwischen einem vor allem von Max Cohen und Julius Kaliski favorisierten Zwei-Kammer-System[66] und Hugo Sinzheimers Doppelkonzept von Arbeiter- und Wirtschaftsräten, das auf seiner Idee der »sozialen Selbstbestimmung im Recht« basierte – und sich in den Verfassungsberatungen um Art. 34a, den späteren Art. 165 WRV, schließlich durchsetzen sollte.[67] Sinzheimers Ordnungskonzept ist nicht nur deshalb von Interesse,

60 Vgl. etwa die von Beessmertny herausgegebene Zusammenstellung »Parteien und Rätesystem« von 1919; vgl. auch knapp Sinzheimer, 35. Sitzung der Nationalversammlung, 2.6.1919, StenB 336, S. 393–396.

61 Fraenkel, *Doppelstaat*. Die bisweilen (mit Blick auf das Verhältnis von »Normen-« und »Maßnahmenstaat«) missverstandene Studie von 1941 arbeitet anhand der Rechtspraxis der 1930er Jahre eine grundsätzliche Ambivalenz der Funktionsweise des Nationalsozialismus als Herrschaftssystem heraus, das in der Parallelität von Norm und Maßnahme besteht. Vgl. hierzu Dreier, »Nachwort« und Buchstein/Göhler, »Ernst Fraenkel«, S. 156–160.

62 Etwa Fraenkel, »Pluralismus«; vgl. hierzu knapp Buchstein/Göhler, »Ernst Fraenkel«, S. 161–162.

63 Fraenkel, »Rätemythos«, S. 7.

64 Überblick ebd.; dazu auch Riedel, *Rätegedanke*, insb. S. 52–98 (zu Hugo Sinzheimer und Max Cohen) sowie S. 99–148 (zu Art. 165 WRV). Auch Teile der SPD waren der Realisierung von Räten gleich welcher Art gegenüber durchaus skeptisch, vgl. hierzu etwa Cohen, »Rätegedanken«, S. 666 (»überaus konservative alte Sozialdemokratie«).

65 Das (noch unscharfe) Konzept der »Ergänzung« des parlamentarischen Systems findet sich explizit bei Sinzheimer, »Rätegedanke«, S. 9, 22.

66 Vgl. Protokoll über die Verhandlungen des Parteitages 1919, hier S. 406–420 (Sinzheimer) und S. 421–430 (Cohen). Kennzeichnend und für die praktische Arbeit des RWR, in dem Max Cohen eine zentrale Rolle spielen sollte, ist seine Einschätzung des Verhältnisses von Kapital und Arbeit ebd., S. 423: »Die Unternehmer müssen bekämpft werden als Monopolisten des Kapitals und des Besitzes der Produktionsmittel, aber als industriell Führende können wir sie nicht ohne weiteres aus der Masse ersetzen.«

67 Fraenkel, »Rätemythos«, S. 17–25; Ritter, »Entstehung«; Lilla, *Reichswirtschaftsrat*, S. 20–29. Begründung von Art. 34a des Verfassungsentwurfs bei Schäffer, *Vorläufige Reichswirtschaftsrat* (1920), S. 177; ebd.,

weil er als Berichterstatter in der Nationalversammlung maßgeblichen Einfluss auf die Gestaltung des »Räteartikels« und damit auch auf Struktur, Perspektive und Deutung des Reichswirtschaftsrats hatte. Es spiegelte auch die komplexe Herausforderung, wie mit der wahrgenommenen Bedeutung der Wirtschaft einerseits, den veränderten sozio-politischen Rahmenfaktoren andererseits auch institutionell umgegangen werden sollte, ohne dabei die parlamentarische Demokratie als politischen Ordnungsrahmen und die Rechtsinstitute des Eigentums und der Vertragsfreiheit als privatrechtliche Pfeiler der zukünftigen Wirtschaftsordnung zu verwerfen.[68]

Für Sinzheimer stand fest, dass »die politische Demokratie notwendig einer Ergänzung bedarf«[69], um die »wirtschaftlichen Interessen« angemessen »zur vollen Geltung« bringen zu können.[70] Dabei ging es gerade nicht darum, das Parlament durch Räte zu *ersetzen*; Sinzheimer optierte vielmehr für ein Nebeneinander von »Wirtschaftsverfassung und Staatsverfassung«[71], für eine »Arbeitsteilung zwischen politischer und wirtschaftlicher Demokratie«[72]. Die wirtschaftliche Sphäre solle einerseits ihre Angelegenheiten selbst regeln und so Einfluss auf die Gesetzgebung ausüben, die Gesetze selbst aber besser nicht durch das »wirtschaftliche Fachmenschentum«[73] formuliert werden.[74] Im deutlichen Kontrast zu der von Cohen und Kaliski propagierten Idee einer »Kammer der Arbeit«, die in Wahrheit nichts weiter als »ein alter Bekannter aus der Werkstatt reaktionärer Gegenmittel

---

S. 5–27 findet sich auch eine detaillierte (zeitgenössische) Rekonstruktion der Entwicklungen von der zunächst skeptischen Haltung der Regierung gegenüber der Einrichtung von Räten bis hin zum Erlass der VO über den vorläufigen RWR. Vgl. auch den Entwurf eines Gesetzes zur Ergänzung des Artikels 34, 17.3.1919, StenB 335, Nr. 385, S. 227–235. Die Verfassungsgeschichte auch bei Gusy, *Weimarer Reichsverfassung*, S. 364–369.

68 Vgl. Sinzheimer, »Ausgestaltung«, S. 28: »Der Weg zum Sozialismus geht über die Demokratie, über die Herrschaft des Volkswillens im Staate.« Ähnlich Schäfer, *Reichsverfassung*, S. 6: »Wir von der Mehrheitspartei sind und bleiben, was wir immer waren: Sozialisten und Demokraten.« Zur Privatrechtsgeschichte der Weimarer Republik grundlegend Nörr, *Zwischen den Mühlsteinen*, hier S. 1–11: Nörr vertritt allerdings eine gleichsam normative Position, die vor allem die vermeintlichen »Leiden des Privatrechts« in den Vordergrund rückt und dem klassisch liberalen, »absoluten Freiheitsbegriff« (ebd., S. 3) gegenüberstellt. Auch Nörr, *Leiden*.

69 Sinzheimer, »Rätegedanke«, S. 9 (entspricht dem Protokoll über die Verhandlungen 1919, S. 408; im Folgenden wird aus der Publikation zitiert).

70 Sinzheimer, »Rätegedanke«, S. 9, 22.

71 Ebd., S. 9, 21.

72 Ebd., S. 10.

73 Ebd., S. 19.

74 Das implizierte freilich auch eine klare Absage an die Etablierung des RWR als eines – vortheoretisch formuliert – »echten« Parlaments, und brachte damit zum Ausdruck, dass trotz des avisierten Initiativrechts des RWR der Reichstag weiterhin die zentrale legislative Instanz bleiben sollte. Auf der Agenda stand also die Konvergenz von »politischem« Parlament und RWR, nicht deren Konkurrenz, wie sie sich in den Folgejahren (tendenziell) entwickeln sollte.

gegen ›Parlamentarismus‹ und ›Demokratie‹«[75] und deshalb zu bekämpfen sei, solle die Wirtschaftsverfassung nicht inkorporiert werden, sondern sich gemäß der Idee der »sozialen Selbstbestimmung im Recht« frei entfalten können. In den Räten würde so »der durch die Wirtschaftsverfassung herbeigeführte wirtschaftliche Gemeinwille wirksam werden«[76]; den vorderhand gegenläufigen, im Kern jedoch konvergenten »Tendenzen« – den Gegensatz zwischen Kapital und Arbeit einerseits, die gemeinsamen Produktionsinteressen andererseits – werde durch die parallele Einrichtung von Arbeiter- und Wirtschaftsräten Rechnung getragen.[77] Herzstück dieses neuartigen institutionellen Arrangements solle dann ein Reichswirtschaftsrat sein, dem durch die Integration aller am Wirtschaftsgeschehen Beteiligten nicht nur eine Entlastungs-, sondern auch eine Vitalisierungsfunktion gegenüber dem »politischen Parlament« zukommen sollte.[78] Aus der Perspektive der Sozialdemokratie, die das alte Ziel aus den Augen zu verlieren drohte, waren also »Räte« geboten;[79] sie dienten aber auch und vor allem der institutionellen Kanalisierung einer potentiell anomischen »Wirtschaft«, die man angesichts ihrer überragenden Bedeutung für Staat und Gesellschaft zukünftig nicht mehr sich selbst überlassen wollte. Darüber hinaus erbrächten sie mit der Einbindung (der Idee nach)[80] aller Wirtschaftsakteure eine historisch notwendig gewordenen Integrationsleistung, die durch das Parlament allein nicht gewährleistet werden könne. Und schließlich ergebe sich so auch die Möglichkeit, dem nur allzu oft von taktischen Erwägungen geleiteten Handeln im »politischen Parlament« die aus der Fülle des Lebens schöpfende, praktische Sachkunde des »große[n] Parlament[s] der Wirtschaft« als Korrektiv gegenüberzustellen.[81] In Art. 165 WRV sollte dieser Plan seine »Verankerung«[82] finden.

Es liegt auf der Hand, dass die Konzeption Hugo Sinzheimers und deren verfassungsrechtlicher Niederschlag nicht nur eine rechtstheoretische Wurzel besaß, sondern von einem erheblichen Maß an Idealismus, ja Optimismus mit Blick

75 Sinzheimer, »Ausgestaltung«, S. 29.

76 Ebd., S. 28.

77 Sinzheimer, »Rätegedanke«, S. 12–14.

78 Vgl. Ebd., S. 20 (»frische Luft«, »belebende Kraft«) und Sinzheimer, »Ausgestaltung«, S. 35 (»zu einer lebendigen Tätigkeit verbunden«). Vgl. auch Tschierschky, *Wirtschaftsverfassung*, S. 93.

79 Etwa kritisch Feiler, *Ruf*, S. 5–6.

80 Die Frage, welche gesellschaftliche Gruppe oder Branche Repräsentanten in den RWR entsenden durfte, wer also zu den »relevanten« Wirtschaftsakteuren zählte, war notorisch umstritten und sollte schließlich auch die Verabschiedung der Gesetzentwürfe über den endgültigen RWR im Jahr 1930 vereiteln. Vgl. hierzu die Ausführungen mit Belegen in den folgenden Kapiteln.

81 Vgl. Sinzheimer, »Rätegedanke«, S. 21, Zitat S. 35.

82 Der Quellenbegriff der »Verankerung der Räte in der Verfassung« exemplarisch in Sinzheimers Rede vor der Nationalversammlung, 21.7.1919, StenB 328, S. 1749. Unter Bezugnahme auf Sinzheimer auch Tatarin-Tarnheyden, »Artikel 165«, S. 555 und Anschütz, *Verfassung*, S. 743.

auf die zukünftige Entwicklung der Weimarer Republik einerseits, der Rolle der »Arbeiterschaft« in Staat, Wirtschaft und Gesellschaft andererseits getragen war. Gleichzeitig implizierte ein so verstandenes Rätemodell auch eine klare Absage an die Forderungen nach einem »reinen« Rätesystem anstelle der als »bürgerlich« geschmähten parlamentarischen Ordnung; dieses konnten auch innerhalb der SPD weiterhin auf Anhänger zählen, auch wenn sich der Reichsrätekongress vom Dezember 1918 mehrheitlich für die Nationalversammlung als legitimen Ort der Verfassungsberatungen ausgesprochen hatte.[83] Die Frage nach Gehalt, Zukunft und Entwicklungspotential der in der Reichsverfassung seit August 1919 verankerten »Räte« bliebt dennoch stets auf der Tagesordnung.

Dass diese Diskussionen nie abrissen, sondern eher noch an Variantenreichtum zunahmen, lag zu einem erheblichen Teil auch daran, dass die faktische Reduktion der Räte auf ihre soziale und wirtschaftliche Funktion dennoch für ganz unterschiedliche politische Spektren attraktiv blieb. Einendes Band war dabei eine links wie rechts virulente Skepsis gegenüber der Leistungsfähigkeit und Adäquanz des parlamentarischen Systems, das die Notwendigkeit einer »Ergänzung« erst diskursiv plausibel machte.[84] Dass man »der Politik« etwas an die Seite stellen müsse, das die »eigentlichen« Interessen (wahlweise) des »Volkes«, der »Werktätigen«, der »Berufsstände« oder der Verbände zu aggregieren und artikulieren vermochte, wurde kaum ernsthaft in Zweifel gezogen. Vor diesem Hintergrund boten sich vor allem dem »berufsständischen« Diskurs zahlreiche Anknüpfungspunkte,[85] sollte doch der zukünftige Reichswirtschaftsrat aus Vertretern sämtlicher für volkswirtschaftlich als relevant erachteter Branchen konfiguriert werden, selbst wenn die MdRWR analog zu ihren Kollegen im Reichstag über ein freies Mandat verfügten.[86] Auch lag es aus dieser Warte nahe, eine Kontinuität zu Bismarcks »Volkswirtschaftsrat« zu konstruieren, die den neuen »Reichswirtschaftsrat« seiner »sozialistischen« Genese entledigte und ihn auch für prinzipielle Gegner der demokratischen, parlamentarischen oder sozialen Umgestaltung des Staates akzepta-

83 Vgl. etwa mit Blick auf Ernst Däumig Fraenkel, »Rätemythos«, S. 5. Überblick Gusy, *Weimarer Reichsverfassung*, S. 48–59.

84 So auch Ritter, »Entstehung«, S. 108–109.

85 Vgl. etwa Römer, *Gedanke*; List, *Berufsständegedanke*; Huber, »Berufsstände«; Teschemacher, *Berufsstand*, Tatarin-Tarnheyden, *Berufsstände*; Bergstraesser, »Literatur«; Nawiasky, »Rechtsfragen«; Herrfahrdt, *Problem*; Vogel, *Grundzüge*. Vgl. hierzu Ritter, »Repräsentation«; Eyll, »Berufsständische Selbstverwaltung«; Bohn, *Idee*, hier S. 68–114.

86 Vgl. die VO über den vorläufigen RWR, 4.5.1920, RGBl. 1920, S. 858–869, hier Art. 5, S. 866: »Die Mitglieder des Reichswirtschaftsrats sind Vertreter der wirtschaftlichen Interessen des ganzen Volkes. Sie sind nur ihrem Gewissen unterworfen und an Aufträge nicht gebunden.«

bel machte.[87] So konnten sich viele unterschiedliche gesellschaftliche Gruppen und politische Akteure nicht nur zähneknirschend, sondern durchaus positiv auf die verfassungsrechtliche Verankerung von »Räten« verständigen. Es ist vor diesem Hintergrund auch weder Zufall noch Kuriosität, dass einer der maßgebenden und durchaus geschätzten[88] Kommentare des »Räteartikels« von Edgar Tatarin-Tarnheyden und damit einem linker Umtriebe unverdächtigen deutschnationalen Juristen und Berufsständetheoretiker verfasst worden war.[89] Aber nicht nur Anhänger einer ständischen Reorganisation des Verhältnisses von Wirtschaft und Staat, die sich regelmäßig aufgrund des etatistischen Charakters gerade nicht am italienischen *corporativismo* orientierten, sondern unter Rekursnahme auf eine vermeintlich »deutschrechtliche« Traditionen eine »organische« Neuordnung von unten nach oben intendierten, sahen im Reichswirtschaftsrat eher Stände als Räte.[90] Retrospektiv ist daran weniger interessant, wer nun eigentlich richtig lag, wer also das »Wesen« des Reichswirtschaftsrats in Verfassungsnorm und Verfassungspraxis zutreffend erkannt hatte; viel wichtiger ist, dass offenbar jeder in ihm das sehen konnte, was er sehen wollte. Nur so lässt sich plausibel erklären, weshalb der Reichswirtschaftsrat 1933 auch unter nationalsozialistischen Vorzeichen zwar personell und organisatorisch grundlegend umgestaltet, als Institution gleichwohl

---

87 Zur Tradition des Bismarck›schen Volkswirtschaftsrats vgl. Lilla, *Reichswirtschaftsrat*, S. 11–17 (wo dieser auch als »Vorläufer« präsentiert wird); auch Nassall, *Vorläufige Reichswirtschaftsrat*, S. 29–36. Skepsis ist grundsätzlich geboten bei Wedel, *Entwicklung*, hier S. 206. Zeitgenössisch etwa Gesch, *Reichswirtschaftsrat*, S. 4; Curtius, *Bismarcks Plan*; Glum, *Deutsche und französische Reichswirtschaftsrat*, S. 12–13; Tatarin-Tarnheyden, *Berufsstände*, S. 81–98. Die institutionelle Kontinuität sollte allerdings eher zurückhaltend gewichtet werden. Kritisch auch Hachenburg, *Lebenserinnerungen*, S. 187: »Die Quelle für den heutigen RWRat war er nicht.«

88 So spricht etwa der Sozialdemokrat Franz Neumann, »Soziale Bedeutung«, S. 579 von »ausgezeichneten Ausführungen Tatarin-Tarnheydens« in dessen Kommentierung von Art. 165 WRV (hierzu: Tatarin-Tarnheyen, »Artikel 165«).

89 Tatarin-Tarnheyden, »Artikel 165«; auch Tatarin-Tarnheyden, *Berufsverbände*. Tatarin-Tarnheyden schloss sich nach 1933 rasch dem NS an und sekundierte diesem auch mit – zurückhaltend formuliert – affirmativen juristischen Einlassungen, bspw. zum »Verfassungsneubau im völkischen Staat« (1933), das »Werdende Staatsrecht (hier insb. S. 26–30, 36, 57, 167)« (1934) oder den »Einfluß des Judentums in Staatsrecht und Staatslehre« (1937). Vgl. zur Biographie knapp Otto, »[Art.] Tatarin-Tarnheyden«.

90 Tatarin-Tarnheyden, *Berufsstände*, S. 101 negiert denn auch, dass die Idee der Berufsstände und der Glaube an deren Notwendigkeit eine Frage von links oder rechts sei. Er charakterisiert vielmehr das »deutsche Rätesystem« als auf das »wirtschaftspolitische Gebiet« beschränkt, paritätisch und im Kern berufsständisch, kurz: »Es handelt sich um eine in der Hauptsache berufsständisch-paritätisch aufgebaute organische Wirtschaftsdemokratie« (Tatarin-Tarnheyden, *Berufsverbände*, S. 67, 71). Die Vision des »organischen Staat« als Symbiose aus »altgermanische[r] Vergangenheit und deutsche[r] Zukunft« bei Tatarin-Tarnheyden, *Werdendes Staatsrecht*, S. 25. Dagegen Glum, *Deutsche und französische Reichswirtschaftsrat*, S. 49: »Der Reichswirtschaftsrat hat nichts zu tun mit einem berufsständischen Parlament.« Vgl. aber Blaich, *Staat und Verbände*, S. 63 (RWR als »Ständekammer«); wenig überzeugend auch Wedel, *Entwicklung*, S. 153–208.

zunächst weitergeführt werden sollte. Mit der bald erfolgten Distanzierung der nationalsozialistischen Wirtschaftspolitik von ständischen Konzepten[91] wurde freilich auch dieses Vorhaben aufgegeben.[92]

All das zeigt, dass die Konturen einer Weimarer »Wirtschaftsverfassung«, als deren Herzstück der Reichswirtschaftsrat firmieren sollte, amorph waren; schon der Begriff selbst erschien polysem, juristisch wie politisch umstritten – und blieb (nicht zuletzt deshalb) bis heute auffallend unscharf.[93] Während etwa Siegfried Tschierschky »Wirtschaftsverfassung« 1924 als Set »von Normen und Regeln«[94] begriff, als das »staats- und volkswirtschaftliche Gewand, in dem sich uns ein bestimmtes Wirtschaftssystem präsentiert«[95], lehnte Franz Neumann in seiner Schrift »Über die Voraussetzungen und den Rechtsbegriff einer Wirtschaftsverfassung« von 1931 gerade diese Typisierung ab: Weder sei sie mit den das Wirtschaftsleben regulierenden »Rechtsnormen«, noch dem »Wirtschaftssystem« als solchem identisch.[96] Vielmehr verkörpere sie »das Normensystem, das die staatliche und gesellschaftliche Intervention in eine Wirtschaftsfreiheit ordnet«[97], dabei aber – anders als dies Sinzheimer mit seinem Konzept der Nebenordnung 1919 noch favorisiert hatte – stets »unter der Staatsverfassung stehen«[98] müsse. Auch wenn also der Staat »kraft seiner Souveränität – oder moderner: kraft seiner Totalität [...] stets den letzten Einfluß in allen wirtschaftspolitisch entscheidenden Dingen haben«[99] müsse, blieben die »marktfähigen Parteien« im Spiel: der Clou, so Neumann, sei es gerade, »die rechtliche Formulierung für eine Situation zu finden, die nicht mehr rein kapitalistisch, aber auch nicht sozialistisch« sei. Um Sozialisierungen ginge es deshalb gerade nicht.[100]

---

91 Vgl. prominent Frauendorfer, *Ständische Gedanke*; Frauendorfer, *Was ist ständischer Aufbau*; Frauendorfer, *Ständischer Aufbau*. Zu Frauendorfers Karriere nach 1945 vgl. Schlemmer, »Grenzen der Integration«.

92 Vgl. BArch R 3101/8434 (Entwurf einer VO, März 1933) und BArch R 43-I/1197, fol. 92–94 (Gesetzentwurf über die Aufhebung des RWR, März 1934); Lilla, *Reichswirtschaftsrat*, S. 120–123. Zur ideologischen Ausrichtung der NS-Wirtschaftspolitik vgl. auch Herbst, »Wirtschaftssystem«, insb. S. 620–624 zum »ständischen Aufbau«. Überblick auch bei Jäger, *Geschichte*, S. 175–182.

93 Vgl. Nörr, »Auf dem Wege«. Gusy, *Weimarer Reichsverfassung*, S. 342–369 scheint den Begriff der »Wirtschaftsverfassung« als verfassungsrechtliche und politisch-praktische Summe der aus den Art. 151–165 WRV zu deduzierenden und zu entwickelnden Ordnung von Wirtschaft und Gesellschaft zu verwenden. Vgl. auch ausführlich Zacher, *Entstehung*, S. 216–257; Scholl, *Begrenzte Abhängigkeit*, S. 79–105, 119–179.

94 Tschierschky, *Wirtschaftsverfassung*, S. 21.

95 Ebd., S. 94.

96 Neumann, »Voraussetzungen«, S. 595–596.

97 Ebd., S. 600 (im Original kursiv).

98 Ebd., S. 596–598 (Zitat S. 598).

99 Ebd., S. 604.

100 Ebd., S. 605 (dort auch die beiden Zitate).

Daneben lässt sich aber auch eine eher deskriptive Begriffsverwendung ausmachen, die auf die konkrete »Verfasstheit« der empirischen Wirtschaft und ihre systematische Differenz zur politischen Verfassung zu zielen scheint.[101] Ernst Rudolf Huber wiederum verwarf die Vorstellung eine eigenständigen »Wirtschaftsverfassung« innerhalb der Staatsverfassung, und diagnostizierte vielmehr das Heraufziehen eines »Wirtschaftsstaats«, in dem die Privatwirtschaft zu Faktoren der »öffentliche Ordnung« emporgewachsen seien.[102] Kurz: Wer sich beim Blick in die Quellen eine Klärung erhofft, was »die Zeitgenossen« unter einer bzw. der »Wirtschaftsverfassung« (von Weimar) verstanden haben mögen, wird enttäuscht. Er eignet sich daher weder als analytischer Begriff, noch ist er ohne die Bezugnahme auf den politischen und professionellen Standort seines Verwenders und den jeweiligen Zeitpunkt zu erfassen.[103] Während die Frage nach der »Selbstverwaltung der Wirtschaft«[104] und ihrer rechtlichen wie politischen Organisation vor allem die frühen 1920er Jahre prägte, als eine zwar nicht zwingend sozialistische, so doch tiefgreifende Umgestaltung des Verhältnisses von Wirtschaft und Staat auf der Tagesordnung stand, stellte sich gegen Ende der 1920er Jahre mehr und mehr die Frage, was aus den in der Verfassung verankerten (grundrechtlich) Normen eigentlich geworden war, und wie mit ihnen weiter zu verfahren sei. Das von freigewerkschaftlicher Seite unter der Federführung von Fritz Naphtali 1928 lancierte Konzepte einer »Wirtschaftsdemokratie«[105] setzte hier an und diagnostizierte den faktischen Fortbestand »wirtschaftlicher Unfreiheit« ungeachtet der bestehenden »politischen Demokratie«.[106] Aufgabe sei es nun, die bisher nicht erreichte »Demokratisierung der Wirtschaft«[107] durch intensivere staatliche Regulierung, eine stärkere Berücksichtigung des öffentlichen Interesses zu Lasten der »Autokratie der Unternehmen« und die »Schaffung einer neuen Wirtschaftsordnung« zu er-

101 So etwa Bergstraesser, *Nation*, S. 18, 30; Beckerath, »Politische und Wirtschaftsverfassung«, S. 1098.

102 Huber, *Wirtschaftsstaat*, S. 14, 16 (im Original teilw. hervorgehoben).

103 Vgl. etwa Weinzen, »Genossenschaft«, S. 124 in Bezug auf eine Aktualisierung der »Wirtschaftsdemokratie«.

104 Vgl. Glum, *Selbstverwaltung*; Gieseke, »Wirtschaftliche Selbstverwaltung« sowie die »Beratungen über die Frage der Selbstverwaltungskörper« des RDI 1919.

105 Naphtali u.a., *Wirtschaftsdemokratie* und Naphtali, »Verwirklichung«. hierzu Weinzen, »Genossenschaft«; Weinzen, »Wirtschaftsdemokratie«; Winkler, »Unternehmer«; Preller, *Sozialpolitik*, S. 481–482, 498; Ritter, *Sozialstaat*, S. 130; Rehling, *Konfliktstrategie*, S. 210–213. zeitgenössisch Huber, *Wirtschaftsstaat*, S. 10–14; List, *Berufsständegedanke*, S. 22–24; Jäckel, »Wirtschaftsdemokratie«. Affirmativ Hilferding, *Aufgaben*, S. 8: »Die Wirtschaftsdemokratie ist die Unterordnung der wirtschaftlichen Privatinteressen unter das gesellschaftliche Interesse«.

106 Naphtali u.a., *Wirtschaftsdemokratie*, S. 8–9.

107 So sei das »Programm der Wirtschaftsdemokratie: durch Demokratisierung der Wirtschaft zum Sozialismus.« (Naphtali u.a., *Wirtschaftsdemokratie*, S. 13). Vgl. bereits die Ausführungen von Hermann Jäckel zur »Wirtschaftsdemokratie« auf dem Breslauer Gewerkschaftskongress von 1925, hier S. 202–216 mit anschließender – sehr kontroverser – Debatte, S. 217–253.

reichen.[108] Das Konzept blieb freilich auch im eigenen Lager nicht unumstritten; es trug aber einem verbreiteten Gefühl Rechnung, einerseits hinter den Erwartungen auf eine fundamentale Umgestaltung des Verhältnisses von Wirtschaft und Staat zurückgeblieben zu sein, andererseits aber auch nicht (mehr) auf eine quasi natürlich entstehende, dauerhafte Mehrheit im Parlament hoffen zu können. Denn genau das hatte man erwartet und in den Rahmen sozialdemokratischer Theoriebildung integriert: Wenn es ohnehin eine historische Gegebenheit sei, dass die Vertreter der »Arbeiterklasse« schon aus arithmetischen Gründen bei freien Wahlen auf Dauer die Mehrheit erlangen würden, konnte der Weg zum Sozialismus relativ elegant über das (eigentlich ja »liberale«) parlamentarische System erfolgen.[109] Dass diese Annahme theoretisch brüchig, soziologisch und habituell unterkomplex und empirisch nicht haltbar war, konnte Ende der 1920er Jahre kaum mehr geleugnet werden.[110] Es verwundert daher nicht, dass etwa Franz Neumann in seinen Arbeiten zur Bedeutung der Grundrechte in der WRV explizit eine historische Auslegung bemüht, um den emanzipatorischen Gehalt der Verfassung gegen ihre – aus seiner Sicht – verkürzende liberale Inanspruchnahme zu verteidigen, gleichzeitig dies aber mit dem Auftrag an die »sozialistische Staatstheorie« verknüpfte, »den positiven sozialen Gehalt des zweiten Teils der Weimarer Verfassung zu entwickeln und konkret darzustellen«;[111] aus sich selbst heraus, so darf man schließen, würde sich das nicht einstellen.

Insgesamt lässt sich anschaulich belegen, dass sich Wahrnehmung und Praxis des Verhältnisses von Wirtschaft und Staat in den zehn Jahren nach Promulgation der Reichsverfassung erheblich verschoben hatten. Während 1919 die Debatte noch um das Problem der »Sozialisierungen« und einer wie auch immer bezeichneten und konkret ausgestalteten »Staats«- oder »Planwirtschaft«[112] kreiste, stellte sich

---

108 Naphtali u.a., *Wirtschaftsdemokratie*, S. 175.

109 Darauf verweist etwa Krüger, *Stinnes-Legien-Abkommen*, S. 275.

110 Vgl. auch Göppert, *Staat und Wirtschaft* (1924), S. 34–35, der auf die praktische Ausschließlichkeit von Parlamentarismus oder »Staatssozialismus« verweist: Wer den Parlamentarismus will, wird den »wirtschaftlichen Liberalismus« wohl oder übel in Kauf nehmen müssen.

111 Neumann, »Soziale Bedeutung«, Zitat S. 582.

112 Der Begriff war zeitgenössisch keineswegs auf eine »sowjetische« Semantik festgelegt, sondern verwies zum einen auf den Gegensatz zur »liberalen« Welt des 19. Jahrhunderts, implizierte aber zum anderen auch Anspruch und Notwendigkeit, die »neue Wirtschaft« organisieren zu müssen – und dies auch planvoll zu können. Vgl. etwa Plumpe, »Rathenau«, insb. S. 112–113; Könke, »Planwirtschaft«, S. 460–476 (unter Bezugnahme auf Emil Lederer und Eduard Heimann). Instruktiv auch der Hinweis bei van Laak, »Organisch«, S. 77, dass in der Zwischenkriegszeit gerade der »Liberalismus« zur »Ideologie des Ungeplanten schlechthin« verkommen sei. Zeitgenössisch Lederer, *Planwirtschaft*, etwa S. 12: »Der Einbau planwirtschaftlicher Elemente in die kapitalistische Verkehrswirtschaft ist also möglich.« Und ebd., S. 48: »Ob die Entwicklung zur Planwirtschaft nun zwangsläufig eintreten wird, vermag niemand zu sagen. […] Aber es scheint doch, daß in der kapitalistischen Wirtschaft von heute, insbesondere auf dem Gebiet des Geld-

um 1930 die im Kern entgegengesetzte Frage, wie denn der Staat vor der Kolonisierung durch private Wirtschaftsakteure bewahrt bzw. daraus befreit werden könne. Nicht nur Franz Böhms wegweisende Studie über das »Problem privater Macht«[113], auch die unter Beteiligung von Walter Eucken und Ernst Rudolf Huber geführte Debatte um »Deutschland als Wirtschaftsstaat« ist hier zu nennen.[114] Die Verfassung selbst bot grundsätzlich ausreichend Spielraum, um Normen im Wege der Gesetzgebung, der Rechtsprechung und der Wissenschaft weiterentwickeln und konkretisieren zu können;[115] die Weimarer »Wirtschaftsverfassung« war also von Beginn an, einem demokratischen Gemeinwesen durchaus nicht unangemessen, auf Ausdeutung hin angelegt – und daher konstitutiv umstritten. Für die politische Linke ergab sich dabei aber das Problem, das sie auf politischem Terrain nicht, wie ursprünglich erhofft, auf stabile Mehrheiten und damit Deutungsmacht setzen konnten. Die Alternative, d.h. eine sozialdemokratische Ausgestaltung der »wirtschaftlichen Grundrechte« in der Reichsverfassung durch Rechtsfortbildung zu erwirken, war aus soziologischen Gründen (konkret der stratifikatorischen Konstellation der hohen und höchsten Richterkollegien) mühsam, wenn nicht unrealistisch.[116] Auffallend ist aber, dass in den theoretischen Diskussionen der Reichswirtschaftsrat nur mehr eine untergeordnete Rolle spielte; als Instrument zur »Demokratisierung der Wirtschaft« und Ort einer freien, wenn man so will, »berufsständischen« Rechtschöpfung hatte er sich im Verlauf der 1920er Jahre nicht erwiesen. Dies lag nicht nur an seiner dauerhaften »Vorläufigkeit«, die eine erhebliche Beschränkung seiner ursprünglich avisierten Kompetenzen mit sich brachte. Auch der fehlende »Unterbau« aus paritätisch umgestalteten Handels-, Handwerks- und Landwirtschaftskammern und regionalen Bezirkswirtschaftsräten muss ebenso wie der vollständige Verzicht auf die Reali-

und Kreditwesens, schon die Ansätze planwirtschaftlicher Gestaltung vorliegen.« Es bleibe die schlichte Frage: »Da wir schon so tief in die Gestaltung der Wirtschaft eingreifen – warum sollten wir es nicht nach einem vernünftigen Plan tun?« Auch Moellendorff, »Geschichte«. Dagegen (wenig überraschend) der Hansabund in der 1919 publizierten Broschüre *Kritisches zur Planwirtschaft*.

113 Böhm, »Problem«. Ausführlich auch Böhm, *Wettbewerb*.

114 Vgl. ausführlicher hierzu Hederer/Priemel, »In der Schwebe«, S. 108–116. Als Quellen sind insbesondere zu nennen Eucken, »Strukturwandelungen« sowie Huber, *Wirtschaftsstaat*. Begrifflich-konzeptionell ist freilich auch dezidiert Carl Schmitt präsent, etwa: Schmitt, »Zeitalter«; Schmitt, »Wendung« und Schmitt, »Weiterentwicklung«. Jüngst auch aus ideengeschichtlicher Perspektive Hacke, *Existenzkrise*, S. 335–353.

115 Vgl. hierzu ausführlich Gusy, *Weimarer Reichsverfassung*, S. 305–311, hier S. 307: »Die WRV war auf Ergänzung, Ausgestaltung und Fortentwicklung durch den demokratischen Gesetzgeber angelegt.« Er spricht ebd. von »Interpretationsoffenheit« und »Ausgestaltungsoffenheit«.

116 Vgl. hierzu die klassische Studie von Fraenkel, *Soziologie der Klassenjustiz* von 1927. Vgl. hierzu und zur beinahe traditionellen Skepsis der Arbeitnehmerschaft gegenüber der ordentlichen Justiz knapp und mit weiterführenden Hinweisen Hederer, »[Art.] Reichsarbeitsgericht«.

sierung von Arbeiterräten jenseits der betrieblichen Ebene[117] mehr als Symptom denn als Ursache interpretiert werden. Vergleichbares gilt für die signifikanten Etatkürzungen seit 1923, deren prominentestes Opfer das Plenum des Reichswirtschaftsrats und damit das symbolische Herz des »Wirtschaftsparlaments« darstellte.[118] Indes ignoriert dieses klassische Narrativ, dass die maßgeblichen Akteure im Reichswirtschaftsrat bereits sehr bald von der Umsetzung der im Kern hypertrophen Verfassungsnorm Abstand genommen hatten, und den Reichswirtschaftsrat zwar als Gravitationsfeld der Wirtschafts-, Finanz- und Sozialpolitik samt aller damit verbundenen Fragen positionieren wollten, dabei aber weder (von wenigen Ausnahmen, wie etwa Georg Bernhard, abgesehen[119]) ein veritables zweites Parlament, noch eine »Kammer der Arbeit«, noch ein »Rätegremium« kreieren wollten. Vielmehr hatte sich die Erkenntnis durchgesetzt, dass man als eigenständig agierendes und der Sachlichkeit verpflichtetes Gremium mehr würde erreichen können,[120] als mit einem schwerfälligen, kosten- und zeitintensiven quasi-parlamentarischen Entscheidungsfindungsprozess; von den staatsorganisatorischen und verfassungsrechtlichen Schwierigkeiten, die mit der Existenz zweier Parlamente einhergingen,[121] ganz abgesehen.

Es erscheint für ein adäquates Verständnis des Reichswirtschaftsrats von entscheidender Bedeutung, diese relativ früh erfolgte pragmatische Weichenstellung ernst zu nehmen: Denn auch wenn diese unter dem Druck der ökonomischen und politischen Umstände erfolgt sein mag, so formierte sich doch nicht trotz, sondern gerade wegen der zahlreichen Hypotheken und gezielten Obstruktionen[122] eine eigenständige Identität des Reichswirtschaftsrats, die aus der Perspektive der theoretischen Diskussionen um Räte, Stände oder die Weimarer »Wirtschaftsverfassung« einerseits, den monodimensionalen Blick auf die Verfassungsnorm andererseits nicht erschlossen werden kann. Wenn auch ideengeschichtlich von besonderem Interesse, so stehen diese für die Weimarer Republik und ihre Geschichtsschreibung so zentralen Debatten einer nüchternen, auf die praktischen Mecha-

---

117 Vgl. das Betriebsrätegesetz vom 4.2.1920, RGBl. 1920, S. 147–174; Fraenkel, »Zehn Jahre«. Hierzu Plumpe, *Betriebliche Mitbestimmung*, S. 37–65; Plumpe, »Kapital und Arbeit«, S. 182–183.

118 Zur Faktengeschichte vgl. Lilla, *Reichswirtschaftsrat*, S. 31–33.

119 Bernhard, *Wirtschaftsparlamente*, etwa S. 13: »Der Reichswirtschaftsrat – das erste wirtschaftliche Parlament, das es in der Welt gibt […]«. Zu Bernhard, als Vertreter der Presse MdRWR 1920–1928, Chefredakteur der Vossischen Zeitung, knapp Lilla, *Reichswirtschaftsrat*, S. 321–322.

120 Vgl. etwa die Charakterisierung des RWR im Vorwort bei Hauschild, *Reichswirtschaftsrat*, S. 1–11. Hauschild war von 1925 bis zu seinem Tode 1931 Bürodirektor beim RWR und damit derjenige, über dessen Tisch sämtliche Angelegenheiten von Belang liefen. Vgl. den Nachruf in den MittRWR vom 15.9.1931, S. 17.

121 Vgl. die im Folgenden analysierten Beratungen im Verfassungsausschuss des RWR und seiner Unterausschüsse.

122 Vgl. hier insbesondere das notorisch gespannte Verhältnis des RWR zum Reichstag, Kap. 3.3. Schäffer, *Vorläufige Reichswirtschaftsrat*, S. 142.

nismen des politischen Systems und der Wirtschaftsordnung gerichteten Betrachtung des Reichswirtschaftsrats im Wege. Zwar verdankt er diesem Überschuss an Deutungspotentialen Existenz und Persistenz; in der harten Realität eines von ökonomischen, fiskalischen, sozialen und politischen Problemen bisweilen nahezu erdrückten Gemeinwesens blieb diese aber stets fragil und herausgefordert. Sein Repräsentationsanspruch befriedigte aber dennoch das ebenso diffuse wie weit verbreitete Bedürfnis nach einer auch institutionell fassbaren Neuordnung des Verhältnisses von Wirtschaft, Politik, Staat und Gesellschaft, ohne dabei angesichts rivalisierender Visionen eine klare Richtung präformieren zu müssen.

2.1.3 Pragmatische Kontinuitäten: Wirtschaftsrat und Reichswirtschaftsrat

Auch wenn man »Motive«, also die amtlichen Begründungen von Gesetzen und Verordnungen nicht mit den »Motiven« im Sinne konkreter Beweggründe ihrer Urheber identifizieren sollte, so sind erstere doch als Quelle nicht völlig wertlos, will man Kontextfaktoren und Regelungsziele auf der Ebene der politischen Kommunikation eruieren. Und angesichts der politischen Entwicklung zwischen November 1918 und Frühjahr 1919, die zum einen den Hang der (Führung der)[123] Mehrheitssozialdemokratie zur Abkehr von einer substanziellen Einbindung von »Räten« in den neuen Staatsaufbau, zum anderen eine Radikalisierung (in Teilen) der Unabhängigen und der späteren Kommunisten in ihrer Ablehnung des parlamentarischen Systems ans Licht brachte, ist die Begründung von Art. 34a des Verfassungsentwurfs, der sich maßgeblich den Unruhen vom März 1919 verdankte, sehr aufschlussreich:[124] Die Konzeption des Artikels basiert auf der von Hugo Sinzheimer vertreten Annahme, »daß die Rätebewegung von einer doppelten Grundanschauung getragen ist«, die sich organisatorisch in Arbeiter- *und* Wirtschaftsräten spiegelt.[125] Und auch wenn den Räten ein Anteil an der Gesetzgebung (und damit eine gewichtige politische Rolle) eingeräumt werden soll,[126] so ist der Grundgedanke ihrer Einrichtung doch weniger »sozialistisch«, als er erscheinen mag: Auch hier anknüpfend an Sinzheimers Theorem der »sozialen Selbstbestimmung im Recht«, räumt der Entwurf den Wirtschaftsakteuren vor allem auch deshalb autonome Ge-

---

123 Siehe bereits oben die Kritik von Cohen, »Rätegedanken«, S. 666, an der »überaus konservative[n] alte[n] Sozialdemokratie«.

124 Zur Faktengeschichte vgl. Lilla, *Reichswirtschaftsrat*, S. 20–22; Ritter, »Entstehung«, mit Anlage 2, S. 111; Schäffer, *Vorläufige Reichswirtschaftsrat*, S. 14; und knapp Nassall, *Vorläufige Reichswirtschaftsrat*, S. 8. Der Entwurf vom 10.6.1919 findet sich in den StenB 335, Nr. 385, S. 227–232 (Die Begründung, S. 228–231).

125 Entwurf eines Gesetzes zur Ergänzung des Artikel 34, 10.6.1919, StenB 335, Nr. 38, S. 228 (dort auch das Zitat).

126 Ebd., S. 230.

staltungsmöglichkeiten ein, weil Staat und Gesetzgebung »zu schematisch« und »nicht schmiegsam genug« seien, um »alle Einzelheiten des wirtschaftlichen Lebens erfassen zu können.«[127] Notwendig sei deshalb ein der Dynamik der Wirtschaft adäquates institutionelles Setting, das »nicht durch einen politischen Mechanismus, sondern in einem lebendigen sozialen Organismus hergestellt« werden müsse.[128]

Zunächst sticht die holzschnittartige Kontrastierung von lebendig vs. starr, organisch vs. mechanisch oder vielgestaltig vs. schematisch ins Auge, die vor allem aus juristischer Perspektive regelmäßig mit einer plakativen Abgrenzung des sozialen »deutschen« vom individualistischen »römischen« Recht einhergeht (und wohl auch hier, bei Sinzheimer, eine nicht zu unterschätzende Rolle spielt).[129] Entscheidend ist aber, dass diese im Kern rechtstheoretisch Figur eingeordnet wird in den übergreifenden Zusammenhang der Neuordnung des Verhältnisses von Wirtschaft und Staat, und dabei die Forderung »nach Selbstbetätigung und Selbstverantwortung« nur einen unter anderen Aspekten darstellt. Vielmehr liegt der Fokus auf der *Entlastung* von Parlament und Staat einerseits, der *Versachlichung* der Wirtschaftspolitik andererseits. Damit sind zwei Chiffren genannt, die für die weitere Entwicklung des Reichswirtschaftsrats kaum überschätzt werden können – nicht zuletzt aufgrund des damit explizit verbundenen Anspruchs, auch zu einem »Ausgleich der inneren Kräfte« beitragen zu können.[130] Gerade hier wird dessen pragmatische, auf die Lösung anstehender Probleme und offener Fragen in der Wirt-

127 Ebd.

128 Ebd.

129 Diese Kontrastierung lässt sich bereits zu Beginn der sogenannten »Rezeption« im späten 15. Jahrhundert, insbesondere aber im frühen 16. Jahrhundert beobachten, und wird schließlich im 19. Jahrhundert zu einer der zentralen Konfliktlinien innerhalb der Rechtswissenschaft und der Rechtspolitik. Sie kulminierte in den Beratungen zum BGB, dessen Erster Entwurf aufgrund seines individualistisch-liberalen Charakters erhebliche Kritik auf sich zog, die vor allem eine stärkere Berücksichtigung »sozialer« Aspekte forderte – Otto von Gierkes berühmter »Tropfen sozialistischen Öles«. In einführenden Darstellungen wird dabei allerding oftmals der zweite Teil des Zitats unterschlagen: Denn, so Gierke: »Beiden Richtungen gilt der Kampf. Die Entstaatlichung des öffentlichen Rechts im Sinne des naturrechtlichen Individualismus bedeutet die Auflösung und den Tod, die Verstaatlichung des Privatrechts im Sinne des Sozialismus bedeutet Unfreiheit und die Barbarei.« (Gierke, *Soziale Aufgabe*, S. 9–10). Allgemein hierzu einführend und knapp Schlosser, *Neuere Europäische Rechtsgeschichte*, S. 247–261, 266–278, 288–296.

130 Entwurf eines Gesetzes zur Ergänzung des Artikel 34, 10.6.1919, StenB 335, Nr. 385, S. 230–231 (dort auch die Zitate). Vgl. auch noch vor der Einrichtung des vorläufigen RWR UStS Julius Hirsch im Bericht über die erste ordentliche Mitgliederversammlung des RDI, 14.4.1920, S. 39: Hirsch nimmt hier Bezug auf den »Wirtschaftsrat beim Reichswirtschaftsministerium«, dessen ausgleichende Funktion er gegen Kritik an der Wirtschaftspolitik der Regierung in Stellung bringt: Denn hier habe »sich über die Grundlinien der zu befolgenden Wirtschaftspolitik mit ganz wenigen Ausnahmen [...] eine Einmütigkeit ergeben von der äußersten Rechten – es fällt mir da kein anderer ein als Exzellenz von Braun – bis zur äußersten Linken – es fällt mir da kein anderer ein wie Hilferding [...].« Dieses von Hirsch hier hervorgehobene Prinzip sollte sich als typisch für den RWR erweisen.

schafts- und Sozialpolitik gerichtete Struktur greifbar. Nur wenig lag den unterschiedlichen, an der Ausarbeitung der Verfassung beteiligten Akteuren und Akteursgruppen ferner, als – im Wortsinn – radikale Politik zu treiben.[131] Diese Spur, die unter den in jeder Hinsicht schillernden Debatten und Ereignissen zwischen Revolution und Verfassungsgebung verdeckt liegt, gilt es weiter zu verfolgen.

Mit der Hervorhebung der Entlastungs-, Versachlichungs- und Befriedungsfunktion des Reichswirtschaftsrats, die sich damit vom politischen Ziel einer fundamentalen Umgestaltung der Wirtschaftsordnung über die Einrichtung von Räten strategisch und begrifflich distanzierte, wurden Pfadabhängigkeiten[132] begründet. Dies bedeutete freilich nicht, dass dadurch institutioneller Wandel ausgeschlossen war; er vollzog sich aber in einer relativ klaren Bahn, die durch die übliche Fokussierung auf die theoretischen Debatten um die gegenwärtige und zukünftige Gestalt des »Wirtschaftsrates« überdeckt wurde. Dennoch ist dieser Aspekt insofern von besonderer Bedeutung, als er die lagerübergreifend konvergente Wahrnehmung seiner grundsätzlichen Notwendigkeit spiegelt.[133] Der Reichswirtschaftsrat fungierte also nicht nur als ein Prisma für die unterschiedlichen Konzeptionen einer als Gebot der Stunde erachteten »Ergänzung« des parlamentarischen Systems. Er wurde darüber hinaus aufgrund seiner »nicht-

---

131 Vgl. etwa Wissell, *Praktische Wirtschaftspolitik*, S. 19 (Wirtschaftsprogramm vom 15.2.1919: »Ablehnung aller und jeder Experimente.«). Auf einen vergleichbaren Zusammenhang verweist auch Plumpe, *Betriebliche Mitbestimmung*, S. 10: »Das Betriebsrätegesetz stellte in diesem Kontext [der Revolution, FH] ein Angebot und eine Vorgabe dar, die Neuordnung der betrieblichen Arbeitsbeziehungen bei Wahrung der bestehenden Eigentumsverhältnisse auf der Ebene der Kooperation vorzunehmen, Konflikte frei zu artikulieren und berechenbar und geregelt auszutragen.« Er spricht ebd., S. 12 auch von der »partizipativen Neugestaltung der betrieblichen Arbeitsbeziehungen« als einer Antwort auf die spezifischen Herausforderungen der Zeit, insbesondere die »Legitimations- und Leistungskries der der deutschen (Groß-)Betriebe am Ende des Ersten Weltkrieges«.

132 Die Literatur zum sozialwissenschaftlichen Theorem der »path dependence« ist ebenso umfangreich wie heterogen – wirtschaftswissenschaftliche Ansätze konkurrieren dabei mit politik-, sozial- und (auch) geschichtswissenschaftlichen Modellen. Da die Verwendung des Konzepts hier mehr illustrativen denn im engeren Sinne theoretischen Zielen dient, wird auf eine eigehende Diskussion der divergierenden Ansätze verzichtet. Vgl. für das hier zugrunde liegende Verständnis etwa Mahoney, »Path dependence«, insb. S. 535; Pierson, »Increasing Returns«, insb. S. 265 (»bounded change«); Pierson/Skocpol, »Historical Institutionalism«, insb. S. 699–700. Sydow u.a., »Organizational Path Dependencies«, S. 689–690 kritisieren den vielfach bloß »methaphorical« Gebrauch des Konzepts und plädieren für »a more elaborated framework«; die Rigidität des Konzepts hat freilich ihren Preis, der historiographisch auch zu hoch sein kann, da man nur selten mit Kausalitäten argumentieren und »critical junctures« klar benennen kann.

133 Vgl. Glum, »Reichswirtschaftsrat« (1930), S. 578. Noch 1930 betont etwa Edgar Tatarin-Tarnheyden in seinem maßgeblichen Kommentar zu Art. 165 WRV die »praktische[n] Notwendigkeit dieses Spitzenorgans«: Tatarin-Tarnheyden, »Artikel 165«, o.S. (Nachtrag); ebenfalls 1930: Tatarin-Tarnheyden, *Berufsverbände*, S. 98: Der RWR werde »sowohl von der Regierung als auch von dem größten Teil der Wirtschaft selber als ein unentbehrliches Reichsspitzenorgan angesehen«.

politischen« Konfiguration als ein (potentiell) adäquates Instrument zur Lösung jener praktischen ökonomischen, sozialen und politischen Problemlagen gesehen, mit denen sich das Reich durch die Moderierung der Übergangswirtschaft, die Bewältigung der (nicht nur sozialen) Folgelasten des verlorenen Weltkriegs und nicht zuletzt der damit verknüpften Wiedergutmachungsforderungen seitens der Alliierten konfrontiert sah.[134] Hier konnte an unterschiedliche Traditionen angeknüpft werden, vor allem das technokratische, »planerische« Denken[135] und die halbstaatlich-administrativen Koordinierungsmuster der Kriegswirtschaft, die sich im 1917 neu formierten Reichswirtschaftsamt (bzw. seit 1919 dann -ministerium)[136] bündelten. Dabei liegt auf der Hand, dass zwischen den (alles andere als homogenen) Ideen einer »Planwirtschaft« und den praktischen Anforderungen der Wirtschaft unüberwindliche Steuerungs- und Zielkonflikte lagen, die eine politische Entscheidung für die eine oder eben die andere Marschrichtung notwendig machten. Dass die Regierung sich im Mai 1919 von den »gemeinwirtschaftlichen« Plänen Wichard von Moellendorffs (und seines Ministers Rudolf Wissell) distanzierte, verkörperte *eine* dieser pfadbegründenden Entscheidungen. Eine *zweite* war bereits am 18. November 1918 gefallen, als ein exklusiver Zirkel führender Vertreter aus Industrie und Gewerkschaften im Berliner Hotel Adlon ihre Unterschriften unter die als »Stinnes-Legien-Abkommen« bekannte Vereinbarung der »grossen Arbeitgeberverbände [...] mit den Gewerkschaften der Arbeitnehmer« gesetzt hatte.[137] Kern des Abkommens, das auf die unklare Gemengelage nach Kriegsende zu reagieren versuchte und dabei auf die Erfahrungen aus dem

---

134 Etwa ohne explizite Bezugnahme auf den RWR Göppert, *Staat und Wirtschaft* (1924), S. 4–5.

135 Hier wäre insbesondere auf Wichard von Moellendorff zu verweisen, der von Friedrich Glum, *Selbstverwaltung*, S. 149, als »geistige[r] Vater des Reichswirtschaftsrats in seiner jetzt vorliegenden Form« bezeichnet wurde. Vgl. etwa auch dessen zweiteiligen Artikel »Deutscher Reichswirtschaftsrat« in der Vossischen Zeitung vom 10. und 14.9.1918 (jeweils Morgenausgabe). Zur »Planung« als Kategorie des 20. Jahrhunderts vgl. exemplarisch Doering-Manteuffel, »Ordnung« und van Laak, »Planung«. Konkret mit Blick auf die Debatte innerhalb des sozialdemokratischen Spektrums Könke, »Planwirtschaft«. Zeitgenössisch bereits Freyer, »Herrschaft und Planung«.

136 Vgl. zur Organisationsgeschichte grundlegend und umfassend die Beiträge in dem 2016 von Holtfrerich hg. Band zum »Reichswirtschaftsministerium in der Weimarer Republik und seiner Vorläufer« von Fisch, »Wirtschaftliche Zentralstellen«; Fisch, »Strukturwandel«; Homburg, »Reichswirtschaftsamt«.

137 Vgl. ausführlich Krüger, *Stinnes-Legien-Abkommen*, hier S. 10–16 (Zitat S. 16). Teilnehmer waren Hugo Stinnes, Hans von Raumer, Ernst von Borsig, Carl Friedrich von Siemens, Walter Rathenau, August von Rieppel auf der einen, Carl Legien, Theodor Leipart, Gustav Bauer, Alexander Schlicke, Adam Stegerwald und Gustav Hartmann auf der anderen Seite. Es ist als äußerst bezeichnet zu erachten, dass mit Carl Friedrich von Siemens und Theodor Leipart die späteren Co-Vorsitzenden des RWR bereits hier mit am Tisch saßen. Tatarin-Tarnheyden, *Berufsstände*, S. 159 wähnte damit faktisch »die soziale Revolution [...] erledigt«.

»Hilfsdienstegesetz« von 1916 rekurrieren konnte,[138] waren die Anerkennung der »Gewerkschaften als berufene Vertreter der Arbeiterschaft«, die paritätische Regelung der Arbeitsbedingungen in »Kollektivvereinbarungen«, die Beschränkung der »täglichen regelmässigen Arbeitszeit [...] auf 8 Stunden« sowie die Errichtung eines von »den beteiligten Arbeitgeber- und Arbeitnehmerorganisationen« paritätisch getragenen »Zentralausschusses«.[139] Die »Zentralarbeitsgemeinschaft« (ZAG),[140] die damit aus der Taufe gehoben war, sollte nur bis 1924 bestehen, und hatte bereits zuvor mit teils erheblichen Zentrifugalkräften zu kämpfen, die ihre Existenz infrage stellten bzw. die Reichweite ihrer Entscheidungen massiv verringerten.[141] Gleichwohl vermochte die ZAG in der historischen Situation des Herbstes 1918 Bedürfnisse beider Seiten zu befriedigen: Während der Großindustrie damit die virulente Gefahr umfangreicher Sozialisierungen oder gar Enteignungen durch die Integration der Gewerkschaften kontrollierbar erschien,[142] sahen die Gewerkschaften so die Möglichkeit, ihren Führungsanspruch zu manifestieren. Vor diesem Hintergrund erscheint die ZAG keineswegs als eine situative Neuschöpfung aus revolutionärer Unsicherheit, sondern vielmehr als institutionelle Manifestation eines bereits im Kaiserreich, vor allem aber während des Krieges eingeübten *modus operandi*, der auch den latenten bis offenen Konflikt erklärt, den Arbeitgeber wie Gewerkschaftsführung mit ihrer Basis bzw. den sie repräsentierenden Verbänden und Branchen auszufechten hatten. So stand die ZAG von Beginn an unter einem doppelten Druck: Während man auf der einen Seite, insbesondere an Rhein und Ruhr, das Unbehagen nur mühsam unterdrücken konnte, in einer verhängnisvollen Stunde der Schwäche den Gewerkschaften zu weit entgegen gekommen zu sein,[143] wurde ihr von der anderen Seite zur Last gelegt, die (vermeintlich) günstige Chance auf tiefgreifende Reformen der sozioökonomischen Strukturen im Interesse eines durchsichtigen Elitenkompromisses über Bord geworfen zu haben.[144] Den Akteuren fiel es vor diesem Hintergrund zu-

---

138 Gesetz über den vaterländischen Hilfsdienst, 5.12.1916, RGBl. 1916, S. 1333–1339, hier vor allem § 11 (Einrichtung von »Arbeiterausschüssen«) und § 12 (Regelung der Arbeitsbedingungen »im guten Einvernehmen [...] zwischen der Arbeiterschaft und dem Arbeitgeber«). Krüger, *Stinnes-Legien-Abkommen*, S. 81–92.

139 Die Zitate nach dem bei Krüger, *Stinnes-Legien-Abkommen*, S. 16–19, hier S. 16–17, abgedruckten Faksimile.

140 Grundlegend Feldman/Steinisch, *Industrie und Gewerkschaften*, hier S. 11–26 (Einführung); einen Überblick über die Forschung zur ZAG bietet Krüger, *Stinnes-Legien-Abkommen*, S. 21–34.

141 Vgl. Feldman/Steinisch, *Industrie und Gewerkschaften*, S. 35–37, 48, 59, 92 et passim.

142 Zur Entstehung der ZAG aus Sicht der Unternehmer(verbände) Bähr/Kopper, *Industrie*, S. 32–35. Die (situative und nicht lange währende) Kooperationsbereitschaft der Unternehmer (aus taktischen Gründen) betont auch Priemel, »Unternehmer«, S. 315–319, der aber ebd., S. 319–321, 334, die ältere Interpretation kritisierend, vor allem auf notwendige Differenzierungen verweist und vor der Unterstellung einer geschlossenen Einheit »der« Unternehmer in der Revolutionszeit warnt.

143 Ebd., sowie Feldman/Steinisch, *Industrie und Gewerkschaften*, S. 32.

144 Vgl. Krüger, *Stinnes-Legien-Abkommen*, S. 126, 135–136, vor allem S. 148–163.

nehmen schwerer, die in der politischen Kommunikation ventilierten Interessen des Verbandes mit den Interessen der Mitglieder zur Deckung zu bringen.[145]

Auch wenn der Zerfall der ZAG freilich aus einem Bündel unterschiedlicher und unterschiedlich bedeutender Faktoren resultierte,[146] so erscheinen zwei Aspekte mit Blick auf den Reichswirtschaftsrat von besonderem Interesse. Zum einen war der gemeinsame Nenner der ZAG, einen Inflationskurs zu Lasten der Verbraucher und zugunsten der »Produzenten« zu fahren, mit zunehmender Geldentwertung nicht mehr aufrechtzuerhalten. Die über diesen Verteilungsmechanismus organisierte Befriedigung der beiderseitigen Interessen geriet, sollte er je adäquat funktioniert haben, spätestens 1924 in eine fundamentale Krise.[147] Und zum anderen kam es nach Einrichtung des Vorläufigen Reichswirtschaftsrats, in dem auch Verbraucher vertreten waren, zunächst zu tendenziell ineffektiven Parallelstrukturen, ehe wichtige wirtschaftspolitische Fragestellungen (nicht zuletzt auch aufgrund erheblicher personeller Überschneidungen)[148] mehr und mehr auf die Gremien des Reichswirtschaftsrats übergingen. Der ZAG drohte so auf entscheidenden Politikfeldern die Irrelevanz. Diese in der Forschung ventilierte Beobachtung eines sukzessiven politischen Verdrängungsprozesses der ZAG durch den Reichswirtschaftsrat erscheint durchaus plausibel, fügt sich aber nicht recht in das herrschende Bild einer wenig bedeutsamen und politisch randständigen Institution.[149] Es bestätigt sich hier besonders anschaulich, wie resistent tradierte Forschungsnarrative auch dann noch sind, wenn die Beobachtungen ein zwar nicht diametral anderes, wohl aber erheblich differenziertes Bild nahelegen.[150] Deshalb führt es auch nicht weit, den Reichswirtschaftsrat als Facette (einer spezifisch deutschen Form) des Korporatismus zu interpretieren, zumal er keine neben dem Staat stehende, selbstregulative[151] Entität bildete, sondern vielmehr – und darauf legten die führenden Mitglieder des Reichswirtschaftsrats auch besonderen Wert – als ein oberstes Reichsorgan auf einer Stufe mit

145 Hier sei auf die Diskrepanz zwischen den »logics of influence« und den »logics of membership« verwiesen, die im Konfliktfall eine Organisation lähmen, ja zerstören können. Vgl. in diesem Zusammenhang mit Blick auf den RDI Bähr/Kopper, *Industrie*, S. 10–11.

146 Vgl. Feldman/Steinisch, *Industrie und Gewerkschaften*, S. 128.

147 Vgl. Krüger, *Stinnes-Legien-Abkommen*, S. 227, 264, 273 und Feldman/Steinisch, *Industrie und Gewerkschaften*, S. 20–21, 58, 128–130. Zur »Produzentenideologie« als Bindeglied der ZAG ebd., S. 21–22. Einen »Produzenten-*bias*« in Art. 165 WRV diagnostiziert auch Torp, »Politische Repräsentation«, S. 54.

148 Krüger, *Stinnes-Legien-Abkommen*, S. 277, 331–338 (Personenverzeichnis).

149 So allerdings eher implizit ebd., S. 200–204, 236, 277.

150 Zur empirischen und forschungspraktischen Relevanz von »Hilfshypothesen« sowie dem Phänomen der »Immunisierung« knapp Popper, »Wissenschaftslehre«, S. 36–37.

151 Zu den vor allem in der rechtshistorischen Forschung diskutiertem Theorem der »regulierten Selbstregulierung« als Phänomen des modernen Staates des 19./20. Jahrhunderts vgl. exemplarisch Collin, »Regulierte Selbstregulierung«; Collin, *Privat-staatliche Regulierungsstrukturen* sowie mit Blick auf den RWR Collin, »Legitimation«, S. 22.

Reichstag, Reichsrat und Reichsregierung stand, also »Staat« war. Es hieße die verfassungsrechtliche Stellung und – was hier im Vordergrund stehen soll – die politische Praxis des Reichswirtschaftsrats missverstehen, würde man ihn als Partei in einem korporativen *bargaining*-Prozess begreifen.[152]

Für die Bedeutung des Reichswirtschaftsrats im politischen System der Weimarer Republik, sein institutionelles Selbstverständnis und seine hybride Rolle erscheint es lohnender, seine Wurzeln im Reichswirtschaftsministerium der Übergangszeit zu lokalisieren: Angesichts des im Ministerium (und nicht nur dort) wahrgenommenen akuten Bedarfs an Expertise in sämtlichen praktischen wirtschaftspolitischen Fragen berief Reichswirtschaftsminister Robert Schmidt (SPD) am 5. August 1919 einen »Wirtschaftsrat«[153], der als »Zwischenlösung« bis zur endgültigen (und parallel betriebenen Etablierung) des Reichswirtschaftsrats fungieren und der Regierung als Stimme der Volkswirtschaft beratend zur Seite stehen sollte. Im Unterschied zur ZAG wurde dabei aber bewusst nicht nur auf Vertreter von Arbeitgebern und Arbeitnehmern zurückgegriffen, sondern auch Verbraucherkreise miteinbezogen;[154] diese bei oberflächlicher Betrachtung vielleicht marginal erscheinende, aus einer systematischen Perspektive aber ganz elementare Divergenz sollte im Reichswirtschaftsrat seine Fortsetzung finden. Und es ist gerade dieser Ansatz, das »Wirtschaftsleben« in seiner ganzen Breite und Heterogenität abbilden zu wollen, der für ein angemessenes Verständnis des Reichswirtschaftsrats nicht als *Verfassungsnorm*, wohl aber als *Akteur* des politischen Systems von zentraler Relevanz ist. Mit der Etablierung dieses »Wirtschaftsrats« war damit ein Muster gegeben, das

---

152 Vgl. etwa Beyme, »Neokorporatismus«, S. 222–224, Zitat 224: »Nur wo Interessengruppen untereinander in einen andauernden Konflikt geraten, so daß der Staat vermittelnd eingreift, liegt korporative Politik vor.« Ähnlich Czada, »Konjunkturen«, S. 53.

153 Die Mitglieder im Wirtschaftsrat beim Reichswirtschaftsministerium finden sich in BArch 3101/6014, fol. 26–27: Mitglieder (Stellvertreter) im Wirtschaftsrat (mit Anschreiben von Kraemer, 28.10.1919, fol. 25): I) Gruppe Industrie, Arbeitgeber: Hans Kraemer, Dr. Rudolf Frank (Rosenthal, Lippart), Arbeitnehmer: Adolf Cohen, Friedrich Baltrusch (Bruns, Neustedt); II) Gruppe Handel, Ein- und Ausfuhrhandel: Hermann Hecht (George Simon); Grosshandel: Otto Keinath (Paul Herz); Gross-Einkaufs-Gesellschaft: Friedrich Hain (Bruno Dölz); Arbeitnehmer des Ein- und Ausfuhrhandels: Fritz Rogon (Reinhold Grändorff); III) Gruppe Landwirtschaft, Arbeitgeber: Ritter von Braun, G. Mans (Brenning, Brinkmann), Arbeitnehmer: Georg Schmidt, Heinrich Gerlich (Otto Albrecht, Paul Löhrke; IV) Gruppe Verbraucher, Kommunalverwaltungen: Dr. Luther (Mitzlaff), Letzte Verbraucher: R. Junger (Fr. Ilse Müller-Oestreich). Auch Vossische Zeitung (Morgen-Ausgabe), 28.10.1919, S. 2. Vgl. mit ausführlichen (archivalischen) Belegen Homburg, »Reichswirtschaftsamt«, S. 211–215, die ebd., S. 211 von einem »Vorgriff« auf den RWR spricht.

154 Vgl. ebd., S. 212–213. Grundlegend zum Problemzusammenhang auch Torp, »Politische Repräsentation«.

sich nicht nur aufgrund wichtiger personeller Kontinuitäten[155] als prägend für den Institutionalisierungsprozess des Reichswirtschaftsrats erweisen sollte.

2.1.4 Der »Räteartikel« 165 WRV

Der »Wirtschaftsrat beim Reichswirtschaftsministerium« fungierte also als ein temporäres Surrogat für den Reichswirtschaftsrat, der, wie die Vossische Zeitung in ihrer Abend-Ausgabe des 27. Oktobers 1919 berichtete, »noch durch ein besonderes Gesetz zu regeln sein« würde. Die Einrichtung eines »Wirtschaftsrats« böte sich indes »jetzt schon zur Erledigung der vorliegenden Arbeiten« an, um »auf Grund selbständiger Beratung und Entschließung die Willensäußerung der in ihm vertretenen Wirtschaftsgruppen dem Reichswirtschaftsministerium zum Ausdruck zu bringen.«[156] In nuce fand sich damit hier bereits das, was später den Reichswirtschaftsrat kennzeichnen sollte, nämlich das Selbstverständnis der Akteure, in der Tat »die Wirtschaft« (als Ganzes) zu repräsentieren, und deren durchaus konfligierende Interessen auf Basis einer an ökonomischen Fakten statt politischen Dogmen orientierten »Beratung und Entschließung« zu artikulieren. Vor allem aber sollte diese betont pragmatische Stoßrichtung den institutionellen Wandel des Reichswirtschaftsrats prägen, der sich infolge der »Verordnung über den Vorläufigen Reichswirtschaftsrat« von 1920 und der immer länger ausbleibenden und damit immer unwahrscheinlicher werdenden Implementierung von Art. 165 WRV vollzog. Darauf wird noch ausführlich einzugehen sein. Zunächst aber sollte der Reichswirtschaftsrat wesentlich mehr als nur ein Sachverständigenbeirat eines Ministeriums sein; die Verfassungsnorm projektierte ein neben Regierung, Reichstag und Reichsrat viertes an der Gesetzgebung des Reiches beteiligtes Organ. Dieser formale Status blieb wichtig:[157] Denn auch wenn er nicht realisiert werden sollte, fungierte er doch als Bezugspunkt und Norm – das reduzierte die Möglichkeiten der Umgehung des »vorläufigen« Reichswirtschaftsrats, schloss diese aber freilich nicht aus.

---

155 Hier ist etwa auf Adolf Cohen, Max Cohen, Friedrich Baltrusch, Otto Keinath, Hans Kraemer, Paul Mitzlaff zu verweisen. Zu den Biographien vgl. knapp Lilla, *Reichswirtschaftsrat*, S. 315, 339–340, 411–412, 419–420, 451.

156 Artikel »Ein vorläufiger Wirtschaftsrat«, Vossische Zeitung, 27.10.1919 (Abend-Ausgabe), S. 2. Es ist nicht ohne Ironie, dass dieser »vorläufige Wirtschaftsrat« von einem zunächst als »vorbereitend«, schließlich erneut als »vorläufig« bezeichneten RWR abgelöst wurde, der dies dann auf Dauer bleiben sollte (vgl. BArch R 3101/245, fol. 2–21; AdR Kab. Bauer, Nr. 101: Entwurf einer VO über den vorbereitenden RWR, 11.11.1919, S. 369–380; Bericht des Ausschusses für Volkswirtschaft, 23.4.1920, StenB 343, Nr. 2794, S. 3117).

157 Vgl. die späteren Diskussionen im Verfassungsausschuss, hier etwa den Bericht des Unterausschusses zu den Referentenentwürfen, o.D. [1926], BArch R 401/576, fol. 260–293, insb. fol. 262–263.

Dass mit dem Reichswirtschaftsrat ein Verfassungsorgan für Wirtschaftsfragen (wozu dann in der Praxis auch sämtliche Bereiche der Sozial- sowie der Finanzpolitik gerechnet wurden) etabliert werden sollte, resultierte, das ist bekannt, aus unterschiedlichen Faktoren. Die Forschung ist über die »Entstehung des Räteartikels 165«, so der Titel des nach wie vor einschlägigen Aufsatzes von Gerhard A. Ritter aus dem Jahr 1994, sehr gut unterrichtet; sie soll daher an dieser Stelle nicht mehr bis in jede Verästelung der Debatte nachgezeichnet werden.[158] Anstelle einer erneuten Rekonstruktion der Beratungen über die »Verankerung der Räte in der Reichsverfassung« (Sinzheimer) sollen drei systematische Aspekte beleuchtet werden, die die hier beabsichtigte Akzentverschiebung deutlich machen können: *Erstens* verkörperte der Reichswirtschaftsrat weit mehr als das Resultat sozialistischer Revolutionsphantasien; im Gegenteil vereinte er ganz heterogene Elemente, für jeden war etwas dabei.[159] Ein Prisma also, das Unterschiedliches bündelte, streute und so dafür sorgte, dass die Diskussion um den Reichswirtschaftsrat nie abriss.[160] So paradox es klingt: Die Hybridität des Reichswirtschaftsrats begründete nicht nur seine Existenz; sie sicherte auch seinen Fortbestand, indem in internen »Verfassungs«-Beratungen, flankierenden politischen und staatsrechtlichen Kontroversen und der sich ausformenden Praxis sämtliche Akteure am Reichswirtschaftsrat »weiterarbeiteten«. Seine Persistenz folgte damit auch einer bemerkenswerten Eigendynamik, die einer genaueren Betrachtung bedarf. *Zweitens* akzentuiert dies den spezifischen Charakter des Reichswirtschaftsrats, für die Weimarer Wirtschaftsordnung insgesamt symptomatisch zu sein. Denn nicht nur die »Stilmischung«[161] oder ihr »Übergangscharakter«[162] sind kennzeichnend – ganz abgesehen davon, dass diese Chiffren eine präzise Beschreibung der Phänomene gerade vermeiden. Viel relevanter ist, dass die Konturen der Weimarer Wirtschaftsordnung in Verfassung und politischer Praxis unscharf, umstritten und »unausgetragen« blieben;[163] ihr fehlte ein verbindendes, kohärentes Paradigma, das sich unter den herrschenden Bedingungen der »angehäuften Probleme«[164] nicht zu entfalten vermochte. So korrespondierte den in der Verfassung (wenn auch unter gesetzli-

158 Vgl. neben Ritter, »Entstehung« auch Lilla, *Reichswirtschaftsrat*, S. 20–28; Schubert, »Reichswirtschaftsrat«, insb. S. 9–25.

159 Schon Schäffer, *Vorläufige Reichswirtschaftsrat*, S. 12 (vereinfachend: links Räte, rechts Stände).

160 Vgl. aber auch umgekehrt skeptisch Gusy, *Weimarer Reichsverfassung*, S. 368: Die Intensität der Diskussion um den RWR sei »umgekehrt proportional zu seiner politischen Bedeutung« gewesen.

161 Sombart, *Ordnung*, S. 62.

162 Etwa Ambrosius, *Staat und Wirtschaftsordnung*, S. 128.

163 Vgl. mit weiterführenden Hinweisen und Belegen zum Folgenden Hederer, »Wirtschaftsordnung«.

164 Plumpe, »Weimar« (Untertitel: »Über das Anhäufen von Problemen«).

chem Vorbehalt)[165] garantierten Instituten des klassisch-liberalen Privatrechts – Eigentum (Art. 153), Vertragsfreiheit (Art. 152), Erbrecht (Art. 154), Gewerbefreiheit (Art. 151 Abs. 3) – nicht nur die Generalklausel aus Art. 151 Abs. 1, die »Ordnung des Wirtschaftslebens« müsse »den Grundsätzen der Gerechtigkeit mit dem Ziele der Gewährleistung eines menschenwürdigen Daseins für alle entsprechen.« Ihr standen auch eine Reihe an Programmsätzen gegenüber, die auf eine grundlegende Umgestaltung der Wirtschaftsordnung zielten, unterm Strich aber weitgehend auf dem Papier blieben – allen voran die »Sozialisierungen« nach Art. 156 und die »Räte« nach Art. 165. Die Weimarer Wirtschaftsordnung wird deshalb besonders in ihrer grundsätzlichen Unausgetragenheit, in der Spannung zwischen der praktisch wirksamen und für die Zukunft erträumten Wirtschaftsordnung plastisch. Was also aus dem Status quo werden sollte, war ideologisch umkämpft und damit von politischen Mehrheitsverhältnissen abhängig. Die Dualität von Norm und Praxis, der Dauerkampf um die »richtige« Ordnung und die Tendenz zum selbstbewussten *muddeling through* als Konzession an die gegebenen Umstände kennzeichnet also sowohl Reichswirtschaftsrat wie Wirtschaftsordnung. Diese Beobachtungen legen *drittens* eine pragmatische Traditionslinie frei, die von der Forschung zwar beschrieben,[166] mit Blick auf den Institutionalisierungsprozess des Reichswirtschaftsrats aber bisher kaum gewürdigt wurde. So fungierte der nur situativ etablierte »Wirtschaftsrat beim Reichswirtschaftsministerium« als konkreter Anknüpfungspunkt für den Reichswirtschaftsrat, der jenseits der ambitionierten Verfassungsnorm und den aufgeladenen ideologisch-politischen Debatten erhebliche Nachwirkungen zu entfalten vermochte: Denn er befriedigten das Bedürfnis nach ökonomischer Expertise als Ergebnis eines sämtliche Kreise des Wirtschaftslebens integrierenden, nach Möglichkeit nicht »politischen« Diskussionsprozesses. Dies sollte sich als Konstante erweisen.

Der als »Räteartikel« popularisierte Art. 165 WRV bildet den Schluss- und gleichzeitigen Höhepunkt der Normen über die »Ordnung des Wirtschaftslebens«, die der Verfassung und der aus ihr ja gerade *nicht* eindeutig ableitbaren »Wirtschaftsverfassung« ihr eigentümliches Gepräge gaben: liberal und staatsinterventionistisch, revolutionär und konservierend, Grundrechts- und Wunschkatalog zugleich. Auch Art. 165 vereint in sich beides:[167] Während Abs. 1 (ergänzend

165 Vgl. grundlegend Nörr, *Zwischen den Mühlsteinen*, S. 1.41; Gusy, *Weimarer Reichsverfassung*, S. 343–352; Pauly, *Grundrechtslaboratorium*, S. 3–5, 63–69; kritisch Rückert, »Weimarer Verfassung«, S. 215–217. Die Diskussion soll hier nicht weiter vertieft werden.

166 Vgl. Homburg, »Reichswirtschaftsamt«, S. 211–215.

167 Vgl. hierzu und zur Diskussion um den Gehalt des Verfassungsartikels vor allem die maßgeblichen Kommentare sowie Denkschriften der Zeit, etwa: Anschütz, *Verfassung*, S. 742–750; Tatarin-Tarnheyden, »Artikel 165«; Tatarin-Tarnheyden, *Berufsverbände*; Glum, »Reichswirtschaftsrat;« Glum, »Problem«; Edler von

zur Vereinigungsfreiheit in Art. 159)[168] die »beiderseitigen Organisationen« von Arbeitnehmern und Arbeitgebern unter den Schutz der Verfassung stellt und sie »gleichberechtigt« zur »Regelung der Lohn- und Arbeitsbedingungen« und – das ist neu – zur Mitwirkung »an der gesamten wirtschaftlichen Entwicklung« aufruft, entwirft der (wesentlich umfangreichere) Rest des Artikels ein Rätepanorama, dessen Realisierung der Zukunft überantwortet wird. Da ist zunächst die Säule der »Arbeiterräte« auf Betriebs-, Bezirks- und Reichsebene, die einerseits die für die Zeitgenossen greifbare *cleavage* zwischen Kapital und Arbeit reflektiert, andererseits als klare Reverenz an die virulenten Forderungen nach der »Verankerung der Räte in der Reichsverfassung« (Sinzheimer) verstanden werden muss. Als zweite Säule, die die kohäsiven Kräfte sämtlicher am Wirtschaftsleben Beteiligter betont, sollten »Wirtschaftsräte« etabliert werden, in welchen einerseits die oben genannten Arbeiterräte »zur Erfüllung der gesamten wirtschaftlichen Aufgaben und zur Mitwirkung bei der Ausführung der Sozialisierungsgesetze mit den Vertretungen der Unternehmer und sonst beteiligter Volkskreise« zusammentreten, andererseits aber (auch) »alle wichtigen Berufsgruppen entsprechend ihrer wirtschaftlichen und sozialen Bedeutung« repräsentiert sein sollten. Hier wird bereits ungeachtet des komplizierten vertikal wie horizontal verstrebten Konstrukts eine Sollbruchstelle erkennbar, denn: Wer war eigentlich (volkswirtschaftlich) »wichtig«, und wer sollte darüber befinden?[169] Diese Frage war dabei keineswegs von untergeordneter Bedeutung, sollte der zukünftige Reichswirtschaftsrat doch nicht darauf beschränkt sein, Gesetzesvorhaben der Regierung »vor ihrer Einbringung« lediglich zu begutachten, sondern auch ermächtigt werden, »selbst solche Gesetzesvorlagen zu beantragen« und diese nötigenfalls auch gegen den Willen der Regierung dem Reichstag vorzulegen. Ihm kam damit (freilich nur auf dem Papier, wie sich zeigen sollte) ein Gesetzesinitiativrecht zu, das seine bedeutende verfassungsrechtliche und staatsorganisatorische Stellung unterstrich. Schließlich die Möglichkeit, den Arbeiter- und Wirtschaftsräten »Kontroll- und Verwaltungsbefugnisse« zu »übertragen«: Dieser Passus, der zum einen die ursprüngliche und in Verfassungsberatungen nur mehr von der USPD vertrete Konzeption einer

---

Braun, »Zukunftsbedeutung«; Hauschild, *Reichswirtschaftsrat*, hier S. 1–11; Herrfahrdt, *Problem*; Heyde, »Prinzipien- und Gestaltungsfragen« sowie die in Kap. 1 genannten Arbeiten.

168 Zur juristischen Kontroverse, ob »Vereinigungsfreiheit« gleichbedeutend mit »Koalitionsfreiheit« sei, vgl. knapp die Hinweise bei Hederer, »Wirtschaftsordnung«, S. 789, 792. Rückert, »Weimarer Verfassung«, S. 221 bezeichnet Art. 159 und diesen Passus in Art. 165 als die zwei (einzigen) »juristisch harte[n] Regeln« im Abschnitt über das »Wirtschaftsleben«. Ausführlich zur Bewertung Art. 159 WRV auch Rückert, »Koalitionsrecht«.

169 Vgl. hierzu die folgenden Ausführungen zur Arbeit im Verfassungsausschuss, Kap. 2.2.

originär politischen, Legislative und Exekutive vereinenden Funktion der Räte[170] konservierte, war von Beginn an heftig umkämpft, blieb aber ohne nennenswerte praktische Relevanz.[171] Doch nicht nur »sozialistisch« war der Passus zu verstehen: auch auf der rechten Seite des politischen Spektrums versprach man sich von einer durchaus gewichtigen Rolle der in Art. 165 projektierten, dann nicht mehr »Räte«, sondern eben »Berufsstände« titulierten Organe ein »Gegengewicht gegen die Überspannung des Parlamentarismus und gegen die Herrschaft des Parlaments«.[172] Und so bündelte der Artikel einen bunten Strauß unterschiedlicher sozialtheoretischer (Sinzheimers »soziale Selbstbestimmung im Recht«), staatsorganisatorischer (»Entlastung des Reichstags«), politisch-ideologischer (»Räte« bzw. »Berufsstände«) und technokratischer (»Versachlichung der Politik«) Konzepte, die zwar in den Verfassungstext Eingang, aus diesem aber nicht mehr heraus gefunden haben. Der »Räteparagraph« steht damit paradigmatisch für den gesamten, im Grundrechtsteil der Verfassung verankerten Abschnitt zum »Wirtschaftsleben«, der ein Bündel an Rechten, Forderungen und Zielvorgaben formulierte, deren juristischer Gehalt damals wie heute umstritten war.

Aus der hier gewählten Perspektive ist diese Diskussion, so interessant und aufschlussreich sie sein mag, aber nur von sekundärer Relevanz: Wichtiger ist, dass der Verfassungsartikel trotz (oder gerade wegen) seiner nicht erfolgten Realisierung den unterschiedlichen Lagern als persistenter Referenzpunkt diente, an dem die Wirklichkeit gemessen, Veränderungen angemahnt oder Perspektiven der Weiterentwicklung aufgezeigt wurden.[173] Da galt es *zunächst*, die Vorgaben

170 Vgl. die Rede von Wilhelm Koenen (USPD) in der 62. Sitzung der Nationalversammlung, 21.7.1919, StenB 328, hier S. 1778–1783.

171 Vgl. etwa die »Leitsätze« von Mitzlaff/Cohen zur Bildung eines endgültigen RWR, 3.5.1923, BArch R 401/576, fol. 26–27'.

172 Rede von Clemens von Delbrück (DNVP) in der 62. Sitzung der Nationalversammlung, 21.7.1919, StenB 328, hier S. 1772–1775. Vgl. hierzu die Replik von Hugo Sinzheimer, ebd., S. 1790: »Es berührt eigentümlich, wenn man sieht, wie immer und immer wieder, auch bei der Diskussion dieser wichtigen Frage, die Extreme von rechts und links sich berühren. [...] Herr v. Delbrück und Herr Koenen gehen einig in dem Bestreben, die Demokratie zu schwächen, [...] wie es Herr v. Delbrück mehr oder weniger will, oder gar zu zerstören, wie es Herr Koenen ausgeführt hat.«

173 So prognostiziert (und erhoffte) etwa Delbrück in seiner bereits oben zitierten Rede vom 21.7.1919 (StenB 328, S. 1773–1774), dass der RWR über kurz oder lang das »Erbe des Reichsrats« antreten werde, da im »modernen Staat« einerseits alle Politik Wirtschafts- und Sozialpolitik sei, andererseits die Unitarisierungstendenz des Reichs die bis dato starke Stellung der Länder (im Kaiserreich) zurückdrängen werde. Diese Überlegung der Zusammenführung von Reichsrat und RWR zu einem wie auch immer gearteten »Oberhaus« sollte im Kontext der Debatten um eine »Reichsreform« um 1930 erneut virulent werden. Vgl. hierzu exemplarisch Tatarin-Tarnheyden, »Kopfzahldemokratie«, S. 117, 122; Grosch, *Reichswirtschaftsrat*, S. 129–136 (dort auch mit weiteren Nachweisen); differenzierend Huber, »Berufsstände«, S. 957. Kritisch Fraenkel, »Verfassungsreform«, S. 498, auch wenn hier ein parlamentsskeptischer Ton unüberhörbar ist, denn: schon das bestehende Parlament könne sich nicht einigen, wie solle es erst dann mit zweien werden?

der Verfassung im Zuge intensiver Beratungen im eigens etablierten »Verfassungsausschuss« in ein realisierbares und praxistaugliches Modell zu formen. Die Fragen nach der zukünftigen Gestalt des »endgültigen« Reichswirtschaftsrats verknüpften sich damit unauflöslich mit der jeweiligen *Auslegung* der Verfassungsnorm, die freilich nicht nur *eine* plausible Lesart bot. Die verfassungsrechtliche Diskussion war somit eine eminent politische. *Zweitens* wirkten die ökonomischen Belastungen und die unterschiedlichen Krisen, die sich im Verlauf der 1920er Jahre ereigneten, unmittelbar auf die Beratungen im Verfassungsausschuss zurück. Die Preisgabe der Arbeiterräte, des gesamten »Unterbaus« und der Zentralstellung des Plenums sowie die signifikante Reduzierung der Mitglieder folgte ebenso pragmatischen wie fiskalischen Erwägungen. Und schließlich war *drittens* seit 1920 ein zwar in seinen Kompetenzen limitierter, gleichwohl handlungsfähiger Reichswirtschaftsrat auf zentralen Politikfeldern aktiv. So ergab sich die Situation, dass die Konzeptualisierung des Reichswirtschaftsrats, wie sie zwischen 1919 und 1927 diskutiert wurde, nicht nur der Verfassungsnorm, sondern auch den Interessen und politischen Wünschen der (beteiligten) Akteure Rechnung tragen musste. Vor allem aber wurden die praktischen Erfahrungen fortlaufend in die Debatten des Verfassungsausschusses eingespeist; das betraf etwa die (übergroße) Zahl der Mitglieder, das (unpraktikable) Plenum und die (als degradierend empfundenen) Einbindung in den Prozess der Politikformulierung.[174] In Rückschau wird damit eine äußerst instruktive Verschränkung von Theorie und Praxis greifbar, die sich durch den Wandel *beider* Ebenen im Verlauf der 1920er Jahre noch verkomplizierte. Schon allein deshalb ist es reduktionistisch, die Norm der Verfassung zum Maßstab einer Bewertung der politischen Performanz des Reichswirtschaftsrats in der Weimarer Republik zu erheben. Das Verdikt der »Totgeburt«[175] mag dann noch Art. 165 WRV treffen; den Reichswirtschaftsrat der Praxis, und nur um den kann es gehen, trifft es nicht.

Bisher stand für die Forschung vor allem die – zweifelsohne gravierende – Diskrepanz von Erwartungen, Verfassungsnorm und tatsächlicher Performanz im Fokus. Dass bereits nach kurzer Zeit die Beteiligten selbst von der Umsetzung des Verfassungsartikels, nicht aber des Reichswirtschaftsrats abgerückt waren, wurde dabei zumeist kaum reflektiert. Dazu mag wohl auch beigetragen haben, dass traditionell Regierung und Reichstag im Zentrum der Analyse politischen Handelns stehen; das ist nicht zu beanstanden, impliziert aber einen erheblichen *bias*, der aus der systematischen Nichtbeachtungs- und Degradierungspolitik des »politischen Parlaments« gegenüber dem Parvenü »Reichswirtschaftsrat« resultieren

174 Vgl. die Ausführungen in Kap. 2.2.
175 Ritter, »Entstehung«, S. 74 (»totgeboren«).

mag.[176] Hierauf ist noch zurückzukommen. So wichtig der Verfassungsartikel hinsichtlich seiner normativen Prägekraft und seines symbolischen Gehalts also auch war: er erlaubt nur mittelbar Rückschlüsse auf die Rolle des Reichswirtschaftsrats und dessen Wandel zwischen 1920 und 1934. Außer Frage steht, dass er die ursprünglich in ihn gesetzten Erwartungen nicht erfüllen konnte. Dass er aber während der gesamten Weimarer Republik nicht nur als institutionelle Hülle existierte, sondern auch praktisch handelte und als politischer Akteur präsent war, ist die Beobachtung, um die es geht. Wie positionierte sich der Reichswirtschaftsrat also im politischen System der Weimarer Republik, und welche Rolle vermochte er in den »großen Fragen« der Zeit zu spielen – jenseits fachlicher Detailfragen wie etwa der Spielkartensteuer, Moor- und Ödlandkultivierung, oder Ausfuhrbeschränkungen für Lumpen und Altpapier?[177] Es soll also nicht um die naive Rehabilitierung eines Akteurs gehen, sondern um eine Neuvermessung der Mechanismen politischen Handelns in der Weimarer Republik.

2.2 Ernüchterung: Der Reichswirtschaftsrat als Verordnung und Entwurf

2.2.1 Arbeitsprogramm in Zeitnot

Bereits früh waren Stimmen laut geworden, die angesichts der ökonomischen Situation, der außen- und reparationspolitischen Bedrängnisse und nicht zuletzt einer wahrgenommenen Überforderung des »politischen Parlaments«[178] auf die baldige Einrichtung des in Art. 165 WRV verankerten Reichswirtschaftsrats drängten.[179] So forderte am 8. August 1919 etwa die ZAG in einem von Ernst von Borsig und Theodor Leipart unterzeichneten und an »Reichsministerpräsident«[180] Gus-

176 So etwa die autobiographische (und deshalb mit entsprechender Sorgfalt zu gewichtende) Darstellung von Max Hachenburg, *Lebenserinnerungen*, S. 184–206. Hachenburg, angesehener Jurist aus Mannheim, war von 1920–1933 als Vertreter der Gruppe VIII (Beamte und freie Berufe) MdRWR (vgl. zu Hachenburg knapp Lilla, *Reichswirtschaftsrat*, S. 376).

177 Die Beispiele sind bewusst kurios und willkürlich gewählt – es ließen sich zahllose ähnliche nennen. Vgl. Hauschild, *Reichswirtschaftsrat*, S. 140 (»Ausfuhrbeschränkung für Lumpen und Altpapier«, Mai 1925), S. 410 (»Entwurf eines Spielkartensteuergesetzes«, Mai-Juni 1923), S. 559–561 (»Moor- und Ödlandkultivierung und -besiedlung«, März-April 1922).

178 Die Begriffsverwendung ist häufig anzutreffen, vor allem dann, wenn eine Diskrepanz zur Praxis des Reichstags markiert werden soll, etwa: Bernhard, *Wirtschaftsparlamente*, S. 79, S. 108–109 et passim.

179 Zum Folgenden vgl. neben Schäffer, *Vorläufige Reichswirtschaftsrat*, S. 5–27 auch Lilla, *Reichswirtschaftsrat*, S. 20–28.

180 Nach § 8 des »Gesetzes über die vorläufige Reichsgewalt« vom 10.2.1919 oblag (bis zum Inkrafttreten der Weimarer Reichsverfassung am 14.8.1919) die »Führung der Reichsregierung« einem »Reichsministeri-

tav Bauer (SPD) adressierten Schreiben, »umgehend« per Notverordnung einen vorläufigen Reichswirtschaftsrat einzuberufen, der »die gleichen Befugnisse, wie der endgültige Reichswirtschaftsrat« besitzen und einen Gesetzentwurf zu dessen Einrichtung vorbereiten solle.[181] Nur wenige Tage später wurde im Kabinett der Beschluss gefasst, baldmöglichst einen Reichswirtschaftsrat zu etablieren, die entsprechenden Vorbereitungen seien zunächst auf Ebene der Ministerien zu treffen.[182] In Reaktion auf die »dringende Bitte« des Abgeordneten Albert Vögler (DVP), mit dem Reichswirtschaftsrat einen »Sachverständigenrat« einzuberufen, um einerseits »Wirtschaft zu treiben ohne direkte Beeinflussung der Politik«, und andererseits »das Zusammengehörigkeitsgefühl aller Klassen, aller Stände, aller Berufe unseres Volkes« zu stärken,[183] reagierte Reichswirtschaftsminister Robert Schmidt (SPD) mit der Ankündigung, dass »bereits Vorarbeiten nach dieser Richtung hin im Gange« seien. Die Umsetzung dieser zunächst nur »vorläufige[n] Einrichtung« solle rasch und nach Möglichkeit nicht auf dem »umständlichen Weg der Gesetzgebung« erfolgen.[184] Auch wenn es diesem knappen Statement nicht eindeutig zu entnehmen ist, so legt der Kontext doch nahe, dass Wirtschaftsminister Schmidt hier auf den »Wirtschaftsrat beim Reichswirtschaftsministerium« Bezug nimmt, der in unmittelbarer Folge eingerichtet worden war und eine gleichsam »vorvorbereitende«[185] Funktion erfüllen sollte. Parallel wurden die Arbeiten am Entwurf für eine gesetzlichen Regelung des Reichswirtschaftsrats in Angriff genommen, zunächst im federführenden Wirtschaftsministerium, das einen ersten Entwurf im Herbst 1919 in die Ressortabstimmung gab.[186] Auch wenn insbesondere das Arbeitsministerium für Änderungen in Richtung einer »Gleichstellung von Reichswirtschaftsrat und Reichsarbeiterrat«, wie in der Verfassung vorgesehen, plädierte,[187] definierte der Verordnungsentwurf die zentralen Prinzipien des zukünftigen Reichswirtschaftsrats, die sich – trotz der zu diesem Zeitpunkt keineswegs absehbaren Perpetuierung dieser »vorläufigen« Lösung – als persistent erweisen sollten: Zum einen der über politische Lagergrenzen hinweg weitgehend einhellig geteilte Wunsch nach einem »Wirtschaftsrat«, dessen Identität in seiner Sachlichkeit und

---

um«, das vom Reichspräsidenten »berufen« wurde (RGBl. 1919, S. 169–171). Erster »Präsident des Reichsministeriums« wurde Philipp Scheidemann (MSPD). Vgl. AdR Kab. Scheidemann, S. 509.

181 ZAG an Reichsministerpräsident Bauer, 8.8.1919, BArch R 43-I/1192, fol. 3–4.

182 Vgl. Kabinettssitzung vom 11.8.1919, AdR Kab. Bauer, Nr. 42, S. 178.

183 Albert Vögler (DVP), 80. Sitzung der Nationalversammlung, 15.8.1919, StenB 329, S. 2492.

184 RWiM Robert Schmidt (SPD), ebd.

185 Besprechung von Reichs- und Ländervertretern im Reichswirtschaftsministerium über die Bildung eines vorbereitenden RWR, 11.11.1919, AdR Kab. Bauer, Nr. 101, S. 379. Zit. auch bei Lilla, *Reichswirtschaftsrat*, S. 22 mit Fn. 44. Vgl. auch UStS Hirsch, Niederschrift über die Sitzung [im Reichswirtschaftsministerium], betr. den Entwurf eines vorbereitenden RWR, 17.11.1919, BArch R 43-I/1192, fol. 54‘.

186 Vgl. UStS Julius Hirsch an den UStS der Reichskanzlei, 22.9.1919, ebd., fol. 14.

187 Vgl. RArbM an RWiM, 30.10.1919 (Abschr.), ebd., fol. 43–45.

seiner Distanz zu den Kämpfen der Tages- und Parteipolitik wurzeln sollte.[188] Diesem eher grundsätzliche Aspekt, der in nicht unerheblichem Maße von einer verbreiteten technokratisch inspirierten Skepsis an der Leistungsfähigkeit des parlamentarischen Systems zehrte, korrespondierte die aus der Not der Zeit heraus geborenen Dringlichkeit, die auf eine, wie es hieß, möglichst rasche »Schaffung eines der Regierung ständig zur Seite stehenden unpolitischen Beirats wirtschaftlicher Sachverständiger«[189] drängte. Daneben war, anknüpfend an Art. 165 WRV und die Lehre Hugo Sinzheimers von der »sozialen Selbstbestimmung im Recht«, intendiert, den »vorbereitenden« Reichswirtschaftsrat nicht nur als Beratungsorgan zu konzipieren, sondern diesem auch Selbstverwaltungsaufgaben mit der Kompetenz zur »autonomen Rechtssatzung« zu übertragen.[190] Und schließlich wurde ein für die Ausformung des institutionellen Selbstverständnisses elementarer Aspekt betont, der die »Annäherung an die Stellung des Reichstags«[191] unterstrich: Nicht die Affiliation an das eigene politische Lager und nicht die Abhängigkeit von den Zielen der eigenen Branche sollten »oberster Grundsatz« sein, sondern »das Interesse des ganzen Volkes«, denn: »Je mehr gerade dieser Gesichtspunkt in den Arbeiten des vorbereitenden Reichswirtschaftsrates zum Ausdruck kommen wird, desto mehr wird seine Stimme beachtet werden und desto stärker wird sein Einfluß auf die Gestaltung des deutschen Wirtschaftslebens und damit auf die Geschicke des deutschen Volkes sein.«[192]

Die wesentlichen Eckpunkte waren damit grundgelegt. Gleichzeitig wurde ein Kernproblem sichtbar, das in der mehrdimensionalen Konstruktion des Reichswirtschaftsrats von Beginn an angelegt und mit Einrichtung, Praxis und Fortbestand eng verknüpft war: Während die ersten Entwürfe aus Gründen der Praktikabilität und Beratungseffizienz eine möglichst geringe Zahl an Mitgliedern vorsahen, und auch das Finanzministerium aus Kostengründen mit maximal 120 Personen kalkulieren wollte,[193] stellte sich rasch heraus, dass man damit wohl kaum zu Rande kommen würde.[194] Wollte man dem in der Verfassung inkarnierten Anspruch tatsächlich gerecht werden, eine Institution zu schaffen, die »den organischen Ausdruck für die Arbeits- und Wirtschaftsgemeinschaft des Volkes bilden« und »im Staate ihre Angelegenheiten selbständig ordnen« sollte,[195]

188 Vgl. die Begründung des Verordnungs-Entwurfs, 20.10.1919, ebd., fol. 22'-29.

189 Ebd., fol. 22'.

190 Ebd., fol. 24.

191 Ebd., fol. 25.

192 Ebd., fol. 25'.

193 Niederschrift über die Sitzung, betr. den Entwurf eines vorbereitenden RWR, 17.11.1919, ebd., fol. 59'.

194 Vgl. Geh. RR Schäffer in der Sitzung der Unterkommission zur Beratung einiger Fragen über die Bildung des vorbereitenden RWR, 20.11.1919, ebd., fol. 66 (er spricht bereits von maximal 200 Mitgliedern).

195 Entwurf eines Gesetzes zur Ergänzung des Artikel 34 des Entwurfs einer Verfassung des Deutschen Reichs, 10.6.1919, StenB 335, Nr. 385, S. 230.

kam man nicht umhin, alle möglichen Variablen, die Einfluss auf die Zusammensetzung des Reichswirtschaftsrats besaßen, angemessen in Rechnung zu stellen. Dies umso mehr, als es bei weitem nicht nur um eine quantitativ und qualitativ überzeugende Abbildung der deutschen Volkswirtschaft ging. Auch die Befriedung gesellschaftlicher Grundkonflikte durch den Modus gemeinsamen Verhandelns und die Integration der unterschiedlichen Wirtschaftsakteure zwang zum Interessenausgleich, der sich institutionell eben nur numerisch und damit über die Zahl der jeweils entfallenden Mitglieder bewerkstelligen ließ. Und da man überdies dem Prinzip der »Parität«[196] gehorchen wollte (oder musste), zogen Konzessionen auf der einen Seite Kompensationen auf der anderen nach sich. Es bedarf keiner weiteren Ausführungen, dass sich auf diesem mühsamen Wege des *bargainings* das Plenum des Reichswirtschaftsrats sukzessive aufblähte, ehe es mit der Zahl von 326 ein offenbar kritisches Maß erreicht hatte, das allen mehr oder minder akzeptabel erschien. Diese Tendenz war früh, schon in der Besprechung von Reichs- und Ländervertretern bezüglich der Einrichtung eines vorbereitenden Reichswirtschaftsrats am 11. November 1919 deutlich geworden,[197] und sollte nach Veröffentlichung des Verordnungsentwurfs Anfang Dezember noch an Dynamik gewinnen.[198] Hier war es insbesondere die Landwirtschaft, die sich nicht angemessen vertreten und durch eine Koalition der industriellen Produzenten an den Rand gedrängt sah.[199] Und in der Tat sollte die Integration der Landwirtschaft in den Reichswirtschaftsrat ein komplexes und nur unzureichend gelöstes Problem darstellen, entzog sie sich doch schon aus strukturellen Gründen dem ehernen Grundsatz der Parität von Arbeitgebern und Arbeitnehmern.[200] Vor diesem Hin-

196 Vgl. stellvertretend Hans Kraemer, 1. Sitzung des Verfassungsausschusses, 12.10.1920, R 401/568, fol. 7.

197 Vgl. AdR Kab. Bauer, Nr. 101, S. 169–180.

198 So jedenfalls Lilla, *Reichswirtschaftsrat*, S. 24, der von einer »wahre[n] Flut an Eingaben der verschiedenen Interessenvertretungen« als Reaktion auf die Veröffentlichung des Entwurfs am 4.12.1919 im Reichsanzeiger spricht. Als Beleg verweist Lilla auf die Kabinettssitzung vom 15.12.1919, AdR Kab. Bauer, Nr. 131, S. 480: Dort heißt es in Fn. 4 der Edition: »Der dem Kabinett vorgelegte VO-Entw. war bereits im Dt. Reichsanzeiger Nr. 278 vom 4.12.19 veröffentlicht worden.« Auch (der Zeitzeuge) Schäffer, *Vorläufige Reichswirtschaftsrat*, S. 19, berichtet davon. Indes konnte in der genannten Ausgabe des Reichsanzeigers ein Verordnungs-Entwurf nicht nachgewiesen werden. Das stellt zwar die von Lilla behauptete Kausalität in Frage, ändert aber nichts an der Tatsache, dass die Zusammensetzung des RWR vor Erlass der endgültigen VO am 4.5.1920 Gegenstand fortgesetzter Kritik aus unterschiedlichsten Kreisen blieb. Archivalisch ist der Entwurf nachgewiesen in BArch R 43-I/1352, fol. 583–589.

199 Vgl. knapp Lilla, *Reichswirtschaftsrat*, S. 23–27. Exemplarisch auch REM an RJM, 6.1.1919, BArch R 3001/7898, fol. 33 (Kritik an der zu gering veranschlagten Repräsentanz der Landwirtschaft).

200 Ebd., S. 98–116 (Beratungen der Gesetzentwürfe). Die Frage wurde im Verfassungsausschuss intensiv diskutiert im Zusammenhang mit der Bildung des sogenannten »Unterbaus«, der eine paritätische Umgestaltung der bestehenden Handels-, Handwerks- und Landwirtschaftskammern vorsah. Insbesondere Letztere sperrten sich gegen die Anwendung der Paritätsmaxime; vgl. etwa Pressemitteilung zur Sitzung des Unterausschusses des Verfassungsausschusses vom 19.12.1920, 20.12.1920, BArch R 401/565, fol. 171;

tergrund verwundert es nicht, dass ausgerechnet die Frage der numerischen Zusammensetzung des Reichswirtschaftsrats den *Trigger* bildete, der die über Jahre hinweg mit Akribie und Gestaltungswillen verhandelten Gesetzentwürfe über den endgültigen Reichswirtschaftsrat schließlich 1930 scheitern ließ.[201] Ein rechtes Maß zu finden und den Anspruch auf proportionale Repräsentanz der gesamten Volkswirtschaft vom Papier in den Plenarsaal zu projizieren, war alles andere als einfach – vielmehr ein Minenfeld, das ohne Detonation zu überqueren kaum möglich schien.

Die Schwierigkeiten bei der Lösung der Frage nach einer für alle Beteiligten akzeptablen Zusammensetzung des Reichswirtschaftsrats kontrastierten indes mit der von Julius Hirsch in seiner Funktion als (Unter-)Staatssekretär im Reichswirtschaftsministerium betonten »Eilbedürftigkeit der Angelegenheit«[202], die in der Begründung des Verordnungsentwurfs in den Vordergrund gerückt worden war:[203] Auch wenn die Voraussetzungen zur Einrichtung des in der Verfassung projektierten Reichswirtschaftsrats derzeit (vor allem aufgrund des fehlenden Unterbaus) noch nicht gegeben wären, sei die Regierung »dringend« auf die Unterstützung beim »Aufbau der neuen Wirtschaftsverfassung« und der »Gestaltung unserer Verhältnisse« angewiesen; gerade jetzt fiele das »besonders ins Gewicht«.[204] Zentrale Aufgabe des »vorbereitenden« Reichswirtschaftsrats sei es demnach nicht nur, die komplexe Umsetzung des Verfassungsartikels samt Betriebsräten, Bezirksarbeiter- und Bezirkswirtschaftsräten sowie dem Reichsarbeiterrat voranzutreiben. Vielmehr solle er neben der Mitwirkung an der Gesetzgebung auch Verwaltungsaufgaben übernehmen, die einerseits pragmatisch an die hybriden Formen der Kriegs- und Übergangswirtschaft anknüpften, andererseits aber auch dem selbstregulativen Ansatz Sinzheimers folgten.[205]

---

nach wie vor umstritten im November 1922 (Pressemittelung über die Sitzungen vom 7./8.11.1922, BArch R 401/566, fol. 142), das gleiche Bild im Februar 1927 (Pressemitteilung über die Sitzung vom 11.2.1927, Bach R 401/567, fol. 398: Zentrales Thema der Sitzungen war »wieder die grundsätzliche Frage, ob die endgültige Gestaltung des Reichswirtschaftsrats unabhängig von der Frage des Unterbaus, also der Frage der Schaffung der Bezirkswirtschaftsräte und der Frage der Schaffung von Arbeitnehmervertretungen in oder neben den bestehenden Handels-, Handwerks- und Landwirtschaftskammern, gelöst werden könne«).

201 Vgl. knapp Lilla, *Reichswirtschaftsrat*, S. 114–116.

202 UStS Hirsch an den UStS der Reichskanzlei, Anschreiben zur Übermittlung des Verordnungs-Entwurfs, 12.12.1919, BArch R 43-I/1192, fol. 69: »Mit Rücksicht auf die Eilbedürftigkeit der Angelegenheit wäre ich dankbar, wenn die Beschlußfassung [im Kabinett, FH] möglichst bald erfolgte.«

203 Vgl. den Entwurf einer Verordnung über den vorbereitenden RWR, [Dez. 1919] BArch R 43-I/1192, fol. 70–73, die Begründung ebd., fol. 71–72'. Die wesentlichen Passagen der Begründung finden sich bereits in einem früheren Entwurf vom September bzw. Oktober 1919, vgl. hierzu ebd., fol. 22'-33'.

204 Alle Zitate im Entwurf einer VO über den vorbereitenden RWR, [Dez. 1919], ebd., fol. 71.

205 Ebd., fol. 71'.

Grundsätzlich sei die »vorbereitende« Institution mit den gleichen Kompetenzen auszustatten wie der in der Verfassung konzipierte Reichswirtschaftsrat. Einzig »das Recht, zu fordern, daß seine Initiativanträge dem Reichstag auch dann vorgelegt werden, wenn die Reichsregierung ihnen nicht zustimmt, und das weitere Recht, diese Anträge selbst durch eines seiner Mitglieder vor dem Reichstage vertreten zu lassen,«[206] könnten nicht gewährt werden. Dieser Passus sollte sich als wichtig erweisen: Denn das ursprünglich in der Verfassung vorgesehene Gesetzesinitiativrecht präformierte in rechtlicher, vor allem aber politisch-praktischer Hinsicht entscheidend die konkrete Rolle, die der Reichswirtschaftsrat im politischen System der Weimarer Republik würde einnehmen können. Auf ein voll ausgebildetes Initiativrecht zu verzichten, bedeutete damit eine erhebliche Reduzierung des Aktionsradius und in der Praxis einen steten Quell des Unmuts und der Frustration, da man so vom Gutdünken der Regierung abhängig blieb. Umgekehrt trug aber diese Knebelung maßgeblich zur Ausformung eines spezifischen Selbstverständnisses, einer »institutionellen DNA« bei. Dazu später mehr.[207] Bemerkenswert aber ist, dass ein umfassendes Initiativrecht in den Gesetzentwürfen über den endgültigen Reichswirtschaftsrat 1926/27 tatsächlich wieder vorgesehen war. Dies zeigt zweierlei: Zum einen die Relevanz, die dem Reichswirtschaftsrat durchgängig und auch trotz einer für viele unbefriedigenden *performance* zugesprochen wurde. Aus Desinteresse scheiterte die Gesetzgebung 1930 nicht, im Gegenteil: der erbitterte Kampf um Sitz und Stimme im zukünftigen Reichswirtschaftsrat, den manche Verbände und deren politische Verbündete im Reichstag ausfochten, war der entscheidende Faktor, der dem Gesetzentwurf die notwendige Zweidrittelmehrheit kostete.[208] Und zum anderen wird deutlich, dass die Akteure in einer von extremem Handlungsdruck geprägten Zeit schlicht nicht davon ausgingen, dass dieser als transitorisch gedachte Zustand von Dauer, und die Implementierung von Art. 165 ein schier unlösbares Unterfangen sein würde. Die Kompetenzbeschneidung des Reichswirtschaftsrats ist daher nicht als Indiz für seine Irrelevanz zu interpretieren.[209]

206 Ebd.

207 Vgl. insb. Kap. 3.3.

208 Vgl. unten Kap. 2.2.

209 Zumal für der Verzicht auf ein Initiativrecht auch verfassungsrechtliche Gründe vorgebracht wurden. Schäffer, *Vorläufige Reichswirtschaftsrat*, S. 29, argumentiert wie folgt: »Die vereinfachte Form der Gesetzgebung für die Zwecke der Übergangswirtschaft (RGBl. 1919, S. 394) [...] ist anwendbar, weil es sich bei dem vorläufigen Reichswirtschaftsrat nur um ein vorläufiges Gebilde handelt, dessen baldigste Entstehung wirtschaftliches Bedürfnis war. Die Wahl dieser Form hat auf die Gestaltung der Gesetzgebung einen nicht unerheblichen Einfluß geübt. Das in Art. 165 RV dem dort vorgesehenen endgültigen Reichswirtschaftsrat gegebene Recht, daß die Reichsregierung von ihm beantragte Gesetzesvorlagen, auch wenn sie ihnen nicht zustimmt, dem Reichstag vorlegt, und das Recht, diese Vorlagen selbst durch eines seiner Mitglieder vor dem Reichstag zu vertreten, steht dem vorläufigen Reichswirtschaftsrat nicht zu. Maßge-

2.2.2 Die Verordnung von 1920 und die Schaffung eines »vorläufigen« Reichswirtschaftsrats

Der vorgelegte und am 15. Dezember 1919 vom Kabinett mit kleineren, wenig überraschend die Zusammensetzung des Plenums betreffenden Modifikationen gebilligte Entwurf[210] entsprach bereits weitgehend der späteren Verordnung, und sah neben der Scharnierfunktion im Gesetzgebungsprozess auch eine als notwendig erachtete »Annäherung an die Stellung des Reichstags«[211] vor. So waren »Doppelmandate« in Reichstag und Reichswirtschaftsrat nicht nur möglich, sondern vielmehr »unbedingt erforderlich, um nicht führende Köpfe der einen oder anderen Körperschaft fernzuhalten.«[212] Die damit verbundene Hoffnung, durch personelle Bande auch die Kooperation zwischen den beiden Reichsorganen zu intensivieren, sollte sich freilich nur sehr bedingt erfüllen. Im Gegenteil blieb das Verhältnis stets spannungsgeladen; eine fruchtbare und vor allem reibungslose Zusammenarbeit konnte sich so nie recht entfalten. Nicht nur die mit Händen zu greifenden institutionellen »Eifersüchteleien«[213] und regelrechten Obstruktionen seitens des Parlaments scheinen retrospektiv dafür verantwortlich gewesen zu sein, sondern auch strukturelle Inkohärenzen und unterschiedliche Funktionslogiken, die sich auf dem Papier, nicht aber in der Praxis eskamotieren ließen.[214] Auch auf dieser Ebene hatte der Reichswirtschaftsrat ganz unabhängig von seinem Portefeuille also mit Hindernissen zu kämpfen, die seinen Aktionsradius einengten. Die Beschneidung des Initiativrechts, das dem Reichswirtschaftsrat ein veritables Druckmittel gegenüber Regierung und Reichstag in die Hand gegeben hätte, wurde zwar (nur) formal verfassungsrechtlich begründet und war lediglich für den Übergang gedacht;[215] da dieser Zustand aber andauerte, kam der Regelung eine überragende praktische Relevanz zu. Doch diese Entwicklung war zunächst weder abzusehen

bend war dafür die Erwägung, daß diese Rechte von der Verfassung (Artikel 165) nur einem in bestimmter Weise zusammengesetzten Organe gegeben sind (Reichsarbeiterrat in Verbindung mit den Vertretungen der Unternehmer und der sonst beteiligten Volkskreise) und daher an eine in anderer Weise zusammengesetzte Körperschaft nur durch verfassungsänderndes Gesetz übertragen werden dürfen. Ob aber ein verfassungsänderndes Gesetz im Wege der vereinfachten Gesetzgebung ergehen kann, ist, selbst wenn die Änderung sich, wie hier, nur auf die Übergangszeit erstrecken soll, zum mindesten zweifelhaft. Daher ist von der Verleihung dieser Befugnisse abgesehen.«

210 Vgl. Kabinettssitzung vom 15.12.1919, AdR Kab. Bauer, Nr. 131, S. 480.

211 Entwurf einer VO über den vorbereitenden RWR, [Dez. 1919], BArch R 43-I/1192, fol. 71'.

212 Ebd.

213 Siehe bereits oben Friedrich Edler von Braun, in der 4. Sitzung des Reparationsausschusses, 28.6.1921, BArch R 401/611, fol. 315–316.

214 Vgl. hierzu insb. Kap. 5.1.

215 So bereits Hans Schäffer im Rahmen einer Besprechung des Verordnungsentwurfs, 17.11.1919, BArch R 43-I/1192, fol. 53. Vgl. ausführlich auch Schäffer, *Vorläufige Reichswirtschaftsrat*, S. 29 (und das entsprechende Zitat oben). Die formale Begründung mag retrospektiv vorgeschoben wirken; zieht man aber den Hori-

noch intendiert. Und so skizziert der Entwurf etwa mit Blick auf die Stellung der MdRWR[216] einen quasi-parlamentarischen Status, – freies Mandat, Diäten, freie Eisenbahnfahrt und dergleichen –, der aber andererseits durch die faktische Bindung an das Reichswirtschaftsministerium insbesondere in Etatfragen konterkariert wurde.[217] Eine überaus komplexe Gemengelage also, die vor allem verdeutlicht, unter welch erheblichem Zeitdruck die Akteure Lösungen für ungewisse Konstellationen (er)finden mussten.

Am 5. Februar 1920 trat der Ausschuss für Volkswirtschaft in die Beratung des Verordnungsentwurfs ein und legte seinen Bericht am 23. April 1920 dem Reichstag vor. Auch in diesen Beratungen sollten sich keine wesentlichen und für die politische Funktion des Reichswirtschaftsrats elementaren Änderungen im Vergleich zur Vorlage der Regierung ergeben. Die Zahl der Mitglieder war nun aber schon auf 280 angestiegen, und sollte sich aufgrund einer Fülle an Eingaben der unterschiedlichen Verbände und der Wünsche des Reichsrats, die in einem eigens etablierten Unterausschuss diskutiert wurden, in der endgültigen Fassung des Verordnungsentwurfs noch auf 326 erhöhen.[218] Der nun als »vorläufig«, nicht mehr als »vorbereitend« titulierte Reichswirtschaftsrat hatte die Aufgabe, »für den künftigen endgültigen Reichswirtschaftsrat den Unterbau und das Wahlrecht zu schaffen«, er sollte bei Gesetzesvorhaben und sonstiger Maßnahmen der Regierung »wirtschaftlicher Art« verpflichtend gehört werden und selbst solche initiieren können. Neben dem »Grundgedanken« der »Parität zwischen Arbeitgeber und Arbeitnehmer«, der in der Praxis der Arbeitsgemeinschaften bereits »segensreich gewirkt« habe und daher »unbedingt« aufrechterhalten werden solle, seien daneben die »Berufsgruppen gemäß ihrer wirtschaftlichen Bedeutung« zu berücksichtigen, was auch die Verbraucherschaft sowie freie Berufe umfasste.[219]

Die am 4. Mai 1920 schließlich erlassene »Verordnung über den vorläufigen Reichswirtschaftsrat« muss als Ergebnis eines Entwicklungsprozesses verstanden

zont der Zeitgenossen in Betracht und geht man davon aus, dass die Akteure tatsächlich von einem nur transitorischen Phänomen ausgingen, dann ist dieser Schluss keineswegs zwingend.

216 Vgl. vor allem das freie Mandat in § 5 der VO über den vorläufigen RWR, 4.5.1920, RGBl. 1920, S. 866–867.

217 So verfügte der RWR über einen eng dem Reichswirtschaftsministerium angegliederten Etat, der bezeichnenderweise mit der Ordnungsziffer VI a geführt wurde (vgl. etwa BArch R 401/218, fol. 202–204; Haushalt des vorläufigen RWR für das Rechnungsjahr 1921).

218 Vgl. ausführlich den Bericht des Ausschusses für Volkswirtschaft vom 23.4.1920, StenB 343, Nr. 2794, hier S. 3114, 3118, 3123. Auch Lilla, *Reichswirtschaftsrat*, S. 24–28 und Schäffer, *Vorläufige Reichswirtschaftsrat*, S. 19–27, 30–31.

219 Bericht des Ausschusses für Volkswirtschaft vom 23.4.1920, StenB 343, Nr. 2794, S. 3107–3108. Vgl. auch Torp, *Konsum und Politik*, hier S. 157–161.

werden, der von den handelnden Akteuren typischerweise[220] nur zum Teil intentional gesteuert war. Vielmehr stellte er sich – und auch das ist für die Weimarer Republik durchaus grundsätzlich kennzeichnend – als situative Reaktion auf veränderte Umstände dar, ohne sich dabei aber von den der Revolutionszeit entstammenden Erwartungen einer grundlegenden Neugestaltung des Verhältnisses von Wirtschaft, Staat und Politik distanzieren zu wollen. Man hielt am Programm fest, passte das Vorgehen aber, soweit es eben ging, der Situation an. Dass dabei angesichts des bevorstehenden Arbeitspensums und der knapp bemessenen Zeit weniger zu Papier gebracht wurde, werden konnte, als die Verfassung verhieß, kann kaum überraschen. Und dennoch waren auch dem nur »Vorläufigen« Reichswirtschaftsrat jene Erwartungen inhärent, die sich bereits im Verfassungsartikel manifestierten, und denen auch die Verordnung gerecht zu werden versucht hatte. Der maßgebliche Kommentar von Hans Schäffer belegt dies anschaulich,[221] denn für ihn waren mit der »Schaffung des Reichswirtschaftsrats eine Fülle von Problemen aufgerollt, die seine Dynamik«[222] und damit seine zukünftige Entwicklung betraf. Er bezog sich damit – *erstens* – auf die »Eigenart der Stellung der Mitglieder, die sich einerseits als Vertreter der wirtschaftlichen Interessen des Gesamtvolkes zu fühlen, andererseits mit einer Rückberufung durch ihren Verband zu rechnen«[223] hätten, sollten sie ihren politischen Aktionsradius zu weit dehnen und den Interessen des Verbandes zuwiderhandeln. Dieses aus der Verbändeforschung bekannte Phänomen der »logics of membership«[224] kontrastierte damit dem prinzipiell freien Mandat der MdRWR, das sie wiederum auf eine Ebene mit den Abgeordneten des Reichstags hievte. Dass in der Praxis möglichst die »führenden Köpfe«[225] der jeweiligen Branchen in den Reichswirtschaftsrat entsandt werden sollten (und auch entsandt wurden), trug maßgeblich dazu bei, die Entwicklung zu einem faktischen Wahlmännersystem zu unterlaufen. Retrospektiv war eher das Gegenteil zu beobachten, ein Prozess also, der zwar die Autonomie des Reichswirtschaftsrats stärkte, allerdings umgekehrt dadurch Gefahr lief, die Bindung an die sie tragenden wirtschaftlichen Organisationen zu schwächen. Grundsätzlich war damit aber ein Problemkreis adressiert, der normativ nicht zu entscheiden war, vielmehr nach Formung durch die Praxis verlangte.[226] In noch stärkerem Maße

---

220 Vgl. etwa Lübbe, *Geschichtsbegriff*, S. 69–70, 83, 89 et passim: »Geschichten«, die wir als Historiker erzählen wollen, »sind Vorgänge, die zu etwas führen, was als solches keiner, der handelnd beteiligt war, gewollt hat, was nicht ausschliesst, dass ihm, was schliesslich eintritt, gelegen kommt.« (Zitat S. 69).

221 Vgl. zum Folgenden grundlegend den Kommentar von Schäffer, *Vorläufige Reichswirtschaftsrat*, der als zentrale Referenz begriffen werden kann.

222 Schäffer, *Vorläufige Reichswirtschaftsrat*, S. 25.

223 Ebd.

224 Vgl. oben den Hinweis auf Bähr/Kopper, *Industrie*, S. 10–11.

225 Vgl. den Wortlaut etwa bei Schäffer, *Vorläufige Reichswirtschaftsrat*, S. 74.

226 Auch ebd., S. 92.

betraf dies – *zweitens* – »das Verhältnis zwischen Reichswirtschaftsrat und Reichstag«[227], das notorisch spannungsreich blieb.[228] Vor allem aber war offen, welche Effekte der Reichswirtschaftsrat »auf das Verfassungsleben«[229], also die politische Praxis zeitigen würde: für Schäffer spielte dabei eine untergeordnete Rolle, »daß der Reichswirtschaftsrat nach der Verfassung auf eine Beratung beschränkt und nicht zum entscheidenden Mitträger der Gesetzgebung gemacht«[230] worden war. Denn beim »Reichswirtschaftsrat, wie bei mancher anderer Einrichtung der neuen Deutschen Republik, kommt es nicht so sehr auf die rechtliche Ausstattung an, mit der sie geboren werden, als auf die Stellung, die sie sich durch Art und Wert ihrer Betätigung zu geben wissen.«[231] Dies verband Schäffer mit der optimistischen Prognose, der Reichswirtschaftsrat werde »durch die Schwerkraft der Ereignisse selbst«[232] Bedeutung erlangen: Ob er damit recht behalten sollte oder nicht: Mit seiner Einrichtung war die klare Erwartung verknüpft, er werde im politischen Leben der Weimarer Republik (trotz seiner im Vergleich zur Verfassung limitierten Befugnisse) eine maßgebliche Rolle nicht nur spielen können, sondern angesichts der erheblichen Herausforderungen und eines Zeitgeistes, der ihm gelegen komme,[233] auch spielen müssen. So sollte er durch seine fachliche Expertise nicht nur eine »Entlastung« des politischen Entscheidungsprozesses und mithin des Reichstags bewirken; auch seien dem Reichswirtschaftsrat »Plattformen gegeben, auf denen sich ein möglicher Ausgleich der Interessen der verschiedenen Produktionsgruppen und zwischen Arbeitgebern und Arbeitnehmern vollziehen«[234] könne. Damit war eine »psychologische« Komponente berührt, die als Gegenpol zur »fortschreitenden Mechanisierung der Wirtschaft« den Arbeitern die Chance bieten wollte, aktiv an der Gestaltung der Wirtschaft im Verein mit den Unternehmern mitwirken zu können.[235] Dem Reichswirtschaftsrat wurde damit eine wesentlich weitreichendere Bedeutung attestiert, denn als bloßes Forum zur Organisation eines »politischen Kuhhandels«[236] zu fungieren. Seine *raison d'être* bestand somit darin, den Reichstag auf dem Gebiet der Wirtschaft zu entlasten, den Diskurs über (im weitesten Sinne) ökonomische Fragen zu versachlichen, und nicht zuletzt den Grundkonflikt zwischen Arbeit und Kapital wenn auch nicht zu befrieden, so

227 Ebd., S. 25.
228 Vgl. unten Kapitel 3.3.
229 Schäffer, *Vorläufige Reichswirtschaftsrat*, S. 25.
230 Ebd.
231 Ebd., S. 26.
232 Ebd., S. 25.
233 Schäffer verweist etwa ebd., S. 8–9 (mit Fn. 1, S. 9) auf den oben bereits skizzierten Aufsatz von Lederer, »Ökonomische Element« von 1912.
234 Schäffer, *Vorläufige Reichswirtschaftsrat*, S. 26.
235 Ebd., S. 27.
236 Ebd., S. 26.

doch handhabbar zu gestalten. An diesem Programm wurde festgehalten, auch nachdem klar geworden war, dass die Umsetzung des Verfassungsartikels in einer angemessenen und vertretbaren Zeit nicht zu leisten sein würde. Dass aber die unterschiedlichen Seiten unter den Chiffren der »Entlastung«, »Versachlichung« und »Befriedung« durchaus Unterschiedliches verstanden, sie also mit zusätzlichen eigenen und dementsprechend partikularen Erwartungen anreicherten, verkomplizierte die Lage für den Reichswirtschaftsrat erheblich – ganz abgesehen von der Fülle an praktischen Problemen, denen er sich in politischer und institutioneller Hinsicht gegenübersah. Erwartung und Ernüchterung – zwei Seiten derselben Medaille.

Von Beginn an und bis zuletzt hart umkämpft war die Frage der Zusammensetzung des Reichswirtschaftsrats, die Art. 2 der Verordnung regelte: Die 326 Mitglieder, die er mehr oder weniger ungewollt schließlich umfasste, gliederten sich in zehn, nach Branchen organisierten Gruppen, die ihrerseits den Prinzipien der Parität, des Regionalproporzes und der fachlichen Diversifizierung gehorchen sollten, und von insgesamt 89 Verbänden bzw. Organen entsandt wurden.[237] Die Mitglieder verfügten analog zu den Reichstagsabgeordneten über ein freies Mandat, genossen Immunität und erfreuten sich – zumindest auf dem Papier (Art. 5) – der freien Eisenbahnfahrt. Dabei war es vor allem die hier normierte Verpflichtung auf die »wirtschaftlichen Interessen des ganzen Volkes«, die nicht nur die Grundlage sei-

237 Vgl. den Text von Art. 2 der VO samt Kommentar bei Schäffer, *Vorläufige Reichswirtschaftsrat*, S. 34–71; Lilla, *Reichswirtschaftsrat*, S. 39 spricht irrtümlicherweise von »zwölf Gruppen«, listet zutreffend aber nur zehn auf. Im Einzelnen: 68 Vertreter der Land- und Forstwirtschaft (Gruppe I), 6 Vertreter der Gärtnerei und der Fischerei (Gruppen II), 68 Vertreter der Industrie (Gruppe III), 44 Vertreter des Handels, der Banken und des Versicherungswesens (Gruppe IV), 34 Vertreter des Verkehrs und der öffentlichen Unternehmungen (Gruppe V), 36 Vertreter des Handwerks (Gruppe VI), 30 Vertreter der Verbraucherschaft (Gruppe VII), 16 Vertreter der Beamtenschaft und der freien Berufe (Gruppe VIII), 12 »mit dem Wirtschaftsleben der einzelnen Landesteile besonders vertraute Persönlichkeiten zu ernennen vom Reichsrat« (Gruppe IX), 12 »von der Reichsregierung nach freiem Ermessen zu ernennende Personen, die durch besondere Leistungen die Wirtschaft des deutschen Volkes in hervorragendem Maße gefördert haben und zu fördern geeignet sind«. Die bis ins Detail ziselierte Auffächerung der einzelnen Gruppen soll hier exemplarisch anhand der besonders einflussreichen Gruppe III (Industrie) illustriert werden: Die 68 Industrievertreter setzten sich a) in fachlicher Hinsicht zusammen aus je 21 Arbeitgeber- und Arbeitnehmervertretern, die durch die ZAG ernannt wurden, je 2 Arbeitgeber- und Arbeitnehmervertreter aus dem Reichskohlenrat, sowie je 1 Arbeitgeber- und Arbeitnehmervertreter aus dem Reichskalirat. Dazu kam b) eine räumliche Gliederung, gemäß welcher 10 vom Deutschen Industrie- und Handelstag entsandte Arbeitgeber- und ebenso viele von der ZAG benannte Arbeitnehmervertreter in den RWR berufen wurden. Besonders heterogen war, wenig überraschend, die Gruppe der Verbraucherschaft (Gruppe VII), die Vertreter von Hausbesitzern, Mietern, der Städte und Landgemeinden, der Konsumvereine und Genossenschaften, der Hausangestellten und des Gastgewerbes in sich vereinte. Eine Übersicht über die Mitglieder nach Gruppen biete Lilla, »Mitglieder«. Schäffer, *Vorläufige Reichswirtschaftsrat*, S. 183–227.

nes institutionellen Selbstverständnisses und Selbstbewusstseins formte, sondern auch den Status des Reichswirtschaftsrats als oberstes Reichsorgan – zumindest formal – unterstrich. Dass die MdRWR in der Praxis weder ihre sozio-ökonomische und politische Affiliation negieren konnten und wollten, steht außer Zweifel und kann auch kaum überraschen. Dass sie aber den Versuch unternahmen, mehr zu sein als nur eine überdimensionierte Lobbyversammlung, bildete den Nukleus seiner Stellung in Wirtschaftsordnung und politischem System.

Hinsichtlich des Verfahrens traf die Verordnung nur grobe Festlegungen und überließ die Konkretisierung der Geschäftsordnung, die sich der Reichswirtschaftsrat in Eigenregie geben sollte (Art. 7). Der zu bestimmende Vorstand basierte dabei auf der Dreiteilung in Arbeitnehmer, Arbeitgeber und »die Angehörigen der Gruppen VII-X«, die sich in den Folgejahren als prägend erweisen sollte: Weniger die Zugehörigkeit zu einer (Berufs-)Gruppe als vielmehr die zu einer der drei »Abteilungen« definierte nicht nur den sozioökonomischen Status im »Wirtschaftsleben«, sondern avancierte zum zentralen Ordnungsprinzip innerhalb des Reichswirtschaftsrats und seiner Ausschüsse. Das im Kern berufsständische Kriterium der Branchenzugehörigkeit, das ganz bewusst (und im Einklang mit den theoretischen Prämissen Hugo Sinzheimers) von der *cleavage* Kapital und Arbeit abstrahierte und die gemeinsame Verantwortung für die Belange des ökonomischen Nahbereichs betonte, wurde so von der Realität beiseitegeschoben: die Kluft, die sich zwischen Arbeitgebern und Arbeitnehmern, zwischen Industrie und Gewerkschaften traditionell und habituell auftat, ließ sich offenbar nicht durch institutionelle und organisationssoziologische Manöver nivellieren.[238] Viel wichtiger ist vor diesem Hintergrund, dass die Akteure selbst in Anerkennung der vorhandenen Gegensätze den Modus des Ausgleichs und der Kooperation in den Vordergrund rückten, und sich dadurch, einen despektierlichen Unterton kaum verhehlend, von den Usancen des »politischen Parlaments« abzuheben beabsichtigten. Auch die Regelungen zu den Abstimmungsmodalitäten, die eine deutliche Distanz zu rein numerischen Mehrheitsverfahren erkennen lässt, dokumentiert dieses Abgrenzungsbedürfnis: Denn angesichts der Funktion des Reichswirtschaftsrats, »der Reichsregierung die Auffassung möglichst aller beteiligten Kreise zur Kenntnis zu bringen«[239], könnten mögliche Minderheiten nicht einfach überstimmt und ihre Voten ignoriert werden. In der Praxis präferierten die Akteure eine einhellige Stellungnahme, um einerseits die Fähigkeit zum ratio-

238 Programmatisch allerdings Schäffer, »Vorläufige Reichswirtschaftsrat und seine Kritiker«, S. 142: »Nicht Mehrheitsbildung und Ueberstimmung, sondern Aussprache, Würdigung der gegenseitigen Gründe und sachgemäßer Ausgleich kann allein das Ziel des Reichswirtschaftsrats bilden.« Retrospektiv allerdings relativierend Hauschild, »10 Jahre«, S. 27.

239 Schäffer, *Vorläufige Reichswirtschaftsrat*, S. 109.

nalen Kompromiss auf sachlicher Grundlage zu dokumentieren, und andererseits gerade dadurch die institutionelle Relevanz zu untermauern.[240] Im Zweifel wurde ein Unter- oder Arbeitsausschuss gebildet, der sich in intimer Runde den strittigen Fragen widmen, Lösungsvorschläge unterbreiten und für wechselseitiges Verständnis werben sollte.[241] Ob dieser *modus operandi* die politische Durchschlagskraft der Stellungnahmen des Reichswirtschaftsrats erhöhte, oder in den Augen von Regierung und Parlament als dilatorische Problemverschiebungsstrategie perzipiert wurde, ist nicht eindeutig zu entscheiden. Peinlich jedoch war man darauf bedacht, politische Grundsatzkonflikte gerade *nicht* zu reproduzieren, sondern diese vielmehr ökonomisch zu reformulieren.[242] Dies wirkte prägend auf seinen Institutionalisierungsprozess und sein institutionelles Selbstverständnis.

Auch wenn die Verordnung dem Reichswirtschaftsrat das Recht zubilligte, eigenständig Sachverständige zu hören (Art. 8), Regierungsvertreter vorzuladen (Art. 10) oder auch das Einholen von »Auskünfte[n] über wirtschaftliche Verhältnisse« durch die Regierung zu verlangen (Art. 12): Kein Passus sollte hinsichtlich seines verfassungsrechtlichen, staatsorganisatorischen und politisch-praktischen Gehalts derart tiefgreifende Diskussionen provozieren, wie Art. 11 der Verordnung, der sich den politischen Aufgaben (und damit verknüpften Rechten) des Reichswirtschaftsrats widmete.[243] *Zunächst*, und daher rührte auch die ursprüngliche Rede vom »vorbereitenden« Reichswirtschaftsrat, sollte er »beim Aufbau der in der Reichsverfassung vorgesehenen Arbeiterräte, Unternehmervertretungen und Wirtschaftsräte« mitwirken, kurz: für die Umsetzung von Art. 165 WRV Sorge tragen. Dies sollte sich als eine Aufgabe für Herkules (oder besser: Sisyphos) entpuppen. *Zweitens*, und das war in der Praxis von weit größerer Relevanz, sollten »sozialpolitische und wirtschaftspolitische Gesetzentwürfe von grundlegender Bedeutung [...] von der Reichsregierung vor ihrer Einbringung dem Reichswirtschaftsrate zur Begutachtung vorgelegt werden.« Darüber hinaus

240 So spricht Hauschild, »10 Jahre«, S. 26 davon, dass »[f]ast 80 % aller wirtschafts- und finanzpolitischen Gutachten [...] einstimmig gefaßt worden« seien; für die sozialpolitischen Gutachten sei die Quote »naturgemäß« geringer. Doch nicht nur das: Mehrheitsentscheidungen drohten nicht nur den Anspruch des »Ausgleichs« auf Basis sachlicher Argumente zu konterkarieren, sondern auch die Stellung gegenüber der Regierung zu schwächen, die die Ansichten der einzelnen Branchen auch auf anderem Wege einholen konnte.

241 Vgl. dazu die Beispiele in Kap. 4, etwa mit Blick auf den Sozialisierungs- und den in der Folge zusätzlich eingerichteten »Verständigungsausschuss« (Kap. 4.2).

242 Für Carl Schmitt etwa würde es sich hierbei um einen beinahe paradigmatischen Fall der »Neutralisierung« politischer Fragen handeln: Vgl. Schmitt, »Zeitalter«, S. 88 et passim. Auf die damit angesprochenen theoretischen Implikationen im Hinblick auf das Verhältnis von Politik und Ökonomie wird am Ende der Arbeit (Kap. 5) noch gesondert eingegangen.

243 Vgl. zum Folgenden Schäffer, *Vorläufige Reichswirtschaftsrat*, S. 133–157.

besaß er auch »das Recht, selbst solche Gesetzesvorlagen zu beantragen.«[244] Das stand so bereits in der Verfassung, wurde durch die Begründung der Verordnung aber signifikant restringiert: Zwar behielt der Reichswirtschaftsrat formal das Recht zur Gesetzesinitiative; im Falle einer davon abweichenden Haltung der Regierung war aber diese (anders als beim Reichsrat) nicht gezwungen, die Position des Reichswirtschaftsrats dem Reichstag zur Kenntnis zu geben. Und auch das Recht, seine Auffassung eigenständig vor dem Parlament zu vertreten, besaß der Reichswirtschaftsrat nicht.[245] Schäffer lapidar: »Es bleibt alsdann dem vorläufigen Reichswirtschaftsrat nichts anderes übrig, als vermöge seines tatsächlichen Einflusses dahin zu wirken, daß entweder der Reichsrat die Vorlage zu der seinigen macht, oder sie aus der Mitte des Reichstags eingebracht wird, oder daß schließlich ein Volksbegehren sich der Vorlage annimmt. Hier liegt derjenige Punkt, in dem die Rechte des vorläufigen Reichswirtschaftsrats erheblich hinter denen des endgültigen zurückbleiben.«[246] Das macht das ganze Dilemma deutlich: Zum einen sollte er eine Scharnier-, ja *gatekeeper*-Funktion im Gesetzgebungsprozess einnehmen; doch was tatsächlich zu ihm gelangte, oblag der Regierung. Zum anderen verfügte er zwar, wie in der Verfassung vorgesehen, über ein Gesetzesinitiativrecht; dessen Kastration aber erschwerte von Beginn an seine Positionierung im politischen System und erwies sich auf lange Sicht als zentraler Streitpunkt. Die Effektivität und das politische Gewicht des Reichswirtschaftsrats hingen damit entscheidend davon ab, ob und wie es ihm gelingen konnte, sich als eigenständiger Akteur Geltung zu verschaffen – auch wenn in der politischen *toolbox* wichtige Instrumente fehlten. Die Vorordnung, die schließlich am 7. Mai 1920 in Kraft trat, verabsäumte indes nicht, auch die Pflicht der Reichsregierung zu betonen, den *endgültigen* Reichswirtschaftsrat tatsächlich »einzuberufen«, wenn die Voraussetzungen dafür institutionell und organisatorisch geschaffen seien; bis dahin sei der nun etablierte »Vorläufige Reichswirtschaftsrat« am Zug (Art. 13). Es sollte dabei bleiben.

Vergleicht man die Verordnung vom Mai 1920 mit den ursprünglichen Prämissen von Art. 34a des Verfassungs-Entwurfs von 1919, so stechen zwei aufschlussreiche Beobachtungen ins Auge. Zunächst das Problem der »Arbeiterräte«, denen weder in der Verordnung noch in den folgenden Beratungen des Verfassungsausschusses des Reichswirtschaftsrats eine Chance auf Realisierung zugebilligt wurde. Die Grundidee Sinzheimers, eine verfassungsrechtliche »Verankerung

244 Beide Zitate aus der VO vom 4.5.1920, hier zit. nach ebd., S. 133.
245 Vgl. Schäffer, *Vorläufige Reichswirtschaftsrat*, S. 136–141.
246 Ebd., S. 141.

der Räte« auf Grundlage ihrer »doppelten Grundanschauung«[247] zu gewährleisten, war damit vom Tisch. Das zeigte sich auch semantisch: Auffallend deutlich rekurrierte die Begründung von Art. 34a (und auch die des späteren Art. 165 WRV) auf eine organologische Metaphorik, die den »lebendigen sozialen Organismus« der Starrheit des »politischen Mechanismus« gegenüberstellte.[248] Die Notwendigkeit einer aktiven, durch ein Initiativrecht abgesicherten Beteiligung des zukünftigen Reichswirtschaftsrats an der Gesetzgebung wurde also nicht primär staatsrechtlich, verfassungstheoretisch oder politisch-praktisch mit Verweis auf die drängenden Herausforderungen begründet. Viel grundlegender wurde auf »gefährliche Spannungen zwischen den gesellschaftlichen Kräften und den politischen Methoden ihrer Behandlung«[249] verwiesen, die über die Integrations- und Artikulationsfunktion des Parlaments »allein nicht [zu] befriedigen« seien: Denn die »Gesetzgebung ist ihrem Wesen nach zu schematisch, um in allen Einzelheiten das wirtschaftliche Leben erfassen zu können«[250]. Der parlamentsskeptische Ton ist dabei unüberhörbar: Während »in den Parlamenten oft nicht nur sachliche, sondern auch taktische Rücksichten über das Ob und Wie der Behandlung von Fragen entscheiden« würden, könnten im Reichswirtschaftsrat »die gesellschaftlichen Kräfte sich selbst unmittelbar, unabhängig von jeder politischen Einstellung und politisch-taktischen Rücksichtnahme« artikulieren, »um so in lebendigster Weise dem politischen Parlament unmittelbar ihre Probleme vorzulegen.«[251] Selbständig, lebendig, organisch – drei der zentralen Begriffe, die sich aus dem Arsenal der Sinzheimerschen (Arbeits-)Rechtslehre und den gemeinwirtschaftlichen Konzepten von Wissell[252] und Moellendorff bedienten. Freilich wurde keineswegs alles, was sich hier fand, über Bord geworfen. So hielt man an der notwendigen »Ergänzung« des Parlaments ebenso fest wie an der damit verbundenen Funktion des Reichswirtschaftsrats, den Reichstag praktisch zu entlasten und fachlich zu versorgen. Man stellte diese Argumente nun allerdings weniger in einen geschichts- und sozialphilosophischen Kontext, sondern betonte politisch-praktische Aspekte. Eine wichtige Verschiebung, die sich in den ersten Jahren der Weimarer Republik auf vielen Ebenen nachweisen lässt: Wollte man nicht Enttäuschungen mit Destabilisierungspotential provozieren, schien man gut beraten, pragmatisch zu handeln. Die »Verordnung über den

---

247 Begründung des Regierungsentwurfs zu Art. 34a, 6.4.1919, zit. nach Schäffer, *Vorläufige Reichswirtschaftsrat*, S. 168 (auch: StenB 335, Nr. 385, 10.6.1919, S. 228–231). Die folgenden Zitate sind aus dem Band von Schäffer übernommen.
248 Ebd., S. 176.
249 Ebd., S. 174
250 Ebd., S. 176.
251 Ebd., S. 176–177.
252 Vgl. etwa Wissell, *Praktische Wirtschaftspolitik*, S. 22.

vorläufigen Reichswirtschaftsrat« und die folgenden, beinah grotesk detaillierten Beratungen im Verfassungsausschuss des Reichswirtschaftsrats zeigen dies deutlich. Umgekehrt wird daran aber auch greifbar, dass das eigentlich Interessante nicht das »Zurückbleiben« des Reichswirtschaftsrats hinter den ursprünglichen Erwartungen, sondern der institutionelle Wandel ist, den er vor dem Hintergrund veränderter Rahmenbedingungen vollzog.

2.2.3 Ein »endgültiger« Reichswirtschaftsrat wird geplant: Der Verfassungsausschuss

Mit dem Inkrafttreten der Verordnung im Mai 1920 wurde ein vordringliches praktisches Problem zwar gelöst, die dahinterstehende (und nicht weniger drängende) theoretische Frage war aber weiter offen. Denn auch wenn eine Grundentscheidung über Struktur und Charakter des zukünftigen Reichswirtschaftsrats in Übereinstimmung mit der Verfassung getroffen schien, so blieben zwei zentrale Aspekte zunächst ungeklärt: Wie weit sollte, ja konnte die Umgestaltung der Wirtschaftsordnung mithilfe der in Art. 165 WRV projektierten und im Verfassungsausschuss des Reichswirtschaftsrats ab Oktober 1920[253] evaluierten Instrumente getrieben werden? Und: Welche politisch-praktische Rolle sollte der Reichswirtschaftsrat im Geflecht von Verfassungsorganen, Verbänden, Öffentlichkeit und Parteien spielen? Um es vorwegzunehmen: Die Klärung beider Fragen vollzog sich auf zwei unterschiedlichen, allerdings aufeinander bezogenen Ebenen. Dabei wird greifbar, dass die im Verfassungsausschuss geführte *theoretische* Diskussion, die sich vor allem der staatsorganisatorischen und verfassungsrechtlichen Seite des Problems widmete, und die im »vorläufigen« Reichswirtschaftsrat gesammelten *Erfahrungen* in einem wechselseitigen Verhältnis zueinander standen. So wurden stets mehrdimensionale Aspekte und Erwartungen mitverhandelt, wenn es um den aktuellen und zukünftigen Reichswirtschaftsrat ging: Dies bedingte seine Fragilität, aber eben auch seine fortwährende Präsenz. Denn abgesehen von pragmatischen Erwägungen, die den Fortbestand der »vorläufigen« Lösung rechtfertigten, konnte so jeder darauf hoffen, am Ende des Tages doch noch »seinen« Reichswirtschafsrat zu bekommen. Die Beratungen des Verfassungsausschusses dokumentieren daher weit mehr als eine bloße Diskussion von Normen. Sie bieten einen intimen Einblick in die unterschiedlichen Perspektiven auf die Neujustierung einer im Wandel befindlichen Wirtschaftsordnung, die sich im Reichswirtschaftsrat und seiner institutionellen Einbettung kristallisieren sollte.

253 Einen zeitgenössischen und zuverlässigen Überblick bietet Hauschild, *Reichswirtschaftsrat*, S. 495–516.

Die Einrichtung des Verfassungsausschusses[254] war notwendig geworden, weil die Umsetzung des in der Verfassung projektierten Reichswirtschaftsrats zwar unter den gegebenen Umständen nicht rasch zu realisieren, seine endgültige Einrichtung aber nicht nur normativer Auftrag, sondern politisches Ziel geblieben war. Der Reichswirtschaftsrat *sollte* einen angemessenen Platz im institutionellen Gefüge des Reiches, der politischen und wirtschaftlichen Ordnung erhalten, nun eben zunächst in einer vorläufigen, ganz bald aber, da war man sich sicher,[255] einer endgültigen Form. Am 12. Oktober 1920 trat der Ausschuss unter dem Vorsitz von Adolf Cohen[256] zu seiner konstituierenden Sitzung zusammen; er bestand aus 30 Mitgliedern und ebenso vielen Stellvertretern. Wie der langjährige Büroleiter des Reichswirtschaftsrats, Harry Hauschild,[257] in Rückschau lapidar (und in einer beinah ironisch wirkenden Sentenz) festhielt, »hatte der Verfassungs-Ausschuß Arbeiten rein problematischen Charakters zu bewältigen«, musste sich also nicht, wie der Wirtschafts- und der Sozialpolitische Ausschuss, im tagespolitischen Geschäft bewähren.[258] Die Aufgabe gestaltete sich für den Verfassungsausschuss komplex, und das lag freilich auch an der zugrunde liegende Norm selbst, mit

254 Vgl. neben der bereits oben genannten Arbeit von Hauschild, *Reichswirtschaftsrat*, S. 495–518 das Verzeichnis seiner Mitglieder in BArch R 401/564, fol. 64. Knapp auch Lilla, *Reichswirtschaftsrat*, S. 91. Die Überlieferung im BArch ist sehr dicht und suggeriert Vollständigkeit, zumal neben den einschlägigen Beständen des RWR (R 401) auch stets die Gegenüberlieferung in den Beständen von Regierung und Ministerien zurate gezogen werden kann. Für den Verfassungsausschuss kann dabei sowohl auf die Protokolle (R 401/564-567) als auch die Stenographischen Protokolle (R 401/568-569) zurückgegriffen werden.

255 So meinte etwa MR Schäffer, »[v]or zwei oder drei Monaten werden die Arbeiten dieses Ausschusses kaum ihre Erledigung finden.« (Sitzung des Vorstandes des Verfassungsausschusses, 1.11.1923, BArch R 401/568, fol. 38). In der Tat ging man davon aus, dass die bevorstehenden Arbeiten zwar komplex, aber in einer angemessenen Zeit doch zu erledigen seien. Die Beratungen des Verfassungs- und seiner Unterausschüsse sollte sich dann jedoch bis zum 25.3.1929 (!) erstrecken, als die Beratungsergebnisse des Volkswirtschaftlichen Ausschusses des Reichstags über die (modifizierten) Gesetzentwürfe im Unterausschuss auf der Tagesordnung standen. Diese, man kann das nur retrospektiv sagen, Fehleinschätzung wirft ein grelles Schlaglicht auf den Prozess institutionellen Wandels, der sich im Verlauf der 1920er Jahre vollzog. Es liegt auf der Hand, dass der avisierte RWR im Herbst 1920 ein anderer sein musste als jener, den man Mitte oder gar Ende der 1920er Jahre in den Blick nahm. Doch nicht nur das: Auch scheint der Kurzatmigkeit der Zeit eine Latenz zur Trägheit inhärent zu sein, in der langfristige Großprojekte zugunsten aktueller Aufgaben zurückgestellt wurden und Provisorien eine bemerkenswerte Persistenz entwickeln können. Zur Notwendigkeit der zunächst nur »vorläufigen« Einrichtung des RWR trotz fehlenden Unterbaus MR Schäffer ebd., fol. 4.

256 Adolf Cohen, SPD-Mitglied und als Vertreter der Arbeitnehmer/Industrie (Gruppe III) MdRWR, war von 1920 bis zu seinem Ausscheiden aus dem RWR 1923 Vorsitzender des Verfassungsausschusses und zeitweilig auch Vorsitzender des RWR insgesamt. Vgl. knapp die biographische Notiz bei Lilla, *Reichswirtschaftsrat*, S. 339. Sein Nachfolger wurde Rudolf Wissell, sein Stellvertreter blieb der Mannheimer Jurist Max Hachenburg.

257 Vgl. auch den Nachruf auf Hauschild von Carl Friedrich von Siemens in den MittRWR vom 15.9.1931, S. 17.

258 Hauschild, *Reichswirtschaftsrat*, S. 495, und ebd.: »Alle Fragen mußten aus dem Neuen heraus besprochen und entschieden werden.« Das Protokoll der konstituierenden Sitzung in BArch R 401/568, fol. 2–28.

der, so etwa der Vertreter der Anwaltschaft Max Hachenburg, in jeglicher Hinsicht »ein Stück Neuland«[259] betreten worden war. Umgekehrt aber hatte die Schaffung des »Vorläufigen Reichswirtschaftsrats« bereits die zentrale politisch-ideologische Frage nach der zukünftigen »Räteorganisation« zumindest faktisch beantwortet, auch wenn elementare Detailfragen, etwa nach seiner konkreten Einbindung in den politischen Entscheidungsprozess, die Ausstattung mit quasiparlamentarischen Rechten, oder Stellung und Auswahl seiner Mitglieder, offen und (bis zuletzt) hart umkämpft waren. Dass es einen »Reichswirtschaftsrat« neben Regierung, Reichstag und Reichsrat geben werde, und dass dieser auch eine gewichtige und vor allem eigenständige Rolle bekleiden sollte, galt als unstrittig. Und Einigkeit bestand von Beginn an auch darin, dass er weder als Konkurrent des Reichstags im Feld der Legislative, noch als bloßes Anhängsel der Regierung im Feld der Exekutive agieren, sondern irgendetwas dazwischen verkörpern sollten. Die Aufgabe des Verfassungsausschusses bestand also neben den technischen und staatsorganisatorischen Fragen zu einem nicht geringen Teil auch darin, diese konkreten und konfligierenden Erwartungen in eine Form zu bringen, die ihnen gerecht werden und in der Praxis funktionieren konnte. Keine leichte Aufgabe.

Bereits in der konstituierenden Sitzung des Verfassungsausschusses wurde der Weg skizziert, den man in den kommenden »Monaten« – es sollten Jahre werden – zur Umsetzung von Art. 165 WRV zu gehen beabsichtigte. Die prozedurale und strategische Kernfrage war, in welcher Reihenfolge die zentralen Themenblöcke – Bildung des endgültigen Reichswirtschaftsrats und seines »Unterbaus« aus Bezirkswirtschaftsräten und noch abzuzirkelnden Wirtschaftsprovinzen, Stellung der Verbraucherschaft, Schicksal des Reichsarbeiterrates, Umbau der Handels-, Industrie-, Handwerks- und Landwirtschaftskammern – durchberaten werden sollten.[260] Einigkeit bestand darüber, die Diskussion um den *endgültigen* Reichswirtschaftsrat erst ganz am Ende auf die Tagesordnung zu setzen, da, wie der Elberfelder Tiefdruckunternehmer Hans Kraemer hellsichtig prognostizierte, »bei diesem Punkte [...] die übliche Balgerei um die Zahl der Sitze entstehen«[261] würde. Er sollte Recht behalten. Umgekehrt befand sich Kraemer mit seiner Forderung nach grundsätzlicher und konsequenter Parität[262] zwar im Einklang mit Verfassungsnorm und Verordnung; er warf damit aber bereits ein Kernproblem auf, das die Diskussion um die Neu- bzw. Umgestaltung der Kammern in der Folge erheb-

259 Max Hachenburg, 2. Sitzung des Verfassungsausschusses, 23.11.1920, BArch R 401/568, fol. 59.

260 Vgl. den Beschluss zum Antrag Thissen, 1. Sitzung des Verfassungsausschusses, 12.10.1921, BArch R 401/568, fol. 27.

261 Hans Kraemer, 1. Sitzung des Verfassungsausschusses, 12.10.1920, BArch R 401/568, fol. 9.

262 Ebd., fol. 7.

lich belasten sollte. Denn wie sollte etwa in der Landwirtschaft zwischen Bauern und Knechten sinnvolle »Parität« hergestellt und institutionell umgesetzt werden? Hier wurde offenkundig, dass mit dem begrifflichen und praktischen Instrumentarium aus der Welt der industriellen Arbeitsbeziehungen nur rudimentär oder unter Inkaufnahme apodiktischer Setzungen hantiert werden konnte. »Parität« blieb indes (vor allem für Gewerkschaftskreise) der zentrale Anspruch an die Implementierung von Art. 165 WRV, den aufzugeben man unter keinen Umständen bereit war.[263] So wurde also die Debatte um die Bildung des endgültigen Reichswirtschaftsrats zunächst zurückgestellt. Ausschlaggebend dafür scheint auch ein pragmatisches Argument gewesen zu sein: Denn der zukünftige Reichswirtschaftsrat sollte tunlichst aus möglichen Konstruktionsmängeln und Schwächen des »Vorläufigen« lernen; es sei deshalb klug, angesichts der Neuartigkeit der Institution zunächst Praxiserfahrung zu sammeln, ehe man erneut eine Norm *ex nihilo* konstruiere, mit der man dann in der rauen Wirklichkeit Schiffbruch erleide.[264] Freilich: Max Cohen gab zu bedenken, dass Schlussfolgerungen aus einem faktisch amputierten Reichswirtschaftsrat nur zu Fehleinschätzungen führen würden.[265] Diese Spannung blieb bestehen und definierte die Dynamik, die sich in der Folge in den Beratungen bis zur Vorlage der Gesetzentwürfe 1927 entwickeln sollte. Der Arbeitsplan, der schließlich am 23. November im Verfassungsausschuss beschlossen wurde, sah demnach vor, *zunächst* die »Frage der Abgrenzung der Wirtschaftsgebiete und der Aufgaben der Wirtschaftsbezirke« zu klären, ehe auf dieser Grundlage in einem *zweiten* Schritt die »Zusammensetzung der Bezirkswirtschaftsräte und deren Unterbau«, sprich die Kammernfrage, diskutiert werden sollte. Der Reichswirtschaftsrat selbst bildete den *dritten* und letzten Komplex.[266]

Dass die Frage der Wirtschaftsprovinzen von der Frage der Bezirkswirtschaftsräte kaum zu trennen war, lag auf der Hand. Vielmehr gliederte sich das Problem, das in einem eigens eingerichteten Unterausschuss in insgesamt 18 Sitzungen zwischen November 1920 und März 1921 erörtert wurde,[267] systematisch in drei Bereiche: Grundlegend war *zunächst* zu klären, welchen (wirtschafts-)geographischen Zuschnitt die »Wirtschaftsprovinzen« erhalten sollten. Wäre es also klug, »Wirtschaftsprovinzen« nach Wirtschafts*räumen* zu organisieren und dadurch gegebe-

---

263 Mit Blick auf die Paritätsforderung vgl. exemplarisch Aufhäuser, »Aufbau«, S. 126; Jäckel, »Wirtschaftsdemokratie«, S. 225. Zu den Umsetzungsschwierigkeiten bei den Landwirtschaftskammern knapp bereits die Pressemitteilung zu den Sitzungen des Verfassungsausschusses vom 19./20.12.1921, BArch R 401/565, fol. 170–171.

264 MR Schäffer, Sitzung des Vorstandes des Verfassungsausschusses, 1.11.1920, BArch R 401/568, fol. 44.

265 Max Cohen ebd., fol. 46.

266 2. Sitzung des Verfassungsausschusses, 23.11.1920, BArch R 401/568, fol. 71 (dort die Zitate aus dem Referat von Max Hachenburg), fol. 81 (Beschlussfassung).

267 Vgl. die handschriftlichen Protokolle im BArch R 401/564, fol. 104–181.

nenfalls auch in Kauf zu nehmen, politische Grenzen zu überschreiten? Oder sollte schon aus staatsrechtlichen, viel mehr jedoch aus praktischen Erwägungen an Ländergrenzen Schluss sein, auch wenn dadurch ökonomisch zusammenhängende Regionen unsachgemäß zerteilt würden? *Sodann* stellte sich die Frage, welche Funktion eine Wirtschaftsprovinz mitsamt ihren Räten zu erfüllen hatte, welche Rechte und Kompetenzen ihr zukommen sollten und wie ihr Verhältnis zu den politischen Organen der jeweiligen Region definiert und geregelt werden konnte. Bereits an diesem Punkt wird sichtbar, dass sich hier Problem über Problem zu häufen drohte, Ziel- und Steuerungskonflikte sowie institutionelle Reibereien vorprogrammiert waren, die eine tragfähige Lösung verkomplizierten – zumal in einem eben erst etablierten und um Stabilität ringenden Staatsgefüge. *Schließlich* musste geklärt werden, wie die Bezirkswirtschaftsräte zusammengesetzt und wie ihr »Unterbau« konfiguriert werden sollte. Drei in sich verschlungene Problemkreise also, die auf der Tagesordnung standen, und die von den beteiligten Akteuren mit enormer Akribie evaluiert wurden.[268] Dass aber, wie Hans Kraemer noch anfangs prognostizierte, »die Bildung der Bezirkswirtschaftsräte [...] keine Schwierigkeiten machen«[269] werde, sollte sich nicht bewahrheiten. Die Komplexität des Problems schien vielmehr täglich zuzunehmen.

Eine besondere Rolle kam dabei den beiden Berichterstattern des Ausschusses, dem Rechtsanwalt und ehemaligen Oberbürgermeister von Bromberg (Bydgoszcz), Paul Mitzlaff, und dem sozialdemokratischen Journalisten Max Cohen zu. Letzterer sollte als von der Reichsregierung ernannter Vertreter eine zentrale, gleichsam omnipräsente Rolle im Reichswirtschaftsrat einnehmen.[270] Denn entlang der von beiden auf Basis von Expertenanhörungen, Ausschussberatungen und Umfragen unter Normadressaten erarbeiteten »Leitsätze« strukturierte sich in der Folge die inhaltliche Debatte. Die Arbeit des Ausschusses begann in einem ersten Schritt damit, per Umfrageverfahren unter Wirtschaftsakteuren, Verbänden und Sachverständigen – darunter etwa auch Wichard von Moellendorff[271]– ein Stimmungsbild darüber zu erstellen, welche Konzepte zur

268 Vgl. neben den folgenden Ausführungen zu den Bezirkswirtschaftsräten die vom Reichswirtschaftsministerium hg. »Materialsammlung« *Der Aufbau der Bezirkswirtschaftsorganisation* von 1921 sowie die Beiträge von Aufhäuser, »Aufbau«; Berliner, »Aufgaben« und Mitzlaff, »Zuständigkeit«.

269 Hans Kraemer, 1. Sitzung des Verfassungsausschusses, 12.10.1920, BArch R 401/568, fol. 6.

270 Knappe biographische Skizzen finden sich bei Lilla, *Reichswirtschaftsrat*, S. 87 (Cohen) und S. 373 (Mitzlaff, der als Vertreter der Verbraucherschaft / Gruppe VII im RWR saß).

271 Vgl. Wichard von Moellendorff an Adolf Cohen, 31.3.1921, BArch R 401/564, fol. 238–242: Er qualifiziert den Reichswirtschaftsrat zwar (nach wie vor) als »Zentralorgan der Wirtschaftsverfassung«, betont jedoch auch seine »nur gutachterlich[e]« (ebd., fol. 238), nicht legislative Funktion. Darüber hinaus distanziert er sich von seiner ursprünglichen »Auffassung«, parallele Arbeitgeber- und Arbeitnehmerorgane auf regionaler Ebene zu etablieren und hält es darüber hinaus nun für »nicht nötig, den Bezirkswirtschaftsräten noch einen Unterbau zu geben.« (ebd., fol. 242).

Implementierung der normativen Vorgaben (und handfesten Erwartungen) für realisierbar, praktikabel und zweckmäßig erachtet wurden.[272] Dabei zeichnete sich bereits ab, dass insbesondere die Frage des »Unterbaus«, konkret die paritätischen Umgestaltung der Kammern, nur schwer in ein von allen Beteiligten geteiltes Design gebracht werden konnte. Auch stand man der Neubildung von Wirtschaftsprovinzen mit einiger Skepsis gegenüber,[273] während weitgehende Einigkeit darüber bestand, dass die zukünftigen Bezirkswirtschaftsräte, wie sie dann auch immer konfiguriert sein mochten, »dieselben Funktion haben [sollten] wie der Reichswirtschaftsrat für das Reich«[274]. Im Zuge der dicht getakteten Ausschussberatungen und Sachverständigenanhörungen trat dabei im Verlauf des Jahres 1921 zunehmend die Frage in den Vordergrund, ob es denn überhaupt »nötig« sei, »dem Bezirkswirtschaftsräten noch einen Unterbau zu geben.«[275] Denn einerseits stellte die von Arbeitnehmerseite mit Vehemenz geforderte paritätische Umgestaltung der Kammern ein kaum zu lösendes Problem dar, stießen hier doch die unterschiedlichen Auffassungen über die Reichweite der Neukonzeption einer »Wirtschaftsverfassung« direkt aufeinander. Und andererseits schien sich mehr und mehr Druck aufzubauen, der das nicht nur inhaltlich komplexe, sondern auch zeitlich aufwändige Prozedere der Entscheidungsfindung im Ausschuss infrage zu stellen drohte. Ende Dezember 1921, nach einem knappen Jahr intensiver Beratungen über Rechtsnatur, Aufgaben und Zusammensetzung der Bezirkswirtschaftsräte, wurde die Reißleine gezogen: Eine endgültige Entscheidung müsse vertagt werden, »bis die Frage des Unterbaus geklärt ist.«[276] Denn es lag zunächst nahe, die bereits bestehenden Handels-, Handwerks- und Landwirtschaftskammern als ökonomischen und institutionellen »Unterbau« zu verwenden – freilich nicht ohne organisatorische Veränderungen vorzunehmen, die der neuen Zeit und dem Grundsatz der Parität Rechnung tragen sollten. Und

---

272 Vgl. etwa die Leitsätze von Mitzlaff und Cohen zu den Bezirkswirtschaftsräten und deren Unterbau, [März 1921]: BArch R 401/564, fol. 194–195 und fol. 195–196. Dazu auch die Denkschrift des Reichswirtschaftsministeriums zum »Aufbau der Arbeiter- und Wirtschaftsräte gemäss Art. 165 der Reichsverfassung«, August 1920, ebd., fol. 204–207: Während »Plan B« noch von der Zweigleisigkeit aus Arbeiter- und Wirtschaftsräten ausgeht, beschränkt – die Hierarchie ist hier aufschlussreich – »Plan A« diese Parallelstruktur bereits auf die »Unterstufe«, während auf der »Mittel«- und der »Oberstufe« nur mehr Wirtschaftsräte gebildet werden sollten.

273 Vgl. Pressemitteilung vom 11.3.1921, BArch R 401/564, fol. 191–193; vgl. auch die Diskussion in der 4. Sitzung des Verfassungsausschusses, 10.3.1921, ebd., fol. 209–212.

274 Pressemitteilung vom 10.3.1921 (Konzept), BArch R 401/564, fol. 188. Auch Leitsätze Mitzlaff vom 21.11.1921, BArch R 401/565, fol. 142.

275 Vgl. den »Fragebogen« vom Mai 1921, BArch R 401/565, fol. 43‘-44 sowie die Pressemitteilung vom 27.5.1921, ebd., fol. 41.

276 Pressemitteilung vom 20.12.1921, BArch R 401/565, fol. 170.

wenig überraschend »setzten« hier, wie Hauschild lapidar bemerkte, »die starken Meinungsverschiedenheiten zwischen Arbeitgebern und Arbeitnehmern ein.«[277]

Das Prozedere mochte plausibel erscheinen, es sollte sich indes als fatal erweisen: Die Realisierung der Bezirkswirtschaftsräte, ohnehin auf Grund der Frage nach ihrer räumlichen Situierung – Stichwort »Wirtschaftsprovinzen« – ein kompliziertes Metier, wurde nun praktisch an eine Einigung in der Kammerfrage geknüpft, die aber in weiter Ferne lag und keineswegs als gewiss gelten konnte. Im Feuer stand damit der gesamte Unterbau. Nachdem die Parallelstruktur der Arbeiterräte längst durch mehr oder minder konkludentes Handeln aus dem Spiel genommen war, zeichnete sich bereits an der Jahreswende 1921/22 ab, dass von dem ursprünglich avisierten Programm des Art. 165 nur ein Gerippe übrigbleiben sollte. Dennoch hielt man an dem beschlossenen Arbeitsprogramm fest: An die Phase der Beratungen über die Bezirkswirtschaftsräte (März bis Dezember 1921) schlossen sich so die Beratungen über die Kammern an, die durch die Beschlüsse des Verfassungsausschusses vom November und Dezember 1922 nach kontroversen Debatten – insbesondere um das Problem der Parität – in eine vorläufige Form gebracht werden konnten.[278] Diese zweifelsfrei dissimulierende Lösung, die einerseits die schwelenden Konflikte nur mühsam übertünchen konnte, andererseits aber zusätzlich an der strukturellen Unwucht litt, eine gewachsene Struktur wirtschaftlicher Selbstorganisation in das paritätische Raster des Arbeitsgemeinschaftsgedankens stanzen zu müssen, ermöglichte freilich, sich nun, zu Beginn des Jahres 1923, wieder intensiv der Realisierung der Bezirkswirtschaftsräte widmen zu können: Die Berichterstatter im zuständigen Unterausschuss, Paul Mitzlaff und Max Cohen, stellten dafür Anfang März 1923 drei unterschiedliche Modelle zur Diskussion: »Lösung A« sah ein »Beiratssystem« »nach dem Vorbild der Eisenbahn-, Wasser- und Elektrizitätsbeiräte« vor, die »bei wichtigen wirtschaftlichen und sozialen Fragen [...] von der Behörde gutachterlich zu hören« wären und über ein eigenen Initiativrecht verfügen sollten.[279] »Lösung B« optierte für ein Zusammentreten der »Wirtschaftskreise jedes Bezirks [...] nach Bedarf, mindestens einmal im Jahre, zwecks Förderung gemeinsamer Angelegenheiten«[280], während »Lösung C« nur ein »System fakultativer Kammerbildung« vorsah, Bezirkswirtschaftsräte also nur dann in Aktion träten, »wenn die Einrich-

277 Hauschild, *Reichswirtschaftsrat*, S. 496.

278 Vgl. die Zusammenstellung der Beschlüsse bei Hauschild, *Reichswirtschaftsrat*, S. 497–500 (Industrie- und Handelskammern), S. 500–502 (Handwerks- und Gewerbekammern), S. 502–504 (Landwirtschaftskammern), S. 504–505 (»Sonderkammern« für Beamte, frei Berufe und Verbraucher). Auch Pressemitteilung vom 6.12.1922, BArch R 401/566, fol. 207–211.

279 »Lösung A zur Bezirkswirtschaftsratsfrage« (Mitzlaff / Cohen), 5.3.1923, BArch R 401/566, fol. 245–246.

280 »Lösung B zur Bezirkswirtschaftsratsfrage« (Mitzlaff / Cohen), 5.3.1923, ebd., fol. 247.

tung gefordert« würde.[281] Variante B sollte schließlich den Vorzug erhalten.[282] Dem Verfassungsausschuss lag damit im März 1923 ein Konzept zur Umsetzung des in der Verfassung projektierten »Unterbaus« vor, das zwar sämtlichen Bedenken und Interessen, Hürden und Hemmnissen Rechnung zu tragen schien, gleichwohl aber niemanden wirklich zu befriedigen vermochte. Zu groß waren die noch offenen Fragen der Kammerorganisation, das staatsorganisatorische Problem der praktischen Einbindung der Gremien in die politischen Entscheidungs(findungs)prozesse, die Kostenstruktur, die Rechte und Pflichten der Mitglieder, ihre Zusammensetzung. Es kann daher nicht verwundern, dass die Generalaussprache im Verfassungsausschuss am 21. März 1923 ein durchaus kritisches Bild der Lage zeichnete, nicht zuletzt angesichts der politischen Entwicklungen im Lande, die der Reichswirtschaftsrat – etwa in Form massiver Etatkürzungen, denen ganz prominent auch das Plenum zum Opfer fiel – deutlich zu spüren bekam. Es schien vor diesem Hintergrund immer schwieriger, die Etablierung eines in seinem konkreten Nutzen durchaus fraglichen Strauß an neuen und vor allem kostspieligen Institutionen überzeugend zu begründen. Doch nicht nur das: zusehends wurde auch greifbar, dass die Probleme der Jahre 1918/19 nicht mehr jene von 1923 waren. So sehr zwischenzeitlich und infolge praktischer Anschauung die Arbeit eines »Reichswirtschaftsrats«, wenn auch unterschiedlich begründet, als Notwendigkeit begriffen wurde, so sehr schien auf der anderen Seite die Zeit über die ja von vorneherein hypertroph wirkenden Ambitionen zur Errichtung einer reichsweiten Rätestruktur hinweggegangen zu sein. Und so drängte sich immer mehr die Frage auf, ob angesichts der verstrichenen Zeit, ungewisser Realisierungschancen und der massiven ökonomischen und politischen Herausforderungen auf den Unterbau nicht gleich ganz verzichtet werden sollte.[283] Die Frage war bereits zuvor in abgeschwächter Form diskutiert worden;[284] nun war sie zu beantworten. Denn nicht nur wurde die Sinnhaftigkeit des Unterbaus in Zweifel gezogen: Viel drängender noch war die Frage, wann denn nun – endlich – mit der Realisierung eines »endgültigen« Reichswirtschaftsrats zu rechnen sei, der dann mit den in der Verfassung umrissenen Kompetenzen ausgestattet und – endlich – einflussreicher am politischen Geschehen würde teilnehmen können. Das Thema konnte nicht mehr ignoriert werden, sofern man nicht das Risiko eingehen wollte, gleich ganz dem Rotstift zum Opfer zu fallen. Doch auch aus den eigenen Reihen kam Kritik:

281 »Lösung C zur Bezirkswirtschaftsratsfrage« (Mitzlaff / Cohen), 5.3.1923, ebd., fol. 249.

282 Vgl. Protokoll der Sitzung des Unterausschusses, 15./16.3.1923, ebd., hier fol. 267.

283 So etwa der Vorsitzende des RWR, Theodor Leipart, 22. Sitzung des Verfassungsausschusses, 21.3.1921, BArch R 401/568, hier fol. 331.

284 Vgl. den »Fragebogen« vom Mai 1921, BArch R 401/565, fol. 43'-44, dazu auch die Pressemitteilung vom 27.5.1921, ebd., fol. 41 und das Gutachten Rudolf Wissells, 3.6.1921, ebd., fol. 77–79'.

Es war vor allem Rudolf Hilferding, sozialdemokratischer Großtheoretiker, gelernter Arzt und späterer Finanzminister,[285] der die Generaldebatte des Verfassungsausschusses über die bisherigen Arbeiten und das weitere Vorgehen am 21. März 1923 zum Anlass nahm, die *performance* des Reichswirtschaftsrats insgesamt einer scharfen Kritik zu unterziehen: Kern des Problems sei, dass er »aus zwei falschen Voraussetzungen entstanden« sei – der »berufsständischen reaktionären Idee« und der »Räteidee« –, die beide »für einen politisch und ökonomisch entwickelten Staat vollkommen unbrauchbar« seien. Der Reichswirtschaftsrat müsse daher eine »grundlegende Aenderung« erfahren,[286] sie sich weniger auf die Theorie als auf die Praxis beziehe. So habe sich gezeigt, dass die vollständige, zeitintensive Beratung von Gesetzen zur Farce mutiere, wenn, wie dies in aller Regel der Fall sei, die Vorlagen den Reichswirtschaftsrat erst dann erreichten, wenn Reichstag und Reichsrat darüber schon beraten oder gar entschieden hätten. Das mache die Arbeit nicht nur sinnlos, sondern führe auch dazu, dass man gerade »diejenigen Herren, die interessant und wichtig sind«, nicht würde gewinnen können, da diese nicht »im Hauptberuf Mitglieder des RWR zu sein« beabsichtigen.[287] Das Problem sei demnach der quasi-parlamentarische Charakter des Reichswirtschaftsrats, der derzeit »unzweifelhaft eine ungeheure Belastung der ganzen Gesetzgebung« darstelle.[288] An der Zeit sei es deshalb, endlich mit der Beratung über den endgültigen Reichswirtschaftsrat zu beginnen und diesen zu einer schlagkräftigen »Beratungskörperschaft« für die Regierung umzuformen.[289]

Auch wenn Hilferding mit seiner Fundamentalkritik nicht die Mehrheitsmeinung repräsentierte – sie verwies auf einen zentralen Aspekt, der von den Akteuren deutlich erkannt und zur Grundlage der folgenden Diskussionen gemacht wurde. Angesicht der intensiven praktischen Erfahrungen, die man in den vergangenen drei Jahren gewonnen hatte, stand für die Beteiligten außer Frage, dass zum einen die Zahl der Mitglieder drastisch, zumindest auf die Hälfte, reduziert werden musste, wollte man durch das Festhalten am bisherigen Verfahren nicht »sich selbst sein Grab« schaufeln.[290] Der massive Spardruck, der in den vergangenen Monaten exponentiell gewachsen war und die Diskrepanz zwischen dem Verbrauch an Ressourcen und dem tatsächlichen Ertrag grell erhellt hatte, tat sein Übriges. Zum anderen drängten die Mitglieder des Ausschusses mit Vehemenz

285 Rudolf Hilferding (SPD) saß zwischen 1921 und 1928 als von der Regierung ernanntes Mitglied (Gruppe X) im RWR und fungierte 1923 sowie 1928–1929 als Finanzminister (Lilla, *Reichswirtschaftsrat*, S. 394 mit kurzer biographischer Notiz).

286 Rudolf Hilferding, 22. Sitzung des Verfassungsausschusses, 21.3.1923, BArch R 401/568, fol. 343.

287 Ebd.

288 Ebd., fol. 344.

289 Ebd., fol. 345.

290 So Max Cohen, ebd., fol. 335.

darauf, in den nun anstehenden Beratungen vor allem die Frage der institutionellen Kompetenz auf die Tagesordnung zu setzen. Denn spürbar politischen Druck aufzubauen – das war ihm nach der Verordnung von 1920 de facto nicht möglich, und die seinerzeit gehegte Hoffnung, das bloße Gewicht des Reichswirtschaftsrats und der von ihm beackerten *policies* würde dazu führen, in der parlamentarischen Praxis eine Scharnierfunktion einnehmen zu können, hatte getrogen. Nicht nur war also darauf zu drängen, endlich ein Initiativrecht zu erwirken, das den Namen auch verdiente, und das die Möglichkeit bot, die eigenen Vorschläge vor dem Reichstag und dem Reichsrat angemessen zu vertreten. Erst auf diese Weise sei die akribische Detailarbeit überhaupt zu rechtfertigen. Daneben war wesentlich, wann dem Reichswirtschaftsrat bzw. seinen Ausschüssen Gesetzesvorhaben zugeleitet würden; im Idealfall sollte dies noch vor Beschlussfassung im Kabinett erfolgen. Damit waren ganz ungeachtet der schneidenden Kritik Hilferdings, die das auch in der Öffentlichkeit greifbare Bild eines Papier produzierenden Tankers replizierte,[291] die zentralen Punkte genannt, die die folgenden Diskussionen bis hinein in das letztlich gescheiterte Gesetzgebungsverfahren prägen sollten: Initiativrecht, Zeitpunkt und Modus der Beteiligung am Gesetzgebungsprozess, Mitgliederzahl.

Mitte des Jahres 1923 war damit die zunächst zurückgestellte Frage nach der zukünftigen Struktur des Reichswirtschaftsrats ins Zentrum der Aufmerksamkeit gerückt. Die äußerst komplexen Probleme, die sich mit der Schaffung des Unterbaus und der »Mittelstufe« verbanden, konnten zu diesem Zeitpunkt wenn auch nicht als gelöst, so doch als weitgehend konsolidiert betrachtet werden; man konnte also auf eine Menge geleisteter Arbeit zurückblicken, vermochte aber kaum deren Wert zu quantifizieren, da der wichtigste Baustein der »Wirtschaftsverfassung« noch seiner Realisierung harrte. Man war sich nun also einig, dass die Beratung des Reichswirtschaftsrats keinen weiteren Aufschub zuließ, und bereits am 7. April legten die Berichterstatter Mitzlaff und Cohen einen Fragenkatalog »betreffend den endgültigen Reichswirtschaftsrat« vor, der als Leitfaden der anstehenden Detailberatungen im Unterausschuss dienen sollte.[292] Dabei ging es nicht nur im die innere Struktur des Reichswirtschaftsrats (Ausschüsse, Abteilungen, Gruppen, Mitgliederzahl) und seine politischen Kompetenzen (Veto- und Initiativrecht, Einbindung in den Gesetzgebungsprozess, Verwaltungsaufgaben); auch

291 Dagegen aber 1922 der zeitweilige Generalsekretär des RWR, Karl Schwarzkopf, »Rückblick«, Sp. 603: »Im großen und ganzen muß anerkannt werden, daß der Reichswirtschaftsrat in seiner bisherigen Gestalt sich als arbeits- und leistungsfähig erwiesen hat.«

292 »Fragen, betreffend den endgültigen Reichswirtschaftsrat« (Mitzlaff / Cohen), 7.4.1923, BArch R 401/566, fol. 306–306'.

stand das Thema der Kooperation, genauer: einer besseren Kooperation zwischen Reichstag und Reichswirtschaftsrat auf der Tagesordnung. Retrospektiv sollte sich dabei Rudolf Hilferdings Reaktion auf den Fragebogen der Berichterstatter als hellsichtig erweisen: eine »Zusammenarbeit mit dem Reichstag« sei unter den gegenwärtigen Bedingungen nichts als »eine Illusion.«[293] Ungeachtet dieses Sonderproblems, das als Konstante die institutionellen Beziehungen und damit, wie noch zu zeigen sein wird, die politischen Entscheidungsprozesse durchziehen sollte, umfassten die für die Sitzungsperiode vom 15. bis 17. Mai 1923 vorlegten Leitsätze[294] bereits die zentralen Forderungen, um die es in der Folge gehen sollte: Neben dem Initiativrecht wurde für eine möglichst frühzeitige Einbindung des Reichswirtschaftsrats in den Gesetzgebungsprozess plädiert, um die »Mitwirkung auf dem gesamten wirtschafts- und sozialpolitischem Gebiet« gewährleisten zu können. Verzichtet wurde allerdings konsensual darauf, »den Reichswirtschaftsrat aus einem bloß gutachterlichen Organ zu einer zweiten mitbeschließenden Gesetzgebungskammer« formen zu wollen.[295] Damit war in Grundzügen jenes Hybridgebilde entworfen, das weder als Expertenbeirat, noch als Wirtschaftsparlament, noch als Lobbyorgan, noch als zweite und vergrößerte ZAG verstanden werden konnte, sondern als ein eigenständiger Typus, der die vielfältigen Erwartungen an die Neukonzeption einer »Wirtschaftsverfassung« institutionell zu kanalisieren versuchte, dabei aber gleichzeitig von weitgehenden Experimenten absah.[296] Nicht zuletzt aufgrund der im Vorläufigen Reichswirtschaftsrat gemachten Erfahrungen überwogen in den Beratungen des Verfassungsausschusses praktische Notwendigkeiten theoretische Prinzipien: auch der opulente Mitgliederstand sollte zukünftig »im Interesse praktischer Arbeit und aus finanziellen Gründen nicht mehr als die Hälfte der jetzigen Mitgliederzahl betragen.«[297] Diese Grundkonzeption wurde in den folgenden Beratungen des Unterausschusses nicht

293 Rudolf Hilferding, Sitzung des Unterausschusses des Verfassungsausschusses, 13.4.1923, BArch R 401/566, fol. 318.

294 »Leitsätze der Berichterstatter Max Cohen und Paul Mitzlaff über Bildung des endgültigen Reichswirtschaftsrats«, 3.5.1923, BArch R 401/567, fol. 26–27'.

295 Vgl. Hauschild, *Reichswirtschaftsrat*, S. 511–514, die Zitate S. 512.

296 Ähnlich argumentiert Max Hachenburg während der Generaldebatte zu den Gesetzentwürfen über den endgültigen RWR (26. Sitzung des Verfassungsausschusses, 19.11.1926, BArch R 401/569, fol. 29): »In der ganzen Geschichte der Völker ist ein solches Institut, wie der RWR noch nicht dagewesen: auf der einen Seite hat er das Initiativrecht, also ein Recht, das sonst den Parlamenten zusteht; auf der anderen Seite soll er der Regierung bereits im Vorstadium der Gesetzentwürfe beratend zur Seite stehen, und wenn Sie nun noch ein Drittes hinzufügen, dass er einen Untersuchungsausschuss gemeinsam mit Mitgliedern der Regierung und des Reichstags bilden kann, dann kommen wir in ein neues Gebilde hinein, das der sorgsamen Erwägung nach allen Richtungen bedarf, namentlich auch nach der Richtung hin, ob es überhaupt durchführbar ist.«

297 Zit. nach Hauschild, *Reichswirtschaftsrat*, S. 513.

mehr modifiziert, in der Generaldebatte des Verfassungsausschusses am 2. Juli 1923 aber kontrovers diskutiert. Erneut tat sich Rudolf Hilferding mit beißender Kritik hervor:

Den Auftakt bildete der Report des Berichterstatters Paul Mitzlaff, der nochmals die »absolute Einigkeit« darin unterstrich, »dass der endgültige Reichswirtschaftsrat eine Notwendigkeit« sei, gleichwohl aber – zumindest »zurzeit« – die Bestrebungen nicht weiter vorgetrieben werden sollten, ihn zu einer zweiten Kammer oder dergleichen fortzuentwickeln. Wichtig sei, eine wesentlich aktivere und vor allem »wirksame Mitwirkung« an der Gesetzgebung; die Plenarsitzungen sollten gegenüber den Ausschussberatungen zukünftig in den Hintergrund treten.[298] Auch wenn die Kritik, dass der Reichswirtschaftsrat bisher »viel zu sehr die parlamentarische Methode der Abstimmung in den Vordergrund gestellt«[299] und darüber auch den Aspekt praktischer, politischer Wirksamkeit zu wenig beachtet habe, von den Mitgliedern des Ausschusses grundsätzlich geteilt wurde, so ging Hilferding mit seiner bereits im Frühjahr angedeuteten Fundamentalkritik noch einen großen Schritt weiter: Nicht nur hätten sich die Hoffnungen, der Reichswirtschaftsrat würde »durch sein moralisches Gewicht […] zu irgendeinem zweiten Parlament oder irgend etwas Reichstagsähnlichen werden«, als »Illusionen« erwiesen. Auch die ursprünglich gehegte Überzeugung, »dass das politische Parlament unfähig sei, die wirtschaftlichen Interessen genügend zur Geltung zu bringen, und dass man im Reichswirtschaftsrat ein Gremium von lauter objektiv Sachverständigen haben würde, von lauter Leuten, welche die Bedürfnisse der Volkswirtschaft so genau kennen und gewillt sind, sie immer wieder durch das Gewicht ihrer Gründe so durchzusetzen, dass dadurch die Arbeit des Parlaments irgendwie gefördert würde«, konnte die Erfahrung der vergangenen Jahre »in gar keiner Weise« bestätigen.[300] Ein Grund: Die Wirtschaftsvertreter, die wirklich Gewichtiges zu sagen hätte, würden die zeitraubende und unterm Strich weitgehend fruchtlose Arbeit des Reichswirtschaftsrats lieber sein lassen, »weil sie auf viel einfachere, auf viel kürzere und viel wirksamere Weise die Mittel der Beeinflussung der Gesetzgebung zur Verfügung«[301] hätten. Ein im Übrigen auch systematisch gewichtiges Argument, das auf die Logiken des Lobbyismus und deren Verhältnis zum *modus operandi* des Reichswirtschaftsrats verweist. Für Hilferding war klar: nur »ein radikaler Schnitt«[302] könne den Reichswirtschaftsrat

---

298 Berichterstatter Paul Mitzlaff, 23. Sitzung des Verfassungsausschusses, 2.7.1923, BArch R 401/568, fol. 418, 419, 432, 466.
299 Max Cohen, ebd., fol. 454.
300 Rudolf Hilferding, ebd., fol. 433.
301 Ebd., fol. 434. Mit ähnlicher Stoßrichtung, aber im Vergleich zur Arbeit im Reichstag ebd., fol. 435.
302 Ebd., fol. 436.

als Institution noch (vor der Bedeutungslosigkeit)[303] retten. Er plädierte daher für eine organisatorische »Umänderung« großen Stils, die auf »all dies parlamentarische Drum und Dran, das [...] absolut nicht entwicklungsfähig« sei, verzichten und vielmehr auf die Schlagkraft der Ausschussarbeit in enger Abstimmung mit den jeweiligen Ministerien setzen sollte.[304] Kurz: Hilferding argumentierte in besonders prägnanter Weise nicht nur gegen die – zwischenzeitlich ja mehrheitlich in Zweifel gezogene – quasi-parlamentarische Praxis des Reichswirtschaftsrats, sondern verwarf im Kern sein grundsätzliches Bauprinzip, das sich gerade von einem bloß der Exekutive unterstellten Expertengremium abzugrenzen suchte. So zustimmungsfähig auch der erste Teil der Kritik war,[305] so wenig sollte sich Hilferding mit dem zweiten durchsetzen, im Gegenteil: mit Gesetzesinitiativ- und Vortragsrecht sowie der grundsätzlichen Beibehaltung der Organisationsstruktur des Reichswirtschaftsrats, wenn auch in abgespeckter Form, hielt der Verfassungsausschuss (und später auch der Gesetzentwurf) an der überlieferten Konzeption fest.[306] Die am 28. November 1923 schließlich erfolgte Beschlussfassung über die Leitsätze der Berichterstatter zur Einrichtung des endgültigen Reichswirtschaftsrats, die zur Ausarbeitung des Gesetzentwurfs an die Regierung weitergeleitet wurden, beendete so auf der einen Seite einen drei Jahre währenden, intensiven Diskussionsprozess, löste aber eine ganze Reihe damit verbundener Probleme nur scheinbar. Im Gegenteil wussten die Mitglieder des Ausschusses nicht nur, dass die Realisierung des Unterbaus und der Bezirkswirtschaftsräte von der endgültigen Etablierung des Reichswirtschaftsrats abhing – und deshalb noch einige Zeit auf sich warten lassen würde (sofern man überhaupt noch damit rechnen konnte). Man musste also Prioritäten setzen, wollte man nicht das gesamte Unterfangen diskreditieren. Ob also die vor allem von Arbeitnehmerseite vehement geforderte paritätische Umgestaltung der Kammern (und in der Folge – vielleicht – die Einrichtung der Bezirkswirtschaftsräte) nur aufgeschoben oder doch aufgehoben war, konnte zum Jahreswechsel 1923/24 niemand wissen – wohl aber ahnen.

---

303 »Ich glaube, dass die ganze Durchberatung von Gesetzentwürfen, wie sie bisher getrieben worden ist, absolut überflüssig ist.« Ebd., fol. 435.

304 Ebd., fol. 436, 438 (dort auch das Zitat).

305 Vgl. etwa Max Hachenburg, ebd., fol. 488: »Wir sind nun einmal kein Parlament«; es sei aber »vielfach eine Parlamentsspielerei betrieben worden, die nicht hierher gehört.« Nicht verzichtet werden könne allerdings auf das Initiativ- und Vertretungsrecht: So erwiderte Hachenburg auf den Einwurf von Cora Berliner, Vertreterin des Reichswirtschaftsministeriums im Ausschuss, der RWR habe doch bereits ein solches Recht: »Verehrtes Wirtschaftsministerium, wenn ich ein Initiativrecht habe, das ich nicht vertreten kann, dann ist es ein Messer ohne Stiel, dem das Heft fehlt. Damit kann ich nichts machen.« (Ebd., fol. 489).

306 Beispielhaft Paul Mitzlaff, ebd., fol. 468: »Wir sollten den vielen Gegnern des Reichswirtschaftsrats auch nicht dadurch Wasser auf die Mühlen geben, dass wir von uns sagen: Wir halten den Reichswirtschaftsrat für ein verfehltes Experiment, das wir zum alten Eisen werfen sollen.«

2.2.4 Doch kein »endgültiger« Reichswirtschaftsrat: Der Gesetzgebungsprozess

Auf dieser Grundlage legte das Wirtschaftsministerium mit Schreiben vom 28. August 1925 – erneut waren also gut anderthalb Jahre ins Land gegangen – die lange erwarteten »Referentenentwürfe zu einem Gesetzentwurf über den endgültigen Reichswirtschaftsrat und zu einem Gesetzentwurf zur Ausführung des Gesetzes über den endgültigen Reichswirtschaftsrat«, so der sperrige Titel, vor.[307] Diese basierten grundsätzlich auf den vom Verfassungsausschuss vorgelegten Leitsätzen, wichen aber in einzelnen, alles andere als unerheblichen Details davon ab. So wurden die Kompetenzen des Reichswirtschaftsrats im Gesetzgebungsprozess gegenüber der Verordnung von 1920 zwar erweitert; das Initiativrecht beschränkte sich jedoch auf die Anregung von Gesetzentwürfen »nur gegenüber der Reichsregierung«. Auch sollte das Recht zur Anhörung vor dem Parlament nur dann greifen, wenn der Reichstag dies explizit wünschte.[308] Als besonders kritischer, gleichwohl konstitutiver Punkt sollte sich in den folgenden Beratungen der Umstand erweisen, dass der Entwurf vor allem »die Herstellung einer möglichst engen Verbindung zwischen der Reichsregierung und dem Reichswirtschaftsrat« bezwecken sollte, weshalb »die Mitwirkung der Reichsregierung an verschiedenen Stellen [zusätzlich] eingeschaltet« wurde.[309] Vor allem das Ansinnen, den »Vorsitz in Haupt- und Sonderausschüssen den Regierungsvertretern [zu] übertragen«, um so »die zu erstrebende enge Zusammenarbeit mit der Reichsregierung« sicherstellen zu können,[310] stieß den Mitgliedern des Verfassungsausschusses besonders übel auf, witterte man darin (nicht zu Unrecht) den Versuch der Exekutive, die Autonomie des Reichswirtschaftsrat als politischer Akteur einzudämmen.[311] Die gegenüber der Verordnung signifikant gestiegenen Kompetenzen wären so durch interne Einflussnahme der Regierung eingehegt, im Idealfall neutralisiert worden. Unterm Strich vermochte sich die Regierung in diesem Punkt, so viel sei vorweggenommen, nicht durchzusetzen.[312]

---

307 Reichswirtschaftsministerium an den Vorsitzenden des RWR, 28.8.1925, BArch R 401/306, fol. 3–3‘, die Referentenentwürfe in Anlage fol. 4–20‘, eine »Darstellung der Grundzüge der Referentenentwürfe« als Anlage 2 ebd., fol. 21–28.

308 Grundzüge der Referentenentwürfe, 28.8.1925, ebd., fol. 21‘-22 (Zitat fol. 22).

309 Ebd., fol. 26‘ (im Original teilweise unterstrichen).

310 Ebd.

311 Etwa Paul Mitzlaff, 4. Sitzung des Unterausschusses des Verfassungsausschusses, 6.10.1925, BArch R 401/570, fol. 179–180: Die Vergabe des Ausschussvorsitzes an einen Regierungsvertreter stelle die Selbständigkeit des RWR in Frage: »Das widerspricht dem ganzen System.« Auch der Bericht des Unterausschusses zu den Referentenentwürfen [Februar 1926], BArch R 401/576, fol. 271, 290–292.

312 So konstatiert Otto Schweitzer in der Generaldebatte, 26. Sitzung des Verfassungsausschusses, 19.11.1926, BArch R 401/569, fol. 18 durchaus zufrieden, der RWR habe nun doch »mehr Selbständigkeit und Bewegungsfreiheit« eingeräumt bekommen, »als es nach dem Referentenentwurf beabsichtigt war«. »Trotz-

Erneut nahm also der bereits 1923 konstituierte Unterausschuss seine Arbeit auf, und widmete sich zwischen Oktober 1925 und Januar 1926 in zehn Sitzungen unter dem Vorsitz von Max Hachenburg und Theodor Leipart Grundzügen und Details des Referentenentwurfs;[313] dabei sollte es neben der verfassungsrechtlichen und politischen Stellung des Reichswirtschaftsrats um Fragen der Zusammensetzung und der »inneren Organisation« gehen.[314] Ohne die komplexen Diskussionen unzulässig reduzieren zu wollen, lassen sich die folgenden zentralen Aspekte systematisch isolieren: *Zum einen* wurde die Autonomie des Reichswirtschaftsrats gegenüber Regierung, Parlament und Reichsrat als unverhandelbar erachtet. Und auch wenn von der Forderung nach legislativen Kompetenzen stets abgesehen wurde, so »unterstrich« etwa Berichterstatter Paul Mitzlaff, ganz bewusst »an dem Ausdruck ›Parlament‹« festhalten zu wollen, um so zu dokumentieren, dass der Reichswirtschaftsrat eine »selbständige Körperschaft« sei, »die nicht an der Leine der Regierung lediglich als deren Organ tätig würde, sondern [...] wie ein Parlament ihre Tätigkeit nach eigenem Recht entfalten« könne.[315] Die Übertragung des Ausschussvorsitzes an einen Regierungsvertreter[316] sei daher inakzeptabel. Dieser Weg, so etwa Paul Umbreit, sei »wirklich nicht gangbar; er drückt die Ausschüsse zu Beiräten der Regierung herab«.[317] Umgekehrt könne das in der Öffentlichkeit alles andere als einhellig positive Bild des Reichswirtschaftsrats auch dadurch gebessert und seine Relevanz sinnfällig gemacht werden, »je stärker« und »je unabhängiger« er »von der Regierung« sei.[318] Kurz: Die Degradierung zu einem abhängigen Gutachterorgan der Regierung war mit dem Reichswirtschaftsrat nicht zu machen. *Zum anderen* wurde erbittert über einen auf den ersten Blick banalen, bei genauer Betrachtung aber ganz entscheidenden Fragekomplex gerungen, der die formale (und praktische) Einbindung des Reichswirtschaftsrats und seiner Ausschüsse in den Prozess des *policy making* betraf. Konkret ging es dabei um die folgenden Formulierungen des Referentenentwurfs, die der Auslegung bedurften – und zu

---

dem hat sich die Regierung von einer gewissen Angstlichkeit [sic!] inbezug auf das Mass der Befugnisse und der Bewegungsfreiheit, die dem RWR einzuräumen seien, anscheinend noch nicht frei machen können.«

313 Vgl. die vollständigen Stenographischen Protokolle: BArch R 401/570-573; Hauschild, *Reichswirtschaftsrat*, S. 514–516. Die Mitglieder des Unterausschusses: Wilhelm Kutscher, Eduard Hamm, Karl Hermann (Abteilung I); Walter Kwasniak, Hermann Thissen, Otto Schweitzer (Abteilung II); Max Hachenburg, Paul Mitzlaff, Max Cohen (Abteilung III); vgl. BArch R 401/569, fol. 51–52. Zum Stand der Beratungen im Jahre 1925 vgl. auch Hachenburg, »Künftige Reichswirtschaftsrat«.

314 Vgl. den Vorschlag von MR Staudinger, 4. Sitzung des Unterausschusses des Verfassungsausschusses, 6.10.1925, BArch R 401/570, fol. 176–177.

315 Paul Mitzlaff, ebd., fol. 177.

316 Vgl. § 34 Referentenentwurf [August 1925], BArchR 401/306, fol. 16.

317 Paul Umbreit, 4. Sitzung des Unterausschusses des Verfassungsausschusses, 6.10.1925, BArch R 401/570, fol. 197.

318 Max Hachenburg, ebd., fol. 213.

erheblich divergierenden Ergebnissen führen konnten: *Welche* Gesetzesvorhaben waren dem Reichswirtschaftsrat denn eigentlich vorzulegen? Sämtliche, die sich auf die Wirtschafts-, Sozial- und Finanzpolitik bezogen, oder nur jene »von grundlegender Bedeutung«[319]? Wenn Letzteres: wer definierte, was als »grundlegend« zu gelten hatte, und was nicht. Hier witterten die Mitglieder des Ausschusses ein weit geöffnetes Einfallstor für die Regierung, den Reichswirtschaftsrat effektiv zu umgehen – und gerade damit hatte man ja bereits allerhand Erfahrungen gemacht. Daneben war offen, *wann* die Vorhaben dem Reichswirtschaftsrat vorzulegen waren, und ob diese nur vorgelegt werden *sollten*, oder auch *mussten*? Demgegenüber schien schließlich das Initiativ- und Vertretungsrecht in § 4 den Wünschen des Reichswirtschaftsrats zu entsprechen, sah er doch die Weiterleitung der Initiative an den Reichstag auch im Falle einer Ablehnung durch die Regierung und die Möglichkeit vor, diese selbständig zu vertreten.[320]

Durch die nun erfolgte Fokussierung auf die Umsetzung des endgültigen Reichswirtschaftsrats war freilich die nach wie vor schwelende Frage des »Unterbaus« nicht obsolet. Gerade für die Gewerkschaften sei es, so Theodor Leipart, eine »Bedingung«, »dass mit der Verabschiedung des Gesetzes über den endgültigen Reichswirtschaftsrat gleichzeitig die Umwandlung der Berufskammern« komme; das Thema stand also weiterhin auf der Tagesordnung.[321] Das blieb nicht unwidersprochen, auch nicht im eigenen Lager: So sei es, kritisierte etwa Max Cohen, taktisch wenig klug, ein unrealistisches Junktim zu konstruieren, zumal man nach Etablierung des Reichswirtschaftsrats ohnehin wesentlich mehr Möglichkeiten hätte, auf die Kammerfrage steuernd einzuwirken.[322] Im Gegenteil sei man sich doch im Kern »darüber klar, dass an eine restlose Durchführung des Art. 165 niemand denkt, wenigstens niemand in unserem Kreise.«[323] Wenn man den Reichswirtschaftsrat als Notwendigkeit erachte und bestrebt sei, die Gesetzentwürfe in absehbarer Zeit nicht nur durchzuberaten, sondern – mit der

319 Vgl. § 3 Referentenentwurf [August 1925], der auch für den folgenden Problemkreis einschlägig ist, im Wortlaut: »Wirtschaftspolitische und sozialpolitische Gesetzentwürfe von grundlegender Bedeutung sollen von der Reichsregierung vor ihrer Einbringung dem Reichswirtschaftsrat zur Begutachtung vorgelegt werden. [...].« (BArch R 401/306, fol. 6ʳ).

320 Ebd., fol. 7.

321 Theodor Leipart, 5. Sitzung des Unterausschusses des Verfassungsausschusses, 7.10.1925, BArch R 401/570, fol. 381 (Zitate), 383. Ähnlich auch Otto Schweitzer, Arbeitnehmer-Vertreter der Gruppe Industrie, ebd., fol. 329.

322 Max Cohen, ebd., fol. 400. Max Hachenburg sekundierend: »Wir sind doch Männer des praktischen Lebens und müssen uns fragen: was ist zu erreichen?« (ebd., fol. 409). Auch Hans Kraemer, ebd., fol. 420: Es sei ein Fehler, nun »alles oder nichts« zu fordern. Dagegen etwa Hermann Thissen, ebd., fol. 433–434.

323 Hans Kraemer, ebd., fol. 300.

erforderlichen verfassungsändernden Zweidrittelmehrheit[324] – auch durch den Reichstag zu bringen, sollten die Forderungen auf das Wesentliche beschränkt und rasch umsetzbar sein. Die »Verquickung«[325] der Frage des endgültigen Reichswirtschaftsrats mit der Kammerfrage würde »die Sache ad calendas crecas«[326] vertagen und damit das gesamte Vorhaben der Gefahr des Scheiterns aussetzen – ganz abgesehen davon, dass im Entwurf noch weitere Dinge verankert waren, die dem Reichstag die Zustimmung keineswegs erleichterten, etwa in der Frage des Enquêterechts.[327] Der zu diesem Zeitpunkt bereits ehemalige Reichswirtschaftsminister Eduard Hamm (DDP), seit 1925 Geschäftsführender Vorstand des Deutschen Industrie- und Handelskammertages und als Arbeitgebervertreter Mitglied des Reichswirtschaftsrats,[328] brachte die strittige Lage auf den Punkt: »Wir sollten jetzt den RWR fertigstellen« und uns damit »begnügen«.[329] Den erheblichen Bedenken der Gewerkschaften, damit *eo ipso* auf die Umgestaltung der Kammern zu verzichten, wurde schließlich durch den Beschluss Rechnung getragen, die Regierung um eine rasche Lösung des Problems auf Basis der Gutachten des Reichswirtschaftsrats zur Kammerfrage vom 6. Dezember 1922[330] zu

324 Vgl. die durchaus merkwürdige juristische Begründung in den beigefügten »Grundzügen«, wo auf die abschließende Regelung von Art. 33 WRV (Reichstag kann Anwesenheit von Regierungsvertretern verlangen) verwiesen wird, der durch die Möglichkeit des RWR, seine Anträge vor dem Reichstag vertreten zu können, erweitert werden würde (BArch R 401/306, fol. 21ʳ). In der Regel wurde als Begründung für die Notwendigkeit der Zweidrittelmehrheit angeführt, die Gesetzentwürfe verzichteten auf eine ganze Reihe an Institutionen, die in Art. 165 ursprünglich noch vorgesehen waren, etwa den Reichsarbeiterrat: Vgl. hierzu die Begründung der Gesetzentwürfe über den endgültigen RWR, 12.11.1927, StenB 419, S. 14.

325 Hermann Thissen, 8. Sitzung des Unterausschusses, 14.11.1925, BArch R 401/571, fol. 367. Er betont, dass es sich gerade nicht um eine »Verquickung«, sondern die Aufrechterhaltung berechtigter Ansprüche handele.

326 Wilhelm Kutscher, Arbeitgeber-Vertreter Landwirtschaft, ebd., fol. 333 (»crecas« wurde im Stenographischen Protokoll handschriftlich in »graecas« korrigiert). Mit einer ähnlichen Stoßrichtung auch MR Staudinger, ebd., fol. 364.

327 Vgl. hierzu etwa die Diskussion in der 10. Sitzung des Unterausschusses, 14.12.1925, BArch R 401/572, fol. 1–187.

328 Vgl. knapp Lilla, *Reichswirtschaftsrat*, S. 380. Jüngst auch Hardtwig, »Eduard Hamm« (wo seine – wichtige – Rolle im RWR keine Erwähnung findet). Vgl. auch Hardtwig, *Freiheitliches Bürgertum*, insb. S. 210–234, wo Hamms »Arbeitsstil« und sein Fokus auf »Sachpolitik« (ebd., S. 216) zwar hervorgehoben, ein Bezug zur Arbeit im RWR aber nicht hergestellt wird.

329 Eduard Hamm, 11. Sitzung des Unterausschusses, 15.12.1925, BArch R 401/572, fol. 267, 279. Dagegen erneut Theodor Leipart, ebd., fol. 271: So könne »der Standpunkt des Herrn Hamm wohl nicht aufrecht erhalten werden«, da die den Gewerkschaften nahestehenden Kreise im Reichstag »dem Gesetzentwurf [...] die Zustimmung versagen, wenn nicht anstelle des in Art. 165 RV vorgesehenen Unterbaus mindestens die seinerzeit in Aussicht genommene Umgestaltung der öffentlich-rechtlichen Berufsvertretungen in Aussicht genommen wird.«.

330 Der Verweis auf die Beschlüsse des Unterausschusses bereits oben, vgl. Pressemitteilung vom 6.12.1922, BArch R 401/566, fol. 207–211.

ersuchen.[331] Die am 25. Januar 1926 vorgelegten »Beschlüsse 2. Lesung des Unterausschusses des Verfassungs-Ausschusses«[332] bestätigten mit Ausnahme der unisono abgelehnten engeren Bindung an die Regierung weitgehend den Referentenentwurf, auch wenn die Zahl der Mitglieder von 126 auf 144 angehoben wurde.[333] Interessanterweise hielt der Unterausschuss auch an der »soll«-Formulierung aus § 3 fest, wo es um den konkreten Modus der Einbindung des Reichswirtschaftsrats in den Prozess der Politikformulierung ging; hier folgte man insbesondere den Beteuerungen von Ministerialrat Hans Staudinger, mit derlei interpretationsbedürftigen Formulierungen nur dem Imperativ der Praktikabilität gehorchen und »keine Nebenabsichten« verfolgen zu wollen.[334] Der Verfassungsausschuss indes sah dies deutlich skeptischer, als ihm am 19. November 1926 die nun von der Reichsregierung auf Basis der Stellungnahme des Unterausschusses fertiggestellten Gesetzentwürfe zur Begutachtung vorgelegt wurden. Zwischenzeitlich hatte der Vorstand des Reichswirtschaftsrats gegenüber Wirtschaftsminister Julius Curtius (DVP) bereits seinen Unmut zum Ausdruck gebracht, dass sich die Vorlage der Entwürfe offenkundig immer weiter verzögere.[335] Curtius stellt daraufhin die Verabschiedung der Entwürfe durch das Kabinett für den 1. Oktober in Aussicht und begründete den Verzug damit, dass zahlreiche zeitraubende Abstimmungen, insbesondere offenbar mit unzufriedenen Verbandsvertretern, noch nicht abgeschlossen seien. Gleichwohl betonte er nochmals die Relevanz des Reichswirtschaftsrats, der nicht nur in der aktuellen Situation, sondern »auch noch in Zukunft bedeutungsvolle Aufgaben zu erfüllen« hätte.[336]

In Curtius schien der Reichswirtschaftsrat einen Minister zu haben, der den nunmehr gut sechs Jahre währenden Beratungsprozess tatsächlich in ein Gesetzge-

331 Vgl. 11. Sitzung des Unterausschusses, 15.12.1925, BArch R 401/572, fol. 284. Die Vertreter von Abteilung II hatten dem Vorschlag nicht zugestimmt. In dem am 25. Januar 1926 erstatteten Bericht über die Beschlüsse zweiter Lesung des Unterausschusses sollte denn auch die Regierungsvorlage wie folgt ergänzt werden: Der RWR »wirkt bei der reichsrechtlichen Regelung der öffentlich-rechtlichen Berufsvertretungen für Handel, Industrie, Landwirtschaft, Handwerk und Kleingewerbe und weiteren Ausführung des Art. 165 der Reichsverfassung mit.« (BArch R 401/12, fol. 78).

332 Vgl. BArch R 401/12, fol. 78–103.

333 Ebd., fol. 81.

334 Vgl. die Beratungen in der 14. Sitzung des Unterausschusses, 23.3.1926, in der es ausschließlich um die Diskussion missverständlicher Passagen des bereits vorgelegten Berichtes ging (BArch R 401/573, fol. 239–276). Das Zitat von Max Cohen bereits nach Vorlage der Gesetzentwürfe, 15. Sitzung des Unterausschusses, 8.12.1926, BArch R 401/573, fol. 333.

335 Vorsitzender Theodor Leipart, 56. Sitzung des erweiterten Vorstandes des RWR, 10.6.1926, BArch R 410/12, fol. 129‘.

336 RWiM Julius Curtius, ebd., fol. 129‘-130‘ (Zitat fol. 130–130‘). Die Gesetzentwürfe waren dem Vorstand des RWR schließlich am 8. November 1926 zugestellt worden (Hauschild, *Reichswirtschaftsrat*, S. 516 mit Fn. 1). Zum Folgenden auch *Der Vorläufige Reichswirtschaftsrat*, S. 200–222.

bungsverfahren mit Aussicht auf Realisierung münden lassen wollte. Nicht nur seine eigene Auseinandersetzung mit »Bismarcks Plan eines deutschen Volkswirtschaftsrats« von 1919 – worauf er in seiner Rede vor dem Verfassungsausschuss hinzuweisen nicht hatte verzichten wollen[337] – mögen dafür ursächlich gewesen sein. Doch habe auch »die Reichsregierung am vorläufigen Reichswirtschaftsrat in den letzten Jahren einen wertvollen Mitarbeiter« gehabt, weshalb er, Curtius, »auf das Bestehen einer arbeitsfähigen, mit weitgehenden Wirkungsmöglichkeiten ausgestatteten Gutachterkörperschaft grossen Wert« lege.[338] Curtius skizzierte in seiner Adresse, die den Auftakt der Generalaussprache über Stellung, Zukunft und Struktur des »endgültigen Reichswirtschaftsrats« im Verfassungsausschuss bilden sollte, die zentralen konzeptionellen Prämissen der Entwürfe, die in einer zweifachen praktischen Erfahrung gründeten: Zum einen sei »[e]rst allmählich« klar geworden, »dass die aus 326 Köpfen bestehende Vollversammlung für die Erstattung von Gutachten nicht geeignet war, und dass eine Gutachterkörperschaft das Verfahren politischer Parlamente nicht ohne weiteres übernehmen« könne.[339] Angesichts der Neuartigkeit und Eigenart des Reichswirtschaftsrats sei es nur naheliegend gewesen, sich hinsichtlich des *modus operandi* an der »Uebung parlamentarischer Körperschaften« zu orientieren; gleichwohl habe gerade dies zu zeitraubenden und ineffizienten Verfahren geführt, die in der Öffentlichkeit »bald Anlass zu Kritik« gegeben hätten.[340] Die seit 1923 erfolgte Verlagerung der eigentlichen Arbeit vom Plenum in die Ausschüsse hätte zwar eine Straffung der Abläufe bewirkt – aber eben auch dazu geführt, dass die Öffentlichkeit davon weitgehend keine Kenntnis mehr erlangte. »Nur diejenigen, welche dem Reichswirtschaftsrat nahestanden und fortlaufend Gelegenheit zu Einblicken in sein Arbeiten und die Ergebnisse dieser Arbeiten hatten, konnten den Wert dieser Ergebnisse erkennen.«[341] Zum anderen hätten die »teils freiwillig, teils unter dem Zwange der Verhältnisse durchgeführten inneren Reformen« die Bedeutung des Reichswirtschaftsrats für die politische Praxis »gerade in den letzten Jahren« erheblich erhöht.[342] Aus dieser zweifachen Erfahrung – der Insuffizienz der normativen Vorgaben der Verordnung von 1920 einerseits, der Adäquanz der durch die Praxis erfolgten adaptiven Veränderungen andererseits – gelte es Nutzen zu ziehen: Ziel der nun vorgelegten Entwürfe sei also, »den jetzigen Zustand, wie er sich auf Grund der praktischen Uebung im Reichswirtschaftsrat herausgebildet hat, soweit es sich bewährt hat, ge-

337 Vgl. Curtius, *Bismarcks Plan*. RWiM Julius Curtius, 26. Sitzung des Verfassungsausschusses, 19.11.1926, BArch R 401/569, fol. 2–7, hier fol. 2.

338 Ebd.

339 Ebd., fol. 3.

340 Ebd.

341 Ebd.

342 Ebd.

setzlich zu normieren.«[343] Vor allem drei Aspekte gelte es dabei zu berücksichtigen: *Erstens* die »bisherige Gesamtzahl der Mitglieder«, die sich als »viel zu gross« erwiesen hatte; diese sollte schließlich von 326 auf 144 reduziert werden.[344] *Zweitens* die Verlagerung der eigentlichen Arbeit in die Ausschüsse und *drittens* eine Intensivierung der »Einwirkungsmöglichkeiten« des Reichswirtschaftsrats auf den Gesetzgebungsprozess. Letzteres bezog sich vor allem auf »das seinem Vorgänger fehlende volle Initiativrecht«, die Zuleitung der Vorhaben bereits in deren »Anfangsstadium« und die Möglichkeit der »mündlichen Erläuterung seiner Initiativanträge« vor Reichstag und Reichsrat.[345] Darüber hinaus sei hervorzuheben, dass die Gesetzentwürfe (im Unterschied zum Referentenentwurf) dem dringenden Wunsch des Ausschusses nach weitestgehender »Selbstverwaltung« Rechnung trügen; auf diverse Instrumente zur Einflussnahme der Regierung wurde nun verzichtet. Vor diesem Hintergrund sei auf einen »möglichst baldigen Abschluss« der Beratungen und der ebenso raschen »Errichtung des endgültigen Reichswirtschaftsrats« zu hoffen.[346]

In der anschließenden Generaldebatte betonten zunächst die Berichterstatter Max Cohen und Paul Mitzlaff, dass zentrale Passagen der Referentenentwürfe schlicht »nicht annehmbar«[347] gewesen seien, während sich durch die nun vorliegenden Entwürfe für den Reichswirtschafsrat die »Situation [...] sehr viel günstiger« präsentiere.[348] Gleichwohl sei nicht angängig, dass das gewährte Recht der mündlichen Erläuterung nur dann greife, »wenn der Reichstag und der Reichsrat es verlangen.«[349] Vielmehr müsse dringend zumindest »die Möglichkeit dieser Erläuterung« auch dann bestehen, »wenn auf der andern Seite das Erfordernis gestrichen wird; denn schliesslich hat ja auch der RWR ein eigenes Urteil darüber, ob es noch notwendig ist, die Gutachten usw., die er schriftlich niedergelegt hat, noch mündlich zu erläutern.«[350] Diesem Aspekt sollte schließlich Rechnung getragen werden, nicht aber einer anderen, lange gehegten Forderung Max Cohens, den Reichswirtschaftsrat analog einer zweiten Kammer mit einem suspensiven Veto auszustatten.[351] Wohl wissend, mit diesem Vorstoß unterm Strich nicht durchdringen zu können, bediente sich Cohen dabei doch einer für das Selbstverständnis des Reichswirtschaftsrats typischen Rhetorik: Gerade die erheblich gestiegene Komplexität der ökonomischen Verhältnisse in modernen Gesellschaften verlange nach einer rationalen, sachlichen und situationsadäqua-

343 Ebd., fol 4.
344 Ebd., fol. 4 (Zitat). Zu den Zahlen vgl. knapp Lilla, *Reichswirtschaftsrat*, S. 98–103.
345 RWiM Julius Curtius, 26. Sitzung des Verfassungsausschusses, 19.11.1926, BArch R 401/569, fol. 4–5.
346 Ebd., fol. 7.
347 Paul Mitzlaff, ebd., fol. 15.
348 Max Cohen, ebd., fol. 8.
349 Ebd., fol. 10.
350 Ebd.
351 Ebd.

ten Behandlung, die im Reichstag aufgrund der dort geltenden Spielregeln des parteipolitischen Wettbewerbs nicht geleistet werden könne.[352] Cohen stieß hier bereits intern auf Widerstand, wurde doch die Übernahme legislativer Kompetenzen im Reichswirtschaftsrat ebenso abgelehnt, wie es als völlig unrealistisch erachtet wurde, für ein derartiges Vorhaben auch noch eine Zweidrittelmehrheit im Reichstag erlangen zu können; wer den Reichswirtschaftsrat wolle, sollte auf derlei weitgehende Forderungen besser verzichten.[353] Kurz: Mehr als die Rolle eines mit quasi-parlamentarischen Rechten ausgestatteten Gutachterorgans ohne legislative Entscheidungskompetenzen, wohl aber weitreichenden Initiativ- und Untersuchungsrechten, war nicht drin.[354]

Schwierige Detailfragen existierten indes auch so zuhauf: Zum einen die Frage nach der Zukunft des Unterbaus, zu dessen Stellung und Konfiguration sich der Reichswirtschaftsrat in mühevoller Detailarbeit bereits Jahre zuvor eingehend geäußert hatte.[355] Zum anderen das Problem, welche Gesetzesvorhaben der Regierung »von grundlegender Bedeutung« und damit ein Fall für den Reichswirtschaftsrat seien, und wer das entscheiden könne. Es war dies einer der zentralen Aspekte, an dem sich in der Folge der im Anschluss an diese Generalaussprache gebildete Unterausschuss abarbeiten sollte.[356] Hier konkurrierte eine skeptische, formal argumentierende mit einer auf die Sogwirkung der Praxis vertrau-

352 Ebd.: »Für meine Person würde ich noch weitergehen und es begrüsst haben, dass der RWR in wirtschaftlich wichtigen Fragen ein aufschiebendes Veto erhalten hätte (Sehr richtig!), und zwar deshalb, weil unsere moderne Industriewirtschaft und auch die Landwirtschaft heute doch so kompliziert geworden ist (Sehr richtig!), dass wichtige wirtschaftliche Fragen auf die Dauer nicht unter wahltaktischen Gesichtspunkten von politischen Körperschaften endgültig entschieden werden können.«

353 Vgl. etwa Otto Schweitzer, ebd., fol. 18–19, 24; Max Hachenburg, ebd., fol. 27–28; Arthur Feiler, ebd., fol. 42–44; Eduard Hamm, ebd., fol. 33–36, Zitat fol. 36: Auch und gerade mit Blick auf die Zusammensetzung sei der RWR »nicht eine Ständekammer«, sondern ein Organ, »in dem von vornherein den Kerntruppen der Wirtschaft, den grossen die Wirtschaft tragenden Berufen auf Unternehmer- und Arbeiterseite eine gewisse Stärke eingeräumt werden muss, ohne die man zu einer organischen Auswirkung der Meinungen überhaupt nicht kommen kann.« Dagegen besonders deutlich [Carl] Hartung, ebd., fol. 40: »Wir müssen, um unsere Wirtschaft gesund zu haben, das Gegengewicht einer rein parlamentarischen Volksvertretung, eine Ständekammer schaffen. Das ist die Parole, die ausgegeben werden muss, und wenn der RWR an dieser Aufgabe vorbeigeht, so wird er sich zur Bedeutungslosigkeit verurteilen; er wird weiter vegetieren und existieren, aber praktisch wird er keine Bedeutung haben.«

354 Auf den Punkt gebracht: »Der Reichstag würde niemals hierauf eingehen. Also schalten wir diese Frage aus.« (Max Hachenburg, ebd., fol. 27).

355 Vgl. hierzu die Ausführungen Max Cohen, ebd., fol. 12–13 und Otto Schweitzer, ebd., fol. 22–26.

356 Zur Bildung des neuen 18-köpfigen Unterausschusses vgl. ebd., fol. 52–53: Er bestand aus den neun Mitgliedern des alten Unterausschusses, verstärkte diesen aber um je zwei Mitglieder pro Abteilung (Karl Lautenschlager und Heinrich Grünfeld für Abt. I; Theodor Leipart und Max Rössiger für Abt. II; Hugo Bästlein und Friedrich Grund für Abt. III) sowie die Vorsitzenden der drei Hauptausschüsse (Hans Kraemer, Wirtschaftspolitischer Ausschuss; Paul Umbreit, Sozialpolitischer Ausschuss; Georg Bernhard, Finanzpolitischer Ausschuss) mit beratender Stimme.

ende Perspektive, die die Zuleitung sämtlicher Gesetzentwürfe für unpraktikabel hielt und den Vorwurf, die Regierung würde die Klausel zum Anlass nehmen, faktisch nichts mehr dem Reichswirtschaftsrat zuzuleiten, als unbegründet relativierte.[357] Und schließlich dürfe ein weiterer Aspekt, so Eduard Hamm, nicht außer Acht gelassen werden: Es sei dringend zu »überlegen«, »wie man zu der Öffentlichkeit etwa mehr Fühlung gewinnen« könne.[358] Das Defizit an »PR« bildete in der Tat einen roten Faden.[359]

Die Beratungen des Unterausschusses konzentrierten sich in der Folge auf die bereits bekannten Streitpunkte: Zusammensetzung, Zeitpunkt und Art der Beteiligung am Gesetzgebungsprozess, schließlich das weitere Prozedere in Sachen »Unterbau«. Während von Seiten des Reichswirtschaftsrats davor gewarnt wurde, durch die Annahme der Gesetzentwürfe vorschnell Fakten zu schaffen, appellierte der Vertreter der Reichsregierung, Staatssekretär Ernst Trendelenburg, dringend, die Vorlage nicht weiter zu verzögern,[360] »wenn wir überhaupt zu einem Wirtschaftsrat kommen wollen.«[361] Es sei unter den gegebenen politischen Bedingungen nicht davon auszugehen, »dass die jetzige Regierung sich in der Lage fühlt, die politische Verantwortung dafür zu übernehmen, dass die Erörterungen über einen endgültigen RWR auf einer wesentlich anderen Basis fortgesetzt werden, als die Basis ist, von der sie selbst bei der Ausarbeitung ihrer Vorlage ausgegangen ist.«[362] Wichtiger als die definitive Klärung der Frage des Unterbaus sei, »möglichst bald einen endgültigen RWR zu haben, einen Wirtschaftsrat in einer Form, die sich wirklich als lebenskräftig für die Zukunft erweist«.[363] Kurz: Ein Junktim würde das gesamte Projekt gefährden. Die folgenden Diskussionen im Unterausschuss gestalteten sich in diesem Punkt denn auch langwierig und zäh. Schließlich konnte nicht zuletzt auf Vermittlung der Abteilung III ein Kompromiss gefunden werden, der Forderungen nach paritätischer Beteiligung der Arbeitnehmer auf

357 Vgl. Max Cohen unter Bezugnahme auf die Ausführungen von MR Hans Staudinger, 15. Sitzung des Unterausschusses des Verfassungsausschusses, 8.12.1926, BArch R 401/573, fol. 333: »Aber trotzdem will ich dem Praktiker Staudinger hier glauben, bei dem ich annehme, dass er keine Nebenabsichten hat.«

358 Eduard Hamm, 26. Sitzung des Verfassungsausschusses, 19.11.1926, BArch R 401/569, fol. 35.

359 Etwa MR Hans Staudinger an Hans Kraemer gerichtet, 4. Sitzung des Unterausschusses des Verfassungsausschusses, 6.10.1925, BArch R 401/570, fol. 193: »Sie sind sich, glaube ich, nicht immer im klaren darüber [...], wie scharf an verschiedenen Arbeiten des Reichswirtschaftsrats Kritik geübt wird« (fol. 193). Vgl. auch die Begründung der Gesetzentwürfe des endgültigen RWR, StenB 419, Nr. 3709, S. 12–13, wo explizit darauf verwiesen wird, dass die positiven und umfangreichen Leistungen des RWR aus unterschiedlichen Gründen der Öffentlichkeit kaum bekannt seien.

360 StS Ernst Trendelenburg, 18. Sitzung des Unterausschusses, 20.12.1926, BArch R 401/574, fol. 87–89.

361 Ebd., fol. 88.

362 Ebd., fol. 88–89 (Syntax entspricht der Vorlage).

363 Ebd., fol. 89.

Ebene der Kammern ebenso zu berücksichtigen versuchte wie deren vehemente Ablehnung durch die Vertreter der Arbeitgeberseite. Nach Lage der Dinge war so nur eine dissimulierende Lösung zu erreichen, die alle Optionen offen hielt: Sie verpflichtete die Regierung, auf Basis der bereits 1922 gefassten Beschlüsse »die Frage zu prüfen, auf welchem Wege die Lücken, die zur Zeit noch in der Durchführung des Artikel 165 der Reichsverfassung bestehen, geschlossen werden können.« Man erwarte, dass »entsprechende Gesetzentwürfe dem endgültigen Reichswirtschaftsrat unverzüglich vorgelegt« würden.[364] Insgesamt wich der am 19. Februar 1927 schließlich vorgelegte Bericht des Verfassungsausschusses[365] kaum von dem Debattenstand ab, der sich bereits in Auseinandersetzung mit den Referentenentwürfen ergeben hatte. Erneut ging es zentral um die Kernfrage der Einbindung des Reichswirtschaftsrats in den Gesetzgebungsprozess und damit seine Stellung im politischen System: Auch wenn die Regierung wortreich beteuerte, auf der Beschränkung der zu begutachtenden Gesetzentwürfe »von grundlegende Bedeutung« nur deshalb zu beharren, um den Reichswirtschaftsrat nicht mit Bagatellen behelligen zu müssen – eine Argumentation, die den Unterausschuss überzeugte –, so plädierte der Verfassungsausschuss für eine Klarstellung: So sollten (bzw. eigentlich *müssten*) »sämtliche wirtschaftspolitischen und sozialpolitischen Gesetzentwürfe, mit Ausnahme solcher von untergeordneter Bedeutung, zugeleitet werden«.[366] Auch behielt man sich per Resolution das Recht vor, die eigenen Gutachten und Stellungnahmen auch dann in Eigenregie vor den gesetzgebenden Organen erläutern zu können, wenn das nicht explizit gefordert wurde.[367] Dieser Passus sollte in den Gesetzesentwürfen der Regierung, die Ende des Jahres 1927 vorgelegt wurden, nicht aufgenommen werden;[368] vielmehr hob die Begründung hervor, dass »eine derartige Erweiterung der Rechte des Reichswirtschaftsrats [...] mit seiner Stellung als Gutachterkörperschaft nicht vereinbar« sei.[369] Er sollte zwar sein Initiativrecht erhalten, das in § 4 auch das Recht vorsah, im Falle einer Ablehnung der Initiative durch die Regierung diese selbst dem Reichstag zu Ge-

364 Bericht des Verfassungsausschusses zu den Gesetzentwürfen über den endgültigen RWR, 19.2.1927, Drs. RWR 350, hier zit. als Anlage zu den Gesetzentwürfen, StenB 419, Nr. 3706, S. 31–47, hier S. 47.

365 Der Bericht findet sich als Drs. RWR 350 sowohl in den Akten des RWR (R 401/206, fol. 24–40), als auch als Anlage zu den Gesetzentwürfen in den StenB des Reichstags, hier StenB 419, Nr. 3706, S. 31–47. Beide Versionen sind text-, nicht jedoch seitenidentisch.

366 Bericht des Verfassungsausschusses, 19.2.1927, zit. als Anlage zu den Gesetzentwürfen, StenB 419, Nr. 3709, S. 32.

367 Ebd., S. 33.

368 Die hier geführte Debatte sollte sich in der Frage der Arbeitsbeschaffung erneut entzünden, als sich die maßgeblichen Akteure im RWR beklagten, es können nicht angehen, dass man mit nachrangigen Vorhaben beschäftigt werde, zum überragenden Thema der Arbeitslosigkeit und aktiven Konjunkturpolitik aber schweigen müsse. Vgl. die Ausführungen in Kap. 4.5.

369 Begründung der Gesetzentwürfe, 12.11.1927, StenB 429, Nr. 3709, S. 20.

hör zu bringen. Die Regierung schien aber keineswegs gewillt, ihre Funktion als Relaisstation zwischen Reichswirtschaftsrat und Legislative aufzugeben.

Ein weiteres, ebenso komplexes wie kaum lösbares Problem stellte die Frage der Mitgliedschaft dar. Hier plädierte der Bericht aus Gründen der Praktikabilität für eine dringende Begrenzung der Mitgliederzahl auf 144,[370] wobei jede Minimierung bzw. Vergrößerung der Zahl aufgrund der Paritätsmaxime und des Repräsentativitätsanspruchs eine Kaskade an Nachjustierungen zur Folge hatte. Hier traten Spannungen zutage, die bis zuletzt nicht unter Kontrolle gebracht werden konnten, bzw. umgekehrt einen wohlfeilen Ansatz boten, das ganze Unterfangen aus den Angeln zu heben. Bereits der am 12. November 1927 vorgelegte und am 21. November in erster Lesung im Reichstag beratene Gesetzentwurf[371] hob die Zahl der Mitglieder auf 150 an und dokumentierte damit (zumindest implizit), dass durch Lobbying Veränderungen möglich seien. Die Büchse der Pandora war damit geöffnet.[372] Einigkeit bestand freilich darin, dass die bisherige Zahl von 326 Mitgliedern »viel zu hoch«, eine »geradezu selbstverständliche Verkleinerung der Mitgliederzahl«[373] daher zwingend geboten war – aber eben auch darüber, dass eine für alle Beteiligten befriedigende »ideale Lösung für die Zusammensetzung überhaupt nicht gefunden werden könne.«[374]

Wie Wirtschaftsminister Curtius in der erster Lesung hervorhob, enthielten die Gesetzentwürfe »nicht so sehr grundsätzliche Neuerungen«; vielmehr sollten sie die in den vergangenen Jahren institutionalisierte Praxis normieren und damit auf eine sichere Grundlage stellen.[375] Das betraf zunächst die innere Organisation:

---

370 Vgl. den Bericht des Verfassungsausschusses, 19.2.1927, zit. als Anlage zu den Gesetzentwürfen, ebd., S. 34.

371 Vgl. 346. Sitzung des Reichstags, 24.11.1927, StenB 394, S. 11726–11732. Einen Überblick über den Verlauf der parlamentarischen Beratungen bietet Lilla, *Reichswirtschaftsrat*, S. 103–115.

372 Ebd., S. 111–115. Die unterschiedlichen Funktionslogiken von RWR und Reichstag werden an diesem Beispiel deutlich.

373 RWiM Julius Curtius, 1. Lesung der Gesetzentwürfe im Reichstag, 24.11.1927, StenB 394, S. 11727. Vgl. auch den kritischen Hinweis von Hermann Thissen, 28. Sitzung des Verfassungsausschusses, 11.2.1927, BArch R 401/569, fol. 227: Sollte sich an der vom Ausschuss fixierten Mitgliederzahl von 144 noch etwas in den Beratungen (nach oben) verändern, dann sei das nicht dem RWR, sondern den »parteipolitischen Einflüssen im Reichstag« anzulasten, der »aus seinem souveränen Selbstgefühl heraus« ohnehin das mache, was er wolle.

374 So die Vertreter des RWR [Carl Friedrich von Siemens und Max Cohen] während der Beratungen der Gesetzentwürfe im 8. Ausschuss (Volkswirtschaft) des Reichstags, 19.2.1929, StenB 443, Nr. 2163 (Bericht des 8. Ausschusses über die Gesetzentwürfe), hier S. 10.

375 RWiM Curtius, 1. Lesung der Gesetzentwürfe, 24.11.1927, StenB 394, S. 11727. Die erste Lesung beschränkte sich auf eine sehr knappe Erläuterung der Grundzüge der Gesetzentwürfe durch RWiM Curtius, und eine scharfe, polemische Abrechnung des KPD-Abgeordneten Wilhelm Koenen, der den RWR als »Gerippe eines Gutachterausschusses, das sich die Bourgeoisie geschaffen hat«, als »Herrenhaus der Wirtschaft« schmähte, das »überflüssig« sei (ebd., S. 11728, 11730, 11731), und einer entsprechenden Entgegnung von

So hatten sich anstelle der »Gruppen« (paritätisch organisierte Branchen) in der Praxis rasch die »Abteilungen« (Arbeitgeber, Arbeitnehmer, Sonstige) als zentrale organisatorische Bezugsgrößen etabliert. Eine vergleichbare Umstellung hatte sich nicht zuletzt aufgrund der erheblichen »Verwaltungs-Sparmaßnahmen« seit 1923 ergeben, infolge derer die Arbeit im Plenum eingestellt und vollständig auf die Ausschüsse verlegt worden war. Dennoch – oder gerade deshalb – seien »Arbeiten von einem außerordentlichen Umfang geleistet« worden, vielfach jedoch ohne öffentliche Resonanz.[376] Besonders augenfällig war jedoch die Abweichung von der Verfassungsnorm in Bezug auf den Ausbau der Unterstufe und der Bezirkswirtschaftsräte, die erst der neue Reichswirtschaftsrat in Angriff nehmen sollte. Da auch der ursprünglich avisierte (und in Wahrheit längst ad acta gelegte) Reichsarbeiterrat nicht (mehr) realisiert wurde, bedurfte der Entwurf im Reichstag einer verfassungsändernden Mehrheit.[377] Das Ergebnis war ambivalent: *Erstens* fixierte der Entwurf auf der einen Seite die beratende und begutachtende Funktion des Reichswirtschaftsrats (und negierte damit seine legislative Kompetenz), konservierte aber doch auf der anderen Seite die quasi-parlamentarischen Instrumente der Gesetzesinitiative und der Enquête, die seine »hybride« Struktur und seine verwickelte Genese reflektierten. *Zweitens* ermöglichte der Reichswirtschaftsrat eine Kanalisierung organisierter Wirtschaftsmacht, indem er Interessen aggregieren, transformieren und in den politischen Entscheidungsprozess einspeisen sollte.[378] Zum anderen konnte so »eine nähere Verbindung zwischen der Regierung und den von ihren Maßnahmen und Entwürfen betroffenen Wirtschaftskreisen« hergestellt, und potentieller Widerstand der Normadressaten so schon im Vorfeld aus dem Wege geräumt werden. Und *drittens* bot der Reichswirtschaftsrat die »Möglichkeit, die widerstrebenden Interessen innerhalb unseres Wirtschaftslebens auszugleichen« und so zum gegenseitigen Verständnis der je eigenen Handlungs-

---

Rudolf Wissell (ebd., S. 11731–11732). Danach wurde der Entwurf dem Volkswirtschaftlichen Ausschuss zur Beratung übergeben. Der Bericht hierzu mit Anlagen findet sich in StenB 443, Nr. 2163 mit Datum vom 18.6.1930. Der zeitliche Abstand erklärt sich daher, dass infolge der politischen Entwicklung und der Neuwahlen im Mai 1928 eine zweite Lesung nicht mehr anberaumt wurde, die Beratungen vielmehr auf Eis gelegt waren und erst nach Bildung des neuen Kabinetts am 27. November 1928 erneut in erster Lesung beraten wurde (StenB 423, S. 487–506). Entsprechend nahm der zur Stellungnahme berufene 8. Ausschuss (Volkswirtschaft) des Reichstags seine Arbeit auch erst im Januar 1929 auf, die in 11 Sitzungen bis zum 27. Mai 1930 andauerte. Der hierzu erneut vorgelegte Gesetzentwurf (StenB 430, Nr. 348, 14.7.1928) ist mit der zitierten Version von 1927 text- und seitenidentisch.

376 Begründung der Gesetzentwürfe über den endgültigen RWR, 12.11.1927, StenB 419, Nr. 3706, S. 13.

377 Ebd., S. 14.

378 Zur politikwissenschaftlichen Perspektive des *policy-cycle* zusammenfassend Schneider/Janning, *Politikfeldanalyse*, hier S. 50–64 (Problemdefinition und *agenda setting* – Artikulation – Programmformulierung – Implementierung) sowie die Kritik an der Realitätsferne dieses – im Kern heuristischen – Modells Héritier, »Einleitung«, S. 9–15.

zwänge beizutragen, kurz: »eine nicht gering zu veranschlagende Hilfe für die Lösung oder Milderung der sozialen Spannungen« anzubieten.[379] Es ist dies ein ganz zentraler Movens, der die Einrichtung des Reichswirtschaftsrats von Beginn an prägte. Der Anspruch, zu einer Befriedung der in Teilen konträren, in Teilen diametralen Positionen beitragen zu können, bildete aber nicht nur einen wesentlichen Baustein seiner DNA, sondern erwies sich in der Praxis auch als tragfähig, wenn auch im wirtschafts- und finanzpolitischen Fragen mehr als im besonders hart umkämpften Bereich der Sozialpolitik.[380] Und seine Zusammensetzung sollte einerseits »ein möglichst getreues Spiegelbild der wirtschaftlichen Stärke« der einzelnen Branchen sein, andererseits den »Interessenausgleich zwischen Arbeitgebern und Arbeitnehmern« organisieren:[381] Beides, der hohe Anspruch und die Komplexität seiner Erfüllung, erwiesen sich als Motor und Bremse zugleich.

Erst ein Jahr später, am 27. November 1928, sollten nun erneut in erster Lesung die nach den Wahlen vom Mai 1928 textidentisch vorgelegten Entwürfe im Reichstag diskutiert werden.[382] Wirtschaftsminister Curtius betonte wiederholt, er hielte die »endgültige Konstituierung des Reichswirtschaftsrats für dringend erforderlich« und mahnte eine »baldige Verabschiedung« der Entwürfe an; das dürfte aufgrund der »ungewöhnlich umfangreiche[n] Vorarbeiten« wohl aber auch »leicht sein«.[383] Die anschließende Debatte replizierte lediglich die bekannten Positionen: Während sich die Redner der SPD, des Zentrums, der DDP, auch der DVP positiv zur Vorlage bekannten, wetterte die KPD, wenig überraschend, gegen den Reichswirtschaftsrat als »Mittel zur Verhüllung der kapitalistischen Ausbeutungsprozesse« und »Werkzeug der Ausbeutung, um die Mehrheit der werktätigen Bevölkerung [...] an der Nase herumzuführen«.[384] Auf der anderen Seite des politischen Spektrums bekräftigte die DNVP ihre Forderung nach der Bildung eines Parlaments »der schaffenden Stände« im Rahmen einer umfassenden Verfassungsrevision, an

379 Vgl. Begründung der Gesetzentwürfe über den endgültigen RWR, 12.11.1927, StenB 419, Nr. 3706, S. 14 (hier auch sämtliche Zitate).

380 Zur Praxis vgl. Hauschild, »10 Jahre«, S. 26 (bereits oben zitiert).

381 »Entwurf eines Gesetzes über den endgültigen Reichswirtschaftsrat und eines Gesetzes zur Ausführung des Gesetzes über den Reichswirtschaftsrat«, 12.11.1927, StenB 419, Nr. 3706, S. 15.

382 Vgl. die Entwürfe in den StenB 430, Nr. 348; 19. Sitzung des Reichstags, 27.11.1928, StenB 423, S. 488–506, hier S. 488, RWiM Curtius: »Die vorliegenden Entwürfe über den endgültigen Reichswirtschaftsrat sind die gleichen, die ich schon im vorigen Reichstag vor einem Jahr, am 24. November 1927, eingeführt habe. Damals wurden sie dem Volkswirtschaftlichen Ausschuß überwiesen. Infolge Inanspruchnahme dieses Ausschusses, aber auch wegen der alsbald drohenden Reichstagsauflösung sind die Ausschußarbeiten überhaupt nicht in Gang gekommen.« Zum Hintergrund knapp Lilla, *Reichswirtschaftsrat*, S. 103–116.

383 RWiM Julius Curtius, 19. Sitzung des Reichstags, 27.11.1928, StenB 423, S. 488.

384 Wilhelm Koenen (KPD), ebd., S. 498. Interessanterweise klassifiziert die DDR-Publikation von Berndt, »Vorläufige Reichswirtschaftsrat«, S. 60 nahezu wortgleich den RWR »als Mittel zur Irreführung der Massen«.

deren Ende die »Allmacht des Parlaments« durch die Etablierung eines Oberhauses nach dem Vorbild des Preußischen Herrenhauses stehen sollte.[385] Keine überraschenden Wendungen also, die Entwürfe wurden wie bereits ein Jahr zuvor an den Volkswirtschaftlichen Ausschuss überwiesen, der seinen Bericht schließlich am 18. Juni 1930 vorlegte. Dessen Arbeit wurde aus Kreisen des Reichswirtschaftsrats durchaus kritisch gesehen, insbesondere mit Blick auf die erneute Erhöhung der Mitgliederzahl. Hans Kraemer etwa erkannte darin nichts als eine »trostlose Stümperei«[386], während Staatsekretär Trendelenburg taktische Erwägungen zu bedenken gab: Da nun einmal eine verfassungsändernde Mehrheit nötig sei, könnten die Bedenken von Reichstag und (in diesem Fall besonders) Reichsrat nicht einfach ignoriert werden.[387] Der Unterausschuss wich von seiner Haltung, die Zahl der ständigen Mitglieder des endgültigen Reichswirtschaftsrats auf 144 zu fixieren, nicht ab.[388] Dem schloss sich unter Verweis auf steigende Kosten auch die Regierung an;[389] der Volkswirtschaftliche Ausschuss folgte dem zunächst, plädierte aber in seinem Bericht für eine Erhöhung auf 150.[390] Die Frage der Mitgliedschaft im zukünftigen Reichswirtschaftsrat – nicht die bloße Zahl, sondern die damit verbundenen Kräfteverhältnisse – war zum Dreh- und Angelpunkt der Gesetzesberatungen geworden. Denn auch das vor allem von deutschnationaler Seite vorgetragene Plädoyer, die Frage des Reichswirtschaftsrats als Ausgangspunkt einer grundsätzlichen Verfassungsrevision zu instrumentalisieren,[391] knüpfte an das Repräsentationsproblem an, das er institutionell zu kanalisieren suchte.[392]

Die zweite Leistung des Gesetzentwurfs am 4. Juli 1930, als deren Grundlage der Bericht des Volkswirtschaftlichen Ausschusses des Reichstags diente und die im Vergleich zur ersten Lesung anderthalb Jahre zuvor unter veränderten politischen Rahmenbedingungen stattfand, machte denn auch die Spaltung des Hauses deutlich. Während die Parteien der Weimarer Koalition unter Einschluss der DVP für die baldige Errichtung des Reichswirtschaftsrats aus verfassungsrechtlichen, wirtschaftspolitischen und staatsorganisatorischen Erwägungen plädierten, lehnten die Parteien ganz rechts und links dies mit Vehemenz ab, freilich aus

385 Vgl. Oskar Hergt (DNVP), 19. Sitzung des Reichstags, 27.11.1928, StenB 423, S. 492, 493. Ähnlich auch der Vertreter der »Christlich-Nationalen Bauern- und Landvolkpartei«, Karl Hepp, ebd., S. 503–506.

386 Hans Kraemer, 28. Sitzung des Unterausschusses, 25.3.1929, BArch R 401/575, fol. 330.

387 StS Trendelenburg, ebd., fol. 335.

388 Vgl. ebd., fol. 393. Vgl. auch den Bericht des Unterausschusses vom 28.3.1929 im Bericht des 8. Ausschusses (Volkswirtschaft), StenB 443, Nr. 2163, fol. 19–21.

389 Ebd., S. 21.

390 Vgl. ebd., S. 23, 29, sowie die Synopse S. 35–69.

391 Vgl. etwa Oskar Hergt (DNVP), 19. Sitzung des Reichstags, 27.11.1928, StenB 423, S. 494.

392 So etwa die Vertreter des RWR [Carl Friedrich von Siemens und Max Cohen] während der Beratungen der Gesetzentwürfe im 8. Ausschuss (Volkswirtschaft) des Reichstags, 19.2.1929, StenB 443, Nr. 2163 (Bericht des 8. Ausschusses über die Gesetzentwürfe), hier S. 10 (das Zitat bereits oben).

unterschiedlichen Gründen. Was allerdings die Ränder verband war die argumentative Volte gegen das politische System *als Ganzes*, als dessen überflüssiger letzter Baustein der Reichswirtschaftsrat ins Visier genommen wurde. Mit anderen Worten: Die Ablehnung des Reichswirtschaftsrats bot die Möglichkeit, die politische Ordnung und die sie mehrheitlich repräsentierenden Akteure insgesamt zur Disposition zu stellen. Das mochte unterschiedlich klingen, hatte aber das gleiche Ziel: Die Stoßrichtung gab bereits der erste Redner, der DNVP-Abgeordnete Friedrich Everling vor, indem er zunächst seine Unzufriedenheit mit Anzahl und Zusammensetzung der Mitglieder zum Ausdruck brachte, im selben Atemzug allerdings hervorhob, dass die »Einwendungen gegen den Reichswirtschaftsrat [...] tiefer als diese Einzelheiten« reichen würden.[393] Zwar sei es zwingend geboten, den »Despot dieser Zeit, das Parlament«[394] durch ein Gegengewicht in die Schranken zu weisen; der Reichswirtschaftsrat, wie er hier zur Abstimmung stehe, sei dafür aber denkbar ungeeignet, da er auf einem »falschen Fundament« basiere, das »ein Spiegelbild des marxistischen Systems«, »ein Produkt der marxistischen Gedankenwelt« und auch noch »faschistisch aufgezogen« sei.[395] Demgegenüber könne nur eine berufsständische Ordnung, die »ja in der Luft«[396] liege, einen »organischen Aufbau« organisieren und »in Anknüpfung an gute deutsche Überlieferung als ein fruchtbares System und als ein Träger des neuen Dritten Reiches« fungieren.[397] Die rhetorische Emphase wurde zwar von Fritz Tarnow, als SPD-Vertreter, Gewerkschafter und MdRWR für die Verteidigung der Entwürfe zuständig, kühl mit dem Hinweis gekontert, in den vergangenen Jahren sei von Seiten der DNVP nicht recht viel mehr zu hören gewesen, als dass ein berufsständisches Parlament eben ein Parlament sei, »das sich aus Berufsständen zusammensetzt«.[398] Doch auf der anderen Seite des politischen Spektrums stieß der kommunistische Abgeordnete Artur Vogt in das gleiche Horn: Denn auch er sah eine faschistische Ordnung am Werk, die unter dem Deckmantel »der sogenannten demokratischen Weimarer Verfassung [...] die Diktatur des Kapitalismus gegen die Arbeiterklasse« exeku-

393 Friedrich Everling (DNVP), 191. Sitzung des Reichstags, 4.7.1930, StenB 428, S. 6158.

394 Ebd.

395 Ebd., S. 6159.

396 Ebd., S. 6158. Es ist in der Tat bezeichnend, dass der in den 1970er Jahren maßgeblich durch Philippe C. Schmitter revitalisierte »Korporatismus«-Ansatz zur Erfassung der Funktionslogik politischer Systeme und ihrer jeweiligen Modi der Integration organisierter Interessen seinen Ursprung bei Mihail Manoilescus Arbeit über das »Zeitalter des Korporatismus« von 1934 hatte: Vgl. Manoïlesco, *Le siècle du corporatisme*; Schmitter, »Still the age«, hier S. 85. Insofern erscheint es auch die These von Lehmbruch, »Liberal corporatism«, S. 148, historisch interessant, derzufolge allen korporatisitschen Theorieansätzen ein »antiparliamentary flavor« eigen sei.

397 Friedrich Everling (DNVP), 191. Sitzung des Reichstags, 4.7.1930, StenB 428, S. 6160.

398 Fritz Tarnow (SPD), ebd., S. 6161.

tiere.[399] Der Reichswirtschaftsrat, weit entfernt davon, eine Demokratisierung der Wirtschaft herbeizuführen, bilde nur »ein neues Glied in der immer enger werdenden Kette vom Sozialfaschismus bis zum Nationalfaschismus«; diese Kette gelte es im Interesse eines »wirklichen Rätesystems« zu sprengen, eines Rätesystems, das »nicht nur die Befreiung vom kapitalistischen Joch, sondern auch den Aufbau des Sozialismus bringen« würde.[400] Die Alternativen, die von Beginn an die Diskussion um den Reichswirtschaftsrat grundierten, in der Praxis aber bereits sehr früh als realistische Optionen vom Tisch genommen worden waren, kehrten unter veränderten politischen Rahmenbedingungen nun wieder und formten eine kritische Masse, die mit ihrem Nein zum Gesetzentwurf über den endgültigen Reichswirtschaftsrat ihre Ablehnung des politischen Systems zum Ausdruck bringen konnte. Insofern bildete die am 12. Juli 1930 erfolgte Abstimmung ein in der Forschung in dieser Tragweite kaum zur Kenntnis genommenes Misstrauensvotum erheblicher Teile des Parlaments gegen Grundprinzipien der politischen Ordnung von Weimar, die sich im Reichswirtschaftsrat verdichteten. Die verfassungsändernde Zweidrittelmehrheit, die zur Verabschiedung der Entwürfe und zur Transformation des seit nunmehr zehn Jahren »vorläufig« arbeitenden Reichswirtschaftsrats erforderlich gewesen war, wurde also mit 234 zu 162 Stimmen bei zwei Enthaltungen verfehlt.[401]

Was war geschehen? Denn auch wenn von Seiten zahlreicher *pressure groups* an der auf die eigene Branche entfallenen Mitglieder des Reichswirtschaftsrats Kritik geübt und an seiner Realisierung in der vorliegenden Form Zweifel gesät wurden,[402] so schien doch die Überzeugung vorzuherrschen, die Entwürfe durch das Parlament zu bekommen – und sei es zum Preis einer nochmaligen Erhöhung der Mitgliederzahl. Gleichwohl, auch der Vorstand des Reichswirtschaftsrats war sich der Sache nicht ganz sicher: So betonte etwa Max Cohen am 18. Juni 1930, also noch vor der zweiten Lesung im Parlament, dass man »bei der Regierung als auch im Parlament immer wieder mit der Bitte vorstellig werden [müsse], den endgül-

399 Artur Vogt (KPD), ebd., S. 6164.

400 Ebd., S. 6165.

401 Das Ergebnis der namentlichen Abstimmung findet sich in den StenB 428, S. 6361–6366 (es handelt sich dort um die »2. Abstimmung« des Tages). Während SPD, Zentrum und DDP geschlossen, DVP und Christlich-Nationale Arbeitsgemeinschaft teilweise für die Vorlage votierten, lehnten KPD, BVP, DNVP, NSDAP, Wirtschaftspartei, Deutsche Bauernpartei, Deutsch-Hannoversche Partei die Entwürfe ab. Die Denkschrift *Der Vorläufige Reichswirtschaftsrat*, S. 218–219 konstatiert: »Als bemerkenswert ist hierbei zu verzeichnen, daß die Abstimmung nicht an Grundsätzlichem, sondern lediglich an der Frage der Verteilung der Sitze scheiterte.«

402 Hierüber legt etwa auch die Zusammenstellung entsprechender Zeitungsartikel in den Akten des Reichswirtschaftsrates (BArch R 401/355) beredtes Zeugnis ab. Vgl. etwa den Artikel »Zweidrittel-Mehrheit für den endgültigen Reichswirtschaftsrat fraglich?«, in: Deutsche Werksgemeinschaft, Nr. 23, 8.6.1930, BArch R 401/355, fol. 201 und viele weitere ebd. mehr.

tigen Reichswirtschaftsrat sobald als irgend möglich zu schaffen.«[403] Auch seien »Gefahrenpunkte vorhanden, an denen unter Umständen die Verabschiedung der Gesetzentwürfe scheitern könnte«; dennoch sei er optimistisch, »diese Schwierigkeiten überbrücken« und »die erforderliche 2/3 Mehrheit erhalten« zu können.[404] Eine Resolution des Vorstandes sollte die Forderung an die Adresse der Regierung nach einer baldigen Verabschiedung der Entwürfe angesichts der seit Einbringung der Vorlagen am 14. Juli 1928 zwischenzeitlich verstrichenen Zeit untermauern helfen.[405]

Retrospektiv interessant ist dabei vor allem der Umstand, dass die zweite und dritte Lesung der Gesetzentwürfe mit dem Jubiläum des zehnjährigen Bestehens des Reichswirtschaftsrats koinzidierte; beide Ereignisse mischten sich auf merkwürdige Weise in der medialen Berichterstattung. Und während der Bürodirektor des Reichswirtschaftsrats, Harry Hauschild, in einem Beitrag für die Vossische Zeitung vom 3. Juli 1930 unter dem programmatischen Titel »Gemeinschaftsarbeit für eine bessere Zukunft« noch die Erfolge, insbesondere den Ausgleich zwischen Arbeitgebern und Arbeitnehmern, hervorhob,[406] wirkte der gleiche, leicht ausgebaute Beitrag in den »Mitteilungen des Reichswirtschaftsrats« vom 28. Juli 1930 bereits wie aus der Zeit gefallen.[407] Vieles erwecket den Eindruck, dass man, wie es Max Cohen formulierte, zwar mit Schwierigkeiten und harten Verhandlungen, nicht jedoch mit der Ablehnung der Entwürfe gerechnet hatte; zu lange, zu intensiv und zu breit waren sie im Vorfeld beraten worden. So stellte man sich nun die Frage, wie es weitergehen sollte. Dabei kann es nicht überraschen, dass die publizistischen Stellungnahmen von Mitgliedern und vehementen Befürwortern des Reichswirtschaftsrats von Ernüchterung, ja Frustration geprägt waren: So wetterte etwa

403 Max Cohen, 61. Sitzung des erweiterten Vorstandes des RWR, 18.6.1930, BArch R 401/13, fol. 77–78.

404 Ebd., fol. 78. Ähnlich auch Hans Kraemer ebd., der zwar unter Bezugnahme auf zuverlässige Regierungsquellen nicht mehr davon ausging, dass das Gesetz »noch vor den Sommerferien« verabschiedet werden würde, gleichwohl an der Erlangung der Mehrheiten trotz der Kritik einiger »wirtschaftlicher Organisationen« nicht zweifeln wollte.

405 Vgl. die Resolution des Vorstandes ebd., fol. 79–80.

406 Hauschild, »Zehn Jahre Reichswirtschaftsrat. Gemeinschaftsarbeit für eine bessere Zukunft«, in: Vossische Zeitung Nr. 308, 3.7.1930. Etwa: »Nur in dem Reichswirtschaftsrat konnte diese Gemeinschaftsarbeit gepflegt werden, weil hier gleichsam der einzige gemeinsame Tisch steht, an dem sich Arbeitgeber und Arbeitnehmer einander gegenübersitzen und zusammen mit den nicht unmittelbar an der Produktion Beteiligten ihre Meinungen klar legen, gegeneinander kämpfen, sich aneinander reiben und abschleifen und sich dabei gegenseitig verstehen lernen.«

407 Hauschild, »10 Jahre«, S. 27: Die positive »Bilanz« des Reichswirtschaftsrats rechtfertige den »Wunsch [...], daß die Gesetzentwürfe [...] sobald als irgend möglich im Reichstag zur Verabschiedung gelangten.« In der gleichen Nummer der MittRWR, S. 25, wird auch von der oben zitierten, gleichlautenden Resolution des Vorstandes sowie der »Hoffnung« Ernst Trendelenburgs berichtet, dass das »bereits durchberatene Gesetz [...] beschleunigt verabschiedet werde.«

Fritz Tarnow in der »Gewerkschaftszeitung« gegen »Parteien, die [...] nur um belangloser Lappalien willen, aus allerkleinlichstem Interessenegoismus, fähig sind, ein Gesetz von solcher Bedeutung [...] zum Scheitern zu bringen«.[408] Er zielte damit namentlich auf BVP und Wirtschaftspartei, die nur deshalb dem Gesetz die Zustimmung verweigert hätten, weil sie ihre opulenten Wunschlisten nicht hätten durchsetzen können.[409] Tarnow kam indes zu einem eigenwilligen Schluss: Es sei nun notwendig, den Reichswirtschaftsrat im Einklang mit der Verfassungsnorm – und das hieß: zumindest mit Unterbau – zu implementieren; dann bräuchte man nämlich auch keine verfassungsändernde Zweidrittelmehrheit.[410] Sein Genosse Max Cohen zog eine ganz andere, realistischere und in der Folge auch beherzigte Konsequenz: Er plädierte in den »Sozialistischen Monatsheften« dafür, die »Arbeit wie bisher ohne irgendwelche Nervosität fortzusetzen und abzuwarten, wie der nächste Reichstag aussieht«.[411] Er deutete das Abstimmungsergebnis nicht als gezielte Aktion sondern blanke Irrationalität, die sich in einer »allgemeinen Verworrenheit und Ratlosigkeit des Parlaments« Ausdruck verschafft habe.[412] Mit anderen Worten: »Man kann aus der Ablehnung der Vorlage durch den letzten Reichstag, der in einem außergewöhnlichen politischen Tohuwabohu mehr krankhaft agierte als gearbeitet hat, keine Schlüsse ziehen.«[413] Freilich gab es auch andere Stimmen, die nicht eben unglücklich über die »Ablehnung der Vorlage« waren, mit dem status quo aber auch nicht zufrieden sein konnten. Während das sozialdemokratische »Hamburger Echo« berichtete, dass der Gesetzentwurf »wider Erwarten im Reichstag gefallen« sei, gleichzeitig aber der Hoffnung Ausdruck verlieh, in einem »nächste[n] Versuch« zum Ziel zu gelangen,[414] betonte etwa der Kommentator im »Wirtschaftlichen Ratgeber«, dass es ein »großer Fehler sein [würde], wenn man den Reichswirtschaftsrat ob vorläufig oder provisorisch oder sonstwie weiter leben ließe.«[415] Angesichts der *performance* des vorläufigen und der Ablehnung des endgültigen Reichswirtschaftsrats sei es an der Zeit, sich von den alten Vorstellungen zu lösen und einen signifikant verkleinerten Wirtschaftsbeirat zu etablieren.[416] Und selbstverständlich gab es auch jene Stimmen, die das »Nichtzustan-

408 Tarnow, »Reichswirtschaftsrat«, S. 485.

409 Ebd.

410 Ebd., S. 485–486.

411 Cohen, »Reichswirtschaftsrat«, S. 754.

412 Ebd., S. 751. Auch für Cohen ist wie für Tarnow das Verhalten insbesondere der Wirtschaftspartei »beschämend«, da es ihnen nur um die Zahl der Sitze gegangen sei.

413 Ebd., S. 754.

414 »Noch kein endgültiger Reichswirtschafsrat«, in: Hamburger Echo, 15.7.1930, BArch R 401/355, fol. 128.

415 »Schafft einen Wirtschaftsbeirat!«, in: Wirtschaftlicher Ratgeber Nr. 29, 19.7.1930, BArch R 401/355, fol. 115.

416 Ebd., fol. 115‹: »Er hat sich nicht durchsetzen können und man sollte ihn verschwinden lassen.«

dekommen der beiden Vorlagen keineswegs zu bedauern« bereit waren.[417] Dazu zählten sowohl die Sympathisanten einer grundsätzlichen (ständischen) Verfassungsreform aus dem deutschnationalen Lager, aber auch das Milieu der sich als »wirtschaftsfriedlich« stilisierenden »gelben« Gewerkschaften, denen der Zugang zu Abteilung II des Reichswirtschaftsrats verwehrt worden war, und die von den anderen (insbesondere den freien) Gewerkschaften ohnehin als trojanisches Pferd der Arbeitgeber abgelehnt wurden.[418] Insgesamt aber erweckt der Pressespiegel im Archiv des Reichswirtschaftsrats den Eindruck, als sein man grosso modo relativ rasch zur Tagesordnung übergegangen. Und auch wenn die politische Grundsatzfrage der »Reichsreform« nach dem Scheitern des als »marxistisch« disqualifizierten *endgültigen* Reichswirtschaftsrats neue Nahrung erhielt: die Arbeit des nun dauerhaft *vorläufigen* Reichswirtschaftsrats wurde unvermindert fortgesetzt – und dies in politisch ebenso zentralen wie umstrittenen Fragen der Kartell- und Preispolitik, der Arbeitsmarkt- und Konjunkturpolitik, die angesichts der politischen Lage des Jahres 1930 rasch wieder in den Vordergrund traten.[419] Für eine Fortsetzung der langjährigen und intensiven verfassungspolitischen Grundsatzdiskussion schien die Mehrheit der Beteiligten weder Zeit noch Nerven zu besitzen. Der Reichswirtschaftsrat machte also weiter wie bisher, mit all den damit verbundenen Schwierigkeiten; dass er mit dem Scheitern der Gesetzentwürfe auch von der politischen Bühne verschwunden wäre, ist jedenfalls unzutreffend. Vielmehr indizierte das für die Zeitgenossen durchaus überraschend fehlgeschlagene Projekt, dass sich nicht nur die Zeiten geändert, sondern sich auch in Reichswirtschaftsrat und Reichstag unterschiedliche Modi politischer Kommunikation ausgeformt hatten, die inkompatibel schienen. Denn es war gerade der im Reichswirtschaftsrat kultivierte Versuch, durch Pragmatik politisch heikle Themen gleichsam ökonomisch zu neutralisieren, der ihn überhaupt arbeitsfähig hielt. Allen war klar: Lässt sich dieses organisatorische Problem nicht einvernehmlich lösen, ist es geeignet, das

417 »Nach der Ablehnung der Reichswirtschaftsratsgesetze«, in: Reichs-Landbund, Nr. 29, 19.7.1930, BArch R 401/355, fol. 114.

418 Vgl. neben den bereits oben zitierten Diskussionen im Reichstag im Zuge der Gesetzesberatungen auch etwa: »Die Gelben treiben's immer Ärger«, in: Der Deutsche, 29.7.1930, BArch R 401/355, fol. 106: »Nachdem nun die Entscheidung gegen den endgültigen Reichswirtschaftsrat gefallen ist, verbreiten die Gelben in ihrer ›Deutschen Werksgemeinschaft‹ die tollsten Falschnachrichten über das Ergebnis der namentlichen Schlußabstimmung.« Dagegen »Kein endgültiger Reichswirtschaftsrat«, in: Deutsche Bergwerks-Zeitung, 20.7.1930, ebd., fol. 113: »Jetzt ist festgestellt, daß man die zur Unterdrückung der nationalen und wirtschaftsfriedlichen Arbeitnehmerverbände notwendige Zweidrittelmehrheit im Reichstag nicht zusammenbekommt.« Auch »Der wirtschaftsfriedliche Gedanke«, in: Deutsche Bergwerks-Zeitung, 10.8.1930, fol. 98. Vgl. auch die beiden Artikel in der angesprochenen »Deutschen Werksgemeinschaft« vom 17.8.1930: »Warum wird der vorläufige Reichswirtschaftsrat nicht aufgelöst?« und »Warum die Wirtschaftspartei gegen den Reichswirtschaftsrat stimmte« (ebd., fol. 94, 95).

419 Vgl. im Folgenden die Kap. 4.4 und 4.5.

ganze Vorhaben im parlamentarischen Prozess aus den Angeln zu heben. So ist es gekommen.

2.3 Norm und Realität: Versuch einer Neubewertung

2.3.1 Der Reichswirtschaftsrat als Norm: Zwischen Erwartung und Ernüchterung

Die ausführliche Rekonstruktion der normativen (oder genauer: legislativen) Dimension des Reichswirtschaftsrats sollte drei wesentliche Beobachtungen in den Vordergrund rücken: *Erstens* stand für die Beteiligten bis zuletzt außer Frage, dass ein »Reichswirtschaftsrat« geschaffen werden müsse. *Driving force* war dabei keineswegs nur die Verfassungsnorm, die man einzulösen hatte; diesen Aspekt betonten vor allem die gemäßigte Linke und die Gewerkschaften. Es sprachen vielmehr aus Sicht der Regierung auch ganz pragmatische Argumente dafür, über einen aus möglichst bedeutenden Repräsentanten der gesamten deutschen Wirtschaft gebildeten, sachkundigen aber legislativ kastrierten Beirat zu verfügen, der *policies* auf ihre Stichhaltigkeit und Gegenstandsadäquanz prüfen und damit als Gegengewicht gegen »politisch-taktische« Erwägungen der Parteien im Reichstag fungieren konnte. Wie dieser »Wirtschaftsrat« aber *zweitens* konkret auszusehen hatte, über welche Kompetenzen er verfügen und welche Rolle im politischen System und der Wirtschaftsordnung des Landes er konkret einnehmen sollte: das war umstritten. Zwar vermochte man über grundlegende Bauprinzipien Einigkeit zu erzielen; diese blieben jedoch amorph, da sie einen »Erwartungshorizont« öffneten, auf den Unterschiedliches projiziert werden konnte.[420] Und *schließlich* unterlag der gesamte normative Prozess erheblichen Dynamiken: Denn nicht nur die äußeren Zwänge – hier vor allem die ab 1923 notwendig gewordenen Sparmaßnahmen, die die gesamte Organisationsstruktur veränderten und die Fokussierung auf die Ausschussarbeit auf Kosten der Plenarversammlungen zur Folge hatten – prägten die Beratungen, sondern auch die konkreten Erfahrungen der MdRWR aus der Praxis des »Vorläufigen« Reichswirtschaftsrats. Umgekehrt wirkten aber auch die theoretischen Debatten im Verfassungsausschuss auf die praktische Arbeit in den Haupt-, Unter- und Arbeitsausschüssen zurück. Erkennbar wird so ein komplexer Prozess institutionellen Wandels, dessen Bedeutung durch eine perspektivische Engführung auf den (gescheiterten) Gesetzgebungsprozess nicht erfasst werden kann.

420 Vgl. grundlegend Koselleck, »Erfahrungsraum«, insb. S. 17–21.

Auf den ersten Blick scheint das evidente Zurückbleiben des Reichswirtschaftsrats hinter den ursprünglich gehegten Erwartungen das Narrativ des »Schattendaseins«[421] und des Scheiterns zu bestätigen. So war es weder gelungen, die »Allmacht des politischen Parlaments«[422] durch die Einrichtung eines »der Wirtschaft« gewidmeten, aber auch legislativ relevanten Organs zu brechen. Der von rechts wie von links imaginierte makrohistorische Wandel im Verhältnis von Wirtschaft und Staat, Ökonomie und Politik, Einzelnem und Verband, der sich auch institutionell manifestieren und das klassisch liberale Verständnis parlamentarischer Repräsentation beiseite hätte schieben sollen, hatte sich also, anders als erwartet, nicht einfach durch den Zwang der Umstände[423] vollzogen. Vielmehr war ein hybrider, durchweg ambivalenter und in jeder Hinsicht prekärer »Wirtschaftsrat« als ein merkwürdiges Amalgam aus Theorie und Praxis entstanden, der keinen so recht zu befriedigen vermochte. Gleichwohl erfüllte er eine spezifische Funktion, die ihn aus Sicht der Beteiligten »notwendig«, ja in gewisser Hinsicht unverzichtbar werden ließ. Denn auch wenn etwa die DNVP die in den Gesetzentwürfen normativ geronnene Institution als Ausdruck »marxistischen Denkens« und damit als verwerflich disqualifizierte: Sie tat dies vor allem deshalb, weil mit der Verabschiedung der Gesetzentwürfe der prästabile, politisch indifferente Status des »Vorläufigen Reichswirtschaftsrats« aufgehoben worden wäre. Erst dann hätte es ideologische Gewinner und Verlierer gegeben, und genau deshalb war vor allem der DNVP daran gelegen, die Diskussion auf eine verfassungsrechtliche bzw. staatsorganisatorische Ebene zu heben, wo die Forderung nach einer berufsständischen Neuordnung des Reichs, im Zuge derer Wirtschaftsrat und Länderkammer zu einem ständisch-regional gegliederten Korpus verschmelzen sollten, weiter adressiert werden konnte. In der Praxis änderte dies jedoch nichts daran, dass der Reichswirtschaftsrat in seiner vorläufigen Form weiterarbeitete; es war gerade dieser Schwebezustand, der ihn trug.

Zur »Enttäuschung« über das »Scheitern« des Reichswirtschaftsrats auf normativer bzw. legislativer Ebene kam die »Enttäuschung« darüber, dass er auch in der politischen Praxis nicht die Erwartungen hatte erfüllen können, die er als Faktotum im Spannungsfeld zwischen Wirtschaft, Politik und Gesellschaft

---

421 Nocken, »Korporatistische Theorien«, S. 36: »Ohne Macht und Einfluß lebte er ein Schattendasein in der Verfassungsgeschichte der Weimarer Republik und blieb nur eine Erinnerung an die starken korporatistischen Tendenzen in den ersten Jahren nach der Revolution.« Desgleichen auch Nocken, »Corporatism«, S. 48.

422 Fraenkel, »Kollektive Demokratie«, S. 349. Parlamentsskeptische Narrative finden sich in einem breiten politischen Spektrum. Vgl. hierzu auch Boldt, »[Art.] Parlamentarismus«, etwa S. 673 (»Parlamentsabsolutismus«) und Boldt, »Parlamentarismustheorie«, S. 403–407; Bollmeyer, »Repräsentative Partizipation«; Dreier, »Verfassungsgerichtsbarkeit«, S. 78–79.

423 Vgl. Schäffer, *Vorläufige Reichswirtschaftsrat*, S. 141 (das Zitat bereits oben).

und als ideologische Projektionsfläche hätte erfüllen sollen. Vor allem in der (am Reichswirtschaftsrat durchaus interessierten) Presse war dies ein gern zitierter Topos, der auch von den Mitgliedern des Reichswirtschaftsrats registriert wurde; der Versuch, durch regelmäßige Pressemitteilungen und die »Mitteilungen des Reichswirtschaftsrats« Wahrnehmbarkeit und *standing* in der Öffentlichkeit gleichermaßen zu erhöhen, sind vor diesem Hintergrund zu lesen.[424] Das allgegenwärtige und anlässlich seines zehnjährigen Bestehens verdichtet zutage tretende Lamento der Verfechter eines starken Reichswirtschaftsrats, das negative Image resultiere aus mangelnder Kenntnis seiner Arbeit,[425] legt jedoch auch nahe, dass dies nur bedingt gelungen ist. Auf der anderen Seite war sein geringer Aktionsradius durch die Verordnung von 1920 vorgegeben, die erhebliche Kompetenzeinbußen implizierte, die zwar nur temporär gedacht, tatsächlich aber auf Dauer gestellt waren. All dies führte zu einer Diskrepanz zwischen öffentlicher Wahrnehmung und konkreter politischer Praxis des Reichswirtschaftsrats, die jedoch auch dem von führenden Akteuren des MdRWR gepflegten Politikstil geschuldet war, ja gerade *keine* öffentlichkeitswirksame »Politik« treiben zu wollen. Hierauf wird ebenso noch einzugehen sein wie auf die Rolle des Reichstags, der an einem maßgeblichen Part des Reichswirtschaftsrats im politischen Entscheidungs(findungs)prozess offenkundig kein Interesse hatte. In den Akten des Parlaments wird man daher Panegyrisches auf den Reichswirtschaftsrat kaum finden – auch das ein Faktor, der das historiographische Urteil über seine Performanz beeinflusst haben mag. Mit anderen Worten: Der Reichswirtschaftsrat, wie er während der 1920er Jahre arbeitend nach seiner Form suchte, konnte kaum mehr bewerkstelligen, als er tat; ob er in einer anderen, stärkeren Rolle allerdings überhaupt einen Ort im politischen Gefüge des Reichs hätte finden können, oder ob die hybride Form zwischen allen Stühlen nicht bereits das Maximum dessen war, was erreicht werden konnte, bleibt spekulativ, als Forschungsproblem gleichwohl relevant. Denn es eröffnet Perspektiven auf eine Institution, die zwar von den normativen und politischen Erwartungen abwich, aber dennoch wirksam war. Den Befund der »Enttäuschung« zu konstatieren und das Scheitern der Gesetzesvorlagen als deren Beweis zu begreifen, erfasst nur eine, freilich suggestive

424 Vgl. auch den Überblick in der Denkschrift *Der Vorläufige Reichswirtschaftsrat*, S. 246–256 (»Die Gutachten des Reichswirtschaftsrats im Spiegel der öffentlichen Meinung«).

425 Vgl. etwa noch Georg Bernhard im »Magazin der Wirtschaft«, 21.11.1930, S. 30–31: »Es ist nötig, der deutschen Öffentlichkeit zuweilen vor Augen zu führen, daß der Reichswirtschaftsrat noch immer lebt und, obwohl er die geringschätzige Bezeichnung ›vorläufig‹ im Namen führt, reiche und auch gute Arbeit leistet. Denn es gibt kaum eine staatliche Institution, von der man im allgemeinen so wenig weiß wie vom Reichswirtschaftsrat. Eine unbestimmte Umgrenzung der Kompetenzen und eine miserable propagandistische Regie sorgen dafür, daß die Außenwelt von dem ungeheuren Aufwand an Fleiß und Kenntnis dieses wichtigen Teils der deutschen Gesetzesfabrik kaum etwas erfährt.«

Facette. Worauf es ankommt, ist zum einen transparent zu machen, dass dem Reichswirtschaftsrat aus Sicht der beteiligten Akteure eine spezifische Funktion zukam, auf die man nicht verzichten wollte. Zum anderen muss berücksichtigt werden, dass Theorie und Praxis des Reichswirtschaftsrats zwischen 1920 und 1930 erheblichen Veränderungen unterworfen waren: denn was in den Verfassungsberatungen 1919 noch als unabdingbar galt, wirkte zehn Jahre später schon aus der Zeit gefallen.

2.3.2 Der Reichswirtschaftsrat als Akteur: Fragilität und Persistenz

Den Reichswirtschaftsrat als Institution des politischen Systems und Akteur der Wirtschaftspolitik ernst zu nehmen, impliziert eine Distanzierung von seiner gängigen normativen Betrachtung; dass diese Dimension, vor allem die Diskussion um seine zukünftige rechtliche Fassung gleichwohl relevant und aufschlussreich ist, sollte das vorangegangene Kapitel zeigen. Grundsätzlich wäre es reduktionistisch, die Wirksamkeit von Ideen – und um solche handelte es sich dabei ja ganz wesentlich – auf die Praxis gering zu schätzen; ebenso reduktionistisch ist es allerdings, Ideen in ihrem normativen Verweisungszusammenhang für die Praxis selbst halten zu wollen.[426] Am Reichswirtschaftsrat lässt sich dies anschaulich studieren und rechtfertigt eine Neuvermessung des politisch-ökonomischen Feldes, auf dem er sich bewähren wollte. Die Verfahrensmuster, derer sich der Reichswirtschaftsrat in seiner Arbeit bediente, waren tentativen Charakters und unterlagen erheblichen Veränderungen. Man kann dies plausibel als Institutionalisierungsprozess beschreiben, der, ausgehend von den in der Verfassungsnorm und den sie grundierenden theoretischen Diskussionen projektierten Erwartungen einerseits, den im Verlauf der 1920er (durchaus nicht immer freiwillig) gesammelten Erfahrungen andererseits, zu einer Form führte, die praktisch funktionierte und auch weiten Teile der Öffentlichkeit inklusive des Reichstags[427] rational erschien. Diese zentralen Annahmen: die Aktivität, Persistenz und Relevanz des Reichswirtschaftsrats als Akteur des politischen Systems haben zur Konsequenz, die eigentlich historiographisch interessante Frage gleichsam umdrehen zu müssen: Nicht mehr das Scheitern aller Bemühungen um die legislative Einlösung der durch Art.

426 Ohne an dieser Stelle auf die theoretischen Zusammenhänge näher eingehen zu wollen sei erneut auf die bereits oben genannten Arbeiten von Berger/Luckmann und Giddens verwiesen. Zur Ideengeschichte auch Hederer, *Im Sog*, S. 29–51; instruktiv auch der methodische Ansatz von Plumpe, »Ökonomisches Denken«, der von einer Koevolution von Praktiken, Institutionen und Semantiken ausgeht.

427 Es sollte in diesem Zusammenhang nicht vergessen werden, dass in dritter Lesung am 14.7.1930 immerhin rund 60 % für die Annahme der Gesetzentwürfe votiert hatten. Vgl. das Ergebnis bei Lilla, *Reichswirtschaftsrat*, S. 115–116.

165 WRV evozierten Erwartungen ist dann das *explanandum*, sondern seine angesichts der Umstände und Obstruktionen scheinbar unwahrscheinliche Persistenz – nicht nur bis 1930, sondern unter noch ungünstigeren Bedingungen darüber hinaus. Gleichzeitig kann und soll die (institutionell) ambivalente und (politisch) prekäre Rolle des Reichswirtschaftsrats nicht eskamotiert werden, im Gegenteil. Die Diskrepanz zwischen Erwartungen und Praxis verkörpert vielmehr ihrerseits ein Konstituens, das erklärt werden muss. Basierend auf dieser Annahme der fragilen Persistenz geht die Untersuchung damit von Prozessen institutionellen Wandels aus, die sich gerade nicht an der Oberfläche grundlegender Eingriffe in den gesetzlichen oder verfassungsrechtlichen Normenbestand, sondern gleichsam »subkutan« vollzogen.[428] Hierauf wird auch theoretisch noch detailliert einzugehen sein. Die Untersuchung verschiebt daher den Fokus von der Norm auf die Praxis – nicht, um eine naive historiographische Rehabilitierung des Reichswirtschaftsrats vorzunehmen, sondern um überhaupt einen Einblick in ein Feld politischen Handelns zu gewinnen, das bisher am Rande geblieben ist. Angesichts der Prismenfunktion des Reichswirtschaftsrats scheint gerade aber dies besonders vielversprechend zu sein, weitet sich dadurch nicht nur der Blick auf die Mechanismen im Spannungsfeld von Politik und Ökonomie, Staat und Wirtschaft, Parteien, Verbänden und Öffentlichkeit, sondern auch auf die konkreten wirtschafts-, sozial-, und finanzpolitischen Problemfelder der Weimarer Republik, die ihre Thematisierung im Reichswirtschaftsrat erfahren haben.

Die Struktur der vorliegenden Untersuchung will dem Rechnung tragen: Kapitel 2 erfüllt(e) dabei nicht nur die Funktion, die Geschichte des Reichswirtschaftsrats aus normativer Perspektiven entlang der Etappen Verfassungsartikel, Verordnung, Beratungen im Verfassungsausschuss, Gesetzentwürfe zu rekonstruieren und zu systematisieren. Deutlich werden sollte, dass die Beratungen zwar nicht in Form des erwarteten Gesetzes zum Abschluss gebracht werden konnten, gleichwohl aber tiefe Einblicke in den Wandel eines Ordnungsverständnisses bieten, das sich im Zuge der Beratungen formte und im Zeitverlauf veränderte. Erwartung wich zwar Ernüchterung; doch auch die Erwartungen waren 1930 nicht mehr jene, die 1919 gehegt wurden. Den Zeitgenossen scheint klar gewesen zu sein, dass der Reichswirtschaftsrat, wie er ursprünglich projektiert worden war, nicht nur in der Praxis an Grenzen stieß – und an als untauglich erkannten Strukturentscheidungen wollte niemand festhalten. Wichtiger war, dass die wahrgenommenen Veränderungen im Verhältnis von Staat, Wirtschaft, Gesellschaft und Politik auch ihren Niederschlag

428 Benz, »Zusammenspiel«, S. 21–22 unterscheidet hier zwischen »explizitem« und »implizitem« Verfassungswandel; vgl. auch Hacker/Pierson/Thelen, »Drift and conversion«, S. 198–199 (»beyond big legislative changes«).

in der praktischen Arbeit des Reichswirtschaftsrats einerseits, den Plänen für seine normative Formgebung andererseits gefunden hatten. Die Rekonstruktion der normativen Dimension bildet damit die Grundlage der folgenden Ausführungen, die sich dem Reichswirtschaftsrat als Institution des politischen Systems (Kapitel 3) und als Akteur der Wirtschaftspolitik (Kapitel 4) widmen, ehe in Kapitel 5 der Versuch unternommen wird, die gewonnenen Erkenntnisse in einen makrohistorischen Zusammenhang einzuordnen.

3. Der Reichswirtschaftsrat als Institution des politischen Systems

3.1 Institutioneller Wandel und politische Ordnung

Es wurde bereits betont, dass dem Phänomen »Reichswirtschaftsrat« nur unzureichend beizukommen ist, wenn man sich entweder auf seine normative Krisengeschichte – hypertrophe Verfassungsnorm (ohne Realisierungschance), notgedrungene Verordnung (ohne faktische Machtoption)[1], gescheiterte Gesetzgebung –, oder seinen quantitativen *output* »erfolgreich« beeinflusster politischer Projekte beschränkt. Die Relevanz des Gegenstandes erschließt sich erst aus einer erweiterten Perspektive auf seine Rolle als Institution des politischen Systems, die mit den Veränderungsdynamiken der Weimarer Republik umzugehen hatte. Dieser Anpassungsprozess vollzog sich weder linear noch eindimensional: Er zwang dazu, nach dem Prinzip von *trial and error* Mechanismen zu erproben, die normkonform und erfolgversprechend zugleich waren. Gleichzeitig erschwerte die verwirrende Vielzahl ineinander verknäuelter Problemlagen und die Notwendigkeit, nicht selten rasch reagieren zu müssen, die Suche nach einem festen Fundament erheblich. Doch wollte sich der Reichswirtschaftsrat in diesem Spannungsfeld behaupten, musste er sich anpassen – und das tat er. Gleichwohl wäre es historisch und theoretisch naiv, den *institutional change* des Reichswirtschaftsrats (allein) als einen bewusst vollzogenen, strategisch erfassten und gezielt realisierten Prozess zu verstehen.[2] In der gesellschaftlichen und politischen Wirklichkeit ist subkutaner Wandel (von Institutionen) ohnehin wesentlich üblicher als intentional herbeigeführte Veränderungen. Die hier ausführlich rekonstruierte Geschichte der Nicht-Etablierung eines »endgültigen« Reichswirtschaftsrats durch formale Verfassungsänderung zeigt in aller Deutlichkeit: Prozessen »expli-

---

1 »Macht« wird hier klassisch im Sinne Max Webers als »Chance, innerhalb einer sozialen Beziehung den eigenen Willen auch gegen Widerstreben durchzusetzen« verstanden. Die »soziale Beziehung« wäre hier das politische System, insbesondere der direkte Einfluss auf die Gesetzgebung. Vgl. Weber, *Wirtschaft und Gesellschaft*, 1. Teil § 16, S. 38.

2 Vgl. bereits den Hinweis oben, Kap. 2.2 auf Lübbe, *Geschichtsbegriff*.

ziten Verfassungswandels« sind generell aufgrund von Pfadabhängigkeiten und sich wechselseitig verstärkenden Wünschen der unterschiedlichen Vetospieler sehr enge Grenzen gesetzt, an denen sie – wie auch im vorliegenden Fall – nicht selten scheitern.[3] Dass das Vorhaben an einer vermeintlichen Petitesse,[4] nicht an grundlegenden Erwägungen scheiterte, kann aus theoretischer Perspektive somit gerade nicht überraschen.

Daher lohnt es, auf die Institutionalisierung des Reichswirtschaftsrats »beyond big legislative changes«[5] zu blicken: Die unterschiedlichen Spielarten des historischen Institutionalismus bieten dafür ein ebenso adäquates wie fruchtbares Instrumentarium, das sowohl den empirisch beobachtbaren Wandel des Reichswirtschaftsrats systematisiert, als auch dessen Dynamiken transparent und erklärbar macht.[6] Man sieht so, was die Fokussierung auf Rechtsnormen oder den schlichten *policy output* verdunkelt: Fragilität und Persistenz des Reichswirtschaftsrats als Resultat eines Doppelprozesses von Anpassung und Verweigerung, der seine »institutionelle DNA« definierte. Die Vorzüge der genannten Theoriefamilie liegen vor diesem Hintergrund darin, den Fokus gerade nicht auf die radikalen Brüche, die abrupten Veränderungen oder die spektakulären Aktionen zu richten, sondern die sich schleichend, unmerklich oder durch (bewusstes oder unbewusstes) Unterlassen vollziehenden Transformationsprozesse in den Blick zu nehmen. Diese Schwerpunktverschiebung beruht nicht nur auf theorieimmanenten Erwägungen, sondern versucht vor allem, den Verhältnissen in der komplexen Wirklichkeit selbst Rechnung zu tragen. Denn weder ist es zielführend, die theoretisch plausible Unterscheidung zwischen Bruch und Kontinuität unmittelbar auf die zu untersuchende Institution oder institutionelle Konfigura-

---

3 Hierzu Benz, »Zusammenspiel«, insb. S. 21–27.

4 Vgl. die bereits oben zitierte Denkschrift *Der Vorläufige Reichswirtschaftsrat*, S. 218–219: es sei »bemerkenswert«, »daß die Abstimmung […] lediglich an der Frage der Verteilung der Sitze« scheiterte.

5 Hacker/Pierson/Thelen, »Drift and conversion«, S. 198–199.

6 Vgl. neben der im Folgenden explizit genannten und zitierten Literatur den Sammelband von Steinmo u.a. (Hg.), *Structuring politics* sowie Hall/Taylor, *Political Science*, S. 5–10; Hall, »Historical Institutionalism«; Pierson/Skocpol, »Historical Institutionalism«; Streeck/Thelen, »Introduction«; Thelen, »How Institutions evolve«. Das methodische Ziel: »rather than promote abstract debate about metatheory or definitions, this framework is intended to stimulate and aid in the substantive analysis of institutional change […].« (Mahoney/Thelen, »Theory«, S. 32). Die gewählte Perspektive impliziert, im Folgenden nicht mit – im weiteren Sinne – ökonomischen Institutionentheorien und deren Institutionenbegriff zu arbeiten. Hierbei wäre etwa auf die wegweisenden Arbeiten von North, *Institutionen* zu verweisen, wo Institutionen als »Spielregeln einer Gesellschaft oder, förmlicher ausgedrückt, die von Menschen erdachten Beschränkungen menschlicher Interaktion« gefasst werden. Sie »definieren und limitieren den Wahlbereich des einzelnen.« (ebd., S. 3, 4). Im Unterschied zu Norths offenem Institutionenbegriff, der sich gerade *nicht* auf »Institutionen« im formalen Sinne beschränkt, sondern diese vielmehr als »Gedankengebilde der Menschen« (ebd., S. 127) versteht, wird hier aus konzeptionellen (nicht aus theoretischen) Gründen auf einen, wenn man so will, konventionellen Begriff »politischer Institutionen« zurückgegriffen.

tion zu applizieren, noch kann man davon ausgehen, dass es sich dabei um den Regelfall institutionellen Wandels handelt.[7] Tatsächlich zeigt sich, dass politische Institutionen einem »status quo bias« unterliegen, also zur Persistenz tendieren – zumal in demokratischen Systemen mit ihrer Vielzahl an Vetoakteuren, komplexen Verfahrensabläufen und hohen Anforderungen an die materielle wie formelle Legitimität.[8] Dies bedeutet freilich weder, dass Institutionen schlicht »stabil« sind und einem präformierten, nur unter der Inkaufnahme des Strukturbruchs zu korrigierenden Pfad folgen, noch, dass adaptive Dynamiken nicht stattfinden würden. Theorien »graduellen« Institutionenwandels arbeiten im Gegensatz dazu mit der These *steten* Wandels, der sich in der Regel jedoch nicht als Bruch, bewusst herbeigeführte Veränderung oder Pfadabhängigkeit formulieren lässt – auch wenn diese Phänomene bisweilen relevant sind. Nur: meistens verändern sich Institutionen nicht dadurch, dass weitreichende, epochale, einschneidende Entscheidungen getroffen und implementiert werden, sondern dass die Akteure (oftmals implizite) Anpassungen in der Praxis vornehmen, oder einfach so »weitermachen«, obwohl sich der Rahmen (zunächst unmerklich, schließlich manifest) verschoben hat. Diese für den Reichswirtschaftsrat kennzeichnenden »hidden faces of institutional change« können anhand der Konzepte *drift* und *conerversion* veranschaulicht werden:[9] Während institutioneller *drift* einen Umstand beschreibt, in dem sich der Kontext verändert, die Institution aber formal identisch bleibt, lenkt der Begriff der *conversion* den Fokus auf eine bewusste Umsteuerung einer bereits bestehenden Institution. Im ersten Fall findet institutioneller Wandel dadurch statt, dass – schematisch gesprochen – die Institution in einem veränderten Umfeld »stabil« bleibt, im zweiten Fall ist es genau umgekehrt. Vor diesem Hintergrund ist *drift* definiert als »the failure of relevant decision makers to update formal rules when shifting circumstances change the social effect of those rules in ways that are recognized by at least some political actors«. Das ist freilich »more than just political inaction«, da Wandel erkannt und eine Anpassung an ihn (bewusst) unterlassen wurde.[10] *Conversion* bezeichnet im Unterschied dazu »the transformation of an already-existing institution or policy through its authoritative redirection, reinterpretation, reappropriation.«[11] Kurz: »Drift is a strategy of holding firm while the world changes. Conversion is a strategy for actively altering what institutions

7 Vgl. Thelen, »How Institutions Evolve«, S. 213, 225 et passim; Mahoney/Thelen, »Theory«, S. 4–7, 18–19, 23, 28.

8 Hacker/Pierson/Thelen, »Drift and conversion«, S. 188 et passim.

9 Grundlegend Hacker/Pierson/Thelen, »Drift and conversion«, die Definitionen S. 184–185 et passim.

10 Ebd., S. 184.

11 Ebd., S. 185.

do.«[12] Das hier skizzierte begriffliche Instrumentarium macht deutlich, dass die Frage institutionellen Wandels in politischen Systemen keineswegs nur eine Frage der Etablierung neuer oder der Auflösung alter Institutionen ist; das ist an sich keine Neuigkeit, mit Blick auf den Reichswirtschaftsrat aber besonders wichtig: Denn es lenkt einerseits ab von der dominierenden legislativen und verfassungsrechtlichen Perspektive, akzentuiert dafür aber andererseits die Möglichkeit der Akteure, veränderte Bedingungen nicht nur erdulden zu müssen, sondern das eigene institutionelle Setting tentativ anpassen zu können – und sei es dadurch, dass man die Dinge laufen lässt. Institutioneller Wandel ist also ubiquitär; die Frage ist, wie damit umgegangen wird.[13]

Dieser theoretische Rahmen dient im Folgenden dazu, die Entwicklung des Reichswirtschaftsrats in den 1920er Jahren jenseits der normativen Oberflächenstruktur, die in Kapitel 2 beschrieben worden ist, klarer erfassen, beschreiben und im Hinblick auf ihre Verschränkung mit den politischen und ökonomischen Veränderungen der Weimarer Republik korrelieren zu können. Ihre Verwendung ist daher insofern gegenstandsadäquat, als sie dieses komplexe Geflecht ohne überzogenen theoretischen Reduktionismus und im besten Sinne eklektizistisch[14] erfassen und eine alternative »Geschichte« des Reichswirtschaftsrats plausibel machen kann. Sie ist es aber auch deshalb, weil sie anschlussfähig für weiterführende Perspektiven ist. Das betrifft etwa den Vetospieler-Ansatz und dessen Annahmen über den Zusammenhang von Akteuren und der Wandlungsfähigkeit des politischen Systems,[15] daneben aber auch die *policy*-Forschung zu Logiken

12 Ebd., S. 195. Typischerweise ist *drift* an der Tagesordnung, wenn sich der Kontext ändert, *conversion* hingegen, wenn sich die Akteure ändern. Und: *Drift* zu verhindern heißt, *conversion* zu ermöglichen, während die Verhinderung einer *conversion* (nur) mit dem Risiko eines institutionellen *drifts* verbunden ist (ebd., S. 191). Leicht abweichende, in der Stoßrichtung allerdings konvergente Definitionen bei Mahoney/Thelen, »Theory«, S. 16–17; Streeck/Thelen, »Introduction«, S. 24–26.

13 Die Variablen *drift* und *conversion* können als polare Phänomene begriffen werden, decken aber die mögliche Varianz institutionellen Wandels nicht vollständig ab. Vgl. Mahoney/Thelen, »Theory«, S. 16–17, 19, 28 (die Variablen ebd.: displacement, layering, drift, conversion); Streeck/Thelen, »Introduction«, S. 22–24 (die Variablen ebd., S. 19–30 mit Tabelle S. 31: displacement, layering, drift, conversion, exhaustion); Thelen, »How Institutions Evolve«, S. 226–228.

14 Vgl. hierzu etwa auch Hall, »Historical Institutionalism«, S. 220.

15 Den direkten Bezug stellen bereits Mahoney/Thelen, »Theory«, S. 19 anhand einer 4-Felder-Tafel her, die die jeweiligen Formen institutionellen Wandels mit den »Eigenheiten des politischen Kontextes«, konkret »strong« oder »weak veto possibilities« korreliert. Hierzu grundsätzlich Tsebelis, »Decision Making«, S. 322: »My analysis led to the conclusions that the policy stability of a political system increases when the number of veto players increases, when their congruence decreases and when their cohesion increases.« Und Tsebelis, »Veto Players« (2000), S. 464: »The veto players theory expects policy stability (impossibility of significant change in the status quo) to be caused by many veto players, by big ideological distances among them, or by high qualified majority thresholds (or equivalents) in any collective veto player.« Auch Tsebelis, *Veto Players* (2002), S. 209–221. Zum Ansatz allgemein vgl. knapp Ganghof/Schulze, »Vetospieler«.

politischer Entscheidungsfindung unter den Bedingungen moderner politischer Systeme.[16] Im Unterschied zu Theorien der Pfadabhängigkeit, die zwar eine historische Dimension aufweisen, gleichzeitig aber die Stabilität einmal etablierter Strukturen und damit – vor allem – deren Beharrungskräfte betonen, bietet der hier verfolgte Zugriff jenseits einschneidender Brüche oder Weichenstellungen den zentralen Vorzug, einerseits die Institution selbst innerhalb des politischen Systems und der Wirtschaftsordnung verorten, andererseits die auf den Reichswirtschaftsrat einwirkenden externen Einflüsse – politische und ökonomische Entwicklungen, öffentlicher Druck, fiskalische Restriktionen, Sticheleien seitens des Reichstags und dergleichen mehr – durch den Doppelprozess von Adaption und Selbstbehauptung anschaulich machen zu können. Gleichwohl trägt die sämtlichen Theorien der Pfadabhängigkeit inhärente Annahme, dass spezifische Entscheidungen Konsequenzen zeitigen, deren Zwangscharakter die Fortsetzung des eingeschlagenen Weges vernünftiger erscheinen lässt, als die ursprüngliche Entscheidung zu revidieren,[17] auch in vorliegendem Fall zum Verständnis bei, wenn auch auf einer eher oberflächlichen Ebene: Denn offenkundig war mit der 1920 parallel getroffenen Entscheidung, zum einen den Reichswirtschaftsrat mit von der Verfassung abweichenden Kompetenzen im Verordnungswege zu etablieren, zum anderen aber den Verfassungsausschuss ins Werk zu setzen, ein Pfad begründet worden, den zu verlassen keiner der Akteure ernsthaft in Erwägung zog. Nicht nur schiere Überzeugung, wohl auch Gewohnheit und die Aussicht auf unangemessen hohe (politische, weniger ökonomische) Kosten bedingte seinen Fortbestand. Ob allerdings »Pfadabhängigkeit« im theoretischen Sinne vorlag oder retrospektiv angenommen werden sollte, ist schwer zu beurteilen und hängt davon ab, wie stark man die Wirkmacht normativer Entscheidungen als nicht nur pfadbegründend, sondern pfadprägend einschätzt.[18] Hier scheint theoretische

16 Vgl. mit Blick auf die Stichworte Korporatismus, Lobbying, Pluralismus einführend und knapp zur *policy*-Forschung auf Schmidt, »Einführung«; Héritier, »Einleitung«. Zum Thema Verbände und politische Ordnung vgl. neben den bereits genannten Arbeiten zum »Korporatismus« auch Alemann, *Organisierte Interessen*; Sebaldt, »Theorie«; Streeck, »Staat und Verbände«; Streeck/Schmitter, »Gemeinschaft« und den Klassiker von Fraenkel, »Pluralismus«. Zum Thema Lobbyismus Alemann/Eckert, »Lobbyismus«; Winter, »Korporatismus«; Winter, »Entwicklung« sowie die folgenden Ausführungen. Vgl. eine systematische Zusammenstellung der Prämissen des Korporatismus-Ansatzes bei Streeck, »Staat und Verbände«, S. 282–297; mit Blick auf den RWR bereits Hederer, »How to Handle«.

17 Vgl. Ebbinghaus, *Path Dependence*; Mahoney, »Path Dependence«; Pierson, »Increasing Returns«, hier S. 251; Pierson, »Not Just What«; Sydow u.a., »Organizational Path Dependencies«.

18 Hierbei steht vor allem zur Diskussion, wie plausibel (und damit zielführend) die Annahme eines »lock-in« in Wirklichkeit ist: Sydow u.a., »Organizational Path Dependencies«, passim, kritisieren die vorherrschende »more metaphorical than theoretical nature« des Pfadabhängigkeitskonzepts und operieren daher mit einem stringenten, dreigliedrigen Phasenmodell: Eine »open situation« wird durch ein spezifisches »critical event leading to a critical juncture« und einer daraus resultierenden zunehmenden Einengung des Handlungskorridors in einen »organizational lock-in« geführt (ebd., S. 692, 704). Mit theore-

Zurückhaltung vielversprechender zu sein als das mühsame (Re-)Konstruieren von Entwicklungspfaden, die weit weniger präformiert waren, als die Theorie suggeriert. Vergleichbares ließe sich auch über das Problem der Handlungsintentionalität und (damit) -rationalität der maßgeblichen Akteure sagen: Sofern man überhaupt aus quellenkritischer Sicht annehmen kann, so etwas ähnliches wie »Intentionalität« überzeugend aus dem Dickicht des Kontextes herauspräparieren zu können, stellt sich die Frage, ob damit hinreichende Erklärungen für die institutionelle Entwicklung des Reichswirtschaftsrats geboten werden können. Wichtiger erscheint, den Niederschlag intentionalen wie nicht-intentionalen Handelns anhand der Institution selbst sichtbar zu machen. Die Trennung von Akteur hier, Institution da, führt damit systematisch nicht weiter.[19]

Die knappe Skizze soll verdeutlichen, dass die Nutzung sozial- bzw. politikwissenschaftlicher Theoriebausteine dazu beitragen kann, die Entwicklung des Reichswirtschaftsrats in der politischen Praxis, seine Stellung im politischen System und seine Rolle im Spannungsfeld zwischen Staat, Wirtschaft, Öffentlichkeit und Politik neu zu betrachten. Will man sich nicht auf die bloße Summation »geleisteter Arbeit« (also: erstatteter Gutachten) oder reine Gesetzgebungsgeschichte reduzieren, scheint der hier gewählte institutionentheoretische Zugriff hinreichend konkret, um Aussagen über systematische Zusammenhänge generieren und damit weiterführende Einsichten gewinnen zu können; aber auch offen genug, um der Fülle des empirischen, teils auch inkommensurablen Materials Raum bieten zu können. Dahinter steht die (auch empirisch substantiierte) Überzeugung, dass der Reichswirtschaftsrat trotz seiner spezifisch limitierten Kompetenzausstattung einen Faktor darstellte, der zwar in der Praxis des politischen Entscheidungsprozesses im Zwei-

---

tischer *parsimony* wird freilich empirische Vergröberung erkauft, die sich gerade hier als besonders hinderlich erweist. So kann mit Ebbinghaus, *Path Dependence*, S. 11, passim, auf die Notwendigkeit einer weniger deterministischen Variante »pfadabhängiger« Prozesse verwiesen werden – wohl wissend, dass man dann wiederum Gefahr läuft, die analytische Kraft des Konzepts durch den Rekurs auf *common-sense*-Annahmen zu unterminieren. Nicht zuletzt deshalb hält auch Mahoney, »Path Dependence«, S. 535 an der Ausformung eines »relatively deterministic pattern« der Entwicklung in einer pfadabhängigen Struktur fest, auch wenn vor allem die Bestimmung des »starting point« eben dieser Entwicklung ein zentrales, theoretisch wie empirisch eminentes Problem darstellt (ebd., S. 537). Gerade aufgrund der erheblichen Schwierigkeiten, die Pfad*begründung* empirisch zu fassen, plädiert Thelen, »How Institutions Evolve«, S. 225–230, 234 für ein offeneres Konzept, das mit den (oben bereits skizzierten) Konzepten *layering* und *conversion* institutionellen Wandel im Kontext struktureller Abhängigkeiten zu zeigen vermag, ohne dabei dem Zwang zu unterliegen, eine pfadabhängige Struktur konturieren zu müssen. Dagegen Pierson, »Not Just What«, S. 75.

19 Vgl. ohne näher auf den theoretischen Hintergrund der »Strukturierung« und der »Dualität von Struktur« einzugehen Giddens, *Konstitution*, insb. S. 25–50 und hierzu Joas, »Einführung«; Welskopp, »Dualität« und Reckwitz, »Anthony Giddens«.

fel umgangen, nicht jedoch ignoriert werden konnte. Dass die mögliche Umgehung des Reichswirtschaftsrats nicht (nur) seiner Randstellung und Bedeutungslosigkeit, wie gemeinhin gedeutet, entsprang, sondern auch dem strategischen Kalkül (der Exekutive) folgte, dadurch eine ökonomisch gewichtige Stimme außen vor und die eigenen Handlungsoptionen uneingeschränkt zu halten, illustriert seine fragile Position im politischen System. Drohte also für die Regierung *politische* Gefahr, lag es nahe, auf die Dienste des Reichswirtschaftsrats zu verzichten; brauchte man aber eine *sachliche* und faktengesättigte Materialsammlung, konnte man ihn problemlos aktivieren. An diesem Punkt wird auch ein typischer Modus politischer Kommunikation in komplexen Entscheidungssystemen deutlich: Denn in diesem Fall diente die Einbindung des Reichswirtschaftsrats nicht nur dazu, die Normadressaten mittelbar an der Entscheidung zu beteiligen und damit potentiellen Widerstand einzuhegen, sondern auch dazu, einen anderen Vetoakteur – den Reichstag – mit ökonomischer Expertise in Schach halten oder unter Druck setzen zu können.[20] Kurz: Ob der Reichswirtschaftsrat also am politischen Entscheidungsfindungsprozess beteiligt wurde oder nicht, folgte wesentlich den strategischen und taktischen Überlegungen der Regierung; das pauschale Verdikt »geringer politischer Bedeutung«[21] erfasst diese Konstellation nur oberflächlich, wie die in Kapitel 4 diskutierten empirischen Beispiele zeigen werden.

Ein so verstandener Reichswirtschaftsrat lässt sich, und darauf wurde bereits verwiesen, nur schwer im Kontext der Diskussion um Strukturen, Kennzeichen und Effekte des Korporatismus zu verorten: Weder ist damit die Eigenart des Reichswirtschaftsrats als Institution, noch seine spezifische Rolle in der Wirtschaftsordnung der Weimarer Republik angemessen zu erfassen. Dass unterschiedliche Formen »korporativer« Arrangements existierten, an denen auch der Reichswirtschaftsrat auf unterschiedliche Weise partizipierte, bedeutet eben nicht, dass mit seiner Klassifizierung als »korporatistisches« Organ[22] systematisch wie empirisch viel gewonnen wäre. Das zeigt auch der Vergleich zur ZAG

20 Vgl. hierzu etwa die Ausführungen in Kap. 4.4 und die Diskussionen um eine generelle (politische) oder einzelfallbezogene (ökonomische) »Lösung« der Kartellfrage.

21 Gusy, *Weimarer Reichsverfassung*, S. 369 (Zitat grammatikalisch leicht modifiziert).

22 Vgl. differenzierend exemplarisch Streeck/Schmitter, »Gemeinschaft«, S. 222: »Private Interessenregierungen sind nicht im Begriff, Gemeinschaft, Markt und Staat zu ersetzen. Selbst dort, wo ein großer Teil öffentlicher Politik durch intermediäre Verbände formuliert und implementiert wird, bleiben letztere in wichtiger Hinsicht von den Werten und dem Zusammenhalt von Gemeinschaften abhängig, werden durch wirtschaftliche und politische Märkte in Schach gehalten und unterliegen hierarchischer Kontrolle, politischer Gestaltung und dem Druck eventueller staatlicher Intervention. [...] Die Vorstellung eines umfassenden korporativ-verbandlichen sozialen oder politischen ›Systems‹ ist daher grundsätzlich irreführend.« Er stellt aber dennoch einen wichtigen Baustein im »Politikrepertoire moderner Gesellschaften« dar. Das Zitat illustriert, dass in der Forschung von einem in sich geschlossenen und konsensualen »Korporatismus«-Konzept nicht ausgegangen werden kann. Vgl. etwa auch Alemann/Eckert, »Lobbyis-

oder tarifpolitischen Regimes, die darauf ausgerichtet war, die wirtschaftlichen Beziehungen, so weit es eben ging, zwischen den beteiligten Akteuren selbst zu regulieren, und in die der Staat als Entscheidungsinstanz nur im Streitfall »tripartistisch«[23] eingebunden war. Der Reichswirtschaftsrat als eines der obersten Reichsorgane repräsentierte indes nicht nur die »wirtschaftlichen Interessen des ganzen Volkes«, sondern auch »den Staat«. Weshalb »Korporatismus« als Konzept in der Forschung nach wie vor herangezogen wird, scheint auf zwei nicht unmittelbar miteinander korrelierten Phänomenen zu beruhen. *Erstens* dient es dazu, die Veränderungen im Verhältnis von Wirtschaft und Staat seit Beginn des 20. Jahrhunderts auf den Begriff zu bringen. Dahinter steht die empirisch evidente Beobachtung einer zunehmend komplexen Verschränkung von privat und öffentlich, die neue Organisationsformen nach sich zog. Besonders deutlich spiegelt sich dieser Wandel im Recht, wo sich in rascher Folge neue Rechtsgebiete etablierten (bzw. etablieren mussten),[24] die sich, wie etwa das kollektive Arbeitsrecht, kaum mehr in die tradierte Unterscheidung zwischen öffentlichem und Privatrecht integrieren ließen.[25] *Zweitens* lässt es sich semantisch auch auf das in der Zeit kontrovers diskutierte Phänomen der »berufsständischen« Organe beziehen: Zwar stellte für die deutsche Rechte der italienische »stato corporativo« aufgrund seines staatlich-autoritären Zwangskorporatismus nur bedingt ein erstrebenswertes Vorbild dar, dem man angeblich »deutsche«, organisch gewachsene und »natürliche« Korporationen entgegenhielt. Das »korporative« Ordnungsmodell wurde dabei aber nicht als solches verworfen, sondern (lediglich) deren spezifisch »italienische« Ausprägung.[26] Der Reichswirtschaftsrat, das bedingt der hier unternommene Perspektivwechsel, kann erst dann historisch verstanden werden, wenn man ihn aus diesem diskursiven Dickicht befreit – und damit auch gewohnte Deutungsmuster zwar nicht unkritisch über Bord wirft, wohl aber beiseite schiebt.

Vor diesem Hintergrund eröffnen sich neue Perspektiven auf den Reichswirtschaftsrat: Grundlage bildet *erstens* die Annahme eines institutionellen Wandels, der sich »beyond big legislativ changes« vollzog. Das skizzierte theoretische

mus«, S. 4: »Während die einen den Schaden organisierter Interessen für das Gemeinwohl beschwören, betonen andere, dass Gemeinwohl erst durch sie entstehe.«

23 Vgl. die Eingrenzung bei Beyme, »Neokorporatismus«, S. 224: »Nur wo Interessengruppen untereinander in einen andauernden Konflikt geraten, so daß der Staat vermittelnd eingreift, liegt korporative Politik vor.«

24 Vgl. Zacher, *Entstehung*, insb. S. 19–22, 330 et passim.

25 Vgl. Nörr, *Zwischen den Mühlsteinen*, S. 1–41 und S. 177–221 zum Arbeitsrecht.

26 Exemplarisch Tatarin-Tarnheyden, »Artikel 165«, S. 548, 562; Tatarin-Tarnheyden, *Werdendes Staatsrecht*, S. 129 (Hervorhebung im Original): »Es kann uns Deutschen auch der Stato corporativo Italiens nicht Muster und Vorbild sein.« Zeitgenössisch auch Vogel, *Grundzüge*, S. 105–115. Vgl. auch Schieder, »Experiment«.

Instrumentarium hilft, die diskursiv wie empirisch greifbare Überlagerung unterschiedlicher »Reichwirtschaftsrate« (Verfassungsnorm, Verordnung, Gesetzentwurf) zu differenzieren und die zahlreichen adaptiven Prozesse herauszuarbeiten und zu systematisieren. Die Geschichte des Reichswirtschaftsrats als Geschichte institutionellen Wandels zu reformulieren besitzt zwei gewichtige Vorzüge: Es nimmt die Wandlungen des Reichswirtschaftsrats ernst, ohne sie eindimensional auf das Ende hin zu projizieren; und es inkorporiert ein Moment politischer Aktivität, Kreativität und Wirkmächtigkeit, die ihm bisher kaum zugebilligt wurde. Diese Grundkonstellation wird – *zweitens* – an einem besonders zentralen Aspekte greifbar: So führte der Institutionalisierungs- und institutionellen Wandlungsprozess – beide Phänomen müssen nicht zwingend trennscharf unterschieden werden – zur Ausformung einer »institutionellen DNA« mit eigener Normenhierarchie und eigenen Verfahrensmustern, die den Reichswirtschaftsrat auf den unterschiedlichen Spielfeldern des politischen Entscheidungsprozesses positionierte:[27] Damit waren allerdings aus institutionentheoretischer Perspektive auch – wenn man so will »pfadbegründende« – Entscheidungen verbunden, die Anpassungen zu einem späteren Zeitpunkt schwierig machten, sofern diese, und das ist der entscheidende Punkt, überhaupt gewollt waren. So erweckt das ostentative Beharren auf »Sachlichkeit« als Wesenskern der eigenen Arbeit gegenüber den bloß »politischen« Handlungsmaximen im Reichstag, bei Parteien und Lobbyverbänden den kaum zu leugnenden Eindruck, dass ganz bewusst dem Trend der Politisierung entsagt wurde – und das auch auf Kosten der eigenen politischen Relevanz. Dies wäre dann ein symptomatischer Fall von institutionellem *drift*, also dem durchaus bewusst geübten Verzicht, die eigenen Regeln den veränderten Umweltbedingungen anzupassen. Welche Räume einer *conversion* noch möglich waren, werden die die empirischen Beispiele zeigen.

Die im Folgenden vorgestellten Phasen seiner Entwicklung versuchen dabei *zunächst*, die im vorangegangenen Kapitel vorgetragene Normengeschichte empirisch zu erden; es verbindet die praktische Arbeit des Reichswirtschaftsrats mit den Diskussionen im Verfassungsausschuss, legt nun allerdings den Fokus auf den empirisch-praktischen Teil. Die Zäsuren sind dabei konventionell; angesichts der engen Verwobenheit des Reichswirtschaftsrats mit den politischen und ökonomischen Entwicklungen der Weimarer Republik wäre alles andere aber auch überraschend. Daran *anschließend* gilt es, mit der Ausformung einer spezifischen »institutionellen DNA« einerseits und der Verortung des Reichswirtschaftsrats im Spannungsfeld von Regierung, Reichstag, Verbänden und Gesellschaft ande-

27 Hier wäre mit Mergel, *Parlamentarische Kultur*, S. 29–30, 473 auf die Logiken institutioneller Kommunikation bzw. auf die Annahme zu verweisen, dass erst eine spezifische Art zu kommunizieren eine Institution als solche ausweist. Zur Theorie Luhmann, *Wirtschaft der Gesellschaft*, S. 48–51 et passim.

rerseits zwei besonders signifikante Bereiche eingehender zu untersuchen, die Auskunft über seine konkrete Rolle im politischen System der Weimarer Republik zu geben versprechen. Ziel ist, den Reichswirtschaftsrat als *Institution* ernst zu nehmen und dadurch die Grundlage zu legen, ihn als politischen *Akteur* neu vermessen zu können.

3.2 Der Reichswirtschaftsrat als Institution: Phasen seiner Entwicklung

3.2.1 Formierung, Erprobung, Neujustierung: 1919–1923

Die Geschichte des Reichswirtschaftsrats ist, soviel wurde bereits deutlich, auf den ersten Blick eine Geschichte großer Erwartungen und großer Enttäuschungen. Für keinen Zeitraum gilt dies mehr als für die erste Phase seiner Existenz, die als Phase der Formierung, Erprobung und Neujustierung begriffen werden kann und die unmittelbare Nachkriegszeit bis zur Hyperinflation umfasst. Diese Periodisierung ist keineswegs originell und erhebt auch nicht den Anspruch, es zu sein. Sie ergibt sich aber unmittelbar aus der Entwicklung des Reichswirtschaftsrats selbst, dessen Formsuche mit den seit 1923/24 wirksamen inflationsbedingten Sparmaßnahmen einen abrupten, sich aber als dauerhaft erweisenden und retrospektiv durchaus akzeptierten Bruch erfuhr.[28] Denn auch wenn im Verfassungsausschuss – der Debattenverlauf wurde oben ausführlich rekonstruiert – an einer Vielzahl der ursprünglich gehegten »Erwartungen« festgehalten wurde: Über die Verlagerung der praktischen Arbeit vom Plenum in die Ausschüsse war man im Reichswirtschaftsrat alles andere als traurig.[29] Umgekehrt sollte dadurch aber keine Präzedenz geschaffen werden: An der Vollversammlung wurde daher in den Beratungen über den endgültigen Reichswirtschaftsrat festgehalten – wenn auch in veränderter Rechtsstellung, Form, Mitgliederstärke und praktischer Relevanz.[30] Das war das Spannungsfeld, in dem man sich zu positionieren hatte, und das zwei sehr unterschiedliche Dimensionen besaß: Denn was auf der einen Seite, der politisch-praktischen Arbeit und den internen Verfahren, erstrebenswert war, musste nicht unbedingt auf

28 Knapp hierzu *Der Vorläufige Reichswirtschaftsrat*, S. 7 mit Anm. 1.

29 Vgl. exemplarisch Hachenburg, »Der endgültige Reichswirtschaftsrat«, Sp. 209–210.

30 Vgl. § 45 des Gesetzentwurfs über den endgültigen RWR, 12.11.1927, StenB 419, Nr. 3709, S. 9 sowie die Ausführungen in der Begründung ebd., S. 17: »Bei der Regelung der Arbeitsweise des Reichswirtschaftsrats wird nunmehr die vom Vorläufigen Reichswirtschaftsrat erprobte Übung, seine Arbeiten vorzugsweise in den Ausschüssen und nur ausnahmsweise in der Vollversammlung zu erledigen, gesetzlich festgelegt.«

der anderen Seite, der Ebene politischer Kommunikation, fruchten. Die Einsparungen im Reichsetat, die der Reichswirtschaftsrat zähneknirschend, weil oktroyiert, hinzunehmen gezwungen war, hatten daher einen paradoxen Effekt: Sie forcierten einerseits einen institutionellen Verschlankungsprozess, der von den Akteuren aus Praktikabilitätserwägungen nicht grundsätzlich abgelehnt wurde; sie machten aber andererseits auch sinnfällig, wer das Sagen hatte – und das war nicht der Reichswirtschaftsrat.

Zu Beginn, 1919, war der Horizont noch weit: Nicht nur auf politiktheoretischer Ebene stimulierte die Einrichtung eines Reichswirtschaftsrats die Debatten um die Konturen einer zukünftigen Wirtschaftsordnung. Auch jenseits der ideologisch getönten Auseinandersetzungen um Räte, Stände, Wirtschaftsparlament oder Expertenpanel wurde eine Institution zur Evaluierung ökonomischer Zusammenhänge und zur Fundierung politischer Entscheidungen als geboten erachtet. Daneben zwang die »gegenwärtige Wirtschaftslage« zu raschem Handeln.[31] Wäre es nur um die Realisierung politsicher Visionen gegangen, es hätte ihn wohl nie gegeben. Die wahrgenommene Notwendigkeit des Reichswirtschaftsrats resultierte also, und darauf wurde bereits verwiesen, aus zwei korrespondierenden Phänomenen: Einerseits der Neuordnung des Verhältnisses von Wirtschaft und Staat basierend auf der Einsicht, dass weder klassisch-liberale noch kriegswirtschaftlich-autoritäre Strukturprinzipien in Zukunft bestimmend sein könnten; andererseits aus den täglich komplexer werdenden ökonomischen, fiskalischen, sozialen, politischen Herausforderungen, die einer Lösung zugeführt werden mussten. Doch nicht nur das: Beide Problemkreise schienen zu eng mit der Frage von Stabilität und Legitimität verknüpft, als dass sie auf die lange Bank hätten geschoben oder nach dem gängigen Muster komplexer parlamentarischer Entscheidungswege bewältigt werden können. Ungeachtet der prävalenten ideologischen Debatten um den Reichswirtschaftsrat trat damit eine pragmatische Komponente bereits in der Frühphase in den Vordergrund, die sich in den Folgejahren als institutionelles Rückgrat erweisen sollte. Es ging also darum, konkrete Probleme zu lösen oder diese zunächst überhaupt profund zu erfassen. So verwundert es nicht, wenn eine auch nur grobe quantitative Auswertung des *workload* des Reichswirtschaftsrats einen signifikanten Überhang in den ersten Jahren gegenüber der Zeit nach 1923 ausweist,[32] wozu auch die »Ersparnismaßnahmen« der Regierung einen nicht

31 So RK Constantin Fehrenbach, 1. Sitzung des Plenums des RWR, 30.6.1920, BArch R 401/6, fol. 1.

32 Die zugegeben recht grobe und lediglich illustrativen Zwecken dienende Auswertung summiert die Zahl der Materien, die in den fortwährend aktiven (ohne die situativ etablierten) Ausschüssen diskutiert wurden. Die Angaben beruhen auf den beiden zeitgenössischen Denkschriften (Hauschild, *Reichswirtschaftsrat*; Denkschrift *Der Vorläufige Reichswirtschaftsrat*) und beziehen sich auf die drei Hauptausschüsse für Soziales, Wirtschaft und Finanzen, den Wohnungs- und den Ernährungsausschuss: Legt man die hier vorgenommene Phaseneinteilung zugrunde, so ergeben sich folgende Zahlen: 1920–1923 = 198 (49,5 p.a.);

unerheblichen, wenn auch nicht den einzigen Beitrag geleistet hatten.[33] Jedenfalls versprach die Einrichtung des Reichswirtschaftsrats ein ganzes Bündel an Vorzügen: Sie reagierte auf die immer lauter artikulierten Forderungen nach »Räten«, auch wenn er dann nur in Teilen diesen Forderungen entsprach (und entsprechen wollte); sie ermöglichte – zumindest der Theorie nach – die Entlastung des Reichstags von Detailfragen, die zwar wichtig, aber eben auch kompliziert waren; sie band die Normadressaten aus Wirtschaft und Gesellschaft – zumindest der Theorie nach – in den Prozess der Politikformulierung ein, und minimierte so – zumindest der Theorie nach – Reibungsverluste im politischen Entscheidungsprozess; sie kanalisierte auf diesem Wege organisierte Interessen(sgegensätze) und schuf damit ein Forum, das die wahrgenommenen Veränderungen im Verhältnis von Wirtschaft und Staat nicht nur institutionell nachvollziehen, sondern auch gestalten wollte. All dies ist aus den Beratungen von Nationalversammlung, Reichstag und Reichswirtschaftsrat hinlänglich bekannt, und all dies sollte sich nur in Teilen (oder – und das ist der wesentlich interessantere Befund – auf andere Weise) materialisieren. Unbestritten aber ist, dass dem Reichswirtschaftsrat in den Anfangsjahren eine Fülle an zentralen politischen Fragen vorlag, und er deshalb auch einen erheblichen *output* vorzuweisen hatte. Die »Mitteilungen des Reichswirtschaftsrats« geben hierüber ebenso Auskunft wie die Plenarprotokolle, die Stenographischen Berichte der Ausschüsse oder die Drucksachen und Berichte zu einzelnen konkreten Problemfeldern.[34] Die Bandbreite der Themen war groß: Sie reichte von sozialpolitischen Grundsatzfragen wie etwa Betriebsverfassung und Arbeitszeit, Wohnungs- und Ernährungsfragen, über die Sozialisierung von Schlüsselindustrien, die Reparationsproblematik, den Außenhandel, Währungs- und Steuerpolitik bis hin zu Fragen der Wasserwirtschaft, der Moorkultivierung oder dem Mieterschutz.[35] Keine Frage: dabei handelt es sich um recht willkürlich

---

1924–1928 = 95 (19 p.a.); 1929–1932 = 66 (16,5 p.a.). Eine Parallele zeigt sich beim Umfang der »Mitteilungen des Reichswirtschaftsrats«: Nicht nur sank zwischen 1920/21 (Jg. 1) und 1933 (Jg. 13) die Anzahl der Heftnummern pro Jahr kontinuierlich von anfänglich 46 (1921) auf nur mehr 1 (1933); auch der Seitenumfang pro Nr. reduzierte sich in gleicher Weise (wenn auch nicht linear).

33 Vgl. knapp *Der Vorläufige Reichswirtschaftsrat*, S. 7 mit Anm. 1. Zu den weiteren Hintergründen vgl. das Folgekapitel. Drastisch die Schilderung bei Leipart, »Gewerkschaften«, S. 193: »Durch die Sparmassnahmen der Reichsregierung ist seit Beginn des Jahres 1924 auch der Vorläufige Reichswirtschaftsrat fast vollständig ausser Tätigkeit gesetzt worden.«

34 Umfassend Hauschild, *Reichswirtschaftsrat*, dessen »Denkschrift« im Kern einen äußerst ausführlichen Tätigkeitsbericht der Jahre 1920–1926 darstellt. Für die Folgezeit 1927–1933 vgl. die *Der Vorläufige Reichswirtschaftsrat*.

35 Vgl. die (willkürlich gewählten und – gerade mit Blick auf Steuerfragen – keinesfalls erschöpfenden) Beispiele bei Hauschild, *Reichswirtschaftsrat*, S. 46–51 (Währungsverfall), S. 164–182 (Außenhandel), S. 246–260 (Sozialisierung), S. 300–307 (Arbeitszeit), S. 532–550 (Wasserwirtschaft), S. 559–561 (Moor- und Ödlandkultivierung), S. 563–568 (Mieterschutz), S. 597–620 (Reparationen), S. 618–620 (Umsatzsteuer) S. 621–628 (Betriebsräteausschuss).

herausgegriffene Beispiele, deren bloße Nennung weder etwas über den Inhalt noch über die politische Bedeutung ihrer Thematisierung im Reichswirtschaftsrat verrät. Die Auswahl zeigt aber, dass der Reichswirtschaftsrat in Form seiner drei Hauptausschüsse für Soziales, Wirtschaft und Finanzen, des Plenums und der situativ etablierten Arbeits- und Unterausschüsse[36] mit scheinbar allen wesentlichen (und unwesentlichen) *policies* konfrontiert wurde. Letztlich aber, und das ist die zentrale Einschränkung, gelangte zu ihm, was die Regierung behandelt wissen wollte – und wann; zu Beginn schien sowohl der Informationsbedarf wie das Integrationsbedürfnis seitens der Reichsregierung hoch und intensiv zu sein – höher und intensiver als in den Folgejahren.[37]

Ein *modus operandi*, der die Arbeit bewältigen, Ergebnisse liefern und (damit) den eigenen Ansprüchen gerecht zu werden vermochte, musste sich dabei erst finden und in der Praxis bewähren. Ein schwelendes und bis zuletzt nur dissimulierend gelöstes Konfliktfeld bestand dabei zum Reichstag, und Bemühungen um einen konstruktiven Austausch »auf Augenhöhe« waren dort nicht unbedingt gewünscht. Vielmehr war man sehr genau darauf bedacht, die Prärogativen der tatsächlichen Legislative gegenüber einem »nur beratenden« Akteur möglichst klar zu markieren.[38] Hierauf wird noch gesondert einzugehen sein. Doch umgekehrt standen Erwartungen im Raum: Er sollte als »Neuerscheinung unter den Parlamenten«, als das »erste Wirtschaftsparlament der Welt«[39] die Arbeit leisten, die der Reichstag nicht angemessen zu leisten imstande schien. So ist die »Formierungsphase« des Reichswirtschaftsrats bestimmt von immensen und inkonsistenten Erwartungen, bisher ungekannten Herausforderungen, Zeitdruck und einer Fülle unterschiedlicher Arbeitsfelder – und all das in einer Institution, die ihre politische Form erst noch ausprägen, sich selbst also finden musste. Damit steht diese Phase der Erprobung, die mit der erzwungenen Gesundschrumpfung durch die faktische Eliminierung der Vollversammlung endete, gleichsam paradigmatisch für das klassische Narrativ des Reichswirtschaftsrats: große Erwartungen, große Ernüchterung – auch der quantitativ fassbare, erhebliche *output* des Reichswirtschaftsrats und die von den Mitgliedern stets besonders betonte Substanz seiner Einlassungen änderte an diesem Bild nur wenig.

Der Formierungsphase des Reichswirtschaftsrats, die gekennzeichnet war durch das Nebeneinander von Verordnung und Verfassungsberatung, dem suk-

36 Eine (nicht vollständige) Übersicht über die Arbeits- und Unterausschüsse (im hier in Rede stehenden Zeitraum) bei Hauschild, *Reichswirtschaftsrat*, S. 3–4 (sowie auch das Inhaltsverzeichnis) und Lilla, *Reichswirtschaftsrat*, S. 88–93.

37 Neben den Ausführungen in Kap. 2 auch Hauschild, *Reichswirtschaftsrat*, S. 4–11.

38 Hachenburg, *Lebenserinnerungen*, S. 201: Seiner Auffassung nach war die Initiative des RWR bei Parlament wie Regierung »nicht gern gesehen«: »Er erschien als eine Art Eindringling.«

39 Beide Zitate von RK Fehrenbach, 1. Plenarsitzung des RWR, 30.6.1920, BArch R 401/6, fol. 1, 1'.

zessiven Einspielen provisorischer Verfahrensweisen, der beginnenden Ausformung eines institutionellen Selbstverständnisses und einer damit verbundenen zunehmenden Distanzierung von den ursprünglichen Plänen, folgten Neujustierungen, die sich vor allem in dreierlei Hinsicht als prägend erweisen sollten: *Erstens* Ausschussarbeit statt Plenardebatten; *zweitens* der Versuch, politisch-ideologische Kontroversen und die ihnen zugrunde liegenden sozio-ökonomischen Konfliktlinien zwar zu akzeptieren, gleichzeitig aber nach Möglichkeit aus den Beratungen herauszuhalten oder durch »Versachlichung« zu neutralisieren; und *drittens* Praxisorientierung und Verfechtung eines Problemlösungsanspruchs, der unter Bezugnahme auf die übergeordnete Norm des Gemeinwohls und der Repräsentation »der Wirtschaft« (auch) als Kompensationsnarrativ der eigenen, letztlich fragilen Existenz zu fungieren hatte. Aus der Not wurde so – zähneknirschend, wie die Akten zeigen[40] –, eine Tugend; man erwies sich also als anpassungsfähig, schien dies doch der einzig mögliche Weg zu sein, überhaupt einen Platz im institutionellen Gefüge des Reichs finden und behaupten zu können. Aus analytischer Perspektive ist dabei auffallend, dass sich die Anpassungsbereitschaft mit zunehmender Dauer und institutioneller Festigung modifizierte: Während die Form grundsätzlich variabel schien, festigte sich ein bestimmter Habitus, der zunehmend als strategisches Mittel erachtet wurde, angesichts veränderter Umstände nicht unter die Räder zu kommen. Darauf wird noch einzugehen sein.[41] Was daran aber bereits deutlich wird ist, dass mithilfe pfadabhängigkeitstheoretischer Modelle zwar beschrieben werden kann, wie in einer bestimmten kontingenten Konstellation Handlungsoptionen (nichtintentional) präferiert werden und damit Varianz in der Folge reduzieren. Das klingt zunächst überzeugend,

---

40 Neben der notorischen Auseinandersetzung mit dem Reichstag kann hier als Beispiel der zähe Kampf um eine adäquate räumliche Ausstattung des RWR genannt werden; vgl. hierzu die folgenden Ausführungen sowie in den Akten: Denkschrift des Reichswirtschaftsministeriums zur räumlichen Unterbringung des RWR, 26.5.1920, BArch R 601/759, fol. 14‘-15; Selbstbeschreibung des RWR, 9.12.1922, BArch 401/297, fol. 22‘: »Die Unterbringung war außerordentlich mangelhaft, was die Geschäftsführung namentlich der Ausschüsse in hohem Maße gestört hat.« Schreiben des Reichsfinanzministeriums, 24.1.1921, BArch R 601/759, fol. 59–60; Reichsschatzminister von Raumer, 5.2.1921, ebd., fol. 64. Mit Kabinettbeschluss vom 3.11.1921 wurde schließlich von Raumer beauftrag, »durch die Elektrowerke das Wilhelmsgymnasium anzukaufen, und zwar in der Weise, dass die Elektrowerke intern verpflichtet seien, ihre Rechte aus dem Kauf an das Reich zu zedieren.« (BArch R 43-I/1193, fol. 218–219). Der Kaufpreis soll bei 16 Mio. M gelegen haben, wie die oben zitierte Selbstbeschreibung 1922 konstatiert (BArch R 401/297, fol. 26). Vgl. auch Kap. 3.3. Schwarzkopf, »Rückblick«, Sp. 603 betont 1922 dennoch die Leistungsfähigkeit des RWR, kritisiert allerdings auch das Begutachtungsverfahren und die Praxis der Regierung, dem RWR »erst die fertigen Gesetzesvorlagen nach Verabschiedung durch das Reichskabinett vorzulegen.« (ebd., Sp. 606–607).

41 Die These nimmt Bezug auf die anhand des empirischen Materials in Kap. 4.2-4.5 untermauerte Beobachtung, dass der RWR zwar bis zuletzt bereit schien, institutionelle (Form-)Veränderungen vorzunehmen, von seinem institutionellen Selbstverständnis, dem eigenen Habitus, aber keine Abstriche machen zu wollen.

lässt sich damit doch anschaulich demonstrieren, dass aus einem fahrenden Zug nur schwer auszusteigen ist. Zu fragen ist freilich, ob damit nicht jedwedes Handeln als »pfadabhängig« beschrieben werden kann, sofern man nicht mit theoretisch rigiden und historiographisch damit oftmals inadäquaten Modellen operieren und konkrete »lock-in«-Situationen konstruieren möchte.[42] Das ist hier nicht beabsichtigt. Analytisch fruchtbarer erscheint es hingegen, den Veränderungsprozess des Reichswirtschaftsrats mit offeneren Konzepten zu erfassen. Vor diesem Hintergrund ist in dem interessierenden Zeitraum von einem zweifachen Prozess institutionellen Wandels auszugehen: Während die Sparmaßnahmen, die den Reichswirtschaftsrat hart trafen,[43] als Trigger verstanden werden können, eine *conversion* der Institution zu initiieren, sollte der parallel dazu stattfindende Prozess der Formfindung des Reichswirtschaftsrats nicht aus den Augen verloren werden. Er beschreibt gerade jenen Wandel »beyond big legislative changes«[44], jene »gradual evolution«[45], die angesichts der Fokussierung auf den harten Bruch oder die lineare Entwicklung[46] in der Regel verborgen bleibt. Wie kann dieser Prozess theoretisch beschrieben werden? Legt man die skizzierten Variablen[47] zugrunde, so scheint es sich hier um einen Prozess des »institutional layering«, der Überlagerung existierender Regeln durch neue, aus der Praxis gewonnene Regeln zu handeln. Dies unterstreicht, dass die durch Verfassung und Verordnung formulierten Normen die Grundlage des institutionellen Designs bildeten, allerdings vor dem Hintergrund externer Schocks und interner Lernprozesse ergänzt und angepasst wurden.[48] Beides verweist auf einen Prozess »gradueller

42 Vgl. neben der bereits zitierten Literatur auch Ebbinghaus, *Path Dependence*, insb. S. 11.

43 Formal war die Vollversammlung nicht abgeschafft worden; sie sollte jedoch nur mehr in Ausnahmefällen und unter bestimmten Voraussetzungen zusammentreten können. Vgl. knapp die Zusammenstellung »Organisatorische Beschränkungen des Reichswirtschaftsrats«, [Juni 1924], BArch R 401/1720, fol. 14–20.

44 Hacker/Pierson/Thelen, »Drift and conversion«, S. 198–199

45 Mahoney/Thelen, »Theory«, S. 2. Auch Streeck/Thelen, »Introduction«, S. 19–31, mit Blick auf Art und Folgen des Wandels auch ebd., S. 9.

46 Vgl. Thelen, »How Institutions Evolve«, S. 225, 234.

47 Die Variablen: *displacement*, *layering*, *drift*, *conversion* und *exhaustion*. Letztere nur bei Streeck/Thelen, »Introduction«, S. 29–30, die übrigen vier ebd. und Mahoney/Thelen, »Theory«, S. 16–19.

48 Zuspitzend auch Gusy, *100 Jahre*, S. 11: »Der Verfassungstext konnte nur einen Zugang zur rechtlichen Grundordnung der jungen Republik darstellen. Doch waren es gerade seine Offenheit, sein demokratischer Grundzug, die nicht absehbaren politischen Mehrheitsverhältnisse und die Entwicklungen der Staatsrechtslehre, die seine Leistungen im Laufe der kommenden 14 Jahre prägen sollte. Wer die Grundordnung der Republik sucht, kann nicht beim Text stehen bleiben. In der Folgezeit sollten die Leistungen der Verfassung zeitgeprägt und zeitabhängig sein. Viel spricht dafür, dass es ›die‹ Verfassung kaum gab. […] Auffälligstes Merkmal des Weimarer Verfassungsrechts war die Stabilität des Textes der WRV bei gleichzeitigem Wandel der ihm teil entnommenen, teils unterlegten Inhalte.« Auf die Bedeutung von Lern- und Anpassungsprozessen verweist mit Blick auf die Regelung der betrieblichen Beziehungen bereits Plumpe, *Betriebliche Mitbestimmung*, hier insb. S. 10–19 et passim.

Transformation«,[49] verstanden als Kombination von inkrementeller Anpassung und institutioneller Diskontinuität, die den hier skizzierten Zeitraum als Phase von Formierung und Neujustierung kennzeichnet.

3.2.2 Anpassung und Wandel: 1924–1928

Das »Krisenjahr 1923« brachte auch für den Reichswirtschaftsrat erhebliche Veränderungen, die seinen Fortbestand prägen sollten. Für das Ministerium lag es nahe, den Rotstift (auch) beim Reichswirtschaftsrat anzusetzen, der in der Praxis nur einen Unteretat bildete, zur Besänftigung der Gemüter aber als Etat »VIa« eine Eigenexistenz führte, die freilich nur auf dem Papier bestand.[50] Die Einsparmaßnahmen, die zunächst nur bis 1924 gelten sollten, gleichwohl auch in der Folgezeit unter Verweis auf die baldige Realisierung des endgültigen Reichswirtschaftsrats nicht mehr zurückgenommen wurden,[51] veränderten die Voraussetzungen signifi-

---

49 Streeck/Thelen, »Introduction«, S. 9.

50 Exemplarisch der Auszug aus dem Haushalt von 1921, BArch R 401/213, fol. 202: »Anlage VIa: Haushalt für den vorläufigen Reichswirtschaftsrat für das Rechnungsjahr 1921«. In den »Organisationsplänen der Reichsministerien« vom 8.11.1920, StenB 364, Nr. 862, S. 6, wird der »vorläufige Reichswirtschaftsrat« unter den »nachgeordneten Stellen« des Reichswirtschaftsministeriums an erster Stelle geführt – neben einer bunten Schar an Ämtern, Kommissaren und Kommissionen: Reichsschiffsvermessungsamt, Statistisches Reichsamt, Reichsanstalt für Maß und Gewicht, Reichsaufsichtsamt für Privatversicherung, Reichswirtschaftsgericht, Reichskommissar für Aus- und Einfuhrbewilligung, Reichskommissar für die Kohleverteilung, Gutachterkommission für Schuhwarenpreise, Reichskommissar für die Bewirtschaftung eiserner Flaschen, Reichskommissar für Metallwirtschaft, Reichsstelle für Zement, Sozialisierungskommission (ebd., S. 6–10). Zu den Einsparungen vgl. auch knapp Lilla, *Reichswirtschaftsrat*, S. 31–33.

51 Vgl. etwa das Schreiben des RWiM an den ADGB, 12.9.1924, BArch R 43-I/1195, fol. 28–29: Die Einsparungen seien angesichts der Haushaltslage notwendig gewesen, auf die Einberufung der Vollversammlung sei deshalb 1923 verzichtet worden. »Im Übrigen möchte ich wiederholen, [...] daß ich alles daran setze, die Vorarbeiten zur Bildung des endgültigen Reichswirtschaftsrats nach Möglichkeit zu beschleunigen.« Auch die internen Beratungen im RWR waren zu dem Ergebnis gelangt, dass »durch den Fortfall der Plenarsitzungen dem Reich bereits eine Menge Geld gespart« worden sei (Carl Friedrich von Siemens, Aufzeichnung Besprechung am 16.11.1923, 17.11.1923, BArch R 401/142, fol. 243r). Vgl. auch die »Vorschläge zur Durchführung von Ersparnismaßnahmen« ebd., fol. 235–241, Anschreiben, 8.11.1923, ebd., fol. 233. Teilnehmer der Besprechung vom 16.11.1923 waren Carl Friedrich von Siemens, Theodor Leipart, Paul Mitzlaff, Hans Kraemer, Rudolf Wissell, Paul Umbreit, Georg Bernhard und Max Cohen. Bei der Debatte ging es darum, aus der Mitte des RWR weiteres Kürzungspotential zu erschließen, nachdem bereits ein weitgehender Verzicht auf Plenarversammlungen umgesetzt worden war. Zur Diskussion standen u.a. eine erhebliche Reduzierung der Zahl der tagenden Ausschüsse, eingeschränkte Leistungen für in Berlin ansässige Mitglieder sowie eine schlankere Stellvertreterregelung. Gegen eine »alsbaldige Verkleinerung« des RWR »durch schematische Herabsetzung der Mitgliederzahl« wurden hingegen Bedenken geäußert (hier von Paul Mitzlaff), auch wenn grundsätzlich, wie in den Beratungen des Verfassungsausschusses dokumentiert, eine »Verkleinerung« des RWR »anzustreben« sei (die Zitate von Mitzlaff und Leipart aus den bereits zitierten Aufzeichnungen der Besprechung, 17.11.1923, ebd., fol. 242–243).

kant. Nicht zuletzt aufgrund des Fortschritts in den Beratungen des Verfassungsausschusses – die von Mitzlaff und Cohen formulierten »Leitlinien« lagen seit Ende 1923 der Regierung zur Formulierung des Gesetzentwurfes vor – trat der transitorische Charakter immer deutlicher in Erscheinung. Auf der anderen Seite koinzidierten die Sparmaßnahmen mit der grundsätzlichen Überzeugung, die Strukturen des Reichswirtschaftsrats effizienter dimensionieren zu müssen, wollte man nicht der virulenten Kritik an der als aufgeblasen, teuer, schwerfällig und langsam wahrgenommenen Institution noch Vorschub leisten. Die Beratungen des Verfassungsausschusses belegen das eindeutig. Womit man sich freilich nicht einverstanden zeigen wollte, waren die durchaus harten Etatkürzungen, die den Reichswirtschaftsrat an den Rand der Arbeitsfähigkeit brachten.[52] Angesichts der Kräfteverhältnisse und dem Streben nach politischer Partizipation waren damit Anpassungsleistungen geboten, die sich auf der Ebene der Verfassungsberatungen *und* im praktischen Handeln vollzogen. Der »Kampf um Anerkennung«, der sich eben auch in der spezifischen Ausstattung des Etats materialisierte, und für den etwa die Auseinandersetzung um die freie Eisenbahnfahrt der MdRWR eine nur bei oberflächlicher Betrachtung lächerliche Pointe bildete,[53] stellte demnach eine Konstante dar, die ein grelles Licht auf die Fragilität des Reichswirtschaftsrats wirft. Doch auch auf praktisch-politischer Ebene scheinen die Jahre 1924 bis 1928 einen signifikanten Einschnitt insofern zu markieren, als die Aktivitäten des Reichswirtschaftsrats im Vergleich zur Formierungsphase teils merklich zurückgingen. Das hatte – neben den aus den Kürzungen resultierenden Arbeitsbeschränkungen – auch pragmatische Gründe: Zum einen bestand unmittelbar nach dem politischen Umbruch von 1918/19, den tiefgreifenden wirtschaftlichen Verwerfungen und den Verpflichtungen, die sich aus dem Versailler Vertrag ergaben, ein erhebliches Bedürfnis nach Normproduktion, das der Reichswirtschaftsrat ohnehin erst seit Mitte 1920 zu befriedigen helfen konnte. Zudem waren prestigeträchtige Vorhaben, man denke etwa an das Betriebsrätegesetz von 1920,[54] realisiert oder umgekehrt zwischenzeitlich ad acta gelegt worden, wie das Beispiel der ursprünglich weitreichenden Sozialisierungspläne verdeutlicht.[55] Und schließlich absorbierte der 1926 nicht

52 Vgl. besonders anschaulich hierzu Carl Friedrich von Siemens an RWiM Eduard Hamm, 24.11.1924, BArch R 401/11, fol. 209: »Wenn die Reichsregierung glaubt, dass die Schaffung des Vorläufigen Reichswirtschaftsrates ein Fehler war und es besser ist, wenn derselbe aufgelöst wird, dann halte ich es für richtiger, wenn dies in offener Weise geschieht«. Die Antwort von RWiM Hamm, 29.11.1924, ebd., fol. 211‘: »Grundsätzlich darf ich mit Nachdruck feststellen, daß die bisherigen Ersparnismaßnahmen [...] keineswegs einem Bestreben der Reichsregierung entspringen, den Reichswirtschaftsrat arbeitsunfähig zu machen und allmählich abzubauen.« Vgl. hier auch Leipart, »Gewerkschaften«, insb. S. 193.

53 Vgl. hierzu die folgenden Ausführungen in Kap. 3.3.

54 Hierzu Plumpe, *Betriebliche Mitbestimmung*, insb. S. 37–65; knapp Nörr, *Zwischen den Mühlsteinen*, S. 177–185, 203–209. Das Betriebsrätegesetz vom 4. Februar 1920 im RGBl. 1920, S. 147–174.

55 Vgl. knapp Hederer, »Wirtschaftsordnung«, S. 790–791.

zuletzt auf Anregung des Reichwirtschaftsrats eingesetzte »Ausschuß zur Untersuchung der Erzeugungs- und Absatzbedingungen der deutschen Wirtschaft«,[56] der sich bald kaskadenartig in zahlreiche Unter- und Arbeitsausschüsse zu verzweigen begann,[57] eine erhebliche Menge wirtschaftspolitischer Sachfragen, die dann im Reichswirtschaftsrat mit Verweis auf die noch laufende Arbeit der Enquête nicht bearbeitet oder entschieden wurden: Ein besonders herausgehobenes Beispiel stellte in diesem Zusammenhang das Thema der Konzentrationstendenz der deutschen Wirtschaft dar, das sich, so die starke, aber letztlich für die Zeitgenossen nicht mit Zahlen hinterlegbare Wahrnehmung, zunehmend in Kartellen, Trusts und Syndikaten manifestierte. Hierzu sollte im Dezember 1926 bereits dem Reichstag eine gut 280 Seiten starke, vom Statistischen Reichsamt ausgearbeitete Denkschrift über »Konzerne, Interessengemeinschaften und ähnliche Zusammenschlüsse im Deutschen Reich«[58] vorgelegt werden, deren Befunde im Abschlussbericht des für Kartellpolitik zuständigen »Unterausschusses für Wirtschaftsstruktur« zwar aufgegriffen, gleichwohl auch konkretisiert wurde.[59] Hierauf wird noch ausführlicher einzugehen sein.

Doch auch wenn der Reichswirtschaftsrat durch die Arbeit der Wirtschaftsenquête und die parallel erfolgten Beratungen über seinen zukünftigen rechtlichen Status in einem institutionellen Schwebezustand gefangen schien, wurde er nach wie vor aktiv und an zentraler Stelle in den Prozess der Politikformulierung eingebunden. Zu wichtig erschien der Regierung die fachliche Expertise, die er – auch oder gerade infolge der durch die Sparmaßnahmen erzwungenen Verschlankung – etwa in der Zollfrage[60] oder den durch die Bewältigung der Inflationsfolgen aufgeworfenen Fragen in der Steuer- und Preispolitik bereitzustellen imstande war. Unter Verweis auf das Credo der »Sachlichkeit« waren freilich derlei politische Themen riskant: Und so zwang etwa die im Reichswirtschaftsrat intensiv und kontrovers diskutierte »Frage der Besteuerung von Inflationsgewinnen« den Finanzpolitischen Ausschuss dazu, seinem förmlichen Gutachten *dissenting opinions* beizu-

---

56 Vgl. den »Entwurf eines Gesetzes über einen Ausschuß zur Untersuchung der Erzeugungs- und Absatzbedingungen der deutschen Wirtschaft« vom 5.3.1926, StenB 407, Nr. 2014, hier vor allem die Begründung, S. 5–6. Die Einsetzung wurde im Reichstag am 18.3. in erster, am 27.3. in zweiter und dritter Lesung diskutiert und beschlossen (StenB 389, S. 6291–6292 und StenB 390, S. 6860).

57 Vgl. zusammenfassend den von Berhard Dernburg u.a. hg. Abschlussbericht der Enquête: *Erzeugungs- und Absatzbedingungen*; dort, S. 217–220, findet sich auch eine Zusammenstellung der daraus hervorgegangenen Publikationen – es sind deren 98 Bde.

58 Vgl. die Denkschrift vom 9.12.1926, StenB 412, Nr. 2815, hier mit Vorwort von StS Trendelendorf, S. 1.

59 Vgl. den Generalbericht zur Kartellpolitik, in: *Verhandlungen und Berichte* 1, S. 1–91 sowie die Ausführungen in Kap. 4.4.

60 Vgl. hierzu den Bericht des Zolltarifausschusses des RWR über eine Stellungnahme zu dem Entwurf eines Gesetzes über Zolländerungen, 30.6.1925, Drs. RWR 347, BArch R 401/206, fol. 3–9'.

fügen;[61] ein Vorgehen, das im Reichswirtschaftsrat grundsätzlich umstritten war, konterkarierte es doch einerseits die These, im Unterschied zum Reichstag gerade nicht in Parteiungen zu zerfallen. Aber es schwächte andererseits auch seine Expertenrolle, wenn er sich außerstande zeigte, die Regierung mit *eindeutigen* Empfehlungen versorgen zu können. Die harte Wirklichkeit ökonomischer Verteilungsfragen, wie sie in besonderer Schärfe infolge der Inflation und ihren äußerst unterschiedlichen sozialen Effekte zutage trat,[62] konnte also auch im Reichswirtschaftsrat nur bedingt absorbiert werden. Denn was sich nicht in der – freilich nur scheinbar – neutralen Sprache der Ökonomie formulieren ließ, musste entweder politisch neutralisiert oder aus dem Kreis zu entscheidender Fragen ausgeklammert werden.

In besonders plastischer Weise illustriert dies die in den Jahren 1925/26, dann erneut zwischen 1929 und 1931 im Reichswirtschaftsrat evaluierte Preissenkungspolitik, die sich mit den konfliktträchtigen Bereichen des Kartellwesens und der Unternehmenskonzentration einerseits, Fragen der Konsum- und Verbraucherpolitik andererseits verband.[63] Und auch hier erwies sich der spezifische *modus operandi* des Reichswirtschaftsrats als prägend: Zum einen schien man nicht bereit, für politische Maßnahmen von ökonomisch zweifelhaftem Nutzen zu plädieren; zum anderen erachtete man es als zentrale Aufgabe, die in vielen Fragen sehr heterogenen Ansichten innerhalb des Reichswirtschaftsrats im Hinblick auf eine möglichst stichhaltige und plausibel Lagebeurteilung moderieren zu müssen. Die Lösung dieser doppelten Aufgabenstellung sollte für die beteiligten Akteure darin bestehen, quasi-parlamentarische Verfahren nach Möglichkeit zu umgehen, und sich über akribische Ausschussarbeit, Expertenhearings und ideologische Selbstbeschränkung ein Feld (vermeintlich) »reinen« Wissens zu erschließen, das gegen die Anfechtung des Politischen immun sei. Es verwundert daher nicht, dass gerade der Reichswirtschaftsrat für die Errichtung einer »umfassenden« Wirtschaftsenquête eintrat, um so »die nötige Grundlage für die Handels- und

---

61 Vgl. Gutachten des Finanzpolitischen Ausschusses zur Frage der Besteuerung von Inflationsgewinnen, Drs. RWR 346, 17.6.1925, BArch R 401/206, fol. 1–1' sowie die Anlagen ebd., fol. 1'-2'. Die Akten zu den Ausschussberatungen finden sich in BArch R 401/1246.

62 Die »traumatischen« Folgen der Inflation für die deutsche Gesellschaft und Politik skizziert etwa Feldman, *Great Disorder*, etwa S. 3–20 und S. 837–858, wobei er die Kontinuitäten zur Vorkriegszeit besonders betont, etwa S. 20: »As this book will show, the specific political and social character of the German inflation and the trauma it created must be understood in terms of the legacy of German prewar development.« Vgl. auch Borchardt, »Inflationsangst«, S. 247: »Zusammenfassend soll die Behauptung wiederholt werden, daß es seinerzeit keineswegs ganz irrational war, den Beginn einer Inflation zu fürchten. [...] So gesehen hätte bei den Entscheidenden 1931/32 also die Inflationsangst nicht nur auf der Ebene der Zielvorstellungen eine Rolle gespielt, sondern auch bei der Abschätzung der Steuerungsfähigkeit eines panik-gefährdeten Systems.«

63 Vgl. hierzu die Ausführungen in Kap. 4.4.

Preispolitik« schaffen zu können.[64] Und ganz allgemein sei es »wünschenswert«, so die Begründung des Gesetzentwurfs anknüpfend an den Reichswirtschaftsrat weiter, »in der gegenwärtigen Zeit der wirtschaftlichen Umstellung und der für alle Zweige der deutschen Wirtschaft bestehenden Schwierigkeiten ein Bild der gesamten wirtschaftlichen Verhältnisse zu erhalten«, um so »zuverlässige Unterlagen für etwaige gesetzgeberische und verwaltungsmäßige Maßnahmen« zur Verfügung zu haben.[65] Der Untersuchungsausschuss sollte also Wissensdefizite beseitigen, die eine adäquate politische Reaktion auf derart grundsätzliche Fragen der Wirtschaftsorganisation, der Steuer-, Preis- und Konsumpolitik (um bei den genannten Beispiele zu bleiben) erst ermöglichen würden. Doch nicht nur darin konvergierten Enquête und Reichswirtschaftsrat in ihrer Herangehensweise; man teilte auch das damit verbundene Dilemma, politische Fragen *auch* politisch entscheiden zu müssen, vor allem dann, wenn man aus ökonomischer Sicht mit guten Gründen Unterschiedliches entscheiden konnte. Dies sollte sich etwa in der zentralen Frage nach den ökonomischen und sozialen Effekten von Kartellen zeigen: Der Reichswirtschaftsrat verzichtete hier trotz allen öffentlichen und internen Drucks bewusst darauf, kartellfreundlich oder kartellkritisch argumentieren – zu viele Argumente konnten beide Seiten für sich reklamieren, zu uneindeutig die aus regulatorischen Maßnahmen resultierenden Effekte, und zu unterschiedlich die jeweilige Überzeugung davon, welche volkswirtschaftliche Funktion dem Phänomen der Unternehmenskonzentration überhaupt zukam und zukommen sollte.[66] Auch wenn der Abschlussbericht der Enquête diesen Aspekt relativieren sollte und darauf verwies, dass viele Entwicklungen, die man als besonders neu wahrnehme, »lediglich frühere Entwicklungsansätze fortgeführt«, diese jedoch »beschleunigt und verstärkt« hätten,[67] akzentuierte er das Dilemma, zwar auf diesem Wege sachliche Einsichten bieten, nicht aber politische Patentrezepte verschreiben zu können. Das galt auch für das Kartellwesen, das sich angesichts der kumulativen Krisen als verlockende Option erwiesen hätte, verlustreichen Preiskämpfen zu entkommen und im wahrsten Sinne des Wortes berechenbare Strukturen zu etablieren. Dies und die kartellkritische Stimmung in der Öffentlichkeit, so bilanziert der Generalbericht für »Kartellpolitik«, hätten zur Konsequenz, dass »die große Mehrzahl der Kartelle« sich gezwungen sah, »nach außen und innen um Behauptung und Formung zu ringen und damit ihre Arbeit zu vertiefen.«[68] Die Enquête lieferte also, was man erwartet hatte: Befunde über

64 Beschluss des Wirtschaftspolitischen Ausschusses des RWR, 22.9.1925, zit. nach der Begründung des Gesetzentwurfs über die Einrichtung der Wirtschaftsenquête vom 5.3.1926, StenB 407, Nr. 2014, S. 5.
65 Ebd., S. 6.
66 Vgl. hierzu die Ausführungen in Kap. 4.4.
67 *Erzeugungs- und Absatzbedingungen*, S. 7.
68 Generalbericht zur Kartellpolitik, in: *Verhandlungen und Berichte* 1, S. 14.

die Praxis der Wirtschaftsordnung im Reich. Was sie nicht lieferte und liefern konnte, waren konkrete Handlungsempfehlungen. Für den Reichswirtschaftsrat bedeutete dies, seine Rolle stets auf neue definieren zu müssen, wollte man nicht als Expertenrat ohne Repräsentationsanspruch missverstanden werden. Er sollte sich für den Verzicht auf die Politisierung der als ökonomisch definierten Fragen – und sie mussten als solche nicht zwingend definiert werden – entscheiden. Ob er damit aber gleichzeitig aus dem Kreis der politisch einflussreichen Akteure ausschied, ist eine schwer zu beantwortende Frage. Denn umgekehrt schien dies seine einzige Chance zu sein, im institutionellen Gefüge des Reichs einen Platz und Gehör zu finden. Darin lag seine Fragilität.

Versucht man, die hier skizzierten Entwicklungen zu systematisieren, so stechen insbesondere zwei Beobachtungen ins Auge, die sich institutionentheoretisch reformulieren lassen. Die seit 1923/24 wirksamen Einsparungen im Etat des Reichswirtschaftsrats zwangen ihn zu einer organisatorischen Neujustierung, die sich vor allem im Verzicht auf das Plenum und damit den Parlamentscharakter manifestierte. Weitere, als besonders schmerzlich empfundene Einschränkungen, etwa die freie Eisenbahnfahrt oder Einschnitte im Personaletat, wurden zwar kritisiert – dann aber unter dem Druck der Umstände faktisch hingenommen.[69] Der Reichswirtschaftsrat, wie er seit dieser Zeit agierte, war damit, was seine Form betraf, ein ganz anderer geworden, als er ursprünglich hätte sein sollen. Auf die erzwungene Neujustierung folgte so ein Prozess der Anpassung, der sich organisatorisch wie habituell Ausdruck verschaffte. Denn in seiner praktischen Arbeit kann nur bedingt von gravierenden Veränderungen gesprochen werden; vielmehr scheint der Anpassungsdruck die Festigung einer institutionellen Praxis und eines institutionellen Selbstverständnisses »ökonomischer Sachlichkeit« eher forciert zu haben. Diese Beobachtung liegt quer zur gängigen Annahme eines in der Suspendierung des Plenums symbolisch verdichteten Niedergangsprozesses, der das Scheitern der Gesetzentwürfe dann als logische Folge erscheinen lässt.[70]

69 Vgl. die Akten in R 43-I/1195, etwa fol. 5–5' (Einsparungen zum 31.3.1924), RWiM an Vorstand des ADGB, 12.9.1924, fol. 28–30; und R 3101/20456, fol. 19–20. Vgl. auch RWiM an Kabinett, 29.7.1926, BArch R 3001/7899, fol. 308–310': Verteidigt die Sparmaßnahmen, gibt aber zu bedenken, ob man nicht die Restriktionen gegenüber dem RWR nun aufheben solle, da der endgültige RWR ja immer noch nicht existiere. Im Übrigen werde im RWR die Rechtauffassung vertreten, dass ein Fortbestehen der Beschränkungen mit der Verfassung nicht in Einklang zu bringen sei; das müsse im Kabinett diskutiert werden.

70 Die ansonsten unverzichtbare Darstellung von Gusy, *Weimarer Reichsverfassung*, S. 368 ist dabei insofern typisch, als sie einen kontinuierlichen Niedergang des RWR nach dem faktischen Ende der Vollversammlung 1923 (narrativ) suggeriert. So heißt es in den Ausführungen: »Am 30.6.1923 vertagte sich das Plenum aus Kostengründen auf unbestimmte Zeit und trat nie mehr zusammen. Seine verbliebenen Aufgaben wurden fortan von den Ausschüssen wahrgenommen. Initiativen, den Gesetzgebungsauftrag des Art. 165 Abs. 6 WRV auszuführen und einen neuen Wirtschaftsrat zu schaffen, scheiterten dementsprechend 1928

Die Antwort des Reichswirtschaftsrats auf die von Seiten der Regierung initiierte *conversion* bestand also darin, sich den veränderten Umständen anzupassen und der existierenden Institution neue Spielregeln zu verpassen.[71] Pointiert lässt sich die Entwicklung zwischen Hyperinflation und Weltwirtschaftskrise als Phase eines durchaus bewusst moderierten institutionellen Adaptionsprozesses beschreiben, der infolge der oktroyierten Sparmaßnahmen nicht zu einer *exhaustion*[72] der Institution führten, sondern zur Ausformung eines institutionellen Selbstverständnisses. Das Beharren aller Akteure auf dem Ziel, einen endgültigen Reichswirtschaftsrat im ordentlichen Gesetzgebungsverfahren zu implementieren, unterstreicht diesen Befund. Damit ist freilich nichts über den tatsächlichen, quantifizierbaren *output* des Reichswirtschaftsrats gesagt; festzuhalten ist allerdings, dass er in dieser Phase ein institutionelles Profil gewann, das den zukünftigen Reichswirtschaftsrat in der Praxis vorwegnahm und dadurch einen Status beanspruchte, der über den Rahmen der Verordnung von 1920 hinauswuchs. Das war der zentrale Spannungspunkt in der letzten Phase: Denn wer mochte aus Sicht der Regierung den eigenen politischen Handlungsraum durch den Reichswirtschaftsrat unnötig verkleinert wissen, wenn man, gestützt auf das Notverordnungsrecht des Reichspräsidenten, in Fragen der Wirtschaft auch unkomplizierter alleine agieren konnte?

3.2.3 Infragestellung und Behauptung: 1929–1933/34

So sehr die ökonomische Expertise des Reichswirtschaftsrats auch nachgefragt wurde, so sehr war er mit dem sukzessiven Übergang zur Praxis der »Präsidialkabinette« als Institution des politischen Systems mehr und mehr infrage gestellt.[73]

---

und 1930 mangels politischer Unterstützung.« Insbesondere die Formulierung »dementsprechend« suggeriert eine Kausalität, die in dieser Form nie bestand. Auch gilt es anzumerken, dass die Gesetzentwürfe über den endgültigen RWR im Reichstag eine Mehrheit erhalten hatten, nur eben keine verfassungsändernde. Die Suggestion politischen Desinteresses ist vor diesem Hintergrund tendenziell irreführend.

71 Vgl. Streeck/Thelen, »Introduction«, S. 31: »Layering«: »New elements attached to existing institutions gradually change their status and structure.« Hacker/Pierson/Thelen, »Drift and conversion« reduzieren die institutionellen Wandlungsdynamiken auf die Phänomene *drift* (Institution bleibt, Kontext verändert sich) und *conversion* (aktiver Prozess der Umsteuerung einer Institution); in diesem Fall könnte das Verhalten des RWR als *conversion* interpretiert werden, auch wenn dadurch der durchaus heteronome Charakter dieses Wandels stark in den Hintergrund gerückt würde.

72 Streeck/Thelen, »Introduction«, S. 29–30, Definition S. 31: »Gradual breakdown (withering away) of institutions over time«.

73 Zur Endphase der Weimarer Republik vgl. Gusy, »Überforderung«, S. 312–314; Blasius, *Weimars Ende*, S. 22 mit Blick auf Brünings Versuch, eine Politik »oberhalb der Parteien« zu praktizieren. Der Fokus von Blasius' Arbeit liegt indes auf der Gewaltgeschichte der frühen 1930er Jahre. Überblick bei Wirsching, *Weimarer*

Und so zeigt sich neben den durchaus umfassenden Aktivitäten des Reichswirtschaftsrats etwa auf dem Gebiet der Preis-, Kartell- und Konsumpolitik, auf die noch gesondert einzugehen sein wird, ein fortgesetztes Ringen des Vorstandes, von Seiten der Regierung nicht nur sporadisch, sondern regelmäßig, nicht nur pro forma und überdies zu spät, sondern als Eckstein der politischen Entscheidungsfindung eingebunden zu werden. Die fragile Stellung des Reichswirtschaftsrats setzte sich damit unvermindert fort, ja verfestigte sich infolge des gescheiterten Gesetzgebungsverfahrens. Rechtlich lagen die Dinge einfach: der vorläufige Reichswirtschaftsrat würde so lange bestehen, bis der endgültige zusammentritt – erst dann sei er durch die Reichsregierung aufzulösen.[74] Zunächst aber blieb vieles offen, und ein weiterer Anlauf, das Gesetz durch den Reichstag zu bringen, scheint – die Quellen sind hier überraschend schmallippig[75] – nicht ernsthaft als Option in Erwägung gezogen worden zu sein. Nach den Septemberwahlen 1930 war dies auch nicht mehr realistisch, es fehlten schlicht die Mehrheiten.[76] Paradoxerweise aber schien für den Reichswirtschaftsrat die erhebliche Verschiebung des Handlungsrahmens – Bedarf an ökonomischer Expertise in der Krise und zunehmende Kaltstellung des Reichstags – zunächst die insgeheim gehegte Chance zu bieten, das »politische Parlament« zu *ersetzen*. Denn angesichts der gravierenden Krisenlage sei Sacharbeit den Verhältnissen ohnehin angemessener

Republik, S. 109–118 und Kolb/Schumann, *Weimarer Republik*, S. 130–153, 255–278. Zur Infragestellung des RWR vgl. Kap. 4.5 sowie im Folgenden Kap. 3.3.

74 Vgl. Art. 13 der VO über den Vorläufigen RWR vom 4.5.1920, RGBl. 1920, S. 869.

75 Schon im Vorfeld war im Vorstand des RWR Skepsis geäußert worden, ob mit einer baldigen Verabschiedung der Gesetzentwürfe zu rechnen sei. So hielt es Berichterstatter Cohen noch am 18. Juni 1930 für »nicht sehr wahrscheinlich«, dass diese »bald vom Reichstag verabschiedet werden würden«. Umso mehr sei gegenüber der Regierung darauf zu drängen. Ähnlich äußerte sich Hans Kraemer, der sich auf »massgebende Stellen der Reichsregierung« bezog. Auch Umbreit und Siemens plädierten für eine rasche Einsetzung des »endgültigen Reichswirtschaftsrats« (vgl. 61. Sitzung des erweiterten Vorstandes des RWR, 18.6.1930, BArch R 401/13, fol. 76–93, die Zitate fol. 77, 78). In der Folgesitzung am 19.12.1930 stand das Thema »endgültiger Reichswirtschaftsrat« schon nicht einmal mehr auf der Tagesordnung, und die Beratungen legen nahe, dass man *business as usual* zu verfahren gedachte (vgl. 62. Sitzung des erweiterten Vorstandes, 19.12.1930, ebd., fol. 112–132). Bemerkenswert erscheint darüber hinaus, dass im Herbst 1930 der RWR zwar seine Öffentlichkeitsarbeit erheblich intensivierte und hier auch den Zusammenhang zwischen dem Bild des RWR in der Öffentlichkeit und der dort vorherrschenden geringen Kenntnisse seiner tatsächlichen Arbeit herstellte; auf das gescheiterte Gesetzgebungsverfahren wurde allerdings nicht explizit eingegangen (vgl. hier die MittRWR vom 20.12.1930, S. 43–44).

76 Kolb/Schumann, *Weimarer Republik*, S. 134 (die Wahlergebnisse S. 355) sprechen mit Blick auf das Ergebnis der NSDAP, die einen Stimmenzuwachs von knapp 16 Prozentpunkten und einen Vervielfachung der Mandate von 12 auf 107 verzeichnen konnte, von einer »Katastrophenwahl«.

als das »Tohuwabohu«[77] im Reichstag. Das glaubte man jedenfalls,[78] und befand sich damit in einem durchaus breiten parlamentarismuskritischen Diskursraum, der sich nicht auf ein politisch-ideologisches Lager reduzieren ließ.[79] Dennoch sollte der Reichswirtschaftsrat aus dieser Gemengelage kein Kapital schlagen können; im Gegenteil sind die Jahre ab 1930 geprägt von einem schon fast verzweifelt anmutenden Bemühen um Teilhabe am politischen Entscheidungsprozess, die nur mehr sehr eingeschränkt gewährt wurde. Der Reichswirtschaftsrat zog daraus die Konsequenz, sich selbst ins Spiel bringen zu müssen; das Beispiel der Arbeitsbeschaffungspolitik wird dies zeigen.[80]

Als ein »Schlag gegen den Reichswirtschaftsrat«[81] freilich wurde – nicht zu Unrecht – die Bildung des (letztlich sehr kurzlebigen) »Wirtschaftsbeirats« empfunden, den Reichspräsident von Hindenburg auf Betreiben der Regierung Brüning im Herbst 1931 ins Leben gerufen hatte.[82] Angesichts der »ausserordentlichen Wirtschaftswirrniss«, so Hindenburg in der ersten Sitzung des Beirats am 29. Oktober 1931, habe er sich dazu entschlossen, »aus führenden Persönlichkeiten des wirtschaftlichen Lebens [...] einen Wirtschaftsbeirat« einzurichten, »um der Reichsre-

77 Cohen, »Reichswirtschaftsrat«, S. 754. An anderer Stelle spricht er von einer »von Leidenschaften durchwühlten Zeit«, in der der RWR darauf achten solle, nicht übergangen zu werden (Max Cohen, 191. Sitzung des Sozialpolitischen Ausschusses des RWR, 12.12.1930, BArch R 401/13, fol. 175, Zitat fol. 177).

78 Vgl. etwa Fritz Baltrusch, 64. Sitzung des erweiterten Vorstandes des RWR, 20.12.1930, BArch R 401/13, fol. 76. Später auch Fritz Tarnow, 1. Sitzung des Zentralausschusses des RWR, 21.12.1931, BArch R 401/616, fol. 79: »Wenn das politische Parlament nach Hause geschickt wird, dann kann es nichts machen. Das Wirtschaftsparlament ist aber noch nicht in der Form nach Hause geschickt worden, es ist noch da, und ich meine, es hätte wirklich jetzt die Aufgabe, zu zeigen, dass es da ist.«

79 So verweist etwa Jens Hacke in seiner Arbeit über den Liberalismus der Zwischenkriegszeit (irritiert) auf die Parlamentarismuskritik ausgerechnet in Kreisen der (Ordo-)Liberalen, die Demokratie, Pluralismus und Parlamentarismus als krisenverschärfende Faktoren aufgefasst hätten. Und weiter unter Bezugnahme auf Eucken und Rüstow: »Bei der Lektüre ihrer Bestandaufnahmen erhärtet sich der Eindruck, dass die Realität des Parlamentarismus und des Parteienstaates lediglich als letzte Stufe einer Verfallsgeschichte wahrgenommen wurde.« (Hacke, *Existenzkrise*, S. 357, das Zitat S. 360). Diesen Befund aber mit einer »unübersichtlichen Lage« (ebd., S. 357) zu erklären, erscheint eher unbefriedigend. Vgl. hierzu auch Hederer/Priemel, »In der Schwebe«, S. 109–110.

80 Vgl. hierzu die Ausführungen in Kapitel 4.4 mit den entsprechenden Belegen. Anschaulich auch der »Lagebericht« in den MittRWR vom 30.11.1931, S. 23–28.

81 »Aufzeichnung über eine von dem Vorsitzenden des vorl. Reichswirtschaftsrats, Herrn Leipart, mit den Ausschußvorsitzenden, Herrn Kraemer, Umbreit, Cohen und Dr. Aug. Müller, am 14. Oktober 1931, nachmittags 4 Uhr, im Präsidialzimmer abgehaltene Besprechung«, BArch R 401/616, fol. 41.

82 Hierzu knapp Lilla, *Reichswirtschaftsrat*, S. 117–119. Ausführlich die Akten unter BArch R 43-I/1165 und R 43-I/1166. Eine Liste der Mitglieder findet sich in BArch R 43-I/1165, fol. 216–216‘. Konkret zur Entstehung: Auszug Kabinettssitzung vom 10.10.1931, BArch R 43-I/1165, fol. 4: Brüning »betonte, daß vordringliche Aufgabe des Reichskabinetts die Schaffung eines Wirtschaftsbeirats sei.« Und Schreiben des Reichspräsidenten an RK Brüning, 13.10.1931, ebd., fol. 15: »Es scheint mir geboten, [...] einen kleinen Kreis führender Sachverständiger aus den verschiedenen Zweigen des wirtschaftlichen Lebens, auch Vertreter der Arbeitnehmer, als Wirtschaftsbeirat der Reichsregierung einzusetzen [...].«

gierung bei ihren Bemühungen um einen Weg zu helfen, auf dem die wirtschaftliche und soziale Not des deutschen Volkes zum besseren gewendet werden kann.«[83] Nicht nur in der Presse stellte man sich allerdings die Frage, wozu ein neuer Wirtschaftsbereit geschaffen werden müsse, wo doch genau zu demselben Zweck bereits der Reichswirtschaftsrat existiere: So wurde etwa im Berliner Tageblatt unter der vielsagenden Überschrift »Der übergangene Reichswirtschaftsrat« konstatiert, es sei angesichts der vielfältigen Beteuerungen der Regierung, dass der Reichswirtschaftsrat »nicht zu entbehren« sei, durchaus »unverständlich, wieso sie von dieser nun einmal vorhandenen Einrichtung keinen Gebrauch macht«.[84] Wenig überraschend bezog auch Georg Bernhard als einer seiner exponiertesten Verteidiger eindeutig Stellung: So sei die Notwendigkeit der Einrichtung eines neuen Beirats »hundertprozentig« mit »Nein« zu beantworten, zumal seit zehn Jahren ein keineswegs kostengünstiger Reichswirtschaftsrat existiere, an dem die Regierung ja offenkundig festhalten wolle. Daher wäre es naheliegend gewesen, »in einer Aera der dauernden Vertagung des politischen Parlaments in stärkerem Maße das bestehende und in der Verfassung vorgesehene wirtschaftliche Gutachterparlament stärker in die Vorbereitung der Notverordnungen einzuschalten. Die Regierung hat das Gegenteil getan.« Gleichzeitig sei es aber in der Tat »vielleicht noch wunderbarer«, diese »Kaltstellung« passiv zu erdulden, anstatt »von sich aus unaufge-

83 Reichspräsident von Hindenburg, 1. Sitzung des Wirtschaftsbeirats, 29.10.1931, BArch R 43-I/1165, fol. 209'. Ein Abgleich der Mitglieder führt zu acht Personen, die zeitgleich als MdRWR und Mitglieder des Wirtschaftsbeirats fungierten: Ernst Brandes, Wilhelm Eggert, Peter Graßmann, Bernhard Grund, Joseph Jahn, Bernhard Otte, Ernst Pflugmacher, Max Rössiger (vgl. Lilla, *Reichswirtschaftsrat*, S. 118–119 sowie die biographischen Notizen ebd., passim).

84 W. Gol[dstein], »Der übergangene Reichswirtschaftsrat«, in: Berliner Tageblatt Nr. 570, 3.12.1931, BArch R 401/355, fol. 5. In der Akte finden sich eine ganze Reihe ähnlich lautender Stellungnahmen der Presse, vor allem *ex post*, als sich die Einrichtung des Wirtschaftsbeirats faktisch als ein Schlag ins Wasser erwiesen hatte. Im Vorfeld etwa zeigte sich die Vossische Zeitung vom 22.10.1931 (Nr. 499) unter der Überschrift »Führung und Beirat« noch verhalten optimistisch: Zwar könne ein Beirat der Regierung nicht die Verantwortung in wirtschaftspolitischen Fragen abnehmen; die Einrichtung des Beirats könne aber, zumal unter der Autorität des Reichspräsidenten stehend, dazu beitragen, die politischen Gräben unter dem Diktum der Sacharbeit überwinden zu helfen. Hier wird im Übrigen die Konkurrenzsituation zum RWR besonders deutlich. Wesentlich ernüchterter klang dann allerdings Richard Winners in Nr. 553 der Vossischen Zeitung vom 24.11.1931, als er unter dem Titel »Beirats Ende« das Kernproblem in einer fehlgeleiteten »psychologischen Disposition« zu erkennen glaubte: Nicht die Zusammensetzung des Beirats sei das Problem gewesen, wie man vielfach zu hören bekomme, sondern der naive Glaube, die Regierung könne auf Basis einer fachlichen Expertise durch schlichte Umsetzung derselben die Dinge zum Guten wenden. Doch »[a]uch jetzt wird die Regierung das erlösende Zauberwort nicht sprechen können, sie wird die Wunderkur nicht ausfindig machen, ganz einfach deshalb, weil es eine solche Patentmedizin nicht gibt.« Die Skepsis gegenüber der Leistungsfähigkeit eines politischen *modus operandi*, der im Glauben an die Wirkmacht objektiver Erkenntnis Lösungen anzubieten und deren Realisierung expertokratisch präfigurieren zu können, ist hier mit Händen zu greifen und verweist implizit auch auf Gründe der »Infragestellung« des RWR, wie sie hier als Strukturmerkmal der dritten Phase vorgestellt wird.

fordert ein Wirtschaftsprogramm zu entwickeln.« Man wisse ja: »Wer sich grün macht, den fressen die Ziegen.«[85]

Die pointierten Einwürfe Bernhards, die hier exemplarisch herausgegriffen wurden, illustrieren das Dilemma, in dem sich der Reichswirtschaftsrat befand, das er aber in unmittelbarer Folge – und vermutlich auch motiviert durch die erniedrigenden Erfahrungen mit dem »Wirtschaftsbeirat« – im Kontext der Frage nach geeigneten arbeitsmarkt- und konjunkturpolitischen Maßnahmen zur Überwindung der immer gravierendere Formen annehmenden Wirtschaftskrise selbst überwand.[86] Insofern markierte der Wirtschaftsbeirat einen *turning point*, der – ganz im Sinne Bernhards – den Akteuren deutlich machte, dass der politische (nicht verfassungsrechtliche) Fortbestand der Institution nicht, wie in der Verordnung von 1920 unter völlig anderen Umständen normiert, vom Gutdünken der Regierung abhängig gemacht werden dürfe. Denn die Stimmung im Reichswirtschaftsrat war, als die Pläne der Regierung 1931 durchzusickern begannen, zwar angespannt und gereizt, unterm Strich aber auch durchaus devot. So stellte Theodor Leipart in einer vertraulichen Besprechung mit den Ausschussvorsitzenden Hans Kraemer, Paul Umbreit, Max Cohen und August Müller nach kontroverser Diskussion »fest, daß der Reichswirtschaftsrat jetzt nichts unternehmen solle.«[87] Gleichwohl wurde erheblicher Unmut darüber laut, dass man keine angemessene Berücksichtigung im politischen Entscheidungsprozess finde, man mit »Antichambrieren bei Brüning« aber auch »nicht weiter« komme.[88] Und Hans Kraemer ätzte, dass selbst die Arbeitgeberverbände nicht gehört worden seien, und Brüning sich wohl lieber mit Leuten umgebe, »die er sich selbst ausgewählt habe.«[89] Der Grund liege auf der Hand: »Die Regierung habe anscheinend kein Programm. Wenn sie aber vor den Reichswirtschaftsrat trete, müsse sie etwas vorlegen. Habe sie dagegen nur eine kleine Kommission um sich herum, so würde sie mit dieser leichter fertig werden.«[90] Ignorieren sei also das Gebot der Stunde. Doch die Bemühungen insbesondere der Vorsitzenden Siemens und Leipart, bei der Reichsregierung mehr Gehör zu finden, zogen sich bereits seit einiger Zeit

---

85 Georg Bernhard, Rat statt Tat, in: 8 Uhr Abendblatt, 20.11.1931, BArch R 401/357, fol. 95.

86 So Theodor Leipart in der 2. Sitzung des Zentralausschusses des RWR, 21.1.1932, BArch R 401/618, fol. 25: »Der Ausschuss ist geboren aus dem System der Notverordnungen der Regierung, die alle die Überschrift tragen ›zur Sicherung von Wirtschaft und Finanzen‹. Der Ausschuss ist nicht etwa auf eine Anregung oder einen Wunsch der Regierung zurückzuführen, sondern ist aus der eigenen Initiative des RWR entstanden.«

87 Besprechung vom 14.10.1931, BArch R 401/616, fol. 44.

88 So Paul Umbreit ebd., fol. 42.

89 Hans Kraemer ebd., fol. 41–42.

90 Ebd.

ergebnislos hin.[91] Besonders deutlich wurde dies im Rahmen der am 6. November 1931 abgehaltenen Sitzung des erweiterten Vorstandes, die nicht zuletzt aufgrund der »starke[n] Beunruhigung darüber [...], dass gerade jetzt in der schwierigen Zeit, [...] die Ausschüsse des RWR nicht zum Zuge gekommen sind«, anberaumt worden war.[92] So habe er, Leipart, sich bereits am 28. Juli mit Carl Friedrich von Siemens über die Frage beraten, »ob es nicht an der Zeit sei, der Reichsregierung zu sagen, dass es doch wohl richtiger wäre, in dieser Zeit neumodischer Gesetzgebung auf dem Wege der Notverordnung, wenn schon das politische Parlament zur Mitarbeit nicht zur Verfügung steht oder nicht zu gebrauchen ist, wenigstens den RWR heranzuziehen, der für sich niemals beansprucht hat, ein Parlament zu sein, sondern sich immer mit seiner eigentlichen Aufgabe, nur Gutachten für die Regierung abzustatten, durchaus beschieden hat.«[93] Zu einem Austausch mit Staatssekretär Trendelenburg sei es in der Folge gekommen, im Rahmen dessen auch das Angebot unterbreitet worden war, einen »15-gliedrige[n] Ausschuss« zu bilden, der »in ständiger Bereitschaft« gehalten werden solle, »um zu allen von der Reichsregierung erforderten Auskünften, Ratschlägen, Gutachten zur Verfügung zu sein.«[94] Indes: »Aus der Besprechung, die Herr von Siemens und ich mit dem Herrn Reichskanzler haben wollten, ist leider nichts geworden«[95], und auch die folgenden Bemühungen erweckten eher den Eindruck, die beiden Vorsitzenden des Reichswirtschaftsrats würden gezielt auf Distanz gehalten.[96] Vor diesem Hintergrund verlieh Hans Kraemer seiner Enttäuschung über die Umgehung des Reichswirtschaftsrats Ausdruck, habe dieser doch in den vergangenen

91 Vgl. etwa Carl Friedrich von Siemens in der 183. Sitzung des Wirtschaftspolitischen Ausschusses des RWR, 6.8.1931, BArch R 401/409, fol. 125–127. Man sei in der Reichskanzlei bisher nicht durchgedrungen, dort herrsche offenbar ein »Durcheinander« (ebd., fol. 126). Desgleichen Hans Kraemer, ebd., fol. 123: Man bemühe sich »seit einiger Zeit, die Einschaltung des RWR in die Geschehnisse der Zeit herbeizuführen. Aber ich habe die Empfindung, dass die Reichsregierung, nachdem sie den Reichstag ausgeschaltet und auch den Reichsrat nur soweit zuzieht, wie es unbedingt notwendig ist, Bedenken trägt, das an sich unpolitische Gremium des RWR als Beratungskörper heranzuziehen.« Insbesondere aufgrund der Semantik ein äußerst aussagekräftiges Zitat. Zu Carl Friedrich von Siemens jüngst Bähr, *Carl Friedrich von Siemens*, insb. S. 243–263.

92 Vorsitzender Leipart, 63. Sitzung des erweiterten Vorstandes des RWR, 6.11.1931, BArch R 401/13, fol. 245–246.

93 Ebd., fol. 247–248.

94 Ebd., fol. 251–252.

95 Ebd., fol. 252.

96 Ebd. Wie Bähr, *Carl Friedrich von Siemens*, S. 236–243 schildert, gab es im zeitlichen Umfeld erhebliche Unstimmigkeiten zwischen Siemens als Vorsitzendem des Verwaltungsrats der Deutschen Reichsbahn-Gesellschaft (DRG) und der Regierung Brüning über die betriebswirtschaftliche Ausrichtung der Reichsbahn, den Modus ihrer Beteiligung an den geplanten Arbeitsbeschaffungsmaßnahmen und die Steuerungsmöglichkeiten der Regierung gegenüber dem Verwaltungsrat. Es liegt nahe, dass der offenkundig auch persönliche Konflikt zwischen Brüning und Siemens mit den hier skizzierten Obstruktionen in Verbindung zu bringen ist.

Jahren »sehr ernste Arbeit geleistet«[97], insbesondere etwa auch im Kontext der exorbitanten Krisenkonstellation der Jahre 1922/23. Zu »fast allen wichtigen Fragen, die die deutsche Wirtschaft betrafen« habe man »nicht nur sachverständige, sondern auch der Volksgesamtheit dienende Arbeit geleistet.«[98] Dass die Regierung den Reichswirtschaftsrat nun, nachdem man ihm eben noch in der durchaus bedeutenden Kartell- und Preispolitik den »wärmste[n] Dank« ausgesprochen hatte, »mit einer Handbewegung« aus dem Spiel nehme, sei bedauerlich und nicht nachvollziehbar.[99] Ähnlich August Müller, der vor allem auf die »vollendete Sachlichkeit« verwies, die »in all den Jahren« im Reichswirtschaftsrat geherrscht habe; »kein zweites [Gremium] in Deutschland« habe es gegeben, »in dem man sich von der Notwendigkeit der Verständigung so stark immer leiten liess [...] wie hier.«[100] Optimistischer indes Max Cohen: Er »glaube, [...] dass man zu der Ueberzeugung kommen wird, dass hier die Stelle ist, die die Arbeiten, die jetzt nötig sind, besser leisten kann als irgendeine andere« Institution.[101] Reichswirtschaftsminister Hermann Warmbold hob denn auch in seiner letztlich im Ungefähren verharrenden Stellungnahme die Bedeutung des Reichswirtschaftsrats in Vergangenheit und Gegenwart hervor, dessen Arbeit »nicht entbehrt werden« könne, »wenn in Zukunft alle die schwierigen Fragen, die sich in unserm Wirtschaftsleben auf sozialpolitischem und finanzpolitischem Gebiet ergeben, gelöst werden sollen.« Er werde im Kabinett daher in jedem Falle »dafür eintreten, dass die Arbeit des RWR nach wie vor zu ihrem Rechte« komme.[102] Konnte man sich darauf verlassen? Zunächst jedenfalls schienen die Mitglieder des erweiterten Vorstandes durchaus gewillt, den Beteuerungen des Wirtschaftsministers Glauben zu schenken. Man entschied sich daher auf Anregung Max Cohens dazu, der Regierung eine Entschließung zukommen zu lassen, in der die »Brüskierung des RWR« ebenso angesprochen wird wie die positive Stellungnahme Warmbolds zu seiner zukünftigen Rolle. Man lege »grössten Wert« darauf, baldmöglichst in Erfahrung zu bringen, wann man denn »in den verfassungsmäßig gezogenen Grenzen« wieder »in stärkerem Umfange als jetzt« tätig werden dürfe.[103] Im Ergebnis herrschte jedoch bald noch größere Ernüchterung.[104] Denn was war von alle dem zu halten,

97 Hans Kraemer, 63. Sitzung des erweiterten Vorstandes des RWR, 6.11.1931, BArch R 401/13, fol. 257.
98 Ebd., fol. 257–258.
99 Ebd., fol. 269.
100 August Müller, ebd., fol. 269. Bezeichnenderweise spricht er von einer »unerträglichen, mit unserem Selbstgefühl unvereinbaren Situation, die sich jetzt abgespielt hat« (ebd., fol. 270).
101 Max Cohen, ebd., fol. 273.
102 RWiM Hermann Warmbold, ebd., fol. 262 (alle Zitate).
103 Max Cohen, ebd., fol. 301–303; dort auch der Beschluss.
104 In der 1. Sitzung des Zentralausschusses des RWR, 21.12.1931, BArch R 401/618, fol. 1–2, referierte Siemens noch von einer Unterredung mit Warmbold, wo dieser ihm und Leipart beteuert habe, »dass er durchaus den RWR heranziehen möchte, dass das durchaus der Wunsch des Ministeriums sei und dass er auch be-

wenn gut ein Jahr später, am 11. Januar 1933 Wirtschaftsminister Warmbold unter Bezugnahme auf sein Schreiben vom 24. Dezember 1931 erneut gegenüber seinen Kabinettskollegen dafür eintrat, ja eintreten musste, »den vorl. Reichswirtschaftsrat wieder in größerem Umfange bei der Vorbereitung wichtiger wirtschafts- und finanzpolitischer Maßnahmen zur Mitarbeit heranzuziehen.«[105] Und auch das Bekenntnis Reichskanzler von Schleichers zum Reichswirtschaftsrat, dessen Bitte um eine intensivere »Heranziehung« er »lebhaft unterstützt«[106], wurde nur kurze Zeit später von den politischen Ereignissen überholt.[107]

Unterm Strich eine merkwürdige Ambivalenz: Auf der einen Seite die engagierten Bemühungen der Vorsitzenden Siemens und Leipart, gerade angesichts der komplexen wirtschaftlichen, sozialen und fiskalischen Problemlagen eine tragende Rolle für den Reichswirtschaftsrat im institutionellen Gefüge der Republik und dem politischen Entscheidungsprozess zu fordern. Man verwies dabei nicht zuletzt auf die schwierigen Jahre 1922 und 1923, wo der Reichswirtschaftsrat seine Relevanz und Effizienz unter Beweis gestellt habe. Auf der anderen Seite die Beteuerungen der Regierung, denen jedoch nur sehr bedingt Taten folgten. Auffallend ist aber auch, dass am Reichswirtschaftsrat von sämtlichen Akteuren, man ist geneigt zu sagen: unverdrossen festgehalten wurde. Erstaunlicherweise galt dies (anfangs) auch für die nationalsozialistische Regierung, die bereits im März 1933 einen Verordnungsentwurf »zur Veränderung der Verordnung über den vorläufigen Reichswirtschaftsrat« vorgelegt hatte:[108] Die Begründung unterschied sich semantisch dabei kaum von allen vorangegangenen Einlassungen seit 1919, da angesichts der »grossen wirtschafts-, sozial- und finanzpolitischen Aufgaben, vor welche die Regierung gestellt« sei, »das Bedürfnis nach einer geregelten Unterstützung und Beratung durch wirtschaftliche Sachverständige« eine besondere Notwendigkeit darstelle. Freilich war nun, 1933, eine grundlegend veränderte Zusammensetzung avisiert.[109] Schon am 5. April wurde ein »Gesetz über den vorläufigen

---

absichtige, eine Reihe von Fragen für die Durchführung der verschiedenen Notverordnungen dem RWR zu unterbreiten. Er glaubt, dass das der beste Weg sei.«

105 RWiM Warmbold an die Reichsminister, 11.1.1933, BArch R 43-I/1197, fol. 28 (Warmbold nimmt hier tatsächlich auf sein Schreiben vom Dezember 1931 – nicht 1932 – Bezug).

106 StS der Reichskanzlei an die Reichsminister, 25.1.1933, BArch R 43-I/1197, fol. 29.

107 Auch Neebe, »Konflikt und Kooperation«, S. 286 verweist auf die politischen Initiativen von Leipart und Siemens, ohne allerdings auf deren Rolle als Vorsitzende des RWR hinzuweisen. Zu den Zusammenhängen auch Kap. 4.5.

108 RWiM Hugenberg an StS der Reichskanzlei, 18.3.1933, BArch R 43-I/1197, fol. 30, der VO-Entwurf ebd., fol. 31–32'. Vgl. hierzu auch den Überblick bei Lilla, *Ende* und Lilla, *Reichswirtschaftsrat*, S. 120–123.

109 Begründung zu dem Entwurf einer Verordnung zur Änderung der Verordnung über den vorläufigen RWR, ebd., fol. 33–34, Zitat fol. 33. Vgl. hierzu auch detaillierter den Referentenvortrag von MR Willuhn, o.D. (Paraphe 27.3.), ebd. fol. 36–37: Zwar sei eine Reform »notwendig«, der »Grundgedanke des Reichswirtschaftsrats« gleichwohl »richtig«. Vgl. auch BArch R 3101/8434.

Reichswirtschaftsrat« im Gesetzblatt publiziert, mit dem »die Mitgliedschaft der bisherigen Mitglieder« erlosch.[110] Die Zusammensetzung dieses neuen »Reichswirtschaftsrats« sollte dabei nicht mehr durch Vorschlag der Verbände und Berufsgruppen, sondern durch den Reichspräsidenten auf Vorschlag der Regierung erfolgen. Dazu kam es nie, zumal parallel im Herbst 1933 ein »Generalrat der Wirtschaft« mit noch engerer Bindung an die Exekutive installiert worden war.[111] Mit Gesetz vom 23. März 1934 erfolgte schließlich die endgültige Auflösung des Reichswirtschaftsrats.[112]

Damit war der Versuch, eine Neuordnung des Verhältnisses von Wirtschaft und Staat durch die Beteiligung der Wirtschaftsakteure sämtlicher Gruppen, Branchen und Affiliationen auch institutionell abzubilden, an ein offensichtliches Ende gelangt und auf einen expertokratischen und von der Regierung abhängigen Nukleus reduziert. Gleichwohl wirft die letzte Phase des Reichswirtschaftsrats ein grelles Licht auf seine fragile Persistenz: Empirisch gilt es dies in den folgenden Kapiteln noch zu erhärten; doch bereits hier lässt sich konstatieren, dass die in der Forschung virulente Niedergangsthese selbst in der Phase seiner größten Herausforderung durch die Etablierung von Konkurrenzorganen nicht zutrifft.[113] Vielmehr zeigt sich, dass der Reichswirtschaftsrat durchaus das Selbstbewusstsein besaß, sich gegen die (nicht bloß empfundene) Missachtung zur Wehr zu setzen, und sich selbst als politischen Akteur nicht nur rhetorisch ins Spiel zu bringen. Das stets spannungsreiche Verhältnis zu Reichstag und Regierung scheint hier eine neue Wendung genommen zu haben: Denn die Reichsregierung, so legen es die Beobachtungen zumindest nahe, verzichtete nicht deshalb auf die Dienste des Reichswirtschaftsrats, weil er ohnehin nichts taugte; sie verzichtete darauf, weil man sich nach der weitgehenden Ausschaltung des Reichstags nicht mit einem weiteren und möglicherweise sogar einflussreicheren Vetoakteur in den *infight* begeben wollte. So war es durchaus rational, mit einem neuen, nun aber abhängigen »Wirtschaftsrat« zu arbeiten. Aus dieser Sicht erscheint die Randstellung des Reichswirtschaftsrats in einem neuen Licht – als Folge seiner relativen Stärke, nicht seiner Schwäche.

---

110 RGBl. 1933 I, S. 165.

111 Vgl. knapp Lilla, *Reichswirtschaftsrat*, S. 124–126 und Lilla, *Ende*.

112 RGBl. 1934 II, S. 115: »Der vorläufige Reichswirtschaftsrat kommt mit Ablauf des 31. März 1934 in Wegfall.« (So der gesamte materielle Inhalt des Gesetzes). Vgl. auch den Entwurf samt Anschreiben von RWiM Kurt Schmitt BArch R 43-I/1197, fol. 92–94, die Begründung hierzu ebd., fol. 94, wo explizit auf die Gründung des »Generalrats« verwiesen wird.

113 Erstaunlicherweise wird dieses Narrativ auch im ansonsten unverzichtbaren Handbuch von Lilla, *Reichswirtschaftsrat*, hier S. 120 Fn. 331 reproduziert: So wird etwa behauptet, der Zentralausschuss sei »in nennenswertem Umfang nicht tätig« geworden; die Empirie (vgl. Kap. 4.5) steht dem entgegen.

In institutionentheoretischer Sprache formuliert, stellt sich die Phase von Infragestellung, Persistenz und letztendlichem *displacement*[114] als ein komplexes Wechselspiel gegenläufiger Prozesse dar. Will man die Dynamik verstehen, sollten diese Ebenen unterschieden und hinsichtlich ihrer institutionellen Effekte abgewogen werden: Zunächst ist aus legislativer Sicht zu konstatieren, dass die Realisierung des endgültigen Reichswirtschaftsrats, um den man sich nahezu zehn Jahre in mühevoller Detailarbeit bemüht hatte, nicht gelang. Der Vorläufige Reichswirtschaftsrat bestand demnach fort. Während aber bis zumindest 1931 die Regierung in fachlichen Detailfragen nach wie vor auf seine Dienste zurückgriff, verzichtete sie in der spannungsgeladenen Frage nach den Chancen und Risiken aktiver Arbeitsmarktpolitik durch Konjunkturmaßnahmen gleichsam ostentativ auf die im Reichswirtschaftsrat gebündelte Expertise. Dies markierte einen offenkundigen Wendepunkt insofern, als er nun selbst die Initiative ergriff, um im Spiel zu bleiben. Eine bewusste Umsteuerung der Institution also, eine punktuelle *conversion*, die angesichts der politischen Dynamiken jedoch nicht von Dauer war. Das Ende des Reichswirtschaftsrats, und das gilt es festzuhalten, war aber kein Ergebnis eines sich lange abzeichnenden Prozesses; es war das Ergebnis erheblicher Verschiebungen im institutionellen Gefüge des Reichs, dem nicht nur der Reichswirtschaftsrat, sondern – wesentlich prominenter – auch der Reichstag zum Opfer fiel. Ruft man sich die Motive und Erwartungen ins Gedächtnis, die mit der Etablierung eines Reichswirtschaftsrats zu Beginn der 1920er Jahre verbunden waren, kann dies auch nicht überraschen. Er repräsentierte trotz seines technokratischen Selbstverständnisses gleichsam das Gegenmodell zu einem autoritären, *top-down* konzipierten Steuerungsanspruch, für das man sich in der Endphase der Weimarer Republik durch bewusstes oder konkludentes Handeln über Milieugrenzen hinweg entschieden hatte.[115] Ein Organ, das sich der Idee nach

114 Vgl. Mahoney/Thelen, »Theory«, S. 15, 19; Streeck/Thelen, »Introduction«, S. 19–22; für 1934 unter Bezugnahme auf die 4-Felder-Tafel ebd., S. 9, die Art und Folgen des institutionellen Wandels korreliert, wäre von »breakdown and replacement«, also einem abrupten Ende der alten und der Etablierung einer neuen Institution zu sprechen. Für den nationalsozialistischen Versuch, den Vorläufigen RWR »nur« in ihrem Sinne zu »reformieren«, wäre dagegen von einem höheren Maß an Kontinuität auszugehen. Das ist historisch interessant, unterstreicht es doch die institutionellen Beharrungskräfte, die auch im Falle eines veritablen Systembruchs (zumindest temporär) noch fortwirken.

115 Auf die liberale Kritik wurde bereits oben verweisen. Vgl. aus dem Spektrum der Sozialdemokratie exemplarisch Fraenkel, »Kollektive Demokratie« und Heller, »Ziele und Grenzen«, S. 576: »Den autoritären Staat bejahen wird aus sozialistischen wie aus nationalpolitischen Gründen. Die großen geistigen, sittlichen und ökonomischen Aufgaben, die ein sozialistische Planwirtschaft der Staatsgewalt stellt, vermag der liberalistische Nachtwächterstaat niemals zu leisten.« Und ebd. S. 579: »Wir wünschen den autoritären Staat, wir bekämpfen aber den totalen Staat.« Vgl. auch Mergel, »Führer«, S. 94–98, 106 et passim, der auf die Ubiquität von Gemeinschaftsnarrativen und der Suche nach »Führerfiguren« (nicht nur im rechten politischen Spektrum) verweist.

von unten her aufbaute, ein möglichst breites Spektrum an Stimmen abbilden und auch zu Gehör bringen wollte, barg aus Sicht der Exekutive das Potential, deren Spielraum zu beschneiden, Entscheidungsprozesse durch Einbindung der Normadressaten zu verzögern und so den eigenen, aus legitimatorischen Gründen zwingenden *policy output* zu gefährden.

Resümiert man also vor diesem Hintergrund die institutionelle Entwicklung des Reichswirtschaftsrats zwischen 1920 und 1933/34 aus einer theoretischen Perspektive, so ist das Bild mehrfarbig: Ist für die Anfangsphase der Republik von einem Prozess des *layering* auszugehen, in dem, herausgefordert durch die harsche Wirklichkeit, die ursprünglich avisierten Pläne praxistaugliche Gestalt anzunehmen und sich dadurch zu verändern begannen, stellten die tiefgreifenden »Ersparnismaßnahmen« der Jahre 1923/24 einen Einschnitt dar, der als Trigger der institutionellen *conversion* begriffen werden kann. Interessant ist dabei, dass diese *conversion*, die grundsätzlich nur bei schwacher Vetokonstellation Erfolg verspricht,[116] deshalb gelang, weil sie – etwa mit Blick auf die Manövrier(un)fähigkeit des Plenums – im Reichswirtschaftsrat auf offene Ohren stieß. Die dadurch vermeintlich begründete Pfadabhängigkeit, unentrinnbar der Bedeutungslosigkeit anheim zu fallen, lässt sich nicht konstatieren, im Gegenteil: Denn erst so wurde die Ausformung einer »institutionellen DNA« möglich, die die politische Funktion des Reichswirtschaftsrats auf Dauer stärkte und die Grundlage dafür schuf, in einem schwierigen Umfeld im Spiel zu bleiben – auch dann, als man von der Regierung in der Endphase der Weimarer Republik nur mehr sporadisch eingebunden wurde. Aus theoretischer Sicht lässt sich dieses Phänomen als *drift* beschreiben, da die maßgeblichen Akteure des Reichswirtschaftsrats zwar nach wie vor zu punktuellen Adaptionsmaßnahmen bereit waren, grundsätzlich aber an dem im Verlauf der 1920er Jahre erarbeiteten und performativ bekräftigtem Profil festhalten wollten. Es ist spekulativ, was aus dem Reichswirtschaftsrat geworden wäre, hätte es den Systembruch 1933 nicht gegeben; darüber zu philosophieren ist sinnlos. Nach einer langen und intensiven Phase der Adaption, die ihn weit von seinem ursprünglich vorgesehenen Design entfernt hatte, schien der Reichswirtschaftsrat zu Beginn der 1930er Jahre eine Form gefunden zu haben, die er aufrechtzuerhalten gedachte. Als sich dann der politische Rahmen signifikant verschob, hatte er nochmals die Kraft, sich selbst auf die Bühne zu stellen. Das Publikum hatte da aber bereits begonnen, den Saal zu verlassen.

116 Vgl. das Schaubild bei Mahoney/Thelen, »Theory«, S. 19. Das heißt umgekehrt, dass ein bloßes Oktroi der Regierung nicht die gleiche Wirkung hätte erzielen können.

3.3 Der Reichswirtschaftsrat im politischen System

3.3.1 Zwischen den Stühlen: Reichstag, Regierung, Verbände, Kommissionen

Der Ort des Reichswirtschaftsrats im politischen System war aus einer Vielzahl von Gründen unklar, umstritten und prekär. Das lag nicht nur an der Diskrepanz zwischen Verfassungsnorm und politischer Wirklichkeit, die für Weimar zwar durchaus typisch war,[117] im Reichswirtschaftsrat aber in besonders verdichteter und augenfälliger Form zutage trat. Seine prekäre Position wurzelte tiefer, in der institutionellen Konkurrenzsituation zu Reichstag *und* Regierung, die durch die Schaffung eines quasi-parlamentarischen Organs heraufbeschworen worden war. Die daraus resultierende Suche nach einem geeigneten Platz und einer eigenen Identität bildete damit ein Konstituens des Reichswirtschaftsrats, das sein politisches Handeln prägen sollte.

Von Beginn an war die Frage, welche Art von Institution der Reichswirtschaftsrat eigentlich sein solle, Gegenstand intensiver und kontrovers geführter Debatten – darauf wurde im Zusammenhang mit dem Verfassungsausschuss ausführlich verwiesen. Und in der Tat warf der Reichswirtschaftsrat, ob nun vorläufig oder endgültig, ein grundsätzliches Repräsentationsproblem auf, dessen Lösung mittels des »in allgemeiner, gleicher, unmittelbarer und geheimer Wahl von den über zwanzig Jahre alten Männern und Frauen« (Art. 22 WRV) konfigurierten Parlaments in der Wahrnehmung der Zeitgenossen nur zum Teil erfolgt war. Die Vorstellung, das auf liberal-demokratischen Prinzipien fußende Parlament *allein* sei weder dazu berufen noch in der Lage, die Komplexität der Wirklichkeit abzubilden, fand breite Resonanz, insbesondere mit Blick auf die Sphäre von Arbeit und Wirtschaft.[118] In irgendeiner Form sollte also auch die Gesellschaft als »System der Bedürfnisse« ihre Repräsentanz erhalten, und das nicht nur beratend. Wie genau, war umstritten, und Art. 165 WRV stellte dafür eine mögliche Variante bereit. Hier erwuchs der Reichswirtschaftsrat der Vorstellung, dass »freiorganisierte gesellschaftlichen Kräfte« einer Form bedürften, im deren Rahmen sie »unmittelbar und planvoll objektives Recht erzeugen«, also handeln und entscheiden können. Sinzheimer nannte das die »Idee der sozialen Selbstbestimmung im Recht.«[119] In der Sprache der Rechtstheorie klingt das allerdings komplexer, als es in der Tat ist: Es ging – und an dieser Diskussion beteiligten sich Stimmen aller möglichen

117 Vgl. oben das Zitat von Gusy, *100 Jahre*, S. 11: »Viel spricht dafür, dass es ›die‹ Verfassung kaum gab. [...] Auffälligstes Merkmal des Weimarer Verfassungsrechts war die Stabilität des Textes der WRV bei gleichzeitigem Wandel der ihm teils entnommenen, teils unterlegten Inhalte.«

118 Vgl. hierzu ausführlich Rehling, *Konfliktstrategie*, S. 139–140 sowie die Zusammenstellung der unterschiedlichen Konzepte von Parteien und Verbänden ebd., S. 76–142.

119 Sinzheimer, *Arbeitstarifgesetz*, S. 186.

politischen Affiliationen – um die schlichte Frage, wie in einem demokratischen Kontext die Gesamtheit aggregiert, »ihre« Ansicht angemessen zur Geltung gebracht werden konnte. Die aus demokratietheoretischer Sicht offenkundigen Antinomien[120] waren dabei in der Wirklichkeit mit Händen zu greifen, jedes Wort des an sich einfachen Aussagesatzes hochpolitisch. Hier liegt die Ursache für die nicht endende Diskussion um Form, Funktion und Sinn eines Organs, das eine spezifische »Ergänzung« der liberalen parlamentarischen Demokratie und seines klassischen Institutionengefüges bilden sollte.[121] Im Kern ging es also von Beginn an um die Frage, welche Kompetenz dem Reichswirtschaftsrat *in der Praxis* zugedacht war bzw. zuwachsen würde. Mit der Grundentscheidung der Verfassung für eine im weitesten Sinne parlamentarische Demokratie[122] war klar, dass eine politisch-dezisive Rolle oder legislative Kompetenzen ausschieden; selbst von den Verfechtern eines starken Reichswirtschaftsrats wurde dies nicht als Manko erachtet, sondern akzeptiert.[123] Die Gesetze sollten im Reichstag gemacht werden; *welche* Gesetze dies auf dem Gebiet der Wirtschafts-, Sozial- und Finanzpolitik sein sollten, darüber jedoch behielt sich der Reichswirtschaftsrat ein gewichtiges, ja entscheidendes Mitspracherecht vor. Um zwei Dinge ging es also: Welche Rolle

120 Vgl. hierzu ausführlich Hidalgo, *Antinomien*, insb. S. 156–187 (Kapitel zu »Quantität und Qualität«). Besonders pointiert zum Verhältnis einer auf »Einheit« oder »Pluralität« zielenden Demokratie Kelsen, »Wesen und Wert«, S. 171–172: »Die Haltung, die sich gegen die Parteibildung und sohin letztlich und eigentlich gegen die Demokratie richtet, dient [...] politischen Kräften, die auf die Alleinherrschaft eines einzigen Gruppeninteresses zielen, das in demselben Maße als es das entgegengesetzte nicht zu berücksichtigen gewillt ist, sich ideologisch als ›organisches‹, ›wahres‹, ›wohlverstandenes‹ Gesamtinteresse zu verhüllen strebt. Gerade weil die Demokratie als Parteienstaat den Gemeinschaftswillen nur als Resultante der Parteiwillen entstehen lassen will, kann sie auf die Fiktion eines überparteilichen ›organischen‹ Gesamtwillens verzichten.«

121 Eine vergleichbare Funktion wurde auch dem Reichspräsidenten attestiert, gleichsam als institutionelles Korrektiv gegen den »Parlamentsabsolutismus« fungieren zu können. Etwa Thoma, »Reich als Demokratie«, S. 196–197; Schmitt, *Verfassungslehre*, S. 350. Kritisch unter Bezugnahme auf Carl Schmitt aber Kelsen, »Hüter«, S. 93 (Hervorhebung in der Vorlage): »Allein es heißt Ideologie für Realität nehmen, wenn man [...] in der Institution des Staatsoberhauptes nicht nur ein Symbol ethisch-politisch *postulierter*, sondern das Produkt oder den Erzeuger *realer*, im Sinne einer *effektiven Interessensolidarität* gegebenen Staatseinheit auffaßt.«

122 Zur verfassungsrechtlichen Konstruktion der »grundlegenden Entscheidung« Schmitt, *Verfassungslehre*, S. 23–26, 35 et passim. Kern der von Schmitt vertretenen Theorie ist die Annahme, dass die WRV auf dem Fundament einer »politischen Entscheidung« ruht, das auch mithilfe einer verfassungsändernden Zweidrittelmehrheit nicht verändert werden kann, pointiert S. 26: »Das Deutsche Reich kann nicht durch Zweidrittel-Mehrheitsbeschluß des Reichstages in eine absolute Monarchie oder in eine Sowjet-Republik verwandelt werden.«

123 Vgl. etwa den Bericht des Unterausschusses des Verfassungsausschusses, 21.1.1927, BArch R 401/557, fol. 209: »In der Sitzung des Verfassungs-Ausschusses vom 19. November 1926 wurde auch die Frage aufgeworfen, ob der Reichswirtschaftsrat zu einer zweiten gesetzgebenden Kammer umgestaltet werden solle.« Hierbei kam man »einstimmig zu der Auffassung«, »dass der Reichswirtschaftsrat seinen Charakter als begutachtende Körperschaft behalten solle.« (Im Original teils unterstrichen).

sollte der Reichswirtschaftsrat im politischen Entscheidungsfindungsprozess spielen – das spiegelte die *normative* und verfassungsrechtliche Ebene der Diskussion. Und: Welche Rolle war er in der Lage *praktisch* auszufüllen – eine Frage, die im politischen System selbst beantwortet werden musste. Dass sich an diesem Punkt ein Spannungsverhältnis zum Reichstag ergab, lag auf der Hand: Denn durfte der nur vorläufige Reichswirtschaftsrat über einen eigenen Etat gebieten, und wie üppig ist dieser auszustatten? Durfte der Reichswirtschaftsrat autonom in den politischen Entscheidungsprozess eingreifen und die übrigen Akteure zur Kenntnis- und Stellungnahme zwingen? Beide Fragen drangen nur deshalb immer wieder in den Vordergrund, weil der vorhandene Reichswirtschaftsrat zwar hinter der Verfassungsnorm zurückblieb, gleichzeitig aber auch aus dem Rahmen der Verordnung von 1920 herauswuchs, solange parallel im Verfassungsausschuss über seine zukünftigen Kompetenzen beraten wurde. Was der Reichswirtschaftsrat im hier und jetzt »durfte«, entschied sich also immer auch daran, was er laut Verfassung gedurft hätte und was er dereinst einmal dürfen sollte. Praxis und Theorie waren unmittelbar verschränkt.

Ein ebenso anekdotisches wie symbolisches Beispiel für dieses letztlich unausgetragene institutionelle Spannungsverhältnis liefert die erbittert geführte Auseinandersetzung um die freie Eisenbahnfahrt für Mitglieder des Reichswirtschaftsrats: Dabei ging es fraglos um Geld; worum es aber auch ging, war die damit – vermeintlich oder tatsächlich – performativ vollzogene Statusangleichung an den Reichstag, dessen Mitglieder ganz selbstverständlich auf ihrer Netzkarte bestanden. Auch wenn man das Thema nicht überbewerten sollte, so kommt ihm doch ein hohes Maß an Signifikanz zu, wurde es doch stets gerade dann zur Sprache gebracht, wenn es um die konkrete politische Rolle des Reichswirtschaftsrats und insbesondere sein Verhältnis zum Reichstag ging. Die Sachfrage, ob alle MdRWR grundsätzlich ein Recht zur freien Eisenbahnfahrt zustand oder dieses, wenn überhaupt, auf einen spezifischen Personenkreis oder einen spezifischen Anlass beschränkt bleiben sollte, wurde also stets von der politischen Streitfrage überlagert, wie weit der »parlamentarische« Charakter des Reichswirtschaftsrats in der Praxis gehen dürfe. Und da diese Frage grundsätzlich nicht entschieden war und angesichts der unausgetragenen Wirtschaftsordnung auch nicht entschieden werden konnte, blieb auch das Problem virulent und stets aktivierbar:

Mit Verordnung vom 28. Juni 1920 war den Mitgliedern des Reichswirtschaftsrats »für die Dauer ihrer Zugehörigkeit zu der Körperschaft und für die folgenden acht Tage freie Fahrt auf allen deutschen Eisenbahnen« sowie zusätzlich eine »Aufwandsentschädigung« zugesprochen worden.[124] Das entsprach den Usancen im Umgang mit Abgeordneten und wurde zunächst auch nicht in Zweifel gezogen. Doch schon bald brach eine Diskussion darüber los, ob und wenn ja mit welcher Begründung *sämtlichen* MdRWR eine solche Netzkarte zur Verfügung gestellt werden könne, oder ob man nicht besser nach tatsächlicher Tätigkeit in Berlin, etwa mit Blick auf die Ausschussarbeit, differenzieren sollte.[125] Mit der Frage der Eisenbahnfahrt verband sich damit gleichsam automatisch die Frage nach der (zukünftigen) Struktur des Reichswirtschaftsrats, konkret: ob man ein quasiparlamentarisches Plenum, dessen Effektivität und politischer Nutzen ohnehin in Zweifel stand, weiterhin alimentieren wollte oder nicht. Aus fiskalischer (und legitimatorischer) Sicht bestand freilich reges Interesse daran, als unnötig erkannte Ausgaben tunlichst zu reduzieren.[126] Konkret drehte es sich um systematische Fragen, die sich in der kostenfreien Nutzung der Reichsbahn samt Tagegeld (nur) kristallisierten: Musste der Reichswirtschaftsrat zur Erfüllung seiner verfassungsmäßigen bzw. im Verordnungswege übertragenen Aufgaben unbedingt 326 Mitglieder haben? War nicht eine deutlich geringere Zahl besser geeignet, am Prozess der Politikformulierung kompetent, flexibel und damit effektiv zu partizipieren?

---

124 VO über die Gewährung freier Eisenbahnfahrt und einer Entschädigung an die Mitglieder des Vorläufigen RWR, 28.6.1920, RGBl. 1920, S. 1335–1336, hier S. 1335.

125 So etwa die VO über die Entschädigung der Mitglieder des RWR vom 10.1.1924, RGBl. II 1924, S. 36: »Mit Ablauf des 31. Januar 1924 verlieren die Freifahrkarten der Mitglieder des Vorläufigen Reichswirtschaftsrats ihre Gültigkeit. Die Mitglieder des Vorstandes und die ordentlichen Mitglieder des wirtschaftspolitischen, des sozialpolitischen und des finanzpolitischen Ausschusses erhalten neue Freifahrkarten.« Die VO hob damit die freie Eisenbahnfahrt, die per VO vom 28.6.1920 sämtlichen Mitgliedern zugestanden worden war (RGBl. 1920, S. 1335–1336), auf, trug aber auch den veränderten institutionellen Gegebenheiten Rechnung, da die praktische Arbeit ohnedies in den drei Hauptausschüssen erledigt wurde, seit das Plenum 1923 nicht mehr einberufen worden war.

126 In den Beratungen um mögliche Etatkürzungen des RWR beklagt sich indes Carl Friedrich von Siemens Ende 1923, die Kosten für die freie Eisenbahnfahrt seinen mit »460 Goldmark pro Monat und Mitglied zu hoch« angesetzt und müssten vom Verkehrsministerium dringend nach unten korrigiert werden (Aufzeichnung über die Besprechung am 16.11.1923, 17.11.1923, BArch R 401/142, fol. 243ʳ). Die Summe der fortdauernden Ausgaben des Etat VI belief sich im Haushaltsjahr 1921 auf 9.297.160 M; darin enthalten eine »Entschädigung der Reichseisenbahn für die Freifahrtkarten der Mitglieder« in Höhe von 4.300.000 M, also beinahe die Hälfte des Etats. Zum Vergleich: Im Etat 1924 kalkulierte das Reichswirtschaftsministerium mit 301.000 M Erstattungssumme »an die Reichsbahn für die Freifahrtkarten der Mitglieder« – allerdings lediglich für 108 Mitglieder als Folge der seit 1923 geltenden Beschränkungen und Einsparungen (vgl. »Organisatorische Beschränkungen des RWR«, [Juni 1924], BArch R 401/1720, fol. 25). Für das Haushaltsjahr 1925 beanspruchte nach Hauschild, *Reichswirtschaftsrat*, S. 11 der RWR, trotz vor allem in der Öffentlichkeit bisweilen anders lautender Meldungen, die »geringsten Mittel aller Haushalte der Reichsverwaltung, nämlich [...] 649 280 RM.« Davon Personalkosten 136.512 RM, 65.000 RM Sachmittel, 383.000 RM Sonstiges, u.a. auch die Freifahrtkarten der MdRWR, sowie 95.000 RM Diäten. Sämtliche Zahlen sind mit größter Vorsicht zu genießen, da die Vergleichbarkeit aufgrund von Inflation und Währungsreform kaum möglich ist.

Wieso musste eigentlich der Fiskus für die Auslagen der MdRWR aufkommen, obwohl diese doch von ihren Verbänden delegiert waren?[127] Und: Wäre es nicht genug, lediglich die Reisekosten nach Berlin zu erstatten, anstatt sämtliche Bahnreisen kreuz und quer durch die Republik zu finanzieren, zumal das auch berufliche – und damit nicht unmittelbar der Arbeit im Reichswirtschaftsrat dienende – Zwecke umfasste?[128] Es war damit die grundlegende und im Kern nie beantwortete Frage aufgeworfen, was der Reichswirtschaftsrat sein und was er machen sollte. Handelte es sich um eine Art Expertenrat, deren Sachkunde die Regierung situativ nutzen wollte, und deren Mitglieder dann für ihre Aufwendungen eine entsprechende Entschädigung erhielten? Oder handelte es sich nicht doch um irgendeine Art »Parlament«, an dessen Mitglieder schlicht Diäten zu zahlen seien und deren Behandlung derjenigen der MdR in nichts nachstehen sollte? Das jedenfalls suggerierte sowohl die verfassungsrechtlich intendierte Stellung als oberstes Reichsorgan als auch das freie Mandat der Mitglieder, und darauf berief man sich. Über die genau *Zahl* der Mitglieder konnte man diskutieren – nicht jedoch über ihren *Status*. Das Beispiel macht unmittelbar deutlich, dass der institutionelle Ort des Reichswirtschaftsrats fragil war und es auch blieb; das Hickhack um die freie Eisenbahnfahrt ist dafür ein anschauliches Beispiel.

Vor diesem Hintergrund kann es nicht verwundern, dass gerade in politisch wie ökonomisch brisanten Fragen auch der Status des Reichswirtschaftsrats zur Diskussion stand. Welchen Stellenwert hatten seine Beratungen denn eigentlich? Arbeitete man für das Reichsgesetzblatt, die Schublade oder den Papierkorb? Konnte man tatsächlich auf Regierung oder Parlament einwirken, oder war man auf gnädiges Wohlwollen angewiesen? Gab es also rechtlich bindende oder zumindest institutionalisierte Verfahren, die die Rolle des Reichswirtschaftsrats definierten, und die von allen Beteiligten auch akzeptiert und performativ bekräftigt wurden? Die Antwort musste lauten: leider nein.

Denn in der Praxis war alles andere als klar organisiert, auf welche Weise das von Seiten des Reichswirtschaftsrats bereitgestellte Know-how Eingang in die Meinungs- und Entscheidungsbildung von Regierung und Parlament finden

---

127 Dieses sehr interessante Argument findet sich im Schreiben des RWR an die ZAG, 6.11.1922, BArch R 8104/63, fol. 53: Der Vorstand des RWR habe sich »einmütig auf dem Standpunkt gestellt, daß die Erhaltung der Freifahrtkarten im Interesse der Arbeiten des vorläufigen Reichswirtschaftsrats unentbehrlich ist.« Sollte die Eisenbahnfahrt für die Verbände kostenpflichtig sein, sei davon auszugehen, dass diese, wenn überhaupt, nur Personen aus Berlin und Umland entsenden würden. Der Repräsentationsanspruch des RWR könne so nicht eingelöst werden.

128 Umgekehrt wird zur Verteidigung der Freifahrtkarte gerade darauf verwiesen, dass für die MdRWR die »Fühlungnahme« mit den Regionen noch wichtiger sei als für Reichstagsabgeordnete; vgl. [Schreiben der ZAG an den RWR], 15.3.1923, BArch R 8104/63, fol. 40–41.

sollte. Für die Exekutive jedenfalls, das wurde Julius Hirsch, Staatsekretär im Reichswirtschaftsministerium, nicht müde zu betonen, verkörpere der Reichswirtschaftsrat ein Organ von besonderer Wichtigkeit, da man durch seine Hilfe mit kompetent evaluierten und breit akzeptierten Konzepten vor den Reichstag treten könne, der zu solch profunder Arbeit ohnehin nicht in der Lage sei.[129] Gleichwohl müsse klar sein, dass er eben (nur) »ein Beratungsorgan der Regierung als Ganzes« sei, und mithin nichts von ihr zu fordern habe.[130] Bei den führenden Akteuren des Ausschusses stieß eine solche Haltung der Regierung indes auf erhebliche Kritik, stand diese doch in deutlichem Kontrast zum Mantra des Kanzlers, gerade zur »Rettung unseres Volkes« auf den Reichswirtschaftsrat angewiesen zu sein.[131] Und auch die Kompetenz-Konkurrenz zum Reichstag erzeugte Reibungsverluste: Reichskanzler Joseph Wirth setze hier auf den Faktor Zeit; das Aufrollen verfassungsrechtlicher Grundsatzfragen sollte dagegen dringend vermieden werden.[132] Beides, die »vollständig nutzlose [...] und politisch gefährliche Doppelarbeit«[133] und das »Verschanzen hinter Verfassungsbestimmungen«[134], legte indes Hans Kraemer als Vorsitzender des Wirtschaftspolitischen Ausschusses der Regierung zur Last. Er brachte seine »Erschütterung« über die »Pose« des Reichskanzlers zum Ausdruck, die Notwendigkeit des Reichswirtschaftsrats »in der Öffentlichkeit des Parlaments« zu preisen, wohl wissend, dort nur für »vergnügte[s] Grinsen« zu sorgen.[135] Das Problem, das Kraemer hier adressierte, hatte freilich zwei Seiten: In der Tat besaß die Regierung gesteigertes Interesse daran, die Expertise des Reichswirtschaftsrats politisch zu nutzen; die eigenen Handlungsspielräume wollte man sich von einem allzu unabhängigen Akteur aber nicht limitieren lassen. Der Reichstag wiederum witterte umgekehrt die Gefahr, in entscheidenden Politikfeldern trotz seiner alleinigen legislativen Kompetenz an den Rand gedrängt zu werden. Obstruktionen stellten also während der frühen 1920er Jahre eine Konstante dar, die nicht nur die Atmosphäre, sondern auch die Beratungen über inhaltliche Fragen einer fortwährenden Belastungsprobe unterzogen. In der Praxis blieb der Reichswirtschaftsrat abhängig: Beispielhaft kam dies in einer Stellungnahme des Ältestenrates des Reichstags 1921 zum Ausdruck, die Reichstagspräsident Paul Löbe dem Vorsitzenden des Reichswirtschaftsrats, Theodor Leipart, übermittelte:[136] Als »Beirat der Regierung« müsse auch diese

129 StS Julius Hirsch, 1. Sitzung des Reparationsausschusses, 16.6.1921, BArch R 401/611, fol. 165.
130 Ebd., fol. 151.
131 RK Joseph Wirth, 6. Sitzung des Reparationsausschusses, 6.7.1921, ebd., fol. 447.
132 Ebd., fol. 450.
133 Hans Kraemer, ebd., fol. 449.
134 Hans Kraemer, 7. Sitzung des Reparationsausschusses, 7.7.1921, BArch R 401/612, fol. 2.
135 Ebd.
136 Vgl. die Stellungnahme des Ältestenrates des Reichstags vom Juli 1921: Er erkannte im RWR »nur ein[en] Beirat der Regierung« ohne Vortragsrecht im Reichstag (Reichstagspräsident Paul Löbe an den Vorsit-

(und nicht der Reichstag) entscheiden, ob – und wenn ja, welche – Vorhaben in welchem Stadium dem Reichswirtschaftsrat zur Begutachtung vorgelegt würden. Ein Vortragsrecht von Mitgliedern des Reichswirtschaftsrats in Ausschüssen des Reichstags, sei darüber hinaus »nicht angängig.« Er, Löbe, könne daher die entsprechenden Initiativen gegenüber dem Reichskanzler nicht weiter unterstützen oder forcieren.[137] Doch auch das Reichswirtschaftsministerium vertrat in dieser Frage eine andere Rechtsauffassung: Grundsätzlich sei im Interesse einer effizienten Gesetzgebung und zur »Vermeidung überflüssiger Doppelarbeit« eine Regelung des Kooperationsregimes zwischen Reichstag und Reichswirtschaftsrat dringend geboten.[138] Bei den in Rede stehenden, nach wie vor offenen, vom Ältestenrat des Reichstags aber zuungunsten des Reichswirtschaftsrats entschiedenen Fragen stünden indes mehr als nur Verfahrensfragen auf dem Spiel: Vielmehr ginge es um »die grundsätzliche Stellung des vorläufigen Reichswirtschaftsrats« sowie »die praktische Frage«, wie seine Expertise »am zweckmäßigsten nutzbar gemacht« werden könne.[139] Vor diesem Hintergrund sei die Haltung des Ältestenrates »sowohl mit dem Inhalt des Artikel 165 der Reichsverfassung wie mit seiner Entstehungsgeschichte für unvereinbar« zu erachten.[140] Denn auch wenn der derzeit existierende »vorläufige« Reichswirtschaftsrat aus verfassungsrechtlichen Erwägungen[141] nicht über ein Initiativrecht verfüge, so stehe es ihm dennoch zu, Vorhaben anzuregen sowie die Minderheitenposition im Falle von nicht einstimmig erfolgten Voten gegenüber Regierung, Reichstag und Reichsrat zu begründen: »Hieraus ergibt sich, daß auch der vorläufige Reichswirtschaftsrat als Beratungsorgan für *alle drei* an der Reichsgesetzgebung beteiligten Stellen geschaffen ist.«[142] Das Kabinett solle angesichts dieser Sachlage darüber entscheiden, »ob gegen die vom Ältestenausschuß des Reichstags ausgesprochene grundsätzliche Auffassung

zenden des RWR, 9.7.1921, BArch R 401/299, fol. 71), was von Seiten des RWR als »tief bedauerlich«, ja »verfassungswidrig« eingeschätzt wurde (Hans Kraemer und Otto Hermann, 13. Sitzung des Reparationsausschusses, 10.9.1921, BArch R 401/612, fol. 192). Vgl. zu diesem Themenkomplex auch die Denkschrift über das »Zusammenwirken von Reichswirtschaftsrat und Reichstag bei der Vorbereitung der Gesetzgebungsvorlagen«, 16.12.1921 (Anschreiben), BArch R 43-I/1194, fol. 139–144.

137 Reichstagspräsident Paul Löbe an den Vorsitzenden des RWR, 9.7.1921, BArch R 401/299, fol. 71.

138 Vgl. zum Folgenden die eben zitierte Denkschrift zum Zusammenwirken von Reichstag und RWR, 16.12.1921, BArch R 43-I/1194, fol. 139 (Anschreiben von RWiM Robert Schmidt).

139 Ebd., fol. 142.

140 Ebd.

141 Ebd., fol. 142‘: »Dem vorläufigen Reichswirtschaftsrat ist in der ihm zu Grunde liegenden Verordnung die Einbringung seiner eigenen Vorlagen […] nicht gegeben. Es ist dies […] lediglich deswegen unterblieben, weil man nicht im Wege einer Verordnung eine Befugnis verleihen sollte, die nur durch ein verfassungsänderndes Gesetz gegeben werden konnte.«

142 Denkschrift zum Zusammenwirken von Reichstag und RWR, 16.12.1921, BArch R 43-I/1194, fol. 142‘-143 (Hervorhebung im Original unterstrichen).

[…] Stellung zu nehmen ist«.[143] Und was geschah? Wenig, denn das Kabinett sah hierzu derzeit »kein[en] Anlaß«.[144] Das Problem blieb in der Schwebe.

Waren mit der Frage nach dem Verhältnis der obersten Verfassungsorgane zueinander sowohl eminent verfassungsrechtliche und staatsorganisatorische wie auch politisch-praktische Probleme aufgeworfen, exemplifiziert die mühselige Suche nach einem geeigneten und auch habituell angemessenen »Dienstgebäude« die alltäglichen Kollateralschäden eines unfertigen institutionellen Arrangements: Denn dem Reichswirtschaftsrat hatte man zunächst – seinem Charakter entsprechend »vorläufig« – einige Räumlichkeiten im ehemaligen Preußischen Herrenhaus an der Leipziger Straße zugewiesen. Die Klagen über die unzureichende Ausstattung, die räumliche Enge und den insgesamt allzu provisorischen Zustand, der in deutlichem Kontrast zur Fülle an Aufgaben stand, waren notorisch.[145] So verschwand das Thema einer zufriedenstellenden Unterbringung des Reichswirtschaftsrats nicht von der Tagesordnung, und die Suche gestaltete sich langwierig, um nicht zu sagen zäh: Von Beginn an zeigte sich die Regierung zurückhaltend, dem Reichswirtschaftsrat das Preußische Herrenhaus zu überlassen, zumal die (konkurrierende) Unterbringung des Preußischen Wohlfahrtsministeriums prioritär behandelt und etwaiger Ersatz noch gesucht werden müsse.[146] Dennoch kam das Reichswirtschafsministerium Anfang Mai 1920 zu der Überzeugung, dass dem »Raumbedürfnis« des Reichswirtschaftsrats »von den in Berlin befindlichen Gebäuden nur das ehemalige Herrenhausgebäude« entspreche;[147] die »besondere Dringlichkeit der Angelegenheit«[148] lasse keinen weiteren Verzug zu. Auch erscheine es als »durchaus angebracht«, angesichts der »hervorragenden Bedeutung, die dem Reichswirtschaftsrate aus wirtschaftlichen und politischen Gründen beizumessen ist, […] ihm schon jetzt ein würdiges und für ein Parlament geeignetes Gebäude zur Verfügung zu stellen.«[149] Im Kabinett freilich stieß das Drängen des Wirtschaftsministeriums auf geringe Resonanz; nachdem das Problem im Juni 1920 vertagt worden war, scheint es bis November

143 Ebd., fol. 144–144'.

144 Kabinettssitzung, 28.12.1921, BArch R 43-I/1373, fol. 138 (auch AdR Kab. Wirth, Bd. 1, Nr. 176, S. 493).

145 Etwa die bereits oben zitierte Selbstbeschreibung des RWR, 9.12.1922, BArch R 401/297, fol. 22'.

146 UStS der Reichskanzlei an RWiM, z.Hd. Hans Schäffer, 27.2.1920, BArch R 43-I/1192, fol. 123 und ergänzend fol. 125.

147 Denkschrift zur Unterbringung des RWR, 8.5.1920, BArch R 43-I/1193, fol. 85'.

148 RWiM Robert Schmidt an den UStS der Reichskanzlei, 8.5.1920, ebd., fol. 85.

149 Denkschrift zur Unterbringung des RWR, 8.5.1920, ebd., 86'-87. Auch die Denkschrift im Bestand des Reichspräsidialamts vom 26.5.1920, BArch R 601/759, fol. 14–15. Sie verdeutlicht auf einer semantischen Ebene nochmals, welche Konzeption des RWR (zu dieser Zeit) vorherrschend war – die Formulierungen »für ein Parlament« sowie »hervorragende Bedeutung« für die Wirtschafts- und Sozialpolitik können dafür genannt werden.

keine weiteren Aktivitäten auf Regierungsebene gegeben zu haben.[150] Doch dann tauchte, offenbar von Friedrich Edler von Braun lanciert, der Vorschlag auf, das ehemalige Wilhelmsgymnasium in der Bellevuestraße für das Reich zu erwerben und dem Reichswirtschaftsrat zur Verfügung zu stellen. Der Preis wurde auf 10,5 Mio. M taxiert, das Schatzministerium gebeten, über die Elektrizitätswerke die Liegenschaft anzukaufen.[151] Bis in den Januar 1921 hinein geschah jedoch nichts: So konstatierte etwa Finanzminister Joseph Wirth,[152] die Frage der Unterbringung sei »bisher ohne Entscheidung« verblieben, da dem Reich die entsprechenden Räume fehlten. Aus politischen und finanziellen Erwägungen komme allein das Wilhelmsgymnasium in Frage, dessen Kosten sich zwischenzeitlich auf 300.000 M Miete pro Jahr bzw. 15 Mio. M im Falle eines Kaufs belaufen würden. Grundsätzlich müssten aber zumindest zwei Aspekte Beachtung finden: So sei zu bedenken, ob einem Provisorium, das in Zukunft wohl auch deutlich kleiner ausfallen würde, bereits jetzt ein festes Dienstgebäude zugewiesen werden sollte, das sich dann als zu üppig dimensioniert erweisen könnte. Auch fordere der Blick »auf das bislang feindliche Ausland [...] eine gewisse Zurückhaltung«. Kurz: Eine Entscheidung des Kabinetts in dieser Frage sei nötig.[153] Dem wurde im Februar entsprochen, der Ankauf beschlossen; doch noch Ende März sah man sich genötigt, um »Beschleunigung« in der Sache nachzusuchen.[154] Der Unmut im Reichswirtschaftsrat war indes schon seit geraumer Zeit mit Händen zu greifen: Von »ausserordentlich unerquicklichen Verhandlungen« wusste der Vorsitzende von Braun zu berichten, zumal »trotz genauer Verabredungen diese nicht eingehalten« worden seien.[155] Die Situation sei »nicht weiter zu ertragen«, die »Beibehaltung des jetzigen Zustands«

150 Vgl. Chefbesprechung, 2.6.1920, BArch R 43-I/1193, fol. 105; Chefbesprechung, 3.11.1920, ebd., fol. 216–216‘.

151 Ebd.

152 RFM Joseph Wirth (gez. Julius Hirsch) an StS Reichskanzlei, 24.1.1921, BArch R 43-I/1193, fol. 295–296.

153 Ebd., fol. 295‘. Ebd., fol. 295–295‘ wird auch ausgeführt, welche Optionen sich allesamt zerschlagen hätten: Erstens das ehemalige Herrenhaus, da dies für das Preußische Ministerium für Volkswohlfahrt und die preußische Landesversammlung benötigt werde; zweitens das ehemalige Preußische Kriegsministerium, da auch hier das Wohlfahrtsministerium Räume benötige und darüber hinaus auch das Reichsverkehrsministerium Anspruch erhebe. Drittens seien Räumlichkeiten der Kaiser-Wilhelm-Akademie noch mit einer »wertvollen Sammlung belegt«, den Rest beanspruche das Reichsarbeitsministerium. Viertens sei das »Lehrervereinshaus am Alexanderplatz [...] dem Reichswirtschaftsrat nicht genehm«, zudem »belegt« und teuer. Ergo: »Für die Unterbringung des Reichswirtschaftsrats kommt daher [...] nur das Wilhelms-Gymnasium, Bellevuestraße 15, in Frage«.

154 Vgl. Protokoll Kabinettssitzung, 19.2.1921, BArch R 43-I/1364, fol. 214‘ und Protokoll Kabinettssitzung, 22.3.1921, BArch R 43-I/1366, fol. 86‘. Der Vertragsentwurf über den Ankauf mit Datum vom 7.3.1921 findet sich in BArch R 43-I/1193, fol. 324–326. Laut den Ausführungen des RWR vom 9.12.1922, BArch R 401/297, fol. 26 soll der Kaufpreis schließlich bei 16 Mio. M gelegen haben.

155 Vorstandssitzung des RWR, 2.10.1920, BArch R 401/9, fol. 53.

eine »Unmöglichkeit«.[156] Als dann schließlich nach langem Hin und Her[157] gut ein Jahr später, am 12. Dezember 1922 unter Beteiligung sämtlicher Verfassungsorgane[158] das neue Dienstgebäude im ehemaligen Wilhelmsgymnasium feierlich in Besitz genommen werden konnte, zeigte man sich freilich ebenso versöhnt wie selbstbewusst – und sparte nicht mit nationalen Tönen:[159] Aus dem »schlimmsten Stadium der Vorläufigkeit« sei man nun »heraus«, auch wenn man einige »alte Wünsche« (noch) nicht habe durchsetzen können – namentlich eine engere und frühere Einbindung in den Prozess der Politikformulierung und die Entsendung von Kommissaren in die Ausschüsse des Reichstags. Wenigstens die Freifahrkarte habe man mühsam »gegenüber den Behörden durchzusetzen« vermocht.[160] Die Zukunft des Landes indes sei düster: Deutschland drohe zu einem »Trümmerfeld« zu werden, »in deren verfallenden Städten Millionen an Hunger und Elend dahinsiechen, während die Überlebenden aus Armut und Verzweiflung in Stumpfheit und Unkultur zurücksinken« würden. Nur »aus eigener Kraft« sei die Lage zu bessern: Gerade deshalb wolle man »aus diesem Hause verbannen Parteihader und Klassenkampf, Verhetzung und Verleumdung und [...] nur daran denken, daß wir Deutsche sind, berufen Deutschlands Wirtschaft vor dem Zusammenbruch zu retten. Das sei das Gelübde, mit dem der Reichswirtschaftsrat von seinem neuen Heim Besitz ergreift.«[161]

Das Zitat verdeutlicht – von seiner politischen Semantik einmal ganz abgesehen – einen charakteristischen Aspekt, der die ebenso prekäre wie ambivalente Rolle des Reichswirtschaftsrats akzentuiert: Das ostentativ zur Schau getragene Selbstbewusstsein kontrastierte auffällig mit der Vielzahl an Obstruktionen, denen man sich gegenüber sah. Nicht nur dauerte es bis zum Bezug eines angemessenen Gebäudes knapp drei Jahre; auch sollte das zähe Ringen nahezu bruchlos seine Fortsetzung finden, als im Zuge der seit 1923 erlassenen Sparmaßnahmen erneut

156 Ebd., fol. 65.

157 Während noch im Januar das Reichsfinanzministerium zwar die unzureichende Ausstattung des RWR konstatierte, gleichwohl aber aufgrund seiner derzeit nur temporären Einrichtung davor warnte, teure Fakten zu schaffen, plädierte Reichsschatzminister von Raumer dafür, eine sofortige Lösung zu finden (Schreiben des Reichsfinanzministeriums, 24.1.1921, BArch R 601/759, fol. 59–60; Reichsschatzminister von Raumer, 5.2.1921, ebd., fol. 64). Mit Beschluss des Kabinetts vom 3.11.1921 wurde schließlich von Raumer beauftrag, »durch die Elektrowerke das Wilhelmsgymnasium anzukaufen« (das Zitat bereits oben, BArch R 43-I/1193, fol. 218–219).

158 Vgl. hierzu die Einladungs- und Antwortschreiben in BArch R 401/302. Hier auch der Redeentwurf des RK, 2.12.1922, ebd., fol. 26–26‘ (Anschreiben), fol. 27–30 (Text).

159 [Redemanuskript zur Eröffnung des neuen Dienstgebäudes, o.D.], BArch R 401/297, fol. 28–37. Es ist davon auszugehen, dass es sich um eine Rede des Vorsitzenden Friedrich Edler von Braun handelte.

160 Ebd., fol. 29, 30, 31, 33–35.

161 Ebd., fol. 36, 37.

die Arbeitsfähigkeit des Reichswirtschaftsrats zur Disposition gestellt wurde.[162] Das skizzierte Beispiel bringt das schwierige politisch-administrativen Umfeld des Reichswirtschaftsrats mit anekdotischer Evidenz auf den Punkt. Laut das eigene institutionelle Selbstverständnis zu artikulieren mochte da als rationale Strategie erscheinen, sich überhaupt als politischer Akteur Gehör zu verschaffen.

Doch nicht nur gegenüber Reichstag und Regierung versuchte sich der Reichswirtschaftsrat als eigenständige und eben ganz andere Institution zu positionieren. Auch gegenüber, wenn man so will, vergleichbaren oder konkurrierenden Organen nahm er eine Sonderrolle für sich in Anspruch. Auf die Diskrepanz zur ZAG wurde bereits verwiesen.[163] Und auch wenn Art. 165 WRV für die Arbeitgeber aus den Reihen des RDI eine »schwere Probe« darstellte,[164] stand eine Beteiligung am Reichswirtschaftsrat nicht ernstlich in Zweifel. Umstritten war zu Beginn weniger, ob seine Einrichtung geboten oder sinnvoll sei; viel wichtiger war die Frage nach den konkreten Kompetenzen und der konkreten Zusammensetzung. Welches Gewicht man darin erhalten, welchen politischen Einfluss man also in die Waagschale würde legen können, stand im Vordergrund und wurde zur Bedingung einer aktiven Teilnahme erhoben. Prinzipiell strebte man aber einen kooperativen Modus mit der Arbeitnehmerseite an, solange klassenkämpferische Parolen nicht die Oberhand gewinnen würden.[165] Umgekehrt, so etwa Albert Vögler auf einer Sitzung des Hauptausschusses des RDI im April 1920, könne dies auch einen Beitrag zur Deradikalisierung der Arbeiterschaft bzw. ihrer Repräsentanten in den Betriebsräten leisten.[166] Doch auch die mit Händen zu greifenden Interessenkonflikte innerhalb des RDI über situativ ökonomische wie grundsätzlich politische Fragen spiegelten sich in der Arbeit des Reichswirtschaftsrats, mochten aber umgekehrt auch die Vertreter des RDI darin bestärkt haben, hier einen eigenständigen und, wenn man so will, elitären Weg zu beschreiten.[167]

---

162 Leipart, »Gewerkschaften«, S. 193 spricht von einem »nahezu völligen Abbau des deutschen Wirtschaftsparlaments«.

163 Vgl. oben Kap. 2.1.

164 So Walter Simons in seinem Referat über die »Wirtschaftspolitik des Reichsverbandes der Deutschen Industrie« im Bericht über die erste ordentliche Mitgliederversammlung des RDI am 14.4.1920, S. 7–24, hier S. 14.

165 Vgl. ebd., passim, sowie auch das Referat von Hoff, »Reichswirtschaftsrat«, S. 20–22 während der Hauptausschusssitzung des RDI tags zuvor (13.4.1920).

166 Albert Vögler in einem Redebeitrag auf der Sitzung des Hauptausschusses des RDI, 13.4.1920, hier S. 29: »Ich würde es für einen großen politischen Fehler halten, wenn wir abermals an den radikalen Elementen vorbeigehen würden. Wir haben alle die Erfahrung gemacht, daß in dem Augenblick, wo wir diese Elemente zur Mitarbeit heranziehen, sie bald die ganz radikale Richtung verlassen.«

167 Als besonders plastisches und im Folgenden noch eingehend erörtertes Konfliktfeld (Kap. 4.3) sei auf die »Kreditaktion der deutschen Wirtschaft« im Kontext der Reparationsproblematik verwiesen; die Kluft zwischen den Verbandsvertretern im RWR und dem Verband selbst wurde hier besonders greifbar und

Zwar orientierte sich also der Reichswirtschaftsrat, der auch aus der Mitte der ZAG beschickt werden sollte, und nur »die wirklich führenden Köpfe und nicht lediglich Beauftragte der einzelnen Wirtschaftsgruppen«[168] versammelt wissen wollte, stark am Paritätsprinzip der Arbeitsgemeinschaften. Er ging jedoch insofern weit darüber hinaus, als er nicht nur eine Vielzahl weiterer Gruppen beteiligte, sondern auch in der praktischen Arbeit parlamentarisches Handeln zum Vorbild nahm – wenn auch ohne »agitatorische Wirkung«.[169] So wenig stichhaltig die Überlegungen zum Parlamentscharakter des Reichswirtschaftsrats aus theoretischer Sicht auch sein mögen, so auffallend ist doch, dass er in seinen Distinktionsanstrengungen gegenüber konkurrierenden Organen im Feld der wirtschaftlichen Beziehungen stets gerade das Parlamentarische in den Vordergrund rückte. Zum einen unter Verweis auf das freie Mandat und die Verpflichtung auf die Interessen der Allgemeinheit, nicht des jeweiligen Verbandes. Zum anderen über spezifische Verfahren zur Generierung wirtschafts-, sozial- und finanzpolitischer Expertise, die im Rahmen von Expertenanhörungen, Untersuchungskommissionen, Umfragen etc. erfolgen sollte.[170] Das macht es auch empirisch schwierig, den Reichswirtschaftsrat in den Kontext der Entstehung von Expertenkulturen einzuordnen, auch wenn insbesondere das Mantra »reiner Sacharbeit« eine solche Zuordnung analytisch zu Recht nahelegt.[171] Selbstverständnis und Außenwahrnehmung der Akteu-

---

politisch wirkmächtig. Auf das grundsätzliche repräsentationstheoretische Problem wurde bereits mit Bezug auf Bähr/Kopper, *Industrie*, S. 10–11 verwiesen. Zur Geschichte des RDI in der Anfangsphase der Weimarer Republik ebd., S. 36–72.

168 Konzept von Hauschild zum Beschickungsmodus des RWR in den Akten der ZAG, o.D., BArch R 8104/63, fol. 263–266‘, hier fol. 263, 266.

169 Ebd., fol. 266.

170 Die Abgrenzung des RWR gegenüber dem Reichstag erfolgte denn auch nicht primär entlang der Frage des Parlamentarischen, sondern des »Parteipolitischen«. Dies verdeutlicht erneut die Skepsis gegenüber der Leistungsfähigkeit eines in der Logik der repräsentativen Demokratie agierenden Parlaments, das zwar zur Artikulation von unterschiedlichen gesellschaftlichen Interessen und politischen »Weltanschauungen« geeignet sei, nicht aber zur Lösung handfester ökonomischer Probleme. Der antiparlamentarische Gestus ist als Kehrseite des Plädoyers für einen starken RWR stets mitzudenken.

171 Vgl. etwa Raphael, »Sozialexperten«, S. 328–329 et passim; Doering-Manteuffel, »Ordnung«, S. 401. Besonders aufschlussreich erscheint der Hinweis auf den 1950 etablierten (und bis heute bestehenden) niederländischen »Sozial-ökonomischen Rat« (Sociaal-Economische Raad, SER), der einem vergleichbaren Repräsentations- und Versachlichungsanspruch gehorcht, dem Prinzip der Parität folgt, eigenes Recht im Verordnungswege setzen kann, Verwaltungs- und Kontrollbefugnisse übernimmt, vor allem aber als Gutachterorgan tätig ist. Hier spiegeln sich eine ganze Reihe (offenbar) struktureller Probleme, die sich, wenn auch in einem anderen Kontext und unter anderen Bedingungen, auch am RWR illustrieren ließen (Repräsentationsproblem, Verhältnis von Rat und Parlament bzw., demokratie- und legitimationstheoretisch, von Delegationsprinzip und dem Prinzip freier und gleicher Wahlen, freies Mandat der Mitglieder, »Einfluss« auf die Gesetzgebung). Neben der konkreten Ausgestaltung der rechtlichen Befugnisse scheint vor allem die im RWR erfolgte institutionelle Einbindung der Verbraucherschaft als ein wichtiger Unterschied. Die Kanalisierungsfunktion kann indes als zentrale Funktion beider Organe begriffen und zum

re waren nämlich eine andere: So betonte etwa Rudolf Hilferding in einer Sitzung der Sozialisierungskommission im Juli 1921, dass der Reichswirtschaftsrat ja ganz ähnliche Dinge thematisiere, aufgrund seiner Arbeitsbelastung und seiner Relevanz für praktische, legislative Fragen aber keine Zeit mehr habe, über ideologische Grundsatzfragen zu diskutieren.[172] Die Aufgabenverteilung schien daher aus Hilferdings Sicht klar: Hier die Expertenkommission, dort das Quasiparlament für Wirtschaftsfragen. Ähnliches ließe sich am Beispiel der großen Wirtschaftsenquête demonstrieren. Standen so auf der einen Seite die zahlreichen Sonderkommissionen, auf deren Arbeit man gerne rekurrierte, denen man sich aber gleichzeitig überlegen sah, bildeten die Interessen- und Branchenverbände auf der anderen Seite das personelle Substrat, ohne damit aber – Stichwort »freies Mandat« – zu einer großen Lobbyistenversammlung geworden zu sein. So kann der Reichswirtschaftsrat als ein Versuch zur Kanalisierung der organisierten Wirtschaftsakteure, als ein Gravitationszentrum im »Meer der Interessen«[173] interpretiert werden. Das lässt ihn als historischen Solitär erscheinen, dessen Eigenart in der täglichen Praxis bekräftigt und damit sukzessive gefestigt wurde. Die Ausformung einer eigenständigen »institutionellen DNA« war vor diesem Hintergrund ein rationales Mittel der Wahl, die fragile Stellung performativ und rhetorisch zu kompensieren.

3.3.2 Ökonomische Fakten, politische Dogmen: Die Ausformung einer »institutionellen DNA«

Die ebenso uneindeutige wie unfertige Rolle, die der Reichswirtschaftsrat im institutionellen Gefüge des Reichs einnahm, hatte zur Folge, dass kompensatorisch ein Selbstkonzept entwickelt wurde, das zunehmend feste Konturen gewann und sich als stabil erweisen sollte. Die Ausformung dieser »institutionellen DNA«, die sich parallel und in Wechselwirkung zum skizzierten Institutionalisierungsprozess vollzog, basierte auf einem im Kern recht klar umgrenzten Selbstverständnis, das dem eigenen Handeln Legitimität, Struktur und Richtung verleihen sollte. Es war dies die Überzeugung, nicht (partei-)politisch motivierte, sondern sachlich fundierte Antworten auf die Fragen der Zeit liefern und die Wirklichkeit rational erfassen, nicht ideologisch deuten zu wollen. Die Abgrenzung zum Reichs-

---

Ausgangspunkt eines systematischen (wenn auch nicht zwingend historischen) Vergleichs gemacht werden. Vgl. hierzu grundlegend Greidel, »Sozial-ökonomische Rat«, S. 225–229, 231–241, 251–266, 266–277. Der wertvolle Hinweis auf den SER der Niederlande stammt von Rolf-Ulrich Kunze vom Karlsruher Institut für Technologie.

172 *Verhandlungen der Sozialisierungs-Kommission über Reparationsfragen*, Bd. 1, S. 35. Ähnlich auch ebd., S. 3 (Warnung vor unnötiger Doppelarbeit).

173 Das Zitat nach Berghoff/Köhler/Wixforth, »Navigation«.

tag war dabei eindeutig, vor allem deshalb, weil man aufgrund der eigenen »quasi-parlamentarischen« Strukturen und der Beteiligung am Prozess der Politikformulierung in Konkurrenz zueinander stand. Dabei liegt auf der Hand, dass der schematische Gegensatz zwischen dem »partei-politischen« Reichstag und dem »sach-politischen« Reichswirtschaftsrat die tatsächlich vorhandenen Unterschiede erheblich stilisiert und simplifiziert, zumal der schematische Gegensatz auf der prekären Prämisse basiert, es könne so etwas wie »unpolitische« Politik tatsächlich geben. Es lässt sich nicht mit letzter Sicherheit klären, inwieweit die Akteure von der Wirklichkeit dieser Fiktion überzeugt waren; ihre kontinuierliche Betonung trug allerdings dazu bei, ein Selbstverständnis auch diskursiv zu etablieren, das über bloße Rhetorik hinausging. Es wäre zwar methodisch naiv, die plakative Selbstbeschreibung für bare Münze zu nehmen. Gleichwohl lässt sich kaum leugnen, dass die maßgeblichen Akteure im Reichswirtschaftsrat ihre Existenzberechtigung gerade mit diesem Glaubenssatz begründeten – und ihn auch in der Praxis beherzigten. Für die Analyse ist also weniger der ideologische Gehalt dieses Selbstkonzepts entscheidend, als vielmehr seine Wirkung, die vor allem darin bestand, ein Zusammengehörigkeitsgefühl, einen Habitus zu stiften, der mehr als nur Autosuggestion war. Methodisch stellt sich angesichts des evidenten Quellenbefunds allerdings die Frage, ob das Mantra der Überparteilichkeit und Objektivität, wie es etwa mit besonderem Pathos zur Eröffnung des Dienstgebäudes in der Bellevuestraße vorgetragen wurde, mit der Praxis in Einklang zu bringen war, oder nicht vielmehr den dauernden Appell einer kleinen Führungsriege darstellte, die gegen den Schlendrian partei-politischer Polemik im eigenen Laden rhetorisch vorzugehen versuchte. Die Empirie – und das wird anhand der folgenden Ausführungen untermauert – legt nahe, dass das vorgetragene Selbstkonzept weder eine Persiflage für die Öffentlichkeit, noch ein verzweifelter Appell nach Innen, noch eine sinnentleerte Kompensationsfloskel für die Elite verkörperte, sondern wohl als tatsächliche Richtschnur diente. Und auch wenn man äußerste Vorsicht walten lassen sollte, Stilisierungen dieser Art unkritisch zu objektivieren, so sollte man sie ebenso wenig als Selbstbetrug beiseiteschieben. Denn unterm Strich war es für den Reichswirtschaftsrat eine Frage der politischen Existenz, als ein Gremium aufzutreten und wahrgenommen zu werden, das ökonomischen Sachverstand und praktische Erfahrung über »Parteiprogramme«[174] stellte, und dies auch in der täglichen Arbeit nachzuweisen vermochte. Ob dem stets entsprochen werden konnte, steht auf einem anderen Blatt; vor allem in der Sozialpolitik prallten die unterschiedlichen ideologischen Grundüberzeugen und politischen Vorstellungen vielfach recht unverhohlen aufeinander.[175] Doch auch hier war man bemüht, die Chance, die sich

174 Exemplarisch Hans Kraemer, 1. Sitzung des Reparationsausschusses, 16.6.1921, BArch R 401/611, fol. 123.
175 Vgl. den dezenten Hinweis bei Hauschild, »10 Jahre«, S. 27.

angesichts des labilen Gleichgewichts allen Beteiligten bot, nicht leichtfertig aus der Hand zu geben. Die Maxime also, »Parteihader verbannen« zu wollen,[176] sollte sich, überraschend genug, als erstaunlich stabil erweisen.

Zu den konstitutiven Narrativen gehörte, durch die Etablierung des Reichswirtschaftsrats eine »Versachlichung« der (Wirtschafts-)Politik und damit auch eine »Entlastung« des »politischen Parlamentes« bewirken zu können. Die zeitgenössische Formulierung ist nicht willkürlich: Auch wenn man sich selbst des eigenen Parlamentscharakters nicht sicher war – ein »politisches Parlament« war man jedenfalls nicht, und wollte es auch nicht sein. Dieser sehr charakteristische Versachlichungsdiskurs besaß eine klare Immunisierungs- und Abgrenzungsfunktion: *Zum einen* in Richtung des Reichstags, dessen Problemlösungskompetenz man aus strukturellen Gründen – Zusammensetzung, Legitimation, Funktionslogik, Aufgabenspektrum – für diffizile ökonomische Sachfragen in Zweifel zog. *Zum anderen* wurde damit aber auch – umgekehrt – eine Grenze markiert zur Arbeit der Verbände im (vor-)politischen Raum, deren Lobbying zwar als legitim anerkannt wurde, deren interessengeleitete Einflussnahme auf die politischen Entscheidungsprozesse aber nicht mit der Praxis des Reichswirtschaftsrats vermischt werden dürfe.[177] *Drittens* distanzierte man sich von den Strukturen der Arbeitsgemeinschaften, die lediglich den industriellen Konflikt zwischen Kapital und Arbeit duplizierten, nicht aber »die Wirtschaft als Ganzes« zu repräsentieren für sich in Anspruch nehmen konnten. Schließlich *viertens* die Abgrenzung von ad hoc etablierten Sachverständigenkommissionen, zu denen man, wie etwa in der Sozialisierungsfrage, in zeitweilige institutionelle Konkurrenz geriet und auch nach dieser Seite ein eigenes Profil etablieren musste.[178] Und nicht zuletzt wirkte das Distinktionsnarrativ aber *fünftens* auch disziplinierend nach Innen – vor allem dann, wenn der eigene Problemlösungsanspruch, auf dem das gesamte Narrativ ja gründete, angesichts (scheinbar) unüberbrückbarer Gegensätze zur Illusion zu gerinnen drohte.[179] Mithilfe unterschiedlicher Instrumente – Vertagung, Auslage-

---

176 Vgl. bereits oben [Redemanuskript zur Eröffnung des neuen Dienstgebäudes, o.D.], BArch R 401/297, fol. 28–37, hier fol. 37 (Zitat syntaktisch verändert).

177 So etwa Fritz Baltrusch, 5. Sitzung des Reparationsausschusses, 29.6.1921, BArch R 401/611, fol. 418: Wenn der RWR nicht unter Beweis stellen könne, sachlich begründete und mit breiter Unterstützung ausgestattete Gutachten vorzulegen, könne es sich die Regierung ja auch »sehr viel einfacher« machen, »indem sie den Reichswirtschaftsrat nach Hause schickt und sich getrennte Voten von den Spitzenverbänden holt«. Vgl. zum empirischen Zusammenhang Kap. 4.3. Allgemein zum Thema RWR und Lobbying Hederer, »How to Handle« sowie allgemein Alemann/Eckert, »Lobbyismus«.

178 Vgl. zu diesem Aspekt Kap. 4.2.

179 Auch dazu die Ausführungen zum »Sozialisierungs«- und nachgelagerten »Verständigungsausschuss« in Kap. 4.2.

rung in Unterausschüsse, Kompromiss, »Dissimulieren«[180] – konnten Räume der Verständigung generiert und das Bild einer handlungsfähigen Institution nach außen produziert werden. Der Homogenitätsdruck war hier gerade angesichts der fragilen Stellung enorm: Die Ausformung und performative Bekräftigung der »institutionellen DNA«, wie sie anhand der empirischen Fälle greifbar wird, war also beides: identitätsstiftend und existenzsichernd.

Anlässlich seines zehnjährigen Bestehens hob in typischer Manier der langjährige Büroleiter des Reichswirtschaftsrats, Harry Hauschild, die weitreichende Bedeutung dieser »Sachlichkeit« hervor: Insbesondere die *conversion* von der ineffektiven Plenar- zur konzentrierten Ausschussarbeit sowie die Praxis nicht-öffentlicher Sitzungen habe erheblich zu seinem tatsächlichen »Erfolg« beigetragen. Denn nur dort »können die Erfahrungen der Fachmänner ohne Furcht vor Konkurrenz freimütig und sachlich zu Gehör gebracht und gewertet werden. Dort allein können, losgelöst von engen Interessensphären, Aus- und Angleichungen verschiedener Meinungen stattfinden.«[181] Nur unter diesen Bedingungen sei es überhaupt möglich gewesen, in acht von zehn Fälle ein einstimmiges Votum zu erhalten, auch wenn dadurch die Konflikte zwischen den unterschiedlichen Abteilungen, insbesondere zwischen Arbeitgebern und Arbeitnehmern, nicht verschwanden. Doch stand eben nur im Reichswirtschaftsrat »der einzige gemeinsame Tisch«, an dem sich beide Akteursgruppen »ihre Meinung klarlegen, gegeneinander kämpfen, sich aneinander reiben und abschleifen und sich dabei gegenseitig verstehen lernen« konnten.[182] So plakativ der Inhalt, so prekär der Quellenwert: Hauschild als operatives Herz des Reichswirtschaftsrats, der Anlass ein runder Geburtstag, der Erscheinungsort das eigene Mitteilungsblatt: Und doch spiegelt sich darin der wenn auch retrospektiv überzeichnete, so doch typische Habitus der Akteure, der seit den frühen 1920er Jahren als eine zentrale argumentativen Ressource im »Kampf« um institutionelle Anerkennung fungierte.

180 Der in der Frühneuzeitforschung etablierte Begriff des »Dissimulierens« bezeichnet eine spezifische kommunikative Praxis, bei der bestimmte (strittige, konfliktträchtige oder unverhandelbare) Dinge bewusst ausgeklammert werden, um Raum für Verständigung zu schaffen. Vieles blieb dabei notwendig offen, ungeklärt, uneindeutig oder ambivalent, ermöglichte aber gerade deshalb Verständigung. Die offeneren Konzepte der Frühneuzeitforschung können auch in der Geschichtsschreibung zum 20. Jahrhundert fruchtbar sein. Vergleichbares gilt für den Begriff der »Unausgetragenheit« oder das Konzept der »normativen Zentrierung«; hierzu auch Hederer/Priemel, »In der Schwebe«, S. 120–122.

181 Hauschild, »10 Jahre«, S. 26.

182 Ebd., S. 27. Auch hier ist die Abgrenzung zum Reichstag mit Händen zu greifen, ebenso die Distanzierung von parlamentarischen Verfahren und dem Prinzip der Öffentlichkeit. Vgl. auch den Artikel »Zehn Jahre Vorläufiger Reichswirtschaftsrat« in der »Gewerkschaftszeitung«, der vor allem auf die baldige Einsetzung des endgültigen RWR drängt, gleichzeitig aber die Persistenz des bestehenden RWR akzentuiert: »Daß er heute noch besteht, ist der beste Beweis seiner Lebensnotwendigkeit« (ebd., S. 404).

Der Anspruch, einen Ausgleich der unterschiedlichen ökonomischen Interessen zu organisieren, war und blieb ein Herzstück des Reichswirtschaftsrats, darauf wurde bereits vielfach verwiesen. Das richtige Mittel zur praktischen Einlösung dieses selbstgegebenen Versprechens glaubte man im Modus der »Sachlichkeit« und im Verzicht auf eine Politisierung ökonomischer Problemstellungen gefunden zu haben. Dies wurde bereits früh deutlich: So klagte etwa die Deutsche Bergwerks-Zeitung im Februar 1919 (durchaus stereotyp) über die fehlende »Sachlichkeit« als das »grösste Uebel«,[183] dem ein Wirtschaftsparlament unter Beteiligung der Industrie entgegenwirken müsse. Dass dies auch dort nicht leicht würde gelingen können, umgekehrt von den Akteuren ein erhebliches Maß an Bereitschaft voraussetzte, sollte sich rasch am Beispiel der Sozialisierungspolitik zeigen, deren ideologischer Charakter sich nicht »versachlichen« lassen wollte.[184] Gleichwohl war den Beteiligten, unter ihnen auch mit Friedrich Edler von Braun ein Vertreter des rechten politischen Spektrums, klar, dass man versuchen müsse, gerade diese Dinge von einem »rein sachlichen Standpunkt« aus zu betrachten.[185] Dazu kam ein weiteres: Schon Staatssekretär Julius Hirsch hatte unter Bezugnahme auf den als Vorlage für den Reichswirtschaftsrat dienenden »Wirtschaftsrat beim Reichswirtschaftsministerium« hervorgehoben, dass dort mit »Exzellenz von Braun« auf der einen und Rudolf Hilfering auf der anderen Seite das gesamte Spektrum »von der äußersten Rechten [...] bis zur äußersten Linken« versammelt und zum Gespräch bereit sei.[186] Und auch Max Hachenburg hob in seinen »Lebenserinnerungen« hervor, dass »der deutschnationale Reichstagsabgeordnete Exzellenz Edler von Braun und der Gewerkschaftler Adolf Cohen« als erstes Vorsitzenden-Duo des Reichswirtschaftsrats »ein seltsames Gespann« gebildet hätten, deren Zusammenarbeit aber dann »doch ganz gut« funktioniert zu haben schien.[187] Das alles besitzt freilich

183 Ernst Collin, »Reichswirtschaftsrat und Parlamentarismus«, in: Deutsche Bergwerks-Zeitung, 4.2.1919, BArch R 401/1724, fol. 170. Vgl. auch – exemplarisch – Plötz, *Reichswirtschaftsrat*, S. 5.

184 Vgl. Kapitel 4.2.

185 Edler von Braun, 3. [hds.: 4.] Sitzung des Unterausschusses zur Sozialisierungsfrage, 27.10.1920, BArch R 401/484, fol. 134. Vgl. auch Edler von Braun, »Zukunftsbedeutung«, S. 119. Auch Max Hachenburg, *Lebenserinnerungen*, S. 205–206 betont diesen Aspekt als einen dezidierten Vorzug des RWR: »[...] Arbeitgeber und Arbeitnehmer saßen friedlich zusammen. Sie hatten hier die Stätte des gemeinschaftlichen Überlegens. Man lernte sich menschlich verstehen.« Vgl. in diesem Zusammenhang auch die Beratungen des RDI über die »Frage der Selbstverwaltungskörper«, 12.6.1919, hier S. 43–44: Edler von Braun ermahnt die Anwesenden, das Faktum der Revolution zu akzeptieren und sich nicht pauschal gegen die politischen Veränderungen zu stellen: So sei es ein Verdienst der Partizipation u.a. des Handels und der Industrie, dass man in Deutschland keine »Zustände« wie in Russland habe. »Hätten wir uns von vorneherein [...] auf den Standpunkt gestellt: wir wollen nicht mitarbeiten, – dann würden wir heute, glaube ich, schon die Zustände haben, die in Rußland sind.«

186 UStS Julius Hirsch auf der Mitgliederversammlung des RDI, 14.4.1920 (vgl. den »Bericht«, S. 37–42, Zitat S. 39).

187 Hachenburg, *Lebenserinnerungen*, S. 204.

anekdotischen Charakter und könnte gerade angesichts der keineswegs »unpolitischen« Sachlichkeitsmaxime auch als rhetorische Figur beiseitegeschoben werden. Doch auch wenn man derlei Glaubenssätze kritisch gewichten und vor allem auf die Unterstellung persönlicher Überzeugungen verzichten muss, so vermochte der Appell an den Verzicht auf »Parteiprogramme und Vorurteile«[188] in der wirtschaftspolitischen Praxis doch empirisch fassbare Kohäsionskräfte zu entfalten und die Grundlage eines *modus procedendi* zu formen, der stilbildend für die Folgezeit werden sollte. Ein Modus, der Konflikte nicht negierte, diese aber einzuhegen und handhabbar zu machen trachtete, und der den virulenten politisch-ideologischen Konflikt in eine sachlich begründbare Auseinandersetzung zu übersetzen beabsichtigte. Die Formulierung des skizzierten Distinktionsnarrativs half dabei.

In der Tat scheint die Empirie recht klar zu zeigen, dass der Verweis auf ökonomische Vernunft offenbar Zentrifugalkräfte, die ohne Zweifel auch im Reichswirtschaftsrat wirkten, zumindest (temporär oder situativ) zu suspendieren vermochte. Die Argumentationsfigur tauchte denn auch in ganz unterschiedlichen Kontexten, aber immer in der gleichen Funktion auf. Sei es bei zähen Haushaltsberatungen, wo Kritik damit gekontert wurde, der Reichswirtschaftsrat habe »erheblich zur Entpolitisierung wirtschaftlicher Fragen beigetragen und sehr tüchtige Arbeit bei einer nicht immer ganz glücklichen Organisation geleistet«.[189] Oder im Zuge der Beratungen über die zukünftige Gestalt des Reichswirtschaftsrats, wo Berichterstatter Paul Mitzlaff bereits 1923 eine engere Kooperation mit dem Reichsrat ins Spiel brachte, da im Reichstag aufgrund seiner parteipolitischen DNA »die Vertretung rein wirtschaftlicher – oder man kann sagen: rein sachlicher – Momente« sehr schwierig sei.[190] Die Beispiele ließen sich mühelos erweitern. Hier ist wichtig festzuhalten, dass das zentrale Argument, der Reichswirtschaftsrat sei nicht nur hinsichtlich seines Aufgabenspektrums, sondern auch seines Handlungsmodus ein von den übrigen Reichsorganen qualitativ zu unterscheidendes Gremium, zu einem festen Narrativ gerann, aus dem Legitimität geschöpft wurde: Während andernorts die Dinge »nur« politisch (und damit, so die Erzählung, notwendig verzerrend) diskutiert würden, ginge es hier um die Sache selbst, nicht um die Partei, sondern das »gesamte Volk«; während andernorts »sachfremde« Erwägungen, das Schielen auf Wahlerfolge, die Befriedigung der eigenen Klientel, das Reiten

188 Hans Kraemer, 1. Sitzung des Reparationsausschusses, 16.6.1921, BArch R 401/611, fol. 123.

189 Eduard Hamm, 146. Sitzung des Haushaltsausschusses, 21.3.1922, BArch R 401/219, fol. 279. Vgl. auch exemplarisch und sehr typisch etwa Hermann Thissen, 4. Sitzung des Unterausschusses des Verfassungsausschusses, 6.10.1925, BArch 401/570, fol. 204–208: Notwendigkeit der »Entpolitisierung« der Wirtschaft, »unsachliche politische Taktik« dürfe die »sachlichen Lebensnotwendigkeiten der Wirtschaft« »überwuchern« (Zitate teilweise grammatikalisch verändert).

190 Paul Mitzlaff, 23. Sitzung des Verfassungsausschusses, 2.7.1923, BArch R 401/568, fol. 425.

ideologischer Steckenpferde und das Verteidigen politischen Terrains im Vordergrund stünden, sei man hier mit der Lösung »echter« Probleme befasst; während andernorts Chaos herrsche, behalte man hier einen kühlen Kopf. So plakativ die Gegenüberstellung, so wirksam in der Praxis. Ganz typisch betonte etwa Abraham Frowein im Kontext der kontroversen Diskussion um Preissenkungen 1930, er sei froh, dass man hier »ganz ruhig« über die Dinge sprechen könne. Schließlich sei man ja »nicht im Reichstag«. Mithin sei es »einer der Hauptvorteile« des Reichswirtschaftsrats, »dass wir uns hier unterhalten und unsere Meinung sagen können, ohne Gefahr zu laufen, dass jedes Wort, das man in einer so ernsten Situation sagt, am nächsten Tagen verzerrt in der Zeitung steht.«[191] Gerade diesem Aspekt, jenseits des Scheinwerfers (und den damit verbundenen Zwängen) der Öffentlichkeit kontroverse *policies* offen diskutieren zu können, kam besondere Bedeutung zu. Er barg aber auch die Gefahr, aus diesem ökonomischen Arkanum nicht mehr zurück in die politische Arena finden zu können; der Preis der »Sachlichkeit« war also potentiell hoch: politische Machtlosigkeit.

3.4 Zusammenfassung: Reichswirtschaftsrat und politisches System

Dass die politischen, ökonomischen und sozialen Veränderungsprozesse, die sich spätestens um die Jahrhundertwende in besonderer Deutlichkeit zu zeigen begonnen und durch den Weltkrieg eine zusätzliche Dynamisierung erfahren hatten, auch eine intellektuelle Herausforderung darstellten, lag auf der Hand. Denn wie sollte »Gesellschaft«, »Wirtschaft«, »Politik« und »Einzelner« gedacht, zueinander ins Verhältnis gesetzt und »organisiert« werden, wenn auf allen Ebenen gravierende, als weitgehend irreversibel wahrgenommene Veränderungen mit Händen zu greifen waren? Emil Lederer hatte bereits 1912 diese Dynamik durch die These einer Überlagerung »politischer« durch »ökonomische« Logiken auf den Punkt zu bringen versucht:[192] »Politik« als Austrag letzter Wahrheiten wandle sich so in ein egalitäres Marktgeschehen grundsätzlich verhandelbarer Interessen.

So überrascht es nicht, dass Ludwig Heyde, Honorarprofessor für Soziologie an der Universität Kiel und zwischen 1922 und 1933 als von der Regierung ernannter Vertreter der Abteilung III im Reichswirtschaftsrat,[193] diesen *frame* in

191 Abraham Frowein, 172. Sitzung des Wirtschaftspolitischen Ausschusses, 5.8.1930, BArch R 401/407, fol. 301. Ergänzend: »Ich würde es geradezu für unerträglich finden, wenn wir jetzt auch im RWR das anfangen, was leider im politischen Leben mehr und mehr üblich wird, nämlich scheinbar ethisch zu werden und zu behaupten: Jeder, der nicht meiner Ansicht ist, verdirbt das Volk.« (Frowein in der 10. Sitzung des Arbeitsausschusses Zugabewesen, 1.4.1930, BArch R 401/1003, fol. 205).

192 Vgl. Lederer, »Ökonomische Element« sowie die Ausführungen hierzu oben.

193 Vgl. knapp Lilla, *Reichswirtschaftsrat*, S. 392–393.

»einem Aufsatz für die französische (Verständigungs-)Revue ›Politique‹« aufgriff, um seine »Schilderung des RWR« historisch verorten zu können.[194] Denn vor dem Hintergrund »solcher Entwicklung der wirtschaftlichen Machtverhältnisse [bestand] für einen jungen Parlamentarismus die Gefahr«, dass die Interessenverbände zu großen Einfluss auf die Listenaufstellung der Parteien und damit die Zusammensetzung der Parlamente gewinnen würden. »Auf diese Weise [würde] der Kampf der wirtschaftlichen und sozialen Interessengruppen immer mehr in die politischen Parlamente verlegt.«[195] In diesem Kontext stelle der Reichswirtschaftsrat eine »›Entlastungs-Offensive‹ gegenüber dem Einfluss der grossen Verbände auf das parteipolitische Leben« dar, die eine »Arbeitsteilung zwischen Reichstag und Reichswirtschaftsrat« zur Folge haben solle.[196] Bemerkenswert ist dabei, dass Heyde die bereits mehrfach hervorgehobene »Entlastungsfunktion« des Reichswirtschaftsrats nicht (nur) quantitativ, sondern (vor allem) qualitativ begreift; es solle nicht ein zweites, sondern ein im Vergleich zum Reichstag *anderes* Gremium etabliert werden, das nicht einfach zusätzliche, sondern *andere* Aufgaben zu erledigen habe. Der Aufsatz war 1927 verfasst worden, in einer Phase, als mit einer baldigen Realisierung des endgültigen Reichswirtschaftsrats gerechnet wurde und somit auch bereits die Arbeit des »Vorläufigen« (vorsichtig) bilanziert werden konnte. Heyde entscheidet sich dabei für ein klares »Jein«: Bedauerlich sei, dass der Reichstag nach wie vor »leider keine rechte Wertschätzung für die Arbeiten des Reichswirtschaftsrats« hege, denn »dem Parteipolitiker ist die Arbeitsweise des Reichswirtschaftsrats fremd.«[197] Ursächlich sei neben prinzipieller Ablehnung und Unkenntnis auch die »praktische Arbeit« des Reichswirtschaftsrats selbst, die nicht unbedingt dazu beigetragen habe, die vorherrschende »Antipathie« zu mildern – insbesondere der anfängliche Hang, »Parlament zu spielen«, aber auch umgekehrt die inhaltliche Tiefe seiner Berichte, die von den »überlasteten Reichstagabgeordneten« oftmals gar nicht zur Kenntnis genommen würden.[198] Und zuletzt konnte der Reichstag mit Stellungnahmen des Reichswirtschaftsrats vor allem dann nur wenig anfangen, wenn diese nicht konsensual, sondern per knap-

---

194 Archivalisch nachgewiesen: Ludwig Heyde, »Der Reichswirtschaftsrat. Ein deutscher Versuch der Erziehung zu wirtschaftspolitischer Sachlichkeit«, BArch R 401/1720, fol. 332–347, hier (ohne freilich Lederer zu nennen, fol. 333–336). Anschreiben Heydes an den Direktor des RWR [Harry Hauschild], 27.12.1927, ebd., fol. 331–332.

195 Ebd., fol. 334, 335.

196 Ebd., fol. 336. Ergänzend: »Die Vorschläge des Reichswirtschaftsrats sollten gewissermassen die ökonomischen und sozialen Gesichtspunkte einseitig zur Geltung bringen; im Reichstag sollten die parteipolitischen Grundsätze, die sogenannten Weltanschauungen und die Staatsauffassungen zur Geltung kommen.« (ebd., fol. 337).

197 Ebd., fol. 338.

198 Ebd., fol. 338–339.

pen Mehrheitsvoten zustande gekommen waren.[199] Was der Reichswirtschaftsrats jedoch erreicht hatte, war »die Loslösung der Wirtschafts- und Sozialpolitik von parteipolitischen Betrachtungen«; unter den gegebenen Bedingungen »kein geringer Erfolg.«[200] Weder seien »parteipolitische Rede[n] gehalten« noch Beschlüsse gefasst worden, die auf »parteipolitische Parolen zurückzuführen gewesen seien.«[201] Dabei sei es vor allem auch das Verdienst von Abteilung III gewesen, Konflikte, die sich zwischen Arbeitgebern und Arbeitnehmern ergaben, durch Vermittlung moderiert zu haben. Nicht zuletzt deshalb wäre es geboten, diese neben den nach wie vor dominierenden Abteilungen I und II im endgültigen Reichswirtschaftsrat stärker zu berücksichtigen.[202] Heyde vertrat hier, und das hatte er bereits in seinem Anschreiben an Direktor Hauschild betont, »den Standpunkt vieler RWRmitglieder der 3. Abtlg.«, einen Standpunkt also, der seiner Auffassung nach »aber zum RWR-Verfassungsausschuss-Entwurf in erheblichem Gegensatz«[203] stand. Es wäre ihm deshalb »lieb [...], wenn wenigstens der Vorsitzende des Reichstagsausschusses« von seinen Ansichten erführe.[204] Offenbar war Heyde klar, dass die dominierenden Akteure nach wie vor den beiden großen Abteilungen entstammten, und der Gesetzesentwurf daher im Wesentlichen auch deren Handschrift tragen würde. Doch war ebenso klar, dass die durchweg bunte Abteilung III strukturell gebraucht wurde, wollte man am Konzept des Reichswirtschaftsrats als Repräsentant »der« Wirtschaft festhalten. Und dies war keineswegs nur Heydes Sicht. Dass aber sämtliche Beteiligte von der eigenen Bedeutung überzeugt waren und sich potentiell unterrepräsentiert wähnten, lag auf der Hand – und sollte sich am Ende in den Gesetzesberatungen als zentrale Hürde erweisen. Was aber stand für Heyde nun auf der Habenseite? Zunächst, ganz lapidar, »genug, um die Fortsetzung des Experiments zu rechtfertigen.«[205] Und auch der Vorzug des Reichswirtschaftsrats, Parteipolitik im engeren Sinne außen vor zu halten, müsse in einem größeren Zusammenhang betrachtet werden, nämlich als Instrument zur »wirtschaftspolitische[n] Erziehung der deutschen Arbeiterführer und der sozialpolitischen Schulung der Industriellen.«[206] Nicht (nur) der fachliche *output* oder die beschworene »Versachlichung« wirtschafts- und sozialpolitsicher Fragen verkörperten für Heyde die zentrale Leistung des Reichswirtschaftsrats, sondern

199 Ebd., fol. 339.
200 Ebd., fol. 337.
201 Ebd.
202 Ebd., fol. 340, 345.
203 Ebd., fol. 331'.
204 Ebd., fol. 331. Hauschild notierte auf dem Schreiben hds. hierzu: »Kann ich nicht veranlassen« (Paraphe, 18.1.[28]).
205 Ebd., fol. 346 (im Original unterstrichen).
206 Ebd.

seine Funktion, »das Verständnis für die Gesichtspunkte der anderen Seite« zu fördern:[207] Und auch wenn »also das Bild des deutschen Reichswirtschaftsrats [...] keineswegs restlos erfreulich ist, so stellt diese Einrichtung doch jedenfalls eine wichtige und nachahmenswerte Schule des wirtschaftlich tätigen Volkes dar.«[208] Angesichts der Umstände nicht allzu wenig.

Die Ausführungen Heydes, so sehr sie auch einer klar zuzuordnenden Perspektive folgen und daher nicht unkritisch generalisiert werden sollten, sind vor allem doch deshalb wertvoll, weil sie die in der Debatte geläufigen Argumente zum »RWRproblem«[209] bündig auf den Punkt bringen und dessen Entwicklung bereits bilanzieren. Auffallend ist dabei zunächst, dass Heyde die Notwendigkeit des Reichswirtschaftsrats trotz seines ambivalenten Fazits und der darin formulierten Kritik betont: Notwendig einerseits, weil die Entwicklung der ökonomischen und sozialen Verhältnisse eine Neujustierung von Wirtschaft und Staat forderten, die sich auch institutionell niederschlagen sollte. Notwendig andererseits, weil das Parlament für die sachliche Erörterung im weitesten Sinne ökonomischer Fragen nicht geeignet sei. Notwendig aber auch vor allem deshalb, weil nur durch die Etablierung des Reichswirtschaftsrats ein Ausgleich zwischen den konfligierenden wirtschaftlichen Interessen institutionell organisiert und politisch formuliert werden könne. Dass dies für Heyde einen wechselseitigen Lernprozess impliziert, machen die Begriffe der »Erziehung«, der »Schule« greifbar; den Reichswirtschaftsrat aber als »deutschen Versuch der Erziehung zu wirtschaftspolitischer Sachlichkeit«, so der Untertitel der Studie, zu charakterisieren, verweist auf seine ebenso technokratische wie parlamentsskeptische Latenz. Das »Experiment« bot also die Chance, das »wirtschaftlich tätige Volk« institutionell in den Prozess der Politikformulierung zu integrieren. Dass dieser ambitionierte Anspruch nur zum Teil gelang, ist bekannt; wichtig ist allerdings zu betonen, dass er bis zuletzt aufrechterhalten wurde.

Die schon von Zeitgenossen hervorgehobene Spannung zwischen der Kritik an der *performance* des Reichswirtschaftsrats und der Betonung seiner Notwendigkeit liegt, darauf wurde bereits verweisen, quer zum gängigen Narrativ der Forschung. Vor allem seine Rolle als Akteur des politischen Systems wurde so in seiner praktischen Bedeutung unterschätzt. Was dabei unter den Tisch fiel war zum einen die von den Akteuren sehr bald selbst vollzogenen Abkehr vom Anspruch, die Verfassungsnorm in all ihren Details umsetzen zu wollen, zum anderen aber auch der institutionelle Wandel, im Zuge dessen der Reichswirtschaftsrat an Profil

207 Ebd., fol. 347.
208 Ebd.
209 Ebd., fol. 331.

im politischen System der Weimarer Republik und ihrer Wirtschaftsordnung gewann. Dass seine Rolle stets fragil blieb, ist davon nicht berührt.

Hier wurde versucht, den institutionellen Wandel des Reichswirtschaftsrats mithilfe eines offenen institutionentheoretischen Konzepts zu erfassen. Kern dieses Ansatzes war die Annahme, dass institutioneller Wandel nicht (unbedingt und vornehmlich) durch radikale Brüche oder »expliziten Verfassungswandel« erfolgt, sondern sich dieser wesentlich häufiger durch Nichthandeln und Abwarten, Ignorieren oder Hinnehmen, subkutane Anpassungsprozesse oder nichtintentionale Handlungsfolgen einstellt. Vor diesem Hintergrund situierte sich der Reichswirtschaftsrat in einem dynamischen Kräftefeld unterschiedlicher Akteure, deren Handeln unmittelbar oder mittelbar auf ihn wirkten und seinen Wandel beförderten. Dies klingt floskelhaft und ist es auch: Dahinter aber wird eine konkrete Wirklichkeit greifbar, die vielschichtiger ist als das gängige Narrativ. Nicht nur emanzipierte sich der Reichswirtschaftsrat als politischer Akteur sukzessive von den enormen Erwartungen, die durch Revolution und Verfassung genährt worden waren. Es gelang ihm auch, ein institutionelles Profil zu entwickeln, das auf die Herausforderungen der Zeit, die Permanenz des provisorischen Zustandes, die Obstruktionen der übrigen Akteure und nicht zuletzt die Perspektive auf eine andere Zukunft reagierte. Und schließlich verband sich damit die Ausformung eines diesen Prozess flankierenden institutionellen Selbstverständnisses, das integrierend wirkte und der fragilen Institution Form verlieh. Was jedoch nicht gelang – und gerade darauf richtete die Forschung bisher stets den Fokus –, ist die Etablierung eines verbindlichen Regimes zur Einbindung des Reichswirtschaftsrats in den Prozess der Politikformulierung – ein von allen Beteiligten selbst beklagter Mangel. Und dennoch etablierte er sich im Verlauf der 1920er Jahre als ein Faktor, der in die Kalkulation der anderen Akteure einbezogen werden musste. Dahinter steht die Annahme, dass das politische System zum einen als ein Feld verstanden werden kann, in dem Kräfte unterschiedlicher Intensität auch dann wirken, wenn es der bloße *output* nicht unbedingt vermuten lässt. Erfasst wird davon auch Umgehen, Ignorieren, Sabotieren als Strategie zur Verminderung von Reibungspunkten und als Mittel zur Vergrößerung eigener Handlungsräume, wie es gerade für das Verhältnis des Reichswirtschaftsrats zu Reichstag und Regierung charakteristisch ist. Zum anderen wird dadurch Wandel im Verhältnis der Akteure zueinander und der Ordnung als Ganzes greifbar. In diesem Kräftefeld unterschiedlicher Vetospieler nahm der Reichswirtschaftsrat, betrachtet man ihn auf der Mesoebene des politischen Systems, eine spezifische Rolle ein. Denn dass er in wirtschafts-, finanz- und sozialpolitischen Fragen grundsätzlich als zentraler Ansprechpartner dienen sollte, stand außer Zweifel – auch dann, wenn seine Einbindung in den politischen Entscheidungsprozess für die Regierung fakultativ blieb. Die Ausformung einer »institutionellen DNA«, wie sie oben beschrieben wurde, stand damit in unmittelbarem Zusammenhang: Sie stellte eine Reaktion einerseits auf den Zwang der Umstände dar, sich als neues, formal nur unzureichend abgesichertes bzw. am politischen Geschehen beteiligtes Organ in Position zu bringen und mit einem spezifischen Narrativ zu versehen. Andererseits reagierte sie aber auch auf die Veränderungen, denen die Weimarer Republik als Ganzes unterworfen war, und die auch auf den Reichswirtschaftsrat wirkten. So verabschiedete man sich rasch von einer ganzen Reihe an Vorhaben, die unter den gegebenen Bedingungen nicht mehr realistisch und – wichtiger – adäquat erschienen, und versuchte auf diese Weise, die eigene Institution durch Anpassung und Eigenständigkeit im Spiel zu halten. Während die erste Phase dabei vor allem von (erzwungenen) Adaptionsprozessen gekennzeichnet war, scheint insbesondere die letzte Phase, anders als von der Forschung bisher unterstellt, weniger von Selbstaufgabe denn von Selbstbehauptungs- und Emanzipationsbestrebungen geprägt. Das seit Beginn der 1930er Jahre grundlegend veränderte politische Spielfeld bot hierfür einen Rahmen, auch wenn dieser begrenzt blieb. So durchlief der Reichswirtschaftsrat zwischen 1919 und 1933 einen mehrdimensionalen und tiefgreifenden institutionellen Wandel, der zweierlei zeigt: *Erstens* war der Reichswirtschaftsrat bis zu seiner Auflösung durch die Regierung Hitler dauerhaft präsent und politisch relevant – wenn auch in unterschiedlicher Intensität. Und *zweitens* verstellt die perspektivische Engführung auf den rechtlichen Rahmen von Verordnung und Verfassung den Blick auf die Wirklichkeit, in der er als politischer Akteur zwar nicht die ihm ursprünglich zugedachte Funktion einnahm, aber dennoch präsent blieb. Das vielfach ostentativ zur Schau gestellte Selbstverständnis eines »nicht politischen«, »rein sachlichen«, allein »der Wirtschaft« verpflichteten und frei von taktischen Finten arbeitenden Organs füllte so nicht nur rhetorisch jene Lücke, die die fehlende gesetzliche Verankerung eines vollwertigen Reichswirtschaftsrats gelassen hatte, sondern muss darüber hinaus als Ergebnis eines institutionellen Lernprozesses verstanden werden: Eine eigene Rolle konnte nur gefunden und legitimiert werden, wenn sie sich unterschied.[210] Das demonstrative Politisierungstabu war diese Differenz, die in den ersten Jahren zunächst erlernt, dann rhetorisch unterfüttert und schließlich, so paradox es klingt, politisch eingesetzt wurde. Der »Erfolg« war freilich durchwachsen; es reichte aber doch, um den Dingen eine Richtung zu geben, im politischen Geschehen als Faktor wahrgenommen und ins Kalkül gezogen zu werden. Die empirischen Beispiele können zeigen, wie das in der Praxis funktionierte.

---

210 Zur theoretischen Fundierung dieser empirischen These vgl. ausführlich, wenn auch zuspitzend Luhmann, *Wirtschaft der Gesellschaft*, insb. S. 43–90 sowie die Ausführungen in Kap. 5.1.

4. Der Reichswirtschaftsrat als Akteur der Wirtschaftspolitik

4.1 Der Reichswirtschaftsrat und die »großen Fragen« der Weimarer Republik

Nachdem die Rekonstruktion der institutionellen Stellung des Reichswirtschaftsrats in Politik und Wirtschaft deutlich machen konnte, dass er trotz seiner verfassungsrechtlich begrenzten Palette an Optionen, trotz zahlreicher Rivalitäten zwischen den Organen und seiner daraus resultierenden fragilen Position im politischen System ein spezifisches institutionelles Selbstverständnis zu entwickeln und zu behaupten vermochte, ist es nun notwendig, diese systematische Perspektive empirisch zu erden. Das hier vorgeschlagene Modell vereint einen diachronen mit einem exemplarischen Zugriff, der die Weimarer Republik in ihrer Gesamtheit erfasst *und* zentrale Politikfelder in den Blick nimmt. Angesichts der Fülle und Dichte des überlieferten Materials wäre der Anspruch, einen umfassenden Überblick über die Arbeit des Reichswirtschaftsrats bieten zu wollen, nicht nur illusorisch, sondern vor allem auch historiographisch fruchtlos und narrativ öde. Die Untersuchung ist *nicht* auf eine »Leistungsbilanz« des Reichswirtschaftsrats gerichtet; sie geht einen anderen Weg und will den Reichswirtschaftsrat als politischen Akteur anhand der »großen Fragen« der Weimarer Wirtschaftspolitik konturieren. Das Selektionskriterium ist dabei *erstens* ein denkbar pragmatisches: Auch wenn die Erörterungen des Reichswirtschaftsrats etwa zur Kfz-Steuer oder der Einführung der Sommerzeit für sich genommen interessant erscheinen mögen,[1] so möchte man angesichts des hier aufgespannten Rahmens und des damit verbundenen Anspruchs dann doch wissen, ob und wie die *zentralen* Probleme der Weimarer Republik im Reichswirtschaftsrat zum Gegenstand gemacht wurden. Dieses berechtigte Interesse soll hier nicht ignoriert werden. *Zweitens* liegt der

---

1 Vgl. Bericht des Arbeitsausschusses zur Einführung der KfZ-Steuer mit Pressemitteilung vom 15.9.1921, BArch R 401/609, fol. 69–75, 76–76‘ (hierzu auch Hauschild, *Reichswirtschaftsrat*, S. 609) und RWR an RWiM, 26.3.1926, BArch R 3101/12420, fol. 261 (RWR lehnt die Einführung der Sommerzeit ab).

Schwerpunkt auf – im weitesten Sinne – *wirtschafts*politischen Problemstellungen; dies scheint angemessen, hat aber zur Folge, dass etwa die vielfach hart umkämpften Beratungen in der Sozialpolitik weitgehend außen vor bleiben, auch wenn das Thema Arbeitsbeschaffungs- und Konjunkturpolitik zu Beginn der 1930er Jahre diesen Aspekt berührt. Vergleichbares gilt für die Finanzpolitik und damit den dritten Arbeitsschwerpunkt des Reichswirtschaftsrats, der am Beispiel der Reparations-, Inflations- und Währungsproblematik in die Analyse miteinbezogen wird. Die Konsequenzen des gewählten Vorgehens mit Blick auf seinen Generalisierungsanspruch erscheinen kontrollierbar – die empirische Basis ist hinreichend dicht, um auch aus der geringeren Fallzahl Erkenntnisse gewinnen zu können, die mehr als nur Einzelfallrelevanz besitzen. Darüber hinaus kommt der Wirtschaftspolitik bzw. dem Wirtschaftspolitischen Ausschuss des Reichswirtschaftsrats mit Blick auf sozial- und finanzpolitische Fragen eben auch eine Integrations- und Bündelungsfunktion zu, die die hier gewählte Schwerpunktsetzung rechtfertigt. Ziel ist, den Reichswirtschaftsrat als politischen Akteur plastisch werden zu lassen, ohne damit seine prekäre Stellung und seine limitierten Ressourcen negieren zu wollen. Ziel ist, den Wandel einer Institution und die Ausformung eines spezifischen Rollenverständnisses anhand der praktischen Arbeit und deren Effekte zu rekonstruieren.

Die im folgenden analysierten Problemfelder der Weimarer Wirtschaftspolitik besitzen also exemplarischen Charakter. Wofür dienen sie als Exempel, worin besteht ihre spezifische Signifikanz im Kontext des hier verfolgten Erkenntnisinteresses? Drei Aspekte sind zu nennen: *Zunächst* ist festzuhalten, dass es nicht primär darum gehen kann, die in den Fokus gerückten Politikfelder in ihrer historischen Gesamtheit einer kritischen Analyse zu unterziehen. Das hätte nicht nur die Einbeziehung einer ganzen Welt an Forschungsliteratur und Forschungskontroversen bedeutet, sondern, und das ist das wichtigere Argument, in der Konsequenz auch nur zu einer zwar dichten, aber doch unzusammenhängenden Darstellung einzelner »Fallbeispiele« geführt. Das ist hier nicht beabsichtigt. Der innere Zusammenhang der gewählten Politikfelder erschließt sich – von ihrer Relevanz für die Weimarer Republik einmal abgesehen – also nicht anhand der *policies* selbst, sondern erst aus der Perspektive des Reichswirtschaftsrats und seines Institutionalisierungsprozesses, wie er anhand des theoretischen Instrumentariums entworfen wurde. Entscheidend ist dabei nicht in erster Linie, was der Reichswirtschaftsrat »dazu sagt«: Vielmehr sollen *zweitens* anhand seiner Arbeit, seiner Einbindung in den Prozess des *policy making* und seines daraus entwickelten Selbstverständnisses Rückschlüsse auf seine Stellung im Spannungsfeld von Politik und Wirtschaft gezogen werden. Die untersuchten Politikfelder erfüllen diesen Anspruch, da sie von hoher Aussagekraft für grundlegende (und im Kern stets umstrittene) Fragen wirtschaftlicher Ordnung sind, und dabei gleichzeitig eine erhebliche politische

Brisanz in sich tragen. *Wie* er also »Politik machte« ist von ungleich größerer Bedeutung, als zu wissen, *welche*. Die ausgewählten Politikfelder stehen *drittens* paradigmatisch nicht nur für die wirtschaftspolitischen Grundfragen der Weimarer Republik, sondern illustrieren auch die institutionellen Veränderungsdynamiken, denen sich der Reichswirtschaft gegenüber sah – daher die diachrone Analyseperspektive. Der dynamische Anpassungsdruck, der sich aus der Vielzahl und kumulativen Verschränkung unterschiedlicher Probleme und damit verbundenen Ziel- und Steuerungskonflikten ergab, die gleichsam täglich neue Fragen auf die Tagesordnung setzten, erzwang auch im Reichswirtschaftsrat Veränderungen, die sich in Modus und Habitus niederschlugen. Um als Institution erkennbar und relevant zu sein, musste ein anderes Verfahren als das der »politischen Parlamente« gewählt werden. Diese Einsicht kann mit aller berechtigter theoretischer wie historischer Vorsicht als pfadbegründend qualifiziert werden, da sie nicht nur situativ einen gangbaren Ausweg versprach, sondern weit darüber hinaus zur entscheidenden Ressource avancierte, mit deren Hilfe der Reichswirtschaftsrat bis in die frühen 1930er Jahre hinein an institutionellem Profil und Selbstverständnis gewinnen konnte. Freilich ist kritisch zu diskutieren, ob nicht gerade diese ostentativ-rhetorische Distanz zu den Mechanismen »der Politik« die prekäre Existenz des Reichswirtschaftsrats forcierte – ganz abgesehen davon, dass das selbstgewählte *brand* der »Sachlichkeit« ideologischen Charakters war und auf parlamentarismusskeptischen Prämissen fußte, deren potentiell destabilisierende Effekte für das politische System in Betracht zu ziehen sind. Jenseits der im engeren Sinne wirtschaftspolitischen Perspektive biete eine differenzierte Analyse des Reichswirtschaftsrats damit weiterführende Einblicke anhand eines bislang nur sporadisch ausgewerteten Quellencorpus. Beides: Die Signifikanz des Reichswirtschaftsrats für Wirtschaftsordnung und politisches System *und* die Relevanz seiner Arbeit für ein differenziertes Bild der Weimarer Republik aus der Perspektive ihrer ökonomischen Probleme kann durch die gewählten Politikfelder in besonderer Deutlichkeit herausgearbeitet und illustriert werden.

Das *erste* empirische Kapitel widmet sich der »Sozialisierungsfrage«: Ihre spezifische Thematisierung im Reichswirtschaftsrat sollte die Grundlage einer auf Sachlichkeit und Ausgleich gerichteten Arbeitsweise bilden, der die Absage an die Idee eines »zweiten Parlaments« korrespondierte. Schon früh stimulierte so die Diskussion praktischer und drängender wirtschaftspolitischer Fragen die Ausformung eines Selbstverständnisses, das sich als tragfähig erweisen sollte. Die im *zweiten* Kapitel rekonstruierte Diskussion um die im Londoner Ultimatum von 1921 fixierten Reparationsleistungen, das Thema »Erfüllungspolitik« und die beginnende Währungskrise markiert das Szenario, in dem sich dieses noch tentative Selbstverständnis praktisch bewähren und formen musste. Die sukzessive Stabilisierung dieses Habitus verdeutlicht die im *dritten* empirischen Abschnitt analysierte und für grundlegende Fragen der Wirtschaftsordnung elementare Kartelldebatte der späten 1920er und frühen 1930er Jahre, in der sich der Reichswirtschaftsrat einer »politischen« Positionierung zwar enthalten sollte, mit seiner Maxime ökonomischer Sachpolitik aber gleichwohl »Politik zu machen« beabsichtigte. Diese typische Ambivalenz kam in der Folge auf ganz andere und doch identische Weise in der im abschließenden *vierten* Kapitel diskutierten Frage der aktiven Konjunkturpolitik zur Bekämpfung der grassierenden, die politische Stabilität bedrohenden Arbeitslosigkeit Anfang der 1930er Jahre zum Ausdruck: Von der Regierung aus noch näher zu skizzierenden Grünen nicht eingebunden, ergriff der Reichswirtschaftsrat mit dem ad hoc etablierten »Zentralausschuss« selbst die Initiative und demonstrierte damit, dass ein Vorbeikommen an ihm zwar möglich, wohl aber begründungspflichtig war. So zeigt sich, dass der Reichswirtschaftsrat trotz seiner rechtlichen Beschränkungen durch die Verordnung von 1920 und trotz des Scheiterns der Gesetzentwürfe 1930 als politischer Akteur präsent und relevant, gleichwohl stets herausgefordert und fragil blieb. Diese These der charakteristischen Doppelstruktur von Fragilität und Persistenz gilt es im Folgenden anhand des empirischen Materials und unter Bezugnahme auf die vorangegangenen Ausführungen zur Rolle des Reichswirtschafsrats im politischen System zu plausibilieren. Was die einzelnen Fälle verbindet, ist das Bemühen des Reichswirtschaftsrats, politische Wirksamkeit durch sachliche Begründbarkeit zu erzielen. Um beides ging es, aber nicht immer sollte beides gelingen.

4.2 Übergangswirtschaft und Sozialisierung

4.2.1 Die Frage der Sozialisierung zwischen Theorie und Praxis

Noch heute scheint die Frage der »Sozialisierung« eng mit der Wahrnehmung der Weimarer Wirtschaftsordnung und der unmittelbaren Nachkriegszeit verknüpft, ja ihren eigentlichen Kern zu bilden. Das ist freilich ebenso richtig wie irreführend: Denn so sehr die Zeitgenossen von Sozialdemokraten, Gewerkschaften und »Räten« erwarteten bzw. – je nach Standpunkt – fürchteten, dass »sozialisiert« wird, so unklar war, was darunter eigentlich verstanden werden sollte – und so wenig wurde in der Praxis denn auch realisiert. Am Beispiel der »Sozialisierung« lässt sich also anschaulich illustrieren, dass Verfassungsnorm und politische Wirklichkeit grundsätzlich zwei unterschiedliche Dinge sind, zumal unter derart fragilen und in vielerlei Hinsicht unentschiedenen Bedingungen. Die Diskussion um »Sozialisierungen« besaß vor diesem Hintergrund von Beginn an mehrere Dimensionen und

Fluchtpunkte:[2] *Zunächst* handelte es sich um eine im Kern theoretisch-ideologische Frage, die das »Wie« der Sozialisierung deduktiv aus den eigenen Wahrheiten ableitete; Konflikte waren hier vorprogrammiert. Sodann stellte sich *zweitens* die Frage, was unter »Sozialisierung« verstanden und was auf dieser Grundlage *drittens* als »sozialisierbar« bzw. »sozialisierungsreif« in den Blick genommen werden konnte. Auch das ein hart umkämpftes und angesichts divergierender Interessenlagen hoch umstrittenes Feld. *Viertens* die Frage, welche Art »Sozialisierung« ökonomisch zweckmäßig erschien und schließlich *fünftens* politisch durchsetzbar war. Diese knappe Systematisierung legt unmittelbar offen, dass die Diskrepanz zwischen der Aussicht auf eine umfassende Umgestaltung der Wirtschaftsordnung und der Wirklichkeit greifbar, das Potential für enttäuschte Erwartungen entsprechend groß war. »Sozialisierung« als politisches Programm und Chiffre zugleich avancierte damit zum Gradmesser dafür, wie viel Umbruch möglich sein würde. Und auch wenn der Umfang implementierter Sozialisierungen gemessen an den Erwartungen gering blieb und sich schließlich vor allem auf die – freilich enorm wichtige – Kohlen- und Kaliwirtschaft beschränken sollte,[3] so nahm das Thema doch breiten Raum in der fachlichen und politischen Debatte ein, an der sich auch der Reichswirtschaftsrat beteiligen sollte. Denn damit war im Kern die Frage nach den Konturen der zukünftigen Wirtschaftsordnung auf die Tagesordnung gesetzt: Für die Zeitgenossen (und in gewisser Weise auch retrospektiv) sollte sich hier entscheiden, wohin die Reise gehen und welche politischen Akteure sich durchsetzen würden.

Die Verfassung sah in Art. 156 WRV vor, »für die Vergesellschaftung geeignete private wirtschaftliche Unternehmungen in Gemeineigentum [zu] überführen«, diese also, in der Sprache der Zeit, zu »sozialisieren«.[4] In einer für den Abschnitt über das »Wirtschaftsleben« durchaus charakteristischen Form war diesem Verfassungsartikel ein enormes Spannungspotential inhärent, das sich zwischen den weitreichenden Erwartungen einerseits und den Realisierungschancen andererseits ergab: Nachdem bereits im November 1918 eine prominent besetzte

2 Zum Thema »Sozialisierung« vgl. allgemein Winkler, *Weimar*, S. 45–49, 61–62, 73–76, passim; Kluge, *Deutsche Revolution*, S. 91–100; Büttner, *Weimar*, S. 50–52; Gusy, *Weimarer Reichsverfassung*, S. 34–36, 342–352; Petzina, »Soziale und wirtschaftliche Entwicklung«, S. 56; Jaeger, *Wirtschaftsordnung*, S. 151–161; Feldman, *Great Disorder*, insb. S. 131–155; Tooze, »German National Economy«; Preller, *Sozialpolitik*, S. 238–242. Die Arbeit von Novy, *Strategien*, verfolgt eine aktualisierende Stoßrichtung. Zur Theoriediskussion innerhalb der Sozialisierungsbefürworter mit Blick auf »Reife«, Art und Sinnhaftigkeit vgl. neben den folgenden Ausführungen auch Schneider/Kuda, *Arbeiterräte*, S. 42–58; Novy, *Strategien*, S. 35–41.

3 Zeitgenössisch Gieseke, *Rechtsverhältnisse*, insb. S. 11–14, 33–62; Glum, *Selbstverwaltung*, S. 95–105. Vgl. hierzu auch knapp Zacher, *Entstehung*, S. 109–111.

4 Vgl. den knappen Überblick bei Hederer, »Wirtschaftsordnung«.

»Kommission zur Vorbereitung der Sozialisierung der Industrie« eingesetzt worden war,[5] wurde durch das sogenannte »Sozialisierungsgesetz« vom 23. März 1919 und dem zeitgleich erlassenen »Gesetz über die Regelung der Kohlenwirtschaft« eine erste Branche quasi-sozialisiert; die Kaliwirtschaft folgte ein Monat später.[6] Die Organisation der Kohlen- und Kaliwirtschaft nach dem Prinzip der »Selbstverwaltung« sollte gleichsam als *role model* für die Sozialisierung weiterer Branchen dienen, blieb aber, von temporären Erscheinungen abgesehen, die Ausnahme.[7] Das war freilich in den Anfangsjahren der Republik nicht abzusehen, und von den handelnden Personen auch schon gar nicht intendiert. Doch wie auf allen anderen Politikfeldern schob sich sukzessive der harte Zwang der politischen Wirklichkeit – Reparationen, Wiederaufbau, Stabilität des politischen Systems, Währungsverfall, soziale Not usw. – in den Vordergrund. Große Pläne mussten da vertagt werden, bis sie teils aus der Zeit gefallen schienen oder von den Akteuren selbst nicht weiter verfolgt wurden. Ausgreifende »gemeinwirtschaftliche« Versuche, wie etwa von Wirtschaftsminister Wissell intendiert, waren mangels Mehrheiten rasch vom Tisch, und insgesamt schienen die Chancen auf grundstürzende Veränderungen der Wirtschaftsordnung geringer als zunächst erwartet. Das galt in gewisser Hinsicht auch für den Reichswirtschaftsrat. Die Revolution hatte also in den »Beziehungen von Staat und Wirtschaft [...] überraschend wenig« verändert, auch wenn eine greifbare »Verschiebung der Gewichte« stattgefunden haben mag.[8]

Das Ende der »planwirtschaftlichen« Konzepte Wissells hatte in der Regierung keineswegs zur Folge, dass auch »Sozialisierung« als wirtschaftspolitisches Programm ad acta gelegt worden wäre. Vielmehr wurde zwischen beiden Konzepten säuberlich unterschieden, und das nicht nur aus inhaltlichen, sondern wohl auch semantischen Erwägungen; zentral geplant hatte man, so die Ansicht vieler, in

---

5 Vgl. hierzu die folgenden Ausführungen.

6 Sozialisierungsgesetz, 23.3.1919, RGBl. 1919, S. 341–342 und Gesetz über die Regelung der Kohlenwirtschaft, 23.3.1919, ebd., S. 342–344; Gesetz über die Regelung der Kaliwirtschaft, 24.4.1919, ebd., S. 413–415.

7 Vgl. etwa Anschütz, *Verfassung*, S. 729; Gieseke, *Rechtsverhältnisse*, S. 9–14, 49–75; Glum, *Selbstverwaltung*, S. 91–130; Friedlaender, »Artikel 156«, S. 338–342. Auch Nörr, *Leiden*, S. 31–49; Zacher, *Entstehung*, S. 109–111; Gusy, *Weimarer Reichsverfassung*, S. 347–348.

8 Petzina, *Deutsche Wirtschaft*, S. 86, 91–92. Ähnlich auch Henning, *Deutsche Wirtschafts- und Sozialgeschichte*, S. 249: Es »unterblieben im Ergebnis grundlegende Eingriffe in die vorhandene Wirtschaftsstruktur und in die Eigentumsverhältnisse, d.h., es kam zu einer weitgehenden Anknüpfung an die Entwicklung von vor 1914.« Die bei Petzina zitierte »Verschiebung der Gewichte« bezieht sich vor allem auf die signifikant gestiegene Wirtschaftstätigkeit des Staates – etwa über kommunale Versorgungsbetriebe für Wasser, Strom, Gas, Wohnungsbau, öffentlichen Verkehr – und die (damit verbundene) erhöhte Staatsquote. Vgl. etwa Ambrosius, *Staat als Unternehmer*, S. 64–82; Jaeger, *Wirtschaftsordnung*, S. 152–157. Pointiert Plumpe, »Weimar«, S. 24. »Eine verarmte Republik hatte einen sehr viel aufwendigeren Staat zu finanzieren.« Die »Staatsquote am Inlandsprodukt« wird hier, S. 26, für die zweite Hälfte der 1920er Jahre auf »deutlich über 30 Prozent« beziffert.

den vergangenen Kriegsjahren genug.[9] So betonte in der Debatte um das mit den Namen Wissell und Moellendorff verbundene »Wirtschaftsprogramm« des Reichswirtschaftsministeriums etwa Reichsschatzminister Georg Gothein (DDP), dass das Regierungsprogramm doch eigentlich »ausdrücklich Experimente auf wirtschaftlichem Gebiete« ausschloss und sich vielmehr auf die »Durchführung der Sozialisierung der zur Vergesellschaftung reifen Betriebe« festgelegt habe. Die vom Wirtschaftsminister projektierte »›Planwirtschaft‹ [...] entspricht diesem Programm in keiner Weise«.[10] Die inhaltlichen Differenzen um Art und Umfang der Umgestaltung der Wirtschaft wurden bereits erwähnt. Interessanter ist an dieser Stelle aber, dass die Auseinandersetzung auch den volatilen semantischen Gehalt von »Sozialisierung« akzentuiert, dahinter sich also stets auch die Frage verbarg, welches Sozialisierungskonzept und welche Akteure sich mit ihren jeweiligen Forderungen würden durchsetzen können. Während etwa Wichard von Moellendorff »Sozialisierung« durch eine »gemeinwirtschaftliche Selbstverwaltung [der Wirtschaft] unter Reichsaufsicht« nach dem Vorbild der Kohlen- und Kaliwirtschaft realisiert sah,[11] lehnte Sinzheimer Sozialisierung »von unten«, durch Gewerkschaften, Betriebsgemeinschaften oder Räte grundsätzlich ab: Sozialisieren könne – und hier ist Sinzheimer ganz Jurist – »nur der Staat, und die Grundlage jeder Sozialisierung ist ein Gesetzgebungsakt«. Die Vorstellung, das ginge »unabhängig vom Staat von den Betrieben aus«, sei lediglich ein »falscher und nur scheinbarer Sozialismus«, den es abzulehnen gelte.[12] Dahinter stand nicht nur Sinzheimers Überzeugung, dass Eingriffe in Eigentumsrechte nicht »einfach so« erfolgen könnten, sondern einer rechtlich sauberen Legitimation, also eines Reichsgesetzes bedurften.[13] Doch noch wesentlicher würde ein solches Vorgehen mit der »Grundentscheidung« der Verfassung kollidieren, Vertragsfreiheit und Eigentumsrechte garantieren und willkürliche Enteignungen unterbinden zu wollen; etwaige »Sozialisierungen« mussten sich diesem Rahmen fügen.[14] So dokumentieren auch die 1919 im Rahmen der Tagung des Vereins für

9 Vgl. etwa Glum, *Selbstverwaltung*, S. 91. Vgl. auch die Diskussion des RDI in den »Beratungen über die Frage der Selbstverwaltungskörper«, 12.6.1919, hier etwa Edler von Braun, S. 3–4. Hierzu auch Bähr/Kopper, *Industrie*, S. 50–55. Auf die »politisch-psychologische« Dimension der Sozialisierungsthematik verweist auch etwa Franz Eulenburg auf der Tagung des Vereins für Sozialpolitik 1919 in Regensburg (Eulenburg, »Arten und Stufen«, S. 250). Ziegler, »Kriegswirtschaft«, S. 320 betont indes, dass sich der Staat bei der Organisation der Kriegswirtschaf auch auf das »Know-How der Syndikatsorganisationen« stütze, stützen musste. Die Vorstellung eines linearen top-down-Verhältnisses ist daher irreführend. Zu den Handlungsräumen von Unternehmen im Krieg systematisch auch Plumpe, »Logik«.

10 Denkschrift des Reichsschatzministeriums, 5.7.1919, AdR Kab. Bauer, Nr. 16, hier S. 61.

11 Vgl. *Aufbau der Gemeinwirtschaft*, S. 14–15.

12 Hugo Sinzheimer, 62. Sitzung der Nationalversammlung, 21.7.1919, StenB 328, S. 1750.

13 Vgl. Sinzheimer, »Rätesystem«, S. 17 (»Änderung der Eigentumsordnung«).

14 Vgl. Hugo Sinzheimer, 62. Sitzung der Nationalversammlung, 21.7.1919, StenB 328, S. 1748–1749.

Socialpolitik in Regensburg zum Thema geäußerten Positionen namhafter Vertreter der Wissenschaft, dass »Sozialisierung« einerseits als ein politisches Credo in ideologischen Prämissen wurzelte, die man teilen könne – oder eben nicht; dass aber »Sozialisierung« andererseits hinsichtlich ihrer ökonomischen Effekte auch praktisch diskutiert werden müsse.[15] Die Berufung einer fachkundigen »Kommission zur Vorbereitung der Sozialisierung von Betrieben« war damit aus dieser Sicht folgerichtig:[16] Unter dem Vorsitz von Karl Kautsky und dem Volkswirt und Sozialpolitiker Ernst Francke[17] sollte diese (erste) »Sozialisierungskommission« sich der Aufgabe widmen, »aufgrund genauer Pruefung der einschlaegigen Verhaeltnisse [...] Vorschlaege zu unterbreiten, in welchem Umfange und in welcher Form eine Sozialisierung einzelner Wirtschaftszweige durchfuehrbar und erforderlich«[18] sei. Die doppelte Aufgabenstellung, nämlich einerseits den Erwartungen auf »Sozialisierungen« gerecht werden zu wollen,[19] andererseits aber auch die Implementierungschancen jenseits politischer Überzeugungen im Blick behalten zu müssen, machte ihre Rolle ebenso typisch wie brüchig. Schon wenige Wochen nachdem die Kommission ihre Arbeit aufgenommen hatte, sah sie sich dazu genötigt, »der Regierung ihr Mandat zur Verfügung zu stellen.«[20] Als Gründe genannt wurden mangelnde Unterstützung, quälende Abhängigkeit vom Reichswirtschaftsamt und dessen Bürokratie sowie die Etablierung von Konkurrenzorganen auf Länderebene, sodass »sich in der Oeffentlichkeit ein Zweifel an dem Ernst der Sozialisierungsabsichten der Regierung und der Leistung der Kommission bemerkbar gemacht« habe. Damit sei eine Situation entstanden, »die wir nicht verantworten« könnten.[21] Wirtschaftsminister Wissell akzeptierte die Demission, verteidigte sich aber »entschieden« gegen den Vorwurf, die Ar-

15 Vgl. etwa die Tagungsbeiträge von Lederer, »Probleme«, S. 99–116, Eulenburg, »Arten und Stufen«, S. 207–250 und Wiese, »Probleme der Sozialisierung«, S. 251–260 sowie die Aussprachen, etwa im Anschluss an Lederers Stellungname ebd., S. 140–205.

16 Die Kommission war im Reichswirtschaftsamt am 5.12.1918 auf Anregung des Rats der Volksbeauftragten gebildet worden (AdR Kab. Scheidemann, Nr. 18: Kabinettssitzung vom 20.3.1919, S. 71 Anm. 3; die Bestandsinformation des BArch nennt abweichend den 4.12.1918). Vgl. auch Preller, *Sozialpolitik*, S. 238–242; Winkler, *Weimar*, S. 46–48, 85–86.

17 Knapp zu Francke: Lilla, *Reichswirtschaftsrat*, S. 362.

18 [Programm der Sozialisierungskommission, Entwurf, 20.1.1919], BArch R 3105/1, fol. 36. Die Mitglieder waren (alphabetisch): Carl Ballod, Heinrich Cunow, Erich Francke, Rudolf Hilferding, Otto Hué, Karl Kautsky, Emil Lederer, Joseph Schumpeter, Theodor Vogelstein, Robert Wilbrandt und Paul Umbreit.

19 Vgl. etwa das Schreiben des Sekretärs der Sozialisierungskommission, Eduard Heimann, der sich zwar über die misslichen Arbeitsbedingungen der Kommission bitter beklagt, gleichzeitig aber die »Gunst der Lage« betont, die sich »den sozialistischen Mitgliedern der Kommission« biete. Die ärgerlichen Hemmnisse stünden für einen »Sozialisten« gegenüber den Chancen eindeutig zurück (Eduard Heimann, o.D., BArch R 3105/1, fol. 46–49, die Zitate fol. 46, 49).

20 Sozialisierungskommission an Reichsregierung (Abschr.), 3.2.1919, BArch R 3105/1, fol. 55.

21 Ebd., fol. 56.

beit der Kommission zu behindern. Vielmehr bat er darum, es sich angesichts der potentiell negativen Wirkung in der Öffentlichkeit nochmals zu überlegen.[22] Nachdem die Kommission zunächst die Einschätzung ihres »im Ausland« weilenden Vorsitzenden Kautsky abwarten wollte,[23] erklärte sie schließlich doch den Rücktritt vom Rücktritt, da, wie es hieß, »einige der wesentlichsten Bedenken« zwischenzeitlich »behoben« worden seien.[24] Der Burgfriede sollte indes nicht lange währen: Knapp eine Woche später begrüßte zwar Wirtschaftsminister Wissell die Fortsetzung der Arbeit der Sozialisierungskommission, zeigte sich aber gleichzeitig verärgert darüber, dass offenbar der Entwurf eines Rahmengesetzes zur »Kommunalisierung von Wirtschaftsbetrieben« ohne Kenntnis des Ministeriums an die Öffentlichkeit gelangt sei.[25] Von Seiten der Sozialisierungskommission wurde dieser in »Ton und Inhalt«[26] irritierende Vorwurf gleich doppelt zurückgewiesen: Keinesfalls sei der Entwurf zunächst der Presse zugegangen; vielmehr habe man ihn vorher dem Ministerium zugeleitet, weshalb die Kommission »selbstverständlich überzeugt davon« gewesen sei, »dass im Augenblick der Veröffentlichung die Regierung Kenntnis von dem Gesetzentwurf hatte.«[27] Der Fehler müsse also im Ministerium selbst passiert sein. Bedeutsamer als die Suche nach undichten Stellen erscheint jedoch, dass die Sozialisierungskommission ganz grundsätzlich gegen die Einhaltung des aus ihrer Sicht ja nur vermeintlichen Dienstwegs über das Ministerium opponierte. So sei es nicht zu akzeptieren, dass »die Veröffentlichung unserer Beschlüsse und Gutachten von der Bewilligung einer Behörde« abhinge.[28] Die Antwort Wissells ließ nicht lange auf sich warten. In einer geharnischten Erwiderung machte er unmissverständlich deutlich, dass die »Auffassung« der Sozialisierungskommission »falsch« und es schlicht nicht hinnehmbar sei, »wenn die Kommission ohne meine Zustimmung ihre Arbeiten veröffentlicht«; »ob und wann« Arbeiten der Kommission der Öffentlichkeiten übergeben würden, sei die Entscheidung des Ministers und von »jedem Einzelfall« abhängig.[29] Sollte die Kommission allerdings auf ihrem Standpunkt beharren, schwinde »die Möglichkeit eines gedeihlichen Zusammenarbeitens«.[30] Damit war das Tischtuch zwischen Regierung und Sozialisierungskommission endgültig zerschnitten: Von Beginn an habe man keine wirkliche Unterstützung seitens der Regierung erhalten, vielmehr mit unterschiedlichen Arten der »Obstruktion«

22 Reichsregierung an Sozialisierungskommission, 9.2.1919, ebd., fol. 58–58'.
23 Sozialisierungskommission an Reichsregierung, 19.2.1919, ebd., fol. 63.
24 Sozialisierungskommission an Reichsregierung (Abschr.), 15.3.1919, ebd., fol. 66.
25 RWiM Wissell an Sozialisierungskommission, 20.3.1919, ebd., fol. 67–67'.
26 Sozialisierungskommission an RWiM Wissell, 29.3.1919, ebd., fol. 69'.
27 Sozialisierungskommission an RWiM Wissell, 22.3.1919, ebd., fol. 68.
28 Sozialisierungskommission an RWiM Wissell, 29.3.1919, ebd., fol. 69.
29 RWiM Wissell an Sozialisierungskommission, 2.4.1919, ebd., fol. 73, 73'.
30 Ebd., fol. 74.

kämpfen müssen – wohl vor allem deshalb, weil man »sich in die ihr von Herrn Dr. August Müller zugewiesene Rolle des gänzlich abhängigen und dementsprechend bedeutungslosen Beirats« nicht hatte fügen wollen.[31] So sei es nicht hinnehmbar, wenn, wie im Falle des Gesetzentwurfs zur Sozialisierung der Kohlenwirtschaft geschehen, die Publikation eines Gutachtens vom Gutdünken des Ministeriums abhänge, das es »als Deckung benützt«, »wenn es ihm genehm ist«, es aber »in den Akten begraben sein lässt«, wenn es seiner Auffassung zuwider läuft.[32] Mit anderen Worten: »Wir bestreiten hier wie in den früher erwähnten Fällen einer demokratischen Regierung das moralische Recht, mit den veralteten Methoden einer engherzigen Bürokratie, die die Summe aller Weisheit in sich vereinigt glaubt, dem deutschen Volke die Unterlagen für eine selbständige Stellungnahme vorzuenthalten.«[33] Damit legte die Kommission zum 7. April 1919 ihre Arbeit nieder, Wirtschaftsminister Wissell nahm die Demission wenige Tage später an.[34]

Das Scheitern der (ersten) Sozialisierungskommission lenkt den Blick auf einige zentrale Problemfelder, die später auch im Zusammenhang mit der spezifischen Rolle des – zu diesem Zeitpunkt ja noch nicht existierenden – Reichswirtschaftsrats zum Tragen kommen sollten. Es liegt also nahe, dass mit der Arbeit der Sozialisierungskommission grundsätzliche Ordnungsprobleme aufgeworfen waren, die über einzelne inhaltliche Fragen oder persönliche Befindlichkeiten, so wichtig sie im Einzelfall auch gewesen sein mochten, weit hinausreichen. Denn der Rücktritt der prominent besetzen Kommission war vor allem dem Selbstbewusstsein geschuldet, sich zum einen bei derlei zentralen (wirtschafts-)politischen Fragen von einer noch im Entstehen begriffenen Ministerialbürokratie[35] nicht abhängig machen lassen zu wollen. Zum anderen erachtete man es gerade als zentrale Aufgabe, als Expertengremium am demokratischen Willensbildungsprozess mitzuwirken, Öffentlichkeit also bewusst herzustellen, anstatt Wissen nur für das explizit als »veraltet« geschmähte Arcanum traditionellen Regierungshandelns zu produzieren. Ähnlich wie am Beispiel des späteren Reichswirtschaftsrats illustriert, war damit die Frage nach den Konturen der zukünftigen politischen Ordnung gestellt, konkret danach, wer auf welche Weise die Ausgestaltung wirtschaftspolitischen Handelns inhaltlich prägen sollte. Die regierungsamtliche Etablierung eines Gre-

31 Sozialisierungskommission an RWiM Wissell, 7.4.1919, ebd. Zu August Müller, Mitglied der SPD (bis 1925) und der DDP (bis 1929), UStS im Kriegsernährungsamt und anschließend im Reichswirtschaftsamt, knapp Lilla, *Reichswirtschaftsrat*, S. 452–453.

32 Sozialisierungskommission an RWiM Wissell, 7.4.1919, BArch R 3105/1, fol. 78.

33 Ebd., fol. 78–79.

34 RWiM Wissell an Sozialisierungskommission, 10.4.1919, ebd., fol. 87.

35 Vgl. die ausführliche Darstellung zur Entstehung des Wirtschaftsministeriums bei Fisch, »Strukturwandel«.

miums aus Fachexperten barg offenbar das Risiko der Verselbständigung. Gerade der stete Hinweis der Kommission, einen emanzipatorischen, demokratietheoretisch gebotenen Dienst zu leisten, war brisant, kam aber angesichts der Vielzahl drängenderer Fragen – Verfassungsgebung, Regierungsbildung, Stabilisierungspolitik – nicht zur Geltung.

Zur »Fortführung ihrer Arbeit«[36] (insbesondere mit Blick auf die Kohlenwirtschaft) wurde die Sozialisierungskommission im Frühjahr 1920 wieder eingesetzt – mit vergleichbaren Befugnissen, allerdings in einer anderen personellen Konfiguration und, das ist entscheidend, unter gänzlich veränderten Rahmenbedingungen.[37] Anknüpfend an die Arbeiten der ersten Sozialisierungskommission wurde,[38] und das sollte die Grundlage für die Thematisierung der Sozialisierungsfrage im Reichswirtschaftsrat bilden, im Juli 1920 ein Bericht »über die Frage der Sozialisierung der Kohlenwirtschaft« vorgelegt, der auf das Votum der ersten Kommission vom Februar 1919 Bezug nahm – und sich offenkundig vergleichbaren Schwierigkeiten gegenüber sah. Denn auch wenn sich der Handlungsrahmen verändert haben mochte: Das dem Thema inhärente Problem, gleichzeitig wirtschaftspolitische Maßnahme und ideologisches Projekt zu sein, konnte auch die zweite Kommission nicht ignorieren – von den rechtlichen Hindernissen, die mit einer wie auch immer gearteten »Sozialisierung«, also staatlichen Eingriffen in Eigentumsrechte, verbunden waren, ganz zu schweigen.[39] Retrospektiv überrascht es also kaum, dass auch die zweite Kommission nicht zu einem einheitlichen, von

36 Erlass zur Einberufung der Sozialisierungskommission (Entwurf), Mai 1920, BArch R 43-I/2111, fol. 178.

37 Das BArch spricht in der Bestandsinformation davon, dass die (zweite) Sozialisierungskommission am 20. März 1920 wieder eingesetzt worden sei. Allerdings wurden noch Ende April im Kabinett kontroverse Diskussionen um die konkrete Formulierung eines entsprechenden Erlasses der Regierung geführt (vgl. AdR Kab. Müller I, Nr. 75, Kabinettssitzung 30.4.1920, S. 179 mit Anm. 7 und den Entwurf des Erlasses BArch R 43-I/2111, fol. 178–179). Vorbereitungen hatten in der Tat stattgefunden, die »erste vorbereitende Sitzung« soll nach Ausweis der Akten am 17.4.1920 stattgefunden haben. Ob es sich dabei allerdings um die tatsächlich »1.« Sitzung handelt, ist fraglich, da der Inhalt dies nicht nahelegt (vgl. BArch R 3105/94). In jedem Fall nahm die Sozialisierungskommission im Frühjahr 1920 ihre Arbeit (erneut) auf. Eine vollständige Liste der 27 Mitglieder (davon zwei hds. gestrichen) findet sich in BArch R 3105/4; der Mitgliederstand zum 31.7.1920 exemplarisch in BArch R 43-I/2114, fol. 139'.

38 Vgl. den Vorläufigen Bericht der (ersten) Sozialisierungskommission vom 15.2.1919, BArch R 43-I/2114, fol. 153–167.

39 Knapp Nörr, *Zwischen den Mühlsteinen*, S. 16–29; auch Hederer, »Wirtschaftsordnung«, S. 790–793. Wichtig, aber keineswegs unumstritten Kirchheimer, *Grenzen der Enteignung*, hier S. 36: »Die Verfassung garantiert das Eigentum gegenüber dem Staat nur in ganz beschränktem Umfang. Sie bestimmt, daß es immer eine Institution geben muß, die den Namen Eigentum verdient [...]. Insoweit kann man also von einer institutionellen Garantie sprechen.« Und ebd., S. 50: »Zusammenfassend ist hier zu sagen: die Weimarer Verfassung behält das Rechtsinstitut der Enteignung bei, so wie es aus dem 19. Jahrhundert übernommen wurde. Eine Erweiterung dieses Rechtsinstituts ist nicht eingetreten, konnte nicht eintreten, da die Enteignung ihrem ganzen Aufbau nach gar nicht erweiterungsfähig ist.« Vgl. auch ausführlich Anschütz, *Verfassung*, S. 703–721.

allen Akteuren geteilten Votum gelangte. Schon im »Vorläufigen Bericht« 1919 waren die unterschiedlichen Ansichten über Art, Umfang und – vor allem – Zeitpunkt der Sozialisierungen scharf aufeinandergeprallt: Zwar war man sich grundsätzlich darin einig (oder gab dies vor), dass irgendeine Art »staatliches Eingreifen in die Verhältnisse der Kohlenindustrie und des Kohlenabsatzes« ein Gebot der Stunde und auch *communis opinio* »nicht nur in sozialistischen, sondern in allen interessierten Kreisen« sei.[40] »Über das Maß und die Form der Sozialisierung [...] konnte jedoch ein einmütiges Votum der Kommissionsmitglieder«, wie der Bericht offen einräumte, »nicht erzielt werden.«[41] Während die damalige »Kommissions-Mehrheit« die »vollständige Enteignung sowohl des staatlichen wie des privaten Kapitals für richtig« erachtete, um den »neuen Aufbau« der deutschen Wirtschaft weder dem »freien Spiel der Kräfte«, noch staatlichem Dirigismus zu überlassen,[42] plädierte die Minderheit zwar für eine »Flurbereinigung«, nicht jedoch für eine »Vollsozialisierung« zum jetzigen Zeitpunkt, die den Bergbau »aus der Verbindung mit der privatkapitalistischen Wirtschaftsordnung« herauslösen würde.[43] Beide Gruppen stimmten (zumindest rhetorisch) darin überein, dass »die Ausschaltung freier Initiative und individueller Verantwortungsbereitschaft« nicht riskiert, eine Bürokratisierungs- und Zentralisierungstendenz tunlichst vermieden werden sollte.[44] Trotz aller Sozialisierungs-, Gemeinwirtschafts- und Umgestaltungspläne zeugten die Beratungen doch von einer insofern zurückhaltenden Stimmung, als man an den grundlegenden privatkapitalistischen Strukturen zu rütteln nicht verantworten wollte. Die komplexe Gemengelage aus weitreichenden Sozialisierungsplänen, dem Druck der (linken) politischen Öffentlichkeit, der ökonomischen Lage (zu der sich in der Folge die Reparationsfragen noch addieren sollten), den Interessen der beteiligten Unternehmen und nicht zuletzt produktionspolitischen Erwägungen blieb also auch der zweiten Sozialisierungskommission erhalten. Sie vermochte, wie ein Jahr zuvor unter anderen Umständen, erneut kein einhelliges Votum vorzulegen, auch wenn »sämtliche Mitglieder der Kommission« darin übereinstimmten, »daß eine weitgehende Ausschaltung kapitalistischer Gewinne im Kohlenbergbau geboten« sei; wieder war es also der Zeitpunkt, über den man sich nicht einigen konnte, einigen wollte.[45] Während sich »Vorschlag I«

40 Vorläufiger Bericht der Sozialisierungskommission, 15.2.1919, BArch R 43-I/2114, fol. 153.

41 Ebd., fol. 154.

42 Vgl. den »Bericht der Kommissions-Mehrheit« im Vorläufigen Bericht vom 15.2.1919, ebd., fol. 154'-159' (dort auch die Zitate). Die Mehrheit wurde durch Ballod, Cunow, Hilferding, Lederer, Schumpeter, Umbreit und Wilbrandt repräsentiert.

43 Vgl. den »Bericht der Kommissions-Minderheit«, ebd., fol. 160–165'; die »Minorität« bestand aus den »Herren Francke und Vogelstein«.

44 So der Bericht der Mehrheit, ebd., fol. 165'.

45 Bericht der Sozialisierungskommission, 31.7.1920, ebd., fol. 140'. Es ist bezeichnend und von hoher Aussagekraft, dass man sich zu folgender Anmerkung genötigt sah: »Herr v. Siemens versteht unter ›weitge-

unter Bezugnahme auf das Mehrheitsvotum der ersten Kommission nicht nur mit »einer Reform des heutigen Zustandes« zufrieden geben, sondern die Enteignung der »gesamte[n] deutsche[n] Kohlenwirtschaft [...] zugunsten der deutschen Kohlengemeinschaft« als einen »ersten Schritt zur prinzipiellen Änderung des privatkapitalistischen Systems verstanden« wissen wollte,[46] konnte sich »Vorschlag II« »zur sofortigen Ausschaltung des Privatkapitals [...] nicht entschließen«.[47] Die unterschiedliche Bewertung der Lage trat dabei noch deutlicher als 1919 zutage: Dem Plädoyer für eine tiefgreifende Umgestaltung der Kohlenwirtschaft[48] stand die (keineswegs nur von Großindustriellen geteilte) Überzeugung gegenüber, dass die Virtuosität und Entschlusskraft der »stärksten und initiativreichsten Wirtschaftsleiter« unverzichtbar für eine positive Performanz der Kohlenwirtschaft insgesamt sei. Denn auch wenn mit der faktischen »Unabsetzbarkeit des erfolgreichen Führers« manches »Bedenkliche« einhergehe – sie habe sich im harten Wettbewerb bewährt. Die Lösung könne unter den gegebenen Bedingungen nicht sein, eine derart eminente Branche lediglich zu verwalten und sie damit der dem Wettbewerb inhärenten produktiven »Atmosphäre« zu entziehen.[49] Unterm Strich hatte sich die Sozialisierungskommission mit Blick auf das Topthema »Kohlenwirtschaft« also zwar rhetorisch auf ein gemeinwirtschaftliches Programm als »Erfordernis« der Zeit festgelegt und die (unberechtigte) Erwirtschaftung »kapitalistischer Gewinne« verdammt. Was das aber in der Praxis konkret bedeuten sollte und ob sich dafür überhaupt politische Mehrheiten zur Änderung des ja seit März 1919 existierenden Gesetzes über die Regelung der Kohlenwirtschaft[50] würden organisieren lassen, stand auf einem anderen Blatt.

Die »strittigen« Voten der beiden Sozialisierungskommissionen illustrieren anschaulich, in welch hohem Maße der Anspruch auf wirtschaftliche Neugestaltung politisch-ideologischen Ordnungskonzepten, den Interessen der beteiligten Akteure, den bedrückenden wirtschaftlichen Gegebenheiten und der nicht weniger bedrückende sozialen Lage weiter Teile der Bevölkerung parallel Rechnung tragen musste. Überfrachtung scheint, anders als »Überforderung«, ein angemessener

hender Ausschaltung kapitalistischer Gewinne‹ die Ausschaltung unberechtigter kapitalistischer Gewinne.« (ebd.). Was als »berechtigt« oder »unberechtigt« galt, war freilich umstritten, wurde hier aber nicht weiter konkretisiert; vielmehr wurde dissimuliert –wer wollte schon unberechtigte Gewinne verteidigen?

46 Vgl. »Vorschlag I«, dem sich Ballod, Braun, Hilferding, Hué, Kaufmann Kautsky, Kuczynski, Lederer, Umbreit, Weber (und Lindemann mit Sondervotum) anschlossen ebd., fol. 141, 141‘.

47 »Vorschlag II«, der nicht als Gesetzentwurf (wie Vorschlag I), sondern in Form von Leitsätzen vorgelegt worden war, schlossen sich Baltrusch, Cohen, Melchior, Neustedt, Rathenau, Wissell, v. Batocki, v. Siemens und Vogelstein sowie Weber mit Sondervotum und Kraemer vorbehaltlich der Behandlung im RWR an (die Namen ebd., fol. 141).

48 Vgl. den Entwurf eines Kohlenwirtschaftsgesetzes ebd., fol. 144–145‘.

49 Vgl. Vorschlag II, ebd., fol. 146–146‘.

50 Gesetz über die Regelung der Kohlenwirtschaft, 23.3.1919, RGBl. 1919, S. 342–344.

Begriff dafür zu sein. Dazu kamen Zielkonflikte, die nicht einmal mehr in der knitterfreien Welt der Theorie aufzulösen waren.

4.2.2 Reichswirtschaftsrat und Sozialisierung: Keine Aussicht auf Verständigung

Vor diesem Hintergrund gewinnt die Thematisierung der Sozialisierungsfrage im seit Mai 1920 mit dieser Angelegenheit befassten Reichswirtschaftsrat Konturen. Denn seine Aufgabe bestand nun gerade darin, die beiden von der Sozialisierungskommission vorgelegten Vorschläge auf ihre Praxistauglichkeit hin zu prüfen, zu gewichten und gegebenenfalls alternative Ansätze zur Diskussion zu stellen. Das institutionelle Arrangement macht dabei einmal mehr deutlich, dass der Reichswirtschaftsrat (aus Sicht der Zeitgenossen) eben nicht (nur) als Expertenrat fungierte, vielmehr in politischem System und Wirtschaftsordnung eine andere, auf die »Wirklichkeit« der ökonomischen Verhältnisse gerichtete Funktion einnahm. Auch die Selbstwahrnehmung der Sozialisierungskommission entsprach dieser Arbeitsteilung.[51]

Bereits im Juli 1920 hatte sich der Reichswirtschaftsrat auf Antrag seines Wirtschaftspolitischen Ausschusses dafür ausgesprochen, die »Bergarbeiter und Angestellten mehr als bisher« über die spezifischen »Verhältnisse im Bergbau« in Kenntnis zu setzen, gleichsam als Voraussetzung dafür, sie »zu mitverantwortlichen Trägern der nach gemeinwirtschaftlichen Gesichtspunkten zu ordnenden Kohlenwirtschaft« machen zu können.[52] Zu »Art und Form der Sozialisierung des Kohlenbergbaus« werde man »umgehend Stellung nehmen, sobald der Bericht der Sozialisierungskommission« vorliege.[53] Zwar bekräftigte Arbeitsminister Heinrich Brauns (Zentrum) vor dem Reichstag die Position des Reichswirtschaftsrats;[54] als schließlich der Bericht der Sozialisierungskommission auf dem Tisch lag, verzichtete das Kabinett gegen den – offenbar zaghaften – Widerstand von Wirtschaftsminister Ernst Scholz (DVP) aber darauf, »zunächst die Durcharbeitung

51 Vgl. auch den Hinweis in den »Verhandlungen der Sozialisierungs-Kommission über die Reparationsfragen«, Bd. 1, S. 3: Man leiste keine »Doppelarbeit«, »da die Beratungen anderer Körperschaften mehr den praktischen, wirtschaftspolitischen Fragen und den konkreten Gesetzesvorlagen gelten.« Eindeutig im Urteil über RWR und Sozialisierungskommission ist Feldman, *Great Disorder*, S. 354: »[...] the Reich Economic Council and the Socialization Commission, two uniquely ineffectual bodies with an increasing reputation for talking all proposals to death.«

52 4. Sitzung der Vollversammlung des RWR, 24.7.1920, BArch R 401/6, fol. 27'. Einen kurzen Abriss über die Arbeit des Sozialisierungsausschusses und seiner Vorgeschichte findet sich bei Hauschild, *Reichswirtschaftsrat*, S. 246–248.

53 4. Sitzung der Vollversammlung des RWR, 24.7.1920, BArch R 401/6, fol. 27'. Der vom Volkswirtschaftlichen Ausschuss eingebrachten Resolution wurde mehrheitlich zugestimmt (ebd., fol. 34').

54 RArbM Heinrich Brauns, 19. Sitzung des Reichstags, 5.8.1920, StenB 345, S. 716.

der Entwürfe durch den Reichswirtschaftsrat abzuwarten.«[55] Damit hatte das Kabinett eine Konstellation provoziert, die sich als typisch erweisen sollte: Man nahm die Dienste des Reichswirtschaftsrats sehr gerne in Anspruch, behielt sich aber hinsichtlich des Umgangs mit ihm relativ freie Hand. Es war nicht zuletzt diese Haltung der Regierung, die die skizzierte Ausformung eines institutionellen Selbstbewusstseins auf Seiten des Reichswirtschaftsrats erheblich begünstigte; denn rasch hatte man erkannt, dass man ohne eigene Aktivität und die Rhetorik der Selbstbehauptung Gefahr lief, an den Rand gedrängt oder zum bloßen Objekt taktischer Erwägungen der Regierung degradiert zu werden. Dies sollte sich in den Verhandlungen des Ausschusses deutlich zeigen.

Im Sommer 1920 war das Thema einer Neuorganisation der Kohlenwirtschaft auch jenseits eines politisch motivierten Sozialisierungsprogramms mit aller Dringlichkeit auf die Tagesordnung gesetzt worden: Die Konferenz von Spa, deren Ziel es war, »die […] Lieferung von Kohle durch Deutschland an die Alliierten zu erleichtern,«[56] hatte in ihrem Schlussprotokoll nicht nur die Liefermenge für ein halbes Jahr ab dem 1. August auf zwei Millionen Tonnen Kohle pro Monat fixiert, sondern auch ein rigides Sanktionsregime entworfen, das bei Verstößen die »Besetzung eines neuen deutschen Gebietsteils, des Ruhrgebiets oder irgendeines anderen« vorsah.[57] Die Resolution des Reichswirtschaftsrats betonte denn auch den heteronomen Charakter des Abkommens, dessen »Belastung« für die deutsche Wirtschaft »unabsehbar[e]« Risiken berge, und »sofort eine ungewöhnlich starke Steigerung der Kohlenproduktion« erfordere.[58] Die charakteristische Doppelbelastung – die Erwartung an die Implementierung weitreichender Veränderungen im Verhältnis von Privatwirtschaft und öffentlicher Hand, Unternehmensführung und Belegschaft, und die zeitgleich stets präsente und sanktionsbewährte Erwartung des Auslands an die Erfüllung der Reparationsleistungen – trat somit auch hier in aller Deutlichkeit zutage und sollte die Verhandlungen im Reichswirtschaftsrat prägen. Denn mit der Frage nach »Art und Form« der Sozialisierung waren nicht nur ideologische Konzepte und politische Programme angesprochen; sie hingen in ganz erheblichem Maße auch von praktischen Erwägungen ab, die bei der Kohle als *dem* zentralen Energieträger der Zeit von enormer Bedeutung und politisch weitreichend waren. Darum ging es, als – eine Gesetzesvorlage hatte die Regierung bisher noch nicht zustande gebracht – der Wirtschaftspolitische Ausschuss des Reichswirtschaftsrats am 8. Oktober 1920 zur weiteren Behand-

55 Protokoll der Sitzung der Reichsministerien, 22.9.1920, BArch R 43-I/1359, fol. 377‘.

56 Protokoll der Konferenz von Spa, 16.7.1920, StenB 363, Nr. 187, S. 82–87, hier S. 83. Vgl. auch Büttner, *Weimar*, S. 153–156; Feldman, *Great Disorder*, S. 220–221.

57 Protokoll der Konferenz von Spa, 16.7.1920, StenB 363, Nr. 187, S. 85.

58 Resolution des RWR, 4. Sitzung der Vollversammlung, 24.7.1920, BArch R 401/6, fol. 27‘.

lung der Frage und zur Diskussion des Berichts der Sozialisierungskommission einen Unterausschuss aus je fünf Vertretern aller drei Abteilungen etablierte, der sich drei Tage später konstituierte.[59] Die Geschichte dieses Unterausschusses ist ebenso erkenntnis- wie aufschlussreich; sie kann als Folie verstanden werden, vor deren Hintergrund der in der Folgezeit charakteristisch werdende *modus operandi* des Reichswirtschaftsrats, sein Selbstverständnis und seine Stellung in Wirtschaftsordnung und politischem System verständlich wird:

Die Grundüberzeugung, mit der der Unterausschuss in die Beratungen ging, machte der Vorsitzende Friedrich Edler von Braun unmittelbar zu Beginn deutlich: Da die Regierung, wie Staatsekretär Julius Hirsch auf Nachfrage von Adolf Cohen konzedierte, zwar eine »gemeinwirtschaftliche Regelung der Kohlewirtschaft« projektiere, der Zeitpunkt dafür aber noch nicht klar sei,[60] könne und müsse man sich autonom und vor allem »nach wirtschaftlichen Gesichtspunkten« ganz »grundsätzlich« mit der Frage auseinandersetzen, »ob und wie in Bezug auf den Kohlenbergbau eine gemeinwirtschaftliche Regelung eintreten soll«.[61] »Was die Regierung tut, geht uns nichts an«, und »irgend eine Stellungnahme, die uns bindet, liegt nicht vor.«[62] Damit war eine Richtung vorgegeben, die zwar die eigenständige Rolle des Reichswirtschaftsrats betonte, dabei aber offen ließ, ob ein solches Verfahren überhaupt sinnvoll sein könne, wenn die Regierung eine vom Reichswirtschaftsrat unabhängige Agenda verfolgen und auf Grundlage der Vorschläge der Sozialisierungskommission Gesetzesinitiativen lancieren würde.[63] Und zweitens stand damit von Beginn an im Raum, ob Sozialisierungen aus ökonomischer (und eben nicht bloß, wie von Unternehmerseite nicht ohne Polemik formuliert, »sozialpolitischer«[64]) Perspektive überhaupt »möglich« seien. Allein eine solche Fragestellung war freilich dazu angetan, die Stimmung zu vergiften,

---

59 Vgl. Hauschild, *Reichswirtschaftsrat*, S. 247. Zu den Vorsitzenden wurden Friedrich Edler von Braun und Paul Umbreit gewählt.

60 StS Hirsch, 2. Sitzung des Unterausschusses zur Sozialisierungsfrage, 25.10.1920, BArch R 43-I/2114, fol. 268‘.

61 Edler von Braun, ebd., fol. 268.

62 Edler von Braun, ebd., BArch R 401/484, fol. 26; das Statement von StS Hirsch und die Frage von Adolf Cohen ebd., fol. 21–22. In den ursprünglichen Stenographischen Protokollen, darauf sei hingewiesen, ist die Taxonomie der einzelnen Sitzungen unzutreffend und wurde in den Akten auch bereits zeitgenössisch hds. korrigiert. Die Sitzung vom 25.10.1920 ist also, anders als in den Akten ausgewiesen, nicht die 1., sondern die 2. Sitzung. Auch bei den folgenden Sitzungen wird auf die hds. korrigierte Nummerierung in den Akten zurückgegriffen. Erst ab der 5. Sitzung am 10.11.1920 stimmen beide Zählungen wieder überein. Vgl. auch den Druck der Stenographischen Protokolle, BArch R 43-I/2114, fol. 266–327.

63 So etwa die Kritik von Paul Umbreit, 2. Sitzung des Unterausschusses zur Sozialisierungsfrage, 25.10.1920, BArch R 401/484, fol. 33–34.

64 Paul Silverberg. 4. Sitzung des Unterausschusses zur Sozialisierungsfrage, 27.10.1920, BArch 43-I/2114, fol. 284‘.

hatte man doch, wie etwa Paul Umbreit zu bedenken gab, der Arbeiterschaft Sozialisierungen bereits lange in Aussicht gestellt; nicht das Ob, nur das Wie könne Gegenstand der Diskussion sein.[65] Auch sei es ein besonderes Ärgernis, dass die Regierung »die bequemere Taktik vorgezogen [habe], sich in Schweigen zu hüllen und das Gutachten des Reichswirtschaftsrats abzuwarten«, auch wenn sie längst einen Gesetzentwurf hätte vorlegen können und sollen, zumal der Reichswirtschaftsrat »in erster Linie Regierungsentwürfe zu begutachten« habe.[66]

Die Sollbruchstelle war damit markiert: Während Wilhelm Vögele von der Mannheimer Handelskammer pointiert dafür warb, sich von dem bloßen »Schlagwort« der Sozialisierung abzuwenden, da den Unternehmern dabei nur »die Haare zu Berge« stünden, der Arbeiter aber »etwas Schönes« erwarte, das man nicht liefern könne,[67] konzedierte Georg Bernhard zwar den Labelcharakter des Begriffs, verwies jedoch auch auf dessen praktische Wirksamkeit, denn »in dem Seelenleben der deutschen Arbeiter [lebe] nun einmal die Hoffnung auf Sozialisierung.«[68] Mit Blick auf die beiden Vorschläge der Sozialisierungskommission wiederum gab man sich unbeeindruckt: Vorschlag I sei nichts weiter als eine »spiessbürgerliche Verstaatlichung«, Vorschlag II »zu bürokratisch«[69] – beide jedenfalls, so Paul Silverberg lakonisch, nicht das »Evangelium«.[70] Größere Wirkung entfaltete der Wortbeitrag Hugo Stinnes', der den weiteren Gang der Beratungen inhaltlich prägen sollte; er wurde auf Antrag Wissells als Diskussionsgrundlage vervielfältigt.[71] Stinnes, der aufgrund seiner unternehmerischen Rolle, seiner wirtschaftspolitischen Vorstellungen und seiner persönlichen Autorität Identifikations- und Reizfigur zugleich war und bis zu seinem Tode 1924 auch mit weiteren Projekten, etwa mit Blick auf die Privatisierung der Eisenbahn, im Reichswirtschaftsrat und darüber hinaus die Aufmerksamkeit auf sich zog,[72] zeichnete in seiner Stellungnahme ein düsteres Bild der Lage.[73] Angesichts des Wertverfalls der Mark und der (nicht nur) damit erheblich erschwerten Importoption sei es »eine Frage von Leben und Sterben in Deutschland, ob wir genügend produzieren können oder nicht«. Maßnahmen, die sich nachteilig auf die heimische Kohlenproduktion

65 So Paul Umbreit, 2. Sitzung des Unterausschusses zur Sozialisierungsfrage, 25.10.1920, BArch R 401/484, fol. 33–34 und Adolf Cohen in ihren Debattenbeiträgen, ebd., fol. 24–25, 40. Auch Paul Umbreit ebd., BArch R 43-I/2114, fol. 269, 270.

66 Paul Umbreit, ebd., fol. 270.

67 Wilhelm Vögele, ebd., fol. 271' und BArch R 401/484, fol. 48.

68 Georg Bernhard ebd., fol. 55.

69 Ebd., fol. 56; auch BArch R 401/483, fol. 37'.

70 Paul Silverberg ebd., fol. 38.

71 Ebd., fol. 38'.

72 Vgl. zum Eisenbahnprojekt die Ausführungen in Kap. 4.3.

73 Rede Hugo Stinnes', 2. Sitzung des Unterausschusses zur Sozialisierungsfrage, 25.10.1920, BArch R 401/483, fol. 46–47'.

auswirkten, seien zwingend zu unterlassen, da sie »tatsächlich für Millionen der deutschen Bevölkerung den Tod bedeuten« könnten; und mehr noch: Er halte »den Eintritt des Bürgerkriegs ohne Produktionssteigerung auch durchaus nicht für ausgeschlossen.«[74] Die Kassandrarufe verband Stinnes – und daher mag auch der Antrag Wissells auf Vervielfältigung der Rede rühren – mit der Forderung nach einer gemeinwirtschaftlichen Umstrukturierung der Kohleproduktion, und einer klaren Verurteilung zentralistisch-dirigistischer Phantasien. Sein Plädoyer für die Gemeinwirtschaft mochte die Herzen der versammelten (sozialistischen) Arbeitnehmervertreter wohl aber nur bedingt zu wärmen. Denn hinsichtlich der konkreten Ausgestaltung ließ Stinnes keinen Zweifel daran, dass diese sich »unserer größeren Erfahrung [würden] anpassen müssen«.[75] Der Arbeiterschaft sei zwar zu wünschen, dass sie »aus der Revolution die selben Vorteile zieht, wie das Bürgertum aus der französischen Revolution«; sie müsste aber auch erkennen, wo ihre Grenzen liegen, zumal dann, »wenn man einen großen Schritt plötzlich vorwärts« gemacht habe.[76] Die »guten Köpfe«, die »Fettaugen« könne man durchaus »aus der großen Suppenterrine der Arbeiterschaft« herausfischen. Klar sei aber auch, dass in der Wirtschaft »der Impuls stets von ganz wenigen Personen« ausgehe.[77] Dass dieses Plädoyer nicht mit der geforderten aktiven Teilhabe der Belegschaft an der Betriebsführung in Einklang zu bringen war, lag auf der Hand – und sollte in der Folge Anlass zu Kritik bieten.[78]

Die Einlassungen Stinnes' hatten unmittelbar deutlich gemacht, dass jeder Lösungsversuch der Sozialisierungsthematik ein ganzes Bündel komplexer Probleme aufwarf, die von den beteiligten Akteuren auch noch unterschiedlich wahrgenommen wurden. Da ging es einmal um den Begriff der Sozialisierung und seinen semantischen Gehalt, dann um die Ausgestaltung der »gemeinwirtschaftlichen« Organisation, den Grad der betrieblichen Partizipation, den Modus der Implementierung, die Strategien der politischen Kommunikation mit dem In- und Ausland, das konkrete Prozedere und nicht zuletzt um den Zeitpunkt, an dem das Ganze ins Rollen gebracht und ins Werk gesetzt werden sollte. Ob vor diesem Hintergrund die unklare Haltung der Sozialisierungskommission und das (angesichts der skizzierten Probleme nicht überraschende) Zögern der Regierung die Lage zusätzlich verkomplizierte oder aber sich dadurch Gestaltungsspielräume eröffneten: So oder so stand der Reichswirtschaftsrat vor der Herausforderung, nicht nur eine höchst umstrittene wirtschaftspolitische Frage verhandeln, sondern dabei gleichsam als

74 Ebd., fol. 46.
75 Ebd., fol. 46'.
76 Ebd., fol. 47'.
77 Ebd., fol. 46'.
78 So etwa der Arbeitnehmervertreter Georg Werner, 3. Sitzung des Unterausschusses zur Sozialisierungsfrage, 26.10.1920, ebd., fol. 50–51 bzw. ebd., BArch R 43-I/2114, fol. 276–277.

Nebenprodukt die eigene Relevanz performativ untermauern zu müssen. Denn was sollte man von einer nicht eben schlanken Institution erwarten, die bei der ersten wirklich wichtigen wirtschaftspolitischen Grundsatzfrage paralysiert würde? Erkennbar wird ein klares Muster, das sich in unterschiedlichen Figurationen wie ein roter Faden durch die Praxis des Reichswirtschaftsrats ziehen sollte, und seinen institutionellen wie habituellen Formierungsprozess strukturierte.

Dass die Gefahr einer Paralyse nicht nur theoretischer Natur, sondern mit Händen zu greifen war, sollten die Folgesitzungen des Unterausschusses zeigen. Für die Arbeitnehmervertreter stand ein Verzicht auf die Beteiligung der Belegschaft und die Bildung von regionalen Unternehmenskonglomeraten[79] nicht zu Debatte; »die Pläne des Herrn Stinnes« würden viel eher dazu beitragen, dass die »Gesamtinteressen der deutschen Volkswirtschaft aber der Herrschaft einiger weniger Trustkönige ausgeliefert« würden.[80] Man solle sich nicht vormachen, »daß sich die Massen, die eine Änderung der Verhältnisse wollen, mit dem jetzt Erreichten zufrieden geben werden.« Man stehe vielmehr „ erst am Anfange der wirtschaftlichen Revolution.«[81] Als wohl eine jener von Stinnes angesprochenen »ganz wenigen Personen«, von denen die entscheidenden »Impulse« für die Wirtschaft ausgehen könne, verwies Carl Duisberg die Programmatik der Arbeitnehmervertreter wenig sentimental in das Reich des »Glaubens«: Diesem naiven Glauben an die Segnungen des Sozialismus stehe die praktische »Erfahrung« der Unternehmer einerseits, die Wirklichkeit andererseits entgegen, denn überall dort, »wo Sie es probiert haben, ist es schief gegangen.«[82] Insbesondere riet er in Bezug auf Vorschlag I der Sozialisierungskommission »ganz dringend: Nehmen Sie die Sache nicht in die Hand, Sie machen damit pleite.«[83] Im Kern hatte Duisberg wie zuvor bereits Stinnes den Forderungen nach (paritätischer) Arbeitnehmerbeteiligung in unternehmerischen Entscheidungen eine unmissverständliche Absage erteilt und den Arbeitnehmervertretern vielmehr geraten, »die Vorschläge ernsthaft zu bedenken

79 Vgl. Stinnes in der 2. Sitzung des Unterausschusses zur Sozialisierungsfrage, 25.10.1920, BArch R 401/483, fol. 47. Er argumentierte, dass abgesehen von betriebswirtschaftlichen und unternehmensorganisatorischen Aspekten die Konzentration auch den Vorzug böte, dass die darin organisierten »Gebilde« »so stark« wären, »daß sie nicht von einem Sturme, der vielleicht schon in wenigen Monaten oder Wochen über uns kommt, weggerissen werden.«

80 Georg Werner, 3. Sitzung des Unterausschusses zur Sozialisierungsfrage, 26.10.1920, BArch R 401/484, fol. 84. Vgl. auch Richard Wagner ebd., BArch R 43-I/2114, fol. 277‘: »Die Arbeiter erklären klipp und klar: Wir haben unter dem Privatkapitalismus genug gelitten, hinreichend trübe Erfahrungen gemacht, das machen wir nicht mehr mit, wir wollen gleichberechtigt in die Betriebe eingegliedert werden, so eingegliedert, daß wir unserer Arbeit froh werden und unseren Schöpferdrang betätigen können. [...] In der Individualwirtschaft ist das ausgeschlossen.«

81 Beide Zitate Heinrich Imbusch, ebd., BArch R 43-I/2114, fol. 281‘.

82 Carl Duisberg, ebd., BArch R 401/484, fol. 114–115.

83 Ebd., fol. 118. Ausführlich auch BArch R 43-I/2114, fol. 279‘-281‘.

und anzunehmen, die Ihnen von seiten der Herren Stinnes und Silverberg gemacht worden sind. Sie knüpfen an Bestehendes an und geben der Individualwirtschaft eine soziale Gestaltung, die zu der von Ihnen erstrebten individualistischen Gemeinwirtschaft führt.«[84] Die Lage des Reichs ließe Experimente mit ungewissem Ausgang nicht zu; mit sozialistischen Wirtschaftsvorstellungen wusste man ohnehin nicht recht viel anzufangen, sofern man sie nicht gleich als Teufelszeug verwarf. Die vom Vorsitzenden Edler von Braun zu Beginn aufgeworfene Leitfrage des Ausschusses, nämlich zu prüfen, ob »Sozialisierung wirtschaftlich möglich«[85] sei, war damit aus Sicht der Arbeitgebervertreter relativ eindeutig beantwortet. Den Schlusspunkt setzte Heinrich Imbusch, Vertreter der christlichen Gewerkschaften und Mitglied des Reichskohlenrats, als er Duisberg »Mangel an Gemeinsinn« und eine »niedrige, egoistische Gesinnung« attestierte. Jeden, »der es wohl mit unserem Volke meint«, müsse dagegen eine solche Haltung »in der Forderung bestärken«: »Mit der Herrschaft dieser Leute muss aufgeräumt werden!«[86] Angesichts der immer hitziger geführten Debatte bilanzierte Heinrich Löffler, man würde oder wolle sich trotz der gemeinsamen Muttersprache nicht mehr verstehen, was wohl an den zu unterschiedlichen »Weltanschauungen« liege, die sich hier gegenüber stünden.[87] Weiter käme man auf diesem Wege nicht. Vielmehr sei man aufgrund der »Menschenmassen, die [...] nach Umformung des Wirtschaftslebens drängen«, zu »positive[r] Arbeit« gleichsam verdammt. Wenn dagegen »diese Debatten hinausdringen [...], dann werden die Arbeitermassen draußen sagen: man treibt mit uns Schindluder –, und es könnte eine neue Revolution kommen, [...] bei der es unter Umständen um Kopf und Kragen geht.«[88] Die Beratungen wurden daraufhin abgebrochen, die Sitzung vertagt.[89]

Wie kaum ein anderes Thema in der Frühphase der Weimarer Republik war »Sozialisierung« als Programm und Label unter Praktikern dazu geeignet, die Stimmung zu vergiften. War man auf Seiten der Unternehmer zwar grundsätzlich, wenn auch mit äußerster Zurückhaltung, dazu bereit, die von der Revolution geschaffenen Fakten in Bezug auf die Rolle der Arbeitnehmer in Staat, Gesellschaft und Betrieb hinzunehmen, so endete die Verständigungsbereitschaft stets dort, wo der Zugriff

84 Carl Duisberg, ebd., fol. 281.
85 Edler von Braun, 2. Sitzung des Unterausschusses zur Sozialisierungsfrage, 25.10.1920, BArch R 401/484, fol. 26.
86 Heinrich Imbusch, 3. Sitzung des Unterausschusses zur Sozialisierungsfrage, ebd., fol. 127 (auch BArch R 43-I/2114, fol. 282).
87 Heinrich Löffler, Mitglied des Reichskohlenrats, ebd., BArch R 43-I/2114, fol. 282'-283.
88 Ebd., fol. 283.
89 Ebd.

auf die Unternehmensleitung zur Debatte stand.[90] Doch ganz unabhängig davon zeigte man nur sehr geringe Neigung, derart tiefgreifende organisatorische und rechtliche Veränderungen, wie von Arbeitnehmerseite avisiert, zu akzeptieren, zumal deren ökonomischer Nutzen, wie Duisberg es formulierte, eben eine Frage des Glaubens sei. Die (eigene) »Erfahrung«, die ostentativ ins Feld geführt wurde, lehre eindeutig, dass derlei Experimente zum Scheitern verurteilt und angesichts der prekären Lage des Reichs auch hochgradig gefährlich seien. So betonte etwa Walter Simons, »geschäftsführendes Präsidialmitglied« des RDI, späterer Außenminister und Reichsgerichtspräsident, in seinem Bericht auf der ersten ordentlichen Mitgliederversammlung des RDI im April 1920,[91] dass man mit einem »öden Klassenkampfstandpunkt« in die Sackgasse steuere.[92] Zwar müsse der RDI »mit aller Kraft und mit aller Überzeugung Veto einlegen« gegen die grassierende »Rechtsvermutung, daß alle Dinge besser gemeinwirtschaftlich als privatwirtschaftlich organisiert werden können«.[93] Weder sei man aber eine »Gesellschaft von Scharfmachern«, noch »Schwachmatiker, die jedem Wunsch der Arbeitnehmerseite nachgeben« würde; beides sei »falsch«. Vielmehr sei klar, »daß wir nur dann weiter kommen können, wenn wir mit der Arbeiterschaft und nicht gegen die Arbeiterschaft die neue deutsche Wirtschaft aufbauen« – auch wenn Art. 165 WRV in dieser Hinsicht eine »schwere Probe« darstelle.[94] Diese »schwere Probe« mag habituell oder inhaltlich verstanden werden: Das Beispiel der »Sozialisierungen« machte die Schwierigkeiten unmittelbar deutlich, die mit dem im »Räteartikel« projektierten institutionellen Neuarrangement verbunden waren – oder zumindest sein konnten. Zu groß die Differenzen in politisch-praktischen, aber auch lebensweltlich-grundlegenden Fragen, als dass man mit einer Einigung jenseits bloßer Absichtserklärungen rechnen konnte. Dem Reichswirtschaftsrat drohte schon in dieser Frage nichts weniger als die Paralyse.

---

90 Vgl. auch Plumpe, »Reichsverband«, insb. S. 141; Bähr/Kopper, *Industrie*, S. 50–53 unter Bezugnahme auf das Betriebsrätegesetz. Vgl. auch die »Beratungen [des RDI] über den Gesetzentwurf über Betriebsräte« vom 24. September 1919.

91 Vgl. zur Stellung die »Übersicht über den Aufbau des Reichsverbandes der Deutschen Industrie«, S. 5; der Bericht bei Simons, »Wirtschaftspolitik«. Vgl. zu Simons auch die Kritik von Fraenkel, *Soziologie*, S. 44: Dieser habe geäußert, mit Sozialdemokraten in Richterpositionen an sich keine Probleme zu haben – vorausgesetzt, sie würden dem »Klassenkampf« abschwören: »Wenn ein Mann wie Dr. Simons, ein Demokrat ›ohne Gänsefüßchen‹ so redet, wie geartet wird der innerste Kern des Denkens eines Amtsrichters aus Hinterpommern oder der Oberpfalz sein!«

92 Simons, »Wirtschaftspolitik«, S. 14 (hier als Kritik an den Arbeitnehmern formuliert).

93 Ebd., S. 13.

94 Ebd., S. 14. Das Protokoll vermerkt Zustimmung (»sehr richtig«) zur Notwendigkeit der Zusammenarbeit mit den Arbeitnehmern.

Für den weiteren Verlauf der Diskussion gab Edler von Braun als Vorsitzender die Richtung vor und konstatierte zunächst, dass die letzte Sitzung aus dem Ruder gelaufen sei und man so nicht weitermachen könne. Die Aufgabe des Reichswirtschaftsrats bestehe doch gerade darin, sich »auf den rein sachlichen Standpunkt [zu] stellen, dass wir einen Weg suchen und finden müssen, wie die Anschauungen der verschiedenen Gruppen über die Regelung der Kohlenwirtschaft sich vereinigen lassen.«[95] Dabei sei es »selbstverständlich, dass die Stellung des Arbeiters jetzt eine andere sein muss, als sie vor dem Jahr 1914 gewesen ist, also die Machtverschiebung, die tatsächlich zwischen den Berufsständen eingetreten ist, auch in der volkswirtschaftlichen Struktur unseres Volkslebens zum Ausdruck kommen muss.«[96] Umgekehrt sei nach Aussage von Vögler und Stinnes, deren Expertise man auf diesem Gebiet schlicht zur Kenntnis nehmen müsse, die zwingend notwendige Steigerung der Kohlenproduktion mit den Instrumenten, die von der Sozialisierungskommission avisiert worden seien, nicht zu bewerkstelligen. Gerade in dieser vertrackten Lage sei es aber die Aufgabe des Reichswirtschaftsrats, mehr zu leisten, als nur ja oder nein zu diesen Vorschlägen zu sagen.[97] Es sei, so sekundierte Paul Müller, Generaldirektor der Rheinisch-Westfälischen Sprengstoff AG und Vorstandsmitglied des RDI, »nicht Aufgabe eines Reichswirtschaftsparlamentes«, die Auseinandersetzung zwischen »Manchestertum und Sozialismus« zu entscheiden. Der »Kampf zweier Weltanschauungen, wie er in den letzten beiden Sitzungen geführt worden ist, [wäre] vollkommen überflüssig, es sei denn, daß wir uns entschlössen, Selbstmord aus Prinzip zu treiben«.[98] Vor einem wirtschaftspolitischen »Sprung ins Dunkel« sei indes dringend zu warnen.[99] Wenig überraschend schlug Paul Silverberg rhetorisch in die gleich Kerbe und plädierte entschieden für das »Beiseitelassen« »rein politischer und sozialpolitischer Erwägungen«, die mit den Instrumenten der Wirtschaftspolitik, »die die Gesamtheit betrifft«, ohnehin nicht zu lösen seien.[100] Angesichts dieser massierten, im Kern freilich alles andere als »rein sachlich« begründeten Absage an die von Seiten der Arbeitnehmervertreter im Ausschuss zäh verteidigten Sozialisierungsbestrebungen, verhallten die Ausführungen Umbreits, der eine Lanze für die Arbeit der Sozialisierungskommission brach und auf den legitimen Ansprüchen der Arbeiter auf Beteiligung beharrte. Doch auch er schien wenig Sinn darin zu sehen, die Bera-

95 Edler von Braun, 4. Sitzung des Unterausschusses zur Sozialisierungsfrage, 27.10.1920, BArch R 401/484, fol. 134 (auch BArch R 43-I/2114, fol. 283')

96 Ebd., fol. 135 (auch BArch R 43-I/2114, fol. 283').

97 Ebd., fol. 137. Vgl. auch Silverberg zu den Vorschlägen der Sozialisierungskommission, ebd., fol. 158.

98 Paul Müller, 4. Sitzung des Unterausschusses zur Sozialisierungsfrage, 27.10.1920, BArch 43-I/2114, fol. 284.

99 Ebd., fol. 284'.

100 Paul Silverberg, ebd., fol. 285'.

tungen gemeinsam unter den gegebenen Bedingungen fortzusetzen.[101] Allgemein erkannte man die Notwendigkeit, das Thema in kleinerem Kreise nochmals zu diskutieren; während Umbreit aus Repräsentationsgesichtspunkten die dazu angedachte »Verständigungskommission«[102] »nicht zu klein machen« wollte und ihr gerade deshalb skeptisch gegenüberstand,[103] sprach sich Hugo Stinnes dafür aus, die Beratungen mit maximal »sechs Leute[n]« fortzusetzen, um so »Grundlinien für eine Verständigung« erarbeiten zu können. Der Vorschlag wurde schließlich angenommen, die Kommission allerdings um »ein siebtes Mitglied der Abteilung 3« ergänzt.[104] Der Unterausschuss vertagte sich daraufhin bis 10. November 1920 und wünschte der »Kommission, daß sie die Hoffnungen erfüllt, die wir alle auf sie setzen.«[105] Schließlich hänge »die ganze wirtschaftliche Zukunft Deutschlands [...] davon ab, daß wir bald eine Einigung finden.«[106]

Es ist bezeichnend, dass es mit Franz Berthold ein »Vertreter der Verbraucherschaft« war, der in der Folge den Vorsitz des »Verständigungsausschusses« bekleidete und damit der in der Praxis vielfach »vermittelnden« Rolle der Abteilung III Rechnung trug – und dies insbesondere dann, wenn der Konflikt zwischen Arbeitgebern und Arbeitnehmern, wie hier, ohne Vermittlung durch Dritte nicht zu lösen schien.[107] In sechs Arbeitssitzungen, die offenbar auch die Inaugenscheinnahme des Kohlebergbaus vor Ort beinhalteten und teilweise in Essen stattfanden,[108] wurde ein, wie handschriftlich vermerkt, letztlich doch erneut »strittig[es]« Papier erarbeitet, das sich nicht nur der Frage der Sozialisierung und ihrer Realisierungschancen annahm, sondern sich vor allem auf Maßnahmen zur Intensivierung des Produktionsprozesses konzentrierte.[109] Dass es offenkundig nicht gelungen war, selbst im kleinsten Kreis eine konsensuale, für alle Seiten gesichtswahrende oder zumindest dissimulierende Lösung zu finden, stellte eine enorme Hypothek für

---

101 Paul Umbreit, ebd., fol. 284'.

102 Den Begriff brachte Georg Bernhard ins Spiel, vgl. ebd., fol. 286.

103 Paul Umbreit ebd., fol. 286'.

104 Ebd., fol. 287'. Als Mitglieder entsandt wurden für Abt. I Albert Vögler, Hugo Stinnes und Paul Silverberg, für Abt. II Georg Imbusch, Georg Werner und Theodor Wagner, für Abt. III schließlich Franz Berthold.

105 So der Vorsitzende Edler von Braun, ebd.

106 Edler von Braun, ebd., fol. 286'.

107 Darauf wurde oben in Kap. 3.4 bereits unter Bezugnahme auf den Text von Ludwig Heyde verwiesen. Vgl. auch knapp Hauschild, *Reichswirtschaftsrat*, S. 247.

108 Die Zahl der Sitzungen nach Hauschild, *Reichswirtschaftsrat*, S. 247; das Mehrheitsgutachten der Kommission enthält eine hds. Notiz, die dieses als Anlage zum »Protokoll v. 4. 5. 6. u. 9.11.20« ausweist. Das wären dann lediglich vier Sitzungen gewesen.

109 Mehrheitsgutachten des Verständigungsausschusses, 6.11.1920, Essen, BArch R 401/483, fol. 68–72'; das Zitat ebd., fol. 68. Reinschrift BArch R 401/484, fol. 179–182. Das Sondervotum von Georg Werner, das an der gemeinwirtschaftlichen Umgestaltung des Kohlenbergbaus unter Bezugnahme auf Vorschlag I der Sozialisierungskommission festhielt, ansonsten sich aber am Mehrheitsvotum orientierte, findet sich mit Datum »Berlin, 9. November 1920« ebd., fol. 194–199.

die weiteren Verhandlungen dar – und machte eine Einigung im großen Kreis des Unterausschusses nicht eben wahrscheinlicher.

Ausgangspunkt des Papiers war die Überzeugung, dass »die Frage der Sozialisierung des Kohlenbergbaus [...] keine Frage des Bergbaus allein, sondern eine Frage der Gesamtwirtschaft« sei.[110] Vor diesem Hintergrund könne »Sozialisierung« nur bedeuten, »dass alle Produktionsmittel im höchsten gesamtwirtschaftlichen Interesse der Volksgesamtheit so vollständig und so rationell wie möglich ausgenutzt werden unter gleichberechtigter, vollwertiger Mitbeteiligung und dementsprechend Mitbestimmung und Mitverantwortung aller an der Produktion Beteiligten.«[111] Die schlichte Übertragung von Privateigentum auf die »Volksgesamtheit«, wie beabsichtigt, sei »lediglich einer Verstaatlichung gleichzuachten«, und – das darf ergänzt werden – folglich abzulehnen.[112] Zwar sei »allen an der Produktion Beteiligten die ihnen gebührende Stellung ein[zu]räumen«;[113] dass diese jedoch über die Ausgabe von Kleinaktien und Aufsichtsratsmandaten, nicht jedoch über ein paritätische Beteiligung an der Unternehmensführung gewährleistet werden sollte, stellte eine signifikante Distanzierung von den Vorschlägen der Sozialisierungskommission dar, die als grundsätzlich ungeeignet verworfen wurden.[114] Insbesondere die Annahme, »dass der Kohlenbergbau ein von der Gesamtwirtschaft unabhängiges Eigenleben führen könnte«, trüge »den tatsächlichen Verhältnissen und den wirtschaftlichen Notwendigkeiten nicht Rechnung.«[115] Anstatt am Kohlenbergbau ein letztlich ideologisch motiviertes und volkswirtschaftlich riskantes Experiment zu wagen, sei es das Gebot der Stunde, die Produktion erheblich zu steigern, die Selbstkosten zu reduzieren, die Ausfuhr zu reglementieren und die Unternehmenskonzentration voranzutreiben, kurz: »Rationalisierungen« von erheblicher Tragweite auf dem Gesetzesweg zu implementieren. Nur so könne »das Wirtschaftsleben des besiegten Deutschlands [...] durch sich selbst zu neuem Leben« erwachen.[116]

Das Gutachten des »Verständigungsausschusses«, das am 10. November 1920 in der Sitzung des Sozialisierungsausschusses zunächst von Berichterstatter Silverberg vorgestellt und anschließend diskutiert wurde,[117] konnte – das sollte sich rasch zeigen – den schwelenden Grundkonflikt nicht beheben. Recht präzise for-

110 Mehrheitsgutachten des Verständigungsausschusses, 6.11.1920, BArch R 401/483, fol. 68.
111 Ebd.
112 Ebd.
113 Ebd., fol. 68' (hds. ergänzt).
114 Ebd., fol. 70'-71 (Aktien), 72.
115 Ebd., fol. 72.
116 Ebd., passim. Das Zitat fol. 72' (im Original teilweise unterstrichen). Auf eine regelrechte »Rationalisierungs-Manie« verweist exemplarisch James, *Weltwirtschaftskrise*, S. 28; Köster, *Wissenschaft*, S. 120 spricht von »Rationalisierungseuphorie der 1920er Jahre«.
117 Vgl. 5. Sitzung des Unterausschusses zur Sozialisierungsfrage, 10.11.1920, BArch R 43-I/2114, fol. 288–290.

mulierte Georg Werner, Vertreter der Industriearbeiter, in seinem Sondervotum, dass man zwar »im Ausgangspunkt und Endziel« übereinstimme: »Nur über den Weg dahin gingen die Meinungen grundsätzlich auseinander.«[118] Paul Silverberg indes verteidigte den Essener Kompromiss und betonte, dass man sich »bemüht habe[], neue Wege zu finden, die gesamtwirtschaftlich geeignet sind, Deutschland – sagen wir es klar heraus – aus dem Dreck zu ziehen«.[119] Das sei mit den Vorschlägen der Sozialisierungskommission nicht zu machen, weil diese zumindest implizit davon ausgingen, die Kohlenwirtschaft als isolierten bzw. isolierbaren Teil der Volkswirtschaft behandeln zu können; mit der Wirklichkeit habe dies jedoch nichts zu tun.[120] Gefährlich sei es außerdem, wenn man derart weitreichende Maßnahmen, wie Georg Werner in seinem Sondervotum argumentierte, dazu verwenden würde, »augenblicklich bestehende psychische Stimmungen, Mißstimmungen oder politische Unruhen zu beseitigen.« Das wäre ein »Verbrechen an der Wirtschaft« und daher zwingend zu unterlassen.[121] Während also für Silverberg und die überwiegende Mehrheit der »Verständigungskommission« der gefundene Kompromiss einer »neuen Planwirtschaft«[122] sowohl eine brauchbare Antwort auf die Forderungen der Arbeiter als auch den einzig gangbaren Weg zur Aufrechterhaltung bzw. Wiederherstellung der wirtschaftlichen Leistungsfähigkeit des deutschen Kohlebergbaus darstellte, stieß er in den Reihen der Ausschussmitglieder keineswegs auf einhellige Zustimmung. Nachdem sich am 11. November die Abteilungen in getrennten Sitzungen abgestimmt hatten, trat der Ausschuss am 12. November zu seiner 6. Sitzung zusammen, in der die »Aussprache über den Bericht der Verständigungskommission«, wie das Protokoll vermerkt, mit einer ausführlichen und kritischen Stellungnahme Paul Umbreits fortgesetzt wurde.[123] Während für Umbreit Stinnes' Ausführungen aus der zweiten Sitzung noch eine mögliche »Grundlage zu einer einmütigen Behandlung« geboten hätten, sei in dem nun vorgelegten Papier der »Verständigungskommission« »recht wenig von gemeinwirtschaftlichen Gedanken« enthalten und »keine Spur irgendeiner sozialistischen Emanation« zu erkennen.[124] Mit »Sozialisierung«, verstanden als »Vergesellschaftung der Produktionsmittel«, »Vergesellschaftung der Produktion und Verteilung« und als »Umstellung der Warenproduktion auf

118 Georg Werner, ebd., fol. 290. Auch Sondervotum Werner, 9.11.1920, BArch R 401/484, fol. 194 und Werner, 5. Sitzung des Unterausschusses zur Sozialisierungsfrage, 10.11.1920, BArch R 401/483, fol. 79.

119 Paul Silverberg, 5. Sitzung des Unterausschusses zur Sozialisierungsfrage, 10.11.1920, BArch R 43-I/2114, fol. 289'.

120 Ebd., fol. 289. Ähnlich auch Georg Wagner für die Arbeitnehmer, ebd., fol. 291–291'.

121 Beide Zitate Paul Silverberg, ebd., fol. 292'. Die Ausführungen Werners, auf die Silverberg verweist, ebd., fol. 291.

122 Ebd., fol. 289'.

123 6. Sitzung des Unterausschusses zur Sozialisierungsfrage, 12.11.1920, BArch R 43-I/2114, fol. 295–306.

124 Paul Umbreit, ebd., fol. 295.

Bedarfsproduktion«, habe das alles nichts (mehr) zu tun.[125] Allerdings stehe man »unter dem Drucke der Verheißungen«, die man den Bergarbeitern angesichts der durch das Kohlenabkommen von Spa zu leistenden Mehrarbeit in Aussicht gestellt hatte.[126] Vor diesem Hintergrund könne man den vorgelegten Bericht »nicht als eine geeignete Grundlage der Beratung und Verständigung betrachten.«[127] Doch nicht nur von Seiten der Arbeitnehmer war deutliche Kritik zu vernehmen. Auch Georg Bernhard als Vertreter der Abteilung III attestierte den Beteiligten zwar »guten Willen«, erachtete jedoch vor allem das Konzept der Kleinaktien als Beteiligungsform »wirklich nicht für glücklich« – zumal in Verbindung mit Stinnes' »Konzernidee«, die im Kern nur dazu führe, dass »die Arbeiter und Unternehmer des Konzerns [...] sich ganz Deutschland untertan«[128] machten. Die Folge sei eine Spaltung der Belegschaft in die »konzernmäßig gesicherten Arbeiter« und den Rest der »Pauperisten«, wodurch unterm Strich eine künstliche »Aristokratie« aus »Arbeiterkapitalisten« entstünde, ohne jedoch »irgendeinen gemeinwirtschaftlichen Einfluß auszuüben.«[129] Gerade dies sei jedoch unter den gegebenen Umständen dringend geboten.

Dagegen verteidigte Albert Vögler den Essener Kompromiss und äußerte sein Bedauern, dass offenbar »die sämtlichen Vorredner« dessen Inhalt wohl »nicht verstanden« hätten.[130] Dabei enthalte der Vorschlag »so viele soziale Gedanken, wie sie überhaupt nur in einem ruhig weiter entwickelten Wirtschaftsprogramm enthalten sein können.«[131] Er biete eine solide Basis für die Kohlenwirtschaft im Reich und zudem die Chance, Arbeiter durch die Ausgabe von Aktien zu »Mitbesitzern« der Betriebe zu machen. Das sollte man »nicht unbeachtet« lassen.[132] Für Silverberg als Berichterstatter schließlich bildete das Papier zum einen eine tragfähige Grundlage, »auf der sich [...] die Oekonomisierung der Wirtschaft aufbauen kann«; zum anderen aber auch die Anerkennung des »sozialen und menschlichen Fortschritt[s] [...], den wir unbedingt für die Arbeiter im Betriebe verlangen und [...] herbeiführen wollen.«[133] Er, Silverberg, habe »in hohem Idealismus die Überzeugung, daß wir auf dieser Grundlage unser deutsches Wirtschaftsleben wieder auf-

125 Ebd.

126 Ebd., fol. 295'.

127 Ebd., fol. 296. Ähnlich auch Heinrich Löffler, ebd., fol. 296–296': »Es muß ein entschiedener Schritt nach dem Ziele der sozialistischen Gemeinwirtschaft vorwärts getan werden. Wir kommen nicht darum herum.« (ebd., fol. 296).

128 Georg Bernhard, ebd., fol. 296' und fol. 298.

129 Ebd., fol. 298. Skeptisch gegenüber dem Konzept der Kleinaktie auch Walther Rathenau, ebd., insb. fol. 300.

130 Albert Vögler, ebd., fol. 300.

131 Ebd., fol. 300–300'. Dies implizierte freilich die dezidierte Absage an »eine Revolution der Wirtschaft«.

132 Ebd., fol. 301'.

133 Paul Silverberg ebd., fol. 304.

bauen können, nicht aber, indem wir uns koppheister in eine neue Wirtschaftsordnung stürzen«.[134] So konziliant die »Anerkennung« der sozialen Veränderungen und der damit verbundenen Forderungen der Arbeitnehmer auf eine greifbare Partizipation an den wirtschaftlichen Entscheidungsprozessen des Unternehmens auch klang: Einigkeit bestand lediglich auf einer semantischen Ebene, »Gemeinwirtschaft« irgendwie zu wollen, ohne dabei aber auch nur im Ansatz angeben zu können, wie den sehr unterschiedlichen Überzeugungen Rechnung getragen werden sollte. Carl Hartung, als Vertreter der freien Berufe im Reichswirtschaftsrat, brachte den Zustand gestörter Kommunikation auf den Punkt: Er »habe das Gefühl, als wenn wir uns hier bei einer Art Turmbau zu Babel befänden und auch hier eine Verwirrung der Geister und der Sprachen eingetreten ist, die den Bau vor seiner Vollendung zur Ruine werden läßt.«[135] Nachdem sich also in den Ausschussberatungen die grundsätzlich ja bereits zuvor vorhandenen Interessensdivergenzen nicht hatten zur Deckung bringen lassen, und der zu diesem Zweck eigens installierte »Verständigungsausschuss« zwar ein Ergebnis liefern konnte, sich dabei aber deutlich von Sozialisierungsplänen distanzierte, stand man nun vor der Frage, wie weiter verfahren werden sollte. Man entschied sich mangels Einigungschancen zum gegenwärtigen Zeitpunkt dafür, einen zweiten Verständigungsausschuss einzuberufen und die Mitgliederzahl auf 14 zu verdoppeln.[136] Die offenen Fragen wurden in mehreren Sitzungen zwischen dem 17. Januar und 3. Februar 1921 diskutiert, »ohne jedoch zu einem Ergebnis zu kommen«, wie der Direktor des Reichswirtschaftsrats, Harry Hauschild, lapidar bemerkt: »Die Verhandlungen des Sozialisierungsausschusses wurden später nicht fortgesetzt.«[137]

Hatte die Regierung Ende Dezember 1920 noch die Vorlage eines Gesetzentwurfs über die »Sozialisierung des Kohlenbergbaus« unmittelbar in Aussicht gestellt und den Sozialisierungsausschuss um Beschleunigung seiner Arbeiten angehalten,[138] verzichtete sie schließlich doch darauf, den für Anfang 1921 avisierten Gesetzentwurf einzubringen. »Aus den Verhandlungen des Sozialisierungsausschusses hatte sich offenbar ergeben, daß der praktischen Lösung des Problems der Sozialisierung des Kohlenbergbaus unüberwindliche Schwierigkeiten gegen-

134 Ebd.

135 Carl Hartung, ebd., 304–304‹. Zu Hartung knapp Lilla, *Reichswirtschaftsrat*, S. 382.

136 Nach Hauschild, *Reichswirtschaftsrat*, S. 247. Der Ausschuss sollte von 17.-21.1. in Essen, und von 25.1.-3.2.1921 in Berlin tagen. Als Mitglieder wurden zusätzlich zu den bisherigen sieben bestimmt: Paul Silverberg, Georg Bernhard, Hans Kraemer, Walther Rathenau, Paul Müller, Franz Klingen, Wilhelm Beckmann und [Eugen] Kleine (BArch R 43-I/2114, fol. 305‘ und 306‘).

137 Hauschild, *Reichswirtschaftsrat*, S. 247, 248.

138 Vgl. RWiM an den Vorsitzenden des Sozialisierungsausschusses, Edler von Braun, 24.12.1920, BArch R 43-I/2114, fol. 336–336‘. Das Schreiben nahm Bezug auf die Nachricht des Ausschusses vom 10.12.1920, die Beratungen in einem 14er-Gremium fortsetzen zu wollen. Diese würden »aller Voraussicht nach Erfolg versprechen« (BArch R 43-I/2114, fol. 332).

überstanden.«[139] Die retrospektive Einschätzung Hauschilds ist gerade deshalb von hoher Relevanz, weil sie nicht nur das Scheitern eines politischen Großprojektes an der ökonomischen Wirklichkeit der frühen Weimarer Republik einerseits, dem Widerstand der maßgeblichen Akteure der Industrie andererseits klar konstatiert, sondern in diesem Zusammenhang auch die spezifische Rolle des Reichswirtschaftsrats akzentuiert. Das Bild einer auf Sachlichkeit verpflichteten, »nichtpolitischen« Institution hatte Hauschild in seiner Darstellung Mitte der 1920er Jahre bereits internalisiert – und als Charakteristikum des Reichswirtschaftsrats auf die Auseinandersetzungen um die Sozialisierungsfrage transponiert. So sei es gerade »das Verdienst« des Reichswirtschaftsrats gewesen, »dieses Problem, nachdem es zwei Jahre lang im Kampf der Parteien gestanden hatte, zu entpolitisieren und durch seine Verhandlungen auf unpolitischer Grundlage einer Klärung entgegenzuführen.«[140] Angesichts der vorangegangenen Ausführungen wirkt dieser Befund merkwürdig; denn auch wenn das Bemühen um eine sachliche, nicht parteipolitisch inspirierte Auseinandersetzung handlungsleitend gewesen sein mag – und die Quellen legen dies nahe –, so bleibt doch fraglich, welchen konkreten Beitrag zur »Klärung« der Sozialisierungsfrage der Reichswirtschaftsrat geleistet haben mag. Vielleicht den, dass man das Thema besser ad acta legen sollte? Die ebenso konfliktgeladenen wie ergebnislosen Beratungen zu Frage der Sozialisierung machen in jedem Falle deutlich, dass sich der Reichswirtschaftsrat trotz aller Bemühungen um »Sachlichkeit« den grundlegenden politischen Entscheidungsfragen nicht entziehen konnte, wollte er relevant bleiben. Aus dieser Spannung erwuchs sein spezifisches Selbstverständnis, die wichtigen Themen der Zeit trotz ihrer politischen Brisanz sachlich beraten und, wenn man so will, »klären« zu können. Die Debatte im Sozialisierungsausschuss zwischen 1920 und 1921 war ein Präzedenzfall, aus dem man Lehren zog: Relevanz war nur zu erlangen, wenn man auf die Politisierung der Sache zugunsten breit akzeptierter Sachpolitik verzichtete. Es war dies nicht die einzig mögliche Schlussfolgerung – doch an dieser schien man sich messen lassen zu wollen.

4.2.3 Lerneffekte: Sachpolitik statt Politisierung der Sache

Die Rekonstruktion der Debatten im Sozialisierungsausschuss des Reichswirtschaftsrats sind aus unterschiedlichen Perspektiven wichtig: Sie erhellen – *erstens* – anhand einer für die Frühphase der Weimarer Republik (wirtschaftlich) eminent bedeutsamen *policy*, dass die mit großem Elan verfolgten und mit noch größeren

139 Hauschild, *Reichswirtschaftsrat*, S. 248.
140 Ebd.

Erwartungen verknüpfen Hoffnungen auf eine grundlegende Umgestaltung der Wirtschaftsordnung nur sehr bedingt Mehrheiten auf sich vereinigen konnten, vielmehr sehr rasch an der harten Wirklichkeit und dem ihr inhärenten Zwang zur Pragmatik zerschellten. *Zweitens* wird greifbar, welche Rolle der Reichswirtschaftsrat im Geflecht unterschiedlicher Akteure – Regierung, Parlament, *pressure groups*, Expertenkommissionen – zukünftig spielen wollte, wie und wo er sich selbst sah. Und *schließlich* kann das Beispiel als Grundlage für die Ausformung eines spezifischen *modus operandi* und eines damit verbundenen institutionellen Habitus begriffen werden, der sich – so die These – als pfadabhängig erweisen sollte. Das faktische Scheitern der Beratungen machte deutlich, dass man mit einer Duplizierung der Reichstagsdebatten, mit einer bloßen Konstatierung der unterschiedlichen »Weltanschauungen« rasch überflüssig werden würde. Die (rhetorisch) Beschwörung der eigenen Sachlichkeit fungierte damit nicht nur als ein (vor allem von Unternehmerseite vorgetragenes) politisches Argument, um die anderen als »Ideologen« ohne wirkliche Erfahrung zu diskreditieren. Sie wurde mehr und mehr auch zum Mantra, mit dem die eigene Relevanz begründet und performativ aktualisiert werden konnte. Hieraus entwickelte der Reichswirtschaftsrat sein spezifisches Selbstverständnis, seine »institutionelle DNA«.

In der Forderung nach »Sozialisierungen« stießen wie bei kaum einem anderen (wirtschaftspolitischen) Thema der unmittelbaren Nachkriegszeit die durch die Revolution genährten Erwartungen an eine grundlegende Umgestaltung der ökonomischen und sozialen Verhältnisse auf die in Wirklichkeit erheblich begrenzten ökonomischen Spielräume. Die Auseinandersetzungen um Art, Grad und Reichweite möglicher Sozialisierungen besaß damit von Beginn an eine komplexitätssteigernde Doppelstruktur: Einerseits mit Blick auf die realen Chancen einer wie auch immer gearteten »Sozialisierung«, die dabei nicht nur ökonomische und rechtliche Aspekte berücksichtigen, sondern auch die Kompromissbereitschaft insbesondere der Industrie mit ins Kalkül ziehen musste. Und andererseits mit Blick auf die im engeren Sinne »politischen« Implikationen, sahen sich doch vor allem weite Teile der Sozialdemokratie und der Gewerkschaften de facto dazu verpflichtet, irgendetwas Greifbares für die eigenen Leute umzusetzen – zumal der Druck von Links eher zu- als abnahm. Die Gefahr einer wachsenden Entfremdung der sozialistischen Funktionseliten von »ihrer« Basis war damit bereits angelegt.[141] Die Diskussionen im Reichswirtschaftsrat verdeutlichen dies

141 Hier wäre auch auf die von Richard S. Katz und Charles Mair entwickelte »Kartellparteien«-These zu verweisen, die (neben anderen Aspekten, die hier nicht aufgegriffen werden) vor allem die (zunehmende) Diskrepanz zwischen Führungselite der Partei und den »einfachen« Mitgliedern in den Blick rückt. Vgl.

anschaulich: Während von Seiten der Arbeitnehmervertreter zwar das Bemühen um eine Versachlichung des konfliktträchtigen Themas mitgetragen wurde, sah man sich grundsätzlich außer Stande, auf »Sozialisierungen« zu verzichten. Einigkeit herrschte dabei allerdings kaum, sodass es für Unternehmer und Industrievertreter nicht allzu herausfordernd schien, eine Gegenposition aufzubauen und diese auch zu halten. Dass dabei mit dem Verweis auf (vermeintliche oder tatsächliche) ökonomische Notwendigkeiten auch apodiktische Argumente ins Feld geführt wurden, kann nicht überraschen. Wichtiger war, und hier sollte der Reichswirtschaftsrat eine prägende Rolle spielen, dass das Argument »ökonomischer Notwendigkeiten« auch unter Arbeitnehmer- oder Verbrauchervertretern artikuliert wurde. Die Verständigung auf eine gemeinsame Problembeschreibung schien über die handfesten Interessengegensätze hinweg möglich und belastbar zu sein, ganz im Gegensatz zu den daraus abzuleitenden *policies*. Das Beispiel der Sozialisierungen lässt diesen immer wieder und an vielen Stellen anzutreffenden Zustand besonders klar zutage treten, da es im Kern um die elementaren Strukturen der zukünftigen Wirtschaftsordnung ging. Aber jenseits dieser zusätzlichen politisch-ideologischen Aufladung war dadurch eine Figuration greifbar geworden, die den Reichswirtschaftsrat mit existentiellen Fragen konfrontierte: Denn wie sollte mit politischen (Grundsatz-)Konflikten umgegangen werden, deren Virulenz von allen beteiligten Akteuren anerkannt und deren Lösung aus Sicht der Akteure nur unter Preisgabe der eigenen Glaubwürdigkeit zu leisten war? Die Sozialisierungsproblematik markierte eine Weggabelung: Man konnte den Konflikt konstatieren, man konnte ihn dissimulieren, man konnte ihn kanalisieren. Zwar scheiterte eine inhaltliche Verständigung, nicht aber gab man das Bemühen auf, zu einer gemeinsamen Einschätzung der Lage zu gelangen. Damit hatte man eine strategische Entscheidung getroffen: Denn auch wenn die Fokussierung auf »rein ökonomische« Fragen und die ostentative Exklusion »politischer« Erwägungen einer (im Kern ideologischen) Fiktion gleichkam, sah man darin einen offenbar ebenso gangbaren wie notwendigen Handlungsmodus. Gerade angesichts der potentiell unheilvollen Verschränkung von ökonomischen Herausforderungen, geringen Spielräumen und weitreichenden politischen Erwartungen sei, so das Narrativ, die Relevanz des Reichswirtschaftsrats als institutionelles Bindeglied gleichsam selbstevident. Dies wird nicht nur an der topischen Abgrenzung[142] zum Reichstag sichtbar, sondern vor allem an der selbstbewussten und autonomen Interpretation der eigenen Kompetenzen: So sei man weder an die (allzu theoretischen) Erwägungen der Sozialisierungskommission gebunden, noch

Katz/Mair, »Changing Models«, hier das Schaubild S. 18; die chronologische Zuordnung wird hier explizit nicht übernommen. Kritisch, aber abwägend Helms, »›Kartellparteien‹-These«, S. 699–701, 706–707.

142 Darauf verweist auch Scholl, *Begrenzte Abhängigkeit*, S. 141.

ein bloßer Zuträger einer Regierung, die selbst nichts zustande bringe. Man sei vielmehr dazu befugt und in der Lage, zu einer eigenständigen Bewertung auf Grundlage eigenständiger Evaluierungen zu gelangen. Der Reichswirtschaftsrat, und dies macht das rekonstruierte Beispiel so aussagekräftig, begann vor dem Hintergrund der ganz praktischen Problemkonstellationen sein institutionelles Selbstverständnis sukzessive zu dimensionieren und in der Folge zu festigen. Angesicht der (skizzierten) brüchigen rechtlichen Situation – fehlende Umsetzung des verfassungsrechtlich Vorgegebenen, Arbeiten auf Basis einer nur für kurze Zeit angelegten Verordnung, Diskussion der zukünftigen Gestaltung im Verfassungsausschuss – ein erstaunlicher Prozess.

Für die folgenden Betrachtungen ist entscheidend, dass die Debatten im Sozialisierungs- und Verständigungsausschuss einen Lernprozess in Gang setzten: Die Einrichtung des Sozialisierungsausschusses erfolgte zunächst auf Wunsch der Regierung, die sich eine fundierte (und von den Normadressaten sanktionierte) Antwort auf die schwelende Frage, wie mit den Sozialisierungen im Kohlebergbau weiter zu verfahren sei, erhoffte. Die Bildung eines Arbeitsausschusses aus der Mitte des Reichswirtschaftsrats sollte gewährleisten, dass in einem überschaubaren Kreis die – strittigen – Dinge sachgerecht und lösungsorientiert besprochen und ein entsprechendes Gutachten vorgelegt werden konnte. Die Beratungen machten indes deutlich, dass die Verpflichtung auf Sachlichkeit dort brüchig wurde, wo der Kernbereich der eigenen Überzeugungen bzw. Verantwortlichkeiten tangiert schien. Der angesichts der verfahrenen Situation ad hoc etablierte Verständigungsausschuss verschob das Problem nur insofern, als der (bei einer Gegenstimme) erarbeitete Kompromiss nicht für alle Beteiligten im größeren Kreis des Ausschusses akzeptabel war. Gleichwohl blieb zweierlei beachtlich: Die Konstatierung der konvergenten Problemdiagnose als Arbeitsgrundlage einerseits, die Bereitschaft zur Fortführung der Beratungen anderseits; dass die Neuauflage des Ausschusses 1921 dann keine greifbaren Ergebnisse lieferte, war vor allem dem veränderten Rahmen geschuldet und nur bedingt den Konflikten im Reichswirtschaftsrat zuzuschreiben – es ist aber auch nachrangig. Denn von entscheidender Bedeutung für seine weitere Arbeit war, dass man aus dem gescheiterten Ausschuss die Konsequenz zog, mit der politisch-ideologischen Aufladung sozioökonomischer Debatten nur die eigene Irrelevanz zu forcieren, nicht aber politisches Gewicht zu erlangen. Dass es in all jenen hier rekonstruierten Debatten des Reichswirtschaftsrats sehr wohl um ganz handfeste politische Probleme ging, die keineswegs einer nur »rein ökonomischen« Betrachtung zugänglich waren, liegt auf der Hand und bedarf keiner weiteren Ausführungen. Entscheidend ist, dass die Rhetorik der Sachlichkeit einen Raum öffnete, in dem man sich selbst etablieren und institutionell festigen konnte. Die (auch unversöhnlichen) Konflikte innerhalb des Reichswirtschaftsrats blieben bestehen, wurden aber einem selbstgewählten Regime unterworfen, das sie handhabbar, kanalisierbar zu machen versprach und gleichzeitig Kohäsionskräfte zu entbinden vermochte, die die Institution trotz aller Obstruktionen und trotz aller politischer Herausforderungen am Leben hielten. Seine Rolle in der nicht weniger kontroversen Frage um die Arbeitsbeschaffungs- und Konjunkturpolitik zu Beginn der 1930er Jahre kann vor diesem Hintergrund als Kulminationspunkt einer (institutionellen) Entwicklung gedeutet werden, die in den Auseinandersetzungen um »Sozialisierungen« ihren Anfang genommen hatte. Einmal mehr zeigt sich so, dass der Blick auf die Norm – Verfassung, Verordnung, Gesetzentwurf – zwar allerlei erklärt, nicht aber, welche Rolle der Reichswirtschaftsrat in der Wirtschaftspolitik der Weimarer Republik tatsächlich spielte – und spielen wollte. Die folgenden empirischen Beispiele verdeutlichen diesen Institutionalisierungsprozess.

4.3 Reparationsregime und »Erfüllungspolitik«

4.3.1 Woher nehmen, wenn nicht stehlen? Der Reparationsausschuss auf der Suche nach Geld

Die Sozialisierungsthematik mochte die Sehnsüchte und Ängste der Wirtschaftsakteure stimulieren, als Emblem einer »gerechteren« Wirtschaftsordnung oder als Sinnbild irrationaler und ökonomisch schädlicher Experimente fungieren – die politische Wirklichkeit, der sich die Republik in den Nachkriegsjahren gegenübersah, bot dafür kaum Spielräume; im Gegenteil: Angesichts der immensen volkswirtschaftlichen Probleme, die für sich genommen schon komplexe, in ihrer sachlichen und zeitlichen Verschränkung aber kaum lösbare Hindernisse darstellten, schienen weitreichende strukturelle Veränderungen mit ungewissem Ausgang unrealistisch. Auch die Vertreter der Arbeitnehmer im Reichswirtschaftsrat, die unter dem massiven Druck ihrer Basis standen und deren Wünschen (sowie den eigenen Versprechungen) gerecht werden mussten, erkannten rasch, dass große Teile der revolutionären Pläne Makulatur geworden waren. Was auf sozialpolitischem Feld möglich war – Betriebsräte, Arbeitsschutz, Mietrecht – wurde angegangen und realisiert; Veränderungen, die an die Substanz der tradierten Ordnung reichen würden – Bodenrecht, Sozialisierungen, Verstaatlichung – wurde nur in beschränktem Umfang und gemäßigter Form umgesetzt, oder blieben ganz aus.[143] Das galt freilich auch für die Institution des Reichswirtschaftsrats und zeigt einmal mehr, welch überragende Bedeutung den ökonomischen Belastungsfaktoren

143 Vgl. dazu Hederer, »Wirtschaftsordnung«, S. 789–790.

bei der Entwicklung der frühen Republik zukam. Dabei soll es hier vor allem darum gehen, deren politisches Handeln einengenden, Druck erhöhenden, Optionen minimierenden und Entscheidungen erzwingenden Charakter in den Blick zu nehmen. Für den Reichswirtschaftsrat hieß dies, dass das Credo von der eigenen Sachlichkeit eben auch implizierte, ökonomische Realitäten anzuerkennen; ein allzu harmonisches Bild sollte man sich davon allerdings nicht machen: Kontoverse Themen blieben kontrovers. Die Verhandlungen des Reichswirtschaftsrats lenken damit einerseits die Aufmerksamkeit auf die tatsächliche Einsicht in die erheblichen Zwänge, denen man sich infolge der Kriegsniederlage gegenübersah. Andererseits unterstreichen sie die offenkundige Bereitschaft, durch Anerkennung der unterschiedlichen Affiliationen Räume der Kommunikation zu öffnen. So leer die Floskel von der »rein ökonomischen« Betrachtung der Dinge auch scheint (und ist): sie formulierte einen handlungsleitenden Anspruch, aus dem nicht nur institutionelles Selbstbewusstsein resultierte, sondern auch die prinzipielle und nicht selten zähneknirschende Bereitschaft, die eigenen Wünsche an den Gegebenheiten zu messen.

Dass dieser Anspruch aber eben nicht immer eingelöst wurde bzw. werden konnte, machte das Reparationsproblem deutlich. Dabei stehen im Folgenden drei Aspekte im Vordergrund: *Erstens* geht es um die Rekonstruktion der Debatte um die Reparationen infolge des Londoner Ultimatums vom Mai 1921. Wie und entlang welcher Konfliktlinien im Reichswirtschaftsrat diskutiert, welche politischen und strategischen Erwägungen und welche Positionierungen letztlich vorgenommen wurden, kann anhand der Fülle des überlieferten Aktenmaterials anschaulich dargelegt und für weiterführende Einsichten, die auch den Wert des Reichswirtschaftsrats als Quelle akzentuieren, nutzbar gemacht werden. *Zweitens* kann darauf aufbauend die spezifische Rolle des Reichswirtschaftsrats in einem ebenso zentralen wie politisch umstrittenen Politikfeld konturiert und mit den bisherigen Ausführungen kontrastiert werden. Und *drittens* wird so die Komplexität der in vielerlei Hinsicht verschränkten, aufeinander bezogenen und hart umkämpften politisch-ökonomischen Verhältnisse in der Weimarer Republik empirisch greifbar. Dabei hatte, so die leitende These, infolge der Auseinandersetzung um die Sozialisierungsfrage unter den maßgeblichen Akteuren im Reichswirtschaftsrat die Einsicht Platz gegriffen, dass die Fragilität der Institution nicht nur den fehlenden rechtlichen Instrumenten zuzuschreiben war, sondern in ganz entscheidendem Maße auch von der eigenen Performanz abhing: Die Lösung bestand darin, in einem gleichsam asketischen Prozess wirtschaftspolitische Streitfragen ihrer politischen Hülle zu berauben und auf den »eigentlichen«, den »sachlichen« Kern zu reduzieren. Wie schwierig das war, sollten Reparations- und »Erfüllungspolitik« in besonderer Klarheit zeigen:

Versailler Vertrag und Reparationsproblematik können, das ist bekannt, als eine der zentralen Belastungen der Weimarer Republik erachtet werden, deren Wirkungen auf das politische und ökonomische Gefüge des Landes kaum zu überschätzen sind.[144] Insbesondere das Thema der Bezahlbarkeit der geforderten Summen, ihre volkswirtschaftlichen und politischen Effekte sowie das damit verbundene (alliierte) Kriegsschuldenregime hatte bereits unter Zeitgenossen zu zahlreichen kontroversen Diskussionen Anlass gegeben; John Maynard Keynes' vielzitiertes Werk über die »Economic Consequences of the Peace« von 1920 ist hier nur das Bekannteste.[145] Die Kernfrage, was wieviel wann von wem wie aufzubringen sein würde, bildete denn auch die Basis, an die politisches Handeln in der (frühen) Weimarer Republik rückgebunden blieb: wohlfahrtsstaatliche Leistungen bedurften der Refinanzierung, und daran sollte sich eine nicht unerhebliche Zahl politischer Kontroversen entzünden. Entscheidend ist, und das zeigt auch die Arbeit des Reichswirtschaftsrats, dass diese Kontroversen nie auf wirtschafts- oder finanzpolitische »Sachfragen« reduziert blieben, sondern stets auch Grundlegendes und deshalb politisch hart Umkämpftes implizierten. Die Frage war also nicht, ob die Debatte um die Reparationen gleichsam politikfrei vonstattengehen, sondern wie dem selbstgewählten Anspruch auf »Sacharbeit« unter den gegebenen Bedingungen Rechnung getragen werden konnte, welches also der Modus war, unter dem der Reichswirtschaftsrat arbeiten wollte und konnte.

Mit dem Londoner Ultimatum vom 5. Mai 1921 war das Deutsche Reich zur Leistung einer fixen Reparationssumme in Höhe von 132 Mrd. Goldmark in einem gestaffelten Zahlungsregime verpflichtet worden. Ursprünglich höhere Forderungen, die zeitweise im Raum gestanden hatten, waren zwar vom Tisch; die stete Sanktionsdrohung der Alliierten, bei Nichtleistung auf das produktive Vermögen des Reichs zurückzugreifen oder schlicht einzumarschieren, blieb jedoch akut.[146] Dem Ultimatum war damit ein für die Akteure spürbarer Handlungsdruck inhärent, und die neu gebildete Regierung aus SPD, Zentrum und DDP unter Reichskanzler Joseph Wirth stand vor der ebenso simplen wie entscheidenden Frage,

144 Vgl. u.a. Winkler, *Weimar*, S. 87–98; Büttner, *Weimar*, S. 120–130; Kolb/Schumann, *Weimarer Republik*, S. 23–37; Peukert, *Weimarer Republik*, S. 52–57, 62–71; Tooze, *Sintflut*, S. 335–376; Leonhard, *Überforderte Frieden*, hier S. 788–812 zur »moralischen und politischen Ökonomie der Reparationsfrage« und ebd., S. 1212–1236 zu Deutschland bis 1923. Ausführlich zu dem hier vor allem interessierenden Zeitraum Krüger, *Außenpolitik*, S. 132–206. Jüngst auch zum Thema Hederer, »Wer soll das bezahlen«.

145 Keynes, *Economic Consequences* (1920). Bereits im selben Jahr erschien bei Duncker & Humblot die von Moritz Julius Bonn und Carl Brinkmann besorgte deutsche Übersetzung: Keynes, *Die wirtschaftlichen Folgen*. Vgl. auch Zahlen bei Brentano, *Was Deutschland gezahlt hat*; Fudickar, *Deutsche Reparationen*.

146 Vgl. Henning, *Deutsche Wirtschafts- und Sozialgeschichte*, S. 264–276; Hesse/Köster/Plumpe, *Große Depression*, S. 28–30, 59–66; Büttner, *Weimar*, S. 153–158; Tooze, *Sintflut*, S. 456–461; Feldman, *Great Disorder*, S. 344–358; Holtfrerich, »Aus dem Alltag«, S. 227–265; zusammenfassend Ritschl, *Deutschlands Krise*, S. 223–243; Krüger, *Versailles*, S. 102–105; Krüger, *Außenpolitik*, S. 122–132.

wie und vor allem zu wessen Lasten diese »gigantischste Aufgabe, die die Welt je gesehen hat«[147], gemeistert werden könne. Bereits in der Regierungserklärung am 10. Mai 1921, der eine von gegenseitigen Schuldzuweisungen geprägte und dementsprechend hitzige Debatte folgen sollte, sparte Wirth nicht mit dramatischen Appellen:[148] Angesichts der drängenden Zeit – die Entscheidung der Regierung wurde für den 11. Mai erwartet – sei eine »unverzügliche Entschließung« des Reichstags geboten; eine »andere Möglichkeit als Annahme oder Ablehnung« gebe es nicht, jeder müsse sich aber über die Konsequenzen im Klaren sein: »Das Ja bedeutet, daß wir uns bereit erklären, die schweren finanziellen Lasten [...] in freier Arbeit zu tragen. Die Ablehnung aber würde bedeuten die Zwangsvollstreckung in unsere ganze Volkswirtschaft, würde bedeuten Sklavenarbeit unter Aufsicht feindlicher Bajonette [...].«[149] Es ginge um weit »mehr als Geld und Gut«: Denn »noch ungeheuerlicher« als die ökonomischen Folgen »könnten sich die Wirkungen für unsere politische Existenz, für unser Reich auswachsen.« Die Regierung habe sich schweren Herzens nur deshalb zur Annahme des Ultimatums durchgerungen, »[u]m das Reich und seine Einheit zu retten, um deutsches Land vor der Gefahr der Invasion zu bewahren, um die deutsche Freiheit zu erhalten [...].«[150] Wirth plädierte also dringend für die Annahme des Ultimatums und ein entsprechend positives Votum des Reichstags, das er schließlich (weitgehend) mit den Stimmen der Koalition erhielt. Die Plenardebatte freilich spiegelte eindrücklich die unterschiedlichen Deutungen der politischen Verhältnisse, die sich in der Folge am Schlagwort der »Erfüllungspolitik« kristallisieren sollten. Diese erbitterten

147 RK Joseph Wirth, 17. Plenarsitzung des RWR, 8.6.1921, BArch R 401/6, fol. 204‘. Ähnlich auch ders. in der 6. Sitzung des Reparationsausschusses, 6.7.1921, BArch R 401/611, fol. 447.

148 Vgl. 103. Sitzung des Reichstags, 10.5.1921, StenB 349, S. 3629–3654. Das namentliche Abstimmungsergebnis (220:172:1) über die von Seiten der Alliierten geforderte Erklärung ebd., S. 3652–3654. Hierzu auch der entsprechende Antrag von Müller, Trimborn und Genossen, 10.5.1921, StenB 367, Nr. 2002, S. 1731 (»Der Reichstags wolle beschließen: der Reichstag ist einverstanden, daß die Reichsregierung die von den alliierten Regierungen in deren Note vom 5. Mai 1921 unter C 1–4 geforderten Erklärungen abgibt.«). Die angesprochene Erklärung hatte nach Maßgabe der Alliierten den folgenden Inhalt (in deutscher Übersetzung): »[...] c) die deutsche Regierung nachdrücklich aufzufordern, binnen 6 Tagen nach Empfang der obigen Entscheidung zu erklären, daß sie entschlossen ist, 1. ohne Vorbehalt oder Bedingung ihre Verpflichtungen, wie sie von der Reparationskommission festgestellt sind, zu erfüllen; 2. ohne Vorbehalt oder Bedingung die von der Reparationskommission hinsichtlich dieser Verpflichtungen vorgeschriebenen Garantiemaßnahmen anzunehmen; 3. ohne Vorbehalt oder Verzug die Maßnahmen zur Militär-, Marine- und Luftabrüstung auszuführen, die der deutschen Regierung von den alliierten Mächten in ihrer Note vom 29. Januar 1921 notifiziert worden sind, wobei die rückständigen sofort und die übrigen zu den vorgeschriebenen Zeiten auszuführen sind; 4. ohne Vorbehalt oder Verzug die Aburteilung der Kriegsbeschuldigten durchzuführen und die übrigen unerfüllten, im ersten Teil der Note erwähnten Vertragsbestimmungen auszuführen.« (Akten zur Reparationsfrage vom Mai 1921 bis März 1922, Sten B 372, Nr. 4140, S. 19; das Londoner Ultimatum ebd., S. 7–24).

149 RK Joseph Wirth, 103. Sitzung des Reichstags, 10.5.1921, StenB 349, S. 3630.

150 Ebd.

politischen Kontroversen boten freilich den rhetorischen Vorteil, zu konkreten Fragen nicht Stellung nehmen zu müssen. Um genau diese ging es aber; denn angesichts des alliierten Sanktionsregimes stand zumindest die Regierung in der unmittelbaren Verantwortung, konkret zu sagen, wie und von wem Geld- und Sachleistungen finanziert und bereitgestellt werden sollten. »Ungeschoren«, das brachte Walther Rathenau ein halbes Jahr später vor dem Reichswirtschaftsrat auf den Punkt, komme man eben nicht »aus einem verlorenen Weltkrieg heraus.«[151]

Für die Regierung war nach der mehrheitlichen Billigung der von Seiten der Alliierten geforderten Erklärung zum Ultimatum die Lage »eindeutig und klar: sie will die übernommenen Verpflichtungen gewissenhaft und loyal erfüllen.« Ein auf »Verständigung, Wiederaufbau und Versöhnung« gerichtetes Handeln sei »die einzige für Deutschland mögliche Politik«[152] – sofern man nicht riskieren wolle, dass das Land »sittlich auf den Stand eines kleinen, von Schiebern und reichen Reisenden ausgebeuteten Ländchens in irgendeinem Winkel Europas herabsink[e].«[153] Der nationale Pathos, der sich vor allem im Zusammenhang mit der schwelenden Oberschlesienfrage manifestierte,[154] stellte neben den unmittelbaren finanziellen und den mittelfristigen wirtschaftspolitischen Anforderungen einen dritten Baustein des Regierungsprogramms dar, der die »richtige soziale und ethische Einstellung des deutschen Volkes« ansprach.[155] Das stand nicht im Vordergrund, die Appelle an Arbeitsfleiß, Leistungswille, »Opferbereitschaft« und nicht zuletzt »sozialen Frieden«[156] fungierten dennoch als Beschwörungsformeln, denen sich auch jene nicht entziehen können sollten, die »seinerzeit Gegner der Unterzeichnung des Ultimatums« gewesen waren. Eine nachhaltige, »europäische Wiederaufbaupolitik«, wie sie die Regierung durch die Installierung von Walther Rathenau als »Wiederaufbauminister« bezweckte, könne nur aus eigener Kraft gelingen, und sei daher auch eine eminent »sozial-ethische Aufgabe«, der man sich stellen müsse.[157] Und doch: Im Zentrum der wirtschaftlichen Herausforderungen, die sich aus dem

151 Walther Rathenau, 19. Sitzung des Reparationsausschusses, 9.11.1921, BArch R 401/613, fol. 84.

152 RK Joseph Wirth, 109. Sitzung des Reichstags, 1.6.1921, StenB 369, S. 3709.

153 Ebd., S. 3717.

154 Nach Art. 88 des Versailler Vertrags sollte über den Status Oberschlesiens als Teil des Deutschen Reiches oder Polens per Volksabstimmung entschieden werden. Diese fand am 20. März 1921 statt, knapp 60 % votierten für Deutschland, wobei die Sprachgrenzen und Siedlungsgebiete nicht trennscharf differenziert werden konnten – ein für die Zwischenkriegszeit in den ehemals imperial beherrschten Regionen nachgerade alltägliches Phänomen. Oberschlesien wurde schließlich im Herbst 1921 durch Beschluss der Alliierten geteilt, wobei etwa die wichtige Industrieregion um Katowice an Polen fiel. Knapp Büttner, *Weimar*, S. 159–163 mit Anm. 12; Neidhart, *Außenpolitik*, S. 8–9, 13–14; Krüger, *Außenpolitik*, S. 133–138; Leonhard, *Überforderte Frieden*, S. 1197–1201.

155 RK Joseph Wirth, 109. Sitzung des Reichstags, 1.6.1921, StenB 369, S. 3713.

156 Beide Zitate ebd., S. 3714.

157 Ebd., S. 3710, 3717.

Ultimatum ergaben, standen *erstens* das drängende Problem der laufenden Annuitäten, also die variable Ausfuhrabgabe in Höhe von 26 % plus eine fixe Summe von 2 Mrd. Goldmark. Und *zweitens* das (noch auszuarbeitende) Wirtschaftsprogramm, das die Erbringung der Leistungen systematisieren und auf Dauer stellen sollte. Da bereits absehbar war, dass die Ausfuhrabgabe nicht durch die Differenz des Binnen- und Außenwertes der Mark würde kompensiert werden können, ging das Bemühen der Akteure von Beginn an dahin, »nach einem besseren Index«[158] zu suchen; darauf wird noch zurückzukommen sein. Die Annuitäten indes sollten, so das von Reichskanzler Wirth avisierte Programm, weder aus Anleihen noch der Notenpresse finanziert, sondern aus neu zu erhebenden Steuermitteln geschöpft werden. Neben der Erhöhung der Kohlensteuer und zahlreicher indirekter Steuern nahm die Regierung auch Besitzsteuern in den Blick. Gerade Letzteres besaß eine nicht zu unterschätzende politische Komponente, sollte doch »unter allen Umständen [...] verhindert werden, daß zu den Kriegs- und Revolutionsgewinnlern sich der Reparationsgewinnler gesellt.«[159] Auch diese Frage nach einer wie auch immer konkret gearteten Besitzsteuer sollte sich in der Folgezeit zum Dreh- und Angelpunkt der Debatte auswachsen. Dieses äußerst vage Regierungsprogramm, dessen Luftigkeit im Reichswirtschaftsrat auf vehemente Kritik stieß,[160] war flankiert von den für die Weimarer Zeit durchaus typischen Appellen an die Norm des Maßhaltens, des Konsumverzichts und der Luxuskritik sowie an forcierte »Rationalisierungen«.[161] Beides war der Produktions- und Produktivitätssteigerung untergeordnet, deren Erträge zur Refinanzierung der Reparationen dienen sollten. Der von Reichskanzler Wirth skizzierte Dreiklang aus Steuererhöhungen, Intensivierung und Rationalisierung der inländischen Produktion und individueller »Opferbereitschaft« war freilich ebenso griffig wie inhaltsleer. Zudem blieb völlig offen, welche parlamentarischen Mehrheiten für welche wirtschafts- und finanzpolitische Maßnahme zur Verfügung stünden. Dazu kam der nicht zuletzt durch den zunehmenden Währungsverfall verschärfte Zeitdruck, dem sich keiner entziehen konnte.

Vor dem Plenum des Reichswirtschaftsrats, dessen Mitarbeit Wirth bereits in seiner Reichstagsrede in Aussicht gestellt hatte,[162] bekräftige der Reichskanzler

158 So RK Wirth ebd., S. 3711.

159 Ebd., S. 3712.

160 Vgl. dazu die folgenden Ausführungen, insbesondere die Invektiven von Hans Kraemer.

161 Hier RK Wirth, 109. Sitzung des Reichstags, 1.6.1921, StenB 369, S. 3712–3713. Zur Konsumpolitik in der Weimarer Republik pointiert Torp, »Janusgesicht«, S. 250: »Die konsumgesellschaftliche Verfasstheit der Weimarer Republik ist durch ein für die deutsche Geschichte des 20. Jahrhunderts durchaus typisches Neben- und Nacheinander von Mangelerfahrungen und Wohlstandserwartungen charakterisiert, die sich in den Jahren 1918–1933 in geradezu explosiver Verdichtung ausprägte.«

162 109. Sitzung des Reichstags, 1.6.1921, StenB 369, S. 3711.

das »Jawort« der Regierung und bat um engagierte »Mitarbeit in der großen Frage der Erfüllung des Ultimatums«; daran werde »sich entscheiden, ob der Reichswirtschaftsrat im deutschen Volke große politische Bedeutung bekommt, oder nicht.«[163] Denn nicht »mit akademischen Erörterungen« oder »Denkschriften« könne man unter den gegebenen Umständen weiterkommen, sondern durch aktives Handeln »die Welt vom guten Willen des deutschen Volkes [zu] überzeugen, [und] alles aufzubieten, wozu es nach Menschenkräften fähig ist.« Und »ohne Opfer«, das sei »klar«, würde »es nicht gehen.«[164] Aus Sicht der Regierung bestand die Rolle des Reichswirtschaftsrats also nicht nur darin, die notwendigen Details dafür zu liefern, wie die »Erfüllung der Reparationsverpflichtungen« durch »innere Leistung« tatsächlich erbracht werden könnte – von den parlamentarischen Schwierigkeiten, die mit der Durchsetzung der avisierten Maßnahmen (insbesondere im Steuerbereich) verbunden sein würden, gar nicht zu reden.[165] Vielmehr sollte sich an dieser Herausforderung erweisen, ob der Reichswirtschaftsrat auch für die Arbeit taugte, für die er – zumindest aus Sicht der Regierung –vorgesehen war. Diese für Politik und Selbstverständnis des Reichswirtschaftsrats kaum zu unterschätzende Relevanzfrage sollte neben den inhaltlichen Dingen ein Dauerthema bilden, das mal implizit, mal ganz direkt während der gesamten Verhandlungen präsent blieb. Damit spiegelt die Arbeit des Reparationsausschusses auch den skizzierten Institutionalisierungsprozess, im Zuge dessen sich durch praktische Arbeit sukzessive ein zwar brüchiges, aber immer wieder aktualisiertes Arrangement ausformte, das Stellung und Rolle des Reichswirtschaftsrats definierte. Für die maßgeblichen Akteure wie etwa Hans Kraemer, RDI-Vorstandsmitglied,[166] ging es also vor diesem Hintergrund auch stets darum, den Reichswirtschaftsrat als die für derlei essentielle ökonomische Fragen prädestinierte Institution zu positionieren. Beides – Inhalt und Form – waren von zentraler Bedeutung und bedingten einander. Daher verwundert es auch nicht, dass Kraemer in seiner Replik vor der Vollversammlung dem Reichskanzler zwar die Unterstützung des Reichswirtschaftsrats zusicherte und daran gar seine »Daseinsberechtigung« knüpfte. Andererseits machte er aber im selben Atemzug deutlich, dass die Regierung die »Einzelheiten der heute nur angedeuteten Vorlagen« auch gegenüber den Ausschüssen baldmöglichst konkretisieren sollte.[167] Das war die Ausgangslage.

---

163 RK Wirth, 17. Plenarsitzung des RWR, 8.6.1921, BArch R 401/6, fol. 204', 205.

164 Ebd.

165 Ebd.

166 Vgl. zu Hans Kraemer und seine Rolle in der hier diskutierten Frage auch Bähr/Kopper, *Industrie*, S. 57–63.

167 Hans Kraemer, 17. Plenarsitzung des RWR, 8.6.1921, BArch R 401/6, fol. 205.

Auf Vorschlag Kraemers[168] versammelten sich am 9. und 10. Juni 1921 die drei Hauptausschüsse für Wirtschaft, Soziales und Finanzen zu einer gemeinsamen Sitzung, um das Arbeitsprogramm der Regierung entgegenzunehmen und über das weitere Vorgehen zu beraten.[169] Bezug nehmend auf die Rede Wirths tags zuvor zerstreute Wirtschaftsminister Robert Schmidt (SPD) allerdings sogleich die Erwartungen auf ein »Programm der Regierung«; vielmehr »wünsch[e]« sie sich eine Stellungnahme des Reichswirtschaftsrats »zu all den Problemen, die auftauchen, wenn wir uns vor die Frage gestellt sehen: Wie und in welcher Weise kann und soll das Ultimatum durchgeführt werden, das uns auferlegt worden ist?«[170] Klar war damit, dass es *erstens* nicht mehr um das Ob der Leistungen gehen konnte; die Regierung hatte sich auf die »Erfüllung« der Forderungen festgelegt.[171] *Zweitens* besaß sie aber offenbar zu diesem Zeitpunkt nur eine recht vage Vorstellung, »in welcher Weise« erfüllt werden könne. Dem Reichswirtschaftsrat wuchs damit die nicht zu unterschätzende Aufgabe zu, ein ökonomisch stichhaltiges und politisch implementierungsfähiges Programm zu entwickeln, das die von der Regierung lediglich in den Raum gestellten Fragen auch tatsächlich zu lösen imstande schien. Kernproblem, so Wirtschaftsminister Schmidt, sei, dass man sich »gezwungen« sehe, »aus der inneren Wirtschaft diese enorm hohe Leistung aufzubringen und schliesslich in irgend einer Form, sei es in Steuern oder anderen Leistungen, der Staatskasse zuzuführen.«[172] Eine »künstliche« Drosselung der Ausfuhr mit dem Ziel, den variablen Anteil der Leistungen – Stichwort Ausfuhrabgabe – gering zu halten, käme nicht in Betracht, vielmehr solle der Außenhandel stimuliert werden; anders die Einfuhr, die insbesondere mit Blick auf Luxusartikel dringend zu drosseln sei.[173] Grundsätzlich müsse man sich aber gegenüber der Entente darum bemühen, eine Alternative zum nun fixierten Ausfuhrindex zu finden, der als Maßstab nicht tauge und ökonomisch widersinnige Effekte berge.[174] Schließlich das Thema Steuern: Zwar sei fraglich, ob man mit Steuererhöhungen überhaupt signifikante Erträge erzielen könne, zumal man die »volkswirtschaftliche Leistungsfähigkeit« des Landes nicht aus dem Auge verlieren dürfe. Wenn man aber »hart und scharf zufasst«, könnte sich eine Erhöhung der Umsatz- und der Kohlensteuer als »sehr ertragreich« erweisen.[175] Gleiches gelte für eine ganze Reihe

168 Ebd., fol. 205.

169 Vgl. Gemeinsame Sitzung des Wirtschaftspolitischen, Sozialpolitischen und Finanzpolitischen Ausschusses, 9.6.1921, BArch R 401/611, fol. 1–70 und 10.6.1921, ebd., fol. 71–122.

170 RWiM Robert Schmidt, gemeinsame Sitzung der Hauptausschüsse, 9.6.1921, ebd., fol. 2.

171 Ebd., fol. 2–3.

172 Ebd., fol. 3.

173 Ebd., fol. 6–8.

174 Ebd., fol. 9–11.

175 Ebd., fol. 11.

weiterer (indirekter Steuern), die ins Auge gefasst werden müssten oder, wie etwa die Zuckersteuer, bereits im Reichstag diskutiert würden.[176] Ganz und gar nicht zu empfehlen sei ein erneutes Anwerfen der Notenpresse, da dies wohl der »direkte und schnellste Weg zum vollständigen finanziellen Bankerott für das Reich« sei.[177] Darüber hinaus, und hier blieb Wirtschaftsminister Schmidt im Ungefähren, könnten Steuersyndikate, Staatsbeteiligungen und Verstaatlichungen, aber auch der Zugriff auf Vermögenswerte, etwa Grundbesitz, in Erwägung gezogen werden, da der Weg über die Verbrauchssteuern in der Regel zuerst die schwächeren Schultern belaste. Angesichts der »Zwangslage«, in der sich das Reich befinde, müssten jedoch alle gesellschaftlichen Gruppen einen Beitrag leisten, auch wenn mit Widerstand zu rechnen sei.[178] Angesichts der doch recht wolkigen und hinsichtlich ihres konkreten Zuschnitts, ihres Volumens, ihrer volkswirtschaftlichen Effekte und – nicht zuletzt – ihrer politischen Durchsetzbarkeit unkonkreten, fast hilflos wirkenden Maßnahmen bemühte sich Staatssekretär Julius Hirsch im Anschluss an seinen »Herr[n] Chef«[179] um Konkretion: Vier Fragekreise stünden im Mittelpunkt: Die Frage nach den »Gesamtanforderungen an die deutsche Wirtschaft«, der Außenhandel, die Finanzierung aus dem Inlandsvermögen und schließlich die daraus abzuleitende Wirtschaftspolitik.[180] Als Angelpunkt der gesamten Diskussion stellte Hirsch die gesamtwirtschaftliche Belastung des Reiches in den Mittelpunkt, die er über den Daumen gepeilt auf »9 1/3« bis 10 Mrd. Goldmark taxierte, Besatzungskosten nicht mit eingerechnet.[181] Dem stünde eine negative Zahlungsbilanz in Höhe von 3 bis 4 Mrd. Goldmark gegenüber.[182] Das werfe bei allem Hoffen auf ein Ende der konjunkturellen Talfahrt[183] die Frage nach dem deutschen Außenhandelsregime ebenso auf wie die Notwendigkeit einer konsequenten »Rationalisierung« der Wirtschaft, die »durch den Druck der Selbstkosten« herbeigeführt werden muss, »ob wir uns dagegen sträuben oder nicht.«[184] Angesichts der Lage sei eine restriktive Außenwirtschaftspolitik geboten, die sowohl Ausfuhrkontrollen wie Einfuhrsperren impliziere; die Sanktionsinstrumente seien entsprechend nachzuschärfen, um Umgehungsversuchen

176 Ebd., fol. 12–14.
177 Ebd., fol. 16 (im Original teils hds. korrigiert).
178 Ebd., fol. 14–20.
179 StS Julius Hirsch, ebd., fol. 21.
180 Ebd.
181 Die Zahlen ebd., fol. 24, deren Herleitung ebd., fol. 21–24. Hirsch beruft sich darüber hinaus auf das Versprechen der Alliierten, die auf 1 Mrd. veranschlagten Besatzungskosten auf ¼ Mrd. effektiv zu reduzieren (ebd., fol. 24).
182 Ebd., fol. 27.
183 Ebd., fol. 31.
184 Ebd., fol. 42.

auch auf die Schliche kommen zu können.[185] Schließlich ganz zentral »die Frage der Mittelaufbringung«, gegliedert in Sachleistungen, Steuererhöhungen, Kohlen- und Umsatzsteuer, Besitzsteuer.[186] Vor allem das Thema Kohlenpreis müsse dabei in den Blick gerückt werden, auch wenn man sich bisher mehrheitlich gegen dessen Erhöhung ausgesprochen habe. Denn aufgrund des niedrigen Inlandspreises der Kohle im Vergleich zum Weltmarkt verkörpere das Ruhrgebiet, dessen Besetzung als stete Drohung ja im Raum stehe, für die Alliierten einen regelrechten »Geldschrank«; diesen dürfe man »nicht so voll lassen, wie er jetzt ist.«[187] Auf der anderen Seite käme man an einer Erhöhung der Umsatzsteuer, die ja effektiv eine Beschränkung des Konsums bedeute, nicht vorbei, auch wenn man »im Interesse der industriellen Arbeitsmöglichkeiten« nur eine moderate Anpassung nach oben ins Auge fassen sollte.[188] Inwieweit, drittens, Vermögen besteuert werden kann und soll, müsse von Seiten des Reichswirtschaftsrats im Einzelnen erwogen werden.[189] Entscheidend sei jedoch, ob man der grundsätzlichen wirtschaftspolitischen Ausrichtung folgen wolle, die vor allem auf die »Erhöhung der Produktivität«, die Stabilisierung der Währung und die Vermeidung von Ineffizienzen in der Organisation der Wirtschaft abziele. Von einer erneuten Aufbringung der Mittel durch eine »sausend[e]« Notenpresse sei aus innen- wie außenpolitischen Erwägungen aber dringend abzuraten.[190] Trotzdem stecke in der schwierigen Lage auch ein Funke »Hoffnung«: Man sei nun zur Erhöhung der Produktivität, zur Rationalisierung und damit zur Modernisierung der Volkswirtschaft »durch die Verhältnisse einfach gezwungen«, und dieser »Produktionsfortschritt« würde auch für die Zukunft bleiben.[191]

Anhand der beiden hier ausführlich referierten Stellungnahmen von Wirtschaftsminister Schmidt und seinem Staatssekretär Julius Hirsch[192] vor dem Reichswirtschaftsrat lassen sich einige wichtige Aspekte illustrieren, die einerseits die Beratungen der Folgemonate prägen sollten, andererseits aber auch vieles über die Rolle des Reichswirtschaftsrats, das Verhältnis von Wirtschaft und Staat und nicht zu-

185 Ebd., fol. 43.
186 Ebd., fol. 47.
187 Ebd., fol. 48.
188 Ebd., fol. 49–50.
189 Ebd.
190 Ebd., fol. 51.
191 Ebd., fol. 53.
192 Das Duo Schmidt / Hirsch wurde in den vergangenen Jahren für eine spezifisch »sozialliberale« Wirtschaftspolitik in Anspruch genommen (vgl. etwa Müller, *Nach dem Krieg*, S. 52 et passim; Müller, »Geburt«, S. 138–145, 150). Die Wortwahl ist freilich missverständlich, auch wenn die Abkehr von den »gemeinwirtschaftlichen« Ansätzen der Vorgänger Wissell / Moellendorff doch signifikant ist und eine Neuorientierung der Wirtschaftspolitik implizierte, die sich von revolutionären Projekten in der Praxis distanzierte.

letzt die grundlegenden Konzeptionen wirtschaftlicher Ordnung enthüllen. Während mit dem Außenhandel, der Steuerpolitik und der »Rationalisierung« bzw. Effizienzsteigerung der deutschen Wirtschaft drei zentrale Handlungsbereiche skizziert werden konnten, blieben Minister und Staatssekretär nicht nur hinsichtlich konkreter Umsetzungsvorschläge im Ungefähren; die Detailarbeit, so wurde zwischen den Zeilen argumentiert, solle besser der Reichswirtschaftsrat leisten, dessen Mitglieder als Experten und Normadressaten in Personalunion für sowohl adäquate wie mehrheitsfähige Lösungen sorgen könnten. Angesichts der in der Praxis wenig institutionalisierten Verfahrensabläufe drohte der Reichswirtschaftsrat allerdings mit dieser Aufgabenstellung in ein Dilemma zu geraten: Denn einerseits bot man so der Regierung die Chance, unangenehme Entscheidungsfindungsprozesse bequem auszulagern. Andererseits musste man parallel damit rechnen, dass die Regierung nun doch aus Zeitgründen direkt in den Reichstag ginge, während man selbst noch die Lage peilte. Diese Gefahr war real, die institutionelle Relevanz des Reichswirtschaftsrats also von Beginn an herausgefordert. Die inhaltlichen Beratungen über die Frage der »Erfüllung« sind somit vor der Folie dieses spezifischen Spannungsfeldes zu lesen.

So erklärt sich, dass schon am Folgetag gegen das Vorgehen der Regierung, dem Reichswirtschaftsrat mehr oder minder »die Einzelheiten der Ausarbeitung der Gesetzentwürfe usw. [zu] überlassen«, seitens des Vorsitzenden Hans Kraemer protestiert wurde, da der Reichswirtschaftsrat »keine Gesetzgebungsmaschine« und aufgrund seiner Zusammensetzung dafür auch »nicht geeignet« sei.[193] Auch Georg Bernhard als Vorsitzender des Finanzpolitischen Ausschusses monierte nicht nur die Abwesenheit von Vertretern des Finanzministeriums, sondern adressierte ganz grundsätzlich die Frage, »welche Aufgabe in diesem Wirrwarr der Reichswirtschaftsrat zu erledigen« habe.[194] Ganz abgesehen davon, dass die detaillierte Ausarbeitung von Gesetzesentwürfen nicht dazu gehörte, könne an eine sinnvolle und fruchtbare Arbeit gar nicht gedacht werden, solange nicht die zuständigen Stellen der Exekutive »uns übereinstimmend erklärt haben, wie sie das gesamte Loch prinzipiell zu stopfen beabsichtigen.«[195] Doch trotz der bedauerlicherweise fehlenden Pläne der Regierung und der nach wie vor offenen Frage, wie »die verantwortlichen Instanzen denn überhaupt einmal vorzugehen« gedenken, dürfe sich der Reichswirtschaftsrat nicht aus der Verantwortung stehlen, sondern müsse vielmehr »zeigen, ob er dieser Aufgabe gewachsen ist.« Andernfalls habe

193 Hans Kraemer, gemeinsame Sitzung der Hauptausschüsse, 10.6.1921, BArch R 401/611, fol. 73, auch fol. 74.

194 Georg Bernhard, ebd., fol. 88–90, Zitat fol. 90.

195 Ebd., fol. 91.

man »keine Daseinsberechtigung.«[196] Bernhards Rede provozierte Widerspruch, nicht (nur) inhaltlich, sondern vor allem hinsichtlich des politischen Modus, dessen man sich bedienen wolle, und der, so Friedrich Edler von Braun, mindestens ebenso wie die Wirtschaft dringend »rationalisiert« werden müsse.[197] Gleichwohl trat auch Braun der Kritik Bernhards bei, die Regierung habe bisher nur sehr wenig »Klarheit« über den zukünftigen Weg geschaffen – diese sei aber notwendig, um überhaupt gedeihlich arbeiten zu können.[198]

In dieser Gemengelage wurde, wie bereits tags zuvor avisiert,[199] die Bildung einer »Kommission« aus je neun Mitgliedern des Finanz- und des Wirtschaftspolitischen Ausschusses unter dem – typischerweise drittelparitätischen – Vorsitz von Hans Kraemer (Abteilung I), Fritz Tarnow (Abteilung II) und Georg Bernhard (Abteilung III) beschlossen, der seine Arbeit als »Reparations-Ausschuss« am 16. Juli 1921 aufnahm.[200] Seine zentrale Aufgabe lag (zunächst) in der Behandlung der »für die Erfüllung der Reparationsverpflichtungen aufgestellten Steuergesetzentwürfe«[201], ging jedoch schon bald weit darüber hinaus. Denn auch wenn Staatssekretär Hirsch die unausweichliche »Rationalisierung« als komparativen Vorteil Deutschlands in der Zukunft beschrieb, vermochte auch er trotz allem Zweckoptimismus nicht zu verhehlen, was dies auf der anderen Seite »gewiß« bedeute: Der »Arbeitnehmer wird leiden«, und man müsse sich darüber »ganz klar sein, dass diese Massnahmen Stillegungen zur Folge haben müssen«. Rationalisierung sei ohne »Ausschaltung der weniger tauglichen Betriebe« nicht möglich, man habe diese ohnehin schon zu lange »über Wasser gehalten.«[202] Die Betroffenen freilich konnten sich wenig von vagen Zukunftsvisionen kaufen, wenn die Gegenwart der-

196 Ebd., fol. 91–93, Zitate fol. 91, 92. Auch ebd. fol. 96: »Was der Reichsfinanzminister will, wissen wir noch nicht. Wir beschäftigen uns hier mit der Sanierung der Reichsfinanzen und der Reichsfinanzminister hat sich überhaupt noch nicht geäußert.«

197 Friedrich Edler von Braun, ebd., fol. 102; desgleichen August Müller, ebd., fol. 101: »Man kann von den Mitgliedern des Ausschusses erwarten, daß sie in 15 Minuten das sagen können, was zum Reparationsproblem zu sagen ist. [...] Jeder, der hier spricht, hat die Pflicht, etwas Originales zum Problem beizutragen [...].«

198 Edler von Braun, ebd., fol. 102–103.

199 Vgl. gemeinsame Sitzung der drei Hauptausschüsse, 9.6.1921, ebd., fol. 54.

200 Gemeinsame Sitzung der drei Hauptausschüsse, 10.6.1921, ebd., fol. 121–123. Vgl. auch Pressemitteilung des RWR, 10.6.1921, BArch R 401/608, fol. 51. Eine Mitgliederliste (mit jeweiligem Stellvertreter) findet sich ebd., fol. 58: Vorstand: Kraemer (Vorsitz), Wissell und Bernhard (Stellv.); Wirtschaftspolitischer Ausschuss: Rossdeutscher, Kraemer, Wussow (Abt. I); Baltrusch, Faass, Tarnow (Abt. II); Bästlein, Wermuth, Vögele (Abt. III); Finanzpolitischer Ausschuss: G. Müller, Schwartz, Herrmann (Abt. I); Schweitzer, Wissell, Fedisch (Abt. II); Bernhard, M. Cohen, Schmalenbach (Abt. III). Auf die Nennung der jeweiligen persönlichen Stellvertreter wird hier verzichtet.

201 Hauschild, *Reichswirtschaftsrat*, S. 602–614, Zitat S. 602.

202 StS Hirsch, gemeinsame Sitzung der drei Hauptausschüsse, 10.6.1921, BArch R 401/611, fol. 118–119. Das vollständige Zitat: »[...] dass diese Massnahmen Stillegungen zur Folgen haben müssen und sogar zur Folge haben sollen, denn die Rationalisierung unseres Produktionsprozesses kann nicht anders vor sich

art desillusionierende Aussichten bot. Die im Reichswirtschaftsrat auf die Tagesordnung gesetzten und von der Regierung in Grundzügen skizzierten Probleme waren eben weit mehr als rein ökonomischer Natur. Sie waren von Beginn an ein vielschichtiges Politikum. Und so bieten die Verhandlungen Einblicke in eine ebenso ökonomisch wie politisch geführte Debatte um den richtigen Umgang mit den Reparationsforderungen der Alliierten, die Konfliktlinien der maßgeblichen Akteure im Reichswirtschaftsrat, und nicht zuletzt das sich sukzessive immer stärker in den Vordergrund drängende Problem des Währungsverfalls, deren Brisanz für die Stabilität der politischen Ordnung klar erkannt wurde. Wie in einem Prisma bündeln sich hier die tiefgreifenden Kontroversen der Zeit, mit denen der Reparationsausschuss umgehen musste, wollte er politisch wirksam sein.

Mitte Juli trat vor diesem Hintergrund der neu formierte Reparationsausschuss zu seiner ersten Sitzung zusammen, die von Hans Kraemer mit dem ebenso plakativen wie charakteristischen Appell eröffnet wurde, man wolle »die Reichsregierung in ihrer positiven Arbeit für die Wiedergutmachung in jeder Weise unterstützen«, denn »[h]ier im Reichswirtschaftsrat gelten nicht Parteiprogramme und Vorurteile, hier gilt nur der Mann und seine Leistung für die deutsche Wirtschaft.«[203] Charakteristisch kann dieser Appell vor allem deshalb genannt werden, weil er nicht nur die Bereitschaft des Reichswirtschaftsrats betonte, produktive Sacharbeit leisten zu wollen, sondern dies mit der – im Kern antiparlamentarischen – Haltung verband, ideologische Prämissen und parteipolitische Affiliationen zurückzuweisen, und diese der praktischen Erfahrung des Einzelnen als Wirtschaftsakteuer scharf gegenüberstellte. Diese Rhetorik der Dichotomie, die sich – und hierauf wurde schon verwiesen – in einer ostentativen Abgrenzung zum Reichstag manifestierte, sollte sich einerseits zu einer essentiellen Ressource des institutionellen Selbstverständnisses auswachsen, die insbesondere in Konfliktsituationen regelmäßig aktualisiert wurde. Andererseits bemühte man damit stets die Illusion, politische Entscheidungen tatsächlich »unpolitisch« treffen und vor allem durchsetzen zu können; den Akteuren war diese inhärente Spannung klar, und der stete normative Appell an die Verantwortung für das »große Ganze« gerade in hart umkämpften Situationen legt dies unmittelbar nahe. Und doch muss dieser Anspruch ernst genommen werden: Er bot die für die Weimarer Republik bemerkenswerte Chance, auf Basis der Anerkennung grundlegender Divergenzen zu ökonomisch fundierten und von den Normadressaten potentiell akzeptierten Lösungen zu gelangen.

---

gehen, als durch Ausschaltung der weniger tauglichen Betriebe, die wir bis jetzt noch, zum Teil etwas lange, über Wasser gehalten haben.«

203 Hans Kraemer, 1. Sitzung des Reparationsausschusses, 16.6.1921, BArch R 401/611, fol. 123.

Dass dabei eine Spannung zwischen Anspruch und Wirklichkeit in der Praxis nicht zu vermeiden war, lag auf der Hand und sollte in den Verhandlungen des Reparationsausschusses auch rasch deutlich werden. Denn trotz der Mahnung Kraemers, die eigenen Vorurteile und politischen Überzeugungen hintanzustellen, zeigte sich bald, dass die auf der Tagesordnung stehenden wirtschafts- und finanzpolitischen Fragen samt ihrer sozialen Verteilungswirkungen (für die jeweils eigene Klientel) nicht aseptisch verhandelt werden konnten. Gleiches galt für die gesamte außen- und reparationspolitische Agenda, die in der Auseinandersetzung um die von Wiederaufbauminister Rathenau im Reichswirtschaftsrat verteidigte »Erfüllungspolitik« kulminierte.[204] So musste sich nun erweisen, ob mithilfe des auf Ausgleich der ökonomischen Interessen gepolten Reichswirtschaftsrats ein den gewaltigen Herausforderungen angemessener institutioneller Rahmen gefunden war, der die Verfahrensabläufe intern und – vor allem – im Hinblick auf den formalen Gesetzgebungsprozess zu ordnen in der Lage sein würde. Dabei war der Reichswirtschaftsrat aufgrund seiner limitierten Befugnisse, die ihm gemäß der Verordnung vom Mai 1920 zustanden, auf eine möglichst reibungslose Zusammenarbeit mit Regierung und Reichstag angewiesen. Hieran mangelte es jedoch aus unterschiedlichen Gründen nicht selten, und das sollte sich bereits in der ersten Sitzung des Reparationsausschusses zeigen. Vor allem der Vorsitzende Kraemer machte die prekäre Stellung des Reichswirtschaftsrats zum Thema, hing davon doch der gesamte Arbeitsprozess ab. Da die Regierung nach wie vor kein »Gesamtprogramm« vorgelegt habe und auch keines hätte, müsse man sich die Frage stellen, ob man darauf warten und dann erst in dessen Begutachtung einsteigen, oder ob man nicht »ein eigenes Programm« entwerfen wolle. Wie das freilich angesichts der heterogenen Interessen im Ausschuss zustande kommen sollte, stehe auf einem anderen Blatt.[205] Staatssekretär Hirsch wiederum entgegnete, dass der Reichswirtschaftsrat als »Beratungsorgan der Regierung« doch nach Möglichkeit »relativ schnell« zum »Gesamtproblem« Stellung nehmen sollte, damit man gegenüber dem Reichstag »Grundlinien« unter Verweis auf die wirtschaftliche Expertise des Reichswirtschaftsrats präsentieren und verhandeln zu können. Dies würde im Übrigen auch dessen Reputation »fördern« helfen.[206] Gleichwohl kam der Ausschuss überein, die Regierung dahingehend aufzufordern, die geplanten Gesetzentwürfe »bereits im Vorbereitungsstadium« dem Reichswirtschaftsrat zuzuleiten.[207] Doch auch nach dem Auftritt von Reichskanzler

204 Vgl. die folgenden Ausführungen sowie als exemplarischer Überblick Büttner, *Weimar*, S. 153–165; Kolb/Schumann, *Weimarer Republik*, S. 46–48; Ritschl, *Deutschlands Krise*, S. 231–235; Winkler, *Weimar*, S. 156–161, 167–175; Peukert, *Weimarer Republik*, S. 62–71; Feldman, *Great Disorder*, S. 344–384.

205 Hans Kraemer, 1. Sitzung des Reparationsausschusses, 16.6.1921, BArch R 401/611, fol. 137–138.

206 StS Hirsch, ebd., fol. 164–165.

207 Hans Kraemer, ebd., fol. 170.

Wirth im Reparationsausschuss Anfang Juli war die Lage nicht klarer: Zwar hob Wirth die Bedeutung des Reichswirtschaftsrats mehrfach hervor, verband dies aber gleichzeitig mit der Erwartung, dass er »mehr« zu leisten habe, als bloß Gesetzentwurfe zu begutachten. Angesichts der Fülle an praktischer »Erfahrung und Kenntnis des Wirtschaftslebens« wünsche man sich, dass auch unkonventionelle Optionen diskutiert und vorgeschlagen würden. Die Aufgabe sei »gigantisch« und darüber hinaus dazu geeignet, angesichts der erwartbaren (steuerlichen) Lasten und der damit verbundenen politischen Konflikte »unser Volk in zwei Lager« zu spalten. Die Lösung des Problems, die »Rettung unseres Volkes« könne daher nur im Wege einer »objektiven Prüfung« erfolgen; der Reichswirtschaftsrat sei dafür das prädestinierte Gremium.[208] Damit freilich hatte Wirth einen wunden Punkt berührt, befand sich doch der Reichswirtschaftsrat trotz all der ihm rhetorisch opulent geflochtenen Kränze in einer ständigen, Reibungsverluste und Frustration erzeugenden Kompetenz-Konkurrenz zum Reichstag, wozu die Regierung in erheblichem Maße beitrug. In seinem »Appell an den Herrn Reichskanzler« legte Hans Kraemer den Finger in die Wunde und forderte »eine Arbeitsteilung zwischen Reichstag und Reichswirtschaftsrat durchzuführen, um so eine vollständig nutzlose Doppelarbeit, eine auch politisch gefährliche Doppelarbeit zu vermeiden.«[209] Wirth indes warnte vor »vorfassungsrechtlichen« und bloß »theoretische[n] Auseinandersetzungen über die Kompetenzen der Körperschaften«; dies würde nur »zu Konflikten führen«, und die könne man im Moment nicht gebrauchen. Er verwies auf die Praxis und den Faktor Zeit; beides werde »eine Klärung bringen«.[210] Wie tief das Problem der institutionellen Konkurrenz zwischen Reichstag und Reichswirtschaftsrat reichte, wurde tags darauf erneut greifbar, als Kraemer sich nochmals genötigt sah, zum Auftritt Wirths Stellung zu nehmen: Zunächst sei es grundsätzlich wichtig, rasch ein qualitativ überzeugendes Gutachten zu den steuerpolitischen Konzepten der Regierung zustande zu bringen, um »dadurch einen Vorsprung gegenüber dem politischen Parlament erhalten und vielleicht auch mal einen Funken Anerkennung finden« zu können.[211] Doch bei diesem Appell beließ er es nicht: Vielmehr habe ihn »der gestrige Tag politisch wieder einmal sehr erschüttert«: »Die Art, wie der Herr Reichskanzler auf meine doch immerhin berechtigten Anfragen geantwortet hat, hat mir gezeigt, daß seine grosse Pose: die Stunde des Reichswirtschaftsrats hat geschlagen!, weiter nichts als eine schöne Geste in der Öffentlichkeit des Parlaments war, die vielleicht die Mitglieder des Parlaments mit vergnügtem Grinsen quittiert haben.« Statt dem

208 RK Joseph Wirth, 6. Sitzung des Reparationsausschusses, 6.7.1921, BArch R 401/611, fol. 447–448.
209 Hans Kraemer, ebd., fol. 449.
210 RK Joseph Wirth, ebd., fol. 450.
211 Hans Kraemer, 7. Sitzung des Reparationsausschusses, 7.7.1921, BArch R 401/612, fol. 2.

Bemühen um eine erquicklichere Kooperation zwischen Reichstag und Reichswirtschaftsrat habe man hierzu nur »eine vollkommene und glatte Absage und ein Verschanzen hinter Verfassungsbestimmungen und hinter politischen Dingen«[212] gehört.

Die hier von Kraemer pointiert adressierten Grundsatzfragen hatten freilich mehrere Seiten: Zunächst besaß die Regierung in der Tat ein gesteigertes Interesse daran, die Expertise des Reichswirtschaftsrats im Zuge der Politikformulierung anzuzapfen und diese dann auch gegenüber dem Reichstag politisch zu nutzen. Das erklärt die Haltung von Staatssekretär Hirsch, der die Rolle des Reichswirtschaftsrats als »Beratungsorgan der Regierung« (und eben nicht als autonomes Gremium) auffällig deutlich betonte.[213] So sehr also dem Reichswirtschaftsrat in der alles andere als randständigen Frage, wie die im Londoner Ultimatum definierte Reparationslast aufgebracht, ökonomisch verkraftet und politisch verkauft werden sollte, eine entscheidende Scharnierfunktion zukam, so wenig konnte er diese aus sich selbst heraus zur Geltung bringen. Er blieb auf Akzeptanz und die Zuschreibung von Legitimität angewiesen – oder hing politisch in der Luft.

Trotz dieser fundamentalen Kritik ging die Arbeit auf der inhaltlichen Ebene weiter. Dabei konzentrierte sich der Ausschuss zunächst auf die im Ultimatum fixierte Ausfuhrabgabe in Höhe von 26 %, die unisono als problematisch, kontraproduktiv und faktische »Ausfuhrprohibition«[214] abgelehnt wurde. Das Kernproblem bestand darin, dass zum einen die Reparationslast durch Produktivitätszuwächse im Inland und die Ausfuhr von Gütern refinanziert werden sollte, eine Zunahme des Außenhandelsvolumens allerdings dann eo ipso zu höheren Abgaben geführt hätte. Eine »künstliche« Drosselung der Ausfuhr sollte gleichwohl vermieden werden.[215] Die Außenhandelskontrolle stellte so ein zentrales, von Zielkonflikten geprägtes Politikfeld dar, auf dem der Reichswirtschaftsrat in den folgenden Monaten und Jahren aktiv werden sollte.[216] Vor allem die immer weiter um sich greifende »Flucht aus der Mark«[217] führte zu grundsätzlichen Diskussionen über die Struktur des deutschen Außenhandels, galt es doch einen »Ausverkaufs Deutschlands«[218] bzw.

212 Ebd.

213 Vgl. oben StS Hirsch, 1. Sitzung des Reparationsausschusses, 16.6.1921, BArch R 401/611, fol. 164–165.

214 So etwa Walther Rathenau, ebd., fol. 125.

215 RWiM Robert Schmidt, gemeinsame Sitzung der Hauptausschüsse, 9.6.1921, BArch R 401/611, fol. 7.

216 Vgl. die Arbeit des »Außenhandelskontrollausschusses«, hierzu Hauschild, *Reichswirtschaftsrat*, S. 164–182 sowie ausführlich zum System der Außenhandelskontrolle auch Holtfrerich, »Aus dem Alltag«, S. 303–345.

217 Pressemitteilung zur 1. Sitzung des Außenhandelskontrollausschusses, 8.11.1921, BArch R 401/415, fol. 225.

218 Ebd.

die »Verschleuderung von deutschem Nationalvermögen«[219] zu Spottpreisen weit unter Weltmarktniveau zu verhindern. Die (Not-)Lösung erkannte man in einem differenzierten System der Außenhandelskontrolle, dessen inhärente Anfälligkeit für Fehlsteuerungen, Bürokratisierung und nicht zuletzt klandestine Strukturen in der Folge Anlass zu allerhand Ärger bieten sollte;[220] ganz abgesehen davon, dass die ohnehin stets virulenten Konflikte zwischen Handel und Industrie dadurch auf der Tagesordnung blieben. Das Kernproblem allerdings war, dass in der Wirtschaft die Mark zusehends ihre Funktion als Berechnungs-, schließlich auch als Zahlungsmittel zu verlieren drohte.[221] Spätestens seit Herbst 1922 gerieten nun sämtliche Fragen der Außenhandelspolitik und ihrer Effekte auf das Gefüge der Preise, Löhne und Gehälter im Inland in den Sog des Währungsverfalls, der die Karten nicht nur neu mischte, sondern vor allem auch neu verteilte.[222] Das

219 So Hans Kraemer, 2. Sitzung des Außenhandelskontrollausschusses, 24.11.1921, BArch R 401/417, fol. 82. Ähnlich bereits die oben zitierte Pressemitteilung zur Sitzung vom 8.11.1921 sowie Hans Kraemer in der 14. Sitzung des Reparationsausschusses, 15.9.1921, BArch R 401/612, fol. 264 und Georg Müller, ebd., fol. 300 (»Substanzverschleuderung«).

220 Einen besonders kontrovers diskutierten Fall stellten die Beschwerden der Hamburger Handelskammer dar, die im Frühjahr 1922 mit einer veritablen Generalabrechnung des Außenhandelskontrollregimes an den RWiM herangetreten war. Darin wurde unter Bezugnahme auf »weite Kreise der Kaufmannschaft« behauptet, »daß bei den Außenhandelsstellen in großem Umfange Unregelmäßigkeiten vorkommen bezw. vorgekommen sein müssen«, ja man von »Korruption« bei den Außenhandelsstellen und »Bestechlichkeit von Angestellten« ausgehen müsse (Handelskammer Hamburg an den RWiM, 22.3.1922, BArch R 401/422, fol. 211–215, die Zitate fol. 211, 212). Die Angelegenheit wurde dem RWR zur Prüfung überstellt (Stellungnahme des Reichsbevollmächtigen, 11.5.1922, ebd., fol. 372–373). Im Oktober 1922 wurde ein von Fritz Arnoldi angefertigter ausführlicher Bericht über »Misstände und Mängel im System und in der Organisation der A.H.K« diskutiert (BArch R 401/425, fol. 239–280, Anlagen fol. 280–308), der den Vorwurf einer einseitigen Bevorzugung der Industrie gegenüber dem Handel in der Praxis des Außenhandelskontrollstellen konzedierte (ebd., fol. 246–249). Ein ergänzendes Papier widmete sich möglichen »System-Fehlern« und war nicht zur Veröffentlichung bestimmt: Darin wurde der Befund bekräftigt, dass das gesamte Regime »zum Instrument einer, den Interessen des Handels zuwiderlaufenden, einseitigen Interessenpolitik der Industrieverbände geworden« sei (ebd., fol. 283), und damit erhebliche Organisationsmängel bestünden (Synopse ebd., fol. 289–298). Der Bericht (o.D.) des »Unterausschusses (des Aussenhandelskontroll-Ausschusses) für Ausfuhrbedingungen über die Angriffe der Handelskammer Hamburg gegen die Aussenhandelskontrolle« bestätigte diesen Befund (ebd., fol. 381–285), wies aber den Vorwurf der Korruption zurück – dieser sei »durch das vorliegende Tatsachenmaterial nicht bestätigt« worden. Zwar gebe es Einzelfälle an Bestechung, die auch strafverfolgt werden müssen; die auf diesen Einzelfällen »aufgebauten Vermutungen erweisen sich jedoch in der Verallgemeinerung, mit der sie ausgesprochen wurden, als nicht begründet.« (Bericht des Außenhandelskontrollausschusses über die »Angriffe der Handelskammer Hamburg gegen die Außenhandelskontrolle«, o.D., BArch R 401/416, fol. 32–38, hier fol. 32, 33, 35).

221 Vgl. hierzu Holtfrerich, »Aus dem Alltag«, S. 231–265. Zugespitzt Rudolf Hilferding, 11. Sitzung des Währungsausschusses, 22.6.1923, BArch R 401/911, fol. 445: »Niemand im Auslande spekuliert noch à la hausse in Mark. Höchstens gibt es vielleicht in Südamerika noch Indianerstämme, die Mark anschaffen.«

222 Vgl. etwa Blaich, *Schwarze Freitag*, S. 51–58; Fischer, »Staatsverschuldung«, insb. S. 204–207; Feldman, *Great Disorder*, S. 3–20; Knortz, *Wirtschaftsgeschichte*, S. 60–74.

Verhältnis von Inlands- und Auslandspreis markierte allerdings bereits 1921 eine elementare Streitfrage: So drohte die (angestrebte) iterative Anpassung der Preise an Weltmarkniveau erhebliche Kaufkraftverluste im Inland zur Folge zu haben, sofern Löhne und Gehälter nicht mitzögen. Eine zu große Spreizung sollte aus politischen Gründen vermieden werden, war aber teuer.[223] Blieben allerdings die Preise relativ auf niedrigem Niveau, musste kurz- oder mittelfristig mit einer Übersättigung der Märkte im Ausland (und dortiger Arbeitslosigkeit) gerechnet werden, was von Seiten der Alliierten nicht toleriert werden würde – auch wenn manch einer in der Förderung ökonomischer Penetration ein wirksames politisches Druckmittel zu erkennen glaubte: »Liefern«, so etwa Hans Kraemer, das sei doch »klar«, würde »in diesem Moment die Eroberung eines Marktes bedeute[n].«[224] Die Komplexität, ja Verworrenheit der Lage, die durch die teils in sich verschlungenen, teils auch gegenläufigen (außen-)wirtschaftspolitischen Interessen, Überzeugungen und Verpflichtungen erzeugt worden war, zeigte sich also auch im eigens zur Klärung der »Indexfrage« eingerichteten Unterausschuss:[225] In einem für den Reichswirtschaftsrat typischen Verfahren wurde dessen kritische Stellungnahme lapidar mit den Worten zur Kenntnis genommen, dass es wohl realistischerweise »nicht möglich« sei einen »Index zu finden, der gleichmässig die Interessen unserer Gegner und unsere eigenen Interessen wahrt«.[226] So einfach, so schwierig sah es aus.

Nicht wesentlich anders die Lage in der politisch hart umkämpften Steuerfrage: Denn schon im Juni hatte Reichskanzler Wirth in einer nicht für die Öffentlichkeit bestimmten Rede vor dem Ausschuss auf die zentralen Schwierigkeiten verwiesen, die sich mit der Durchsetzung der avisierten steuerpolitischen Maßnahmen ökonomisch, fiskalisch und vor allem politisch verbanden:[227] Da es

223 Etwa RWIM Robert Schmidt, gemeinsame Sitzung der Hauptausschüsse, 9.6.1921, BArch R 401/611, fol. 13; Rudolf Hilferding, 6. Sitzung des Reparationsausschusses, 6.7.1921, ebd., fol. 478; Georg Bernhard, 29. Sitzung des Reparationsausschusses, 2.10.1922, BArch R 401/612, fol. 164–165; Fritz Tarnow, ebd., fol. 203–204; Abraham Frowein, ebd., fol. 206–207.

224 Vgl. etwa Hans Kraemer, 14. Sitzung des Reparationsausschusses, 15.9.1921, BArch R 401/612, fol. 316–322.

225 Vgl. den Beschluss des Reparationsausschusses vom 21.6.1921, BArch R 401/611, fol. 312–313 (dort auch das Verzeichnis der Mitglieder). Die Akten des Ausschusses finden sich in BArch R 401/615, dessen kritischer Bericht, der dem Reparationsausschuss am 28.6.1921 erstattet worden war, ebd., fol. 12–12'. Vgl. auch die Pressemitteilung hierzu BArch R 401/608, fol. 164. Als Berichterstatter firmierte Rudolf Hilferding, weitere Mitglieder waren (alphabetisch) Fritz Baltrusch, Georg Bernhard, Max Cohen, Carl Duisberg, Arthur Feiler, Karl Herrmann, Otto Schweitzer, Rudolf Wissell.

226 Hans Kraemer, 4. Sitzung des Reparationsausschusses, 28.6.1921, BArch R 401/611, fol. 319.

227 Vgl. die Rede von RK Joseph Wirth, 3. Sitzung des Reparationsausschusses, 22.6.1921, BArch R 401/608, fol. 117–125 (hds., zweifach unterstrichener Vermerk ebd., fol. 117: »Nicht zur Veröffentlichung«). Folgerichtig sucht man in der Sammlung der Stenographischen Protokolle eine »3. Sitzung« vergeblich, vielmehr folgt auf Sitzung 2 unmittelbar Sitzung 4 (BArch R 401/611, fol. 313 bzw. 314). Hinsichtlich der geplanten Maßnahmen nennt Wirth folgende: Einführung eines Süßstoffmonopols und »Aenderung« des Branntwein-

sich dabei – nachvollziehbarerweise – durchweg um Steuererhöhungen oder die Streichung von Subventionen und Steuervergünstigungen drehte, drohte erheblicher Widerstand allerorten. Es sei daher außerordentlich bedauerlich, dass »ein abschliessendes Programm über die Deckungsfrage« noch nicht habe vorgelegt werden können; »die Schwierigkeiten, die sich der Aufstellung entgegenstellen«, seien eben auch »ausserordentlich gross.«[228] Das galt vor allem für drei steuerpolitische Stellschrauben von erheblicher politischer Sprengkraft: Neben der vor allem bei Gewerkschaften und Verbraucherverbänden stark umstrittenen, letztlich mit plus 2,5 % aber dann doch projektierten Erhöhung der Umsatzsteuer traf dies in besonderem Maße auf die Kohlensteuer und die Erhebung einer – noch amorphen – Besitzsteuer zu. Eine Erhöhung der Kohlensteuer würde dabei nicht nur die heimische Industrie belasten und das Ziel der Effizienz- und Produktivitätssteigerung konterkarieren, sondern auch reparationspolitische Fragen »von einem gigantischen Ausmass« aufwerfen, deren »Erledigung in wenigen Tagen nicht möglich«[229] sei. Auch hier also die typische und bei einer Vielzahl an *policies* auftauchende Zwickmühle, wirtschafts- und finanzpolitische Maßnahmen nicht nur auf ihre erwarteten oder bezweckten ökonomischen Effekte hin zu kalibrieren, sondern stets auch deren außenpolitische Komponente mit zu berücksichtigen. Das verkomplizierte die Lage und verengte den Handlungsraum erheblich.

Warf also bereits die Kohlenfrage schwer zu moderierende Probleme auf, war mit dem Thema »Besitzsteuer« Widerstand vorprogrammiert: Reichskanzler Wirth war »klar, welch grosses und schweres Problem« mit der Umwandlung des »Notopfers« in eine veritable »Reichsvermögenssteuer« aufgeworfen war.[230] Gleichwohl sei »ein Vorbeigehen am Besitz [...] schon aus politischen Gründen nicht möglich«; der Versuch, »diese Problem nun durch gesetzgeberische Akte zu fassen«, provoziere die »grössten Schwierigkeiten«.[231] Im Reichswirtschaftsrat stand man also in der zweiten Jahreshälfte 1921 vor der unangenehmen Aufgabe, vage steuerpolitische Maßnahmen von erheblicher Tragweite diskutieren zu müssen, für die in ihren strittigen (und daher zentralen) Punkten weder im Kabinett, noch im Reichstag Mehrheiten in Sicht schienen. Von den bereits angesprochenen reparationspolitischen Rücksichten ganz zu schweigen. Und auch im Reichswirtschaftsrat selbst konnte es nicht als ausgemacht gelten, konsensuale

monopols, Erhöhung der bzw. Einführung einer Steuer auf Essigsäure, Leuchtmittel, Zündwaren, Tabak, Bier, Mineralwasser, Rennwetten; sodann: Körperschafts-, Kapitalverkehrs-, Versicherungs-, KfZ-, Umsatz- und Kohlesteuer, sowie diverse Zollerhöhungen bzw. Aufhebung bisheriger Zollerleichterungen. Vgl. BArch R 401/608, fol. 120–122 und Hauschild, *Reichswirtschaftsrat*, S. 602–614.

228 RK Joseph Wirth, 3. Sitzung des Reparationsausschusses, 22.6.1921, BArch R 401/608, fol. 117.

229 Ebd., fol. 123.

230 Ebd., fol. 120.

231 Ebd., fol. 118.

Entscheidungen herbeiführen zu können. Davon hing aber, wie es der einflussreiche Vertreter der Christlichen Gewerkschaften, Fritz Baltrusch, auf den Punkt brachte, seine politische Existenz ab: Denn wenn man nicht in der Lage sei, eine kohärente, sachlich begründete und für alle Beteiligten akzeptable Lösung auszuarbeiten, könne es sich die Regierung ja »sehr viel einfacher« machen, »indem sie den Reichswirtschaftsrat nach Hause schickt und sich getrennte Voten von den Spitzenverbänden holt«[232]. Die Arbeit des Reparationsausschusses, darüber waren sich die Akteure im Klaren, stellte in jedweder Hinsicht eine »Bewährungsprobe« dar, die bestanden werden musste.

Bereits wenige Tage später, am 6. Juli 1921, sah sich Reichskanzler Wirth denn auch gezwungen, das Missverhältnis zwischen dem klaffenden Defizit im Reichshaushalt und den zu seiner Deckung geplanten Maßnahmen offen einzuräumen. Während im ordentlichen Etat ein »grosse[s] Loch« in Höhe von 4,5 Mrd. M bereits verrechneter und für 1921 daher noch zu beschaffener Steuereinnahmen bestand, wies der außerordentliche Etat einen »Fehlbetrag von 49,2 Milliarden [aus], der durch Anleihe zu decken« sei.[233] Schließlich ein aus dem Ultimatum resultierender »Kontributionsetat« von 12 Mrd. Umfang und das »Reparationskonto« mit 48 Mrd. M. Alle Zahlen standen freilich unter Vorbehalt, da Ausmaß und Geschwindigkeit des Wertverfalls der Mark nur bedingt in die Kalkulationen eingerechnet werden konnten.[234] Dass aber das avisierte Steuerbukett nicht ausreichen würde, den Dreiklang aus öffentlicher Daseinsvorsorge, Investitionen und Reparationsverpflichtungen bedienen zu können, lag auf der Hand. Ein fortgesetzter oder gar intensivierter Zugriff auf die Notenpresse wurde aber nicht nur hinsichtlich seiner sozialen Verteilungswirkungen,[235] sondern auch aufgrund der Gefahr einer Staatspleite wiederholt als inadäquate Maßnahme verworfen.[236] Und dennoch musste Staatssekretär Hirsch gut ein Jahr später konstatieren, dass der einzige Betrieb mit signifikanten Produktionszuwächsen »die Reichsdruckerei mit der Notenpresse« sei.[237] Neben der unzureichenden Summe, die man sich aus steuerpolitischen Interventionen zu generieren versprach, drehte sich das Problem um ein ganzes Bündel an Zielkonflikten, das es im Reichswirtschaftsrat zu moderieren galt. Während

232 Fritz Baltrusch, 5. Sitzung des Reparationsausschusses, 29.6.1921, BArch R 401/611, fol. 418. Zu Fritz Baltrusch knapp Lilla, *Reichswirtschaftsrat*, S. 315.

233 RK Joseph Wirth, 6. Sitzung des Reparationsausschusses, 6.7.1921, BArch R 401/611, fol. 431, 432.

234 Ebd., fol. 433–434.

235 Vgl. Rudolf Hilferding, ebd., fol. 468 und ders., 13. Sitzung des Reparationsausschusses, 10.9.1921, BArch R 401/612, fol. 222.

236 Etwa RWiM Robert Schmidt, gemeinsame Sitzung der Hauptausschüsse, 9.6.1921, BArch R 401/611, fol. 16.

237 StS Julius Hirsch, 29. Sitzung des Reparationsausschusses, 2.10.1922, BArch R 401/614, fol. 183.

für die Industrie das Thema Steuererhöhungen gerade vor dem Hintergrund der prekären Lage auf wenig Begeisterung stieß, stand für die Arbeitnehmervertreter, keineswegs aber nur sie, außer Frage, dass etwa eine Erhöhung der Verbrauchssteuern bei gleichzeitig fortschreitender Inflation und greifbarer Lohnzurückhaltung der eigenen Klientel nur dann verkauft werden konnte, wenn umgekehrt auf den Besitz der Besitzenden zugegriffen werde. Das barg Konfliktpotential, das mit einem am 12. September 1921 unter anderem von Rudolf Wissell vorgelegten Entschließungsantrag offen zutage trat:[238] Angesichts der »katastrophalen Finanzlage des Reichs«, sei eine »Heranziehung der Gold- bzw. Sachwerte der deutschen Wirtschaft unvermeidlich«, solange die Reparationslast noch nicht aus den »Überschüssen der Wirtschaft« beglichen werden könne und eine aktive Zahlungsbilanz hergestellt sei.[239] Die Regierung sei daher aufgefordert, »mit größter Beschleunigung und vor endgültiger Verabschiedung der Steuervorlagen […] einen Entwurf vorzulegen, durch welchen die Substanz der Goldwerte ohne Erschütterung der Fundamente der deutschen Produktion der Erfüllung der Reparationsverpflichtungen dienstbar gemacht werden kann.«[240]

Der Antrag hatte eine nachhaltige Akzentverschiebung der Diskussion innerhalb des Ausschusses zur Folge: Denn die Forderung nach einer wie auch immer dann im Einzelnen steuerlich ausgestalteten Heranziehung »des Besitzes«, die keineswegs nur im sozialdemokratischen und gewerkschaftsnahen Spektrum Befürworter besaß, war fortan nicht mehr aus der Welt zu schaffen, auch wenn man durchaus darauf bedacht war, das Ziel nicht durch eine radikale, mit dem Schreckgespenst der Sozialisierung kokettierenden Rhetorik zu gefährden.[241] Denn neben der Diskussion um die »Erfüllungspolitik«, die – darauf wird noch zurückzukommen sein – infolge des Wiesbadener Abkommens vom Oktober 1921[242] die Ausschussberatungen erheblich politisieren sollte, avancierte das Thema der »Gold- und Sachwerte« und ihrer »Heranziehung« zum neuralgischen Punkt der gesamten Reparationsproblematik und ihrer sozialen, politischen und ökonomischen Kosten. Freilich: Die Forderung nach einer fiskalischen Erfassung der »Substanz« der deutschen Wirtschaft zum Zweck der Reparationserfüllung

238 Vgl. die Entschließung vom 12.9.1921, Drs. RWR 192, BArch R 401/204, fol. 313. Weitere Unterzeichner waren Rudolf Hilferding, Alfred Czieslik (Arbeitnehmervertreter Industrie), Wilhelm Beckmann (Arbeitnehmervertreter Handel) und Otto Schweitzer (Arbeitnehmervertreter Industrie).

239 Ebd. Vgl. auch ergänzend den Änderungsantrag von Max Cohen, 13.9.1921, Drs. RWR 193, ebd., fol. 314 (»Heranziehung der Substanz der deutschen Wirtschaft für Reparationszwecke unvermeidlich.«).

240 Entschließung, 12.9.1921, Drs. RWR 192, BArch R 401/204, fol. 313. Vgl. auch Hauschild, *Reichswirtschaftsrat*, S. 616–618.

241 Vgl. den entsprechenden Bericht des Unterausschusses über die Beratung der von den Mitgliedern Wissell u.a. vorgeschlagenen Entschließung, [19.10.1921], Drs. RWR 206, BArch R 401/205, fol. 6–7', hier fol. 6.

242 Vgl. hierzu die folgenden Ausführungen. Knapp zum Zusammenhang Krüger, *Außenpolitik*, S. 141–147; Winkler, *Weimar*, S. 159–161.

von Seiten der Arbeitnehmer konnte nicht überraschen, zumal die Frage bereits wenige Tage zuvor bei einer Besprechung im Kanzleramt zwischen der Regierung und hohen Vertretern des RDI zur Sprache gekommen war. Offen wurden dort die »Ahnungslosigkeit der Gewerkschaften in Wirtschaftsdingen«[243] konstatiert und die Erfassung des Besitzes allein zum Zweck der »Balancierung des Etats«[244] als inakzeptabel zurückgewiesen. Gleichwohl erklärte man sich »bereit, bei der Erfassung der Sachwerte in irgend einer Form zum Zwecke der Reparationserfüllung mitzuwirken.«[245] Diese noch (bewusst) nebulös ventilierte Offerte basierte allerdings auf zwei Prämissen, die mit zunehmender Vehemenz vorgetragen wurden: Zum einen sei die Reichsregierung »dringend« aufgerufen, der massiven Defizitwirtschaft der öffentlichen Betriebe, insbesondere bei Eisenbahn und Post, Einhalt zu gebieten. Vor allem das Thema Privatisierung der Eisenbahn sollte in der Folge einen zentralen Streitpunkt in den Ausschussberatungen markieren. Zum anderen sollte der Kredit, den das Reich aufgrund der materielle Substanz der deutschen Wirtschaft und ihres Renommees im Ausland erwirken könne, durch Steuervorteile in der Zukunft refinanziert werden.[246] Die Ausgangslage war damit klar: Die Industrie erklärte sich bereit, durch eine groß angelegte »Kreditaktion« dem Reich Mittel zur Tilgung der Reparationslast zu beschaffen, verband dies aber mit einem zunächst nur leise angedeuteten, zunehmend aber immer deutlicher artikulierten Bündel an Forderungen. In jedem Falle galt es, einen von Sozialdemokratie und Gewerkschaften lancierten, als ideologisch motiviert diskreditierten Zwangszugriff zu vermeiden. Das Angebot, den Kredit selbst und vor allem »freiwillig« zu beschaffen, war denn wohl in nicht unerheblichem Maße von der politisch-taktischen Überlegung getrieben, den Forderungen von links die Spitze zu nehmen; dass es in der Folge keineswegs auf einhellige Zustimmung im RDI stieß, die Initiatoren dort vielmehr »außerordentliche Schwierigkeiten«

243 Carl Duisberg, Besprechung mit Vertretern des RDI im Kanzleramt, 7.9.1921, BArch R 43-I/2449, fol. 39.

244 Hans Kraemer, ebd., fol. 38.

245 Ebd. Vgl. auch Hermann Bücher, ebd.: »[…] er könne grundsätzlich erklären, dass die Industrie sich nicht rein negativ verhalten werde.«

246 Etwa Carl Duisberg, Besprechung mit Vertretern des RDI im Kanzleramt, 7.9.1921, BArch R 43-I/2449, fol. 39': »Die Regierung könne nur Werte auf dem Wege des Kredits bekommen, und zwar auf dem Wege über die Industrie. Dafür müssten dieser Vorteile bei den Steuern zuteil werden.« Ähnlich auch Hans Kraemer und Hans Jordan ebd., fol. 39, 39'. Zwar lehnte man die Haltung der Gewerkschaften ab, wollte jedoch aus taktischen Gründen nicht nur eine negative Botschaft senden: eine Gutschrift auf Steuervorteile sei ein gangbarer Weg, der jedoch rasch Konturen gewinnen müsse, wenn man nicht ein Scheitern in Kauf nehmen wolle. Und: Hermann »Bücher bittet dringend, ihm bis spätestens Sonnabend, den 10.9., mitzuteilen, welche Steuern etwa für die Gegenleistung der Regierung in Frage kommen. Er habe bei der Industrie ausserordentliche Schwierigkeiten zu überwinden«, das Projekt überhaupt am Leben zu halten (Vermerk des StS der Reichskanzlei, 8.9.1921, BArch R 43-I/2449, fol. 36–36'). Zum »Vertrauen auf unsere deutsche Industrie und Volkswirtschaft«, die »ungeheuer im Auslande« sei, vgl. Carl Duisberg, 13. Sitzung des Reparationsausschusses, 10.9.1921, BArch R 401/612, fol. 226.

gewärtigten,[247] wirft ein grelles Licht auf die komplexe Konfliktkonstellation, die in der Folge auf unterschiedlichen Bühnen mit unterschiedlichen Figurationen zur Aufführung gelangen sollten.[248]

4.3.2 Ökonomie des Kompromisses I: Die »Kreditaktion« der deutschen Wirtschaft

Die Ausgangslage im Herbst 1921 war kompliziert, als Hans Kraemer das von Seiten der Industrie ventilierte Angebot, »dem Reiche das letzte, was sie besitzt, zur Verfügung zu stellen«,[249] im Ausschuss konkretisierte. Weitgehende Einigkeit bestand über das reparationspolitische Credo, »den Beweis der Unerfüllbarkeit durch die Erfüllung zu erbringen«;[250] denn auch wenn man, wie dies der Vorsitzende des RDI, Kurt Sorge, in seiner Eröffnungsrede auf der Mitgliederversammlung im September 1921 formuliert hatte, unisono der »Überzeugung [sei], daß Deutschland die ihm auferlegten und von ihm übernommenen Lasten nicht wird tragen können, ohne zusammenzubrechen«, so sollte man doch »bis zu den äußersten Grenzen des Möglichen die sogenannte Reparationspflicht zu erfüllen« suchen.[251] Umstritten war freilich das Wie – doch gerade darauf kam des an: Während etwa Carl Duisberg im Ausschuss eindringlich davor warnte, mit leichtfertigen Resolutionen in Sachen Vermögensbesteuerung »die Axt an die Wurzeln der Wirtschaft zu legen«[252], wurde von anderer Seite argumentiert, dass ohne den Zugriff auf Vermögen und Vermögenszuwächse seit Kriegsende wohl nur die Option »Notenpresse« bliebe, deren sozio-ökonomische und fiskalische Effekte wiederum nicht hinnehmbar seien.[253]

---

247 Vermerk des StS der Reichskanzlei, 8.9.1921, BArch R 43-I/2449, fol. 36.

248 Vgl. etwa auch den Bericht der »Vossischen Zeitung« vom 15.9.1921 (Abend-Ausgabe), S. 1. Auf die unklare Haltung des RDI in dieser Frage verweist auch Johannes Bähr, der von einer »Zerreißprobe« für den Verband spricht (Bähr/Kopper, *Industrie*, S. 55–63, Zitat S. 57).

249 Hans Kraemer, 14. Sitzung des Reparationsausschusses, 15.9.1921, BArch R 401/612, fol. 262. Vgl. zur »Kreditaktion« auch ausführlich Feldman, *Great Disorder*, S. 358–376.

250 So Georg Berhnard, 13. Sitzung des Reparationsausschusses, 10.9.1921, BArch R 401/612, fol. 214. Ähnlich auch Franz Berthold, ebd., fol. 227 und Carl Duisberg, ebd., fol. 223.

251 Kurt Sorge auf der Mitgliederversammlung des RDI in München, 27.-29.9.1921, in: *Die deutsche Industrie und die Wiedergutmachungsfrage*, S. 6.

252 Carl Duisberg, 13. Sitzung des Reparationsausschusses, 10.9.1921, BArch R 401/612, fol. 207. Die Debatte um die Vermögensbesteuerung ebd., ab fol. 198.

253 Vgl. etwa Arthur Feiler, ebd., fol. 211: Die »Geldentwertung, die dann einsetzt, wird eine so ungeheure Besteuerung der Besitzer von Papierwerten und eine so unerhörte Bevorzugung der Besitzer von Realwerten« mit sich bringen, »daß wir in dieser Weise nicht werden leben können.« Ähnlich Rudolf Hilferding, ebd., fol. 222: »Die fortwährende Geldentwertung bedeutet eine Expropriation der Nichtbesitzenden. Dieser Zustand ist auf die Dauer unhaltbar und muß beseitigt werden.«

Im Kern sah der Plan vor,[254] die Kreditwürdigkeit der deutschen Industrie zur Platzierung einer Anleihe zu nutzen, um so an Devisen zu gelangen, ohne ausländisches Kapital – Stichwort »Ausverkauf« – in großem Umfang an deutschen Unternehmen beteiligen zu müssen.[255] Er schien aber auch dem taktischen Kalkül zu dienen, dem ja ursprünglich von Rudolf Wissell lancierten Vorhaben die (»sozialistische«) Spitze nehmen und die diskursive Kontrolle zurückgewinnen. Denn die von Hans Kraemer zum »heroische[n] Opfer«[256] stilisierte Offerte war für die Regierung nicht zum Nulltarif zu bekommen, im Gegenteil: Von Beginn an standen handfeste Forderungen im Raum, die dazu angetan waren, nicht nur den Preis in die Höhe zu treiben, sondern auch Zweifel an der Lauterkeit des Vorhabens zu nähren – und damit einer im Reichswirtschaftsrat ja eigentlich unerwünschten Politisierung Vorschub zu leisten. Denn selbst Kraemer, eine integrativ wirkende und lagerübergreifend respektierte Führungsfigur im Reichswirtschaftsrat,[257] beließ es nicht bei finanzpolitischen Erwägungen: Vielmehr sollte zur Umsetzung des »Anerbietens« auch die »regierende Gewalt in Deutschland etwas verbreitert« werden: »Denn wenn die deutsche Industrie sich entschliesst, dem Reiche derartige Mittel zur Verfügung zu stellen, […] dann hat sie vielleicht auch ein Interesse daran – ich will nicht sagen: zu überwachen, aber doch nicht so vollkommen von der Führung der Geschäfte ausgeschlossen zu sein.« Dies sei zwar »keineswegs eine Bedingung«, aber eben doch »notwendig«.[258] Damit klang bereits das Junktim an, das den weiteren Verlauf der Verhandlungen prägen, und ihre Erfolgsaussichten trüben sollte.

In einem für den Reichswirtschaftsrat typischen Prozedere wurde jedoch zunächst zur Klärung inhaltlicher Detailfragen ein Unterausschuss eingerichtet, der das Problem »unabhängig von jeder parteipolitischen Stellungnahme zu entscheiden« hatte.[259] Dieser legte im Oktober 1921 einen von dem angesehenen Mannheimer Handels- und Zivilrechtler Max Hachenburg verantworteten Bericht samt Gesetzentwurf vor, der die Etablierung einer Kreditvereinigung nach dem Vorbild der Berufsgenossenschaften der Unfallversicherung projektierte,[260] um »dem Deut-

254 Abraham Frowein verweist in der 14. Sitzung des Reparationsausschusses, 15.9.1921, BArch R 401/612, fol. 284–285, explizit darauf, dass Kraemer nicht seine Privatmeinung vortrüge, sondern die Vorschläge »vorgestern in einer Sitzung des Reichsverbands der Deutschen Industrie […] eingehend diskutiert und zum Beschluss erhoben« worden seien.

255 Hans Kraemer, 14. Sitzung des Reparationsausschusses, 15.9.1921, BArch R 401/612, fol. 262–264 und den Hinweis von Arthur Feiler, ebd., fol. 289–290.

256 Hans Kraemer, ebd., fol. 297.

257 Vgl. etwa hier Rudolf Hilferding, ebd., fol. 282, der an der Glaubwürdigkeit Kraemers nicht zweifelt, aber vermutet, dass Kreise der Industrie an einem weiteren Sinkflug der Mark durchaus Interesse hätten.

258 Hans Kraemer, ebd., fol. 270.

259 Bericht des Unterausschusses, Drs. RWR 206, BArch R 401/205, fol. 6.

260 Ebd., fol. 6‘. Zu Hachenburg vgl. knapp Lilla, *Reichswirtschaftsrat*, S. 376.

schen Reiche die zur Erfüllung der ihm [...] obliegenden Zahlungsverpflichtungen erforderlichen Mittel in fremder Währung zur Verfügung zu stellen.«[261] Fundiert würde die Anleihe durch »das Betriebsvermögen der Gewerbe, die Grundstücke der Land- und Forstwirtschaft und die zur Vermietung dienenden Gebäude der Mitglieder der Vereinigung«[262]; das Vorhaben bedürfe überdies einer »möglichst raschen Durchführung«, wollte es »von Nutzen sein«.[263] »Einstimmig« war der Ausschuss »der Ansicht, daß die Anleihe nicht ausschließlich als eine freiwillige Hilfsaktion der Großindustrie erscheinen dürfe«, sondern »die Heranziehung weitester Kreise« geboten sei.[264] Dazu sei auch an gesetzliche Maßnahmen zu denken, zumal die Demonstration von Handlungsbereitschaft und Durchsetzungsfähigkeit angesichts der drohenden »Zwangsverwaltung« schon »bei dem Verdacht, dass wir nicht erfüllen wollen«[265], politisch von entscheidender Bedeutung sei. Der Reparationsausschuss billigte am 19. Oktober 1921 mit 11:1 Stimmen den Bericht des Unterausschusses:[266] Während Hans Kraemer auf kritische Nachfrage erneut die Bereitschaft der Industrie zur Unterstützung des nun vorliegenden Programms bekräftige und darüber hinaus im diskreten Kreis des Ausschusses Spekulationen Nahrung gab, dass die »katastrophal[en]« Folgen der Reparationspolitik für die Alliierten selbst zu einer Veränderung des Reparationsregimes über kurz oder lang führen würden,[267] wurden auch zurückhaltendere, ja kritische Stimmen laut. Für Fritz Tarnow etwa stellte der Entwurf eine »Enttäuschung« dar, da die ursprünglich von Wissell geforderte Erfassung der »Gold- uns Sachwerte« zum bloßen »Schlagwort« degeneriert und damit das Herzstück des Plans »bei Seite gestellt worden« sei.[268] Für all jene, »die nicht selbst glückliche Besitzer von Sachwerten sind«, sei

261 Entwurf eines Gesetzes über die Einrichtung einer Kreditvereinigung des deutschen Gewerbes (Anlage zu Drs. RWR 206), BArch R 401/205, fol. 8.

262 Ebd.

263 Bericht des Unterausschusses, Drs. RWR 206, ebd., fol. 6‘.

264 Ebd.

265 Hans Kraemer, 14. Sitzung des Reparationsausschusses, 15.9.1921, BArch R 401/612, fol. 296.

266 Vgl. 17. Sitzung des Reparationsausschusses, 19.10.1921, BArch R 401/612, fol. 490.

267 Hans Kraemer, ebd., fol. 414–416, hier fol. 416: »Ich darf hier mit der Bitte um vertraulichste Behandlung [...] sagen, daß in absehbarer Zeit keine Aussicht besteht, daß man etwa in den wichtigsten Ländern schon an eine Revision des Versailler Vertrags oder etwa des Londoner Diktats denkt, daß man aber übereinstimmend zugegeben hat, daß die wirtschaftlichen Verhältnisse in den gegnerischen Ländern sich katastrophal entwickeln, daß die Arbeitslosigkeit – genau wie wir es vorausgesagt haben – nicht nur die Staatsmänner, sondern auch das ganze Volk allmählich mit dem Gedanken erfüllt, daß in den wirtschaftlichen Beziehungen – und die wirtschaftlichen Beziehungen sind ja identisch mit den Reparationsleistungen – der europäischen Länder zueinander eine Änderung eintreten muß. Wir haben aus den Verhandlungen, die in den letzten Tagen hier in Berlin geführt worden sind, kein Nein herausgehört, sondern wir haben die Bereitwilligkeit, zu verhandeln, herausgehört, die Bereitwilligkeit, [...] zugunsten Deutschlands im Ausland zu verhandeln.«

268 Fritz Tarnow, ebd., fol. 422.

das Signal eindeutig: Während die einen »dicke Backen bekommen haben«, müssten die anderen die Lasten tragen.[269] Dass die Arbeitnehmerschaft die nun zügig umzusetzende Kreditaktion an dieser Frage nicht scheitern lassen wolle, müsse als »Zugeständnis« gewertet werden und bedeutet keineswegs, die ursprünglichen Forderungen aufgegeben zu haben. Auf der anderen Seite sei ohne den guten Willen der Industrie die Umsetzung der Aktion illusorisch: »Diesem Zwang werden wir uns vielleicht auch in diesem Punkte beugen müssen, aber ich möchte zum Ausdruck bringen, daß wir das bedauern.«[270] Und Fritz Baltrusch machte darauf aufmerksam, dass eine möglicherweise »dilatorisch[e]« Haltung in dieser Frage wohl einen noch entschiedeneren Zugriff des Auslands auf die Sachwerte der Industrie provozieren würde. Ihre Beteiligung sei damit »nicht etwas Großartiges und Besonderes«, sondern liege auch im »eigene Interesse«.[271] Doch zuletzt müsse auch die öffentliche Hand, »deren gewerbliche Anlagen derartige Defizite machen« und der »doch letztlich kein Mensch mehr« vertrauen könne, einer tiefgreifenden Reform unterzogen werden. Denn ohne Vertrauen, kein Kredit.[272]

Die hier exemplarisch skizzierte Diskussion und die kritischen Einwände von Baltrusch und insbesondere Tarnow zeigen, dass mit der Kreditaktion und ihrer konkreten Umsetzung politischen Grundsatzfragen der beteiligten Akteure berührt waren; mehr noch: Sie machen deutlich, dass sich diese Grundsatzfragen trotz allen Bemühens um »ökonomische Sachlichkeit« nicht ignorieren, bestenfalls moderieren oder kanalisieren ließen. Dies sollte sich in den Folgewochen manifestieren, denn je größer das Gremium, desto genereller die Debatte, und desto tiefer die Konflikte. Während die SPD weiter auf die »Erfassung der Sachwerte« drängte,[273] schien das Präsidium des RDI auf Zeit spielen zu wollen: gegenüber der Reichskanzlei warnte man dringend davor, mit den Vorschlägen an die Öffentlichkeit zu gehen, noch bevor man im eigenen Haus Einigkeit erzielt habe.[274] Das verweist auf eine komplexe politische Gemengelage, die der Reparationsausschuss noch mit Mühe einzugehen vermocht hatte – in der Vollversammlung aber aus dem Ruder zu laufen drohte: Dort betonte Berichterstatter Max Hachenburg zunächst die grundsätzliche Notwendigkeit, angesichts des »Finanzelend[s]« im Lande zusätzliche Geldquellen zu erschließen und hob hervor, dass das Angebot der Industrie dem direkten staatlichen Zugriff auf das »produktiv angelegte

269 Ebd.

270 Ebd., fol. 426, 427.

271 Fritz Baltrusch, ebd., fol. 440–441, Zitat fol. 441.

272 Ebd., fol. 442.

273 Besprechung in der Reichskanzlei mit Parteiführern, 3.10.1921, BArch R 43-I/2449, fol. 169–173, hier fol. 169'.

274 Vgl. Präsidium des RDI an den RK, 17.10.1921, ebd., fol. 207–208.

arbeitende wirtschaftliche Kapital« vorzuziehen sei.[275] Die im engeren Sinne finanztechnischen Aspekte traten jedoch rasch gegenüber der politischen Dimension der Kreditaktion in den Hintergrund: Georg Bernhard äußerte etwa »die allerstärksten Zweifel daran, daß wirklich noch in weiten Industriekreisen die ernste Absicht besteht, dieses Angebot heute durchzuführen«. Denn »[d]aß der Herr Kollege Kraemer, daß der Herr Kollege Duisberg und all die Kollegen, die an der Spitze der Industrie stehen und in unseren eigenen Reihen diese Angelegenheit vertreten haben [...] heute noch genau so der felsenfesten Überzeugung und der besten Absicht sind, diese Angelegenheit durchzuführen wie am ersten Tage, daran zweifle ich nicht [...]. Aber wird es ihnen gelingen, die Widerstände in ihren eigenen Reihen zu besiegen?«[276] Bernhard, der von Hans Kraemer für diese Rede und insbesondere die Kritik an Alfred Hugenberg seinerseits harsch kritisiert wurde, da sie vom eigentlichen Problem ablenke und überdies dazu geeignet sei, die Kreditfähigkeit der deutschen Industrie im Ausland in Verruf zu bringen,[277] hatte damit den Finger in die Wunde gelegt. Denn in der Tat sahen sich die im Reichswirtschaftsrat wirkenden Vertreter des RDI erheblichen Schwierigkeiten gegenüber, das Projekt den eigenen Leuten, insbesondere »einzelnen Hitzköpfen und Heißspornen«[278] zu verkaufen.[279] Friedrich Edler von Braun, bis zu seinem Tode 1923 neben der Tätigkeit als Vorsitzender des Reichswirtschaftsrats auch Reichstagsabgeordneter der DNVP,[280] ließ die Stoßrichtung bereits erkennen, indem er das Angebot der Industrie nicht nur rhetorisch dem »Fortwursteln« der Regierung gegenüberstellte. Zwar gebe es von der Kreditaktion »kein Zurück« mehr; die Drohgebärden der Linken, im Falle ihres Scheiterns zwangsweise eine Besteuerung der Sachwerte durchzusetzen, müssten aber ein Ende haben.[281] Anstatt »mit Steinen nach der Industrie und ihren Leitern« zu werfen, sollten die »Führer der Arbeitnehmer« sich lieber fragen, »ob Sie alle denn Ihre Pflicht gegenüber der deutschen Wirtschaft immer erfüllt« hätten.[282] Während Kraemer dafür »Bravo«-Rufe auf der einen Seite erntete, ereiferten sich die Vertreter von Abteilung II, sie hätten »den Brand meistens gelöscht, der von Arbeitgeberseite angefacht«[283] worden sei. So oder so war mit Händen zu greifen, dass die in Teilen

275 Max Hachenburg, 27. Plenarsitzung des RWR, 3.11.1921, BArch R 401/6, fol. 326, 326‘.

276 Georg Bernhard, 28. Plenarsitzung des RWR, 4.11.1921, ebd., fol. 332.

277 Hans Kraemer, ebd., fol. 340.

278 Arthur Feiler, ebd., fol. 334‘.

279 Vgl. hierzu auch Bähr/Kopper, *Industrie*, S. 55–63.

280 Knapp Lilla, *Reichswirtschaftsrat*, S. 67–68 (im RWR der Gruppe Arbeitgeber-Landwirtschaft zugeordnet).

281 Edler von Braun, 28. Plenarsitzung des RWR, 4.11.1921, BArch R 401/6, fol. 336‘. Die letztgenannte Forderung wurde in der Debatte erneut erhoben von Arthur Feiler (ebd., fol. 334‘), Fritz Tarnow (ebd., fol. 338‘-340) und Wilhelm Beckmann (ebd., fol. 341).

282 Hans Kramer, ebd., fol. 340‘.

283 Ebd.

grundlegend unterschiedlichen politisch-ökonomischen Vorstellungen und das latente Misstrauen auch aus dem Reichswirtschaftsrat, zumindest jedoch seinem Plenum, nicht durch Sonntagsreden eliminiert werden konnten, sondern ganz im Gegenteil sich an ökonomischen »Sachfragen« neu zu entzünden vermochten.

Es ist allerdings charakteristisch, dass ein Antrag Max Cohens aus dieser Situation einen dissimulierenden Ausweg wies: Er sah vor, den Bericht Hachenburgs an den Ausschuss zurückzuverweisen, gleichzeitig aber zu dokumentieren, dass das Plenum »dem Grundgedanken des Antrags« zustimmte.[284] Mit seiner Einschätzung, dass auch und insbesondere für die Industrie der vorliegende Vorschlag allemal die bessere Lösung sei, als die »Heranziehung« ihrer Sachwerte, hatte er wohl den Nagel auf den Kopf getroffen.[285] Fraglich war freilich, was von einem solchen Prozedere erwartet werden konnte, wenn das strittige Thema nicht nur auf alternativen Bühnen weiter diskutiert, sondern dort auch in seiner gesamten Stoßrichtung modifiziert wurde. Denn große Teile der Industrie waren keineswegs bereit, die Kreditaktion unkonditioniert durchzuführen. Vielmehr wurde ein veritables Junktim in den Raum gestellt, das die Umsetzung des Vorhabens an tiefgreifende Sanierungsmaßnahmen der öffentlichen Hand knüpfte: die Privatisierung der Eisenbahn war ihr Herzstück. Diese vor allem mit dem Namen Hugo Stinnes verbundene Forderung war in einer Besprechung in der Reichskanzlei am 10. November 1921 offen zur Sprache gebracht worden, und hatte für erhebliche Missstimmung gesorgt.[286] Kernproblem war die von Paul Silverberg referierte Forderung, »für die öffentlichen Betriebe, und zwar zunächst für die Eisenbahn, eine privatwirtschaftliche Form« zu finden.[287] Hintergrund sei, dass angesichts veränderter Umstände – der »Verlust Oberschlesiens, der Marksturz und andere Dinge« – in Kreisen der Industrie ein Umdenken in Bezug auf die »Kreditaktion« stattgefunden habe und man »starke Zweifel an ihrer Durchführbarkeit« hege. Zwar sei man weiterhin bereit, »dem Reich zu helfen« – aber eben nur, »wenn die nötigen Voraussetzungen vorlägen.«[288] Die Reform müsse per Ermächtigungsgesetzgebung erfolgen und zeitgleich mit der Kreditaktion ins Werk gesetzt werden.[289] Einer vollständigen Privatisierung der Bahn widersprach indes nicht nur Fritz Baltrusch, der aber zumindest die Reformnotwendigkeit der Staatsbetriebe akzeptierte und an

284 Antrag Max Cohen (hds.), ebd., fol. 343, 344.

285 Ebd., fol. 342'.

286 Besprechung in der Reichskanzlei, 10.11. 1921, BArch R 43-I/2449, fol. 241–245. Teilnehmer waren: RK Joseph Wirth, StS Heinrich Hemmer, MD [Oscar] Müller, Hugo Stinnes, Paul Silverberg, Fritz Baltrusch, Wilhelm Beckmann, Adolf Cohen, [Franz] Kempner.

287 Paul Silverberg ebd., fol. 242. Ohnehin würden, so Hugo Stinnes, derzeit »etwa 1 Million Menschen in Deutschland ein unproduktives Dasein« fristen (ebd., fol. 243').

288 Ebd., fol. 241'.

289 Ebd., fol. 242.

die »Einsicht aller Vernünftigen« appellierte, hier zu einer konsensualen Lösung zu gelangen.[290] Adolf Cohen, Vorsitzender des Reichswirtschaftsrats und stellvertretender Vorsitzender des ADGB machte aber deutlich, dass er »lieber auf die Kreditaktion der Industrie gänzlich verzichten [würde], als ihr die Bahn auszuliefern«; von den Gewerkschaften würden ein solches Vorhaben »mit allen Mitteln bekämpft werden.«[291] In der Tat reagierten ADGB und AfA-Bund bereits tags darauf mit einer »Entschließung« gegenüber Reichskanzler Wirth: Die Pläne der (Hardliner aus den Reihen der Schwer-) Industrie seien »eine Provokation« und die Kreditaktion, »die anfangs als eine nationale Tat angekündigt wurde, und die auch die Zustimmung der Gewerkschaften gefunden hätte, [...] als ein neues Machtinstrument des organisierten Unternehmertums entlarvt«. Die Forderungen müssten von der Regierung »unbedingt abgelehnt« werden.[292] Dort stieß man insoweit auf offene Ohren, als auch Wirth selbst diese »für unerfüllbar«[293] hielt. Vizekanzler Gustav Bauer (SPD) sprach gar von einer »Verhöhnung der Regierung« und plädierte dafür, doch besser »den Entwurf des Reichswirtschaftsrats zu verabschieden.«[294] Als regelrechte Anmaßung wurde dabei die Haltung der Industrie empfunden, dass die Kreditaktion »einschliesslich der Verhandlungen mit den auswärtigen Kreditgebern [...] nur unter Führung der deutschen Industrie [...] erfolgen« könne.[295] Dies liefe, so Verkehrsminister Wilhelm Groener, »darauf hinaus, Deutschland wirtschaftlich und damit politisch zu beherrschen.« Das sei nicht hinnehmbar. Gleichwohl müsse man erwägen, »die Vorteile einer privatwirtschaftlichen Organisation auf die Eisenbahn, unter Wahrung ihres jetzigen Charakters zu übernehmen.«[296] Es gelte also, so auch Reichskanzler Wirth, »durch Darlegung eines positiven Programms die innerpolitische Erregung ab[zu]wiegeln und ein scharfes Programm zur Sanierung der Betriebsverwaltung des Reichs vor[zu]legen.«[297] Auch an Zwangsmittel gegenüber der Industrie sei zu denken.[298] Denn offenkundig dienten deren Forderungen nur dazu, »sich den Rückzug« zu »decken«; keine Regierung wäre »in der Lage« solche »Bedingungen zu erfüllen.«[299] Kurz: Mitte November 1921 war deutlich ge-

290 Fritz Baltrusch, ebd., fol. 242‘-243.

291 Adolf Cohen, ebd., fol. 244‘. Zu Cohen knapp Lilla, *Reichswirtschaftsrat*, S. 339.

292 Entschließung von ADGB und AfA-Bund mit Anschreiben an RK Joseph Wirth, 11.11.1921, BArch R 43-I/2449, fol. 231.

293 RK Joseph Wirth während einer Besprechung in der Reichskanzlei, 11.11.1921, ebd., fol. 246.

294 Gustav Bauer, [Kabinettssitzung], 14.11.1921, BArch R 43-I/1371, fol. 210; ebenso Reichsverkehrsminister Wilhelm Groener, ebd., fol. 211‘.

295 [Programm der Industrie], (Abschr.), BArch R 43-I/2449, fol. 253.

296 Reichsverkehrsminister Wilhelm Groener, Besprechung in der Reichskanzlei, 11.11.1921, BArch R 43-I/2449, fol. 247‘ (beide Zitate). Er unterstellte diese Absicht explizit Hugo Stinnes.

297 RK Joseph Wirth, Sitzung des Ministerrats (»Streng vertraulich«), 15.11.1921, R 43-I/22, fol. 154. Ähnlich auch RWiM Robert Schmidt, ebd., fol. 256.

298 RK Joseph Wirth, ebd., fol. 154.

299 Reichspräsident Friedrich Ebert, ebd., fol. 155.

worden, dass die »heroische Tat« der Industrie zu den vom Reichswirtschaftsrat formulierten Bedingungen nicht nur nicht zu haben war, sondern dass sich daraus auch ein eminent politischer Konflikt entwickelt hatte, der im Kern das Verhältnis zwischen Wirtschaft und Staat zum Gegenstand hatte.

So stellte sich nun die Frage, wie sich die zunehmende Politisierung der Kreditfrage auf die Arbeit im Reparationsausschuss auswirken würde. Auch Hans Kraemer musste konstatieren, dass die Kreditaktion »leider ein ›politisches Gesicht‹ bekomme« habe, auch wenn er die Verantwortung der Industrie dafür zurückwies.[300] Er selbst »stehe nach wie vor auf dem Standpunkt, den wir in München vertreten haben: wir wollen die Sache machen, selbstverständlich unter der Bedingung, dass Ordnung in unsere Finanzen gebracht wird.«[301] Es käme nun darauf an, »die Politik« zugunsten von »auf rein wirtschaftlichem Boden« ruhenden Verhandlungen zurückzudrängen.[302] Der Appell an die »Sachlichkeit« einer von »Politik« gereinigten – ja, was eigentlich? – klang in den Ohren der Arbeitnehmervertreter im Ausschuss ebenso stereotyp wie ideologisch, da »Wirtschaftsfrieden« zur Vorbedingung erkoren wurde.[303] Dennoch war allen bewusst, dass mit dem Anspruch auf eine fundierte und von sachlichen Erwägungen geleitete Behandlung des Problems auch die institutionelle und politische Relevanz des Reichswirtschaftsrats insgesamt auf dem Spiel stand. Dies schien am Ende die unterschiedlichen Lager zur Kooperation und zur Festlegung auf ein gemeinsames Konzept faktisch zu zwingen, zumal auch, so Hans Kraemer, »die Haltung gewisser Regierungsorgane und gewisser Presseteile« nahe lege, »dass ein ganz systematischer Vernichtungsfeldzug gegenüber dem Reichswirtschaftsrat geführt werden soll, weil an gewissen Stellen die Ueberzeugung besteht, dass der Reichswirtschaftsrat nicht das gefügige Werkzeug für gewisse Pläne ist, das man erwartet.«[304] Die gefasste Resolution bekräftige die bisherigen Beschlüsse: Die Kreditaktion, eine »Lebensnotwendigkeit für Deutschland«, sei »unverzüglich« ins Werk zu setzen. Gleichzeitig befürwortete man »entschlossene Maßnahmen gegen die innere Defizitwirtschaft im

300 Hans Kraemer, 21. Sitzung des Reparationsausschusses, 25.11.1921, BArch R 410/613, fol. 253–261, hier fol. 253.

301 Ebd., fol. 255. Kraemer nimmt hier auf die bereits oben zitierte Mitgliederversammlung des RDI in München im September 1921 Bezug.

302 Ebd., fol. 259.

303 Ebd.

304 Hans Kraemer, 21. Sitzung des Reparationsausschusses, 25.11.1921, BArch R 401/613, fol. 312. Vgl. auch Rudolf Hilferding, ebd., fol. 264 (»Todesstoß für den Reichswirtschaftsrat«); Fritz Baltrusch, ebd., fol. 275 (»Wir müssen parteipolitische Dinge aus dem Spiel lassen.«); Fritz Tarnow, ebd., fol. 299 (»Dolchstoss gegen den Reichswirtschaftsrat«); Max Hachenburg, ebd., fol. 334 (»Wenn die Frage uns aus den Händen geglitten ist, weil sie politisch ist, ist es unsere Aufgabe, die Sache wieder zu entpolitisieren und wieder in die Hand zu nehmen«).

Reich und besonders bei den Reichsverkehrsbetrieben«; eine »Verquickung dieser und anderer als Bedingung gestellten Forderungen mit der Frage der Kreditaktion« lehnte der Ausschuss dagegen ab.[305] Doch auch hier waren zuvor die unterschiedlichen Positionen »scharf aufeinandergeprallt«[306]: Vor allem die Arbeitnehmervertreter befürchteten, dass eine Kreditaktion nach den Wünschen der Industrie die Sanierung der deutschen Wirtschaft auf Kosten des Staates bedeute.[307] Das Schreckgespenst einer veritablen »Stinnes-Herrschaft«, die »eine ganz ungeheure Gefahr« für Deutschland sei, wurde an die Wand gemalt.[308] Demgegenüber sei es gerade die Aufgabe des Reichswirtschaftsrats, »einen Gegenangriff gegen diesen extremen Zweig der Industrie zu führen«.[309] Doch trotz dieser fundamentalen Gegensätze schien die bereits an vielen Stellen illustrierte Überzeugung, als Verfassungsorgan auch ein eigenständiger politischer Akteur sein zu können, den Ausschlag zugunsten einer konsensual verhandelten Position zu geben. Deren politische Durchschlagskraft stand freilich auf einem anderen Blatt.

Und so bemühte man sich Mitte Dezember auch in der Vollversammlung darum, ein möglichst konsensorientiertes Bild abzugeben, da nur so »das Wort des Reichswirtschaftsrat gehört werden« würde.[310] Das blieb eine Wunschvorstellung: Während Fritz Tarnow das »Entgegenkommen« der Gewerkschaften pries, nicht direkt mit staatlichem Zwang auf die Substanz der Industrie zuzugreifen,[311] sondern ihr die Freiwilligkeit beließ, betonte etwa Carl Friedrich von Siemens, dass es »für einen großen Teil [s]einer Freunde unmöglich [sei], für den Gesetzentwurf in dieser Form einzutreten.« Er käme einer »Blankovollmacht« gleich, die zur Folge haben könne, »daß dann eines schönen Tages die ganze deutsche Wirtschaft sich praktisch verkauft« sehe. Überhaupt sei es nicht angängig, die Wirtschaft aus politischen Opportunitätserwägungen potentiell zu »ruinieren« – auch dann nicht, wenn sich der Reichskanzler persönlich dafür einsetze.[312] Und in der Tat

305 Ebd., fol. 354. Vgl. auch Drs. RWR 236, BArch R 401/205, fol. 45–45'.

306 Otto Schweitzer, 21. Sitzung des Reparationsausschusses, 25.11.1921, BArch R 401/613, fol. 345.

307 Rudolf Hilferding, ebd., fol. 271; ebenso August Müller, ebd., fol. 290: In der Industrie grassiere eine Haltung, die das eigene Wohl über das des Staates stelle: »Diese Auffassung bedeutet die Auflösung des modernen Staats, bedeutet die Auflösung des Deutschen Reichs, und in dieser Linie liegt das Vorgehen der Industrie.«

308 Fritz Tarnow, ebd., fol. 302. Der Einwurf Kraemers auf die Kritik an Stinnes ist bezeichnend: »Hätten wir ein Dutzend, dann wäre es besser um uns bestellt!« – darauf Tarnow: »Für Sie vielleicht, nicht für uns!«.

309 Ebd., fol. 302.

310 Berichterstatter Max Hachenburg, 32. Plenarsitzung des RWR, 10.12.1921, BArch R 401/7, fol. 62.

311 Fritz Tarnow, ebd., fol. 62. Noch schärfer die Kritik von August Müller, der gegen Siemens gewandt betonte, nicht die deutsche Wirtschaft, »das deutsche Volk« stünde »an erster Stelle«. Die Wirtschaft sei nur ein »Organ der deutschen Volksgemeinschaft« und habe sich »dem Allgemeininteresse unterzuordnen.« Es ginge also nicht darum, »die Wirtschaft zu retten«, sondern alle seien aufgerufen Opfer zu bringen, um »die deutsche Volksgemeinschaft zu retten.« (ebd., fol. 65').

312 Carl Friedrich von Siemens, ebd., fol. 65 (alle Zitate). Ähnlich auch Kurt Sorge, ebd., fol. 63–64'.

hatte Wirth vehement für die Verabschiedung des Entwurfs noch »vor Weihnachten« geworben, zumal er – wie andere auch – »nicht recht verstehen« konnte, wie eine derartige »Beunruhigung« in Industriellenkreisen hatte entstehen können.[313] Für den Reichswirtschaftsrat stand nun viel auf dem Spiel: Es lag auf der Hand, dass eine Resolution ohne Zustimmung der Industrie nicht nur politisch wertlos war, sondern für den Reichswirtschaftsrat auch – und das war für die Akteure ein wichtiger Faktor – den vielfach perhorreszierten »Todesstoß« bedeuten könnte.[314] Eine Institution, deren zentrale Aufgabe im Ausgleich sozio-ökonomischer Interessen bestand, in gewichtigen – und daher eben auch politisch umstrittenen – Fragen aber sprachlos blieb, besaß keine Relevanz. Als die Industrievertreter schließlich durch Verlassen des Saals zum Mittel des Boykotts griffen, schien ein Weiter-so denn auch »ziemlich zwecklos«.[315] Sehr zum Ärger der Arbeitnehmervertreter wurde die Entscheidung auf die Folgewoche vertagt – und dann doch in zwar leicht modifizierter, im Kern aber unveränderter Form verabschiedet.[316] Vorweihnachtlich-versöhnlich entließ der Vorsitzende, Friedrich Edler von Braun, die Mitglieder in die Ferien: Man habe sehr fruchtbare Arbeit geleistet, die »weit über das Maß dessen hinausgegangen ist, was man sich ursprünglich von der Tätigkeit des RWR im allgemeinen versprochen« hatte; auch für das kommende Jahr laute daher die Devise: »arbeiten und nicht verzweifeln«[317].

Die Diskussion um die »Kreditaktion« der deutschen Industrie hatte damit wie in einem Brennglas deutlich gemacht, dass der Versuch einer Suspendierung politischer Konflikte durch das Tragen einer sehr starken Brille, die nur »rein wirtschaftliche« Dinge zu sehen versprach, teuer erkauft war: Der Preis nämlich war, Kompromisse zu produzieren, deren Bestand »draußen« in Zweifel stand und viel eher dazu angetan waren, den Reichswirtschaftsrat als Institution ins politische Abseits zu manövrieren. Worin aber konnte ein gangbarer Weg bestehen? Die Suche nach einem eigenständigen politischen Ort hatte die Spannung zu überbrücken zwischen den politischen Konflikten, die unausweichlich in den wirklich wichtigen Fragen auftraten, und dem eigenen Anspruch, durch den gewählten *modus operandi* eine Übersetzungsleistung erbringen zu können, an deren Ende eine rationale Essenz als Grundlage des politischen Entscheidungsprozesses stand. Und da die zentralen Probleme weiterhin vor den Reichswirtschaftsrat gelangten,

313 RK Joseph Wirth, ebd., fol. 63', 64'. Auch Max Cohen zeigt sich verwundert, da doch die Resolution auch mit den Stimmen der Arbeitgebervertreter beschlossen worden war.

314 Etwa August Müller, ebd., fol. 65; Max Cohen, ebd., fol. 71; Fritz Tarnow, ebd., fol. 71'.

315 Max Hachenburg, ebd., fol. 73'. Auch Otto Schweitzer, ebd., fol. 74.

316 Vgl. den modifizierten Antrag ebd., fol. 72'. Die Beschlussfassung erfolgte in der 33. Plenarsitzung des RWR, 13.12.1921, ebd., fol. 75'.

317 Edler von Braun, ebd., fol. 76.

hieß das, dass diese Aufgabe stets aufs Neue gestellt war und beantwortet werden musste.

4.3.3 Ökonomie des Kompromisses II: »Erfüllungspolitik«

Gelegenheit zur Beantwortung dieser Frage hatte bereits die Auseinandersetzung um das »Wiesbadener Abkommen« geboten,[318] das Walther Rathenau in seiner Funktion als Wiederaufbauminister mit seinem französischen Pendant, dem *Ministre des Régions libérées* Louis Loucheur[319] verhandelt, Anfang Oktober unterzeichnet und schließlich Anfang November im Reparationsausschuss zur Diskussion gestellt hatte.[320] Kern des Abkommens war das Memorandum über »die Lieferung von Einrichtungs- und Betriebsgegenständen und von Baustoffen« an Frankreich, die dem »Wiederaufbau der zerstörten Gebiete« dienen sollten.[321] In der deutschen politischen Öffentlichkeit verband sich damit besonders das Schlagwort der »Erfüllungspolitik«, die je nach Standpunkt als Gebot der Vernunft, außenpolitische Notwendigkeit oder Kapitulation vor den Alliierten qualifiziert wurde. Eine Frage also, an der sich politische Lagergrenzen definierten, und deren Druckwelle auch am Reichswirtschaftsrat nicht vorbeiging. Rathenau hatte bereits im Juni, als die Verhandlungen mit Loucheur begannen, gegenüber dem Reichstag deutlich gemacht, dass der »Weg der Verständigung« mit Frankreich beschritten und dafür der »Aufgabenkreis so unpolitisch [...] wie nur immer möglich« gehalten werden müsse.[322] Vor diesem Hintergrund erstattete er dem Reparationsausschuss am 9. November 1921 Bericht über die zum Abschluss gebrachten Verhandlungen – und wurde deutlich: Die in der Öffentlichkeit mit aller Hemmungslosigkeit artikulierte Kritik am Abkommen verkenne, dass man in Wahrheit nur über drei Optionen

318 Vgl. das Abkommen samt ergänzender Protokolle in den StenB 369, Nr. 2792.

319 Das Portfolio des Ministers: La »réorganisation de la vie locale et des moyens d'habitation, l'aide à donner aux sinistrés pour le relèvement des immeubles détruits, la réparation des dommages de guerre, la reconstitution du sol, la restauration agricole, commerciale et industrielle‹.« (https://francearchives.fr/findingaid/146cbf1a83c3ba59a9e5543b7e77f07c1a6af20d; Zugriff 12.6.2023).

320 Vgl. den Kommentar von Mader, »Wiesbadener Abkommen«, S. 7–20. Die Ausführungen Rathenaus vor dem Reparationsausschuss gelangten, und darauf verweist auch Mader ebd., S. 19, aufgrund der ungeschönten Worte nur in einer Version *ad usum delphini* an die Öffentlichkeit. Diese findet sich etwa in MittRWR vom 19.11.1921, S. 198–208. Die Rede im Wortlaut: 19. Sitzung des Reparationsausschusses, 9.11.1921, BArch R 401/613, fol. 52–85.

321 Wiesbadener Protokoll, 6.10.1921, StenB 369, Nr. 2792, S. 1.

322 Walther Rathenau, 110. Sitzung des Reichstags, 2.6.1921, StenB 349, S. 3742, 3743. Vgl. auch Fritz Baltrusch, 19. Sitzung des Reparationsausschusses, 9.11.1921, BArch R 401/613, fol. 150, der auf die Wechselseitigkeit des Verständigungsanspruchs verwies: So sei bekannt, »dass Frankreich andauernd die Völker der ganzen Erde durch diese [vom Krieg besonders verheerten, FH] Gebiete schleift, ihnen die Zerstörungen zeigt und sagt: Seht, was die Boches angerichtet haben.«

verfüge: Reparationen grundsätzlich abzulehnen, weitere Leistungen zu verweigern, oder aber den Versuch zu unternehmen, sich »gegenüber den Mächten, mit denen wir nun einmal zu tun haben und die gegenwärtig die politische Welt beherrschen, in ein Verhältnis der Erträglichkeit« zu setzen.[323] Dagegen sei »es ein schweres Unrecht, wenn man dauernd denjenigen, die an der Arbeit sind, die Schuld derjenigen aufhalst, die schliesslich die Verhältnisse herbeigeführt haben, in denen wir leben.« Die daraus resultierende »Spaltung im Lande« könne man schlicht »nicht mehr ertragen.«[324] Dabei liege auf der Hand, wer die Stimmung systematisch vergifte: Denn »je schärfer die Kritik, desto weiter von rechts kommt sie her. Das, meine Herren, muss einfach an die grosse Glocke, das muss rundweg angesprochen werden, der Katze muss die Schelle umgehengt werden«; es gehe hier »schon längst nicht mehr um wirtschaftliche Dinge«.[325] Zur »Erfüllung« gebe es realistischerweise keine Alternative: illusionär zu glauben, man käme »ungeschoren aus einem verlorenen Weltkrieg heraus.«[326]

Mit seinem nicht für die Öffentlichkeit bestimmten, emotionalen Appell konnte Rathenau grundsätzlich auf Zustimmung im Reichswirtschaftsrat hoffen – wenn auch nicht einhellig inhaltlich, so doch zumindest (mehrheitlich) hinsichtlich des politischen Stils. Denn gerade der Reparationsausschuss sah seine vordringliche Aufgabe darin, sich von der grassierenden »Politik der Strasse«, die »immer ekelhaftere Formen annehme«, scharf zu distanzieren, und stattdessen »endlich eine Politik des wirklichen Wiederaufbaus« zu leisten – auch wenn man dann, wie Hans Kraemer es formulierte, damit rechnen müsse, »mit einem Kübel Jauche übergossen« zu werden.[327] Der Anspruch, »sachliche Dinge sachlich und nicht demagogisch«[328] zu verhandeln, konnte jedoch hier, in der Frage der »Erfüllungspolitik«, nur bedingt in der Praxis eingelöst werden. Denn offenbar hatten die Gegner des Wiesbadener Abkommens, unter ihnen auch der Vorsitzende des Reichswirtschaftsrats, Friedrich Edler von Braun, nach der Rede Rathenaus und dem kurzen Statement Kraemers aus Protest den Saal verlassen.[329] Die Szene illustriert, wie schwer sich der Reichswirtschaftsrat im Umgang mit »politischen« Konflikten tat, in welch komplexem Dilemma er in Wahrheit steckte. Denn verzichtete man auf »Politik«, lief man Gefahr, ignoriert zu werden; machte man aber »Politik«, wurde verzichtbar.[330]

323 Walther Rathenau, 19. Sitzung des Reparationsausschusses, 9.11.1921, BArch R 401/613, fol. 52–53.
324 Ebd., fol. 55–56.
325 Ebd., fol. 69.
326 Ebd., fol. 84 (das Zitat bereits oben).
327 Hans Kraemer, ebd., fol. 86, 87, 88. Ähnlich auch Fritz Baltrusch, ebd., fol. 146.
328 Fritz Baltrusch, ebd., fol. 152.
329 Darauf verweist Georg Bernhard ebd., fol. 88.
330 Das Problem, das damit adressiert werden soll, zwingt zur Sprachakrobatik. Hilfreich ist in diesem Zusammenhang die im englischsprachigen Raum gebräuchliche Unterscheidung von drei Dimensionen der

Und so stand die vor der Weihnachtspause mit Müh und Not verabschiedete Resolution von Beginn an auf tönernen Füßen, da offenbar ein »sehr gewichtiger Teil«[331] der Industrie nicht bereit schien, den Kompromiss mitzutragen. Im März 1922 nahm der Ausschuss seine Arbeit unter veränderten Bedingungen wieder auf: *Erstens* hatte sich die Diskussion um das Wiesbadener Abkommen und der mit ihm verbundenen politischen Richtungsentscheidung zugespitzt. Das betraf zum einen die Frage der Übertragung der mit Frankreich getroffenen Vereinbarungen auf andere Länder, namentlich Belgien, die im Reparationsausschuss äußerst kritisch betrachtet wurde.[332] Die für den französischen Wiederaufbau zweckgebundenen Sachleistungen hätten ja nicht zuletzt deshalb viele Anhänger gefunden, weil sie dazu beigetragen hätten, dass »das zerstörte Gebiet endlich einmal verschwinde und nicht von den Franzosen als Weltschauspiel gezeigt werde«.[333] Nun würde es in der Sachleistungsfrage offenbar nur noch darum gehen, »aus Deutschland noch herauszuholen, was herauszuholen ist«.[334] Als Folge dieser befürchteten alliierten Shoppingtour auf Rechnung des Fiskus sei mit massiven Preissteigerungen im Inland zu rechnen.[335] Die politischen Konsequenzen aus dem Wiesbadener Abkommen waren also auch für die an der »Erfüllung« interessierten Mitglieder des Reichswirtschaftsrats Anfang 1922 zumindest zwiespältig. Zum anderen ging es darum, ob der Reichstag zur Ratifizierung des Abkommens berechtigt sei, oder – wie dies die Regierung zunächst betonte – völkerrechtliche Verträge einer

»Politik«, die als *policy* (inhaltliche Dimension von Politik), *politics* (»Regierungskunst«, politische Praxis, Verfahren, auch Ränkespiele zum Machterhalt, Taktik, Rhetorik etc.) und *polity* (institutioneller Rahmen, politische Ordnung, Verfassung) bezeichnet werden. Karl Rohe hat in seiner grundlegenden Arbeit pointiert herausgestellt, dass es eine *politics*-freie Politik, also das rein »sachliche« Abarbeitung unterschiedlicher *policies* nicht geben kann, politisches Handeln also immer auch auf die Logiken des Machterhalts, des »Wieder-gewählt-werden-wollens«, verwiesen bleibt. Umgekehrt ist auch eine Politik ohne Virulenz der *policy*-Dimension nicht vorstellbar. »Politik« ist also die »Verwirklichung von ›policy‹ mit Hilfe von ›politics‹ auf der Grundlage von ›polity‹«. Vgl. Rohe, *Politik*, S. 61–81, das Zitat S. 79 (auch in veränderter Form S. 67). Unter systematischen Gesichtspunkten wird hierauf auch nochmals in Kapitel 5 eingegangen.

331 Max Cohen, 32. Plenarsitzung des RWR, 10.12.1921, BArch 401/7, fol. 73 (beide Zitate): »[...] man spricht immer von der Minderheit, es scheint mir aber der stärkere Teil zu sein«, der »sich der Kreditaktion in den Weg gestellt hat.«

332 Vgl. etwa 26. Sitzung des Reparationsausschusses, 23.3.1922, BArch R 401/614, fol. 1–69; zum Hintergrund des sog. Bemelmans-Abkommen »über Sachlieferungen im Wege des freien Verkehrs« Feldman, *Great Disorder*, S. 433–448.

333 Fritz Baltrusch, 26. Sitzung des Reparationsausschusses, 22.3.1922, BArch R 401/614, fol. 40. Das scheint ein für Baltrusch wichtiges Thema gewesen zu sein, denn bereits in der 19. Sitzung des Reparationsausschusses am 9.11.1921 hatte er im Anschluss an die Rede Rathenaus betont, dass die »Atmosphäre des Hasses« beseitigt werden müsse.

334 Hans Kraemer, 26. Sitzung des Reparationsausschusses, 22.3.1922, BArch R 401/614, fol. 5.

335 Ebd.

Verabschiedung durch das Parlament nicht bedurften.[336] Der Reichstag erörterte schließlich in zahlreichen hitzig geführten Debatten den von der Regierung vorgelegten Gesetzentwurf u.a. »zur Anwendung der Verträge zwischen dem Deutschen Reich und Frankreich vom 6. Oktober 1921«, der am 23. Juni 1922 mit Mehrheit angenommen wurde.[337] Tags darauf trat der Reichstag erneut zusammen – um in einer tumultarischen Sitzung der Ermordung Walther Rathenaus zu gedenken.[338]

Zweitens trat mit dem zunehmend dynamischeren Währungsverfall ein zwar keineswegs neues, in seiner Dringlichkeit aber qualitativ verschärftes Thema mehr und mehr in den Vordergrund. Die Fragen der Reparationsleistungen, des Außenhandels und der Binnennachfrage waren davon unmittelbar betroffen. Schon im März 1922 hatte sich der Reparationsausschuss im Vorfeld der Konferenz von Genua[339] mit den grundlegenden sozio-ökonomischen Problemen des Reparationsregimes – selbstredend kritisch – befasst, und dabei auch auf dessen negative Folgen für die Siegermächte und die dort grassierende Arbeitslosigkeit verwiesen.[340] Gleichwohl plädierte Stinnes erneut dafür, den Fokus nicht nur auf den Faktor Kapital, etwa in Form einer Anleihe, zu legen, sondern vor allem die Steigerung von Produktivität und Kaufkraft sowie die Reduzierung der »Betriebskosten des Reiches« in den Blick zu nehmen.[341] Die Kritik am Reparationsregime verband sich dabei in den Folgewochen zusehends mit der Diskussion um den beschleunigten Wertverlust der Mark, der für die Unternehmen in zunehmendem Maße praktische Konsequenzen hatte.[342] Umstritten und zwischen Regierung, Reichsbank und Wirtschaft hart umkämpft war dabei die Frage, inwieweit die Mark als Wertmaßstab noch tauge, und unter welchen Bedingungen Industrie und Handel in ausländischer Währung nicht nur zu kalkulieren, sondern auch zu fakturieren gestattet sei.[343] In einer gemeinsamen Sitzung des Wirtschaftspolitischen und des Reparationsausschusses des Reichswirtschaftsrats am 29. August 1922 wurde der

336 So StS [Gustav] Müller, 231. Sitzung des Reichstags, 21.6.1922, StenB 355, S. 7941. An gleicher Stelle betont er allerdings auch, dass zwischenzeitlich »eine wesentliche Veränderung der Sachlage eingetreten sei«, und der Reichstag nun über die Ermächtigung der Regierung abstimmen könne.

337 Vgl. 233. Sitzung des Reichstags, 23.6.1922, StenB 355, S. 8030. Der Gesetzentwurf findet sich als Anlage Nr. 4468 in StenB 374.

338 Vgl. 234. Sitzung des Reichstags, 24.6.1922, StenB 355, S. 8033–8036. Vgl. hierzu auch Sabrow, *Verschwörung*, S. 81–107.

339 Die Konferenz von Genua Krüger, *Außenpolitik*, S. 151–162, 166–183; Tooze, *Sintflut*, S. 529–548; Feldman, *Great Disorder*, insb. S. 436–446. Vgl. auch den hier nicht weiter ausgewerteten Aktenbestand des RWR in BArch R 401/962.

340 Vgl. etwa StS Hirsch, 24. Sitzung des Reparationsausschusses, 1.3.1921, BArch R 401/613, fol. 443, 446.

341 Hugo Stinnes, ebd., fol. 522.

342 Vgl. MR Reichardt, 27. Sitzung des Reparationsausschusses, 31.3.1922, fol. 71–72. Zahlreiche weitere Beispiele im Folgenden.

343 Vgl. Abraham Frowein, ebd., 73, 76. Rudolf Wissell, ebd., fol. 101: »Wenn das die Regel bilden sollte, dass etwa der Hufschmied in Dollar bezahlt wird, so wäre das etwas so Wahnsinniges, dass es nicht geht.«

Zusammenhang zwischen Währungskrise und Reparationsfrage eingehend diskutiert und in einer Resolution dokumentiert; weitere sollten folgen.[344] Dabei verbat man sich den Vorwurf, »mit Absicht« die Mark »in Verfall geraten zu lassen, um sich dadurch der Reparationsverpflichtungen zu entziehen.« »Hauptursache des Zusammenbruchs der Marktwährung« sei vielmehr »die immer wieder erneute Verzögerung einer der Zahlungsfähigkeit Deutschlands angemessenen Regelung der Reparationsfrage mit ihren wirtschaftlichen und politischen Folgen.«[345] Neben zunehmender Arbeitslosigkeit seien auch Nahrungsmittelengpässe zu erwarten; beides könne nicht dazu beitragen, den »europäischen Wiederaufbau« voranzubringen und die Irritationen der Weltwirtschaft zu lindern.[346] Darüber hinaus gebiete der »tiefe Ernst der gegenwärtigen Lage [...], daß sich über alle politischen und wirtschaftlichen Meinungsverschiedenheiten hinweg alle Stämme, Stände und Klassen des deutschen Volkes zu einer Schicksalsgemeinschaft vereinigen, die in allen Schichten der Bevölkerung jene entsagungsvolle Opferwilligkeit erweckt und fördert, die eine unerläßliche Vorbedingung für die erfolgreiche Bekämpfung der schweren Nöte der Gegenwart« sei.[347] Das Maßnahmenpaket sah eine Kombination von innenpolitischen Reformen mit externen Hilfeleistungen vor; man setzte dabei vor allem – der bellizistischen Rhetorik durchaus entsprechend – auf Konsumverzicht, Ausgabendisziplin, Rationalisierung und Effizienzsteigerung.[348] Die Fanfare zur *rally around the flag* klang indes eher wie das Pfeifen im Walde, war man sich doch auch intern – und das hatten die bisherigen Beratungen ja in aller Deutlichkeit gezeigt – alles andere als einig. Zudem warf der Währungsverfall nun auch in verschärftem Maße verteilungspolitische Fragen von erheblichem Politisierungspotential auf. Für die Arbeit des Reichswirtschaftsrats war dies eine verwickelte Lage, die sich auf unterschiedliche Weise äußerte: Während auf der einen Seite weitgehende Einigkeit darüber erzielt werden konnte, dass der Stabilisierung der Mark und der Wiederherstellung ihrer »Wertaufbewahrungs-

344 Vgl. MittRWR vom 2.9.1922, S. 113–116. Die Resolution auch in der Pressemitteilung vom 29.8.1922, BArch R 401/368, fol. 201–205. Auf die Entwicklungen verweist auch Hauschild, *Reichswirtschaftsrat*, S. 46–51 sowie weitere Resolutionen unterschiedlicher Ausschüsse des RWR ebd., S. 55–56, 61–67.

345 Pressemittelung des Wirtschaftspolitischen und des Reparationsausschusses, 29.8.1922, BArch R 401/368, fol. 201.

346 Ebd., fol. 202.

347 Ebd., fol. 203.

348 Tenor: »Mit den schärfsten Mitteln ist aller überflüssige Luxuskonsum, der in Zeiten, wie den gegenwärtigen, die Volksstimmung verdirbt, die Volksmoral gefährdet und im Aus- und Inland ein falsches Bild von der Leistungsfähigkeit und den Entbehrungen des deutschen Volkes gibt, zu unterdrücken.« (Ebd., fol. 204). Gleiches sollte für den Außenhandel gelten. Sodann: »größte Sparsamkeit im Reichshaushalt«; »Kern des Übels« sei der »allzu geringe Ertrag der deutschen Produktion«; »Notwendigkeit, durch erhöhte Arbeitsleistungen Volk und Heimat vor dem Versinken in Elend, Unkultur und Versklavung zu retten.« (Ebd., fol. 205).

funktion«[349] oberste Priorität zukam und alle anderen Maßnahmen im Kern vom Gelingen dieses Vorhabens abhingen,[350] wurde auf der anderen Seite zunehmend die grundlegende politische Brisanz des Problems erkannt. Schließlich monierten die Mitglieder des im Herbst 1922 eigens etablierten »Arbeitsausschusses zur Währungsfrage« schon bald, dass ihr Bemühen um Sacharbeit schön und gut, aber angesichts des Desinteresses und der Planlosigkeit der Regierung »völlig sinnlos«[351] sei.

Zusammen zeigt sich eine für den Reichswirtschaftsrat nachgerade typische Konstellation, in der es sowohl darum ging, Sachfragen mit der gebotenen Sachlichkeit und Adäquanz zu klären, die dabei zutage tretenden ökonomischen Interessengegensätze und politischen Konflikte zu kanalisieren, und nicht zuletzt – wiederum als Kollektiv – die institutionelle Relevanz gegenüber den anderen Akteuren des politischen Entscheidungsfindungsprozesses zu behaupten. Beobachtet werden kann dabei, dass Letzteres zumindest stets dazu führte, die Reihen zu schließen; umgekehrt bedeutete das freilich nicht, dadurch automatisch politische Relevanz zu erlangen. Auf Grundlage eines Resolutionsantrags des Währungsausschusses[352] stellten der Wirtschafts- und Finanzpolitische Ausschuss in einer gemeinsamen Sitzung am 1. November gegenüber der Reichsregierung klar, dass angesichts der durch den »Zusammenbruch der Währung« drohenden »wirtschaftlichen, sozialen und politischen Katastrophe« rasches Handeln auf zumindest drei Gebieten dringend geboten und dies die »Pflicht der verantwortlichen Reichsregierung« sei:[353] »Voraussetzung für eine dauernde Stabilisierung« der Mark seien die »Neuregelung der Reparationsverpflichtungen«, die »Sanierung des öffentlichen Haushalts« und die »Intensivierung und Rationalisierung der Produktion«.[354] Darüber hinaus sprach sich der Ausschuss für die »Ausgabe eines wertbeständigen Anlagepapiers« aus, das durch die Goldreserven der Reichsbank fundiert und mit der bereits angedachten »Kreditaktion« kombiniert werden sollte.[355] Besonders umstritten war dabei der Umgang mit dem Goldschatz der Reichsbank, des-

349 So Rudolf Hilferding, 29. Sitzung des Reparationsausschusses, 2.10.1922, BArch R 401/614, fol. 148 sowie den Tageordnungspunkt »Währungs- und Kreditnot« der gesamten Sitzung.

350 Etwa auch StS Julis Hirsch, ebd., fol. 188.

351 Zitat Rudolf Hiferding, 5. Sitzung des Währungsausschusses, 25.10.1922, BArch R 401/911, fol. 112 sowie die Diskussion im Ausschuss.

352 Vgl. den Antrag das Währungsausschusses, 31.10.1922, BArch R 401/368, fol. 435–436.

353 Entschließung des Wirtschafts- und Finanzpolitischen Ausschusses, Drs. RWR 303, 1.11.1922, BArch R 401/205, fol. 207.

354 Ebd.

355 Ebd.

sen Inanspruchnahme von ihrem Präsidenten Rudolf Havenstein ebenso vehement abgelehnt wie umgekehrt dessen Weigerungshaltung scharf kritisiert wurde.[356]

Im Kern jedoch sah man sich einer immer brisanter werdenden Situation gegenüber, die nicht mehr nur währungs- und finanzpolitischer Natur war, sondern Konturen einer sozialen und politischen Krise anzunehmen begann. Das betraf etwa die Anpassung der Löhne an steigende Preise, wenn sich diese an einer Goldwährung orientieren würden: Es sei, so etwa Fritz Tarnow, nicht angängig, »dass wir zwei Währungen haben, eine Papiermarkwährung für Lohn- und Gehaltsempfänger und eine Goldwährung für Warenhersteller und -verkäufer«. Die Einführung einer Goldwährung für die Wirtschaft müsste sich daher dringend auch in der Lohntüte manifestieren: »Tun wir das nicht, dann sind wir nicht mehr in der Lage, die Ruhe in der Arbeiterschaft aufrechtzuerhalten.«[357] Noch deutlicher wurde Rudolf Hilferding, der eine grassierende »Plünderungspsychologie in der Bevölkerung«, insbesondere den »Mittelschichten, die tatsächlich jetzt vollständig expropriiert seien«, ausmachte und prognostizierte, dass auch die Gewerkschaften mit einem Exodus der Mitglieder zu den Kommunisten rechnen müssten, wenn die Inflation derart ungebremst fortschreite.[358] Gerade weil der »Zusammenbruch der gesamten Staatswirtschaft« auf dem Spiel stünde, sei es jedoch Aufgabe des Reichswirtschaftsrats, auch in dieser Phase »ökonomische ratio« walten zu lassen.[359] Und auch Julius Hirsch betonte, dass der Regierung unter den gegebenen Umständen der »Reichswirtschaftsrat als Interessentenparlament doch erheblich lieber« sei als der sonst übliche Lobbyismus, der »nicht mit Gründen, sondern

356 Vgl. etwa die Diskussion in der 29. Sitzung des Reparationsausschusses, 2.10.1922, BArch R 401/614, fol. 143–254; auch Rudolf Hilferding, 9. Sitzung des Währungsausschusses, 30.1.1923, BArch R 401/911, fol. 326: »Aber ich glaube doch, dass es notwendig ist, nochmals mit aller Entschiedenheit denjenigen Instanzen, die wie die Reichsbank und das Finanzministerium für die Aufrechterhaltung unseres Geldwesens verantwortlich sind, zu sagen, dass hier der springende Punkt ist; wenn Sie jetzt nicht eingreifen und jetzt noch immer daran festhalten, dass pereat mundus, aber der Goldschatz der Reichsbank erhalten bleibt, dann sind wir in einer politischen Situation, die uns einfach jede Aussicht vollständig verbaut.« Dagegen der Präsident der Reichsbank, Rudolf Havenstein, in der gemeinsamen Sitzung des Wirtschaftspolitischen und des Reparationsausschusses, 29.8.1922, BArch R 401/910, fol. 112: Die Pariser Bankierskonferenz »hat keine Zweifel darüber gelassen, daß sie ohne eine endgültige, vernünftige Regelung der Reparationsfrage eine Stabilisierung der Währung für unmöglich« hält. Der Goldschatz dürfe nicht angerührt werden: Es handle sich dabei um die »letzte Reserve, die das deutsche Volk und Land hat für die spätere Wiederaufrichtung seines Wirtschaftslebens und seiner Währung.« (ebd., fol. 118).

357 Fritz Tarnow, 29. Sitzung des Reparationsausschusses, 2.10.1922, BArch R 401/614, fol. 203, 204. Vgl. auch Abraham Frowein, der Tarnows Analyse teilt, gleichzeitig aber davor warnt, die Löhne »zu hoch« zu stabilisieren (ebd., fol. 206).

358 Rudolf Hilferding, ebd., fol. 248–249.

359 Rudolf Hilferding, ebd., fol. 162.

rein persönlich durchzudringen« versuche.[360] Inwieweit die Regierung diesem – vielfach wiederholten und oft gehörten – Bekenntnis auch in der Praxis Rechnung zu tragen bereit war, stand auf einem anderen Blatt. Gerade im Umgang mit der Inflation schien der Reichswirtschaftsrat und sein Währungsausschuss nur sehr bedingt durchzudringen, zumal offenbar identische Arbeit auch andernorts geleistet wurde.[361] Sich vor allem darauf zu verlassen, dass »die Qualität unserer Gutachten«[362] für institutionelles Gewicht sorgen würde, sollte sich als illusorisch erweisen. Denn schon die intensiv und kontrovers geführte Debatte der Folgetage machte klar, dass auch gut begründete Maßnahmenbündel nicht automatisch in gut begründete Politik münden mussten: So beklagten etwa der Wirtschafts- und Finanzpolitische Ausschuss in ihrer gemeinsamen Sitzung, dass die Arbeit des Reichswirtschaftsrats von Seiten der Regierung nicht hinreichend gewürdigt, ja teils sogar »verschwiegen« würde.[363] Gleichwohl waren auch die internen Streitfelder durch die Einigung auf ein solches Paket nicht simpel aus der Welt zu schaffen; zu grundlegend die unterschiedlichen Interessen, politischen Präferenzen und taktischen Erwägungen. Nicht ohne Grund fand die Sitzung am 9. November 1922, in der auch Hugo Stinnes das Wort ergreifen sollte, als »Geheimsitzung« statt:[364] Erneut war der für gewerkschaftsnahe Kreise zur Gewissheit verfestigte Vorwurf laut geworden, dass diejenigen Teile der Industrie, die in Sachwerte investierten, »an einer fortschreitenden Entwertung der Mark interessiert« seien, da sie dann die »Schulden umso leichter abtragen« könnten.[365] Stinnes wies die Anwürfe scharf zurück, mahnte aber einen faktischen Zwang zur Produktivitätssteigerung an, die durch »Mehrarbeit« zu leisten sei. Ein »Pumpgeschäft ohne wirkliche Behebung

360 StS Julius Hirsch, ebd., fol. 180 (»erheblich« im Stenographischen Protokoll hds. ergänzt).

361 Vgl. die Kritik etwa von Rudolf Hilferding, 5. Sitzung des Währungsausschusses, 25.10.1922, BArch R 401/911, fol. 112; desgleichen Georg Bernhard, ebd., fol. 114; Abraham Frowein, ebd., fol. 118. Fritz Baltrusch gibt ebd., fol. 120 ebenso mäßigend wie resignierend zu Bedenken, dass man »diese Art der Behandlung« von Seiten des Finanzministeriums ja seit langem kenne, man ja eigentlich »überhaupt ignoriert« wurde. Ein im Übrigen für die Arbeit des RWR charakteristisches Beispiel.

362 So Fritz Tarnow, ebd., fol., 129. Ähnlich auch ders., 9. Sitzung des Währungsausschusses, 30.1.1923, BArch R 401/911, fol. 317–318: Es sei »geradezu lächerlich«, welches Bild die Regierung abgebe: Der Finanzminister erkläre im Reichstag, »einen Etat kann ich nicht mehr machen; wohin die Geldentwertung den Staat treiben wird, kann kein Mensch übersehen; hier sind die Ziffern, die können Sie sich ansehen, aber Bedeutung haben sie nicht, der Staat ist einfach bankrott in der Finanzpolitik, er weiss nicht mehr, was er machen soll.«

363 Protokoll vom 9.11.1922, BArch R 401/368, fol. 461.

364 Vgl. ebd., fol. 462'.

365 Georg Bernhard in der gemeinsamen Sitzung von Wirtschafts- und Finanzpolitischem Ausschuss, zit. nach den MittRWR vom 18.11.1922, S. 163.

der Fehler im Innern« führe nicht nur nicht zu dem erhofften Auslandskredit, sondern sei mit Blick auf die Zukunft des Landes kontraproduktiv.[366]

Was auf der einen Seite fiskalisch vernünftig klang, wurde auf der anderen Seite als eine unverhohlene Drohung verstanden, die in den vergangenen Jahren mühsam erkämpften sozialpolitischen Errungenschaften unter Verweis auf die Krisensituation wieder über Bord werfen zu wollen. Und so verwundert es nicht, dass der »Vorwärts« bereits tags darauf unter dem Titel »Hugo Stinnes sagt Kampf an« aus den ja eigentlich als geheim deklarierten Verhandlungen berichtete – und dabei kein Blatt vor den Mund nahm: So habe Stinnes mit seiner Schwerindustriellen-Clique nicht nur ein erhebliches persönliches Interesse daran, »die Mark weiter in den Abgrund zu treiben«, sondern ziele auch – und das war ein ganz besonderes Reizthema – auf die »Beseitigung des Achtstundentages und die Rückkehr zu einer zehnstündigen Arbeitszeit«.[367] »Riesengewinne« würden so »ungeschmälert erhalten«, während die Kosten die Allgemeinheit zu tragen hätte.[368] Für die Sozialdemokratie sei klar, so der »Vorwärts« weiter, dass man mit »Leuten, die die Lebensinteressen der großen Masse der Bevölkerung leichten Herzens opfern, weil sie im Widerspruch stehen mit kapitalistischen Gruppeninteressen«, »keine gemeinsame Arbeit« mehr leisten könne.[369] Ein »Skandal« war freilich nicht (nur) der Auftritt Stinnes' »hinter verschlossenen Türen«[370], sondern ebenso die Tatsache, dass die als vertraulich eingestuften Verhandlungen offenbar der (politischen) Presse zugespielt worden waren. Für die Teilnehmer der Ausschussberatungen hatte das ein »außergewöhnliche[s]«[371] Nachspiel, widersprach doch Indiskretion in dieser politisch äußerst heiklen Gemengelage in eklatanter Weise dem eigenen Selbstverständnis. Denn in der Tat war ein »derartiger Bruch der Pflicht zur Geheimhaltung« dazu »geeignet, das Ansehen des vorläufigen Reichswirtschaftsrats in der Öffentlichkeit in hohem Maße zu schädigen.« Die in Frage kommenden Ausschussmitglieder wurden daraufhin verpflichtet, eine schriftliche Erklärung abzugeben, nichts mit der Veröffentlichung im »Vorwärts« zu tun zu haben.[372]

366 Ebd., S. 164. Auch Abraham Frowein und Arthur Salomonsohn wiesen die Anschuldigungen Bernhards »auf das allerschärfste« zurück, die Industrie würde die Dinge treiben lassen und »mangelnde vaterländische Gesinnung« an den Tag legen (Protokoll vom 9.11.1922, BArch R 401/368, fol. 462).

367 »Vorwärts« vom 10.11.1922 (Morgen-Ausgabe), S. 1.

368 Ebd., S. 2.

369 Ebd.

370 Ebd., S. 1.

371 Schreiben des Vorsitzenden des RWR an einzelne Mitglieder, 10.11.1922, BArch R 401/368, fol. 488–489.

372 Die unterschriebenen Erklärungen finden sich ebd., fol. 495–554. Im Wortlaut: »Wie mir mitgeteilt ist, sind im ›Vorwärts‹ vom Freitag, den 10. November 1922 Mitteilungen über eine gemeinsame Sitzung des Finanzpolitischen und Wirtschaftspolitischen Ausschusses des Vorläufigen Reichswirtschaftsrats erschienen, die über Vorgänge dieser Sitzung, insbesondere Erklärungen des Mitglieds Stinnes, berichte-

Diese Episode zeigt, dass die Arbeit des Reichswirtschaftsrats auf Prämissen basierte, die stets aufs Neue performativ bekräftigt werden mussten. Immer ging es dabei darum, die Mechanismen »der Politik« wenn auch nicht auszuhebeln, so doch institutionell und prozedural zu kanalisieren. So stellte der Konflikt um die Umsetzung der Kreditaktion ebenso wie der Umgang mit dem zunehmenden Währungsverfall und den Grundlinien der Reparationspolitik dieses Selbstverständnis erheblich auf die Probe – und trug gleichzeitig zu seiner Festigung bei.

4.3.4 Ergebnisse: Der Reichswirtschaftsrat als fragiler Akteur

Die Rekonstruktion der Debatten im Reparationsausschuss des Reichswirtschaftsrats um den »richtigen« Umgang mit den Reparationsforderungen der Alliierten, ihre (vermutete und manifeste) Rückwirkungen auf die sozio-ökonomischen Bedingungen in Deutschland und – nicht zuletzt – die politische Stimmung im Land sollte auf drei unterschiedlichen Ebenen Erkenntnisse liefern: *Erstens* ging es auf der *policy*-Ebene darum, die Diskussion und Positionierung des Reichswirtschaftsrats in einer für die (Geschichte der) Weimarer Republik elementaren Sachfrage zu beschreiben und zu analysieren. Ziel war es dabei, die unterschiedlichen Perspektiven und ihre Artikulation durch die in den jeweiligen Gremien vertretenen Akteure plastisch werden zu lassen. Es zeigt sich, dass die Haltung des Reichswirtschaftsrats in inhaltlichen Fragen zwar, und daran hatten die Mitglieder aus den skizzierten Gründen ein erhebliches Interesse, als Haltung der Institution begriffen werden kann, gleichzeitig aber auf einem von sehr heterogenen, teils unvereinbar erscheinenden Interessen und Überzeugungen geprägten Fundament ruhte. Dass sowohl gegenüber der Öffentlichkeit als auch den übrigen Institutionen des politischen Entscheidungsprozesses – Regierung, Reichstag, Reichsrat – nicht (bzw. zumindest nicht als Regelfall) die Pluralität des Reichswirtschaftsrats, sondern im Gegenteil seine Kohärenz (demonstrativ) in den Vordergrund gestellt wurde, ist *zweitens* ohne Bezugnahme auf seinen *modus operandi* und das dahinter ste-

ten, obwohl die Verhandlungen ausdrücklich für geheim erklärt worden waren. Ich erkläre hiermit ausdrücklich, daß ich diese Veröffentlichung weder selbst vorgenommen, noch veranlaßt habe, noch auch einem anderen irgendwelche Mitteilungen gemacht habe, auf die nach meiner Ansicht der Artikel im ›Vorwärts‹ zurückgeführt werden kann.« Sehr interessant ist die handschriftliche Anmerkung von Emma Kromer (Gruppe VII, Verbraucher) auf ihrer »Erklärung«: »Auch wenn ich die obenstehende Erklärung unterzeichne, so halte ich mich gleichzeitig verpflichtet, zu erklären, daß die Geheimerklärung der Sitzung erst in einem Augenblick ausgesprochen wurde, als bereits ein grösserer Teil der Versam(m)lung sich entfernt hatte, so daß schon damals Bedenken über diese Geheimhaltung laut wurden, da ihre Durchführung nicht mehr in der Hand des Herrn Vorsitzenden lag. E. Kromer.« (ebd., fol. 526).

hende Selbstverständnis nicht angemessen zu verstehen. *Drittens* lässt sich darauf aufbauend die Rolle des Reichswirtschaftsrats in einer für das politische System essentiellen Frage ermessen. Leitende These ist, dass er sich hier als politischer Akteur zu etablieren vermochte, dessen Existenz und Relevanz allerdings fragil, prekär und herausgefordert blieb. Diese stete Herausforderung trug umgekehrt dazu bei, sein institutionelles Design zu formen und (dadurch) zu festigen.

Blickt man zunächst auf die inhaltliche Ebene, so wird eine Vielzahl an Konflikt- und Spannungsfeldern sichtbar, die sich an der »Kreditaktion der deutschen Wirtschaft« einerseits, der »Erfüllungspolitik« der Regierung Wirth andererseits kristallisierte. Nur mit größter Mühe war es gelungen, eine gemeinsame Stellungnahme zu Papier zu bringen, wobei das auf allen Seiten vorhandene Misstrauen nicht hatte zerstreut werden können. Im Gegenteil lief der Reichswirtschaftsrat durch eine dissimulierende Politik des Kompromisses nicht nur Gefahr, Ergebnisse ohne Chance auf Implementierung zu produzieren, sondern sich gerade dadurch auch als Institution politisch überflüssig zu machen. Das lag durchaus auch im Interesse der Regierung: Sie konnte einerseits von der Expertise des Reichswirtschaftsrats gegenüber dem Reichstag profitieren und andererseits auf eine unproblematische Implementierung der Vorhaben aufgrund der frühzeitigen Einbindung der Normadressaten hoffen. Darauf jedoch wollte sich der Reichswirtschaftsrat gerade nicht reduzieren lassen. Die inhaltliche Arbeit stand damit stets unter dem Druck, nicht nur fachliches, sondern auch »politisches« Gewicht entfalten zu müssen, wollte man nicht als bloßer Stichwortgeber der Exekutive fungieren. Auffallend ist, dass die Verständigungsbereitschaft der Akteure wuchs, je kleiner das Gremium, je präziser die Aufgabenstellung und je intimer die Beratungsatmosphäre war. Umgekehrt, und das stieß auch intern mehr und mehr auf Kritik, wiesen die »Beratungen« in der Vollversammlung nicht zu negierende Ähnlichkeiten zu Parlamentsdebatten im Reichstag auf, von deren »politischem« Charakter man sich eigentlich zu distanzieren suchte. Die vehement vorgetragene (und in den Folgejahren häufig wiederholte) Kritik an der Praxis der Regierung, die lieber mit einem devoten Gremium arbeite, »dessen Zusammensetzung natürlich vollständig ihrem Belieben anheimgegeben«[373] sei, verband sich dabei mit der Einsicht, dass in einem funktionierenden politischen System nicht »dieselbe Arbeit an drei unterschiedlichen Stellen geleistet« werden könne.[374] Auf lange Sicht müsse man hier, im institutionellen Arrangement zwischen Reichstag, Reichsrat und Reichswirtschaftsrat, »zu einer Vereinfachung« kommen.[375] Für den Moment bleibe nur

373 Rudolf Hilferding, 5. Sitzung des Währungsausschusses, 25.10.1922, BArch R 401/911, fol. 112. Ähnlich auch Abraham Frowein, ebd., fol. 118.

374 Georg Bernhard, ebd., fol. 114.

375 Karl Hermann, ebd., fol. 124.

die Hoffnung, durch Qualität überzeugen zu können.[376] Dieses Kernproblem, von der Regierung abhängig und auf deren guten Willen angewiesen zu sein, stellt eine starke Konstante dar, die über den gesamten Zeitraum bestehen blieb – und aus der man Lehren zu ziehen versuchten. Das Aus für die Vollversammlung, die man sich infolge der Inflation und der Belastungen für den Reichshaushalt nicht mehr leisten wollte, traf deshalb nur bedingt auf Kritik: Sie bezog sich denn auch mehr auf Stilfragen und auf das alles andere als unbegründete Gefühl, erneut zu kurz zu kommen, als auf die sachliche Entscheidung als solche. Plenardebatten, das wurde deutlich, passten nicht zur Arbeit und zum Selbstverständnis des Reichswirtschaftsrats. Seine von vielerlei Hemmnissen geprägte *praktische* Arbeit trug damit in erheblichem Maße zur Klärung seines institutionellen Designs, seines Selbstverständnisses und seiner Rolle im politischen System bei. Eine der zentralen Schwierigkeiten lag darin, unterschiedlichen Bezugspunkten gerecht werden zu müssen: Nicht selten gerieten dann die wirtschaftlichen und verbandspolitischen Loyalitäten der MdRWR in Konflikt mit dem selbstgewählten, für die Institution aber essentiellen Anspruch, im Reichswirtschaftsrat die Dinge eben gerade nicht parteilich, sondern im Interesse des »Volksganzen« betrachten zu wollen. Die »Kreditaktion« und ihr mangelnder Rückhalt in der Industrie zeigt dies deutlich. Zwar förderte das Bestreben, die institutionelle Stellung im politischen Entscheidungsprozess zu festigen, die Bereitschaft, auch über Lagergrenzen hinweg Kompromisse zu schließen; es barg aber auch das Risiko, durch den faktischen Zwang, im Interesse der eigenen Wahrnehmbarkeit mit einer Stimme gleichsam sprechen zu *müssen*, unterm Strich nur wenig belastbare Beschlüsse zu produzieren. Das galt nicht nur mit Blick auf die parlamentarische Durchsetzbarkeit, sondern noch mehr mit Blick auf die eigenen Leute, denen man den Verzicht auf Maximalforderungen oder die Umsetzung der reinen Lehre erst verkaufen musste, was – und auch dafür steht das hier rekonstruierte Beispiel – nicht immer gelang, gelingen konnte. Dieses Dilemma musste gelöst, der dafür notwendige Raum erst gefunden werden, wollte man als Autorität zurate gezogen und ernst genommen werden. Die Häutungen der frühen 1920er Jahre bildeten dafür die Grundlage.

Der Konflikt um das Wie der Reparationsleistung wurde auch deshalb im Reichswirtschaftsrat derart hart geführt, weil damit je länger je mehr auch zwei weitere Problemfelder verknüpft waren: Zum einen wurde im Verlauf des Jahres 1922 klar, dass der zunehmende Währungsverfall alle anderen mit »Geld« verbundenen Fragen (und welche waren das nicht?) in den Hintergrund zu drängen bzw. zu überlagern vermochte; das betraf die Außenwirtschaft und den internationalen

376 So Fritz Tarnow ebd., fol. 129: Es bleibe die Hoffnung für die Zukunft, dass man »durch die Qualität unserer Gutachten« der Regierung deutlich gemacht habe, dass »sie besser daran getan hätte, auf uns zu hören.«

Zahlungsverkehr in besonderer Weise, und damit auch das Reparationsproblem. Die Inflation barg indes auch ganz erheblichen sozialen und politischen Sprengstoff, der nicht allein durch finanzpolitische Operationen entschärft werden konnte.[377] Zum anderen rührte die von Seiten der Industrie geforderte Ausgabendisziplin des Staates in Verbindung mit dem vor allem von Hugo Stinnes propagierten Plan zur Privatisierung der Eisenbahn an den Grundlagen der Wirtschaftsordnung. Denn gerade weil das Verhältnis von Wirtschaft und Staat trotz aller verfassungsrechtlicher Normierung keineswegs fest gefügt, sondern Gegenstand politischer Auseinandersetzungen und Konstellationen war, wurden Machtverschiebungen mit besonderer Aufmerksamkeit verfolgt. Das galt für den Topos der »Sozialisierung« ebenso wie die von Arbeitnehmerseite perhorreszierte »Stinnes-Herrschaft«, die am Horizont drohe. Hier lag die zukünftige Aufgabe des Reichswirtschafsrats begründet: Es hieß, einerseits die Illusion zu akzeptieren, »politische« Konflikte ignorieren zu können; andererseits aber einen pragmatischen und prozedural stabilen Modus zu entwickeln, der diese Konflikte zu kanalisieren imstande war.

Für den hier analysierten Fall können damit zwei scheinbar widersprüchliche Ergebnisse festgehalten werden. *Erstens* wird deutlich, dass der Reichswirtschaftsrat in der zentralen politischen Frage der Reparationen nicht nur »gehört« wurde, sondern als Ort fungierte, an dem die wichtigen Diskussionen unter Beteiligung der relevanten Akteure geführt wurden. Das galt für den Umgang mit den aus dem Londoner Ultimatum resultierenden monetären Forderungen ebenso wie für das Inflationsproblem. *Zweitens* wird aber gleichzeitig erkennbar, dass der Reichswirtschaftsrat zwar zu weitreichenden Ergebnissen in politisch umkämpften Sachfragen gelangen konnte; ob diese aber implementiert wurden, entzog sich seinem Einfluss. Entscheidend ist jedoch nicht, dass er in einer Sachfrage politisch nicht durchzudringen vermochte. Für die Institution gefährlicher war, durch eine möglicherweise dauerhafte Randposition im *policy making process* an Gewicht zu verlieren, das aber maßgeblich von den Personen abhing, die sich im Reichswirtschaftsrat – und für ihn – engagierten. Denn was halfen Resolutionen, die in der organisierten Wirtschaft ungehört verhallten oder gar bekämpft wurden? Was Anfang der 1920er Jahre noch offen war, sollte sich in der Folgezeit klären: In der Praxis folgte man der Logik, institutionelle Eigenständigkeit durch Sacharbeit der potentiellen Normadressanten unter Beweis zu stellen, auch wenn sie angesichts der politischen Kontextfaktoren prekär blieb.

377 Etwa mit Blick auf den oben bereits zitierten Vorwurf gegenüber der Industrie, die Inflation aus Eigeninteresse bewusst in Kauf zu nehmen, ja zu forcieren; vgl. auch Bähr/Kopper, *Industrie*, S. 56–59.

Parallel zur Diskussion über die (verfassungs-)rechtliche Zukunft des Reichswirtschaftsrats vollzog sich so ein maßgeblich von der politischen Praxis getriebener Institutionalisierungsprozess. Die Akteure reagierten auf die sich stetig verändernden Bedingungen, indem sie ihre ursprünglichen Vorstellungen anzupassen versuchten. Dabei schälte sich mit der Zeit ein gemeinsamer Kern heraus, um den herum die unterschiedlichen ideologischen Vorlieben (Ständeorgan, Wirtschaftsparlament, Räte, Expertengremium, vergrößerte ZAG usw.) weiter gepflegt und am Leben erhalten wurden. Der Ausformung eines spezifischen Selbstverständnisses, das sich bereits in den frühen 1920er Jahren abzeichnete und auf Autonomie, Sachlichkeit, »ökonomische ratio«, Praxisrelevanz, Kommunikation jenseits der Öffentlichkeit, Verzicht auf parlamentarische Formen und politische Rituale setzte, korrespondierte die Verfestigung einer Problemkonstellation: Denn *erstens* sollte es auch in der Folge nicht gelingen, ein stabiles und zuverlässige Einflussnahme ermöglichendes Verfahren im politischen Entscheidungsprozess zu etablieren, das dem Selbstverständnis des Reichswirtschaftsrats und seiner ursprünglich verfassungsrechtlich avisierten und im Gesetzgebungsprozess auch projektierten Stellung Rechnung getragen hätte. Und *zweitens* blieb die Abhängigkeit von der Regierung bestehen, die Anlass zu zahlreichen Beschwerden gab. Damit war ein Pfad begründet, der das Verhältnis von Reichswirtschaftsrat, Regierung und Reichstag, politischem System und organisierten Interessen prägen sollte. Hier wird der institutionelle Wandel »beyond big legislative changes«[378] greifbar: Denn der Reichswirtschaftsrat sollte sein Profil gerade nicht (mehr) aufgrund rechtlicher Normen oder kraftvoller politischer Interventionen erlangen, sondern durch einen iterativen wie tentativen Prozess der Anpassung in der Praxis, dem enge Grenzen gezogen waren. Die Ausformung einer »institutionellen DNA«, die in allen kontroversen und politisch aufgeheizten Debatten demonstrativ in den Vordergrund gestellt wurde und sich auch am Beispiel der Reparations- und »Erfüllungspolitik« illustrieren ließ, kann damit als kompensatorische Leistung umschrieben werden. Eine Kompensation freilich, die praktische Relevanz entfalten und wirkmächtig werden konnte.

Seine Stellung im politischen System der Weimarer Republik, die nicht zuletzt infolge der skizzierten Auseinandersetzung um das Reparationsproblem Konturen gewann, blieb vor allem deshalb prekär, weil dem Reichswirtschaftsrat (noch immer) die entscheidenden politischen Befugnisse fehlten, der Odem der Vorläufigkeit anhaftete und er in einem Kontext wirkte, der seinerseits dynamisch blieb. Der Reichswirtschaftsrat hatte, um es plastisch zu machen, also eine Rolle zu spielen, für die auf der Bühne zwar ausreichend Platz bestand, wo aber das Stück, das zur Aufführung gelangen sollte, ständig umgeschrieben wurden. Für eine institu-

378 Hacker/Pierson/Thelen, »Drift and conversion«, S. 198–199.

tionelle Innovation, die ihren Ort in einem ohnehin fragilen politischen System mit einer immens geforderten Wirtschaft noch finden musste, eine in der Tat komplexe Lage – die aber umgekehrt auch Raum für Kreativität ließ. So zeigen der Fortbestand des Reichswirtschaftsrats und das Festhalten an seiner Scharnierfunktion auch *nach* dem »Krisenjahr« 1923 und der nicht zuletzt durch den »Ruhrkampf« bewirkten Zerrüttung von Währung und Finanzen,[379] auch nach dem Zerfall der ZAG 1924 vor allem zweierlei: Es gab Möglichkeiten, und es gab Akteure, die sie (weiter) nutzen wollten. Die Fokussierung auf Ausschussarbeit kann als Beispiel für diese institutionelle Anpassungsleistung genannt werden. Die Umwelt hatte sich verändert, doch es war zu diesem Zeitpunkt noch nicht klar, wie die Akteure mit Blick auf »ihre« Institution damit umzugehen gedachten. Akzeptierte man *drift* und hoffte auf bessere Zeiten, oder riskierte man eine kraftvolle *conversion*? In der Tendenz war man sich einig: Auch wenn man aufgrund sich ändernder Rahmenbedingungen Formveränderungen hinzunehmen gezwungen war – am gerade erst gefundenen Stil wollte man festhalten. Die folgenden Jahre mussten erweisen, ob das gutgehen konnte.

4.4 Kartelle, Wettbewerb und Wirtschaftsordnung

4.4.1 Kartelle und Wettbewerb in der Weimarer Republik

Anders als die Themen Sozialisierung, Reparationen, Inflation und Währung, die zentrale politische Handlungsfelder der frühen Weimarer Republik benennen, richtet der folgende Abschnitt den Blick auf die Mesoebene der Wirtschaftsordnung. Die Trennung ist freilich artifiziell, denn jede wirtschaftspolitische Maßnahme, jede Weichenstellung und jedes (bewusste) Unterlassen trug in der Summe dazu bei, die komplexe und unausgetragene Wirtschaftsordnung der Weimarer Republik zu konkretisieren und auf Dauer zu stellen. Die dahinter stehende theoretische Annahme einer sozialen Konstruktion der Wirklichkeit[380] muss hier nicht weiter vertieft und argumentativ überfrachtet werden. Gerade für die Wirtschaftsordnung von Weimar ist der Hiatus zwischen Norm und Praxis, zwischen den in die Verfassung eingegangenen Plänen und der durch die Fülle an Problemen und Herausforderungen gekennzeichnete Wirklichkeit bekannt: Wer

379 Zur Bedeutung des »Ruhrkampfes« für die Beschleunigung der Hyperinflation vgl. Blaich, *Schwarze Freitag*, 29–32; Henning, *Handbuch der Wirtschafts- und Sozialgeschichte*, S. 276–280; Feldman, *Great Disorder*, S. 631–697; Krüger, *Außenpolitik*, S. 183–206, insb. 201.

380 Auf die Arbeiten von Berger/Luckmann, *Gesellschaftliche Konstruktion*, S. 65 sowie Giddens, *Konstitution*, S. 41, 70, 77 wurde oben in Kap. 1.2 bereits verwiesen.

die Weimarer Wirtschaftsordnung von ihrer normativen Seite her erfassen will, erfasst bestenfalls die Hälfte. Und so interessiert an den kartell- und wettbewerbspolitischen, preis- und konsumpolitischen *policies* im Folgenden daher besonders, welche Ordnungskonzeption sie enthüllen, welche Vorstellungen des Verhältnisses der Wirtschaftsakteure zueinander und in Bezug auf den Staat sich hierin kristallisieren und welche Wandlungsdynamiken beobachtet werden können.

Mit der Frage der Neujustierung des Verhältnisses von Wirtschaft, Gesellschaft und Staat war von Beginn an das Phänomen der Unternehmenskonzentration verbunden: Das Thema war während der gesamten Weimarer Zeit virulent, erfuhr allerdings erhebliche Akzentverschiebungen, die sich in unterschiedlichen Regulierungsbemühungen und -zielen niederschlugen. Konkret wurde dies etwa in der Preis-, Wettbewerbs- und Konsumpolitik, und hier sollte auch der Reichswirtschaftsrat in Erscheinung treten, in dem sich die mit Grundfragen der Wirtschaftsordnung verbundenen sehr heterogenen Interessenlagen und Betroffenheiten besonders deutlich manifestierten. Auffallend ist, dass dies nicht nur in ökonomischer und rechtlicher Hinsicht galt, sondern auch in politisch-ethischer: Wie sollte eine »gute« Ordnung am Markt aussehen, wie sich Preise bilden? Die ältere, wenn man so will, »oikonomische« Tradition wirkte hier noch fort.[381] In der politisch zentralen Frage, wie mit der zunehmenden Konzentrationstendenz und ihren für Unternehmen wie Verbraucher gleichermaßen spürbaren Effekte auf Preise, Investitionschancen und Kaufkraft umzugehen sei, musste der Reichswirtschaftsrat Farbe bekennen – und dabei gleichzeitig auf seine institutionelle Performanz achten. Das »Kartellproblem« war auf der anderen Seite aber nicht nur eine bloße Facette wirtschaftspolitischer Praxis; es war gleichzeitig ein wirtschafts- und rechtswissenschaftliches Topthema der Zeit.

Dass die deutsche Wirtschaft in Kaiserreich und Weimarer Republik einen besonders hohen Kartellierungsgrad erreicht hatte und Deutschland das »Land der Kartelle« sei, galt lange Zeit als Axiom.[382] Die Diskussion darüber, ob dem tatsächlich so war, welche qualitativen Kriterium man eigentlich zur Bewertung heranziehen und auf welcher quantitativen Grundlage (Stichwort Wirtschaftsstatistik)[383]

381 Vgl. hierzu Hederer, *Im Sog*, S. 73–87.

382 Ewa Lehnich, *Kartelle*, S. 236 (»Deutschland ist das Land der Kartelle«). Dazu auch Jovovic, »Deutschland und die Kartelle«, S. 238 et passim; Schröter, »Kartellierung«; Knortz, *Wirtschaftsgeschichte*, S. 32–33; Petzina, »Elemente«, S. 127–128; Petzina, »Soziale und wirtschaftliche Entwicklung«, S. 45, 51–52. Grundlegend aus rechtshistorischer Perspektive Nörr, *Leiden*, insb. S. 31–100. Vgl. auch die Debatte in der ZUG um Konturen und Zukunft der Kartellforschung: Leonhardt, »Richtungsstreit«; Roelevink, »Warum« und dagegen Schröter, »Quo vadis«; Köster, »Kartell- und Monopoldebatte«.

383 Vgl. mit Blick auf das Kaiserreich und die Entwicklung statistischen Wissens Schneider, »Fähigkeiten«, S. 161–164 sowie für die Weimarer Republik Tooze, »Wirtschaftsstatistik«.

dies seriös erfolgen könne, ist allerdings keineswegs abgeschlossen, im Gegenteil. Historisch und analytisch ist der Komplex aber gerade deshalb von besonderem Interesse, weil die Frage nach dem Verhältnis von Kartell und Wirtschaftsordnung nicht nur dauerhaft politisch schwelte und bisweilen auch akut aufflammte, sondern weil das Thema als Schnittpunkt ganz verschiedener Debatten fungierte, die je nach ökonomischem Interesse, konkreter Betroffenheit, rechtlicher Einschätzung oder politischer Überzeugung nicht selten quer zu den klassischen Konfliktlinien lagen – und im Reichswirtschaftsrat absorbiert werden mussten.

Systematisch konkurrierten in der Diskussion um Kartelle bzw. das Phänomen der Unternehmenskonzentration zwei konträre Perspektiven: Während man einerseits, anknüpfend an Friedrich Kleinwächters Diktum von Kartellen als den »Kindern der Not«[384] ihre systemstabilisierende Funktion und ihren Beitrag zur »Ordnung« von potentiell chaotischen Marktprozessen betonte, wurden sie andererseits auf der Folie des jahrhundertealten Monopoldiskurses verhandelt und hinsichtlich ihrer gemeinwohlschädlichen Potentiale kritisiert.[385] Beide Perspektiven schlossen sich freilich nicht zwingend aus, und genau hier sollten staatliche Regulierungsbemühungen ihren Ansatzpunkt finden. Denn auch wenn man sich der im Raum stehenden negativen Effekte von Monopolbildungsprozessen auf Wettbewerbsfähigkeit, Innovationskraft oder Verbraucherpreise bewusst war, so wollte man doch auf das Moment der durch Unternehmenskonzentration und Marktorganisation bewirkten Berechenbarkeit (gerade in einer sozial und ökonomisch äußerst dynamischen Zeit) nur ungern verzichten. Für die Weimarer Jahre hieß dies konkret, dass die Lage in der Schwebe blieb – vor allem aufgrund der unausgetragenen Wirtschaftsordnung, der ein kohärenter »ideologischer« *frame* fehlte; dieser war vielmehr umkämpft, und so auch die Kartellfrage.[386] Der nach langen Beratungen der großen Wirtschaftsenquête schließlich 1929 vorgelegte Abschlussbericht zur Kartellpolitik ist in dieser Hinsicht symptomatisch.[387]

---

384 Vgl. bereits oben Kleinwächter, *Kartelle*, S. 157.

385 Vgl. den Überblick aus Sicht der Nationalökonomie bei Köster, »Kartell- und Monopoldebatte« sowie Jovovic, »Deutschland und die Kartelle«, S. 249–252, 261–270.

386 Etwa: Hilferding, *Schicksalsstunde*, S. 19: »Ich betrachte die treibhausmäßige Kartellierung als eine volkswirtschaftliche Gefahr, vor allem auch für unsere Industrie selbst.« Und: »Was wir heute in Deutschland brauchen ist der Luftzug freier Konkurrenz vom Ausland her«, um die »zünftlerische Kartellpolitik auszuschalten«. Dagegen von der Kartellstelle des RDI Herle/Metzner, *Aufgabe*, S. 5: »Gerade in den Kartellen findet der industrielle Mittelstand eine starke Handhabe und eine gute Stütze. Ohne Kartelle würden im freien, rücksichtslosen Wettbewerb diese wertvollen Schichten der Wirtschaft, die für das deutsche Volksleben einen unentbehrlichen Teil bilden, erheblichen Schaden nehmen müssen und zum Teil vielleicht sogar dem Untergang verfallen.« (das Zitat ebd., Bericht Herle, erstattet auf der Geschäftsführerkonferenz in Würzburg am 18. Juli 1924).

387 Auf Einrichtung und Arbeit der Wirtschaftsenquête wird im Folgenden noch eingegangen. Vgl. zunächst *Verhandlungen und Berichte*, Generalbericht Kartellpolitik, hier vor allem S. 16–25, und *Verhandlungen und*

Denn auf nur wenigen Seiten erschließt sich in irritierender Deutlichkeit das Dilemma, sich angesichts offenbar nur rudimentärer Kenntnisse in Zielkonflikte verheddern zu müssen: Da war zunächst die Frage, ob »Kartellpolitik« Teil der allgemeinen Wirtschaftspolitik sein sollte, oder einen eigenständigen Bereich mit eigenen Spielregeln markierte. Sachverständige und Mitglieder der Arbeitsgruppe waren darüber uneins: Während etwa Fritz Naphtali von den Freien Gewerkschaften argumentierte, »daß aus der Veränderung der Wirtschaftsstruktur sich die Notwendigkeit einer besonderen Kartell- und Monopolpolitik ergeben« habe,[388] und dabei etwa auch Unterstützung von Eugen Schmalenbach oder Adolf Weber erhielt,[389] erachtete die Mehrheit diese als »ein Teilgebiet der allgemeinen Wirtschaftspolitik«[390], und stand daher auch der diskutierten Einrichtung eines Kartellamts mit einiger Skepsis gegenüber.[391] Zwar wurde in den Vernehmungen deutlich, dass Plädoyers für die »Aufrechterhaltung der Gewerbefreiheit als staatspolitisch und volkswirtschaftlich erforderlich« nicht per se gegen Kartelle oder für »extremen staatlichen Wirtschaftsliberalismus« argumentierten. Vielmehr ging es um den »Schutz vor staatlichen Eingriffen ohne klare gesetzliche Grundlage und ohne Zulassung einer gerichtlichen Prüfung der Gesetzmäßigkeit«; über das Wie indes herrschte »weitgehende Meinungsverschiedenheit«,[392] denn wenig überraschend stießen hier »Weltanschauungen und politische Überzeugungen aufeinander.«[393] Müsse der Staat durch aktive Kartellpolitik einen Ausgleich in der Gesellschaft herbeiführen, komme ihm eine »schiedsrichterliche Aufgabe« zu? Könne man sich angesichts der realwirtschaftlichen Veränderungen mit dem geltenden Normenbestand zufriedengeben, oder »sei die Herausbildung besonderer Normen notwendig«? Sei es Aufgabe des Staates, auch aktiv einer »höheren Wirtschaftsform [...] zum Siege zu verhelfen«, also weniger den Einzelnen vor den Kartellen zu schützen als deren Flor zu befördern, weil man erkannt zu haben

Berichte, Vernehmungen Kartellpolitik. Als Mitglieder der – so die genaue Bezeichnung – »3. Arbeitsgruppe des Unterausschusses für allgemeine Wirtschaftsstruktur« fungierten: Clemens Lammers (Vorsitzender), Georg Bernhard, Hermann Bücher, Bernhard Dernburg, Major von Dewitz, Eduard Hamm, Bernhard Harms, Rudolf Hilferding. »Ständige Sachverständige« waren [Julius] Flechtheim, Karl Geiler, [Georg] Jahn, Fritz Naphtali (*Verhandlungen und Berichte*, Generalbericht Kartellpolitik, S. III; ein Verzeichnis aller gehörten Sachverständigen ebd., S. V-VI).

388 Sachverständiger Fritz Naphtali, in: *Verhandlungen und Berichte*, Vernehmungen Kartellpolitik, S. 247.

389 Sachverständiger Eugen Schmalenbach, ebd., S. 349 und Adolf Weber, ebd., 397.

390 *Verhandlungen und Berichte*, Generalbericht Kartellpolitik, S. 17. Dass darüber aber »kein Zweifel« bestand, scheint zumindest apodiktisch formuliert.

391 Von der Einschätzung zur Notwendigkeit eines Kartellregisters und/oder eines Kartellamts war in dem an die Sachverständigen im Vorfeld versandten Fragebogen explizit die Rede (vgl. den »Fragebogen über Kartellpolitik«, in: *Verhandlungen und Berichte*, Vernehmungen Kartellpolitik, S. 574–577). Vgl. auch Hesse/Roelevink, »Cartel Law«.

392 *Verhandlungen und Berichte*, Generalbericht Kartellpolitik, S. 18.

393 Ebd.

glaubte, dass ihnen (ohnehin) die Zukunft gehöre?[394] Und schließlich: Selbst wenn man die »staatspolitische« Notwendigkeit einer von der öffentlichen Hand orchestrierten Kartellpolitik akzeptiert, ist diese unter ökonomischen Gesichtspunkten überhaupt »wünschenswert«, und wenn ja, auch »möglich«?[395] Im Zentrum aller Reflexionen freilich stand das »Monopolproblem«, doch auch hier blieb – rechtlich, ökonomisch, volkswirtschaftlich – vieles im Ungefähren: In welchem Verhältnis stehen Monopolisierungstendenzen und Marktordnung? Sind Eingriffe nur bei »Auswüchsen« und »Missbräuchen« statthaft, wie in der (sogenannten) Kartellverordnung von 1923 intendiert, oder unterminieren sie grundsätzlich das »Konkurrenzsystem«?[396] Wenn es generell zutrifft, »daß die Ausdehnung der Kartellierung mildernd auf die Konjunkturschwankungen« wirkt, ab welchem Kartellierungsgrad trifft das zu? Kann es nicht sein, dass eine »teilweise Kartellierung« Konjunkturschwankungen sogar verstärkt? Und: ist »die konjunkturlose Wirtschaft« überhaupt ein »erstrebenswertes Ziel«?[397] Einig war man sich allerdings, dass als ein »förderungswert[er]« Zweck der Kartellbildung die dadurch forcierte »Rationalisierung« angesehen werden müsse.[398] Grundsätzlich aber sei es – trotz aller Schwierigkeiten und Risiken – eine ebenso legitime wie notwendige Aufgabe des Staates, angesichts der potentiell »bedenklichen Wirkungen«[399] von Monopolisierungsprozessen steuernd einzugreifen[400] – ob aus Überzeugung oder aufgrund von Pfadabhängigkeiten gezwungenermaßen, blieb umstritten.[401] Aus fachlicher Sicht konnte man also kaum zu einer eindeutigen Haltung hinsichtlich Notwendigkeit, Funktion und Folgen des empirisch beobachtbaren Konzentrationsprozesses gelangen. Grundsätzlich schien man mit weit überwiegender Mehrheit dazu zu tendieren, die Dinge so (offen) zu belassen, wie sie nun einmal waren; Auswüchse sollten bekämpft werden, gleichzeitig aber nicht per Gesetz »die wirtschaftliche Freiheit im Sinne der freien Konkurrenz einseitig gegenüber der marktmäßigen Bindung« bevorzugt werden: »Denn, was auf einem Gebiet als unbillige Einengung empfunden wird, kann auf dem anderen als volkwirtschaftliche Notwendigkeit erscheinen«.[402] Publizität sei anzustreben, nicht zuletzt, um Vorurteilen gegenüber der Privatwirtschaft entgegenwirken zu können; ein Kartellamt und ein entsprechendes Register seien aber ebenso wenig zielführend wie ein eigens geschaffener Kartellbereit, zu dem noch der Salzburger Juristentag

394 Vgl. diese drei hier pointierten Problemstellungen ebd., S. 18–19, die Zitate S. 19.
395 Ebd., S. 19.
396 Ebd., S. 16, 22. Zur Kartellverordnung auch im Folgenden.
397 Ebd., S. 23.
398 Ebd., S. 23.
399 Ebd., S. 24.
400 Ebd., S. 24–25.
401 Ebd., S. 26–27.
402 Ebd., S. 82.

1928 geraten hatte:[403] »Schließlich besteht im Vorläufigen Reichswirtschaftsrat bereits ein sachverständiges Gremium für die Beratung wirtschaftspolitischer Fragen und die objektive Ermittlung wirtschaftlicher Tatbestände.«[404]

Die Enquête beließ es damit bei einem Weiter-so, wobei nicht eindeutig zu beantworten ist, ob aus ideologischer Überzeugung oder politischer Notwendigkeit. Denn klar war auch, dass die Entscheidung für oder gegen eine bestimmte Art der »Kartellpolitik« eine im Kern politische Entscheidung darstellte. Das war auch auf dem Salzburger Juristentag deutlich geworden, der sich intensiv mit den drängenden Fragen des Kartellrechts und seiner Reform befasst hatte:[405] Auch hier wurde dem Staat die Aufgabe zuerkannt bzw. zugewiesen, unter Federführung des Wirtschaftsministers »die in Kartellen und marktbeeinflussenden Großunternehmungen vorhandenen, der Allgemeinheit und der Gesamtwirtschaft nützlichen und die Leistung steigernden Kräfte zu fördern, die nachteiligen hintanzuhalten«,[406] kurz: Kartellpolitik zu treiben.[407] Die Deutung der beobachtbaren Kartellierungstendenz fiel selbst in den Leitsätzen von Rudolf Isay und Hans Carl Nipperdey[408] aber durchaus unterschiedlich aus, trotz grundsätzlich »kartellfreundlicher« Haltung. Während Isay vor allem die Legitimität von Kartellen in den Vordergrund stellte und Eingriffe des Staates in – von der verfassungsrechtlich garantierten Vertragsfreiheit geschützte – Kartellverträge »auf Fälle ernstlicher Schädigung des öffentlichen Interesses zu beschränken« vorschlug, erkannte Nipperdey in der kartellierten Wirtschaft »in vielen Fällen gegenüber völlig freier Konkurrenz die höhere Wirtschaftsform«.[409] Zudem kritisierte er den Gesetzgeber, im Vorbeigehen »ein neues Prinzip aufgestellt« zu haben, »das der Privatrechtsordnung bisher nicht bekannt war«, nämlich das »manchesterliche Prinzip« der »freien Konkurrenz [...] gegen Kartellbildung« zu schützen.[410] Das sei jedoch ein »Rückfall in eine auf weiten Gebieten überwundene Epoche«. Vielmehr müsse der Staat, »will er

403 Ebd., S. 28–33.

404 *Verhandlungen und Berichte*, Generalbericht Kartellpolitik, S. 47, 48 (dort das Zitat).

405 Vgl. *Verhandlungen des 35. Deutschen Juristentages* (Salzburg), 3 Bde., sowie den Band von Isay/Nipperdey, *Reform des Kartellrechts*, der die Stellungnahmen beider auf dem Salzburger Juristentag enthält. Vgl. auch Nörr, *Leiden*, S. 66–76 sowie dogmengeschichtlich auch Nörr, *Zwischen den Mühlsteinen*, S. 143–157.

406 Beschlüsse der Abteilung IV, *Verhandlungen des 35. Deutschen Juristentages*, Bd. 2/II, S. 850.

407 Vgl. Gutachten Oswald Lehnich, *Verhandlungen des 35. Deutschen Juristentages*, Bd. 1, S. 284: »Kartellpolitik« sei »die Politik gegenüber den Organisationen zur Regelung des Wettbewerbs«.

408 Vgl. Nörr, *Leiden*, S. 67; die Leitsätze finden sich in den oben genannten Band zur *Reform des Kartellrechts*, S. 72–77 sowie in den Verhandlungen des 35. Juristentages, Bd. 2/II, S. 709–712 (Leitsätze Rudolf Isay, deren Begründung ebd., S. 715–739) und S. 712–715 (Leitsätze Hans-Carl Nipperdey, deren Begründung ebd., S. 739–770).

409 Leitsätze Isay, *Verhandlungen des 35. Deutschen Juristentages*, Bd. 2/II, S. 710 und Leitsätze Nipperdey, ebd., S. 743.

410 Leitsätze Nipperdey, ebd., S. 747.

nicht hyperliberalistisch und damit reaktionär sein«, auch rechtlich »anerkennen, daß die Regelung des Wettbewerbs und die Organisation des Marktes notwendig ist.« Denn wer »Kartellierung als ein berechtigtes Prinzip billigt, muß den Eingriff in die freie Konkurrenz, ohne den sie nicht möglich ist, anerkennen.«[411] Nipperdey griff damit eine schon seit Kriegstagen bekannte Rhetorik auf, die bei aller Anerkennung der Grundprinzipien einer liberalen Privatrechtsordnung eine gegenüber den Logiken des 19. Jahrhunderts – und gerade diesen war das BGB besonders verpflichtet – grundlegend veränderte Lage konstatierte, die neue politische und rechtliche Instrumente fordere.[412] Auch Isay sah die »gebundene Wirtschaft« als Typus der Zeit an, warnte aber vor einer allzu aktiven Rolle des Staates: vielmehr solle er sich, und das hatten die Erfahrungen der Kriegswirtschaft gezeigt, »der Einmischung in das Wirtschaftsleben so weit als möglich enthalten«[413], da hinter einer »übertriebene[n] Kartellbekämpfung« die Gefahr lauere, umgekehrt die »Trustbildung zu fördern.«[414] Auch mache sich der Staat damit zusehends zu einem Agenten privatwirtschaftlicher Interessen, da vor allem derjenige Akteur unbehelligt bleibe, »der es besser versteht, seinen privatwirtschaftlichen Interessen das Mäntelchen des Gemeinwohls umzuhängen, und der sich besser auf den parlamentarischen und ministerialbürokratischen Hintertreppen auskennt.«[415] Gerade deshalb sei es »Aufgabe des Juristentages«, das Problem zu entpolitisieren und »objektiv und nüchtern« zu prüfen, »was praktisch möglich ist, was geschehen kann, ohne Schaden anzurichten.«[416] Ganz so »objektiv« war freilich Isay als Mitglied des Geschäftsführenden Ausschusses der Kartellstelle des RDI nun auch nicht,[417] wie überhaupt die Ausrichtung des Juristentages bereits von Zeitgenossen, etwa Franz Neumann, aufs Korn genommen wurde: Er, der auf dem Juristentag »vom Standpunkt des Sozialisten« aus Position für ein Kartellamt und

---

411 Begründung der Leitsätze Nipperdey, ebd., S. 755. Und: »Das Wesen unserer Wirtschaftsepoche liegt vor uns. Wirtschaften ist nicht mehr Sache des einzelnen, sondern eine gemeinschaftsverbundene Aufgabe. [...] Wirtschaften ist Dienst am Ganzen, sozialer Dienst. Der Staat hat die Aufgabe, die Einheit alles Wirtschaftens durchzusetzen.« (ebd., S. 770).

412 Vgl. ewta Schwab, »BGB« und Rückert, »Bürgerliche Gesetzbuch«.

413 Begründung Leitsätze Isay, *Verhandlungen des 35. Deutschen Juristentages*, Bd. 2/II, S. 724.

414 Ebd., S. 723: »Ich weiß nicht, wer hier im Saale die Verantwortung dafür übernehmen würde, Unternehmungen aufzulösen, wie etwa die I.G. Farbenindustrie, wie Siemens und Halske, wie die vereinigten Stahlwerke, wie die A.E.G.« (ebd., S. 722).

415 Ebd., S. 725.

416 Ebd., S. 724–725.

417 Nörr, *Leiden*, S. 67. Vgl. zur Orientierung des Juristentages auch kritisch Scharnweber, *Kartellpolitik*, S. 120–131, insb. S. 129: »Der RDI hatte mit diesem Juristentag einen großen Erfolg errungen.« Ganz ähnlich das Urteil zur Kartell-Enquête, deren Schlussbericht »bis in die sprachlichen Wendungen hinein auch den Veröffentlichungen des RDI [hätte] entnommen sein« können (ebd., S. 132–159, das Zitat S. 154).

gegen den wuchernden Lobbyismus im Wirtschaftsministerium bezogen hatte,[418] polemisierte gegen die politische Ausrichtung des Juristentages und resümierte resignierend: »Wir trösten uns damit, dass die Abstimmung auf dem Juristentag ein grober Unfug ist, da jeder Jurist, der 10 Mk. Teilnahmegebühr zahlt und die Reisekosten aufbringen kann, an ihr teilnehmen kann, dass der Juristentag nicht einmal die Meinung aller Juristen, geschweige denn des ganzen Volkes repräsentiert.«[419] Wer freilich das öffentliche Interesse definiert, das als Gradmesser der Zulässigkeit von Kartellen fungieren sollte, musste, und dies macht die Invektive Neumanns greifbar, eine politische Frage bleiben.

Damit war ein Problem im Verhältnis von Wirtschaft und Staat angesprochen, das den Kern der »ordoliberalen« Kritik und den Ausgangspunkt ihres ordnungspolitischen Anspruches markierte.[420] Bereits 1927/28 hatte Franz Böhm in der »Justiz« das »Problem der privaten Macht« und damit die in den vergangenen Jahren gestiegene Verflechtung zwischen privat und öffentlich adressiert. Für juristisch geschulte Ohren musste dies Unordnung bedeuten, schien man sich doch an die dogmatische Unterscheidung zwischen Privatrecht und öffentlichem Recht auch dann noch klammern zu wollen, als die sozio-ökonomische Wirklichkeit dafür in bestimmten Bereich kaum mehr Anknüpfungspunkte bot. Das Arbeitsrecht sei als Beispiel nur genannt,[421] doch auch im Kartellrecht und in Fragen des Wettbewerbs hielt man an dieser Unterscheidung, wie die Beschlüsse des Juristentages zeigen, fest, wenn auch nicht unwidersprochen.[422] Das Thema sollte aber in den folgenden Jahre eine intellektuelle Debatte prägen, die unter dem Schlagwort von »Deutschland als Wirtschaftsstaat« geführt wurde und im Kern auf eine Entflechtung von Wirtschaft und Staat, Politik und Ökonomie zielte.[423] Auffallend war dabei, dass ganz unterschiedliche Stimmen – und das sollte sich auch im Reichswirtschaftsrat zeigen – eine weitgehend konvergente Diagnose stellten: Im historisch gewach-

418 Franz Neumann in der Diskussion, *Verhandlungen des 35. Deutschen Juristentages*, Bd. 2/II, S. 785–789, das Zitat S. 785.

419 Neumann, »Salzburger Juristentag«, S. 662. Eine Spielerei: Die Tabelle der Kaufkraftäquivalente der Bundesbank weist für das Jahr 1928 den Umrechnungsfaktor 3,9 aus, die Teilnahmegebühr entspräche also heute (Stand März 2023) 39 €.

420 Vgl. zu diesem Themenkomplex Hederer/Priemel, »In der Schwebe«, insb. S. 108–120. Dazu Hacke, *Existenzkrise*, S. 335–366 und Biebricher, *Politische Theorie*, S. 36–47, 60–66.

421 Vgl. neben der bereits skizzierten Konzeption Sinzheimers zur immer brüchiger werdenden Dualität von Privatrecht und öffentlichem Recht im Kontext des entstehenden »Wirtschaftsrechts« Zacher, *Entstehung*, S. 19–22 et passim. Zeitgenössisch auch etwa die Kritik von Kelemen, *Kartellrechtliche Probleme*, S. 83; Tschierschky, »Juristentag«, S. 503.

422 Kritik kam etwa, wenig überraschend, von Franz Neumann in dem oben genannten Artikel zum Salzburger Juristentag in der Zeitschrift »Die Arbeit«, S. 660. Vgl. auch ders., »Entwurf«, S. 774, 782.

423 Vgl. neben Hederer/Priemel, »In der Schwebe«, S. 108–111 insbesondere die titelgebende Arbeit von Huber, *Wirtschaftsstaat* sowie die Ausführungen von Hacke, *Existenzkrise*, S. 335–355 und Scholl, *Begrenzte Abhängigkeit*, S. 164–179.

senen und kaum mehr zu entwirrenden Geflecht von Ökonomie, Politik und Staat säße demnach letzterer nur mehr scheinbar am längeren Hebel, während in Wahrheit längst die Wirtschaft das Ruder übernommen hätte.[424] Wollte man diesem wahrgenommenen Trend nicht tatenlos zusehen, sei eine durchgreifende »Entpolitisierung«[425] nötig, die nicht nur staatliche Eingriffe in die Wirtschaft reduzieren, eliminieren wollte, sondern vielmehr auf eine grundsätzliche Sphärentrennung von Politik und Ökonomie zielte: So kritisierte etwa Ernst Rudolf Huber die »planlose« Unordnung des Marktes und beschwor einen *pouvoir neutre*, der sich dem ökonomischen Wettbewerb enthalten und gerade dadurch Ordnung schaffen sollte, während Walter Eucken die durch Marktabsprachen bequem gewordenen Akteure durch »die Peitsche der Konkurrenz« zu disziplinieren trachtete.[426] Dazu kam eine greifbare Skepsis gegenüber Mechanismen demokratischer Legitimation, galt es doch nicht nur, einen (politik-)freien Markt zu konstituieren, sondern auch den als schädlichen wahrgenommenen »Einfluss der Massen« einzudämmen.[427] Rhetorisch und theoretisch drängt das den Vergleich zu Carl Schmitt geradezu auf, der in der Kolonisierung des Staates durch Private eine logische Konsequenz des liberalen, grundsätzlich »unpolitischen« Parlamentarismus erkannte. Schmitts spiegelbildliche Forderung nach »Entökonomisierung« richtete sich denn auch darauf, die bloß »quantitative Totalität« des Staates auf ihren qualitativen Kern, d.h. die Fähigkeit zur politischen »Entscheidung«[428] zu konzentrieren. Das Programm der ordoliberalen »Entstaatlichung« wich davon nur scheinbar ab: Im Vordergrund stand die Absicht, die öffentliche Hand als Wirtschaftsakteur aus dem Spiel zu nehmen und zugleich mit einer rahmengebenden Wächterrolle zu betrauen.[429] Ob dies nun die Wiederherstellung des Primats der Politik über die Wirtschaft oder aber umgekehrt nur die Etablierung eines Staates »unter der Aufsicht des Marktes« bedeutete, kann man diskutieren.[430] Greifbar wird allerdings, dass die ordoliberale Agenda von Entflechtung und Wettbewerb ein ökonomisches Ordnungsmodell,

---

424 Eucken, »Strukturwandlungen«, S. 303.

425 Der Begriff ist freilich ebenso dynamisch wie problematisch. Vgl. exemplarisch Bonn, »Auflösung«, S. 129, 130.

426 Huber, *Wirtschaftsstaat*, S. 21, 29; Eucken, »Strukturwandlungen«, S. 298; vgl. Hacke, *Existenzkrise*, S. 360.

427 Eucken, »Strukturwandlungen«, S. 318, mit Schmitt, »Weiterentwicklung«, S. 187. Dass beide Autoren damit durchaus Unterschiedliches implizierten, steht außer Frage.

428 Vgl. zum (zwanghaften) Dezisionismus bei Schmitt die Polemik von Sombart, *Männer*, insb. S. 155–220. Nüchterner, aber ebenso kritisch Löwith, »Okkasionelle Dezisionismus«.

429 Schmitt, »Wendung«, S. 154; Schmitt, »Zeitalter«. Zum Begriff der »Totalität« Schmitt, »Weiterentwicklung«, S. 186–187. Auch Eucken, »Strukturwandlungen«, S. 319; Huber, »Selbstverwaltung« (1932), hier S. 885; Göppert, »Staat und Wirtschaft« (1933). Anders aber Hacke, *Existenzkrise*, S. 347.

430 Vgl. Foucault, *Biopolitik*, S. 168. Hierzu auch Hacke, *Existenzkrise*, S. 335–338 und Hesse, »Der Mensch des Unternehmens und der Produktion«.

einen »Kapitalismus in neuartiger Gestalt«[431] semantisch zu etablieren suchte, an dem sich staatliches Handeln auszurichten hatte. Es ging bei der Debatte um die »Wirtschaftsstaatlichkeit« Deutschlands also nicht nur um Theorie, sondern ums Ganze – und die Kartellfrage war ihr Herzstück.

Dass die Frage bis zuletzt offen und politisch umstritten blieb, hatte nicht zuletzt auch rechtliche Gründe: Zwar bot das »Gesetz gegen den unlauteren Wettbewerb« seit 1909 eine rechtliche Grundlage, mittels der im Vergleich zum ursprünglichen Gesetz von 1896 neu eingeführten Generalklausel in § 1 UWG Wettbewerbspraktiken aufgrund ihres Verstoßes gegen die guten Sitten zu unterbinden;[432] was darunter konkret zu verstehen sei, blieb ganz bewusst offen. Die von Zeitgenossen (wenn auch aus unterschiedlichen Gründen) durchaus kritisch registrierte »Flucht in die Generalklauseln«[433] hatte dabei aber zwei Seiten: Sie tendierte einerseits zur Rechtsunsicherheit, indem es die Feststellung »sittenwidrigen« Verhaltens im Einzelfall der Rechtsprechung und – zugespitzt – dem Sittlichkeitsempfinden der jeweiligen Kammer anheimstellte.[434] Sie ermöglichte aber andererseits auch Anpassungsfähigkeit und Gegenstandsadäquanz, konnte doch so sowohl auf die jeweiligen konkreten Umstände wie auch zwischenzeitlich wirksam gewordene Veränderungen Bezug genommen und diese in die Entscheidungsfindung integriert werden. Gerade für das ohnehin in den 1920er Jahren erheblich expandierende Feld des Wirtschaftsrechts war dies von zentraler Bedeutung.[435] Im Kern aber ging es vor

431 Eucken, »Strukturwandlungen«, S. 318.

432 Vgl. § 1 UWG (1909): »Wer im geschäftlichen Verkehre zu Zwecken des Wettbewerbes Handlungen vornimmt, die gegen die guten Sitten verstoßen, kann auf Unterlassung und Schadensersatz in Anspruch genommen werden.« (RGBl. 1909, S. 499). Vgl. hierzu Pahlow, »Geschichtliche Entwicklung«, insb. S. 91–99; knapp Nörr, *Zwischen den Mühlsteinen*, S. 158–160. Vgl. hierzu auch insb. die §§ 138, 157, 242 und 826 BGB.

433 So besonders einflussreich Justus Wilhelm Hedemann 1933 in seiner gleichnamigen Studie, etwa S. 51–52: »Wo eine übergeordnete Macht Generalklauseln setzt und unabhängige Richter die Klauseln handhaben, bleiben die Klauseln trotz ihrer großen Beweglichkeit Maßstäbe. Wenn aber der Staat als oberste Macht selbst die Generalklauseln für sein *eigenes* Verhalten setzt, *fließt der Beweglichkeitsfaktor mit dem Machtfaktor in Eins zusammen*, die Generalklausel hört auf Maßstab zu sein und wird zur einseitigen und unkontrollierbar zu führenden Waffe.« Und ebd., S. 66, 67: »Es fehlt die Zeit, die Kraft, die Lust, den zu behandelnden Stoff restlos durchzudenken, das Denken des Gesetzgebers bricht vorher ab, er tritt *die Flucht zur Generalklausel* an. [...] Der, der überlastet, der müde ist, macht sich's bequem, – und greift, im langsamen Gleiten öfter und öfter, nach dem *bequemen Polster der Generalklausel*.« »Daraus erwächst [...] Unsicherheit des gesamten Rechtslebens.« (Hervorhebungen im Original).

434 Vgl. zu diesem Problem den Klassiker von Fraenkel, *Soziologie*, etwa S. 41: »Klassenjustiz bedeutet, daß die Rechtsprechung eines Landes einseitig von den Interessen und Ideologien der herrschenden Klasse beeinflußt wird, so daß trotz formaler Anwendung des Gesetzes die unterdrückte Klasse durch die Handhabung der Justiz beeinträchtigt wird.« Und: »In einer klassengespaltenen Gesellschaft kann eine einseitig aus einer Klasse hervorgehende Richterschaft überhaupt – ob sie will oder nicht – gar keine über den Klassen schwebende Rechtsprechung vornehmen.«

435 Zur Funktion von Generalklauseln aus rechtstheoretischer Perspektive Rüthers, *Rechtstheorie*, S. 459–464 und 514–551. Zum entstehenden Wirtschaftsrecht auch Bähr, »Recht«, insb. S. 445–451, 454–456.

allem darum, als unlauter erkannte Geschäftspraktiken zu unterbinden; es ging gerade *nicht* darum, eine spezifische Wettbewerbsordnung im jeweiligen Einzelfall zur Geltung zu bringen. Eine solche existierte nicht, war vielmehr Gegenstand erbitterter Kontroversen.

Die rechtliche Regulierung von Kartellen war also eine Rechnung mit einer ganz erheblichen Zahl an Unbekannten: Unklar oder umstritten war zunächst, welche Unternehmenszusammenschlüsse adressiert werden sollten. Zweitens, ob dies grundsätzlich politisch mehrheitsfähig, technisch möglich, praktisch erfolgversprechend und ideologisch wünschenswert sei. Schließlich die Frage, in welcher Wirtschaftsordnung man lebte, und zukünftig leben wollte. In welchem Verhältnis die unterschiedlichen am Wirtschaftsgeschehen in ganz unterschiedlichen Rollen partizipierenden Akteure also zueinander stehen sollten, wie der Wettbewerb in einem vorjuristischen Sinne »aussehen« sollte, bildete die Folie, auf der die Kartellthematik in der Weimarer Republik diskutiert wurde und woraus sie ihre Nahrung zog. Als Beispiel für diese enge Verwobenheit von wirtschaftlicher Organisation, sozial-moralischen Erwägungen und rechtlichem Instrumentarium mag die Entscheidung des Reichsgerichts im sogenannten »Benrather Tankstellenfall« dienen:[436] Am 18. Dezember 1931 hatte der II. Zivilsenat des Reichsgerichts letztinstanzlich die Klage des Tankstellenbesitzers Hubert Engels aus Düsseldorf-Benrath entschieden, der gegen die Preispolitik einer »Konvention« vorgegangen war. Darin hatten sich einige große Mineralölkonzerne im Oktober 1928 zusammengeschlossen, um »die abträglichen Folgend des gegenseitigen Wettbewerbs tunlichst einzuschränken und die von ihnen ins Leben gerufene Verkaufsorganisation zu festigen.«[437] Engels hatte sein Benzin von einem nicht der Konvention angehörenden Unternehmen bezogen und konsequent unter dem Preis des Syndikats angeboten. Dieses wiederum reagierte prompt und wies seine Mitglieder in Benrath an, ihrerseits stets um einen Pfennig günstiger zu verkaufen. Mit der Behauptung, das Syndikat beabsichtige »seine wirtschaftliche Vernichtung«, klagte der Tankstellenbesitzer gegen diese Praxis – und bekam Recht.[438]

436 Zum Folgenden Hederer/Priemel, »In der Schwebe«, S. 104–106. Vgl. auch Nörr, *Leiden*, S. 95–100; Nörr, *Zwischen den Mühlsteinen*, S. 143–161. Zum Gegenstand des Verfahrens vgl. II. Zivilsenat, Urteil vom 18. Dezember 1931, RGZ 134, S. 342–356. Die RGZ enthalten allerdings nur eine gekürzte Fassung des Urteils; ungekürzt und nicht zur Veröffentlichung bestimmt findet es sich in den Kartellakten des Justizministeriums: Entscheidung des RG, 18.12.1931, BArch R 3001/7916, fol. 145–154'.

437 Ebd., fol. 145'-146. Bei den beteiligten Unternehmen handelte es sich um: Rhenania Ossag Mineralölwerke AG, Deutsch-Amerikanische Petroleumgesellschaft AG, Deutsche Petroleum-Verkaufsgesellschaft mbH, Deutsche Gasolin AG, Benzol-Verband GmbH (Beklagte und Revisionskläger). Dagegen hatte der Tankstellenbesitzer Engels sein Benzin von »The Texas Company« bezogen. Der »Wert des Streitgegenstandes in der Revisionsinstanz« war auf 100.000 RM taxiert (vgl. ebd., fol. 145, 154').

438 Ebd., fol. 146'.

Der auf den ersten Blick wenig spektakuläre Fall führte zu einer wegweisenden juristischen Klärung der Frage, welche Formen »lauterer« Wettbewerb unter den Bedingungen einer kartellierten Wirtschaft annehmen durfte und welche als sittenwidrig und damit als unlauter zu verwerfen waren. Mit Rudolf Callmann, Rudolf Isay und Hans Carl Nipperdey waren im Verfahren drei der namhaftesten Wettbewerbsrechtler der Zeit mit einschlägigen, einhellig kartellfreundlichen Gutachten an die Öffentlichkeit getreten.[439] Als juristisches Problem schälte sich dabei der schmale Grat zwischen »Konkurrenz« und »Vernichtung« als Wesensmerkmale wirtschaftlichen Wettbewerbs heraus: Während Isay und vor allem Callmann dazu tendierten, Letztere als übliches »Ziel des kaufmännischen Wettbewerbs« zu qualifizieren,[440] schlug Nipperdey eine Differenzierung vor, die schließlich vom Gericht übernommen wurde – allerdings mit gegensätzlicher Stoßrichtung: Nipperdey hatte zwei Arten von Wettbewerbshandlungen unterschieden, nämlich »solche, die in der Ausdehnung des eigenen Geschäftsbetriebs, genauer in der Förderung der Absatztätigkeit mit den Mitteln der eigenen Leistung bestehen«, und andere, »die nur eine Behinderung des Mitbewerbers herbeiführen« würden. Auch wenn es im »Wirtschaftskampf« kein objektives Recht auf wirtschaftliche Existenz gebe, sei ein »Vernichtungszweck« dann als »unsittlich« zu klassifizieren, »wenn er Selbstzweck« sei.[441] Diese vermeintlich luzide Unterscheidung zwischen »Leistungswettbewerb«, als dessen mögliche Folge die Existenzvernichtung grundsätzlich in Kauf zu nehmen sei, und »Behinderungswettbewerb«, der gegen die guten Sitten verstieß, wenn er allein auf Vernichtung der Konkurrenz zielte,[442] verschob das Problem aber nur. Denn die Entscheidung, ob nun das Verhalten eines Marktakteurs diesen Zweck verfolgte oder die »Vernichtung« ein nicht-intendiertes Ergebnis lauterer Geschäftspraktiken darstellte, wurde somit der Rechtsprechung überlassen. Und während Nipperdey in seinem Rechtsgutachten die Preisunterbietungspolitik des Syndikats als Leistungswettbewerb und damit als ebenso legal wie legitim einstufte, erschien dem Gericht diese Argumentation als »nicht recht verständlich«, ja gar »verfehlt«. Denn ganz eindeutig handele sich hier »um einen Fall schwersten Behinderungswettbewerbs«, der aufgrund des offensichtlichen »Vernichtungszwecks« als sittenwidrig zu qualifizieren sei.[443] Die Rechtsprechung dürfe, so der Senat, nicht nur den zunehmenden Konzentrationsprozess der Wirtschaft gleichsam naturgesetzlich in Rechnung stellen. Vielmehr sei es in Zeiten wie diesen schlicht ein »Unding«, wenn Unternehmen die Preise ausgerechnet für einen »lebensnotwendigen Bedarfsgegenstand« wie Kraftstoff künstlich in die

439 Isay, »Vernichtungszweck«; Nipperdey, »Wettbewerb«; Callmann, »Außenseiter«.
440 Callmann, »Außenseiter«, S. 1647.
441 Nipperdey, »Wettbewerb«, S. 140, 131, 136.
442 Ebd., S. 140–142.
443 Entscheidung des RG, 18.12.1931, BArch R 3001/7016, fol. 154, 151', 152', 153.

Höhe trieben. Auch aus diesem (im Kern freilich hochpolitischen) Grund sei im Sinne des Klägers zu entscheiden.[444]

Der Streitfall zwischen Außenseiter und Syndikat dokumentiert, dass und wie um 1930 vor dem Hintergrund der schwelenden Kartellproblematik und des tiefen Konjunktureinbruchs Vorstellungen legitimen Wettbewerbs rechtlich neu profiliert wurden und ungeachtet ihrer juristischen Formgebung einer höchst umstrittenen politisch-ethischen Agenda verpflichtet waren. Das von Nipperdey eingeführte Kriterium, die Lauterkeit einer Wettbewerbshandlung von der ihr zugrunde liegenden Intention abhängig zu machen, bot da nur scheinbar eine Lösung: Denn die Frage konnte abhängig von ideologischem Standpunkt, ethischen Überzeugungen und politischen Rahmenbedingungen durchaus unterschiedlich beantwortet werden. Trotz aller Bemühungen um eine rechtliche Erfassung und damit normative Rationalisierung blieb das Problem wirtschaftlicher Ordnung, in deren Zentrum Kartelle und Wettbewerb standen, eminent politisch und an sozial-moralische Prämissen und Überzeugungen gebunden. Recht als soziales Phänomen konnte hier zwar Orientierung, aber keine Lösung bieten.[445]

4.4.2 Der Umgang mit Kartellen in den 1920er Jahren, oder: Welche Wirtschaft wollen wir?

In dieser Gemengelage musste sich der Reichswirtschaftsrat situieren: Die Regulierungsgeschichte der Kartelle – Kartellbeirat, Kartellverordnung 1923, Kartell-Enquête ab 1926, Juristentag 1928, Kartell-Notverordnung 1930 – bietet demnach Einblicke in die Rolle des Reichswirtschaftsrats auf einem der zentralen Politikfelder der 1920er Jahre. Schon seit dem späten 19. Jahrhundert verkörperte die »Kartellfrage« ein kontrovers diskutiertes Dauerthema, über das abhängig von politischer Präferenz, wirtschaftstheoretischem Standpunkt oder Rechtsauffassung unterschiedlich geurteilt wurde. »Kartellpolitik« war der Lackmustest für die jeweilige Konzeption wirtschaftlicher Ordnung einerseits, die Rolle der in

444 Ebd., fol. 153, 153'.

445 Das Beispiel macht mit Blick auf den Umgang mit Kartellen in der Weimarer Republik deutlich, dass mit den Mitteln des Rechts dieses Grundsatzproblem der Ordnung am Markt, also die eminent politische Frage des Wettbewerbs nicht zu lösen war. Seine Konturen mussten entweder politisch gezogen oder der Rechtsprechung überlassen werden. Hierin schlicht »die Vorstellung von der neuen Wirtschaftsepoche des Spätkapitalismus und der gebundenen Wirtschaft [zu] erkennen« (Nörr, *Leiden*, S. 97), die mit einer »Denaturierung«, ja »Korrumpierung« des Privatrechts einhergehe (ebd., S. 76 unter Bezugnahme auf den Juristentag 1928), greift nicht nur zu kurz, sondern unterschätzt die Unausgetragenheit der Wirtschaftsordnung, die die Festlegung auf einen vermeintlich eindeutigen Ordnungsrahmen unterlief.

ihr wirkenden Akteure aus Industrie, Handel, Gewerbe und Verbraucherschaft andererseits.

Die Kriegswirtschaft hatte Konzentrationsprozesse forciert, und mit der Transformation in eine Friedenswirtschaft musste damit auch die Frage beantwortet werden, wie viel »Liberalisierung« möglich und gewollt, wie viel »Organisiertheit« (noch) nötig sei.[446] Die Begründung der bewusst (nur) als »Verordnung gegen Mißbrauch wirtschaftlicher Machtstellungen« konzipierten »Kartellverordnung« vom 2. November 1923 macht diesen Konnex unmittelbar begreiflich: Denn übergeordnetes Ziel der Verordnung war gerade nicht die Regulierung von Unternehmenszusammenschlüssen bzw. deren Beschränkung; die retrospektive »Kritik«, durch die Verordnung sei dieses »Ziel« nicht erreicht worden, geht daher historisch fehl.[447] Vielmehr ist sie im Zusammenhang mit den Maßnahmen der Regierung »zum Zwecke der Produktionssteigerung und zur Befreiung der Wirtschaft von unproduktiven Hemmungen« zu sehen.[448] Das Ziel: Durch »Wiederherstellung wirklicher Marktfreiheit eine künstliche Einschränkung der Erzeugung, übermäßige Risikozuschläge und Preisstellungen, die durch die tatsächlichen Produktionskosten nicht begründet sind, nachdrücklichst zu bekämpfen und die Kreise der Produktion und des Handels wieder zu dem vielfach verloren gegangenen Verantwortungsbewußtsein gegenüber dem Gemeinwohl zurückzuzwingen.«[449] Eine »Zertrümmerung der Kartelle« war ausdrücklich nicht intendiert.[450] Insofern benannte Nipperdey auf dem Salzburger Juristentag auch einen diffizilen Punkt, als er das Regulierungsziel der »Herbeiführung freier Konkurrenz« als ein »neues Prinzip« in der deutschen Rechtsordnung und als »Rückfall in eine auf weiten Gebieten überwundene Epoche unserer Volkswirtschaft« kritisierte.[451] Doch ganz so evident, wie Nipperdey hier suggeriert, war es nicht, denn die Kartellverordnung reflektierte mit dieser ambivalenten Haltung ja gerade die Unausgetragenheit der Wirtschaftsordnung als Ganzes: Einerseits wurde ihr offenbar inhärent gemeinwohlschädlicher Hang zur Preistreiberei und zur Verknappung des Angebots kritisiert, andererseits die aus der wirtschaftlichen »Organisiertheit« resultierenden Effekte, etwa in Bezug auf die »Verbreitung rationeller Produktionsmethoden und einer Vereinheitlichung der Preisbildung«,

446 Vgl. ausführlich Nörr, *Leiden*, S. 7–30; 31–43. Auch Berghoff/Köhler/Wixforth, »Navigation«, S. 490–500.

447 Auch Nörr, *Leiden*, S. 62.

448 Begründung der VO »gegen Mißbrauch wirtschaftlicher Machtstellungen« (KartellVO), 2.11.1923, in: Kartell-Rundschau 1923, S. 225–227.

449 Ebd., S. 225.

450 Ebd.

451 Begründung Leitsätze Nipperdey, in: *Verhandlungen des 35. Deutschen Juristentages* 2/II, S. 747, 755.

ausdrücklich goutiert.[452] Und auch im Lauterkeitsrecht herrschte insofern eine offene Situation, als die Frage, wer oder was durch das UWG eigentlich geschützt werden sollte, von Rechtsprechung und Wissenschaft nicht eindeutig beantwortet wurde – und auch mit »rein juristischen« Mitteln (sofern es so etwas überhaupt gibt) nicht beantwortet werden konnte. So konstatierte etwa Hermann Isay, Bruder des bereits zitierten Kartellrechtlers Rudolf Isay und vor allem im Immaterialgüterrecht profiliert,[453] unter Bezugnahme auf den UWG-Kommentar von Adolf Baumbach, die Generalklausel in § 1 habe sich zu einer »Wucherpflanze« ausgewachsen, die jegliche Rechtsfindung absorbiere. Dies habe die in der Praxis äußerst missliche Konsequenz, der Konkurrenz oftmals auch einen Verstoß gegen die guten Sitten unterstellen zu müssen, wo es eigentlich (lediglich) um unlautere Wettbewerbshandlungen ginge. Gerade in einem auf Ansehen und »Ehre« fußenden Metier wie dem der Kaufleute stelle das ein nicht zu unterschätzendes Problem dar;[454] denn im Kern sei das »durch das UWG geschützte Rechtsgut [...] das Berufsethos des Gewerbes« als Ganzes.[455] Dies war ein Debattenbeitrag, keineswegs aber die herrschende Meinung, und überdies wohnte ihr eine gewisse Redundanz inne. Denn davon, wie die Rechtsprechung das jeweilige Berufsethos definierte, hing schließlich ab, was lauter, was unlauter zu gelten habe. Kurz: Kartelle und Wettbewerb waren Bereiche, die Vorentscheidungen über die gewollte Ordnung verlangten, die mit den Mitteln des Rechts zwar zu rahmen, nicht aber herzustellen waren; sie mussten politisch getroffen werden.

Und so verwundert es nicht, dass die Kartellstrukturen der deutschen Wirtschaft nach 1918 nicht von jedem begrüßt wurden. Für die Regierung und insbesondere das Wirtschaftsministerium, das sich in den 1920er Jahren ohnehin tendenziell als bevorzugter »Ansprechpartner für die unternehmerische Wirtschaft«, ja als deren »Kummerkasten« gerierte,[456] galt dies freilich (zunächst) nur in geringem Maße, wie noch zu zeigen sein wird. So hatte etwa schon im Herbst 1920 das Bayerische Handelsministerium gegenüber dem Reichswirtschaftsministerium angemahnt, sich zumindest einen Überblick über die herrschenden Strukturen des Kartellwesens zu verschaffen, da »weiteste Kreise« an der »gegenwärtigen Wirtschaftsordnung irre« würden, »wenn sie zu dem Eindruck kämen, daß wichtigste Gebiete der wirtschaftlichen Betätigung und der Bedürfnisbefriedigung völlig dem Ermessen

452 Begründung der VO »gegen Mißbrauch wirtschaftlicher Machtstellungen« (KartellVO), 2.11.1923, in: Kartell-Rundschau 1923, S. 225, 226.

453 Vgl. die knappe Skizze bei Hederer, »Isay« (2016), (2017).

454 Vgl. Isay, *Rechtsgut*, S. 6–7.

455 Ebd., S. 62.

456 Berghoff/Köhler/Wixforth, »Navigation«, S. 423 und Holtfrerich, »Aus dem Alltag«, S. 254.

einiger Organisationen ausgeliefert seien.«[457] Auf der einen Seite erwartete man also von der Reichsregierung, überhaupt erst in Erfahrung zu bringen, wie die Lage war; ein auf den ersten Blick irritierender, für das Kartellwesen aber ganz wesentlicher Aspekt: Die Regierung unterlag hier einem (strukturellen) »Informationsdefizit«[458], das den entscheidenden Movens zur Einrichtung der Kartellenquête in der zweiten Hälfte der 1920er Jahre bildete. Auf der anderen Seite brachte die Eingabe das Unbehagen an einer von Privaten nicht nur geprägten, sondern gesteuerten Wirtschaftsordnung zum Ausdruck, ein Unbehagen, dass Ende der 1920er Jahre mit erhöhtem Druck artikuliert und diskutiert wurde. Eine Vorlage für eine Antwort des Reichswirtschaftsministers auf das Schreiben aus München konzedierte denn auch, dass »der Forderung, das Kartellwesen zu beobachten«, »grundsätzlich zuzustimmen« sei;[459] »besondere Dringlichkeit« bestünde jedoch nicht, zumal kein »besonderer Mißbrach der wirtschaftlichen Gewalt durch Kartelle [...] festgestellt werden« könne.[460] Dahinter stand die im Ministerium vorherrschende Überzeugung, dass die Untersuchung der Kartelle »rein wissenschaftlich-aufklärerisch« – also gerade nicht politisch – »geführt« werden sollte.[461] Überdies sei es zweckmäßig, so Ministerialdirektor Hans Schäffer, erst die Stellungnahme des RDI abzuwarten, ehe »irgend welche Maßnahmen« eingeleitet würden.[462] Damit waren zwei zentrale Maximen genannt, die das Ministerium in ihrer Kartellpolitik leiten und die in (Teilen) der Öffentlichkeit geforderten Maßnahmen zur Regulierung der »Kartellgebarung«[463] begrenzen sollten: Beobachtung der Situation, Kooperation mit den Normadressaten.[464] Dass vor diesem Hintergrund eine scharfe Kartellregulierung nicht zu erwarten war, sollte nicht überraschen.

Den Anstoß für eine intensivierte staatliche Kartellpolitik gab schließlich eine andere *policy*: Angesichts steigender Arbeitslosenzahlen und erheblicher Schwierigkeiten bei der Transformation der Kriegs- in eine Friedenswirtschaft unter den Bedingungen des Versailler Vertrags stand bereits seit Sommer 1920 die Reform

---

457 Bayerisches Staatsministerium für Handel an den RWiM mit Stellungnahme der Staatregierung, 10.9.1920, BArch R 3101/12361, fol. 7, 10–15, Zitat fol. 14.

458 Berghoff/Köhler/Wixfordt, »Navigation«, S. 498.

459 Vorlage für RWiM, Antwort auf die Eingabe Bayerns, 18.9.1920, BArch R 3101/12361, fol. 16.

460 Ebd., fol. 17.

461 Vermerk über Vortrag des StS zur Kartellpolitik, 28.9.1920, ebd., fol. 26.

462 Protokoll »informatorische Besprechung betreffend Fragen des Kartellwesens«, 30.10.1920, ebd., fol. 61–73.

463 So der etwas merkwürdige Begriff im Bericht des Ausschusses für Volkswirtschaft über die Anträge, betr. Erwerbslosenfürsorge, 5.7.1921, Nr. 2455, StenB 368, S. 2364.

464 Zur Kartellstelle des RDI vgl. knapp Bähr/Kopper, *Industrie*, S. 85–86. Polemisch Maier-Ring, *Deutsches Kartellrecht*, S. 162, der die Kartellstelle des RDI als »Propagandastelle für die Verteidigung der Wettbewerbsbeschränkungen« geißelt. Kritisch auch Scharnweber, *Kartellpolitik*, S. 74–75, der im Zusammenspiel von Regierung, Kartellstelle und Kartellgericht »schon Ansätze einer partiellen Überwindung des parlamentarischen Regierungssystems« zu sehen glaubt.

der Erwerbslosenfürsorge im Raum. Der Reichswirtschaftsrat widmete sich auf Antrag von Rudolf Wissell diesem Thema, dem aber zum eigenen Bedauern »an den maßgebenden Stellen nicht die [erhoffte] Beachtung geschenkt worden« sei.[465] Gleichwohl blieb das Problem auf der Agenda: So hatte der Volkswirtschaftliche Ausschuss des Reichstags in seinem Bericht zur Erwerbslosenfürsorge als flankierende »allgemeine wirtschaftspolitische Maßnahme« für eine signifikante Produktivitätssteigerung plädiert, um den Inflationstendenzen mit Blick auf die Verbraucherpreise entgegenwirken zu können. In diesem Zusammenhang wurde die Reichsregierung auch »ersucht, zu prüfen und Vorschläge zu machen, in welcher Weise das Kartell- und Verbandswesen [...] einer fortlaufenden Beobachtung zu unterziehen« sei. Der im Ministerium bereits existierende Fachausschuss[466] sei »durch Hinzuziehung von Mitgliedern des Reichswirtschaftsrats und des Reichstags auf eine breitere Grundlage zu stellen«, nicht zuletzt, um »den Abschluß seiner Arbeiten zu beschleunigen.«[467] Zwar hatte der Bericht des Reichswirtschaftsrats bereits im Sommer 1920 – etwas nebulös – den »unkontrollierten« Einfluss privater »Verbände« auf die Preisbildung kritisch bemerkt; eine klare Forderung zur Regulierung des weitgehend diffusen Feldes der Unternehmenskonzentration war daraus aber auch ein Jahr später nicht erwachsen.[468] Im Reichstag lagen die Dinge offenbar anders, das Ministerium aber blieb reserviert: Denn um »einen genauen Überblick über den derzeitigen Stand des Kartellwesens [...] zu erhalten«, habe man sich mit den Spitzenverbänden kurzgeschlossen, die »Entgegenkommen« gezeigt und Material zur Verfügung gestellt hätten. Ein »abschließendes Bild« könne daraus aber nicht gewonnen werden.[469] Gleichwohl sei der Modus der Kooperation zwischen Ministerium und »den Vertretern der Praxis« »zur Zeit der gangbarste« Weg, um »die Kartelle von der Verfolgung einseitiger Gewinninteressen ab- und

---

465 Vgl. hierzu Hauschild, *Reichswirtschaftsrat*, S. 248–260. Dazu die folgenden Drs.: Antrag Wissell, Drs. RWR 6, 30.6.1920, BArch R 401/204, fol. 44; Bericht des sozial- und wirtschaftspolitischen Ausschusses über den Antrag Wissel, Drs. RWR 28, ebd., fol. 68–84' (Sitzung vom 1.7.1920); 2. Bericht des wirtschafts- und sozialpolitischen Ausschusses über den Antrag Wissell, Drs. RWR 46, ebd., fol. 98–109 (Sitzung vom 1. und 12.8.1920); Beschluß des wirtschafts- und sozialpolitischen Ausschusses des vorläufigen RWR zur Erwerbslosenfürsorge, [Juli 1921], Drs. RWR 175, ebd., fol. 280–281.

466 Nach Aussage von RWiM Schmidt bestand der genannte Ausschuss beim Reichswirtschaftsministerium noch gar nicht. Vgl. RWiM Robert Schmidt an den Präsidenten des Reichstags, 30.11.1921, StenB 370, Nr. 3116, S. 2939 (das Schreiben findet sich auch in den Akten des RWR, BArch R 401/791, fol. 6–10).

467 Bericht des Volkswirtschaftlichen Ausschusses, betr. Anträge zur Erwerbslosenfürsorge, 5.7.1921, StenB 368, Nr. 2455, S. 2363–2364.

468 »Es ist zu prüfen, welche Hemmungen einem angemessenen Abbau der Preise aus der stark entwickelten, aber unkontrollierten privaten Strafjustiz der Verbände erwachsen, und welche gesetzlichen und administrativen Maßnahmen dagegen in Betracht zu ziehen sind.« (Bericht des sozial- und wirtschaftspolitischen Ausschusses über den Antrag Wissell, Drs. RWR 28, BArch R 401/204, fol. 84). Dagegen der Beschluss des wirtschafts- und sozialpolitischen Ausschusses, Drs. RWR 175, ebd., fol. 280–281.

469 RWiM Robert Schmidt an den Präsidenten des Reichstags, 30.11.1921, StenB 370, Nr. 3116, S. 2938.

sie vielmehr darauf hinzulenken, die in den Organisationen steckende Kraft auch zur Förderung allgemeiner Interessen, insbesondere der Hebung der Produktivität und der Vergrößerung der Erzeugung zu benutzen.«[470] Man setze auf einen Ausgleich der Interessen, auf die Selbstregulierungskompetenz der Verbände und ergänzende Maßnahmen gegen den »Mißbrauch von Monopolstellungen« im Einzelfall. Der »Erlaß neuer, die wirtschaftliche Betätigungsfreiheit einschränkender Gesetzesvorschriften« sei »im Augenblick« nicht geboten. Um jedoch »über die Auffassung der Bevölkerung in der Kartellfrage fortlaufend unterrichtet« zu sein, sei beabsichtigt, »einen aus den Mitgliedern des Reichstags, des Reichsrats und des Reichswirtschaftsrats bestehenden Kartellbeirat« zu bilden.[471] Das wurde in den folgenden Monaten vorangetrieben, wenn auch mit angezogener Handbremse: Denn im Kern blieb das Ministerium bei seiner skeptischen Position, zumal das Kartellproblem eine Verwaltungsfrage sei, die »das Parlament nur sehr wenig« angehe. Eine noch schärfere Politisierung der Frage müsse unbedingt vermieden werden, die Beteiligung des Reichstags »in Form eines Beirats« sei daher die bessere Lösung.[472]

Mit Abraham Frowein, Hugo Bästlein, Rudolf Wissell und Eugen Schmalenbach nominierte der Reichswirtschaftsrat eine den eigenen Prinzipien der Parität und des Ausgleichs entsprechenden Personenkreis, wobei die Bitte, die Delegation aus repräsentationstheoretischen Erwägungen um zwei Personen zu vergrößern, in der Folge mit der Begründung abgelehnt wurde, es ginge ja nicht darum, alle möglichen Berufsgruppen abzubilden, sondern den Sachverstand »der an der Gesetzgebung beteiligten Körperschaften« zu bündeln.[473] Der avisierte Kartellbeirat dokumentierte damit die zurückhaltenden Politik des Ministeriums, das die Lage zwar beobachten, die praktische Handhabung aber weitgehend den Akteuren der Wirtschaft selbst überlassen und nur dort mit den Mitteln des geltenden Rechts eingreifen wollte, wo von gemeinwohlschädlichen »Mißbräuchen der Monopolgewalt«[474] ausgegangen werden müsse. Angesichts dieser Gemengelage verwundert es nicht, dass der Kartellbeirat nicht in die Gänge kam: So stellte Fritz Baltrusch

470 Ebd., S. 2939.

471 Ebd. Vgl. auch RWiM Schmidt an den Vorsitzenden des RWR, 30.11.1921, BArch R 401/791, fol. 5: Bitte, »drei Mitglieder zur Bildung eines gemeinschaftlichen Kartellbeirats [...] zu benennen.« Wenig später der Nachtrag, auf Wunsch des Reichsrats nun doch vier Mitglieder vorzuschlagen (RWiM Schmidt an den Vorsitzenden des RWR, 21.12.1921, ebd., fol. 11).

472 MD Schäffer während der Beratungen über eine »Vortrag, betr. Kartellwesen«, 2.11.1921, BArch R 3101/12362, fol. 165', 166', 167'.

473 RWiM Schmidt an die Mitglieder des Kartellbeirats, 20.3.1922, BArch R 401/791, fol. 32: Als Mitglieder ernannt: Molkenbuhr, Klöckner, Reichert, Curtius, Jäckel (Reichstag); Ball, Rohmer, Graf von Holzendorff, Strandes (Reichsrat); Frowein, Wissell, Bästlein, Schmalenbach (RWR). Die Ablehnung der Aufstockung im Schreiben des RWiM an den Vorsitzenden des RWR, 9.2.1923, ebd., fol. 43–43'.

474 RWiM Schmidt an den Präsidenten des Reichstags, 30.11.1921, StenB 370, S. 2939.

noch im Herbst 1922 im Reparationsausschuss die (rhetorische) Frage, ob angesichts der »unheilvollen Kartellpolitik«, die eine zunehmende Ausdehnung privater Machtpositionen auf Kosten eines »relativ schwachen Staatswesen[s]« mit sich bringe, »das Ding« – gemeint war der Kartellbeirat – »schon in Schwung« sei und dort überhaupt »was getan« werde.[475] Und noch vier Jahre später beklagte sich ein Zentrumsabgeordneter während der Beratungen um die Einrichtung eines Kartellamts, dass er seit Juni 1924 dem Kartellbeirat angehöre, bisher aber »eine Sitzung überhaupt noch nicht stattgefunden« habe. Der Zwischenruf von Ministerialdirektor Schäffer, dass sich ja auch »nichts ereignet« habe, zeige nur, so der Abgeordnete weiter, »daß sich die Reichsregierung nicht allzu viele Kopfschmerzen auf diesem Gebiete« mache.[476] Pointierter lässt es sich nicht zusammenfassen, und Wirtschaftsminister Curtius stellte schließlich im Reichstag 1927 lapidar fest, dass der Kartellbeirat seit Erlass der Kartellverordnung und der jüngst erfolgten Evaluierung der gesamten Problematik durch die Wirtschaftsenquête faktisch überflüssig geworden sei, seine erneute Einberufung, wie verschiedentlich gefordert, daher im Ministerium »nicht für richtig« erachtet werde.[477] Die schon im Januar 1923 vom Volkswirtschaftlichen Ausschuss geäußerte Vermutung, der Kartellbeirat sei nicht viel mehr als der untaugliche Versuch, »den Teufel bei Beelzebub verklagen« zu wollen, schien den Nagel auf den Kopf getroffen zu haben: Eine Scheinveranstaltung von »Interessenvertretern der Kartelle« also, die überhaupt nicht dazu geeignet sei, dem »Terror« der Kartelle etwas entgegen zu setzen. Denn auch wenn sie »für die deutsche Wirtschaft unbedingt notwendig« seien, so könne man deren »Auswüchse [...] im Interesse des Allgemeinwohls« nicht länger tolerieren.[478] Von Seiten der Regierung wurde vor dem Ausschuss zwar – pflichtbewusst – zurückgewiesen, der Kartellbeirat sei »einseitig zusammengesetzt« und ein bloßes »Dekorationsstück«. Dem Problem könne man ohnehin mit dem Instrument der

---

475 Fritz Baltrusch, 29. Sitzung des Reparationsausschusses, 2.10.1922, BArch R 401/610, fol. 36'.

476 Die Zitate im Bericht des 8. Ausschusses (Volkswirtschaft) über eine Entschließung, betr. Maßnahmen gegen die Auswüchse der Kartellbildung, 11.6.1926, StenB 409, Nr. 2496, hier S. 9. Bei dem namentlich nicht genannten Zentrumsabgeordneten handelt es sich vermutlich um Peter Schlack.

477 RWiM Curtius, 285. Sitzung des Reichstags, 15.3.1927, StenB 392, S. 9504. Vgl. auch die Einschätzung von MD Schäffer, der 1926 das Ende des Kartellbeirats wirtschaftspolitisch damit begründet, dass die »Kartellgewalt heute sehr schwach« und angesichts der deflationären Tendenzen bereits »eine große Anzahl von Kartellen [...] zugrunde gegangen« sei. Aus der großen Zahl an Kartellen (»ich schätze etwas über 2000«) dürfen man nicht auf deren vermeintliche Stärke schließen (MD Schäffer im Bericht des 8. Ausschusses, 11.6.1926, StenB 409, Nr. 2496, S. 12). Vgl. auch MR Josten, 178. Sitzung des Wirtschaftspolitischen Ausschusses des RWR, 12.11.1930, BArch R 401/408, fol. 297: Der Kartellbeirat habe zwei Sitzungen abgehalten, doch nach Erlass der Kartellverordnung 1923 »ist die Notwendigkeit einer Zusammenberufung offenbar nicht mehr in Erscheinung getreten.«

478 Berichterstatter Krätzig (SPD), Bericht des Ausschusses für Volkswirtschaft, 16.1.1923, StenB 376, Nr. 5478, S. 6004.

Gesetzgebung allein nicht beikommen, und überhaupt: akzeptiere man die Relevanz von Kartellen, müsse »man ihnen auch die Möglichkeit geben, ein Leben zu führen.« Es komme schließlich nicht darauf an, Kartelle zu verbieten, »sondern vielmehr darauf, sie zu veranlassen und nötigenfalls zu zwingen, [...] die Interessen der Gesamtheit und die Rechte des Wirtschaftsgegners nicht zu verletzen.«[479] Intern wurde man freilich deutlicher – und lag damit näher an der Einschätzung der Kritiker: So habe die Einrichtung des Kartellbeirats vor allem taktischen Zwecken gedient. Insbesondere war damit das Ziel verknüpft, »einen Ersatz zu schaffen für ein Kartellgesetz, d.h. Parlament und öffentliche Meinung teilweise nachzugeben«, »Zufallsentscheidungen« der gesetzgebenden Körperschaften »zu verhindern« und schließlich über aktuelle Entwicklungen auf dem Laufenden zu bleiben, kurz: »die negative Kritik in positive Anregung umzuwandeln.«[480]

Mag die Zurückhaltung des Reichswirtschaftsministeriums auch aus dem Selbstverständnis heraus erklärbar sein, als Ansprechpartner der Wirtschaft fungieren zu wollen, so stand sie in einem latenten bis offenen Missverhältnis zur durchaus kartellkritischen Stimmung in der Öffentlichkeit, die auch im angesprochenen Bericht des Ausschusses für Volkswirtschaft zum Ausdruck kam. Dieser hatte im Januar 1923 den Beschluss gefasst, die »Reichsregierung zu ersuchen, möglichst bald dem Reichstag ein Kartellgesetz vorzulegen, durch welches die Auswüchse der Tätigkeit der Kartelle beseitigt« werden sollten.[481] Dass schließlich unter Reichskanzler Gustav Stresemann die als »Kartellverordnung« bekannte »Verordnung gegen Mißbrauch wirtschaftlicher Machtstellungen«[482] doch verabschiedet wurde, war nicht nur dem öffentlichen Druck geschuldet, sondern folgte auch einer konzeptionellen Neubewertung der Lage: Die Regulierung der Kartelle wurde, und das unterschied die neue Regierung von ihrer Vorgängerin, als Instrument gesehen, die »wirtschaftliche Betätigungsfreiheit« sicherzustellen, den strukturellen Konflikt zwischen Gewerbe- und Vertragsfreiheit also zugunsten Ersterer zu interpretieren.[483] Wie bereits oben ausgeführt: die »Wiederherstellung wirklicher Marktfreiheit« war das Ziel, das sich mit der Kartellverordnung verband, nicht deren »Zertrümmerung«.[484] Durchaus kennzeichnend für die wirtschaftlichen Ordnungskonzeptionen der Zeit ist freilich, dass zu »wirklicher Marktfreiheit« offenbar auch Kartelle gehörten, deren »Auswüchse« man bekämp-

479 Stellungnahme der Reichsregierung, ebd., S. 6005.

480 Anlage zum Schreiben des RWiM an ORR Ruelberger, Vortragsskizze zur »Wirtschaftspolitik gegenüber den Kartellen«, 12.6.1922, BArch R 3101/20892, fol. 398.

481 Bericht des Ausschusses für Volkswirtschaft, 16.1.1923, StenB 376, Nr. 5478, S. 6007.

482 »Verordnung gegen Mißbrauch wirtschaftlicher Machtstellungen«, 2.11.1923, RGBl. 1923 I, S. 1067–1072.

483 Vgl. Bremer, »Kartellverordnung«, S. 117 (dort das Zitat), 120; Nörr, *Leiden*, S. 57–64.

484 Begründung der VO »gegen Mißbrauch wirtschaftlicher Machtstellungen«, 2.11.1923, in: Kartell-Rundschau 1923, S. 225.

fen, auf deren »reinigende« Effekte man aber nicht verzichten wollte.[485] Es ist bekannt, dass die Kartellverordnung eher stimulierend als dämpfend wirkte: Die Zahl der Kartelle und anderer Formen der Unternehmenskonzentration nahm zu, eine signifikante Beschränkung von Marktmacht wurde ebenso wenig erreicht wie eine Senkung der Verbraucherpreise.[486] So stand die Verordnung von Beginn an (wenn auch aus unterschiedlichen Gründen) in der Kritik.[487] Der in der Öffentlichkeit verbreitete Regulierungswunsch, auf den die Kartellverordnung von 1923 durchaus zu reagieren versucht hatte, litt indes, vom Unwillen mancher Akteure abgesehen, an einem Informationsmangel; »maßgeschneiderte« Lösungen waren auf dieser Grundlage nicht zu erwarten. Die Maxime, (nur) »Auswüchse« mithilfe des bekannten rechtlichen Instrumentariums ahnden, ansonsten aber die Dinge mehr oder weniger laufen lassen zu wollen, erschien vor diesem Hintergrund nur konsequent.

Das Thema »Kartellierung« verschwand also nie, es wurde vielmehr immer wieder auf die Tagesordnung gesetzt, etwa Mitte der 1920er Jahre im Zusammenhang mit den angestrengten »Preissenkungsaktionen«. Entscheidend aber war, dass man offenkundig ein nur recht schemenhaftes Gesamtbild, »mehr ein Ahnen als ein Wissen«[488] von der Struktur der deutschen Volkswirtschaft besaß, die ohnehin infolge von Krieg, Reparationen, Inflation, Rationalisierungs- und ausländischen Investitionsbemühungen einer ebenso drastischen wie raschen Transformationsdynamik unterlag. Schon im März 1925 hatte der Reichstag die Regierung aufgefordert, »alsbald eine Enquete vorzunehmen, durch die die Bildung von Konzernen, Interessengemeinschaften und ähnlichen Zusammenschlüssen in der deutschen Wirtschaft festgestellt« werden solle.[489] Ende 1926 konnte eine entsprechende Denkschrift, die »nach Mitteilungen der Handelspresse mit Unterstützung der Firmen im Statistischen Reichsamt« erstellt worden war, vorgelegt werden.[490] Gleichwohl war der Untersuchungsgegenstand recht eng dimensioniert, beschränkte er sich doch nur »auf die Zusammenschlüsse rechtlich selbstän-

485 Ebd., S. 225–226.

486 Vgl. Bremer, »Kartellverordnung«, S. 120: »Die Verordnung wirkte sich geradezu stimulierend auf die Bildung von Kartellen aus, indem sie von der grundsätzlichen Anerkennung und Legalisierung derartiger Marktorganisationen ausging [...].« Die »Vermachtung der deutschen Wirtschaft in den zwanziger Jahren« konnte »nicht verhindert« werden, dagegen mehrten sich bald die Stimmen, die nach einer Novellierung bzw. gesetzlichen Maßnahmen verlangten (ebd., S. 125–126).

487 Etwa Tschierschky, »Juristentag«, S. 488.

488 Tarnow, »Wirtschaftsenquete«, S. 414.

489 35. Sitzung des Reichstags, 12.3.1925, StenB 384, S. 1037.

490 »Konzerne, Interessengemeinschaften und ähnliche Zusammenschlüsse im Deutschen Reich Ende 1926«, 9.12.1926, StenB 412, Nr. 2815 (12 Seiten).

diger Unternehmen«, und ließ daher Kartelle oder Fusionen außer Betracht.[491] Mehr oder minder zeitgleich wurde aber die Forderung nach einer umfassenden Wirtschaftsenquête laut, die nicht nur »ein Bild der gesamten wirtschaftlichen Verhältnisse« im Lande, sondern auch Material zur »Vorbereitung der [...] Weltwirtschaftskonferenz« liefern sollte.[492] Sowohl Reichstag, Reichswirtschaftsrat als auch der Verein für Socialpolitik[493] hatten sich für die Einrichtung einer solchen auch mit eigenständigen Untersuchungskompetenzen ausgestatteten »umfassenden Enquête«[494] ausgesprochen. Die Motive freilich lagen unterschiedlich: Während die Entschließung des Reichstags vom August 1925 auf dem Bericht des Handelspolitischen Ausschusses[495] basierte, der nach Abschluss der Arbeiten des Reichswirtschaftsrats zum Zolltarif für einen »Ausschuss« plädiert hatte, »der die Grundlagen der deutschen Gesamtwirtschaft [...] und ihrer Verknüpfungen mit der Weltwirtschaft« evaluieren sollte,[496] ging es dem Verein für Socialpolitik um das von »erbitterten Kämpfen zwischen Arbeitgeber und Arbeitnehmern« überlagerte Thema der Arbeitszeit. Hier sollte eine profunde Enquête unter Beteiligung der Betroffenen sachlich begründete Erkenntnisse liefern und die Frage damit dem »Parteistreit entziehe[n]«.[497] Der Wirtschaftspolitische Ausschuss des Reichswirtschaftsrats wiederum bezweckte mit seiner Entschließung, durch eine »umfassende Erhebung über die Produktions- und Organisationsbedingungen der deutschen Wirtschaft die nötige Grundlage für die Handels- und Preispolitik zu schaffen.«[498] Alle drei durchaus unterschiedlichen Anliegen verband die Überzeugung von der Notwendigkeit einer Bestandsaufnahme der deutschen Volkswirtschaft, ohne die eine sinnvolle praktische Politik nicht mehr möglich, zumindest aber nicht zielführend erschien. Dabei betonte der Vorsitzende des Reichswirtschaftsrats nicht nur die Notwendigkeit einer solchen Enquête; er for-

491 Ebd., S. 2. Die thematische Engführung der Untersuchung scheint auch von der Insolvenz des Stinnes-Konzerns 1925 getriggert worden zu sein.

492 Begründung des Entwurfs eines Gesetzes über einen Ausschuß zur Untersuchung der Erzeugungs- und Absatzbedingungen der deutschen Wirtschaft, 5.3.1926, StenB 407, Nr. 2014, hier S. 6.

493 Vgl. knapp die Hinweise ebd., S. 5. Es handelte sich dabei um einen Antrag des Handelspolitischen Ausschusses vom 30.7.1925, eine entsprechende Entschließung des Reichstags vom 12.8.1925, einen Beschluss des Wirtschaftspolitischen Ausschusses des RWR vom 22.9.1925 sowie eine Eingabe des Vereins für Socialpolitik vom 28.10.1925. Vgl. eine Zusammenfassung der einzelnen Entschließungen im Schreiben des RWiM vom 2.12.1925, BArch R 43-I/1164, fol. 2–5' sowie überarbeitet und ergänzt vom 21.12.1925, ebd., fol. 46–52'. Der Gesetzentwurf sollte, und das erklärt die neue und veränderte Fassung in den Akten, »erst dem neuen Kabinett vorgelegt werden«. Vgl. Schreiben an RK Luther, 28.11.1925, ebd., fol. 10.

494 Schreiben des RWiM, 21.12.1925, ebd., fol. 47'.

495 Bericht des 21. (handelspolitischen) Ausschusses über den Entwurf eines Gesetzes über Zolländerungen, 1.8.1925, StenB 404, Nr. 1336. Der entsprechende (angenommene) Antrag Nr. 127 ebd., S. 76.

496 Ebd.

497 Schreiben des RWiM, 21.12.1925, BArch R 43-I/ 1164, fol. 47.

498 Ebd., fol. 46'.

derte eine »angemessene Teilnahme« von Mitgliedern des Wirtschaftspolitischen Ausschusses, und wies daneben auch darauf hin, dass die *Bitte* um Einbringung eines entsprechenden Gesetzentwurfs lediglich dem Umstand geschuldet war, dass man selbst noch »vorläufig« und deshalb nicht befugt sei, *selbst* Gesetzesinitiativen zu lancieren.[499] Diese Passage wird leicht überlesen. Sie macht aber ganz unmittelbar die (erhoffte) Stellung des Reichswirtschaftsrats deutlich, bei einer solch zentralen Angelegenheit nicht nur am Rande zu stehen und die Regierung um etwas bitten zu müssen, wozu man eigentlich selbst berechtigt wäre – wenn, ja wenn denn nur die Gesetze über den endgültigen Reichswirtschaftsrat schon verabschiedet worden wären. In dem vom Wirtschaftspolitischen Ausschuss vorgelegten ursprünglichen Arbeitsprogramm der Enquête spielte auch das Thema Unternehmenskonzentration eine Rolle, wenn auch keine zentrale.[500] Das mag auf den ersten Blick überraschen; die Zurückhaltung wird indes plausibel, wenn man die Bestrebungen um eine eigenständige Kartellenquête in Rechnung stellt. Der Reichswirtschaftsminister aber verwies auf die in Aussicht genommene Untersuchung des Kartellwesens im Rahmen der Enquête und warnte vor ineffizienter Doppelarbeit.[501] Praktisch hatte das die Konsequenz, dass für die folgenden Jahre, bis zur Vorlage der Untersuchungsergebnisse ab 1929, mit Verweis auf die laufenden Arbeiten im »Unterausschuss für allgemeine Wirtschaftsstruktur« einschneidende Entscheidungen in Fragen der Kartellpolitik vermieden – und damit faktisch auf die lange Bank geschoben wurden.[502]

---

499 Ebd., fol. 46–46‘. Ursprünglich sah der erste Entwurf eine Zahl von 30 festen Mitgliedern der Enquête vor, je 10 aus Reichstag, RWR und frei von der Regierung ernannten Personen; der zweite Entwurf von Ende Dezember nannte nur mehr je 8. Das Gesetz vom 15.4.1926 (RGBl. 1926 I, S. 195–196) normierte schließlich in § 2: 11 Mitglieder auf Vorschlag des Reichstags, je 9 auf Vorschlag des RWR und der Regierung sowie 6 per Zuwahl durch den Ausschuss. Namentlich: Fritz Baade, Bernhard Dernburg, Johann Georg von Dewitz, Hermann Drewitz, Rudolf Hilferding, Wilhelm Koenen, Clemens Lammers, Hans Rauch, Hans Raumer, Otto Heinrich von Saucken, Erich Wienbeck (Reichstag); Friedrich Baltrusch, Georg Bernhard, Wilhelm Eggert, Karl Hermann, Oskar Mulert, August Müller, Georg Müller, Prätorius Freiherr von Richthofen, Fritz Tarnow (RWR); Carl Bergmann, Eduard Hamm, Bernhard Harms, Andreas Hermes, Ludwig Heyde, Robert Graf von Keyserlingk, Emil Lang, Friedrich Zahn, Waldemar Zimmermann (Reichsregierung); Fritz Beckmann, Heinrich von Beerenberg-Goßler, Karl Bücher, Franz Eulenburg, Martin Schiele, Max Sering (Zuwahl durch den Ausschuss). Das Präsidium bildeten Lammers (Vorsitz), Harms, Hilferding und Graf von Keyserlingk. Vgl. Naphtali, »Wirtschaftsenquete«, S. 458. Eine vollständige Übersicht über die »Zusammensetzung und Gliederung« der Enquête findet sich in BArch R 43-I/1164, fol. 140–156‘.

500 Arbeitsplan für die Agrar- und Wirtschafts-Enquête, Vorl. RWR, o.D. (Anlage zu oben zitierten Schreiben des RWiM), ebd., fol. 8–9‘, hier fol. 9.

501 Ebd., fol. 48.

502 Vgl. RWiM, Protokoll Chefbesprechung, 17.2.1926, BArch R 3101/12420, fol. 206. Der Druck im Kabinett war allerdings erheblich, man einigte sich darauf, das Gutachten des RWR zum Preisabbau abzuwarten (ebd., fol. 209).

Die von vielen Seiten geforderte Revision der Kartellverordnung war damit freilich nicht vom Tisch, im Gegenteil. Im Sommer 1926 hatte sich der Reichstagsausschuss für Volkswirtschaft mit einem Entschließungsantrag zu befassen, der angesichts der »Auswüchse, die in der Kartellbildung seit langer Zeit beobachtet« würden, eine Gesetzesvorlage der Reichsregierung verlangte. Kern der Entschließung, die federführend vom SPD-Abgeordneten und vormaligen (wie auch späteren) Reichskanzler Hermann Müller verantwortet wurde, war die Forderung nach Einrichtung eines unabhängigen Kartellamts mit Eingriffsbefugnissen.[503] Während der Ausschuss relativ einhellig, wenn auch mit unterschiedlicher Intensität und Akzentuierung die »Notwendigkeit einer solchen gesetzlichen Regelung« bejahte,[504] verteidigte Ministerialdirektor Schäffer das bisherige, weitgehend defensive Vorgehen. Kontraproduktiv hingegen sei es, »jetzt ein Kartellgesetz mit einer Reihe von festen Tatbeständen zu machen«, da dies nur zu Umgehungsbemühungen motiviere. Ein solches Gesetz sähe nur »drakonisch« aus, begünstige aber in der Praxis Missbräuche und schwäche darüber hinaus die Stellung Deutschlands in der Weltwirtschaft. Die beste Strategie im Umgang mit Kartellen sei es hingegen, diese »in der Furcht des Herrn und in einer gewissen Unsicherheit« schmoren zu lassen. Mit Schaufenstergesetzen, die nur »nach außen ein gutes Plakat für die Kraft der deutschen Staatsgewalt und die Energie des Reichstags« abgäben, sei nichts zu gewinnen.[505] Der Ausschuss hielt an seiner Forderung nach Vorlage eines Gesetzes zur Bekämpfung der »Auswüchse« der »Kartell- und Monopolbildung« zwar fest, konzedierte aber, es sei klug, den Bericht des Enquêteausschusses abzuwarten.[506] Bis November 1926 gelang dies, wie geplant, freilich nicht, und so schwelte das Thema weiter, ehe der Generalbericht schließlich gut drei Jahre später vorgelegt wurde. Argumente für eine schärfere Regulierung der Kartelle wurden hier zwar vorgetragen, aber nicht empfohlen, zumal über Charakter, volkswirtschaftliche Effekte und daraus möglicherweise abzuleitende *policies* (erneut) keine Einigkeit erzielt werden konnte.[507] Zu wirkmächtig die ideologischen Prämissen.

Den Abschluss der Regulierungsbemühungen bildete schließlich die Verordnung »zur Verhütung unwirtschaftlicher Preisbindungen« vom 26. Juli 1930, die rasch als Kartell-Notverordnung apostrophiert wurde[508] und damit auf einen Zu-

503 Entschließung zum Reichshaushaltsplan 1926, 13.3.1926, StenB 407, Nr. 2062. Hermann Müller war von März bis Juni 1920 und von Juni 1928 bis März 1930 Reichskanzler.

504 Bericht des 8. Ausschusses (Volkswirtschaft), 11.6 1926, StenB 409, Nr. 2496, das Zitat S. 14.

505 MD Schäffer, ebd., S. 12, 14.

506 Ebd., S. 14.

507 Vgl. *Verhandlungen und Berichte*, Generalbericht Kartellpolitik, S. 16–25.

508 Siehe den Hinweis bei Tschierschky, »Preissenkungsbestrebungen«, S. 603 (wie bereits oben). Die VO ist Teil einer auf Grundlage des Art. 48 WRV erlassenen »Verordnung des Reichspräsidenten zur Behebung finanzieller, wirtschaftlicher und sozialer Notstände«, 26.7.1930, RGBl. 1930 I, S. 311–331, hier der »Fünfte

sammenhang verweist, der für die Arbeit des Reichswirtschaftsrats von zentraler Bedeutung sein sollte: Die Konkretisierung der Kartellthematik erfolgte in der wirtschaftspolitischen Praxis entlang der Frage nach angemessenen oder zu hohen Preisen – und damit einem ebenso umstrittenen wie bedeutenden Politikfeld der 1920er Jahre, auf dem der Reichswirtschaftsrat in unterschiedlichen Figurationen aktiv wurde. Wie also ging er mit dem Dauerthema »Kartelle« um? Was blieb von dem ostentativ vorgetragenen und Identität stiftenden Anspruch ökonomischer Sachlichkeit bei diesem hochgradig politischen und mit einer Vielzahl an Vorannahmen behafteten Gegenstand? So viel scheint klar: Wollte der Reichswirtschaftsrat den eingeschlagenen Weg, institutionelle Relevanz durch politische Abstinenz zu sichern, weiter beschreiten, stand er in der Frage der Kartelle und ihrer Rolle im wirtschaftlichen Gefüge des Landes vor einer erheblichen Herausforderung – nicht nur fachlich, sondern vor allem institutionell.

4.4.3 Stochern im Nebel? Kartelle, Preise und die Logik des Einzelfalls

Mit der Wirtschaftsenquête bestand ein Organ, auf dessen laufende Arbeit der Reichswirtschaftsrat verweisen und damit eigene Entscheidungen – zumindest temporär – suspendieren konnte. Auffallend, im Kern aber nicht überraschend war freilich, dass auch die ausführlichen Kommissionsberichte (wie im Übrigen auch das Gutachten des Juristentages) das Kartellproblem erneut keiner eindeutigen Lösung zuführen konnten, man vielmehr bei altbekannten Bekenntnissen blieb: Der Prozess der Unternehmenskonzentration entspräche bis zu einem gewissen Grade dem Entwicklungsstand der deutschen Volkswirtschaft, habe eine durchaus stabilisierende Funktion und sei auch nicht auf rein gesetzgeberischem Wege zu regulieren. Gegen »Auswüchse« gelte es vorzugehen, das geltende Recht sei dafür – soweit man sehe – ausreichend. Notfalls müsse nachgesteuert werden. Für die Regierung, die aus Praktikabilitätsgründen gerne eine generelle Haltung zur Kartellthematik gehört hätte und dafür auch den Reichswirtschaftsrat aktivierte, hieß dies:[509] Von den Normadressaten war eine solche (im Kern politische) Haltung nicht zu bekommen, da man in den grundlegenden Fragen zu sehr divergierte. Gerade weil Kartelle in der unbestimmten Wirtschaftsordnung Weimars eine praktische Relevanz besaßen, fiel der in Teilen der Öffentlichkeit virulente »Kar-

---

Abschnitt«, S. 328. Bemerkenswert ist, dass gemäß § 3 der RWR vor Erlass einer entsprechenden Anordnung noch gutachterlich gehört werden sollte.

509 Vgl. etwa den Schnellbrief des RWiM an das Kabinett, Besprechung des Gutachtens des RWR zur Frage der Preisbindungen, 27.11.1930, BArch R 3001/7915, fol. 119: Es sei die Auffassung der Regierung, schon aus Gründen der Praktikabilität eine generelle Lösung anzustreben, da es der Einzelfälle zu viele seien. Daran sei auch gegenüber der Auffassung des RWR festzuhalten.

tellhaß«[510] zwar bei Kartellkritikern (insbesondere der politischen Linken und der Verbraucherschaft) grundsätzlich auf fruchtbaren Boden,[511] ließ sich jedoch nicht zu einer kohärenten Politik ausbuchstabieren. Die populärste Forderung war jene nach mehr Öffentlichkeit und Kontrolle, wofür ein neu einzurichtendes Kartellamt samt -register sorgen sollte; doch auch hier gingen die Meinungen auseinander, und parlamentarische Mehrheiten waren nicht in Sicht oder zu flüchtig.[512] So blieb der Weg in den Einzelfall: Für die praktische Arbeit des Reichswirtschaftsrats war dies kein zentrales Problem, für seine politische Relevanz indes schon. Denn konnte das Beharren auf einer (der Idee nach) von sachfremden Erwägungen gereinigten Diskussionspraxis ausreichen, wenn »die Politik« eigentlich an einer politischen Entscheidung interessiert war? Für die Spätphase der Weimarer Republik war das die zentrale Frage: Welches *standing* besaß der Reichswirtschaftsrat in der »Krise«, und was folgte praktisch aus seinem Selbstverständnis?

Ende 1925 hatte die Regierung Luther einen Gesetzentwurf »zur Förderung des Preisabbaus« vorgelegt und den Reichswirtschaftsrat um Begutachtung gebeten.[513] Das Vorhaben bestand aus vier Einzelinitiativen, deren gemeinsames Ziel es war, durch Eingriffe preisdämpfende Effekte zu bewirken, um damit nicht zuletzt die internationale Wettbewerbsfähigkeit der deutschen Wirtschaft zu stärken bzw. das zarte Pflänzchen ihrer internationalen Reintegration durch zu hohe Preise nicht wieder zu gefährden.[514] Neben einer Neuregelung des Konkursverfahrens ging es dabei um »Maßnahmen gegen die Ringbildung«, sowie die »Abänderung der Kartellverordnung« und der Gewerbeordnung. Vor allem die Artikel II und III des Gesetzentwurfs sind hier von Interesse: Während die »Maßnahmen gegen die Ringbildung« (Art. II) eine, vereinfacht formuliert, Liberalisierung der öffentlichen Vergabepraxis avisierten und auf die positiven Effekte der »freien Konkurrenz« hofften,[515] plädierte die Regierung in Bezug auf die Kartellverordnung (Art. III) für eine Angleichung der für staatliche Zwangskartelle (nicht) geltenden Regelungen an die Vorschriften für privatwirtschaftliche Unterneh-

510 Das Zitat Rudolf Isays bei Bremer, »Kartellverordnung«, S. 113.

511 Vgl. die Kritik etwa bei Neumann, »Entwurf«, insb. S. 783–786; Schrift *Wirtschaftskrisis und Gewerkschaftsforderungen*, S. 16. Zur ambivalenten Verbraucherpolitik »zwischen Schutz und Erziehung« in der Weimarer Republik grundlegend die Arbeit von Torp, *Konsum und Politik*, Zitat S. 313.

512 Vgl. neben den bereits oben zitierten Beratungen der Kartellenquête hierzu auch Hesse/Roelevink, »Cartel Law«.

513 Vgl. den Überblick bei Hauschild, *Reichswirtschaftsrat*, S. 145–148, 152–158. Archivalien: RWiM an StS der Reichskanzlei, 20.11.1925, BArch R 43-I/1407, fol. 15 (hds. ergänzt wurde, dass es sich dabei um eine Anlage zur Kabinettssitzung vom 5.12.1925 handelte); der Entwurf mit Datum 10.12.1925, BArch R 410/206, fol. 181–187', 188–197.

514 Vgl. die Begründung ebd., fol. 186'.

515 Ebd., fol. 187'.

menszusammenschlüsse. Im Kern also der Versuch, »Preisabbau« durch Stärkung der Marktkräfte herbeizuführen. Die im Reichswirtschaftsrat zur Beratung der einzelnen Artikel des Gesetzentwurfs gebildeten Sonderausschüsse legten Anfang März ihre Sachstandsberichte vor: Zwar wurden darin »zahlreiche Mißstände« auf dem Gebiet des »Submissionswesens« und ein entsprechender Handlungsbedarf konstatiert;[516] dem Vorschlag der Regierung konnte sich eine Mehrheit des Ausschusses allerdings nicht anschließen, und plädierte stattdessen für die Regelung des Problems in einem umfassenden, neu zu schaffenden Kartellgesetz.[517] In eine ähnliche Richtung ging auch die Einschätzung des Sonderausschusses in Bezug auf die Frage einer Änderung der Kartellverordnung: Die Preise seien in der Tat »überspannt«, ihre Senkung nach Ansicht der Sachverständigen nur durch »freie Konkurrenz« zu erreichen.[518] Ziel der Regierung sei es aber, so Ministerialrat Josten vor dem Ausschuss, »den Komplex der Zwangssyndikate einheitlich zu regeln«.[519] Unterm Strich plädierte auch der Ausschuss für eine Angleichung der Regelungen, beharrte jedoch gegen den Willen der Regierung und einer Minderheit im Ausschuss auf den Ausnahmen für die Kaliwirtschaft.[520] Auch hier sah man die Lösung mehrheitlich in einem Kartellgesetz, zu dessen Ausarbeitung die Beratungen eine Grundlage bieten konnten.

Die Haltung des Reichswirtschaftsrats sollte sich nach Diskussion der Entwürfe im zuständigen Wirtschaftspolitischen Ausschuss nicht mehr im Wesentlichen ändern. Wirtschaftsminister Curtius musste daher in seinem Bericht an den Reichskanzler am 31. März 1926 konstatieren, dass auf Grundlage der Gutachten des Reichswirtschaftsrats weder die »Maßnahmen gegen die Ringbildung« noch die »Abänderung der Kartellverordnung« in der im Entwurf geplanten Form weiterverfolgt werden sollten.[521] Die Reichskanzlei schien sich mit dieser Haltung des Wirtschaftsministeriums nicht zufrieden geben zu wollen: Vielmehr prophezeite man eine »Vertagung [...] auf unabsehbare Zeit«, wenn man der skeptischen Haltung des Reichswirtschaftsrats und seiner Bitte, vor einer Neuregelung doch zunächst die Beratungen der Kartellenquête abzuwarten, folgen würde.[522] So wie die Dinge lägen, handle es sich nach Begutachtung durch den Reichswirtschaftsrat

516 Bericht des RWR, 26.3.1926, BArch R 3101/12420, fol. 216. Grundsätzlich zum Folgenden auch die Verhandlungen im RWR mit Anschreiben an den RWiM, 26.3.1926, ebd., fol. 257–257' (Anschreiben), fol. 259–282.

517 Bericht des Sonderausschusses (Art. II), 15.3.1926, BArch R 43-I/1156, fol. 237–238 (Mehrheitsvotum), fol. 239–240 (Minderheitsvotum, das sich mit den Vorschlägen der Regierung grundsätzlich einverstanden zeigte). Detailliert auch der Bericht des Sonderausschusses (Art. II) ebd., 3.3.1926, ebd., fol. 241–249.

518 Bericht des Sonderausschusses (Art. III), 10.3.1926, ebd., 253–273, hier fol. 255.

519 MR Josten ebd., fol. 271.

520 Bericht des Sonderausschusses (Art. III), 15.3.1926, ebd., fol. 250–252. Auch den Vorläufigen Bericht des Sonderausschusses [o.D.], BArch R 3101, 12423, nicht foliiert.

521 RWiM Curtius an RK Luther, 31.3.1926, R 43-I/1156, fol. 234–236'.

522 StS der Reichskanzlei an RK Luther, 11.4.1926, ebd., fol. 278–281, das Zitat fol. 279'.

um ein »vollständiges Begräbnis des Gesetzentwurfs zur Förderung des Preisabbaus«.[523] Man solle jedoch nicht zu rasch die Flinte ins Korn werfen, auch wenn ein Erfolg der Regierungsvorlage derzeit nicht in Sicht sei: Denn in Ministerium und Reichswirtschaftsrat gebe es, und das zeigten die relativ starken Minderheitenvoten, auch Zustimmung zu den Regierungsplänen. Der Handlungsbedarf sei nach wie vor gegeben, Spielräume vorhanden.[524] Schließlich erklärte Wirtschaftsminister Curtius in einer Stellungnahme, die neue und seit 17. Mai 1926 im Amt befindliche Regierung Marx teile mit der Vorgängerregierung »die Auffassung, dass als unerlässliche Voraussetzung für den Wiederaufstieg Deutschlands [...] die Hemmungen beseitigt werden müssen, die der Selbstheilung durch die wirtschaftlichen Eigenkräfte noch entgegenstehen.« Man sei »daher bereit, jede Maßnahme zu ergreifen, um die Wirtschaft vor übermäßigen Preisbelastungen zu befreien«.[525] Der zupackenden Rhetorik folgte freilich die praktische Einschränkung auf den Fuß: Ob ein umfassendes Kartellgesetz auf den Weg gebracht oder vielmehr ad-hoc-Maßnahmen ergriffen werden sollten, sei umstritten; man nehme deshalb die Anregung des Reichswirtschaftsrats auf, das erarbeitete Material an eine Enquête zur weiteren Klärung zu überweisen.[526] Die Einschätzung der Reichskanzlei, man betreibe eine »vollständige Beerdigung« des Gesetzentwurfs, wenn man dem Votum des Reichswirtschaftsrats folge, lag damit nicht weit von der Realität entfernt.

Die Episode zeigt dreierlei: *Zunächst* ist festzuhalten, dass der Reichswirtschaftsrat offenbar als ein Gremium in Anspruch genommen wurde, dessen Funktion primär in der fundierten Evaluierung wirtschaftspolitischer Vorhaben bestand. Das entsprach seiner grundlegenden Aufgabe, dieser kam er nach. *Zweitens* wird deutlich, dass im Kontext der von Seiten der Reichsregierung avisierten kartellpolitischen Maßnahmen den (skeptischen) Stimme der Normadressaten ein Gewicht zuwuchs, das in parlamentarischen Verfahren nicht in dieser Form zur Geltung gebracht werden konnte. Es ist auffallend, dass für das Wirtschaftsministerium der Reichswirtschaftsrat offenbar als Indikator, als »Frühwarnsystem« für die Akzeptanz geplanter Maßnahmen fungierte, während die Reichskanzlei stärker die politische Komponente in den Vordergrund rückte: Nichtstun sei in der Öffentlichkeit nicht (mehr) vermittelbar.[527] Und *drittens* wird auf einer inhaltlichen Ebene greifbar, dass das Kartellthema im Reichswirtschaftsrat einer zupackenden

---

523 Ebd., fol. 278'. Ausnahme sei lediglich Art. I und die darin geplanten Maßnahmen zu »Abwendung des Konkurses«.

524 Ebd., fol. 278–281.

525 Erklärung RWiM Curtius, 19.5.1926, BArch R 3101/12420, fol. 318–322', hier fol. 318.

526 Ebd., fol. 319–319'.

527 Vgl. RK an RWiM, 31.3.1926, BArch R 3101/12420, fol. 200: Ein weiteres Hinausschieben strengerer Maßnahmen gegen die Kartelle sei »politisch schwer tragbar«.

(und wenn man so will: politischen) Beschlussfassung nicht zugänglich war. Dafür lagen zwischen den beteiligten Akteuren nicht nur die grundsätzlichen Auffassungen zu Natur und Nutzen der Kartelle zu weit auseinander, sondern auch deren individuelle Betroffenheit.

Die laufenden Arbeiten der Enquête boten die Möglichkeit, Maßnahmen, deren ökonomische Steuerungseffekte unsicher oder umstritten waren, auf die lange Bank zu schieben. Für die Kartellproblematik galt dies besonders: Denn so laut auch eine Reform der Kartellverordnung, die Einrichtung eines Kartellamts plus Register oder die Verabschiedung eines umfassenden Kartellgesetzes nach 1923 gefordert wurde: Bis zum Erlass der Verordnung des Reichspräsidenten »zur Behebung finanzieller, wirtschaftlicher und sozialer Notstände« vom 26. Juli 1930[528] wurde zwar viel diskutiert, aber wenig beschlossen. Man bat also erneut den Reichswirtschaftsrat um eine Stellungnahme, nun zu Abschnitt fünf der Notverordnung, der die »Verhütung unwirtschaftlicher Preisbindungen« zum Gegenstand hatte und der Regierung von Reichskanzler Brüning u.a. die Möglichkeit einräumte, Preisfestsetzungen von Kartellen und vergleichbaren Konstrukten »für nichtig zu erklären« und entsprechende »Handlungen« zu »untersagen«.[529] Dabei sollte der Reichswirtschaftsrat, dessen Mitwirkung bereits in § 3 der Verordnung vorgesehen war, den Fokus auf die praktischen Aspekte der Preisbindungsproblems richten und vor allem die Frage klären, ob »bei der gegenwärtigen Wirtschaftslage die volkswirtschaftlichen Nachteile von Preisbindungen deren Vorteile für die Gesamtwirtschaft derart [überwiegen], daß es notwendig erscheint, bis zur Überwindung der krisenhaften Zustände auf Preisbindungen jeder Art zu verzichten oder an Stelle der Preisbindungen nur unverbindliche Richtpreise zuzulassen.«[530] Für die Regierung stand politisch im Zentrum, mit Maßnahmen gegen »unwirtschaftliche Preisbindungen«, konkret: zu hohe Preise, eine »Anpassung [...] an die veränderte Wirtschaftslage und die gesunkene Kaufkraft breiter Massen sowie die Notlage der im freien Wettbewerb stehenden Wirtschaftskreise« zu erreichen.[531] Dabei läge es im besonderen Interesse der Regierung, wenn es sich durch die Arbeit des Reichswirtschaftsrats in der Praxis erübrigen würden, »auf die in der Verordnung gegebenen Ermächtigungen zu-

528 Verordnung des Reichspräsidenten zur Behebung finanzieller, wirtschaftlicher und sozialer Notstände, 26.7.1930, RGBl. 1930 I, S. 311–331, hier der »Fünfte Abschnitt«, S. 328.

529 Ebd. Vgl auch das Ersuchen um »gutachterliche Stellungnahme« des RWR: StS Trendelenburg an RWR, 29.7.1930, BArch R 401/216, fol. 63–65 (Abschr.).

530 Ebd., fol. 64.

531 Begründung zum fünften Abschnitt (Verhütung unwirtschaftlicher Preisbindungen) der Verordnung vom 26. Juni 1930, o.D., ebd. fol. 66.

rückgreifen zu müssen.«[532] Die (für die Regierung nützliche) doppelte Funktion des Reichswirtschaftsrats, nicht nur Expertise bereitzustellen, sondern durch eine möglichst konkrete Einbindung der von den Maßnahmen ja letztlich betroffenen Wirtschaftsakteure auch den politischen Vorhaben ein höheres Maß an Legitimität und Akzeptanz zu verschaffen, wird hier besonders greifbar.

Gut eine Woche nach Erlass der Verordnung standen die von der Reichsregierung übermittelten Fragen im Wirtschaftspolitischen Ausschuss des Reichswirtschaftsrats auf der Tagesordnung, und schon hier zeichnete sich ab, dass es wieder kompliziert werden würde, eine einheitliche Position zwischen den in sehr unterschiedlicher Weise betroffenen Akteuren zu erarbeiten.[533] Dabei ging es, wie auch Staatssekretär Trendelenburg hervorhob, zunächst darum, »ein Programm für die künftige Kartellpolitik zu entwickeln.«[534] Der sachliche Konnex des komplexen Regimes gebundener Preise mit der kartellierten Struktur der deutschen Volkswirtschaft war damit den Akteuren präsent: wer über Preisbindungen sprach, sprach über die Struktur der Wirtschaft. Und dabei lag es auf der Hand, dass die Meinungen auseinandergingen: Während etwa Abraham Frowein vor (weiteren) staatlichen Eingriffen warnte, plädierten Arthur Feiler, Fritz Baltrusch oder Fritz Naphtali vehement dafür, der Regierung entsprechende Instrumente an die Hand zu geben. Denn schon die Drohkulisse wirke als ein »heilsamer Schrecken« mäßigend auf die Kartelle. Doch auch ganz grundsätzlich sei eine stärkere Involvierung des Staates angebracht: Man wolle zwar nicht, »dass die Kartelle kaputtgemacht werden«, wohl aber unbedingt verhindern, »dass Staaten im Staat entstehen.«[535] Von der anderen Seite aber wurde, wie etwa vom Chemie-Industriellen und RDI-Vorstandsmitglied Edmund Pietrkowski, dem staatlichen Vorgehen gegen die Kartelle ein lediglich propagandistischer Effekt attestiert und als »absolut überflüssig und schädlich« verdammt. Das beliebte *blame game* zu Lasten der Kartelle basiere nicht auf einer Betrachtung der Wirklichkeit, sondern sei pure »Ideologie, die in Deutschland künstlich politisch grossgezogen worden« sei.[536] Die Fronten schienen also verhärtet, doch der sich in den vergangenen Jahren etablierte *modus operandi* eröffnete Räume der Kommunikation, die im Parlament nicht gegeben

532 Ebd., fol. 67. Noch deutlicher StS Trendelenburg vor dem Wirtschaftspolitischen Ausschuss des RWR, 172. Sitzung, 5.8.1930, BArch R 401/407, fol. 289: »Ich habe die Ehre gehabt, im Auftrage der Reichsregierung den RWR über ein Gutachten über die nach Auffassung der Reichsregierung zur Zeit besonders aktuellen Kartellfrage zu bitten, und ich glaube, dass es Sache des RWR sein wird, seinerseits im Rahmen eines Gutachtens ein Programm für die künftige Kartellpolitik zu entwickeln.«

533 Vgl. 175. Sitzung des Wirtschaftspolitischen Ausschusses, 5.8.1930, BArch R 401/407, fol. 287–436.

534 StS Trendelenburg ebd., fol. 289.

535 Vgl. Abraham Frowein, ebd., fol. 308; Arthur Feiler, ebd., fol. 327 (»heilsamer Schrecken«); Fritz Baltrusch, ebd., fol. 347 (abschließendes Zitat) und Fritz Naphtali, ebd., fol 368–369.

536 Edmund Pietrkowski, ebd., fol. 396.

waren. Es sei schließlich der »Hauptvorteil« des Reichswirtschaftsrats, so Abraham Frowein, dass man hier offen und ehrlich sprechen könne, ohne befürchten zu müssen, alles »am nächsten Tage verzerrt in der Zeitung«[537] zu lesen. Für die Akteure im Ausschuss leitete sich daraus die wiederholt performativ bekräftigte Aufgabe ab, sich ganz gezielt einer Politisierung der zur Diskussion stehenden *policies* zu entziehen und zumindest den Versuch zu unternehmen, den in der politischen Form steckenden ökonomischen Kern herauszuschälen. Vor diesem Hintergrund erklärt sich auch der Appell des ehemaligen DDP-Wirtschaftsministers Eduard Hamm[538] an den Ausschuss, den Leuten keine Märchen zu erzählen; schließlich habe man »gegenüber der Öffentlichkeit im Reichswirtschaftsrat vor allem die Aufgabe [...]: überstiegene Hoffnungen auf ein gewisses Maß zurückzuführen und gerade von uns aus, die wir nicht politische die Dinge zu sehen haben, zu sagen, wie komplex die Dinge sind [...]«.[539]

In der Tat brachte Hamms Appell in nuce das regulative Selbstverständnis des Reichswirtschaftsrats auf den Punkt, das sich im Verlauf der 1920er Jahre ausgeformt und dabei einen merkwürdigen Zwischenraum erschlossen hatte, in dem er agieren konnte. Entscheidend ist, dass aus der Anerkennung der unterschiedlichen Problemwahrnehmungen und der daraus abgeleiteten unterschiedlichen politischen Stoßrichtungen keine Paralyse der Institution resultierte, im Gegenteil. Die Geschichte des Reichswirtschaftsrats bietet eher Anlass zu der These, dass seine Kohäsionskräfte wuchsen, je mehr der Reichstag als politischer Akteur ausfiel bzw. aus dem Spiel genommen war; darauf wird im Zusammenhang mit der Frage der Arbeitsbeschaffung und aktiven Konjunkturpolitik noch genauer einzugehen sein. Zwar plädierte Trendelenburg im Anschluss an die Sitzung dafür, nur eine ganz allgemein gehaltene Pressemitteilung zu veröffentlichen, da eine einhellige Position (derzeit) nicht in Aussicht sei:[540] Gleichwohl vermochte der eingesetzte Unterausschuss im kleinen Kreis ein Gutachten zu erarbeiten, das eine Woche

537 Abraham Frowein, ebd., fol. 301. Das Zitat bereits oben: Es sei »einer der Hauptvorteile« des RWR, »dass wir uns hier unterhalten und unsere Meinung sagen können, ohne Gefahr zu laufen, dass jedes Wort, das man in einer so ernsten Situation sagt, am nächsten Tagen verzerrt in der Zeitung steht.« Dieser Aspekt ist, bei aller berechtigen quellenkritischen Skepsis, mit Blick auf den Quellenwert der Akten des RWR nicht zu unterschätzen.

538 Zu Eduard Hamm, RWiM zwischen 1923 und 1925, vgl. die Biographie von Hardtwig, *Freiheitliches Bürgertum*, hier insb. S. 145–181. Im ad hoc gebildeten Unterausschuss des Wirtschaftspolitischen Ausschusses zur Erörterung der Frage der Verhütung unwirtschaftlicher Preisbindungen vertrat er die Abt. I. Weitere Mitglieder waren: Cohn, Pietrkowski, Tiburtius (Abt. I); Baltrusch, Eggert, Fromholz, Schweitzer (Abt. II); Berthold, M. Cohen, Naphtali, Zeitlin (Abt. III). Den Vorsitz führte Max Cohen, als Berichterstatter fungierten Eduard Hamm und Fritz Naphtali (vgl. hierzu das Gutachten zur Frage der Verhütung unwirtschaftlicher Preisbindungen, 12.8.1930, Drs. RWR 371, BArch R 401/216, fol. 68–70', hier fol. 68).

539 Eduard Hamm, 172. Sitzung des Wirtschaftspolitischen Ausschusses, 5.8.1930, BArch R 401/407, fol. 388.

540 Vgl. StS Trendelenburg, ebd., fol. 431.

später in der größeren Runde des Wirtschaftspolitischen Ausschusses nun doch einstimmig angenommen werden konnte.[541] In einem für den Reichswirtschaftsrat durchaus typischen Gestus wurde gleich zu Beginn einschränkend hervorgehoben, dass es »nicht die Aufgabe« gewesen sei, »zu dem Kartellproblem im ganzen Stellung zu nehmen.«[542] Eine politische Positionierung wurde damit umschifft, das Problem stattdessen in seine Einzelteile zerlegt und konsumierbar gemacht. Aus Sicht der Akteure konnte nur ein solch dissimulierendes, die eigene (auch aktiv angestrebte) politische Relevanz verschweigendes Verfahren der – mit Eduard Hamm – »Komplexität« der Dinge gerecht werden. Denn »von keiner Seite« sei in den Verhandlungen das »Kartellwesen in der Gesamtheit seiner Wirkungen einschließlich der Preisbindungen als volkswirtschaftlich unbedingt günstig oder unbedingt schädlich wirkend bezeichnet worden«. Dies könne, darin sei man einig, »lediglich für den Einzelfall entschieden werden«.[543] Jenseits all der Debatten gehe es daher für den Ausschuss nur um die Frage, »ob in der gegenwärtigen Wirtschaftslage die auf Kartellen, Syndikaten, Konventionen oder auf irgendwelchen anderen Vereinbarungen beruhenden Preisbindungen der notwendigen Tendenz zum Preisabbau in einem volkswirtschaftlich nicht zu vertretenden Maße entgegenstehen.«[544] Denn dass eine auf breiter Front durchgeführte Senkung der Preise dringend geboten sei, war im Ausschuss unstrittig; nur, wie? Das Gutachten machte deutlich, dass man sich in einem Dilemma befand: Die Preise seien vielfach zu hoch, es gebe zahlreiche strukturelle Faktoren, die eine Anpassung der Preise nach unten hemmten, beides wirke sich in der wirtschaftlichen Baisse besonders verheerend aus. Gleichzeitig sei, und das war die andere Seite des Problems, nicht absehbar, welche gesamtwirtschaftlichen Turbulenzen eine generelle Aufhebung der gebundenen Preise nach sich ziehen würde. Denn auch wenn die durch eine »Wiederherstellung einer völlig freien Wettbewerbswirtschaft« bewirkten »gewaltigen Umstellungen« angesichts der Rationalisierungsbestrebungen notwendig sein könnten: Sie würden doch akut »erhebliche Verschärfungen der gegenwärtigen wirtschaftlichen Schwierigkeiten herbeiführen«, die ökonomisch (und auch politisch) nach »einmütiger Auffassung des Ausschusses [...] nicht empfohlen werden« könnten.[545] Es erging daher »einmütig« ein »dringende[r] Appell an die Kartelle«, angesichts der Wirtschaftslage »überholte Preisbindungen« selbständig aufzuheben.[546]

541 Vgl. das Gutachten zur Frage der Verhütung unwirtschaftlicher Preisbindungen, 12.8.1930, Drs. RWR 371, BArch R 401/216, hier fol. 70‘.

542 Ebd., fol. 68.

543 Beide Zitate ebd.

544 Ebd.

545 Sämtliche Zitate ebd., fol. 69.

546 Ebd.

Das lag ganz auf Linie des RDI, der im Nachgang in einem Schreiben an Reichskanzler Brüning seine bisherige Zurückhaltung in der Kartellthematik mit staatspolitischer Verantwortung begründete, im Kern aber keine Zweifel an seiner Haltung aufkommen ließ: Man teile zwar »die Auffassung der Reichsregierung, dass nichts notwendiger ist, als eine Senkung der Preise«. Den Kartellen werde jedoch »eine weit übertriebene Bedeutung beigemessen«, denn die »eigentliche Ursache der Krise« seien die »extrem hohen Produktionskosten«, die einer Preissenkung aus betriebswirtschaftlicher Perspektive schlicht entgegenstünden.[547] Unterkomplex wäre es indes zu konstatieren, dass sich die Industrie im Reichswirtschaftsrat »durchgesetzt« hätte. Die Zurückhaltung, weitreichende Maßnahmen mit unsicherem Ausgang zu propagieren, entsprach vielmehr einer Grundkonstante des Reichswirtschaftsrats, dessen maßgeblichen Akteuren *aller* Seiten klar war, dass man zwar viel fordern, gegen mächtige Normadressaten aber nur sehr wenig erreichen konnte. Man suchte also einen Weg, dem alle Beteiligten zu folgen bereit waren: Die Lösung bestand darin, auf die Anwendung der Rasenmähermethode zu verzichten und für (auch durchgreifende) gezielte Eingriffe im Einzelfall zu plädieren. Vor allem die Preisbindungen bei Markenwaren gerieten dabei in den Fokus und sollte im Folgenden die Diskussion dominieren. Unterm Strich distanzierte sich der Reichswirtschaftsrat also von den avisierten Maßnahmen der Regierung, indem er unter Bezugnahme auf das Argument nicht-intendierter und überdies unbekannter, mutmaßlich aber verheerender Handlungsfolgen auf Prüfungen »von Fall zu Fall« verwies. Man forderte die Regierung auf, »mit möglichster Beschleunigung Klarheit über die [...] zu treffenden Maßnahmen« zu schaffen und bat darum, dabei als Reichswirtschaftsrat nicht außen vor gelassen zu werden.[548]

Der nicht sonderlich zupackende Bericht, der die im Ausschuss virulenten »Meinungsverschiedenheiten«[549] nur mühsam zu kaschieren vermochte, stand also in merkwürdigem Kontrast zur konstatierten Urgenz, mit der Preissenkungen im Interesse breiter Bevölkerungskreise – Stichwort Deflation – und der internationalen Wettbewerbsfähigkeit der deutschen Volkswirtschaft betrieben werden sollten. Ein typischer Befund: Die Heterogenität des Reichswirtschaftsrats, seine Bereitschaft, auch über Lager- und Interessengrenzen hinweg unter bewusster Hintanstellung politischer Maximalforderungen gesprächsbereit und entscheidungsfähig zu sein, nicht zuletzt aber auch seine das eigene Selbstverständnis boostende Abgrenzung zum Reichstag barg die stete Gefahr, als ökonomische Autorität zwar wahrgenommen, als politischer Akteur aber ignoriert zu werden.

547 RDI an RK Brüning, 1.9.1930, BArch R 401/1179, fol. 81–86, die Zitate fol. 81 und 83.

548 Gutachten zur Frage der Verhütung unwirtschaftlicher Preisbindungen, 12.8.1930, Drs. RWR 371, BArch R 401/216, fol. 70‘.

549 Ebd.

Im Bemühen, das eine nicht ohne das andere zur Geltung zu bringen, lag die Kunst – oder die Quadratur des Kreises.

Mit Schreiben vom 22. August 1930 dankte der kommissarische Wirtschaftsminister Ernst Trendelenburg dem Reichswirtschaftsrat für seine Arbeit, die er – etwas einseitig – als nachdrückliche Unterstützung für die politischen Vorhaben der Regierung interpretierte.[550] Gleichzeitig bat er darum, »mit größtmöglicher Beschleunigung« nicht nur die Preise in einzelnen Branchen und die Situation bei den Markenwaren bzw. -artikeln[551] zu prüfen, sondern auch und insbesondere nochmals zu erwägen, ob nicht doch eine generelle Regelung aus Praktikabilitätsgründen ins Auge gefasst werden müsste, insbesondere bei Markenwaren.[552] Der Reichswirtschaftsrat kam dem Ersuchen nach und richtete einen entsprechenden Arbeitsausschuss ein, der sich in einem ersten Schritt der generellen Frage der Preisbindung bei Markenartikeln widmete und Anfang November 1930 ein Gutachten vorlegte.[553] In seiner ausführlichen Stellungnahme kam der Ausschuss – erneut – zu dem Ergebnis, dass »eine allgemeine und durchgängige Aufhebung der Preisbindungen für Markenartikel nicht ohne Bedenken sei.«[554] Andererseits bestehe aber erheblicher Handlungsbedarf: Preissenkungen seien, wo immer

550 StS Trendelenburg an den RWR, 22.8.1930, ebd., fol. 71: »Die Reichsregierung entnimmt daraus [aus dem Gutachten, FH] mit Genugtuung, daß auch der Vorläufige Reichswirtschaftsrat von der Notwendigkeit baldiger Preissenkungen durchdrungen und gewillt ist, die Reichsregierung in ihren Bestrebungen mit Nachdruck zu unterstützen.«

551 Eine (gedrechselte) Unterscheidung nimmt das Gutachten zur Frage der Verhütung unwirtschaftlicher Preisbindungen bei Markenartikeln, 7./12.11.1930, Drs. RWR 371, BArch R 401/206, fol. 337–344', hier fol. 337', vor: Gegenüber dem Begriff der »Markenwaren« bezeichnet der »enger[e] Begriff« der »Markenartikel« eine Markenware, die »zur Deckung eines gleichförmigen, zumeist, doch nicht immer, große Mengen erfordernden Bedarfs bestimmt sind, unter der kennzeichnenden Marke in gleichmäßiger Beschaffenheit und Gestaltung herausgebracht werden und die Marke im Bewußtsein der Abnehmer mit der mit der Vorstellung dieser Gleichmäßigkeit und der Gewährleistung gleichmäßiger Güte verbunden ist oder verbunden sein soll.«

552 StS Trendelenburg an den RWR, 22.8.1930, BArch R 401/216, fol. 72–74, das vorhergehende Zitat ebd., fol. 74.

553 Vgl. Gutachten zur Frage der Verhütung unwirtschaftlicher Preisbindungen bei Markenartikeln, 7./12.11.1930, Drs. RWR 371, BArch R 401/206, fol. 337–344'. Der Arbeitsausschuss war am 28. August 1930 vom Wirtschaftspolitischen Ausschuss eingesetzt worden und arbeitete auch nach Erstattung des Gutachtens bis Anfang 1931 in zahlreichen Sitzungen weiter (vgl. hier das Gutachten zum Entwurf einer Verordnung über Preisbindungen für Markenwaren, 6.1.1931, Drs. RWR 376, ebd., fol. 380–382). Mitglieder waren: Frowein, Hamm, Roßdeutscher, Tiburtius (Abt. I); Bruns, Fronholz, Kuhn, Schweitzer (Abt. II); Bästlein, Fr. Mühsam-Werther, Naphtali, Rusch (Abt. III). Als Vorsitzender fungierte erneut Max Cohen, als Berichterstatter Fritz Naphtali und Eduard Hamm. Generalsachverständige waren der ehem. StS Julius Hirsch, Julius Kaliski, Georg Bernhard und der Sekretär der Wirtschaftsenquête [Wendelin] Hecht (die Namen ebd., fol. 337–337').

554 Ebd., fol. 343.

volkswirtschaftlich vertretbar, »dringend notwendig«, die generelle Aufhebung der Preisbindungen für Markenartikel jedoch (wohl) kein geeignetes Instrument, um dieses übergeordnete Ziel tatsächlich zu erreichen.[555] Man setzte also trotz des Zeitdrucks erneut auf »Freiwilligkeit« und appellierte an die Regierung, eine »Senkung der Preise für die Markenwaren der wichtigen Verbrauchsgebiete im Zusammenwirken« mit den betroffenen Akteuren »anzustreben«.[556] Wenig überraschend konnte keine Einigkeit über die Frage erzielt werden, »ob unter gewissen Umständen« nicht doch »eine allgemeine Aufhebung der Preisbindung empfohlen werden sollte« – der Antrag wurde mit 13:16 Stimmen abgelehnt, wobei die Befürworter überwiegend Abteilung II, die Gegner einer solchen Maßnahme überwiegend Abteilung I angehörten. Die im Reichswirtschaftsrat ja eigentlich suspendierte Konfliktlinie war damit aktualisiert, und das vor allem deshalb, weil im Ausschuss eine sachliche Begründung entweder für die eine *oder* andere Haltung trotz intensiver Expertenhearings nicht hatte gefunden werden können. So war man auf die eigenen ideologischen Überzeugungen zurückgeworfen: Denn die Ausschussberatungen, die im Wesentlichen zunächst aus Sachverständigenanhörungen bestanden hatten, boten allerlei tiefe Einblicke in die Konsumwelt der 1920er Jahre, unterschiedliche Verbraucherkonzeptionen und Vorstellungen lauteren Wettbewerbs; zu einer Klärung der zu klärenden Frage nach den ökonomischen Effekten bestimmter wirtschaftspolitischer Interventionen trugen sie aber nur sehr bedingt bei. Während von der einen Seite die Preisbindung als Instrument verteidigt wurde, das mit der Marke verbundene Qualitätsversprechen auch einlösen zu können,[557] stilisierten andere das Preisbindungssystem zur Existenzfrage von Industrie und Handel. Die Haltung bei »Industrie, Großhandel und Einzelhandel« sei, so der Generalsachverständige Julius Hirsch, »klar«: »die Preisbindung muss bleiben.«[558] Das war freilich nicht unumstritten: Weder gebe es, wie das Beispiel der USA zeige, einen notwendigen inneren Zusammenhang zwischen Markenware und Preisbindung, noch würde die Aufhebung der Preisbindung zu einem Niedergang des Markenartikels insgesamt führen, noch zwingend (negative) Auswirkungen auf die Qualität zeitigen; vielmehr sei der angestrebte preissenkende Effekt zu erwarten.[559] Ähnlich äußerte sich auch der Kartellexperte und als Reichswirtschaftsgerichtsrat geladene Sachverständige Siegfried Tschierschky vor dem Ausschuss:[560] Die ständig vorgebrachte Behaup-

555 Ebd.

556 Ebd., fol. 344. So auch die am 12.11.1930 erfolgte Resolution des Wirtschaftspolitischen Ausschusses ebd.

557 Etwa Sachverständiger Michels, 3. Sitzung des Arbeitsausschusses, 5.9.1930, BArch R 401/1188, fol. 333. Auch bereits Frowein, 2. Sitzung des Arbeitsausschusses, 4.9.1930, ebd., fol. 109–110.

558 Sachverständiger Hirsch, ebd., fol. 187.

559 Sachverständiger Hirsch, 6. Sitzung des Arbeitsausschusses, 11.9.1930, BArch R 401/1189, fol. 209, 219.

560 Sachverständiger Tschierschky, 7. Sitzung des Arbeitsausschusses, 25.9.1930, ebd., fol. 361–390.

tung, »ein großer Teil der Unternehmerschaft und des Handels könnte ohne dieses System nicht existieren«, sei nicht belegt; auch das Argument der Qualitätsgarantie per Preisbindung stehe auf tönernen Füßen: »Im Gegenteil, alle Auswüchse, insbesondere auf dem Gebiet der Reklame und des Zugabewesens, sind nur darauf zurückzuführen, dass die Preisbindung den Fabrikanten die finanziellen Mittel gibt, um Ueberspannungen durchzuführen.«[561] Die »vollkommene Aufhebung der Preisbindung« würde vielmehr »so viel frische Luft in die betroffenen Kreise der deutschen Wirtschaft hineinpusten […], dass die Möglichkeit eines Aufschwungs und einer starken Beschäftigung gegeben wäre.«[562] Doch damit nicht genug: Tschierschky ließ »keine Zweifel« darüber zu, dass dadurch eine »sehr gesunde Preisreduktion für einen ganz grossen Kreis von Waren«, und nicht nur die preisgebundenen, bewirkt würde. Klar: der »Fabrikant« müsste die Kosten dafür tragen, spare jedoch »Reklamekosten« ein.[563]

Versprechen einer leuchtenden Zukunft hier, Abgesang dort: die Ausschussberatungen spiegelten die unterschiedlichen Betroffenheiten, Vorannahmen, Überzeugungen, Erfahrungen und nicht zuletzt rechtspolitischen Wünsche der geladenen Sachverständigen. In interner Beratung resümierte denn auch Otto Schweitzer, dass die Anhörungen die vermeintlich verheerenden Wirkungen nach dem etwaigen Fall der Preisbindung nicht erhärtet hätten, die Horrorszenarien vielmehr eine »durch nichts zu beweisende Prophezeiung« darstellten.[564] Mit dieser eindeutigen Positionierung machte er aber die Kluft im Ausschuss, die sich in der Abstimmung materialisieren sollte, nur augenfällig. Denn selbst die beiden Berichterstatter, Eduard Hamm und Fritz Naphtali, waren sich in ihrer Bewertung keineswegs einig: Während Hamm eine »allgemeine Aufhebung der Preisbindung auch für die Markenwaren der Lebens- und Genussmittel nicht empfehlen« konnte,[565] hatte dies für Naphtali oberste Priorität: Zwar konzedierte auch er in seinen Leitsätzen mögliche (noch unbekannte) negative Effekte. Dennoch sei es dringend geboten, »zunächst unverzüglich« gemeinsam mit den Herstellern und dem Handel eine Preissenkung um 10 % gerade in diesem Warensegment zu erreichen; fruchte das nicht, sei auch an einseitige Maßnahmen zu denken.[566] Die Lage sei derart ernst, dass im Interesse einer nachhaltigen Senkung der Preise auch Kollateralschäden in Kauf genommen werden müssten.[567]

561 Ebd., fol. 365, 367.
562 Ebd., fol. 370.
563 Ebd., fol. 379, 380.
564 Otto Schweitzer, 9. Sitzung des Arbeitsausschusses, 1.10.1930, BArch R 401/1190, fol. 8 (Zitat).
565 Berichterstatter Hamm, 8. Sitzung des Arbeitsausschusses, 30.9.1930, BArch R 401/1189, fol. 532.
566 Fritz Naphtali, »Thesen zum Bericht des Markenartikelausschusses«, 30.9.1930, ebd., fol. 544–546.
567 Fritz Naphtali, 8. Sitzung des Arbeitsausschusses, 30.9.1930, ebd., fol. 539.

Die nach Anhörung sämtlicher Sachverständiger durchgeführten internen Beratungen des Ausschusses, und das spürten dessen Mitglieder genau, bargen das Potential, die ohnedies vorhandenen Konflikte nicht nur zu aktualisieren, sondern zu vertiefen.[568] Erneut appellierte also Eduard Hamm an das Ethos des Reichswirtschaftsrats, »die Dinge in dieser einfachen allzu politischen und allzu wenig wirtschaftlichen Weise nicht machen« zu dürfen.[569] Freilich: Nicht nur Fritz Naphtali bezweifelte, »dass die Chancen« auf eine gemeinsame Lösung des Problems »sehr gross« seien. Auch der Vorsitzende Max Cohen sah die Situation verfahren, denn wenn »die beiden Abteilungen auf diesen entgegengesetzten Polen verharren« würden, sei »eine Verständigung unmöglich«.[570] Was also tun? Das am 12. November 1930 schließlich vom Wirtschaftspolitischen Ausschuss verabschiedete Gutachten zog aus der verzwickten Lage die Konsequenz: Es trug detailliert die in den Anhörungen referierten Erkenntnisse vor und lieferte so der Reichsregierung zumindest fundiertes Material als Entscheidungsgrundlage; hinsichtlich der eigenen Position blieb man aber – konziliant formuliert – zurückhalten, musste es bleiben. Denn mehr als die Feststellung, man sei von der Notwendigkeit der Preissenkungen in möglichst kurzer Zeit auf möglichst breiter Front überzeugt, könne sich aber nicht über einen gemeinsamen Weg dorthin verständigen, war nicht drin. Zu groß die Sorge vor staatlichem Dirigismus mit unabsehbaren Folgen für die betroffenen Unternehmen auf der einen, zu drängend die Forderung nach einer Senkung der Verbraucherpreise auf der anderen Seite. Aus der ambivalenten Haltung des Reichswirtschaftsrats, die auch Konsequenz seiner spezifischen Zusammensetzung und damit Ausdruck seiner Eigenart war, zog sich nun die Regierung genau das heraus, was ihr politisch opportun erschien: Ende Dezember legte sie einen Verordnungsentwurf vor, der zwar vorgab, den »Grundgedanken« des Reichswirtschaftsrats aufzugreifen, gleichwohl an der Idee einer generellen Regelung festhielt, die nun eine Preissenkung für »Markenwaren aller wichtigen Verbrauchsgebiete« um 10 % projektierte – und mit äußerster Dringlichkeit den Reichswirtschaftsrat um Stellungnahme ersuchte.[571] In dieser bekräftigte er nochmals die Notwendigkeit von »Preisherabsetzungen«, gleichzeitig aber auch die im

568 Etwa Joachim Tiburtius, 9. Sitzung des Arbeitsausschusses, 1.10.1930, BArch R 401/1190, fol. 31: So sei festzustellen, »dass wir uns im Laufe des Vormittags erheblich weiter auseinander reden, als wir es schon waren.«

569 Eduard Hamm, ebd., fol. 54.

570 Fritz Naphtali, ebd., fol. 57 und Max Cohen, ebd., fol. 93.

571 Vgl. Gutachten zum Entwurf einer Verordnung über Preisbindungen für Markenwaren, 6.1.1931, Drs. RWR 376, BArch 401/206, fol. 380–382, die Zitate fol. 380'. Vgl. auch MD Heintze, 12. Sitzung des Arbeitsausschusses, 5.1.1931, BArch R 401/1190, fol. 226–227. Die Reichsregierung lege »ganz ausserordentlich Wert auf eine schleunige Verabschiedung dieser Vorlage durch den Reichswirtschaftsrat.« Ohne hier überinterpretieren zu wollen, scheint der Begriff der »Verabschiedung« (und nicht unbedingt der kritischen Überprüfung) recht gut die Haltung der Regierung gegenüber dem RWR in dieser Phase auf den

vorangegangenen Gutachten vom November bereits zum Ausdruck gebrachte Forderung nach einem differenzierten Vorgehen. Die Anwendung der nun von der Regierung avisierten Rasenmähermethode müsse unbedingt Ausnahmeregelungen vorsehen; eine »unerträgliche Belastung des Reichswirtschaftsministeriums mit Einzelheiten« sei dadurch nicht zu erwarten, da die in Frage kommenden Bereiche durch die Wirtschaftsenquête nun auch bekannt seien.[572] Verwundert hatte man sich im Ausschuss allerdings darüber gezeigt, dass die Regierung auf das Gutachten des Reichswirtschaftsrats Bezug genommen hatte, obwohl dieses wenn auch nicht zwingend »das genaue Gegenteil« der Regierungsvorlage darstellte, so doch in wichtigen Teilen davon erheblich abwich.[573] Und ganz grundsätzlich befinde sich die Regierung »mit dieser Art der Gesetzgebung durch die Notverordnung auf dem falschen Wege« und werde damit »nicht das erreichen, was sie will«.[574] Vielmehr solle die Regierung sich dem einstimmigen Votum des Reichswirtschaftsrats nicht verschließen und auf eine Lösung in Kooperation mit den Normadressaten setzen.[575] Dazu war sie aber offenbar nicht bereit.[576]

Die Rekonstruktion der Arbeit des Reichswirtschaftsrats in Zusammenhang mit den vielfältigen und seit Mitte der 1920er Jahre kontinuierlichen Bemühungen, durch politische Interventionen die Preise den veränderten wirtschaftlichen Rahmenbedingungen anzupassen, konkret: zu senken, nahm Ihren Ausgang von der Kartellfrage. Dahinter stand die von vielen Zeitgenossen geteilte, von ebenso vielen aber ins Reich der Fabel verwiesene Hypothese, dass es gerade der Trend zur Unternehmenskonzentration in Form von Kartellen, Syndikaten, Trusts oder »Konventionen« sei, der die Preise unter Ausschaltung oder erheblicher Einschränkung des Wettbewerbs künstlich hoch halte – und damit vor allem (aber keineswegs nur) große Teile der Verbraucherschaft belaste. Freilich: Welche volkswirtschaftlichen Effekte Kartelle zeitigten, ob ihnen eine stabilisierende Funktion attestiert werden könne, ob also Unternehmenskonzentration nicht nur eine logische Folge der »Rationalisierung«, sondern auch unter den gegebenen Bedingungen notwendig sei, war intensiv umstritten. Sowohl die Arbeitsgruppe für Kartellpolitik wie auch die mit der Frage befassten Ausschüsse des Reichswirtschaftsrats kamen aus ihrer

---

Punkt zu bringen. Die folgenden Beispiele zur Zugabe und vor allem die Auseinandersetzung um das Thema Arbeitsbeschaffung und Konjunkturpolitik machen dies deutlich.

572 Vgl. Gutachten zum Entwurf einer Verordnung über Preisbindungen für Markenwaren, 6.1.1931, Drs. RWR 376, BArch 401/206, fol. 380–382, die Zitate fol. 381, 382.

573 Das Zitat von Abraham Frowein, 12. Sitzung des Arbeitsausschusses, 5.1.1931, BArch R 401/1190, fol. 229–230; zurückhaltender Otto Schweitzer ebd., fol. 237. Kritisch aber auch Eduard Hamm, 13. Sitzung des Arbeitsausschusses, 6.1.1931, ebd., fol. 380.

574 Abraham Frowein, ebd., fol. 385.

575 Ebd., fol. 397.

576 So MD Heintze, ebd., fol. 396.

jeweiligen fachlichen Sicht darin überein, dass gute Gründe für die eine wie die andere Auffassung bestünden, man also nicht einfach konstatieren könne, Kartelle seien volkswirtschaftlich ein Segen oder von Übel – sofern man angesichts des ohnehin nur rudimentär vorhandenen Wissens über die Wirklichkeit der Unternehmenskonzentration im Land überhaupt etwas sagen konnte. Daraus leitete man die Handlungsmaxime ab, auf eine politische Positionierung verzichten zu wollen, ja zu müssen. Denn da die Haltung zum strittigen Phänomen wesentlich davon abhing, welchen ideologischen Standpunkt man einnahm und an welcher Position man auf dem Feld der deutschen Wirtschaft spielte, blieb den Akteuren angesichts der spezifischen Zusammensetzung des Reichswirtschaftsrats und der daraus resultierenden komplexen Interessenkonstellationen nur wenig anderes übrig. Dies verdeutlicht einmal mehr, dass die Institutionalisierung des Reichswirtschaftsrats und die Ausformung eines spezifischen Habitus ganz maßgeblich von der Praxis getrieben war. Die skizzierte Haltung in der Kartellfrage steht damit paradigmatisch für sein Selbstverständnis, das sich im Verlauf der 1920er Jahre ausgeformt hatte; es steht aber auch paradigmatisch für die damit verbundenen Schwierigkeiten, als Akteur im politischen System zur Geltung zu kommen.

4.4.4 Wahrer Wert oder bloßer Ramsch? »Zugaben« und die Frage der »guten« Marktordnung

Die konstitutiv prekäre Stellung des Reichswirtschaftsrats wird auch an einer zweiten großen Frage der Wirtschaftsordnung der 1920er Jahre deutlich, der Frage nach den Konturen und Grenzen lauteren Wettbewerbs. Auf den rechtlichen Rahmen – das UWG in der Fassung von 1908 – und die Bedeutung der Rechtsprechung für dieses Rechtsgebiet wurde bereits verwiesen;[577] und in noch stärkerem Maße als am Beispiel der Preisbindungen kristallisierte sich für den Reichswirtschaftsrat die Frage des Wettbewerbs an einem auf den ersten Blick marginal erscheinenden Problem, das aber erhebliche politische Sprengkraft barg: dem Problem der Wertreklame bzw. »Zugabe«.[578] Bereits die Diskussion um die volkswirtschaftliche sowie wirtschafts- und konsumpolitische Dimension der Markenwaren hatte gezeigt, dass es dabei weniger um *hard facts* als vielmehr um politisch-ethische Haltungen oder subjektive Erfahrungen ging. Denn ob es

577 Zum UWG aus rechtshistorischer Perspektive Pahlow, »Geschichtliche Entwicklung«, hier insb. S. 91–99; auch Berghoff/Köhler/Wixforth, »Navigation«, S. 475–504.

578 Vgl. exemplarisch die Arbeiten von Franke, *Grundlagen*; Franke, *Reform* (1930) und Franke, *Reform* (1931). Daneben Buhl, *Wertreklame*; Heßler, *Zugaben*; Lobe, *Wertreklame*; Marbe, *Psychologie;* Rosenthal, »Gesetzesvorschläge«; Rückert, *Wettbewerbsgrenzen*. Einen breiten und fundierten Überblick über die zeitgenössische Debatte findet sich im Band *Das Zugabewesen* von 1930.

tatsächlich eine positive Korrelation zwischen Marke, Preis, Qualität und Vertrauen gebe, ob Markenartikel eine Zeiterscheinung oder ein Zukunftstrend seien, ob schließlich ganze Branchen davon abhingen – all das konnte nicht bewiesen oder sicher prognostiziert werden, war also von Beginn an vor allem Gefühl, Meinung und Eindruck.[579] Doch auch wenn die quantitative Dimension unscharf blieb: die Debatte enthüllte kontroverse Vorstellungen wirtschaftlicher Ordnung und lauteren Wettbewerbs, die Rückschlüsse auf vorherrschende Konfliktlinien und Interessenallianzen boten. Welche Wirtschaftsordnung man wollte, und wie wirtschaftlicher Wettbewerb darin organisiert sein sollte, war also vor allem eine politisch-ethische, weniger ökonomische und schon gar keine juristische Frage.[580] Für die »Zugabe« galt dies in besonderer Weise.

Das Phänomen der »akzessorischen Wertreklame« war in der Praxis nicht neu, aber der Ruf nach Regulierung hatte im Verlauf der 1920er Jahre deutlich zugenommen;[581] die Wahrnehmungen dieses »Zugabeunwesens«[582] unterschieden sich

579 Eine Zusammenstellung der im Ausschuss einvernommenen Experten findet sich im Bericht des Arbeitsausschusses zur Vorberatung des Gutachtens über die wirtschaftlichen Wirkungen des Zugabewesens, 15.4.1930, Drs. RWR 367, Anlage 3a und 3b, BArch R 401/206, fol. 296–297.

580 Zur juristischen Frage konnte es nämlich erst nach vollzogener »Entscheidung« für das eine oder andere Modell werden. Ansonsten war man auf das geltende Recht und die Reichsverfassung verwiesen, die aber, und das konnte am sogenannten »Benrather Tankstellenfall« illustriert werden, unter Rückgriff auf Generalklauseln allerhand Interpretationsspielräume und Ausdeutungsoptionen bot – bis hin zur These, dass (wie im Falle der Aufwertungsproblematik geschehen), das geltende Recht angesichts allzu gravierender Veränderungen des Kontextes zwar nicht gebrochen, wohl aber unter Rückgriff auf unbestimmte Rechtsbegriffe, (richterrechtliches) Rechtsgefühl oder Rechtswissenschaft weiterentwickelt werden konnte und musste. Aufschlussreich der Vergleich zweier Urteile des RG vom Mai 1915 und September 1921; in beiden (unterschiedlich gelagerten) Fällen ging es grob gesprochen um die Frage, ob im Einklang mit dem geltenden Recht aufgrund veränderter Umstände (hier: Krieg und Inflation) in bestehende Verträge eingegriffen werden darf. Zunächst: Urteil des 3. Zivilsenats vom 4.5.1915, RGZ 86, S. 397–399, hier S. 398: »Da durch die Vorschriften des geltenden Rechts dem Richter nicht die Machtbefugnis erteilt ist, zwecks Milderung der Härten des Krieges einen Ausgleich zwischen den Vertragsparteien zu schaffen [...]«. Dagegen gut sechs Jahre später: Urteil des 3. Zivilsenats vom 21.9.1921, RGZ 100, S. 129–134, hier S. Zitat 132: »Allein die erste und vornehmste Aufgabe des Richters geht dahin, in seiner Rechtsprechung den unabweislichen Bedürfnissen des Lebens gerecht zu werden und sich in dieser Beziehung von den Erfahrungen des Lebens leiten zu lassen. [...] Diese [veränderten] Verhältnisse erfordern unbedingt ein Eingreifen des Richters in bestehende Vertragsverhältnisse dann, wenn anders nicht ein Treu und Glauben und jedem Gebote von Gerechtigkeit und Billigkeit hohnsprechender, einfach nicht zu ertragender Zustand geschaffen werden soll.« Der Eingriff, der 1915 noch unter Verweis auf das geltende Recht zurückgewiesen wurde, wird hier nicht nur legitimiert, sondern als notwendig erachtet.

581 Ausführlich zum generellen Thema Matz, *Regulierung*, insb. mit Blick auf die Arbeit des RWR, S. 144–165. Instruktiv auch Torp, *Konsum und Politik*, S. 304–313; Berghoff/Köhler/Wixforth, »Navigation«, S. 485–490 (zur Mittelstands- und Preispolitik). Bereits Hederer, »How to Handle«.

582 Der Begriff als Buchtitel etwa bei Pelka, *Zugabeunwesen* und Dölz, *Zugabe-Unwesen*, hier etwa S. 8: »Wir bekämpfen das Zugabeunwesen, weil es an die unedelsten Instinkte im Menschen appelliert, weil es die

indes deutlich: Während für die einen Zugaben die Aushebelung der Gewerbefreiheit[583] und den unvermeidlichen Niedergang von Anstand und Moral symbolisierten, fungierten sie für die anderen als Heilsversprechen kleiner und mittlerer Unternehmen im schier aussichtslosen Wettbewerb mit den über opulente Werbeetats gebietenden Großkonzernen.[584] Beide Perspektiven verdeutlichen den eminent politischen Charakter des Themas, der sich nur schwer ökonomisch einhegen ließ und auch die hitzigen Debatten über Grundfragen der Wirtschaftsordnung und die sie tragenden Wettbewerbsprinzipien im Reichswirtschaftsrat prägte. Worum ging es also?

Ausgangspunkt der im Folgenden rekonstruierten Debatte im Reichswirtschaftsrat war das Vorhaben der Regierung, das Zugabewesen einer Regulierung zu unterwerfen, ohne freilich im Detail zu wissen, womit man es da genau zu tun hatte. Aus der Politik, etwa der Wirtschaftspartei und dem Zentrum, waren 1929 Forderungen nach einer tiefgreifenden Eindämmung bzw. einem vollständigen Verbot von Zugaben laut geworden.[585] Geltendes Recht und Rechtsprechung stellten zwar mit dem UWG und den einschlägigen, auf die »Sittlichkeit« des wirtschaftlichen Handelns zielenden Normen des BGB bekannte und erprobte Instrumente bereit, ein eindeutiger und vor allem kohärenter Umgang mit dem doch recht spezifischen Phänomen der Wertreklame schien sich aber weder aus den Normen noch der Rechtsprechung klar deduzieren zu lassen. Kurz: Wie so oft verhieß also das Schielen der politischen Akteure auf ein Signal aus den Gerichten nur das, was man auch ohnedies bereits selbst für die beste Lösung hielt. Als Tendenz schien sich aber doch abzuzeichnen, dass dem Phänomen mit Verweis auf den Verstoß gegen die »guten Sitten« wohl nicht beizukommen war – weder unter Bezugnahme auf die Generalklausel in § 1 UWG, noch vergleichbare Normen des BGB.[586] So hatte etwa der 3. Strafsenat des Reichsgerichts in einem viel zitierten Urteil vom 23. Dezember 1926 entschieden, »daß das Versprechen und Gewähren von Zugaben im kaufmännischen Geschäftsverkehr nicht ohne weiteres als unlau-

---

Gesundung volkswirtschaftlichen Denkens hintenan hält, weil es eine der Geschäftsmethoden ist, durch die die Grundsätze eines reellen Tauschverkehrs vergiftet werden.« Vgl. auch Pelka, *Zugabeverbot*.

583 Vgl. etwa Lobe, »Regelung«, S. 426, 434 und knapp 15 Jahre später, 1928, Lobe, *Wertreklame*, S. 16: »Ein Verbot der Zugabe und Wertreklame würde ein schwerer Schlag gegen die Gewerbefreiheit sein und eine Rückkehr zum Polizeistaat bedeuteten. Wir haben wahrlich schon genug des Reglementierens und die neue deutsche Republik treibt es damit schlimmer als jeder absolutistisch regierte Staat früher.«

584 Sie differenziert die folgenden Ausführungen, gebündelt im Bericht des Arbeitsausschusses zur Vorberatung des Gutachtens über die wirtschaftlichen Wirkungen des Zugabewesens, 15.4.1930, Drs. RWR 367, BArch R 401/206, fol. 287–295.

585 Vgl. Matz, *Regulierung*, S. 135 spricht davon, dass »nicht vor 1929« eine gesetzliche Regelung gefordert wurde, da man bis dahin die bestehenden Normen für suffizient erachtete. Hierzu auch Torp, *Konsum und Politik*, S. 308–313.

586 Vgl. hierzu Max Cohen, Kampf um das Zugabewesen, BArch R 43-I/1081, fol. 33–34'.

teres Geschäftsgebaren sich darstellen muß, daß es aber sehr wohl den Tatbestand eines unlauteren Wettbewerbs erfüllen kann.«[587] Auch sei zu bedenken, dass der Schutzzweck des UWG sich nicht auf »das kaufende Publikum« bezieht, »sondern die ehrbaren Geschäftsleute«. Konkurrenten- statt Verbraucherschutz also.[588] Eine generelle Richtschnur war daraus nicht zu gewinnen, mehr als ein Abwägen unterschiedlicher Rechtsgüter im Lichte des jeweiligen konkreten Falls nicht zu erwarten. Deutlicher indes fiel ein Urteil des Berliner Kammergerichts vom April 1931 aus,[589] das die Diskussion um die Legitimität und Integrität der Zugabe befeuerte:[590] Gegenstand des Berufungsverfahren war eine Klage des »Schutzverbandes für Wertreklame«, die sich gegen die Verbreitung von vermeintlich unwahren und verleumderischen Behauptungen einiger für ein Zugabeverbot werbender Verbände wandte. Unter Bezugnahme auf das abwägende Votum des Reichswirtschaftsrats sollte das Kammergericht Berlin schließlich zugunsten des Schutzverbandes entscheiden:[591] Denn dass etwa eine Qualitätsverschlechterung durch die Zugabepraxis zu erwarten sei, ließe sich »nicht einwandfrei feststellen«, und dass sich der Werbeetat der Händler und Produzenten dadurch vergrößere, könne man »im allgemeinen nicht sagen«, kurz: dass Zugaben per se »irreführend« seien, sei nicht anzunehmen. »Irreführend« sei vielmehr die pauschale Behauptung der Zugabengegner im Verfahren, »Zugaben seien geeignet, die Preise künstlich hochzuhalten und den Preisabbau zu hemmen«.[592]

Die Entscheidung des Berliner Kammergerichts lag damit ganz auf Linie des Reichswirtschaftsrats, der Anfang Juni 1929 in einem gemeinsamen Schreiben des Justiz- und Wirtschaftsministers angesichts der erhitzten öffentlichen Debatte um eine Bewertung der »wirtschaftlichen Wirkungen der Zugabe« und daraus möglicherweise abzuleitender legislativer Maßnahmen ersucht worden war.[593] In seiner im April 1930 schließlich veröffentlichten Stellungnahme, dem im Mai auch der Wirtschaftspolitische Ausschuss des Reichswirtschaftsrats seine Zustimmung erteilte, war der Arbeitsausschuss zu einer recht nüchternen Einschätzung gelangt:[594] die ökonomischen Effekte, an denen die Regierung ja besonderes In-

587 Urt. des III. Strafsenats des RG, 23.12.1926, RGSt 61, S. 58–63, hier S. 59 (»Kann das Versprechen und Gewähren von Zugaben im Warenhandel gegen § 4 UnlWG. verstoßen?«). Vgl. zu diesem Urteil auch die Stellungnahme von Max Cohen, Kampf um das Zugabewesen, BArch R 43-I/1081, fol. 33‘.

588 RGSt 61, hier S. 61.

589 Entscheidung des KG Berlin, 19.5.1931 (Ausfertigung), BArch R 3101/2203, fol. 5–6‘.

590 Vgl. etwa Schutzverband für Wertreklame an den RWiM, 28.5.1931, BArch R 3101, 2203, fol. 3, 5–6‘ sowie desgleichen an den Bevollmächtigten des Reichsrats, 30.11.1931, ebd., fol. 245–248.

591 Entscheidung des KG Berlin, 19.5.1931 (Ausfertigung), BArch R 3101/2203, fol. 5‘.

592 Ebd.

593 Anschreiben des Justiz- und des Wirtschaftsministers an den RWR (Abschr.), 5.6.1929, BArch R 3101/2201, fol. 17–21. Der Bericht des RWR vom 15.4.1930 als Drs. RWR 367, BArch R 401/206, fol. 287–295.

594 Den Bericht rekonstruiert inhaltlich sehr ausführlich auch Matz, *Regulierung*, S. 144–165.

teresse besaß, könne man nicht eindeutig taxieren. Wenn man die Argumente von Gegnern und Befürwortern ihrer schrillen Rhetorik beraube, blieben zwar diskussionswürdige Überlegungen übrig, deren Stichhaltigkeit aber – und das war der zentrale Punkt – nicht dazu hinreichen würden, für akute gesetzgeberische Maßnahmen zu plädieren. Überhaupt sei die ökonomische Relevanz des Problems, gemessen am quantifizierbaren Umfang der Werbeausgaben, eher als gering zu veranschlagen.[595] Grundsätzlich sollten »gesetzliche Regelungsversuche im Bericht des gewerblichen Wettbewerbs auf das nötigste beschränkt werden«, zumal dann, wenn man die Wirkungen solcher Maßnahmen kaum abschätzen könne.[596] Einzig die verbreitete Annoncierung von »Gratis«-Zugaben stelle einen klaren Verstoß gegen die Normen des UWG dar und müsse daher untersagt werden, im Idealfall durch Ergänzung des UWG.[597] Ein »radikales Verbot«, wie in der Öffentlichkeit mit Vehemenz von zahlreichen Verbänden gefordert, von anderen ebenso deutlich perhorresziert, komme hingegen für den Ausschuss »nicht in Frage«, da die »Unlauterkeit« oder »durchgängige Schädlichkeit« der Zugabepraxis in den Sachverständigenanhörungen nicht »einwandfrei hätte nachgewiesen werden können.«[598] Das Gutachten markierte damit eine Position, die in deutlichem Kontrast zu der Aufgeregtheit der öffentlichen Debatte und der Unerbittlichkeit stand, mit der die Sachverständigen ihren jeweiligen Standpunkt vor dem Ausschuss vertreten hatten. Denn während für die einen Zugaben nicht nur erhebliche ökonomische Schäden (Preisanstieg, Qualitätsverlust, vertikale Abhängigkeiten) nach sich zögen, sondern vor allem die »guten Sitten« im Geschäftsverkehr unterminieren, unkundigen Verbraucher(innen) mit irreführenden Lockangeboten teuren Schrott unterjubeln und damit unterm Strich die öffentliche Moral gefährden würden,[599] kamen die Befürworter der »Wertreklame« zu ganz anderen Schlüssen: Von Konsumententäuschung könne keine Rede sein, und wenn dies doch geschehe, so

595 Bericht des Arbeitsausschusses Zugabewesen, 15.4.1930, Drs. RWR 367, BArch R 401/206, fol. 290'-295; die Zahlen zum Werbeetat, die »mit der größten Vorsicht« zu lesen sind, ebd., fol. 287': Den Aufwendungen für Zugaben im Umfang von »30 bis 56 Millionen RM« werden Aufwendungen von »800 bis 900 Millionen RM [...] für Zeitungs- und Zeitschriftenreklame« gegenübergestellt. Der »für Wertreklame in Ansatz gebrachte Betrag« ist daher »verhältnismäßig gering«. Vgl. auch die Denkschrift *Das Zugabewesen*, S. 18. Als Mitglieder des Arbeitsausschusses wurden bestimmt: Cohn, Derlien, Frowein, Hamm, Kriegsheim, Tiburtius (Abt. I); Baltrusch, Bruns, Czieslik, Eggert, Kreil, Schweitzer (Abt. II); Bästlein, Berthold, M. Cohen, Dölz, Frau Mühsam-Werther, Zeitlin (Abt. III); Otto Schweitzer und Eduard Hamm fungierten als Vorsitzende, Max Cohen als Berichterstatter (Bericht des Arbeitsausschusses Zugabewesen, 15.4.1930, Drs. RWR 367, BArch R 401/206, fol. 287).

596 Ebd., fol. 293 (das Zitat).

597 Ebd., fol. 293–295.

598 Ebd., fol. 292'-293.

599 Stellvertretend etwa Pelka, *Zugabeverbot*, S. 18: Bei dem Zugabewesen handele es sich um »keine organisch gewordene Wirtschaftserscheinung«, sondern vielmehr um »die wirtschaftlich und moralisch verwerfliche Idee einer Minderheit ›pfiffiger‹ Leute«.

müsse man eben – wie auf anderen Feldern des Werbung – mit dem geltenden Recht dagegen vorgehen. Entscheidend sei jedoch, dass die Zugaben kleinen und mittleren Unternehmen ein elementares, ja überlebensnotwendiges Instrument böten, sich gegen die Übermacht der Großkonzerne zu behaupten. Auch sei bei einem vollständigen Verbot der Zugaben mit erheblichen Arbeitsplatzverlusten zu rechnen – angesichts der herrschenden Zustände auf dem Arbeitsmarkt könne gerade dies in keiner Weise verantwortet werden.[600]

Die Debatte fokussierte also ganz grundlegende Fragen von Wirtschaftsordnung und Wettbewerb, diskutierte diese aber vornehmlich auf einer politisch-moralischen Ebene – und beiden Dimensionen stand der Reichswirtschaftsrat, das hatten vergleichbare Problemstellungen schon vorher deutlich gemacht, distanziert gegenüber. Ähnlich auch die Haltung des Wirtschaftsministeriums, das im Wirtschaftspolitischen Ausschuss sein Vorgehen damit begründete, »die Frage einmal ex profundo von sachverständiger Seite erörtern« lassen zu wollen; »kein Gremium« sei dafür »geeigneter« als der Reichswirtschaftsrat.[601] Und da sowohl Justiz- wie Wirtschaftsministerium dem Problem »noch völlig unbefangen« gegenüberstünden, sei man an einer Evaluation des Problems »sine ira et studio, rein vom wirtschaftlichen Standpunkt aus« sehr interessiert.[602] Charlotte Mühsam-Werther, zwischen 1920 und 1933 als Vertreterin der Hausfrauen im Reichswirtschaftsrat und in der Folge auch Mitglied des Arbeitsausschusses,[603] sekundierte, dass dessen Einrichtung schon allein deshalb notwendig sei, »um diese begriffliche Verwirrung, die die Juristen bei uns über Wertreklame [...] herbeigeführt haben, auch einmal einer sachlichen Klärung zu unterziehen.«[604] Damit war ein typisches Arbeitsprogramm für den Ausschuss umrissen, das sich insbesondere angesichts der anekdotenreichen Ausführungen der zahlreichen geladenen Sachverständigen zu bewähren hatte.[605] Von Beginn an kam es bei den Anhörungen zum Schlagabtausch der unterschiedlichen Branchen- und Verbandsvertreter: Die einen geißelten den »suggestiven Geschenkanreiz der Zugaben« als Schaden an der »Volksgesundheit«, für die anderen stünden derlei »Theorien und Schlagworte [...] auf sehr schwachen Füßen«; schließlich sei das »kaufende Publikum nicht so

600 Stellvertretend Buhl, *Wertreklame*, S. 32: »Wir haben gesehen, daß die Wertreklame für die kleinen und mittleren Betriebe die wirtschaftlichste Reklame ist, die allein es ihnen ermöglicht, den Wettbewerb mit den kapitalstarken Großunternehmen durchzuhalten.«

601 MD Reichardt, 159. Sitzung des Wirtschaftspolitischen Ausschusses, 26.6.1929, BArch R 401/406, fol. 95.

602 Ebd., fol. 96.

603 Vgl. zu Charlotte Mühsam-Werther knapp Lilla, *Reichswirtschaftsrat*, S. 453.

604 Mühsam-Werther, 159. Sitzung des Wirtschaftspolitischen Ausschusses, 26.6.1929, BArch R 401/406, fol. 119.

605 Eine Liste der geladenen Sachverständigen findet sich in Anlage zum Gutachten des RWR vom 15.4.1930, Drs. RWR 367, BArch R 401/206, hier fol. 296–297.

naiv«, wie mancher glaube.[606] Die einen erkannten im Phänomen der »Wertreklame« einen »Sumpf, in dem man drinsteckt und nie wieder herauskommt«, die anderen einen Segen, der »es dem kleinen und mittleren Fabrikanten ermöglicht, seinen Umsatz zu erhalten oder zu steigern.«[607]

Die Anhörungen, die ein sehr buntes Bild der von Branche über Marktsegment zu Verbandsvertreter variierenden Betroffenheiten, Interessen und Überzeugungen entwarfen, begannen damit langsam aber stetig Verwunderung, ja Unmut unter den Mitgliedern des Ausschusses zu provozieren. Berichterstatter Max Cohen musste ernüchtert feststellen, dass die ausführlichen Anhörungen und das zusammengetragene Material deutlich gemacht hätten, dass es sich im Kern um ein doch recht einfaches und klares Problem handle, das freilich komplexer werde, je mehr man sich den Details zuwende.[608] Alle Seiten hätten glaubwürdig Gegenteiliges referiert; »Hauptkampffeld« sei der Einzelhandel, wie es aber dort genau aussieht, lässt sich kaum sagen.[609] Insgesamt lägen die Dinge »viel nüchterner und einfacher, als wir es nach den langen und heftigen Debatten« hätten erwarten können.[610] Regelrecht genervt zeigte sich Abraham Frowein: Eine gesetzliche Regulierung sei nicht nötig, denn in der Wirtschaft gebe es »alle möglichen unbequemen Dinge«, mit denen man eben fertig werden müsse – so auch mit der Zugabe.[611] Und auch der Ministeriumsvertreter musste konstatieren, dass sich sein ursprünglicher Eindruck, es handle sich bei der Zugabe um ein gewichtiges volkswirtschaftliches Problem, im Zuge der Expertenanhörungen nicht bestätigt habe, im Gegenteil. Vielmehr sei es offenbar »in sehr grossem Umfange schon auf Grund der jetzigen gesetzlichen Bestimmungen« möglich, »die wirklichen Missbräuche abzustellen.«[612] Daraufhin gab der Vorsitzende zu bedenken, dass der nun wohl auch von Seiten

606 Sachverständiger Pelka, 2. Sitzung des Arbeitsausschusses, 8.10.1929, BArch R 401/1002, fol. 24 (das erste Zitat), dagegen Sachverständiger Brune vom Schutzverband für Wertreklame, ebd., fol. 36, 50. Dagegen wiederum Sachverständiger von Bredow für die landwirtschaftlichen Hausfrauenvereine, 3. Sitzung des Arbeitsausschusses, 9.10.1929, ebd., fol. 151: Die »ganz einfachen Frauen vom Lande, zum grossen Teil Arbeiterfrauen […] fallen auf die Sache herein; wenn ihnen gesagt wird, sie bekommen es gratis, so glauben sie es.«

607 Das erste Zitat Sachverständiger Garbaty von der Zigarettenindustrie (die im Übrigen als einzige Branche Zugaben verwendete, sie trotzdem verboten sehen wollte), 5. Sitzung des Arbeitsausschusses, 5.11.1929, ebd., fol. 411; dagegen Sachverständiger Kasper (Fa. Quieta), ebd., fol. 451.

608 Max Cohen, 7. Sitzung des Arbeitsausschusses, 20.12.1929, ebd., BArch R 401/1003, fol. 5.

609 Ebd., fol. 8, 12. Vgl. bereits ders., 6. Sitzung des Arbeitsausschusses, 6.11.1929, BArch R 401/1002, fol. 404: So sei es »unerfindlich geblieben, weshalb nahezu der gesamte Einzelhandel ein so scharfer Gegner der Zugabemethode ist. Ich habe das Gefühl, dass das aus Gründen geschieht, die wir noch nicht genügend kennen.« Offenbar konnte diese Wissenslücke zwischen Anfang November und Ende Dezember nicht geschlossen werden.

610 Max Cohen, 7. Sitzung des Arbeitsausschusses, 20.12.1929, BArch R 401/1003, fol. 19.

611 Abraham Frowein, ebd., fol. 31.

612 MD Reichardt, 8. Sitzung des Arbeitsausschusses, 21.12.1929, BArch R 401/1003, fol. 96.

der Regierung nahegelegte Verzicht auf eine Neuregelung (sprich: Verschärfung) wohl »erhebliche Enttäuschung in weiten Kreisen« der Bevölkerung nach sich ziehen werde.[613] Auf die Gegenprobe, ob man in dem zu erstattenden Gutachten aber »ein radikales Verbot jeder Zugabegewährung empfehlen« solle, hob sich »keine Hand«.[614] Damit stand man im Ausschuss vor der schwierigen, für den Reichswirtschaftsrat aber doch recht typischen Frage, wie man dennoch der politischen Dimension des Problems Rechnung tragen konnte, auch wenn es, wie Berichterstatter Max Cohen ja zum Ausdruck gebracht hatte, im Kern eine nur geringe ökonomische Relevanz besaß. Diese Frage, die nicht offen ausgesprochen wurde, gleichwohl aber im Raum stand, rührte an den Kern des Selbstverständnisses des Reichswirtschaftsrats: So mahnte Fritz Baltrusch aufgrund der »Heftigkeit, mit der diese Frage umstritten« sei, für die Öffentlichkeit ein hieb- und stichfestes Gutachten vorzulegen.[615] Umgekehrt kritisierte Abraham Frowein, dass man nun mehr oder weniger ungewollt »in eine grundsätzliche Debatte« geschlittert sei, die man doch dringend hätte vermeiden müsse. Er »würde es geradezu für unerträglich finden, wenn wir jetzt auch im RWR das anfangen, was leider im politischen Leben mehr und mehr üblich wird, nämlich scheinbar ethisch zu werden und zu behaupten: Jeder, der nicht meiner Ansicht ist, verdirbt das Volk.«[616] Der Bericht, der denn auch keine wesentliche Verschärfung des Zugabewesens vorsah, wurde dennoch – der ökonomischen Sachlichkeitsmaxime und nicht der politischen Aufregung folgend – am 15. April beschlossen und knapp ein Monat später im Wirtschaftspolitischen Ausschuss diskutiert. Noch einmal rekapitulierte Max Cohen die doch recht merkwürdigen Beratungen: So habe es »zahlreiche« Eingaben gegeben, die jedoch »nicht immer durch grosse Sachlichkeit« aufgefallen waren.[617] Eine derartige Diskrepanz in der Bewertung des Problems durch die Sachverständigen, die sich bisweilen »diametral« widersprochen hätten, habe es im Reichswirtschaftsrat »selten« gegeben. Auf dieser Grundlage sei es ein Ding der Unmöglichkeit gewesen, »zu einer klaren Entscheidung« zu kommen.[618] Nach langem Hin und Her sei man im Ausschuss schließlich (mehrheitlich) zu der Überzeugung gelangt, »dass man die Zugabereklame nicht schlichtweg verbieten könne«, da »ihre Unlauterkeit sich nicht durchweg nachweisen lasse«.[619] Das zentrale Stichwort lieferte jedoch der Vorsitzende Otto Schweitzer, der den Eigenwert des Berichts jenseits seiner

613 Vorsitzender Otto Schweitzer, ebd., fol. 109.
614 Ebd., fol. 110.
615 Fritz Baltrusch, 9. Sitzung des Arbeitsausschusses, 23.1.1930, BArch R 401/1003, fol. 122.
616 Abraham Frowein, 10. Sitzung des Arbeitsausschusses, 1.4.1930, ebd., 205.
617 Berichterstatter Max Cohen, 169. Sitzung des Wirtschaftspolitischen Ausschusses, 12.5.1930, BArch 3001/2632, fol. 122.
618 Ebd., fol. 128.
619 Ebd., fol. 135.

inhaltlichen Vorschläge in den Fokus rückte. Denn gerade angesichts der hitzigen Debatten in der Öffentlichkeit sei es von besonderer Bedeutung, dass im Reichswirtschaftsrat zumindest »der Versuch gemacht worden ist, die Frage der Zugabereklame aus der Tagespolemik, die teilweise in sehr gehässiger Form vor sich geht, herauszuheben und ein wirklich objektives Bild« des Problems zu zeichnen. Der Bericht wurde schließlich trotz Kritik einstimmig angenommen.[620]

Der Reichswirtschaftsrat hatte damit seinen spezifischen Modus performativ bekräftigt: Zwar erkannt man klar die politische Brisanz der Debatte, hielt aber dennoch an dem institutionell inkarnierten Credo fest, sich trotz allem einer Politisierung der Sache zu entziehen. Dies geschah freilich angesichts der veränderten politischen Rahmenbedingungen nicht ohne Druck und barg auch die manifeste Gefahr, sich als Akteur aus dem politischen Spiel zu nehmen. Beides, der Selbstbehauptungswille und das Risiko politischer Marginalisierung sollte sich in der Arbeitsmarkt- und Konjunkturpolitik in zugespitzter Weise manifestieren.

Was aber geschah, nachdem der Reichswirtschaftsrat Stellung bezogen hatte? Die weiteren Debatten um das ja nach wie vor im Raum stehende Zugabeverbot machten die prekäre Stellung des Reichswirtschaftsrats deutlich: Denn nur wenige Tage, nachdem der Wirtschaftspolitische Ausschuss den Bericht vorgestellt hatte, lag dem Kabinett ein von Justizminister Johann Viktor Bredt verantworteter Gesetzentwurf vor,[621] der für ein vollständiges Verbot der Zugabe plädierte, dabei aber auf den Widerstand des Wirtschaftsministeriums stieß, das seinerseits auf den Bericht des Reichswirtschaftsrats und die darin vorgebrachten Bedenken gegen ein vollständiges Verbot verwies.[622] Die (wohl auch politisch motiviert) unterschiedlichen Auffassungen zwischen Justiz- und Wirtschaftsministerium konnte auch ein überarbeiteter Referentenentwurf aus dem Frühjahr 1931, der nun zwar ein »grundsätzliches, aber im Gegensatz zum Bredt'schen Entwurf kein radikales Zugabeverbot« mehr vorsah,[623] nicht aus der Welt schaffen: Erneut stellte sich Wirtschaftsminister Hermann Warmbold »in vollem Umfange« hinter den Bericht des Reichswirtschaftsrats, der doch einen vernünftigen Kompromiss zwischen den relevanten Wirtschaftsakteuren darstelle.[624] Er befand sich damit, und das mag seine Haltung motiviert haben, ganz an der Seite des RDI, der noch wenige Tage

620 Otto Schweitzer, ebd., fol. 153. Der Hinweis auf die einstimmige Verabschiedung des Berichts ebd., fol. 171.

621 Vgl. zum Folgenden den Überblick bei Matz, *Regulierung*, S. 168–183.

622 StS Trendelenburg, Kabinettssitzung vom 25.10.1930, BArch R 43-I/1447, fol. 99.

623 Vermerk [des Reichswirtschaftsministeriums] betr. Zugabewesen, 9.2.1931, BArch R 3101/2204, fol. 151. Der Vermerk betont, dass die Abweichung vom Bericht des RWR im Kern unerheblich sei, da dafür im Reichstag ohnehin keine Mehrheiten vorhanden gewesen wären (ebd., fol. 151').

624 RWiM Warmbold, Kabinettssitzung vom 31.10.1931, BArch R 43-I/1453, fol. 164'.

zuvor Reichskanzler Brüning eindringlich ins Gewissen zu reden versucht hatte, doch bitte von einem vollständigen Verbot der Zugabe abzusehen: Man befürchte nicht nur eine »schwere Gefährdung wichtiger Industriezweige«, sondern auch erhebliche Auswirkungen auf den Arbeitsmarkt, die man unter den derzeitigen Umständen auf keinen Fall riskieren dürfe.[625] Ein vergleichbares arbeitsmarktpolitisches Argument war aus dem Arbeitsministerium zu hören, das ein Zugabeverbot zum jetzigen Zeitpunkt für »denkbar ungünstig« hielt.[626] Strittig blieb, auf welchem Wege ein etwaiger Entwurf implementiert werden sollte. Angesichts der obwaltenden Umstände gelangte man in der Regierung mehr und mehr zur Überzeugung, die Vorlage im Wege des Art. 48 WRV, also per Notverordnung zu erlassen, um so das Parlament (und anstrengende Debatten) umschiffen zu können; auch der Reichsrat hatte ein solches Vorgehen unter Verweis auf den herrschenden Zeitdruck präferiert.[627] Und während Reichswehrminister Wilhelm Groener zu bedenken gab, dass man durch eine weitere Notverordnung »vor der Wahl« nur den Polemiken der Opposition in die Hände spiele, »das Kabinett könne nichts anderes als Notverordnungen erlassen«,[628] schob der Staatsekretär der Reichskanzlei, Hermann Pünder, diese Bedenken als unbegründet beiseite und machte vielmehr deutlich, dass man mit einer zupackende Zugabepolitik, wie nun intendiert, im Wahlkampf gerade beim Mittelstand punkten könne.[629] Ein entsprechender Beschluss wurde gefasst, die »Notverordnung des Reichspräsidenten zum Schutze der Wirtschaft« schließlich am 9. März 1932 im Reichsgesetzblatt veröffentlicht.[630] Sie sah ein grundsätzliches Verbot der Zugabe vor, wenn auch unter Einbeziehung zahlreicher Ausnahmen; mit dem Bericht des Reichswirtschaftsrats hatte dies inhaltlich freilich nur mehr wenig zu tun, auch wenn dieser stets als Bezugspunkt der Debatten zwischen 1929 und 1932 fungiert hatte. Der von Otto Schweitzer noch gefeierte Eigenwert der Arbeit des Reichswirtschaftsrats, sich dem grassierenden Trend der Politisierung und Konfliktverschärfung durch betonte Sachlichkeit erfolgreich entzogen zu haben, verblasste im politischen Entscheidungsprozess, der eben anderen Spielregeln gehorchte und auf die Norm faktenbasierter Sachlichkeit

625 Ludwig Kastl (RDI) an RK Brüning, 27.10.1931, BArch R 43-I/1081, fol. 46–46'.

626 RArbM Stegerwald an den StS der Reichskanzlei, 3.11.1931, ebd., fol. 81–81'. Matz, *Regulierung*, S. 183 mit Anlage VII, S. 304–305 verweist darauf, dass der Entwurf des Justizministeriums Anfang November vom Kabinett gebilligt worden sei. Vgl. hierzu auch die Notiz StS Reichskanzlei an Reichsjustizministerium, 3.11.1931, BArch R 43-I/1081, fol. 85: »Der vom Reichsminister der Justiz vorgelegte Entwurf eines Gesetzes über das Zugabewesen wird nach Berücksichtigung geringfügiger Änderungsvorschläge genehmigt.«

627 Vgl. Kabinettssitzung vom 8.3.1932, BArch R 43-I/1455, fol. 52, 53. Der Hinweis nimmt aller Wahrscheinlichkeit nach Bezug auf die Wahl des Reichspräsidenten am 13.3.1932 (1. Wahlgang) und auf die Preußische (sowie weitere) Landtagswahl(en) am 24.4.1932. Explizit benannt wird das allerdings nicht.

628 Reichswehminister Groener, ebd., fol. 52.

629 StS Pünder, ebd., fol. 53.

630 Die Beschlussfassung ebd., fol. 54. Die Notverordnung im RGBl. 1932 I, S. 121–122.

nicht in gleicher Weise verpflichtet war. Das zeigt die Asymmetrien zwischen Ökonomie und Politik, vor allem aber die Fragilität der Rolle des Reichswirtschaftsrats, die er nie abzustreifen vermochte.

4.4.5 Was sachlich nicht zu lösen ist: Kartelle, Wirtschaftsordnung und Reichswirtschaftsrat

Als die Regierung begonnen hatte, die Frage der Zugaberegulierung auf die Tagesordnung zu setzen und sich angesichts der öffentlichen Debatten zunehmend unter Handlungsdruck gesetzt sah, wurde innerhalb der Ministerien kontrovers darüber diskutiert, ob man in dieser Situation überhaupt den Reichswirtschaftsrat mit ins Boot holen und ihn um eine Stellungnahme ersuchen sollte. So teilte das zuständige Referat Ministerialdirektor Reichardt mit, dass man angesichts der in letzter Zeit gemachten Erfahrungen, etwa im Zusammenhang mit dem Preisabbaugesetz, »Bedenken« hege, »die Fragen des Zugabewesens dem Vorläufigen Reichswirtschaftsrat zur Begutachtung vorzulegen.«[631] Denn man müsse damit rechnen, dass angesichts der »Zusammensetzung des Wirtschaftspolitischen Ausschusses [...] einseitig zugunsten eines Zugabeverbots irgendwelcher Art Stellung genommen wird«.[632] Eine Fehleinschätzung freilich, denn dazu kam es nicht. Interessant ist aber etwas anderes: Die Unschlüssigkeit des Ministeriums besaß nämlich nicht nur eine inhaltliche Komponente, sondern auch eine taktische: Denn wenn die Stellungnahme des Reichswirtschaftsrats einmal in der Welt ist, dann »bedeutet es immer eine sehr starke Bindung«.[633] Rechtlich zwingend sei die Einbindung des Reichswirtschaftsrats ohnehin nicht, und wenn man es dennoch tut, so solle man vor allem »auf eine mehr berichtende als eine gutachterlicher Tätigkeit« hinwirken.[634] Was hieß das? Die Einschätzung legt nahe, dass dem Reichswirtschaftsrat offenbar eine Funktion als ökonomische Autorität attestiert wurde, auf die im Zuge der Politikformulierung Rücksicht genommen werden musste. Nicht mehr, aber sicher auch nicht weniger. Der seit den frühen 1930er Jahren stärker fassbar werdende Versuch, den Reichswirtschaftsrat durch die Bildung von Konkurrenzorganen – Wirtschaftsbeirat, Generalrat der Wirtschaft[635] – an den Rand zu drängen, muss vor diesem Hintergrund eher als Indiz für seine relative Stärke denn seine Bedeutungslosigkeit interpretiert werden. Ohnehin, und darauf wurde schon verwiesen, galt es unter führenden MdRWR wie etwa

---

631 Referat I/2 an MD Reichardt, 27.3.1929, BArch R 3101/2198, fol. 4–4'.

632 Ebd.

633 Ebd.

634 Ebd., fol. 4', 5'.

635 Vgl. Lilla, *Reichswirtschaftsrat*, S. 117–126 und Lilla, *Ende*.

Hans Kraemer als ausgemacht, dass Brüning lieber auf Leute setzte, »die er sich selbst ausgewählt habe« und mit denen er daher »leichter fertig werden« würde.[636] So erscheint der Reichswirtschaftsrat in einem anderen Licht: Denn trotz seiner konstitutiven Abhängigkeit von den politischen Launen und taktischen Erwägungen der Regierung repräsentierte er selbst in der späteren Weimarer Republik ein Gravitationszentrum der Wirtschafts-, Sozial- und Finanzpolitik, auch wenn unmittelbare »Macht«, »den eigenen Willen auch gegen Widerstreben durchzusetzen«, damit nicht verbunden war.[637]

Vor diesem Hintergrund lenken die empirischen Beispiele der Kartell-, Preis- und Wettbewerbspolitik den Blick zurück auf den Institutionalisierungsprozess des Reichswirtschaftsrats, der in dieser Zeit, also Ende der 1920er, Anfang der 1930er Jahre, klare Konturen angenommen hatte. Das galt sowohl für den spezifischen Umgang mit zentralen wirtschaftspolitischen Fragen, als auch dem eigenen Selbstverständnis. Die hier vertretene These einer »institutionellen DNA«, die sich in der politischen Praxis der 1920er Jahre ausgeformt hatte, verweist damit auf einen Habitus, der dem fragilen Gebilde Form verlieh, und der im Kern zwei eng miteinander verbundene Phänomene umfasste: Zum einen das ostentative Bestreben, institutionelle Eigenständigkeit und politisches Gewicht durch Abgrenzung von »der Politik« zu erlangen; zum anderen den kommunikativen Modus, politische Fragen gezielt ihrer »politischen« oder »ideologischen« Anlagerungen zu entledigen, um sie »rein ökonomisch« diskutieren zu können. Das trug illusionäre Züge – und war doch handlungsleitend.

Der *modus operandi* des Reichswirtschaftsrats folgte so einem analogen Muster: Er machte sich – auf Bitten der Regierung und zumeist in einem eigens eingerichteten Arbeits- oder Unterausschuss – zunächst an eine auf objektiven Fakten fußende Bestandaufnahme, soweit dies empirisch möglich war. Es folgten gegebenenfalls Anhörungen, zumindest aber eine eingehende Evaluierung der Problemfelder im Hinblick auf ihre ökonomischen, sozialen und fiskalischen Effekte. Die auf diesem Wege erarbeiteten Zwischenergebnisse wurden sodann in größerer Runde diskutiert, was nicht selten zu einer Politisierung des Problems führte. Denn trotz des Anspruchs, gerade nicht (nur) die dominierende gesellschaftlich-politische Konfliktlinie zu repräsentieren, brach diese gleichwohl oftmals dann auf, je größer das jeweilige Gremium wurde. Bezeichnend ist die

636 »Aufzeichnung über eine von dem Vorsitzenden des vorl. Reichswirtschaftsrats, Herrn Leipart, mit den Ausschußvorsitzenden, Herrn Kraemer, Umbreit, Cohen und Dr. Aug. Müller, am 14. Oktober 1931, nachmittags 4 Uhr, im Präsidialzimmer abgehaltene Besprechung«, BArch R 401/616, fol. 41–42.

637 »Macht bedeutet jede Chance, innerhalb einer sozialen Beziehung den eigenen Willen auch gegen Widerstreben durchzusetzen, gleichviel worauf diese Chance beruht.« (Weber, *Soziologische Grundbegriffe*, S. 89).

Reaktion: So folgte zunächst der Appell, doch bitte nicht in parlamentarisches Fahrwasser zu geraten, da es doch gerade die Eigenart des Reichswirtschaftsrats sei, die Dinge jenseits der politischen Tageskämpfe zu traktieren. Gerade der stets drohende Rückfall ins Politische war offenbar Warnung genug, es auf anderem Wege versuchen und hinbekommen zu müssen. Denn lässt man Politisierung zu, ist es das Ende. Diese stete institutionelle Infragestellung entfaltete eine disziplinierende Kraft, die einerseits den Reichswirtschaftsrat im Spiel hielt, andererseits zur Formung seiner institutionellen Identität maßgeblich beitrug. Sucht man also nach »der« Haltung »des« Reichswirtschaftsrats zu den »großen Fragen« der Weimarer Wirtschaftspolitik, so wird man enttäuscht: Denn es zeigt sich eine Kultur des Einzelfalls und der Differenzierung, die indes zwei Erwartungen zu befriedigen vermochte: Zum einen konnte so den unterschiedlichen Interessen innerhalb des Reichswirtschaftsrats Rechnung getragen werden. Der Verweis auf den Einzelfall und die Zurückweisung »großer Lösungen« spiegelt damit also auch eine strukturelle Bedingung, die man kaum umgehen konnte – und vermutlich auch nicht wollte. Zum anderen konnte so der Nimbus ökonomischer Sachlichkeit stabilisiert und performativ bekräftigt werden. Der vom Reichswirtschaftsrat und seinen ad hoc etablierten Arbeitsausschüssen weitgehend homogen praktizierte Modus politischer Kommunikation erklärt damit auch die spezifische Haltung, die sich in den hier diskutierten Fragen der Kartell- und Wettbewerbspolitik manifestierte. Denn nur so konnte der prekäre Anspruch, auch politischer Akteur zu sein, aufrechterhalten werden.

Dass der Reichswirtschaftsrat in der prägenden Frage der Kartelle nicht zu einer eindeutigen Haltung für oder wider gelangte, kann vor diesem Hintergrund nicht überraschen. Doch manifestierte sich darin auch die Unausgetragenheit der Wirtschaftsordnung als Ganzes, in der in Bezug auf den Umgang mit dem Phänomen der Unternehmenskonzentration in all seinen Facetten keine Entscheidung gefallen und keine eindeutige Richtung erkennbar war. Dazu kam der für eine fundierte Betrachtung des Problems missliche Umstand, dass es an Informationen und Wissen mangelte. Politische Maßnahmen mit potentiell weitreichenden, nicht abzuschätzenden Effekten ließen sich auf dieser Grundlage nur schwer – oder eben nur ideologisch – begründen. Alles zusammen ergab eine äußerst komplexe Gemengelage, die den Verweis auf die seit Mitte der 1920er Jahre laufenden Arbeiten der Wirtschaftsenquête ebenso plausible wie naheliegend erscheinen ließ. Einerseits gewann man so Zeit; andererseits konnte man dem Problem durch den Modus der Einzelfallbetrachtung den politischen Stachel ziehen, der die Kommunikation innerhalb des Reichswirtschaftsrats belastet und die Institution im politischen System und gegenüber den Wirtschaftsakteuren geschwächt hatte. Doch auch nachdem der Juristentag 1928 das Problem ausführlich diskutiert und mit den

Stellungnahmen von Rudolf Isay und Hans-Carl Nipperdey ebenso prominent wie kartellfreundlich bewertet hatte, und auch nachdem der Bericht der Kartell-Enquête vorlag, änderte sich am Zugriff nur wenig. Die Diskussion des Konzentrationsproblems aus der Perspektive ihrer Auswirkungen auf die Preise macht diese deutlich: Dem starken Begehren der Regierung, Preissenkungen auf breiter Front durchzusetzen und damit auch ein politisches Signal auszusenden, entzog sich der Reichswirtschaftsrat. Er schien seine Rolle gefunden zu haben: Die Lage sei komplex, einfache Antworten nicht zu erwarten, politische Experimente zu riskant; überhaupt sehe man die eigene Rolle auch darin, der aufgeheizten Stimmung auf der Straße rationale Argumente an die Seite oder besser: entgegenzustellen. Noch deutlicher zeigte sich dieses Selbstverständnis bei der in der Öffentlichkeit mit besonderer Schärfe und Unerbittlichkeit geführten Debatte um den ökonomischen Nutzen und moralischen Schaden von »Zugaben«: Nichts weniger als die Dekonstruktion des gesamten Problemzusammenhangs konnte als Ergebnis der intensiven Sachverständigenanhörungen und Ausschussberatungen konstatiert werden, denn von der angeblich überragenden Relevanz der Frage für Unternehmen, Konsumenten und ganze Branchen war nicht viel, eigentlich gar nichts, übrig geblieben. »Zugaben« gebe es nun einmal; man müsse das nicht gut finden, aber alles sittenwidrig, unlauter und zu verbieten? Wohl kaum. Die ökonomischen Folgen eines Verbots müssten gegenüber den (rechts-)politischen Vorteilen kritisch abgewogen werden – das aber sei dann keine ökonomische Frage mehr, die der Reichswirtschaftsrat entscheiden könne, sondern eine politische. Kartelle, Wirtschaftsordnung und Wettbewerb: all das ließ sich aus Sicht des Reichswirtschaftsrats »sachlich« nicht lösen, und schied damit aus dem Spektrum der von ihm zu beantwortenden Fragen aus.

Doch dieser mit aller Konsequenz betriebene »Versuch«, die Dinge »aus der Tagespolemik […] herauszuheben und ein wirklich objektives Bild«[638] zeichnen zu wollen, war nicht umsonst zu haben: Der Preis dieses charakteristischen Depolitisierungsverfahrens war es, zumindest potentiell als politischer Akteur auszuscheiden: Einerseits, weil man im immer schriller werdenden politischen (und der Begriff scheint an dieser Stelle angemessen) »Meinungskampf« Gefahr lief, nicht mehr gehört zu werden. Andererseits, weil man umgekehrt als ökonomische Autorität in der Luft hing, wenn man als (zu) selbständiger und insofern unberechenbarer Akteur die Handlungs- und Entscheidungsräume der politisch Verantwortlichen allzu stark einschränkte. Die von den Präsidialkabinetten betriebene Gründung alternativer Beratungs- oder Sachverständigengremien, die einer völlig anderen Rekrutierungslogik gehorchten, weist in diese Richtung.

638 Otto Schweitzer, 169. Sitzung des Wirtschaftspolitischen Ausschusses, 12.5.1930, BArch 3001/2632, fol. 153.

Für die maßgeblichen Akteure im Reichswirtschaftsrat war klar, dass an den im Verlauf der 1920er Jahre erprobten und elaborierten Verfahrensweisen der institutionelle Fortbestand hing, an dem – das gilt es angesichts der Forschungslage zu betonen – über die Grenzen des Reichswirtschaftsrats hinaus reges Interesse bestand. Was also tun? Denn ebenso klar erkannte man auf der anderen Seite die Kosten, die diese Haltung erzeugte, und die den Reichswirtschaftsrat als Teil des politischen Entscheidungsfindungsprozesses an den Rand zu drängen geeignet waren. Beides zugleich schien nicht möglich. Aus der Sicht des historischen Institutionalismus, wie er oben skizziert wurde, optierten die Akteure damit für einen institutionellen *drift*, indem sie offenkundig unter den Bedingungen von »shifting circumstances« auf ein »update« der geltenden Regeln verzichteten. Entscheidend ist, dass es sich dabei um mehr als »political inaction« handelte,[639] sondern im Gegenteil um eine bewusste Positionierung, sich dem Trend der Politisierung nicht anpassen zu wollen. Die prekäre Stellung des Reichswirtschaftsrats und das ständige Bemühen, von der Reichsregierung doch (wieder) mehr in die politischen Entscheidungsprozesse eingebunden zu werden, kann so als Konsequenz einer Grundsatzentscheidung, einer Haltung interpretiert werden, die sich in den Jahren zuvor ausgeformt und stabilisiert hatte. Damit manövrierte sich der Reichswirtschaftsrat aber in eine paradoxe Situation: Denn so sehr er auch auf seiner institutionellen Sonderstellung und seinem Selbstkonzept als Institution ökonomischer Sachlichkeit und Vernunft beharrte, so sehr erkannte er, dass politische Relevanz auf diesem Wege wohl kaum zu erlangen sei. Die Qualifizierung des sich in dieser Phase vollziehenden *institutional change* des Reichswirtschaftsrats als *drift* erscheint damit plötzlich einseitig. Denn gleichzeitig wurde, und darauf wird noch genauer einzugehen sein, als Reaktion auf dieses offenkundige Dilemma der Versuch einer institutionellen *conversion* unternommen,[640] der den veränderten Rahmenbedingungen – Auswirkungen der Weltwirtschaftskrise, Arbeitslosigkeit, Präsidialkabinette, partielle Paralyse des Reichstags, Reichsreformdebatte – Rechnung tragen sollte: Die der Regierung angebotene Etablierung eines »15-gliedriege[n] Ausschuss[es]«, der »in ständiger Bereitschaft« gehalten und so für ein höheres Maß an Effizienz bürgen sollte,[641] hatte den Zweck, die Institution durch »Umsteuerung« politisch im Spiel zu halten. Während man also die Form grundlegenden Modifikationen zu unterziehen bereit schien, stand die DNA des Reichswirtschaftsrats nicht zur Disposition. Der Befund ist in zweierlei Hinsicht

639 Hacker/Pierson/Thelen, »Drift and conversion«, S. 181, 184.

640 »By conversion we mean the transformation of an already-existing institution or policy through its authoritative redirection, reinterpretation, reappropriation.« (Hacker/Pierson/Thelen, »Drift and conversion«, S. 185).

641 So Theodor Leipart, 63. Sitzung des Erweiterten Vorstandes des RWR, 6.11.1931, BArch R 401/13, fol. 251–252.

bemerkenswert: Er zeigt, dass den Akteuren die politische Lage bewusst war, in der man sich – in doppelter Hinsicht – bewegen musste, um wahr- und ernstgenommen zu werden. Gleichzeitig wird deutlich, dass die Kompromissfähigkeit dort ein Ende fand, wo der im Reichswirtschaftsrat gepflegte Stil und das angesichts der Herausforderungen und der fragilen Stellung über die Jahre geformte Selbstverständnis unter die Räder zu kommen drohte. »In Schönheit sterben«[642] wollte man aber dennoch nicht: Die Errichtung des »Zentralausschusses«, der eine gewichtige Rolle im Kontext der Arbeitsbeschaffungs- und Konjunkturpolitik der frühen 1930er Jahre spielen sollte, muss daher als Lösungsversuch dieses Dilemmas gedeutet werden, durch Veränderung bleiben zu können, wie man war. Eine Quadratur des Kreises, die kurzfristig gelang – allerdings nur, weil man sich punktuell aus der Abhängigkeit der Regierung löste, eigene Wege beschritt und so Dynamik in das institutionelle Gefüge des Reichs brachte, auf die alle übrigen Akteure erst reagieren mussten. Der kreative Moment des Reichswirtschaftsrats öffnete kurzzeitig ein Fenster, durch das die seit den frühen 1920er Jahre herbeigesehnte Rolle als institutionell unabhängiger, politisch initiativer und doch ökonomisch rationaler Akteur nochmals sichtbar werden sollte.

4.5 Arbeitsbeschaffung und Konjunkturpolitik

4.5.1 Ein neuer Kontext: Der Reichswirtschaftsrat und die Präsidialkabinette

Als das Thema Arbeitslosigkeit die politische Agenda zu dominieren begann und sukzessive alle anderen Fragen in den Hintergrund drängte, war die Lage in Deutschland eine andere geworden. Der Umgang mit (den Folgen) der Weltwirtschaftskrise, Brünings Deflationskurs, die absehbare Überdehnung des Haushalts durch die finanzielle Stützung der erst 1927 eingeführten Arbeitslosenversicherung, der zunehmende und keineswegs unwidersprochene[643] Rekurs auf das Notverordnungsregime nach Art. 48 WRV, und schließlich die damit verbundene sukzessive Demobilisierung des Reichstags veränderte die politische Landschaft tiefgreifend.[644] Für den Reichswirtschafsrat, der ja unmittelbar zuvor, im Sommer 1930, noch das (vorläufige) Ende seiner Bemühungen um die in der

642 August Müller, Besprechung des Vorsitzenden des RWR, Theodor Leipart, mit den Ausschussvorsitzenden Umbreit, Kraemer, Cohen und Müller, 26.10.1931, BArch R 401/13, fol. 223.

643 Vgl. bereits oben die Kritik von Reichswehrminister Groener, Kabinettssitzung vom 8.3.1932, BArch R 43-I/1455, fol. 52. Auf die Kritik seitens des RWR wird im Folgenden noch gesondert eingegangen.

644 Zur »Endphase« der Weimarer Republik vgl. u.a. den Überblick bei Kolb/Schumann, *Weimarer Republik*, S. 112–153, 255–278; Wirsching, *Weimarer Republik*, S. 31–45, 109–118; Büttner, *Weimar*, S. 418–485; Blasius, *Weimars Ende*, S. 9–21 (aus der Perspektive politischer Gewalt).

Verfassung verankerten Partizipationsrechte am politischen Entscheidungsprozess zur Kenntnis nehmen musste, stellte dies eine doppelte Herausforderung dar. Inhaltlich, da man zu derart gravierenden Entwicklungen nicht schweigen konnte; aber eben auch institutionell, da man sich angesichts des Neuarrangements samt Konkurrenzorgan im politischen Gefüge zu positionieren hatte. Wie bereits in den Jahren zuvor bestand also die Praxis des Reichswirtschaftsrats auch in einem institutionellen Behauptungsstreben, ohne das seine Arbeit nicht zu verstehen ist. Mitnichten war man bereit, das Feld kampflos zu räumen, doch die Sorgen über die eigene Rolle waren alles andere als unbegründet: Denn die interne Kommunikation zwischen Reichskanzlei und Wirtschaftsministerium offenbart einen vor allem von taktischen Erwägungen geprägten Umgang mit dem Reichswirtschaftsrat, dessen Arbeiten »weiter zu verzögern« seien, um dem neu etablierten und von der Regierung favorisierten »Wirtschaftsbeirat« Möglichkeit zur Entfaltung zu geben.[645] Gleichzeitig plädierte man angesichts des Unmuts »in Kreisen des Reichswirtschaftsrats« aber dafür, den Bitten der Vorsitzenden Leipart und Siemens um ein Gespräch mit Brüning doch besser zu »entsprechen«.[646] In der Tat hatte sich, darauf wurde bereits verwiesen, insbesondere Siemens im Verlauf des Sommers 1931 – vergeblich – darum bemüht, gemeinsam mit Leipart einen Gesprächstermin in der Reichskanzlei zu erhalten. Die Angelegenheit war immer wieder verschoben, Siemens mit Termingründen vertröstet worden, bis er »am 7.10. vorm. 9 Uhr«[647] doch empfangen wurde – ohne aber offenbar zufriedenstellende Ergebnisse erzielen zu können.[648] Wirtschaftsminister Hermann Warmbold, seit Oktober 1931 im Amt, warb gegenüber dem Kabinett »nachdrücklich« für das Anliegen des Reichswirtschaftsrats »nach verstärkter Einschaltung bei der Vorbereitung und Durchführung wirtschafts-, sozial- und finanzpolitischer Maßnahmen«. Der Frust über »die zunehmende Ausschaltung« sitze tief, zumal der Vorstand des Reichswirtschaftsrats die Bildung eines der Krisenzeit angemessenen, schlagkräftigen und rasch einsatzfähigen Ausschusses angeboten habe, damit aber abgeblitzt sei. Doch nicht nur deshalb, wegen des potentiellen *outputs* also, sei die stärkere Einbindung des Reichswirtschaftsrats geboten, son-

---

645 Konkreter Hintergrund hier war der Antrag der beiden MdRWR und Verbrauchervertreterinnen Charlotte Mühsam-Werther und Maria Jecker, die Frage der Preise für Lebensmittel und Güter des täglichen Bedarfs im Wirtschaftspolitischen Ausschuss des RWR zur Diskussion zu stellen. Vgl. Vermerk StS Reichskanzlei, 2.11.1931, BArch R 43-I/1197, fol. 11–12 (hier auch das Zitat im Schreiben an den RWiM, fol. 11').

646 StS Trendeleburg an StS Reichskanzlei, 8.9.1931, BArch R 43-I/1197, fol. 6–6' (dort die Zitate).

647 Hds. Vermerk auf dem Schreiben des RWiM an die Reichskanzlei, 28.9.1931, ebd., fol. 9.

648 Vgl. Vors. RWR Siemens an StS Pünder, 1.8.1931, ebd., fol. 2; StS Pünder an Siemens, 3.8.1931, ebd., fol. 3; Siemens an ORR Planck, 20.8.1931, ebd., fol. 4; ORR Planck an Siemens, 22.8.1931, ebd., fol. 5. Vgl. auch Neebe, »Konflikt«, S. 237, der auf die politischen Initiativen von Leipart und Siemens gegenüber RK Schleicher verweist, ohne allerdings den RWR zu erwähnen.

dern vor allem, weil er im »Zusammenwirken« von Arbeitgebern, Arbeitnehmern und auch übrigen »Wirtschaftsgruppen, denen in dieser Zeit große Opfer zugemutet werden« für gegenseitiges »Verständnis« werben und so zum Ausgleich der unweigerlichen Spannungen beitragen könne.[649] Vorausgegangen war diesem Plädoyer Warmbolds, das dieser auch in den Folgejahren an unterschiedlichen Stellen wiederholen sollte,[650] eine intensive, hitzige Diskussion innerhalb der Führungsriege des Reichswirtschaftsrats, die ihren Höhepunkt schließlich Anfang November in einer Sitzung des erweiterten Vorstandes finden sollte.[651]

Schon zuvor war deutlich geworden, dass die Regierung bei den per Notverordnung erlassenen Maßnahmen »zur Sicherung von Wirtschaft und Finanzen«[652] nicht (mehr) auf den Reichswirtschaftsrat setzte. Dementsprechend groß war der Unmut, zumal dies formal und unter Bezugnahme auf die Notverordnungsrechte des »Herrn Reichspräsidenten« begründet wurde, dem es »nicht zugemutet werden« könne, sein Handeln »von einer vorherigen Begutachtung des Reichswirtschaftsrats abhängig zu machen.«[653] Leipart und Siemens sollten deshalb dringend versuchen »mit der Regierung Fühlung aufzunehmen«, um auszuloten, wie der Reichswirtschaftsrat in Zukunft wieder stärker eingebunden werden könnte. Mehr sei im Moment nicht drin.[654] In diesem Zusammenhang war auch die »Empfindung« geäußert worden, »dass die Reichsregierung, nachdem sie den Reichstag ausgeschaltet hat und auch den Reichsrat nur soweit zuzieht, wie es unbedingt notwendig ist, Bedenken trägt, das an sich unpolitische Gremium des RWR als Beratungskörper heranzuziehen.«[655] Carl Friedrich von Siemens vermutete als Grund für die bisher erfolglosen Bemühungen schlicht ein »Durch-

649 RWiM Warmbold an das Kabinett, 24.12.1931, ebd., fol. 13–14.

650 Etwa RWiM Warmbold an das Kabinett, 11.3.1933, BArch R 43-I/1197, fol. 28–28' sowie die Antwort des StS der Reichskanzlei an das Kabinett, 25.1.1933, ebd., fol. 29, das mit der Aufforderung an die Minister verbunden war, »die ein oder andere akute wirtschaftspolitische Frage dem vorläufigen Reichswirtschaftsrat zur Begutachtung vorzulegen.« RK Schleicher sei »sehr daran gelegen«, er würde das Ansinnen des RWiM »lebhaft unterstütz[en]«.

651 63. Sitzung des erweiterten Vorstandes des RWR, 6.11.1931, Barch R 401/13, fol. 242–307; mit hds. Korrekturen auch ebd., fol. 329–355. Gekürzt in den MittRWR vom 30.11.1931, S. 23–28. Vgl. dazu die folgenden Ausführungen.

652 Vgl. VO des Reichspräsidenten zur Sicherung von Wirtschaft und Finanzen, 1.12.1930 (RGBl. 1930 I, S. 517–604); Zweite VO des Reichspräsidenten zur Sicherung von Wirtschaft und Finanzen, 5.6.1931 (RGBl. 1931 I, S. 249–314); Dritte VO des Reichspräsidenten zur Sicherung von Wirtschaft und Finanzen und zur Bekämpfung von Ausschreitungen, 6.10.1931 (RBGl. 1931 I, S. 537–570) und Vierte VO des Reichspräsidenten zur Sicherung von Wirtschaft und Finanzen und zum Schutze des inneren Friedens, 8.12.1931 (RGBl. 1931 I, S. 699–745).

653 Protokoll Besprechung der drei Hauptausschüsse des RWR, 6.8.1931, BArch R 401/616, fol. 9–17, das Zitat fol. 10.

654 Ebd., fol. 17.

655 Hans Kraemer, 183. Sitzung des Wirtschaftspolitischen Ausschusses, 6.8.1931, BArch R 401/409, fol. 123.

einander« in der Regierung.[656] Das Thema stand also trotz eifrigen Bemühens auch nach der Sommerpause noch auf der Tagesordnung: Zwar hatte am 12. August 1931 ein Gespräch mit Staatsekretär Trendelenburg stattgefunden,[657] ohne aber Zählbares für den Reichswirtschaftsrat zu erreichen.[658] Insbesondere die Einberufung des »Wirtschaftsbeirats« stieß übel auf, zumal man mit dem »15er-Ausschuß« Flexibilität signalisiert hatte;[659] weiteres »Antichambrieren bei Brüning« mache offenbar keinen Sinn.[660] Kritik fand auch, dass Wirtschaftsminister Warmbold in die Pläne zur Gründung des Wirtschaftsbeirats nicht eingebunden, er vielmehr vor vollendete Tatsachen gestellt worden sei.[661] Und schließlich herrschte über dessen spezifische Zusammensetzung, die auf die Einbindung der im Reichswirtschaftsrat in Abteilung III organisierten »sonst beteiligten Volkskreise« verzichtete, »grosse Erregung«; kurz: Die Lage war für den Reichswirtschaftsrat gleich in mehrerlei Hinsicht verfahren, und die für Anfang November 1931 avisierten Sitzung des erweiterten Vorstandes sollte nun auch in den eigenen Reihen klären,[662] wie damit umzugehen war. Doch nicht nur das: Die Sitzung bündelte auch wie in einem Brennglas die Vorstellungen von der eigenen Rolle im politischen System, von der in den vergangenen Jahren geleisteten Arbeit und den nun anstehenden

656 Carl Friedrich von Siemens, ebd., fol. 125–126.

657 Hans Kraemer an die Vorsitzenden des RWR und der Ausschüsse, 8.8.1931, BArch R 401/13, fol. 209 sowie die vertrauliche Tischvorlage zur Sitzung am 12.8.1931 ebd., fol. 210–212.

658 Vgl. die Aufzeichnung der Besprechung des Vorsitzenden Leipart mit den Ausschussvorsitzenden, 26.10.1931, ebd., fol. 229: Man müsse Trendelenburg fragen, »was er beim Reichskanzler erreicht habe, als er mit ihm über seine am 12. August 1931 mit den fünf Vertretern des Reichswirtschaftsrats stattgefundenen Unterredung gesprochen habe«.

659 Leipart in der Besprechung mit den Vorsitzenden der Ausschüsse, 14.10.1931, ebd., fol. 215.

660 Paul Umbreit, ebd., fol. 216. Er stellte zwar die Beteiligung der Gewerkschaften im zukünftigen Wirtschaftsbeirat in Aussicht, bestand aber darauf, dass »nur im Reichswirtschaftsrat die Dinge verantwortlich gelöst werden« könnten.

661 Vgl. ebd., fol. 217 und Besprechung vom 26.10.1931, ebd., fol. 221.

662 Denn Einigkeit bestand zunächst nicht: Während Leipart es für »zweckmäßig« erachtete, »nichts in dieser Sache zu unternehmen« (Besprechung vom 14.10.1931, ebd., fol. 215, 218), wurde etwa von Max Cohen moniert, dass »ein Teil der Mitglieder« des RWR »mit dem Ergebnis dieser Besprechung nicht einverstanden« sei, man vielmehr »zu der Bildung des Wirtschaftsbeirats der Reichsregierung Stellung nehmen sollte« – kritisch, versteht sich (Besprechung vom 26.10.1931, ebd., fol. 220). Eine Passage aus dem Protokoll der Besprechung vom 14.10.1931 ist bemerkenswert: Leipart führt dabei aus, dass es bisher bedauerlicherweise noch nicht zu einer Besprechung mit RK Brüning gekommen sei. Ein Terminvorschlag für Ende September habe er, Leipart, aber dann ablehnen müssen, da er sich »auf einer Urlaubsreise« befunden habe, die er »nicht unterbrechen wollte.« Das Protokoll wurde hds. korrigiert – und die »Urlaubs«- zur »Dienstreise«, die Leipart nicht unterbrechen »konnte«. Dies zeigt, wie sehr man darauf bedacht war, keinen sachlichen Grund für eine Ausbootung zu liefern. In der Sitzung des erweiterten Vorstandes am 6.11.1931 konkretisiert Leipart das dahingehend, dass er »im Auslande beim französischen Gewerkschaftskongress« gewesen sei (ebd., fol. 253).

Aufgaben. Sie illustriert damit in besonderer Farbigkeit die Ambivalenzen, denen der Reichswirtschaftsrat unterlag.[663]

Den äußeren Anlass der Sitzung bildeten zwei Entwicklungen, die im Führungskreis des Reichswirtschaftsrats mit erheblicher Verstimmung registriert worden waren: Zum einen war im Verlauf des Jahres 1931 deutlich geworden, dass man zwar mit allerlei »Nebenaufgaben« (in durchaus großem Umfang) beschäftigt, »zu den grossen allgemeinen Fragen« aber nicht (mehr) zurate gezogen wurde.[664] Versuche, darüber mit der Regierung ins Gespräch zu kommen, waren erfolglos geblieben, hatten aber allenthalben den Eindruck hinterlassen, gezielt auf das Abstellgleis geschoben worden zu sein.[665] Zum anderen die Bildung des »Wirtschaftsbeirats«, der als »Schlag gegen den RWR« wahrgenommen wurde.[666] Beide Entwicklungen hatten den Akteuren verdeutlicht, dass die Regierung Brüning offenbar nicht mehr mit dem Reichswirtschaftsrat plane, auch wenn er gerade jetzt, wo man wirtschaftliche Herausforderungen von enormen Ausmaß gewärtige und »das politische Parlament zur Mitarbeit aber nicht zur Verfügung steht oder nicht zu gebrauchen ist«, besonders nötig erschien.[667] Umso größer das Unverständnis, dass die Regierung auf das Angebot des »15er-Ausschusses«, der auch eine den »neumodische[n]«[668] Gesetzgebungsverfahren angepasste Struktur und Arbeitsweise versprach, nicht zurückgegriffen, ja die gesamte Offerte schlicht ignoriert hatte.[669] Wie war damit umzugehen? Die Entscheidung der Ausschussvorsitzenden und der beiden Präsi-

663 Vgl. 63. Sitzung des erweiterten Vorstandes des RWR, 6.11.1931, BArch R 401/13, fol. 242–307, die Debatte im engeren Sinne ebd., fol. 245–303; die (gekürzte) Druckfassung findet sich in den MittRWR vom 30.11.1931, S. 23–28.

664 Theodor Leipart, 63. Sitzung des erweiterten Vorstandes des RWR, 6.11.1931, BArch R 401/13, fol. 247 (Zitat), seine gesamte, die Debatte einleitende Stellungnahme ebd., fol. 245–256.

665 Leipart ebd., fol. 288: Man habe es als »ausserordentlich empfunden [...], dass wir erst nach acht Wochen die Mitteilung bekamen: in der nächsten Woche wählt euch drei Tage aus.« Oder: Leipart windet sich bei der Darstellung eines Telefonats von Siemens mit der Reichskanzlei, wo es zu einem »Missverständnis oder Versäumnis« gekommen sei: Er habe »bei dem ersten telephonischen Versuch nicht die Möglichkeit bekommen, mit dem Herrn Staatsekretär Pünder selber zu sprechen, und es ist möglich, dass der Herr, der am Telephon war, es versäumt« habe, die Angelegenheit an Trendelenburg weiterzuleiten (ebd., fol. 252). Auf die offenbar auch persönlich motivierte Zurückweisung Siemens' durch Brüning wurde bereits oben unter Bezugnahme auf Bähr, *Carl Friedrich von Siemens*, S. 236–243 verwiesen.

666 Leipart, 63. Sitzung des erweiterten Vorstandes des RWR, 6.11.1931, BArch R 401/13, fol. 254 (Zitat).

667 Ebd., fol. 248 (Zitat). August Müller äußerte zumindest in Ansätzen Verständnis für die »Ausschaltung des politischen Parlaments« und – damit verbunden – auch den Verzicht auf ein »Ersatzparlament«, verweist jedoch ausführlich auf die negativen Folgen für die Sachadäquanz wirtschaftspolitischer Entscheidungen, wenn man auf den RWR verzichtet (ebd., fol. 266–270).

668 Ebd. (»in dieser Zeit neumodischer Gesetzgebung auf dem Wege der Notverordnung«).

669 Ebd., fol. 251–252 (Mitglieder: Kutscher, Eggert, Hamm, Kastl, Kraemer Schweitzer, Tarnow, Solmssen, Kreil, Umbreit, Mulert, Baecker, M. Cohen, A. Müller, Feiler).

denten vom Oktober, erst einmal »nichts zu unternehmen«[670], hatte intern durchaus für Irritationen gesorgt und den Anlass für eine Aussprache im größeren Rahmen geboten.

Die intensiv, bisweilen auch kontrovers geführte Debatte brachte vor allem vier Aspekte ans Licht, die aus dem Selbstverständnis des Reichswirtschaftsrats resultierten und mit entsprechendem Engagement vorgebracht wurden: Sachlichkeit statt »Politik«, Ausgleich und Kooperation unter allen volkswirtschaftlich relevanten Akteuren, Kritik am neu etablierten Wirtschaftsbeirat als Luftnummer, aber auch – vereinzelt – Stimmen der Selbstkritik, hinter den eigenen Erwartungen zurückgeblieben zu sein.[671] Die Ernüchterung über die »offene Missachtung« der in den vergangenen Jahren geleisteten, wertvollen Arbeit, bei der stets die »sachliche Erörterung über das politische Programm gesiegt« habe, saß jedoch tief:[672] Denn der Reichswirtschaftsrat sei – gerade in scharfem Kontrast zum »Wirtschaftsbeirat« – das einzige Gremium, in dem nicht nur sämtliche Akteure der deutschen Volkswirtschaft versammelt seien, sondern diese sehr unterschiedlichen Gruppen mit sehr unterschiedlichen Interessen »gleichberechtigt zusammengearbeitet« hätten.[673] Kein anderes Gremium könne von sich behaupten, »dass in ihm vollendete Sachlichkeit geherrscht habe«, und keines habe »sich von der Notwendigkeit der Verständigung so stark immer leiten« lassen, wie der Reichswirtschaftsrat.[674] Die Regierung sei wohl über seine wahre Bedeutung »nicht richtig orientiert«: Er böte schließlich den »einzige[n] Tisch [...], an dem Arbeitgeber und Arbeitnehmer immer zusammenkommen können«, und an dem sie in der Vergangenheit schon »in gegenseitiger Achtung zusammengearbeitet haben«. Dadurch habe sich mit der Zeit »ein so vollkommenes Vertrauensverhältnis herausgebildet, dass [...] manches in den letzten Jahren verhindert worden ist, was sonst eingetreten wäre.«[675] Gerade das sei auch der ganz erhebliche Vorzug gegenüber dem auf Sand gebauten Wirtschaftsbeirat, hinter dem im Ernstfall keinerlei Organisationsmacht stünde. Beschlüsse mag man dort zwar fassen – die Akzeptanz bei den Normadressaten sei aber ungewiss. Denn »eine Zustimmung des Reichswirtschaftsrats in schwierigen, entscheidenden Fragen wäre ganz etwas anderes gewesen als die Zustimmung von 25 Leuten, die man sich irgendwoher

670 Leipart, ebd., fol. 254 (Bezug nehmend auf die Sitzung vom 14.10.) und fol. 255 (Sitzung vom 26.10.: »Wir sind bei unserem Beschluss geblieben«).

671 So insbesondere Wilhelm Vögele, ebd., fol. 279, 285 oder Leon Zeitlin, ebd., fol. 274–275.

672 Hans Kraemer, ebd., fol. 258. Er mutmaßte auch, und das ist für die hier verfolgte Argumentation sehr interessant, dass genau dies dem RWR nun »zum Verhängnis geworden« sei. Ähnlich auch August Müller, ebd., fol. 268–269 et passim.

673 Hans Kraemer, ebd., fol. 258. Auch August Müller, ebd., fol. 269.

674 August Müller, ebd., fol. 269. Auch (etwas weniger pathetisch) Heinrich Grünfeld als Vertreter des Handels, ebd., fol. 281.

675 Hans Kraemer, ebd., fol. 259.

geholt hat.«[676] Und so prophezeite nicht nur Bernhard Otte, Vertreter der Industrie-Arbeitnehmer und in dieser Rolle selbst Mitglied im »erlauchten Kreis« des Wirtschaftsbeirats, dass dieser wohl »in drei Wochen verschwunden sein« werde.[677] Auch Wirtschaftsminister Warmbold machte deutlich, dass seiner Ansicht nach der Wirtschaftsbeirat »nicht von ewiger Dauer sein kann«, die Arbeit des Reichswirtschaftsrats vielmehr angesichts der »schwierigen Fragen, die sich in unserm Wirtschaftsleben [...] ergeben«, »nicht entbehrt werden« könne.[678] Die Einrichtung des Wirtschaftsbeirats sei Sache des Reichspräsidenten und noch vor seiner Zeit gewesen; er, Warmbold, werde jedenfalls »dafür eintreten, dass die Arbeit des RWR nach wie vor zu ihrem Rechte kommt.«[679] Wenn auch in keiner Weise zufrieden gestellt, so einigte sich die Versammlung zumindest auf zweierlei: *Erstens* kam man mehrheitlich zu dem Ergebnis, nicht, wie von Einigen in Aussicht gestellt, »die Flinte ins Korn werfen« zu wollen.[680] Und *zweitens* hielt man es auch aus taktischen Gründen für den besten Weg, eine kurze Entschließung über den Reichwirtschaftsminister an die Regierung zu richten, in der sowohl zur Gründung des Wirtschaftsbeirats kritisch Stellung genommen als auch hervorgehoben würde, dass man »größten Wert darauf leg[e]«, zukünftig wieder »in stärkerem Umfange als jetzt« an der politischen Arbeit beteiligt zu werden.[681] Das konziliante, ja devote Vorgehen des Reichswirtschaftsrats war vornehmlich der Überzeugung geschuldet, mit allzu lautem Protest die Chancen auf eine stärkere Involvierung, sei es in der alten Form oder mittels des »15er-Ausschusses«, nicht eben zu vergrößern.[682] Vielleicht spielte aber auch die von Wilhelm Kröger, als Vertreter der freien Berufe zwischen 1920 und 1933 MdRWR, eine Rolle, der auf die verhängnisvolle Logik politischer Radikalisierung im Lande verwies: Denn die Frage, ob der Reichswirtschaftsrat »heute die Konsequenzen ziehen und sich selbst töten« solle, müsse vor dem Hintergrund der »ganzen Art und Weise, wie in Deutschland in den letzten Jahren gekämpft« würde, diskutiert werden: Bisher habe es sich immer so gefügt, »dass derjenige, der aus einer Anständigkeit heraus freiwillig sagt: ich gehe, jedesmal der Dumme ist. Denn dann kommen die anderen

676 Max Cohen, ebd., fol. 271; auch Paul Umbreit, ebd., fol. 293.
677 Bernhard Otte, ebd., fol. 300.
678 RWiM Hermann Warmbold, ebd., fol. 262.
679 Ebd.
680 Das Zitat von Max Cohen, ebd., fol. 271; vgl. auch exemplarisch Hans Kraemer, ebd., fol. 256, Paul Umbreit, ebd., fol. 294, Bernhard Otte, ebd., fol. 300.
681 So der Vorschlag von Max Cohen, ebd., fol. 302; die Übereinkunft ebd., fol. 303. Das Schreiben an RWiM Warmbold, 7.11.1931, ebd., fol. 361 (Abschr.).
682 Etwa Theodor Leipart, 63. Sitzung des erweiterten Vorstandes, 6.11.1931, BArch R 401/13, fol. 253–256 und fol. 303; August Müller, ebd., fol. 297; Max Cohen, ebd., fol. 301–302.

an seine Stelle und trampeln noch alles kaputt«.[683] Werfe man also hin, komme sicher nichts besseres nach.

Die Reaktion der Regierung auf das Ansinnen des Reichswirtschaftsrats, der – zumindest deklamatorisch – auf die Unterstützung von Wirtschaftsminister Warmbold zählen konnte, war freilich kühl – und kam spät. Zwar adressierte Warmbold in einem knapp dreiseitigen Schreiben an das Kabinett die Anregungen, Bitten und Beschwerden des Reichswirtschaftsrats und schlug vor, ihn gerade mit Blick auf die Notverordnung vom 8. Dezember 1931 wieder stärker einzubinden. Man sei sich dort des Ernstes der Lage sehr bewusst und würde die ihm zur Beratung vorgelegten Materien rasch und effizient abarbeiten – etwaige Sorgen, durch seine Einbindung würde ein »unerwünschter Zeitverlust entstehen«, seien demnach »in vielen Fällen nicht begründet«. Und nicht zuletzt könne der Reichswirtschaftsrat gerade in dieser Zeit, wo den »verschiedenen Wirtschaftsgruppen [...] große Opfer zugemutet« würden, aufgrund seiner spezifischen Konstitution dazu beitragen, »die bestehenden Spannungen zwischen diesen Wirtschaftskreisen zu mildern« und das wechselseitige »Verständnis« zu fördern. Eine eminent politische Funktion also, die dem Reichswirtschaft hier vor allem mit Blick auf die Akzeptanz der avisierten Maßnahmen beigemessen wurde.[684] Doch die Reichskanzlei vermerkte dazu Anfang Januar 1932 kühl: Der Wirtschaftsminister habe darum »gebeten, den Reichswirtschaftsrat mit Beratungsstoff zu versehen«, um so den »Klagen« dort begegnen zu können. Ob die Regierung freilich auf das Angebot des für »Krisenzeiten« gebildeten 15er-Ausschusses zurückgreifen werde, »wird abzuwarten sein.«[685] Kurz: Viel konnte der Reichswirtschaftsrat von dieser Regierung nicht (mehr) erwarten.

Die hier skizzierte Debatte innerhalb des Führungszirkels des Reichswirtschaftsrats reflektiert anschaulich das Selbstverständnis, das er sich in den zehn Jahren seiner Tätigkeit angeeignet hatte: Ein autonomer, auf Sachlichkeit und den Ausgleich zwischen den wirtschaftlichen Interessengruppen getrimmter Akteur, dessen Expertise, davon zeigte man sich überzeugt, angesichts der dramatischen Lage unverzichtbar sei – und nur aufgrund undurchsichtiger und rein taktischer Erwägungen der Regierung nicht angemessen gehört wurde. Die Debatte zeigt aber auch, dass die nicht erfolgte Umsetzung der über Jahre diskutierten und ziselierten Gesetzesentwürfe über den »endgültigen Reichswirtschaftsrat« zwar einerseits das Kernproblem – die Abhängigkeit von der Regierung aufgrund des fehlenden Initiativrechts – perpetuierte, gleichzeitig aber nicht dazu führte, dass die Akteu-

683 Wilhelm Kröger, ebd., fol. 278.
684 RWiM Warmbold an das Kabinett, 24.12.1931, ebd., fol. 369–371 (dort auch die Zitate).
685 Vermerk der Reichskanzlei, 9.1.1932, R 43-I/1197, fol. 15.

re den Sinn ihrer Tätigkeit selbst in Frage zu stellen begannen. Im Gegenteil kann die skizzierte Sitzung als Katalysator begriffen werden, denn sie zwang in einer sowohl politischen, ökonomischen wie institutionellen Krisensituation den Reichswirtschaftsrat, sich seiner Grundprinzipien zu vergewissern. Aus der »Kaltblütigkeit«[686] der Regierung und der erneuten Vertröstung zog man nun die Konsequenz, *selbst* aktiv zu werden, ohne lange auf eine unwillige und in den Augen der Führung des Reichswirtschaftsrats auch nicht sortierte Regierung zu warten. Deren im Kern zynische Strategie, ihn in (randständiger) Arbeit zu ertränken, von den entscheidenden Fragen aber fernzuhalten, macht deutlich, dass man mit dieser Einschätzung wohl richtig lag.

4.5.2 »Zentralausschuss« und Selbstbehauptung

Noch vor der Weihnachtspause und noch vor seinem Schreiben an das Kabinett hatte sich Wirtschaftsminister Warmbold an den Reichswirtschaftsrat mit der Bitte gewandt, sich mit einigen – eher sekundären – Aspekten der Notverordnung vom Dezember gutachterlich auseinanderzusetzen.[687] Er lag damit ganz auf Linie des Vorgehens, wie es die Regierung in Reaktion auf das Drängen des Reichswirtschaftsrats beabsichtige, nämlich diesen »mit Beratungsstoff zu versehen«, um so den dort virulenten »Klagen zu begegnen.«[688] Es waren denn auch nicht die »großen Fragen«, mit denen sich der »15er«- oder »Zentral-Ausschuss« des Reichswirtschaftsrats »tunlichst« bald[689] auf Wunsch der Regierung beschäftigen sollte; Warenhäuser und Einheitspreisgeschäfte, erneut Fragen des Unlauteren Wettbewerbs sowie das Thema Schwarzarbeit sollten vielmehr auf der Agenda stehen.[690] Das stieß übel auf: Zwar hatte der Vorsitzende Siemens in seinem Statement nochmals hervorgehoben, dass Warmbold ihm und Theodor Leipart gegenüber deutlich zum Ausdruck gebracht hätte, es sei »durchaus der Wunsch des Ministeriums [...], eine Reihe von Fragen für die Durchführung der verschiedenen Notverordnungen dem RWR zu unterbreiten.«[691] Es komme also jetzt darauf an, »prompt« zu arbeiten, gleichzeitig aber die Regierung doch auch um eine Stellungnahme zu bitten, was sie nun in Zukunft »mit dem RWR zu tun gedenkt.«[692] Nicht zum ersten Mal freilich, und im Kern ging es nun auch um mehr. Denn mit dem Zuschnitt der zu-

686 August Müller, 63. Sitzung des erweiterten Vorstandes des RWR, 6.11.1931, BArch R 401/13, fol. 268.
687 RWiM an RWR, 17.12.1931, BArch R 401/616, fol. 49–52.
688 Vermerk Reichskanzlei, 9.1.1932, BArch R 43-I/ 1197, fol. 15.
689 RWiM an RWR, 17.12.1931 (Abschr.), BArch R 401/616, fol. 52.
690 Ebd., fol. 50–52.
691 Carl Friedrich von Siemens, 1. Sitzung des Zentralausschusses, 21.12.1931, ebd., fol. 64–65.
692 Ebd.

gewiesenen Themen zeigte man sich alles andere als zufrieden: Die Auswahl sei angesichts der ökonomischen Verwerfungen, denen man sich gegenüber sah, »doch etwas eigenartig«[693] und »nicht gerade wohl schmeichelhaft«[694], sondern vielmehr »besonders geeignet dazu, den RWR noch unpopulärer zu machen, als er ohnehin schon« sei.[695] So reifte der Gedanke, neue Wege zu gehen, nicht mehr auf ein Ersuchen der Regierung zu warten, sondern selbst die Initiative zu ergreifen. Damit wurde eine institutionelle *conversion*, eine bewusste Umsteuerung vollzogen, die auf einer formellen Ebene mit den politischen Konventionen brach, gleichzeitig aber – und das ist die oben beschriebene Facette des *drift* – das über die vergangenen Jahre in der politischen Praxis erworbenen institutionelle Selbstverständnis perpetuierte und bekräftigte. Möglich wurde dies in einer, wenn man so will, anomischen Situation: Das galt nicht nur für die prekäre Situation des Reichswirtschaftsrats nach den gescheiterten Gesetzentwürfen um seine Verstetigung, den partiell aus dem Spiel genommenen Reichstag oder die fragilen politischen Mechanismen der Präsidialkabinette, sondern vor allem eben auch für die Kumulation ökonomischer und sozialer Konfliktlagen, die – das sollte den Akteuren bald klar werden[696] – auch den Fortbestand des politischen System als Ganzes in Frage zu stellen drohte.

Den Ansatzpunkt für die einseitige Neuvermessung seines Aktionsradius stellt das über allem schwebende Problem der Arbeitslosigkeit und der Arbeitsbeschaffung dar, das, so der Vorsitzende Leipart, merkwürdigerweise in der Notverordnung vom Dezember 1931 nicht angemessen adressiert worden war. Ganz »abgesehen von verfassungsrechtlichen Gesichtspunkten« sei es angesichts der dramatischen Lage mehr als unklug, auf die Expertise des Reichswirtschaftsrats zu verzichten. Der Ausschuss, der sich nun zur Bearbeitung dieser drängenden Frage konstituiere, sei denn auch »nicht etwa auf eine Anregung oder einen Wunsch der Regierung zurückzuführen«, sondern vielmehr »aus der eigenen Initiative des RWR entstanden«.[697] Vor dem Hintergrund der »ungeheuerlichen wirtschaftlichen Lage« könne »die Tatsache des vollständigen Stillschweigens« des Reichswirtschaftsrats nicht akzeptiert werden, schon aus institutionellem Eigeninteresse nicht: Im Gegensatz zum Reichstag, der »nach Hause geschickt« wurde, sei man »noch da« und müsse das jetzt auch entsprechend dokumentieren. Aufgabe sei es also nun, so Fritz Tarnow, »eine Idee zu finden, die zünden könnte«[698]

693 Hans Kraemer, ebd., fol. 69.

694 Joachim Tiburtius, ebd., fol. 74.

695 Einwurf Hans Kraemers in den Redebeitrag von Tiburtius, ebd.

696 Vgl. dazu die folgenden Ausführungen.

697 Theodor Leipart, 2. Sitzung des Zentralausschusses, 21.1.1932, BArch R 401/ 618, fol. 25, 26 (dort die Zitate). Vgl. auch Paul Umbreit, ebd., BArch R 401/616, fol. 76.

698 Fritz Tarnow, ebd., fol. 79, 80.

– und ihm schwebte auch vor, welche das sein könnte: Angesichts eines Krisenverlaufs, der sich »ganz anders« gestalte »als alle Krisen in der Vergangenheit« plädierte er für eine »planmässige Konjunkturpolitik durch die öffentliche Hand«, eine »künstliche Konjunkturarbeit«, um das Ruder überhaupt noch herumreißen zu können.[699] Eine andere Lösung sei nicht in Sicht, denn wenn »das System so versagt, wie es jetzt versagt, dann muss man in neuen Gedanken denken, dann muss man Möglichkeiten erörtern, die ausserhalb dieses Systems liegen.«[700] Klar: »das ganze« sei »natürlich eine Finanzierungsfrage« – gleichwohl gebe es Ansätze, mit denen man arbeiten könne.[701] Tarnows Plädoyer für aktive Konjunkturpolitik, das im Übrigen im Ausschuss nicht unwidersprochen blieb,[702] kam freilich nicht überraschend. Denn um die Jahreswende 1931/32 war das Thema einer kredit- und konjunkturpolitischen Intervention Gegenstand kontroverser Diskussionen auf unterschiedlichen Bühnen.[703] *Erstens* ging es dabei um die bereits im September 1931 auf einer als »geheim« titulierten Konferenz der Friedrich-List-Gesellschaft diskutierte Denkschrift von Wilhelm Lautenbach, Oberregierungsrat im Reichswirtschaftsministerium, zu »Möglichkeiten einer Konjunkturbelebung durch Investition und Kreditausweitung.«[704] *Zweitens* um den offiziösen »Plan Wagemann«, der auf Arbeiten des Präsidenten des Statistischen Reichsamts, Ernst Wagemann, basierte und in Regierungskreisen Anfang 1932 für erhebliche Unruhe sorgte.[705] Schließlich *drittens* den gewerkschaftsnahen, nach seinen Verfassern Wladimir Woytinski, Fritz Tarnow und Fritz Baade benannten »WTB-Plan«, der ebenfalls Anfang 1932 zirkulierte.[706] Ohne hier auf die zweifelsohne vorhandenen

---

699 Fritz Tarnow, ebd., BArch R 401/618, fol. 30, 31, 32 (dort die Zitate).

700 Fritz Tarnow, ebd., BArch R 401/616, fol. 77, 80 (Zitat).

701 Fritz Tarnow, ebd., BArch R 401/618, fol. 33.

702 Pointiert etwa Georg Solmssen, ebd., fol. 41 (»Konjunkturen lassen sich nicht schaffen«). Auf die Diskussion im Ausschuss wird im Folgenden noch näher eingegangen.

703 Vgl. exemplarisch Blaich, *Schwarze Freitag*, S. 100–116; Borchardt, »Wege«; Büttner, *Weimar*, S. 451–454; knapp Winkler, *Weimar*, S. 439–442; Holtfrerich, »Konjunkturpolitik«, S. 657–672 (Holtfrerich referiert hier allerdings primär, S. 659–669, eine »wenig bekannte Ausarbeitung Lautenbachs« aus dem Februar 1933), Ritschl, »Schuldenkrise«, insb. S. 621–633; Knortz, *Wirtschaftsgeschichte*, S. 256–266 (auch zur »Borchardt-Kontroverse«).

704 Vgl. den Band von Borchardt/Schötz (Hg.), *Wirtschaftspolitik in der Krise*, darin die Denkschrift von Lautenbach, »Konjunkturbelebung«, S. 309–325 sowie das Stenographische Protokoll der Beratungen. Zu Lautenbach vgl. die knappe biographische Notiz von Jaeger, »[Art.] Lautenbach«.

705 Vgl. dazu die Akten BArch R 43-I/2438, insb. fol. 54–64' sowie Wagemann, *Geld- und Kreditreform*.

706 »Der Arbeitsbeschaffungsplan (Baade-Tarnow-Woytinski)«, 26.1.1932, BArch R 43-I/900, fol. 29–36. Instruktiv hierzu auch die Tischvorlage aus dem Hause des Reichswirtschaftsministeriums zur Vorbereitung auf eine »*vertrauliche* Besprechung über Arbeitsbeschaffungsprobleme« (Hervorhebung im Original) am 12.2.1932, zu der neben dem StS der Reichskanzlei auch die Reichsminister für Finanzen, Arbeit, Ernährung und Landwirtschaft, das Reichsbankdirektorium sowie der Reichskommissar für das Bankgewerbe geladen waren: ebd., fol. 40–45 (mit Anschreiben vom 5.2.1932). Zum Thema auch Woytinski, »Aktive Wirtschaftspolitik«; knapp auch Schneider, »Arbeitsbeschaffung«.

konzeptionellen und technischen Unterschiede dieser Pläne eingehen zu wollen, verband sie – und das machte sie in der historischen Situation relevant – der Anspruch, die akute Wirtschaftskrise mit einer externen Intervention, einer »Initialzündung«[707] zu bekämpfen – und damit den von der Regierung favorisierten Kurs zu verlassen. So verwundert es auch nicht, dass insbesondere die Äußerungen Wagemanns über die tiefgreifende Zerrüttung der wirtschaftlichen Funktionslogiken – Stichwort »Selbstreinigung« – und die deshalb notwendige »konjunkturpolitische Einstellung der Kreditpolitik«,[708] in Regierungskreisen für hektische Betriebsamkeit sorgte: denn mit derlei öffentlichen Aufritten »würde die Politik der Reichsregierung gefährdet.«[709] Wagemann solle deshalb dazu gedrängt werden, dass er die geplanten Vorträge »absage«; andernfalls, so Reichsbankpräsident Hans Luther, müsse wohl eine »Gegenkundgebung erfolgen.«[710] Schon tags darauf musste konstatiert werden, dass Wagemann sich nicht davon abhalten ließ, wohl aber (unter sanftem, aber bestimmtem Druck) bereit war, den Inhalt als bloße »Privatarbeit« zu deklarieren. Die Unruhe der Regierung war allerdings auch von politisch-taktischen Erwägungen geprägt, nicht zuletzt deshalb, weil sich »angeblich« auch »die Nationalsozialisten für den Plan Wagemann einsetzen« würden.[711] Und ganz so dezidiert klang unter den Ministern die Ablehnung nicht: Zwar solle, so Wirtschaftsminister Warmbold, dringend der Eindruck vermieden werden, die Arbeiten Wagemanns seien Regierungsprogramm; inflatorische Effekte oder negative Konsequenzen für den Außenwert der Mark seien aber bisher auch nicht eingetreten. Mithin »sei an dem Plan manches richtig«, konstatierte Finanzminister Hermann Dietrich; »die Bombe sei aber zu früh geplatzt.«[712]

Umgekehrt stieß der Ansatz Wagemanns aber in (liberalen) Fachkreisen teils auf harsche Kritik, etwa in einer Eingabe Moritz Julius Bonns und zahlreicher weiterer Wissenschaftler an Reichskanzler Brüning im Februar des Jahres: So sei es mehr als »bedenklich«, wenn nicht nur in der ohnehin aufgeheizten Öffentlichkeit Reformpläne und »währungspolitische Ideen [...] wie Pilze aus dem Boden« schössen, sondern sich »inmitten dieser Panikatmosphäre« nicht zuletzt »auch ein hervorragender Reichsbeamter« mit Vorschlägen zu Wort melde, »die eine völlige Umwälzung in der Struktur der deutschen Notenbank und des deutschen Kreditban-

---

707 Der Begriff exemplarisch in der o.g. Tischvorlage »Das Arbeitsbeschaffungsproblem. Grundriss zur Vorbereitung auf die Sitzung vom 12. Februar 1932«, hier in Bezug auf den WTB-Plan, BArch R 43-I/900, fol. 41. Der Begriff und – vor allem – die damit assoziierten Erwartungen sollten die folgenden Debatten (im RWR) maßgeblich mitgestalten.

708 Die Zitate aus Wagemann, *Geld- und Kreditreform*, S. 10, 57.

709 Vermerk über eine Besprechung in der Reichskanzlei, 28.1.1932, BArch R 43-I/2438, fol. 54.

710 Ebd., fol. 55.

711 RK Brüning, Aufzeichnung über die Chefbesprechung vom 29.1.1932, ebd., fol. 63–63'.

712 RWiM Warmbold, ebd., fol. 63' und RFM Dietrich, ebd., fol. 64'.

kensystems sowie der gesamten Kreditpolitik zur Folge haben würden.«[713] Überdies gehe der Ansatz »von falschen theoretischen und praktischen Voraussetzungen aus« und komme deshalb auch »zu falschen Ergebnissen«, kurz: ein untauglicher, wissenschaftlich verquerer und politisch gefährlicher Vorstoß, gegen den es einzuschreiten gelte.[714] Doch ganz ungeachtet der im engeren Sinne fachlichen Diskussion, die selbstredend eine ganze Reihe an Prämissen mit sich schleppte, drohte die Forderung nach einer Abkehr von bzw. einer Alternative zur Deflationspolitik der Regierung vor allem in der Öffentlichkeit für Unruhe zu sorgen und eine politische Dynamik anzufachen, die man wohl nur mehr schwer unter Kontrolle zu bringen fürchtete. Dazu passt, dass auch die Aktivitäten des Reichswirtschaftsrats von der Regierung mit Argwohn beäugt wurden, da dieser ja »den Fragekomplex der Arbeitsbeschaffung neuerdings in einem besonderen Ausschuss« diskutiere.[715] Das vor allem in Gewerkschaftskreisen populäre Konzept einer von der öffentlichen Hand lancierten Arbeitsbeschaffungspolitik, das nicht nur »1 Million Menschen für die Dauer von einem Jahr zusätzlich« in Lohn und Brot bringen, sondern damit auch eine »Ankurbelung der Konjunktur«, eine »Initialzündung« bewirken wolle, habe die öffentliche Debatte neu entfacht; es sei daher »angebracht«, dass auch die Regierung dazu Stellung nehme.[716] Dabei sei »absolut entscheidend«, das Problem nicht isoliert zu betrachten, sondern stets die »Gesamtpolitik« vor allem hinsichtlich »der Aussenpolitik und unsere[r] finanziellen Beziehungen zum Auslande« – Stichwort »Stillhalteabkommen« – zu berücksichtigen.[717] Im Kern ginge es um zwei Fragen: Woher sollen die dafür in erheblichem Umfang zusätzlich notwendigen Mittel stammen? Und: wann wäre der richtige Zeitpunkt, die Aktion durchzuziehen?[718] Zunächst jedoch blieb es bei einer bloßen Skizze des Problems – die von Trendelenburg und Lautenbach moderierte Besprechung im Wirtschaftsministerium zog (zunächst) keine unmittelbaren Entscheidungen nach sich. Klar war nur, der Reichsbank würde eine zentrale Rolle zufallen.[719] Vor diesem Hintergrund konnte der Reichswirtschaftsrat seine Arbeit fortsetzen, und das hieß vor allem, Chancen und Risiken, Mittel und Wege einer konjunktur- und kreditpolitischen Initiative einer kritischen Prüfung zu unterziehen, ohne sich dabei auf die eine oder andere Seite schlagen zu müssen. Weitgehende Einigkeit bestand aller-

713 Eingabe an RK Brüning von Moritz Julius Bonn et al., 25.2.1932, ebd., fol. 86–102, hier fol. 86.
714 Ebd., fol. 86‘.
715 Tischvorlage zu einer als vertraulich eingestuften Sitzung im Wirtschaftsministerium, 12.2.1932, BArch R 43-I/900, fol. 41–45, hier fol. 41 (Anschreiben Trendelenburgs vom 5.2.1932 ebd., fol. 40).
716 Ebd.
717 Ebd., fol. 42.
718 Ebd., fol. 43–45.
719 Vermerk StS Reichskanzlei, 17.2.1932, BArch R 43-I/900, fol. 46–46‘.

dings in der Auffassung, die Regierung sei mit ihrem Kurs auf dem Holzweg; um Alternativen dazu sollte es gehen.

Die Arbeit des Zentralausschusses des Reichswirtschaftsrats markierte einen Wendepunkt, indem er sich abweichend von der bisherigen Praxis durch einen initiativen Akt in das Zentrum der wirtschaftspolitischen Debatte stellte, aus dem er verbannt zu werden drohte. Er vermochte damit ein Gravitationsfeld zu schaffen, dem man sich nicht entziehen konnte,[720] auch wenn dies umgekehrt nicht bedeuten musste, *inhaltlich* durchzudringen. Für die Geschichte der späten Weimarer Republik ist diese Episode indes nicht deshalb von Bedeutung, weil die Vorschläge des Reichswirtschaftsrats zur Überwindung der ökonomischen und sozialen Krise von großer Originalität gezeugt hätten. Sie ist es vor allem deshalb, weil damit eine breit evaluierte und politisch zurückhaltende Lageanalyse samt daraus abzuleitender Maßnahmen vorlag, die Möglichkeiten, vor allem aber auch Grenzen scharf akzentuierte. Denn wie realistisch, wie aussichtsreich war es, Anfang 1932 eine grundlegende Kurskorrektur vorzunehmen, um die ökonomische, soziale und (drohende) politische Krise durch aktive Konjunkturpolitik und Arbeitsbeschaffungsmaßnahmen der öffentlichen Hand zu bekämpfen? Die Arbeit des Zentralausschusses gewährt somit auch Einblicke in eine historische Kontroverse, die bis heute mit dem Namen Knut Borchardts verbunden ist:[721]

Borchardt hatte in seinem 1979 gehaltenen Vortrag entgegen der damals herrschenden Überzeugung die (wirtschaftspolitischen) »Zwangslagen« der Regierung Brüning in den Fokus gerückt[722] und damit die weitgehend geteilte Annahme in Frage gestellt, Brüning habe einen wirtschaftspolitisch ebenso fragwürdigen wie verhängnisvollen Kurs vor allem aufgrund politisch-taktischer Erwägungen gefahren. Borchardts Deutung besaß vor allem insofern erhebliche Sprengkraft, als man sich dadurch gezwungen sah, einerseits das Bild einer gezielten Elitenverschwörung zu relativieren, und anderseits zu akzeptieren, dass Brüning, ungeachtet seiner möglicherweise sinistren Agenda[723] wirtschaftspolitisch offenbar weit-

720 Nicht nur deshalb, sondern auch ganz grundsätzlich ist die Behauptung von Lilla, *Reichswirtschaftsrat*, S. 120 Fn. 331, dass »auch der im Aug. 1931 vom VorlRWR gebildete ›Zentralausschuß‹ […] in nennenswertem Umfang nicht tätig« geworden sei, unzutreffend.

721 Einen zwar knappen, aber luziden Überblick über die Kontroverse bieten exemplarisch Hesse/Köster/Plumpe, *Große Depression*, S. 194–199; auch Knortz, *Wirtschaftsgeschichte*, S. 256–266; Petzina, »Crisis«, S. 2.

722 Vgl. den klassischen Aufsatz Borchardt, »Zwangslagen«, die ebenso klassische Kritik von Holtfrerich, »Alternativen« und Borchardts Replik (Borchardt, »Noch einmal«). Vgl. auch die Kontroverse zwischen Krohn, »Ökonomische Zwangslagen« und Borchardt, »Scheitern«.

723 Das aber ist der Kern der Argumentation Holtfrerichs, der von einer bewussten und politisch motivierten Selbst-Limitierung des Handlungsspielraums spricht: »Wenn Brüning seinen eigenen Handlungsspielraum eingeschränkt sah, dann auf Grund der von ihm selbst vertretenen politischen Prioritätenskala« (Holtfrerich, »Alternativen«, S. 629). Seine Kernargumente wiederholte Holtfrerich in dem 2016 von ihm

gehend die Hände gebunden waren. Zumindest aber, das scheint auch heute Konsens, hätten plausible, wirkungsvolle und vor allem finanzierbare Alternativen nicht eben auf der Straße gelegen.[724] Ob Brüning freilich in der historischen Situation »chancenlos« gewesen,[725] oder eine solche Einschätzung »apologetisch«[726] sei, verdeutlicht die Bandbreite der Interpretationen, die stets auch Prämissen über das Verhältnis von *agency* und *structure* in der Geschichte und die (potentiellen) Effekte wirtschaftstheoretischer Konzepte implizierten. Dazu kommt, dass die Welt kontrafaktischer Deutungen an sich mit allerhand methodischen Schwierigkeiten behaftet ist, die hier nicht diskutiert, mit Blick auf die sogenannte »Borchardt-Kontroverse« aber mitbedacht werden müssen.[727] Auch das erklärt, weshalb in den vergangenen Jahren die Diskussion unter Beteiligung der alten Protagonisten erneut aufflammte.[728] Wichtig ist indes, dass Borchardt in seiner ursprünglichen Argumentation neben dem Aspekt der »Zwangslage« noch einen weiteres Argument in den Vordergrund stellte, das den situativen Mangel an Handlungsoptionen um eine diachrone Dimension erweiterte: Es war dies die These einer »kranken«, »unnormalen« Wirtschaft »in einem schon kaum noch funktionsfähigen politischen System«,[729] die das gesamte Verhängnis, die »Tragödie«, wie Borchardt es

hg. Band zum Reichswirtschaftsministerium durchaus zuspitzend: Holtfrerich, »Konjunkturpolitik«, etwa S. 651 unter Bezugnahme auf Erkelenz, *Abbauwahn*: »Denn wären Brüning und Luther sowie der Mainstream der wirtschaftspolitisch mitgestaltenden Politiker zu ähnlichen intellektuellen Leistungen fähig gewesen, wären die deutsche und die Weltgeschichte wohl anders verlaufen.«

724 Vgl. den Verweis auf den Bruch Borchardts mit dem bis dahin herrschenden Konsens Hesse/Köster/Plumpe, *Große Depression*, S. 194; Petzina, »Crisis«, S. 2; Ritschl, »Borchardts Interpretation«, S. 234–235. Letzterer sieht ebd., S. 244 die »Zwangslagen« aus dem Spannungsverhältnis zwischen außen- und innenpolitischem Legitimationsdruck resultierend: »Gefangen zu sein zwischen außenpolitischer Staatsräson und der Schaffung einer innenpolitischen Legitimationsbasis, dieses Dilemma hat im Kern die Zwangslagen und Handlungsspielräume der deutschen Wirtschaftspolitik seit den Anfängen der Weimarer Republik bestimmt.« Dagegen Köppen, »Krankheit«, S. 355 (keine »Zwangslagen«, sondern »Taktik«); Maier, »Nicht-Determiniertheit«, S. 294 hält die »Zwangslagen«-These für »überzogen«. Petzina, »Arbeitslosigkeit«, S. 256 spricht von einer für Deutschland nur »wenig beinflussbar[en]« ökonomischen Situation Anfang der 1930er und sieht mit Blick auf das Problem der Arbeitslosigkeit »besondere politische Zwangslagen«. Überblick auch bei Knortz, *Wirtschaftsgeschichte*, S. 258–266.

725 So etwa Kruedener, »Brünings Deflationspolitik«, S. 306.

726 Holtfrerich, »Alternativen«, S. 613: »Im folgenden wird der Versuch unternommen, Borchardts apologetische Beurteilung der Wirtschaftspolitik Brünings einer kritischen Prüfung zu unterziehen.« Der Vorwurf der Apologetik richtet sich dabei vor allem auf die Formulierung Borchardts, »Zwangslagen«, S. 182, derzufolge es sich bei der komplexen Gemengelage um eine »Tragödie« gehandelt habe, die man »nur studieren« könne; »allzu anmaßender Kritik« solle man sich aber besser »enthalten«.

727 So auch Hesse/Köster/Plumpe, *Große Depression*, S. 198; eine kontrafaktische Analyse des Endes der Weimarer Republik unternimmt auch der instruktive Aufsatz von Plumpe, »Weg aus dem Abgrund«.

728 Vgl. die Beiträge der 2014/15 vornehmlich in den VfZ geführten Debatte von Köppen, »Krankheit« und Köppen, »Weil nicht wahr sein kann«; dagegen etwa Köster, »Keine Zwangslagen?«, sowie Borchardt, »Alternative«. Auf die Arbeit von Holtfrerich, »Konjunkturpolitik« wurde bereits verwiesen.

729 Borchardt, »Zwangslagen«, S. 179, 182.

formulierte, erst komplett gemacht habe. Kern dieses Problems sei die strukturelle Investitionsschwäche der deutschen Unternehmen gewesen, die wiederum aus dem Missverhältnis von Produktivitäts- und Lohnsteigerungen resultierte, kurz: es seien schlicht »zu hohe Löhne« (von den Gewerkschaften bzw. den staatlichen Schlichtungsorganen durchgesetzt und) gezahlt worden, was den Unternehmen wenn auch nicht die Luft zum Atmen geraubt, so doch deren Kapitalausstattung und daraus generierte Investitionspotentiale entscheidend gehemmt hätte.[730] Gerade dieser fast »schon sprichwörtlich gewordene« Aspekt »zu hoher Löhne« in der Weimarer Republik hatte zu intensiven und kritischen Diskussionen geführt, gilt aber heute mit Blick auf die vielfältigen strukturellen Belastungen der Weimarer Wirtschaft in dieser monodimensionalen Pauschalität als fraglich – selbst wenn sich empirisch zeigen lässt, dass die Löhne der Produktivität in den 1920er Jahren vorauseilten.[731] Dazu beigetragen hatte sicher auch die Eigenart des (staatlichen) Schlichtungssystems, dessen geringer Zwang zu Kompromissen den inhärenten Hang der Kontrahenten, Maximalforderungen ohne Durchsetzungsperspektive zu erheben und ein *blame game* zu Lasten des Staates zu betreiben, durchaus gefördert haben mag.[732] All das soll hier nicht weiter vertieft werden; die Borchardt-Kontroverse und ihre Wiederauflage vor einigen Jahren machen vielmehr deutlich, dass es sich bei der Frage um den wirtschaftspolitischen Kurs der Regierung Brüning nicht nur um das wirtschaftspolitisch Mögliche handelt(e), sondern auch Reparationsproblematik, Außenpolitik, Bankenrecht, Währungsstabilität und »Inflationsangst«, und nicht zuletzt politische Opportunitäten und ideologische Prämissen eine erhebliche Rolle spielten.[733] Grundsätzlich aber stellt die Endphase der Weimarer Republik aufgrund des Wissens darüber, was folgte, einen Untersuchungsgegenstand dar, dessen Unabgeschlossenheit man akzeptieren muss. Es geht also nicht darum, die Debatte um Brünings »Zwangslagen« oder seine wirtschaftspolitischen »Alternativen« erneut zu führen; worum es geht, ist die Arbeit des Reichswirtschaftsrats als Quelle heranzuziehen und sein Handeln als politischer Akteur in der ökonomischen wie politischen Krisenlage der frühen

730 Vgl. ebd., S. 178; dazu Kruedener, »Überforderung«; Ritschl, »Zu hohe Löhne«; Maier, »Nicht-Determiniertheit«, S. 277–278 räumt allerdings selbst freimütig ein, »kein Spezialist für die Geschichte der Weimarer Republik« zu sein und »nicht über Quellenkenntnisse« zu verfügen, sondern das Argument Borchardts aus einer rein ökonomischen Perspektive zu betrachten.

731 Vgl. diese Argumentation bei Hesse/Köster/Plumpe, *Große Depression*, S. 196 (das Zitat ebd.).

732 Zum Schlichtungsregime der Weimarer Republik vgl. Bähr, *Staatliche Schlichtung*, hier das Fazit S. 345–355, insb. S. 350; Peukert, *Weimarer Republik*, S. 116.

733 Vgl. neben dem Aufsatz von Borchardt, »Inflationsangst« etwa zu den rechtlichen Grenzen des Handlungsraums der Reichsbank, die in der Folge eine Schlüsselstellung einnehmen sollte, knapp Borchardt, »Wege«, S. 13; Büttner, »Politische Alternativen«, S. 218–220; Kellenbenz, *Deutsche Wirtschaftsgeschichte*, S. 432–433 (»Möglichkeiten der Einwirkung auf den deutschen Geldmarkt verhältnismäßig begrenzt.«); Henning, *Deutsche Wirtschafts- und Sozialgeschichte*, S. 390–399; Knortz, *Wirtschaftsgeschichte*, hier S. 259.

1930er Jahre ernst zu nehmen. Denn eben weil »Alternativen« zur Deflationspolitik zwar eifrig diskutiert wurden, mit Blick auf Implementierung und prognostizierbare Effekte aber fraglich schienen, lohnt ein Blick in den Zentralausschuss des Reichswirtschaftsrats, der sich mit Beginn des Jahres 1932 damit intensiv zu beschäftigen begann.

Das eigenmächtige Tätigwerden des Reichswirtschaftsrats, sein Anspruch, zu den wirklich drängenden Fragen der Zeit Stellung zu nehmen,[734] wurzelte nicht zuletzt in einer tiefgreifenden Unzufriedenheit mit der Arbeit der Reichsregierung. Denn nicht nur, dass die Regierung ein Konkurrenzorgan geschaffen und den Reichswirtschaftsrat mit Zweitrangigem abzuspeisen versucht hatte: *performance* und *output* der Regierung wurden als zentrales, im Kern krisenverschärfendes Problem erachtet, dem man ein fundierteres und in den Kreisen »der Wirtschaf« breit diskutiertes Konzept entgegenstellen müsse. Die Stimme des Reichswirtschaftsrats, so die Überzeugung, sei nötiger denn je. Unmissverständlich machte etwa der einflussreiche Hans Kraemer »gerade auch in Gegenwart der Vertreter der Regierung« deutlich, dass man »mit tiefster Besorgnis die augenblickliche Wirtschaftspolitik der Reichsregierung« verfolge, die einer »Katastrophen«- bzw. »Vabanquepolitik« gleiche. Vor allem die »übereilten und falsch fundierten Maßnahmen« in der Außenhandelspolitik würden »zu einer vollkommenen Katastrophe der deutschen Wirtschaft führen«. Schon aus »Selbsterhaltungstrieb« sei die Industrie daher zur Kooperation mit den Arbeitnehmern und zur Reduzierung der Arbeitslosigkeit bereit.[735] Auf einen für die Weimarer Wirtschaft ganz besonders heiklen Aspekt verwies unmittelbar Georg Solmssen, der die Zurückhaltung (dringend benötigter) Investitionen und Beteiligungen amerikanischen Kapitals mit den dort herrschenden Vorbehalten erklärte, »erst Herrn Hitler« loszuwerden, ehe man »nach Deutschland herein« kommen wolle; diese Chance habe man »verpasst«.[736] Die politische Komponente des Problems war damit ebenso klar adressiert wie heikel: Von Beginn an stand für die Beteiligten fest, dass dem Unterfangen die stark normative, ja deontologische Dimension eigen war, »etwas zu tun«, wollte man nicht neben der ohnehin im Wortsinn überwältigenden ökonomischen und sozialen Krise auch eine fundamentale politische Krise riskieren. Es war also erheblich Druck im Kessel.

---

734 Vgl. auch den Hinweis von Baecker in der 9. Sitzung des Zentralausschusses, 4.3.1932, BArch R 401/619, fol. 411, dass man sich doch (auch) am »Experiment« der USA orientieren solle.

735 Hans Kraemer, 2. Sitzung des Zentralausschusses, 21.1.1932, BArch R 401/618, fol. 36 (Zitate), 39, 41.

736 Georg Solmssen, ebd., fol. 48.

Die Ausgangslage für den nunmehr auf 21 Mitglieder aufgestockten, ursprünglichen 15er-, dann 18er-Ausschuss war damit komplex:[737] Einerseits aufgrund der doch recht unterschiedlichen wirtschaftspolitischen Überzeugungen und Interessen der Akteure, andererseits aufgrund des beklemmend engen Handlungsraums – in ökonomisch-fiskalischer wie politisch-taktischer Hinsicht. Doch einte die Ausschussmitglieder die Auffassung, dass man es zum einen mit einer Krise neuer Art zu tun habe, deren Überwindung eines wie auch immer konkret dimensionierten, finanzierten und implementierten externen Impulses bedürfe. Auf die Selbstheilungskräfte des Marktes, das der Ökonomie inhärente Reinigungspotential oder die Kraft eines kathartischen »Ausbrennens« der Krise konnte und wollte man sich mehrheitlich nicht mehr verlassen.[738] Zum anderen war man einig, dass aus fiskalischen, sozialpolitischen und nicht zuletzt psychologischen Gründen zwingend rasch eine Senkung der Arbeitslosenzahlen erreicht werden müsse. Andernfalls »schlagen uns die Arbeitslosen den Laden einfach kaputt.«[739] Komplex war die Situation auch deshalb, weil jede potentielle Maßnahme auf ihre außen- und reparationspolitischen Effekte hin abgewogen werden musste; dazu kam das Schreckgespenst der Inflation, das ungeachtet seiner Virulenz als politisches »Schlagwort«[740] erhebliche psychologische Wirkungen entfalten konnte.[741] Dennoch sollte gerade das Thema Kreditschöpfung zum Angelpunkt der Ausschussberatungen werden, an dem sich nicht nur die unterschiedlichen wirtschafts- und währungstheoretischen Grundüberzeugungen, sondern ebenso die politischen Prioritäten kristallisierten.[742] Der selbstgewählte Auftrag des Ausschusses, »mit Ernst und Eifer die Frage zu untersuchen, ob es nicht möglich

737 Die Mitglieder des Zentralausschusses BArch R 401/616, fol. 120': Theodor Leipart, Carl Friedrich von Siemens (Vorsitzende); Hans Kraemer, Paul Umbreit, Max Cohen (stellv. Vorsitzende); Paul Baecker, Arthur Feiler (Berichterstatter); Fritz Demuth, Eduard Hamm, Karl Hermann, Ludwig Kastl, Hans Kraemer, Wilhelm Kutscher, Georg Solmssen (Abt. I); Eduard Backert, Wilhelm Eggert, Heinrich Kreil, Franz Neustedt, Otto Schweitzer, Fritz Tarnow, Paul Umbreit (Abt. II); Paul Baecker, Max Cohen, Arthur Feiler, Bernhard Grund, August Müller, Oskar Mulert, Wilhelm Vögele (Abt. III).

738 Der Begriff, Moritz Julius Bonn zitierend, bei Borchardt, »Einleitung«, S. 40 mit Fn. 60 und Büttner, »Politische Alternativen«, S. 230 mit Fn. 70. Auch Borchardt, »Alternativen«, S. 622.

739 Sachverständiger Keup, 5. Sitzung des Zentralausschusses, 25.2.1932, BArch R 401/618, fol. 487. Ähnlich auch – exemplarisch – Georg Solmssen, 9. Sitzung des Zentralausschusses, 4.3.1932, BArch R 401/619, fol. 400.

740 Der Begriff bei Hamm, 2. Sitzung des Zentralausschusses, 21.1.1932, BArch R 401/618, fol. 59: Man müsse sich gerade von diesem »Schlagwort« »frei machen«, ohne dabei freilich fahrlässig zu werden.

741 Vgl. etwa den ehemaligen RK und Reichsbankpräsident Luther auf der Tagung der List-Gesellschaft im September 1931, S. 252–253, wo er die Zurückhaltung der Reichsbank auch und vor allem von der »nun einmal nicht auszuschaltenden psychologischen Seite her« begründet (Zitat S. 253). Lautenbach spricht ebd., S. 170 (wenig überraschend) von einer »Inflationspsychose«. Vgl. auch Borchardt, »Inflationsangst«.

742 Vgl. die folgenden Ausführungen. Das Kernproblem auf den Punkt brachte etwa Max Cohen bereits in der 3. Sitzung, 23.2.1932: »Alle Kapitalien [für die diskutierten Maßnahmen, FH] sind in der Hauptsache zu beschaffen, und darüber darf man keinen Zweifel haben, durch Kreditausweitung. Wenn man die

ist, trotz aller Schwierigkeiten Arbeit zu beschaffen«[743], musste sich daher auch in einem sehr engen Korridor bewegen: Es sollten »Mittel und Wege ausfindig gemacht werden«, wie und auf welche Weise »aktive Konjunkturpolitik« betrieben werden könne. Man sei sich absolut einig, dass dabei »die Frage der Finanzierung von der Frage der Arbeitsbeschaffung nicht zu trennen« sei; klar sei aber für »alle Mitglieder des Ausschusses« auch, »dass die Währung nicht gefährdet werden« dürfe.[744] Was freilich stabilitätsgefährdend wirke, darüber konnte trefflich diskutiert werden.[745] Vorteil des Zentralausschusses sei aber, so Eduard Hamm, dass man »hier das Gefühlsmässige vollkommen ausschalten« und daher auch derart heiße Eisen wie das Thema der »Kreditausweitung« anfassen könne.[746] Auch hier also sollte das Selbstverständnis des Reichswirtschaftsrats, seine institutionelle DNA, den Unterschied machen – zu Reichstag, Regierung und konkurrierenden Gremien wie etwa der »Brauns-Kommission«,[747] die bereits im April 1931 ein Gutachten zur Arbeitslosenfrage vorgelegt hatte. Es verwundert daher nicht, dass es

Kreditausweitung nicht will, kann man den meisten Arbeiten nicht zustimmen.« (BArch R 401/618, fol. 175).

743 Vorsitzender Theodor Leipart, 4. Sitzung des Zentralausschusses, 24.2.1932, BArch R 401/618, fol. 203.

744 Ebd., fol. 204. Erneut ders. in der 5. Sitzung, 25.2.1921, ebd., fol. 292.

745 Vgl. exemplarisch die Kritik von Arthur Feiler an »den Kreisen, die Herrn Kollegen Tarnow nahe stehen, [wo] dauernd propagiert wird, dass die Wirtschaft wichtiger sei als die Währung.« Das Gegenteil sei aber der Fall und man dürfe »die Erfahrungen, die wir mit der Inflation gemacht haben, wirklich nicht in den Wind schlagen.« (Arthur Feiler, 3. Sitzung des Zentralausschusses, 23.2.1932, BArch R 401/618, fol. 150, 151).

746 Eduard Hamm, ebd., fol. 162.

747 Die (nach RArbM Heinrich Brauns benannte) »Brauns-Kommission« hatte im April 1931 ein (zweites) »Gutachten zur Arbeitslosenfrage« vorgelegt, das – ganz ähnlich wie nun der Zentralausschuss des RWR – die »Bekämpfung der Arbeitslosigkeit durch Arbeitsbeschaffung« zum Gegenstand hatte. Das Gutachten sah unterschiedliche Maßnahmen zur Arbeitsbeschaffung vor, etwa im Bereich der Infrastruktur, der Energiewirtschaft, der landwirtschaftlichen Melioration und Siedlung, aber auch durch öffentlichen Arbeitsdienst. Zwar müsse die »Erstarrung« der deutschen Wirtschaft dringend gelöst werden; klar sei aber auch, »daß der Einwirkung der öffentlichen Hand auf diesem Gebiet enge Grenzen gezogen sind.« Insbesondere sei die »Bezahlung von Aufträgen auf irgendeinem inflatorisch wirkenden Wege« mit »Entschiedenheit abzulehnen« (Vgl. »Gutachten zur Arbeitslosenfrage, Zweiter Teil: Bekämpfung der Arbeitslosigkeit durch Arbeitsbeschaffung«, 29.4.1931, BArch R 43-I/2040, fol. 80–83‘, Druckfassung; die Zitate fol. 81 und 80‘; auch u.a. knapp Holtfrerich, »Konjunkturpolitik«, S. 644–647). Die Kommission rechnete dennoch damit, bei Durchführung des Programms »bis zu 400000 Arbeitslose in Beschäftigung« bringen zu können, was auch »psychologisch« von erheblicher Bedeutung sei. Gottfried Treviranus, Reichsminister ohne Portefeuille, befürchtete hingegen, angesichts der im Kern »mageren Ergebnisse« einen gegenteiligen Effekt zu provozieren – Enttäuschung. Vgl. Ministerbesprechung, 27.3.1931, BArch R 43-I/1449, fol. 108–108‘. Ausführlich auch Röpke, »Praktische Konjunkturpolitik«: Röpke, selbst durch Nachwahl Mitglied der Kommission (WTB-Meldung vom 17.2.1931, BArch R 43-I/2039, fol. 174) plädierte »trotz aller Sympathie für den Liberalismus« für eine »antideflationistische Politik« und ein Eingreifen des Staates unter Bezugnahme auf Keynes, da man dem sukzessiven Niedergang aller liberalen Ökonomien nicht tatenlos zusehen dürfe. Eine »Politik der Niveausenkung allein« könne das Land »nicht aus der Depression führen« (Röpke, »Praktische Konjunkturpolitik«, S. 450, 451, 459, 461). Eine Zusammenstellung der

im Verlauf der Beratungen aus Sicht seiner Mitglieder erneut um nichts weniger als um den Fortbestand des Reichswirtschaftsrats als Institution und seine Relevanz als politischer Akteur ging.[748]

Zunächst standen jedoch ganz konkrete Fragen auf der Tagesordnung: Nachdem eine Vorbereitungskommission ein vorläufiges Arbeitsprogramm vorgeschlagen hatte, das sich vor allem auf mögliche Handlungsfelder für etwaige Arbeitsbeschaffungsmaßnahmen bezog,[749] ging es rasch um das Kernproblem: die Finanzierung. So sollte bei der Diskussion der geplanten Maßnahmen auf den unterschiedlichen Feldern öffentlicher Investitionstätigkeit »stets gleichzeitig die Geldbeschaffung mitgeklärt werden.«[750] Dass dabei auch der außen- und reparationspolitische Handlungsrahmen mitbedacht werden musste, lag auf der Hand, seine Dimensionen waren gleichwohl unklar.[751] Kurz, man sah sich gezwungen, »in einer Gleichung mit sämtlichen Unbekannten« zu operieren,[752] die mit Georg Solmssen auch als klassische Dilemmasituation beschrieben werden konnte: Ein Zeichen sollte gesetzt werden, um die grassierende soziale Depression nicht weiter fortschreiten zu lassen, gleichzeitig durfte man keine Erwartungen wecken, die nicht erfüllt werden konnten; die avisierten Maßnahmen sollten Wirkung entfalten, das dazu notwendige Kapital aber nicht aus der Notenpresse oder anderen Quellen

(ursprünglichen) Mitglieder der Kommission findet sich ebd., S. 424 Fn. 1; vgl. auch (noch ohne Röpke) die Liste in der WTB-Meldung vom 31.1.1931, BArch R 43-I/2039, fol. 172.

748 Etwa Berichterstatter Baecker, 8. Sitzung des Zentralausschusses, 3.3.1932, BArch R 401/619, fol. 378: Wenn man nicht bald mit handfesten Ergebnissen aufwarten könne, werde man »totsicher nach Hause geschickt werden«. Oder: Vorsitzender Leipart, 10. Sitzung des Zentralausschusses, 8.3.1932, ebd., fol. 564: So stünde »glaube ich, heute auch das Schicksal des RWR auf dem Spiel«. Gelänge es nicht, »der Regierung Vorschläge zu machen«, wäre »damit für die nächste Zukunft das Ansehen des RWR nicht nur bei der Regierung, sondern auch in der Öffentlichkeit in Gefahr gebracht.« So sehr beide Stimmen das Risiko der drohenden Marginalisierung beschreiben, so sehr scheinen sie doch an der realistischen Möglichkeit festzuhalten, diese durch praktische Tätigkeit abwenden zu können. Auch diese Selbstwahrnehmung (will man sie nicht als Selbst*täuschung* qualifizieren), liegt quer zur Niedergangsthese der Forschung.

749 Vgl. den »Bericht des Zentralausschusses (21er Auschuß) über die Hebung der Produktion, insbesondere durch Arbeitsbeschaffung«, Drs. RWR 380, 12.3.1932, BArch R 401/206, fol. 395–399' (im Folgenden als »Bericht des Zentralausschusses« abgekürzt), hier fol. 395. Auch in den Ausschussakten zu finden: BArch R 401/616, fol. 122: Folgende Arbeiten wurden ins Auge gefasst: »1. Arbeiten aus dem Gebiete des Reichsverkehrsministeriums a) Eisenbahnwesen, b) Strassen- und Brückenerhaltung c) Hochwasserschutz. 2. Arbeiten aus dem Gebiete des Reichspostministeriums Telephonämter, Kabelverlegung usw. 3. Arbeiten aus dem Gebiete des Reichsministeriums für Ernährung und Landwirtschaft a) Meliorationen, b) Verbesserung der Milchwirtschaft. 4. Ferngasversorgung. 5. Hausreparaturen. 6. Gemeindearbeitsfürsorge.«

750 Programm des Zentralausschusses zur Frage der Hebung der Produktion insbesondere durch Arbeitsbeschaffung, o.D., BArch R 401/611, fol. 122.

751 Zur reparations- und außenpolitischen Komponente vgl. etwa Max Cohen, 3. Sitzung des Zentralausschusses, 23.2.1932, BArch R 401/618, fol. 177–178 sowie den Sachverständigen Moritz Julius Bonn, 9. Sitzung des Zentralausschusses, 4.3.1932, BArch R 401/619, fol. 396–397.

752 Georg Solmssen, 3. Sitzung des Zentralausschusses, 23.2.1932, BArch R 401/618, fol. 194.

stammen, die potentiell inflatorische Effekte zeitigen könnten; die Notwendigkeit öffentlicher Investitionen bzw. der Stimulierung privater Investitionen durch öffentliche Impulse stand außer Frage, doch sollte damit keineswegs (gegenüber dem Ausland) der Eindruck erweckt werden, man schwimme in Geld und könne sich teure Experimente mit ungewissem Ausgang leisten.[753] All diese Aspekte, die in der einen oder anderen Form in den folgenden Debatten zur Sprache kommen sollten, engten den Handlungsraum der Akteure massiv ein, zumal man bei Strafe des Untergangs dazu gezwungen schien, einen Plan vorzulegen, der nicht nur realistisch und effektiv, sondern auch mehrheitsfähig war und von den Normadressaten mitgetragen wurde.

Der Rahmen war damit gesetzt: Es sollten Möglichkeiten aktiver Konjunkturpolitik zur Arbeitsbeschaffung ausgelotet, die Währungsstabilität dabei aber nicht gefährdet werden.[754] Welche Maßnahmen dafür in Frage kämen, sollten Sachverständigenanhörungen erweisen. Doch unabhängig davon, worüber diskutiert, welche Vorschläge vonseiten der Sachverständigen jeweils unterbreitet und welche Maßnahmen als dringende Notwendigkeit gefordert wurden: Es lief stets auf die Frage hinaus, woher die Gelder dafür kommen, welches Kreditregime weiter verfolgt und welche Finanzierungsoptionen geprüft werden sollten. Da der Zugang zum Kapitalmarkt weitgehend »verschlossen«[755] schien, richtete sich der Fokus auf die Rolle der Reichsbank, die jedoch ihrerseits dem Thema Kreditschöpfung nicht nur skeptisch gegenüberstand, sondern vielmehr »derartige Gedanken [...] ganz entschieden« ablehnte.[756] Inflation, so das Credo der Reichsbank, sei angesichts der 1923 gemachten Erfahrungen unverantwortlich, würde die Lage, so ernst sie auch sei, nur noch weiter »verschlimmern« und helfe damit auch den über 6 Millionen Arbeitslosen nicht.[757] Aber blieb nach allem Hin und Her nicht letztlich »nur die Reichsbank als einzige Quelle übrig«?[758] Oder doch durch Sparen aus der

753 Vgl. etwa StS Schäffer, 9. Sitzung des Zentralausschusses, 4.3.1932, BArch R 401/619, fol. 496: Die Zurückhaltung der Reichsbank mag zündende innenpolitische Effekte vermissen lassen, aber: dieser »Verzicht« wird »mehrfach dadurch aufgewogen«, »dass aussenpolitisch die Atmosphäre sauber gehalten wird zur Durchführung der großen internationalen Verhandlungen, vor denen wir stehen. Wenn wir Dinge machen, die draussen als unsolide angesehen würden, würden ganz sicher diese Verhandlungen nicht zu dem Erfolg führen, zu dem sie unbedingt führen müssen.«

754 Vgl. bereits oben Theodor Leipart, 4. Sitzung des Zentralausschusses, 24.2.1932, BArch R 401/618, fol. 204.

755 Exemplarisch Georg Solmssen, 5. Sitzung des Zentralausschusses, 25.2.1932, ebd., fol. 479.

756 Das Zitat von Reichsbankdirektor Karl Nordhoff, ebd., fol. 498 (in den Akten zumeist Nordhof geschrieben).

757 Ebd. Vgl. auch Nordhoffs Zurückhaltung, in der Öffentlichkeit den Eindruck zu erwecken, die Reichsbank würde Noten drucken; die einzelnen Projekte sollten vielmehr separat mit der Reichsbank verhandelt werden, eine Änderung des Bankgesetzes wäre vermutlich überdies gefordert (9. Sitzung des Zentralausschusses, 4.3.1932, BArch R 401/619, fol. 476).

758 Fritz Demuth, 8. Sitzung des Zentralausschusses, 3.3.1932, BArch R 401/619, fol. 357 (Demuth formuliert es allerdings als Aussage-, nicht als Fragesatz – der Unterschied ist zentral).

Krise, wie es mehrheitlich Auffassung im Ausland sei?[759] Auf den Punkt brachte es der im Ausschuss als Sachverständiger geladene Moritz Julius Bonn, international renommierter Ökonom und Rektor der Handelshochschule Berlin:[760] Mache man »unvernünftige Dinge« wie sie etwa der »Wagemann-Plan neulich« vorgeschlagen habe, seien »in der Tat die Gefahren sehr gross«; »keine Gefahren« drohten indes, »wenn man kleine Dinge macht.« Der Haken: Bei kleinen Dingen seien auch »keine sehr grossen Ergebnisse« zu erwarten.[761]

Dass man mit »kleinen Dingen« in der Tat nicht weit kommen würde, machte exemplarisch das im Ausschuss diskutierte Thema Bauwirtschaft greifbar: Eindrücklich schilderten die geladenen Sachverständigen, in welch »destruktiven Zustand« die Immobilien selbst bester Wohnlagen in den vergangenen Jahren geraten seien:[762] So falle nicht nur der »Fassadenputz [...] in ganzen Fladen herunter«, auch »ganze Erker und Balkone« seien »heruntergestürzt«.[763] Straßenzüge stünden leer und verwahrlosten, weil sich die ehedem gut betuchten Eigentümer ihre überdimensionierten Häuser samt Gesinde nicht mehr leisten könnten. »Ein typischer Fall: Ein Freund von mir, ein Rechtsanwalt aus Hamburg, der ein solches Einzelhaus von 8 Zimmern bewohnt, kam kürzlich zu mir und sagte: Willst Du mein Haus haben? ich schenke es Dir und noch 6000 Mark dazu, wenn Du es abnimmst.«[764] Doch nicht nur das: internationale Immobilienbesitzer, die im Zuge der Inflation in großem Stile investiert hatten, schielten nur auf Rendite; es sei ihnen ganz »einerlei, ob das Haus zusammenbricht.«[765] Das waren ebenso drastische wie pittoreske Beispiele. Für den Ausschuss freilich lag die Schwierigkeit darin, mit diesem Sammelsurium an Missständen umzugehen, insbesondere mit der keineswegs nur implizit formulierten Erwartung der Sachverständigen an die Herren in Berlin, doch bitteschön Abhilfe zu schaffen; eine staatliche »Bevormundung« der Hausbesitzer dürfe es aber natürlich nicht geben.[766] Wie auch in anderen vor

759 So StS Schäffer, 9. Sitzung des Zentralausschusses, 4.3.1932, ebd., fol. 516–517, der auf die Verhandlungen zum Stillhalteabkommen vom August 1931 in Basel verweist. Dazu knapp Büttner, *Weimar*, S. 434.

760 Zu Bonn vgl. Hacke, »Einleitung«.

761 Moritz Julius Bonn, 9. Sitzung des Zentralausschusses, 4.3.1932, BArch R 401/619, fol. 396. Bonn stieß im Ausschuss mit seinen liberalen wirtschaftspolitischen Überzeugungen nicht unbedingt auf große Gegenliebe, musste sich vielmehr in einem regelrechten Schlagabtausch mit einer Vielzahl an kritischen Zurufen auseinandersetzen (vgl. ebd., fol. 414–418).

762 Sachverständiger Hansen, 7. Sitzung des Zentralausschusses, 2.3.1932, BArch R 401/619, fol. 127. Er bezieht sich hier auf Berlin und Hamburg.

763 Ebd.

764 Ebd., fol. 135 (Kleinschreibung nach Fragezeichen in der Vorlage).

765 Sachverständiger Rönitz, ebd., fol. 125. Der Sachverständige Bernhard berichtet darüber hinaus aus dem Wedding: nicht nur der Putz falle ab, vielmehr sammle sich dort »kolossaler Schmutz«. Auch die Dächer sähen »ganz schlimm aus« (ebd., fol. 151–153).

766 So der Sachverständige Hansen, ebd., fol. 145 auf den Einwurf von Paul Umbreit, dass derlei bauliche Verwahrlosungstendenzen vornehmlich im privaten, nicht öffentlichen Wohnungsbau zu finden seien

dem Ausschuss diskutierten Fällen drängte sich da unter den Mitgliedern des Ausschusses der Eindruck auf, dass die Sachverständigen nach der Maxime verführen, »wenn wir Geld umsonst bekommen, nehmen wir es sehr gerne.«[767] Weitere Experten zu hören, erschien vor diesem Hintergrund weder sinnvoll noch notwendig – zumal damit das eigentliche Problem der gesamten Ausschussarbeit, die Finanzierung der Maßnahmen, offenkundig nicht gelöst werden konnte, im Gegenteil Verzettelung drohte.[768] Überhaupt habe man, so Berichterstatter Arthur Feiler, aus den Sachverständigenanhörungen den Eindruck gewonnen, dass man dort von der durch die öffentliche Hand finanzierten Konjunkturpolitik zur Arbeitsbeschaffung »gleichzeitig eine Erleichterung der eigenen Bedürfnisse« erwarte; die Einlassungen der Sachverständigen seien daher mit Vorsicht zu genießen.[769] Doch nicht nur die Sachverständigenanhörungen hatten kaum zur Klärung der zentralen Fragen beitragen können: Auch die geladene volkswirtschaftliche Expertise in Person von Bonn und Hans Neisser, einem frühen Anhänger Keynes' in Deutschland,[770] hatte nur einmal mehr deutlich gemacht, dass Erkenntnisse der Nationalökonomie in nicht unerheblichem Maße davon abhingen, von welchen Prämissen, ja Glaubenssätzen man ausging, welche Effekte man weshalb für wahrscheinlich hielt und wie überhaupt die Dinge zusammenhingen.[771] Lakonisch kommentierte daher Georg Solmssen, Bonn und Neisser hätten mehr oder weniger Gegenteiliges vorgetragen; eine »Einigung zwischen beiden Herren ist nicht erzielt worden, jeder ist auf seinem Standpunkt stehen geblieben.«[772] Was also tun?

So sehr also (auch) politische Prämissen und ökonomische Interessen die Argumente der Sachverständigen (mit)bestimmten, so sehr hatten diese doch ein Panoptikum potentieller Maßnahmen gezeigt – bedauerlicherweise aber, und das wurde von verschiedener Seite bemängelt, das Finanzierungsproblem dabei weitgehend unberührt gelassen.[773] Umso dringender erwartete man die Einlassung der Vertreter der Reichsbank, ohne deren Placet, das war klar, es nicht gehen

und ob der Staat daher mit Zwangsmaßnahmen gegenüber den Eigentümern reagieren solle (ebd., fol. 142–143).

767 Fritz Demuth, 8. Sitzung des Zentralausschusses, 3.3.1932, BArch R 401/619, fol. 352.

768 Vgl. etwa Berichterstatter Baecker, 9. Sitzung des Zentralausschusses, 4.3.1932, ebd., fol. 523, der die eigentliche Aufgabe bei der Regierung sieht.

769 Berichterstatter Feiler, 10. Sitzung des Zentralausschusses, 8.3.1932, ebd., fol. 540.

770 Vgl. knapp etwa Borchardt, »[Art.] Neisser«; Ritschl, »Schuldenkrise«, S. 632 Fn. 129, sowie Neisser, »Kredit« und Neisser, »Arbeitsbeschaffung«.

771 Vgl. etwa bereits den Schlagabtausch zwischen Bonn und Tarnow, 9. Sitzung des Zentralausschusses, 4.3.1932, BArch R 401/619, fol. 414.

772 Georg Solmssen, ebd., fol. 479, Zitat fol. 480.

773 Etwa Feiler, 8. Sitzung des Zentralausschusses, 3.3.1932, BArch R 401/619, fol. 334–335; auch Demuth ebd., fol. 352, 357 oder Mulert, ebd., fol. 380.

würde. Gleichwohl machte Fritz Tarnow nochmals deutlich, dass vor allem Arbeit geschaffen werden müsse – es käme dabei »nicht einmal darauf an, daß es vernünftige Arbeit« ist, auch wenn »volkswirtschaftlich nützliche Projekte« freilich besser wären.[774] Und er appellierte an die Vertreter orthodoxer kredittheoretischer Überzeugungen, dass man angesichts des Ernstes der Lage andere Wege gehen müsse, schließlich habe man »eine ganze Menge derartiger Dinge bereits auf dem Kerbholz«, ohne dass »der Himmel [...] eingestürzt« wäre.[775] Die von einigen, unter anderem von Tarnow, erhoffte Aufweichung der Prinzipientreue der Reichsbank war jedoch vergebens, sie blieb aus unterschiedlichen Gründen – kredittheoretischen, währungspolitischen, außen- und reparationspolitischen, taktischen – reserviert.[776] Zudem sollte auch nur Arbeit geschaffen werden, die produktiv ist, also »auf dem einfachen kapitalistischen Grundsatz beruht, dass sie Gewinn abwerfen muss.«[777] Diese Ambivalenz, einerseits konkrete Maßnahmen zur Arbeitsbeschaffung ins Auge zu fassen, dabei aber andererseits zu wissen, dass man die Reichsbank nur in (sehr) engen Grenzen würde einspannen können, während im Übrigen Alternativen – Finanzierung aus dem Etat, Platzierung einer Anleihe – unrealistisch erschienen,[778] prägte denn auch die Stellungnahmen der Berichterstatter Arthur Feiler und Paul Baecker, die in der zehnten und letzten Sitzung des Ausschusses am 8. März 1932 zu hören waren.[779]

Schon in der vorangegangenen Sitzung hatte Baecker die avisierten Vorhaben, die rund 700.000 Personen in Beschäftigung bringen sollten, mit einem Kreditbedarf in Höhe von 1 bis 1,5 Mrd. RM beziffert[780] – und die mussten irgendwo herkommen, oder aber das Programm entsprechend eingedampft werden.

---

774 Fritz Tarnow, ebd., fol. 344: »Wenn man die bayerischen Alpen in die Lüneburger Heide versetzen könnte, und wenn uns das jemand finanzieren würde, dann könnten wir jahrelang ausreichend leben. So ist der ganze Mechanismus unseres Systems nun einmal. Umso besser ist es für uns, daß wir hier wirklich volkswirtschaftlich nützliche Projekte gefunden haben.«

775 Ebd., fol., 346–347, 351 (das Zitat fol. 347).

776 Etwa Nordhoff, 9. Sitzung des Zentralausschusses, 4.3.1932, ebd., fol. 476; StS Schäffer, ebd., fol. 496, 516.

777 Georg Solmssen, 10. Sitzung des Zentralausschusses, 8.3.1932, ebd., fol. 556.

778 Vgl. StS Trendelenburg, 9. Sitzung des Zentralausschusses, 4.3.1932, ebd., fol. 514: So bliebe also nur »der dritte Weg, den Herr Tarnow dargelegt hat.«

779 Arthur Feiler, Wirtschaftsjournalist, 1932 außerordentlicher Professor an der Universität Frankfurt, 1933 Emigration, zwischen 1920 und 1933 als von der Reichsregierung ernanntes Mitglied (Gruppe X) im RWR; Paul Baecker, Journalist und zeitweilig Vorsitzender des Reichsverbands der deutschen Presse, von 1924–1928 MdR für die DNVP, zwischen 1929 und 1933 MdRWR als Vertreter der Presse (Gruppe VIII). Vgl. Lilla, *Reichswirtschaftsrat*, S. 314 und S. 358–359.

780 Baecker, ebd., 4.3.1932, fol. 384–387: Die Summe verteilt sich dabei wie folgt: Reichsbahn 100 Mio. RM, Reichspost 50 Mio. RM plus 50 Mio. RM für die kommenden zwei Jahre; Wasserschutz (130 Mio. RM Reich, 100 Mio. RM Preußen); Landwirtschaft / Meliorationen 200 Mio. RM; Rationalisierung der Milchwirtschaft 100 Mio. RM; Straßenverbesserungen 200–800 Mio. RM; Altbaurenovierungen 300 Mio. RM. Vgl. zum abschließend beschlossenen Programm auch den Bericht des Ausschusses vom 12.3.1932, Drs. RWR 380, BArch R 401/206, fol. 395–399'.

Der Tenor beider im Detail durchaus unterschiedlich akzentuierter Berichte war grundsätzlich düster: Arthur Feiler rief zwar nochmals in Erinnerung, dass man unter normalen Umständen von einer »Wiederbelebung« der daniederliegenden Wirtschaft ausgehen könne, die sich nach einer umfassenden Senkung von Kosten, Löhnen, Preisen, Zinsen gleichsam »automatisch« einstelle. Die dafür notwendigen ökonomischen und »politisch-psychologische[n]« Voraussetzungen lägen aber nicht vor; insbesondere erweise sich nun der »seit vergangene[m] Sommer« grassierende umfassende Vertrauensverlust als enorme Hypothek.[781] Man habe es daher mit einer gleichsam kumulierten Krisensituation zu tun, die nicht zuletzt eine »Gefährdung der öffentlichen Finanzen« bedeute,[782] zumal eine Trendumkehr zum jetzigen Zeitpunkt nicht zu erkennen sei.[783] Angesichts der drohenden fortgesetzten »Einschrumpfung« der Wirtschaft, die »in der Tat etwas ausserordentlich Furchtbares und Gefährliches« wäre, dürfe man sich nicht (mehr) an der im Ausschuss ohnehin »nicht sehr beliebt[en]« volkswirtschaftlichen Orthodoxie orientieren, sondern müsse etwas Neues auf den Weg bringen, ohne dabei aber in bloßen Aktivismus zu verfallen.[784] Paul Baecker ging in seinem Bericht über die Lageanalyse seines Kollegen Feiler noch hinaus: So habe man es hier mit einer »Depressionsperiode zu tun, wie sie in der ganzen Wirtschaftsgeschichte [noch] nicht da« gewesen sei; Handeln sei daher nicht nur wirtschaftlich, sondern mehr und mehr auch »psychologisch und sozial notwendig.«[785] Und auch wenn man das finanzielle Volumen der Maßnahmen unter Rücksichtnahme auf die Befindlichkeiten und Zwänge der Reichsbank reduziere, und dann »ein solches Programm wirklich verpuffen sollte«, sei dies angesichts der gegenwärtigen Lage »immer

781 Berichterstatter Feiler, 10. Sitzung des Zentralausschusses, 8.3.1932, BArch R 401/619, fol. 531, 533 (dort die Zitate). Dieser Vertrauensverlust habe zur »Entziehung von Kredit in Höhe von 5 Milliarden Mark« geführt (ebd., fol. 533). Er nimmt auf die Bankenkrise im Sommer 1931 Bezug.

782 Ebd., fol. 534.

783 Ebd., 538. Den Wendepunkt setzt die Forschung heute im Herbst 1932 an: Vgl. Buchheim, »Erholung«, S. 26; Ritschl, »Beschäftigungspolitik«, S. 135–139. Petzina, »Elemente«, S. 43 verweist darauf, dass mit der Konferenz von Lausanne das zentrale Ziel von Brünings politischer Agenda erreicht war, deren Früchte aber der NS ernten konnte. Ähnlich Buchheim, »Erholung«, S. 26: »Die Erholung von der Weltwirtschaftskrise in Deutschland, die im Herbst 1932 begann, setzte sich 1933 fort nicht *wegen*, sondern *trotz* der Usurpation der Macht durch die NS-Diktatur.« (Hervorhebung im Original). Auch Buchheim, »NS-Regime«, S. 383–384, 387. Vgl. zur kontroversen Diskussion um das vermeintlich mithilfe keynesianischer Instrumente bewirkte »Wirtschaftswunder« des NS kritisch Spoerer, »Demontage«, insb. S. 415–418, 426: »Von einer klassischen keynesianischen Wirtschaftspolitik, die ihre multiplikative Wirkung typischerweise über den privaten Verbrauch entfaltet, kann man im Falle des Dritten Reichs wirklich nicht sprechen.« Ähnlich Ritschl, »Fluch«; dagegen Abelshauser, »Kriegswirtschaft«.

784 Berichterstatter Feiler, 10. Sitzung des Zentralausschusses, 8.3.1932, BArch R 401/619, fol. 549, 551 (Feiler nahm hier auf Eduard Hamm Bezug). Vgl. auch ganz ähnlich Georg Solmssen, ebd., fol. 560.

785 Berichterstatter Baecker, ebd., fol. 566–567, 568–569.

noch billiger als die Barrikaden.«[786] Damit hatte Baecker bei aller gut begründeter Skepsis gegenüber kreditpolitischen Experimenten nochmals deutlich gemacht, dass die Frage der Arbeitsbeschaffung und ihrer Finanzierung inzwischen zu einer Frage der politischen Psychologie, ja der politischen Stabilität geworden war. Der von unterschiedlicher Seite mit Nachdruck formulierte Verweis auf die nach wie vor schwelende, eine Gesundung von Wirtschaft und Finanzen unterminierende Reparationsproblematik[787] mochte durchaus zutreffend sein. Auf deren Lösung warten könne man aber nicht, sofern man nicht riskieren wolle, dass es »auf der Strasse [...] zum Aufruhr und unter Umständen zum Blutvergiessen« komme.[788] »Kleinmut« und »nichts tun« wäre das letzte, was man nun bräuchte.[789] Dieser allzu pessimistischen Sicht mochte sich Eduard Hamm nur bedingt anzuschließen. Zwar gestand er zu, dass die Privatwirtschaft aus sich heraus nicht mehr in der Lage sei, das Ruder herumzureißen; man lebe aber nun einmal in einer »kapitalistischen Wirtschaftsordnung«, deren Logiken man nicht »von heute auf morgen« über Bord werfen könne. Damit müsse man sich arrangieren, wenn man etwas bewegen wolle.[790] Unabhängig davon trage man als Reichswirtschaftsrat aber eine doppelte Verantwortung: Einerseits sei es nötig, »auf einer möglichst breiten Basis zusammenfinden«, ohne dass die eine oder andere Seite jeweils ihre »Überzeugung« aufgeben müsse. Andererseits müsse man sich darüber klar sein, dass die Stellungnahme des Reichswirtschaftsrats »ein starkes politisches Gewicht haben« werde.[791] Den Mitgliedern des Ausschusses schien die politische Relevanz, vor allem aber die politische Sprengkraft ihres Tuns unmittelbar bewusst gewesen zu sein. Unter allen Umständen sollte nämlich vermieden werden, allzu euphorische Phrasen zu verwenden und damit in einem äußerst fragilen politischen Umfeld Erwartungen zu wecken, die man realistischerweise nicht würde erfüllen können. Von den damit einhergehenden delegitimierenden Effekten für das politische System ganz zu schweigen. Kein »metaphysisches Projekt« von 2 Mrd. RM Volumen, vielmehr eine »einfache und bescheidene Notstandsaktion«, darum solle es gehen.[792] In jedem Falle wäre es klug, auf Floskeln wie »Initialzündung« oder

---

786 Ebd., fol. 584 (das Protokoll notiert Zustimmung). Baecker argumentiert, dass er eine »Vermehrung der Reichsbanknoten« im Umfang von 200–300 Mio. RM »in keiner Weise für bedenklich« erachte (ebd., fol. 575).

787 Vgl. etwa Max Cohen, ebd., fol. 603–604; Jakob Wilhelm Reichert, ebd., fol. 587.

788 So die düstere Prognose von Wilhelm Eggert, ebd., fol. 622, 627. Auch Ludwig Kastl, ebd., fol. 673: Feiler hätte nach seiner Rede »eigentlich gleich den Strick liefern [sollen], an dem wir uns aufhängen könnten«. Relativierend Eduard Hamm, ebd., fol. 632.

789 So Fritz Tarnow, ebd., fol. 612, 613. Auch hier relativierend Hamm, ebd., fol. 632, der für einen »Mittelweg« zwischen dem »Aktivismus« Tarnows und dem »Passivismus« Eggerts plädiert.

790 Eduard Hamm, ebd., fol. 631.

791 Ebd., fol. 628, 629.

792 Fritz Demuth, ebd., fol. 561.

»Ankurbelung der Wirtschaft« zu verzichten.[793] Auch passe es zur gewohnt »nüchtern praktische[n] Arbeit« des Reichswirtschaftsrats besser, die geplante »Aktion nicht mit grossem Aplomb in der Öffentlichkeit gewissermassen als Ausweg aus der Not« anzukündigen, sondern sich auf den eigentlichen Kern zu beschränken: »einen tatsächlichen Erfolg inbezug auf die Entlastung der Arbeitsmarktes«.[794]

Unterm Strich hatte man das Problem der Finanzierung nicht wirklich gelöst, und der Handlungsraum zwischen bankenrechtlichen Vorgaben, reparationspolitischen Zwängen, inflationshistorischen Ängsten und kredittheoretischen Erwägungen war denkbar klein. Die Notenpresse anzuwerfen wurde als Alternative aber von allen Beteiligten ausgeschlossen. Man befand sich also in der ungünstigen Lage, aktive Konjunkturpolitik treiben zu wollen, deren potentieller Erfolg aber nicht nur von Kapital abhing, das man nicht hatte, sondern auch von einer Entspannung der außenpolitischen Situation, die durch eine allzu optimistische Kreditausweitung wiederum gefährdeter denn je schien. Kurz: für »metapyhsische« Großprojekte hatte man kein Geld, und finanzierbare Maßnahmen konnte man sich schenken.[795] Und so überrascht es kaum, dass der am 12. März 1932 vorgelegte Bericht des Zentralausschusses die Finanzierungsfrage, von einigen vagen Andeutungen abgesehen, im Kern offen ließ:[796]

Wie im Ausschuss bereits diskutiert,[797] stand die Rekonstruktion der drastischen gegenwärtigen Lage am Beginn des Berichts. Neben den nicht zuletzt als Folge des Krieges zu bewertenden erheblichen Störungen in der Weltwirtschaft und der durch die Reparationszahlungen bedingten Sondersituation Deutschlands habe vor allem die »plötzliche Vertrauenskrise« der letzten Monate wie ein Brandbeschleuniger der Krise gewirkt und zu einer »Lähmung der deutschen Wirtschaft« geführt, die globale Konsequenzen zeitige.[798] Erodiert seien die »Einheitlichkeit der Weltwährungsbasis«, der »internationale Kredit« und das Welthandelsregime.[799] Besonders verheerend freilich die Lage auf dem deutschen

---

793 Otto Schweitzer, ebd., fol. 637.

794 Paul Baecker, ebd., fol. 645.

795 Vgl. die Einschätzung des Sachverständigen Bonn, 9. Sitzung des Zentralausschusses, 4.3.1932, ebd., fol. 396 (das Zitat bereits oben).

796 Bericht des Zentralausschusses, 12.3.1932, Drs. RWR 380, BArch R 401/206, fol. 395–399'. Holtfrerich, »Konjunkturpolitik«, unterschlägt merkwürdigerweise das Gutachten des RWR in seiner Zusammenstellung unterschiedlicher Konzepte zur Arbeitsbeschaffung, selbst in dem sehr knappen Abschnitt S. 671–672, wo er auf »Vorschläge zur aktiven Arbeitsbeschaffung aus dem RWM« zu sprechen kommt. Dies verwundert umso mehr, als die Ausarbeitung des RWR eigentlich gut in die Argumentation Holtfrerichs gepasst hätte.

797 Etwa Wilhelm Eggert, 10. Sitzung des Zentralausschusses, 8.2.1932, BArch R 401/619, fol. 622.

798 Bericht des Zentralausschusses, 12.3.1932, Drs. RWR 380, BArch R 401/206, fol. 395–395'.

799 Ebd., fol. 395'.

Arbeitsmarkt: Ende Februar 1932 sei mit 6,3 Mio. Erwerbslosen zu rechnen, plus »eine weitere Million«, die aus dem staatlichen Unterstützungssystem schon ganz herausgefallen sei.[800] Die bisher eingeleiteten politischen Maßnahmen, insbesondere die »vierte Notverordnung« vom 8. Dezember 1931[801] hätten lediglich »eine Anpassung an die [...] verschärfte Weltkrise versucht«, in keiner Weise aber eine Trendumkehr bewirkt, im Gegenteil: eine »weitere Minderung der Kaufkraft, eine weitere Vermehrung der Arbeitslosigkeit, eine weitere Schrumpfung« der Wirtschaft waren die Folgen.[802] Auch wären die ökonomischen wie »psychologischen« Voraussetzungen für eine »Wiederbelebung der privaten Investitionstätigkeit auf absehbare Zeit« nicht erfüllt. Gerade deshalb sei das auch aus Wirtschaftskreisen lancierte Thema der öffentlichen Arbeitsbeschaffung von überragender Bedeutung, um ein fortgesetztes und verschärftes »Zusammenschrumpfen« der deutschen Volkswirtschaft zu verhindern. Ob, und wenn ja, wie das Ansinnen realisiert werden könne, war vom Ausschuss zu prüfen.[803] Im Vergleich zur 1931 tätigen Brauns-Kommission hatten sich die Prämissen damit grundlegend verschoben: Während diese in ihrem Gutachten noch darauf verwiesen hatte, dass »geordnete öffentliche Finanzen«, »Sparsamkeit«, die Stabilität der Währung sowie die »Beruhigung unserer innenpolitischen Verhältnisse« eine »unerläßliche Voraussetzung« für ein »Gelingen« eines Arbeitsbeschaffungsprogramms darstellten,[804] suggerierte der knapp ein Jahr später vorgelegte Bericht des Zentralausschusses das Gegenteil: Erst die möglichst rasche Umsetzung der nun ins Auge gefassten Maßnahmen biete überhaupt die Chance, Stabilität in fiskalischer, ökonomischer und politischer Hinsicht gewährleisten zu können. Der Druck im Kessel, das wird deutlich, war angesichts der sehr engen Spielräume enorm hoch.

Basierend auf der Prämisse des Ausschusses, dass die beauftragten Arbeiten erstens »zusätzlich« (also nicht ohnehin schon projektiert) und zweitens »volkswirtschaftlich rentabel« (also nicht einfach irgendetwas) sein sollten, avisierte der

800 Ebd. Der Bericht beruft sich dabei auf eine »Schätzung der Gewerkschaften«. Die Zahlen bei Blaich, *Schwarze Freitag*, S. 60: »Tiefpunkt der gesamten Krisenzeit« im Februar 1932 mit 6,13 Mio. Arbeitslosen; dazu kamen »1,7 bis 1,8 Mio. Personen«, die statistisch nicht erfasst waren, da sie keine Aussicht auf Vermittlung sahen oder ohnehin nicht bezugsberechtig gewesen wären. Vgl. auch Henning, *Deutsche Wirtschafts- und Sozialgeschichte*, S. 466, der aber für Oktober 1932 von einer Diskrepanz zwischen gemeldeten und tatsächlichen Arbeitslosen von ca. 3,7 Mio. ausgeht (5,11 registriert, 8,75 geschätzt). Das »Statische Jahrbuch für das Deutsche Reich«, 52. Jg. 1933, S. 292 gibt die Zahl der registrierten Erwerbslosen für Februar 1932 mit 6.128.429 an.

801 Vierte Verordnung des Reichspräsidenten zur Sicherung von Wirtschaft und Finanzen und zum Schutze des inneren Friedens, 8.12.1931, RGBl. I 1931, S. 699–745.

802 Bericht des Zentralausschusses, 12.3.1932, Drs. RWR 380, BArch R 401/206, fol. 396.

803 Ebd., fol. 396, 396'.

804 Gutachten zur Arbeitslosenfrage, II. Teil: Bekämpfung der Arbeitslosigkeit durch Arbeitsbeschaffung, BArch R 43-I/2040, fol. 81'. Vgl. bereits oben die Ausführungen zur »Brauns-Kommission«.

Ausschuss Maßnahmen im Umfang zwischen 1,13 und 1,84 Mrd. RM, die zwischen 515.000 und 865.000 Menschen in Lohn und Brot bringen sollten.[805] Der Bericht plädierte für Investitionen im Verkehrswesen (Reichsbahn, Post, Straßennetz), dem Hochwasserschutz, landwirtschaftlichen Meliorationen, Hausreparaturen, sowie die Stützung der gemeindlichen Arbeitslosenfürsorge; sie hingen aber allesamt in der Luft, sofern sich die als Kernproblem isolierte Finanzierungsfrage nicht lösen ließ.[806] Doch die Chancen waren dafür nicht sonderlich groß: »Mittel von Reich, Ländern und Gemeinden« stünden »offenbar nicht zur Verfügung«. Vergleichbares gelte für den Kapitalmarkt, auf den man »allzu große Hoffnungen« nicht setzen sollte. Und auch die Industrie selbst sehe sich außer Stande, die Maßnahmen gleichsam aus der eigenen Tasche oder durch privatwirtschaftliche Kreditaufnahme vorzufinanzieren.[807] Blieben also nur die Banken, die jedoch ihrerseits in einer tiefen »Vertrauenskrise« steckten und als Financiers ausfielen; auf den klaustrophoben Handlungsraum der Reichsbank wurde bereits verwiesen. Zu bedenken sei darüber hinaus, dass angesichts der obwaltenden Umstände zahlreiche Sparer ihre Einlagen abgezogen hätten und nunmehr rund 1 Mrd. RM »im Strumpf« gehortet würde – Geld, das dringend in den Wirtschaftskreislauf zurückgespült werden müsse.[808] Doch auch wenn die deutschen Kreditbanken (beispielsweise als Konsortium) derzeit die Finanzierung der Maßnahmen nicht würden leisten können, müsse der Weg über das Bankensystem gegangen werden – etwa in Form eigens zu kreierender »Finanzierungsinstitute«. Die Reichsbank müsste unter diesen Umständen allerdings das (kaum zu quantifizierende) »Risiko« tragen, »daß ein mehr oder minder großer Teil«, im Ernstfall sogar »der Gesamtbetrag dieser Wechsel sich bei ihr ansammeln würde.«[809] Alternativen sehe man nicht, und unterm Strich sei es auch »nicht nur eine Sache des Willens, die Krise zu überwinden«: Es bedürfe vielmehr zur »Wiederbelebung der Wirt-

805 Bericht des Zentralausschusses, 12.3.1932, Drs. RWR 380, BArch R 401/206, fol. 396‘ (Zitat), fol. 398‘ (Zahlenmaterial). Auf den Bericht verweist auch knapp Abelshauser, »Freiheitlicher Korporatismus«, S. 168–169: Dieser habe nicht nur ein deutlich größeres Volumen projektiert als von der Regierung bisher in Erwägung gezogen, sondern damit auch eine alternative Krisenbewältigungsstrategie skizziert, zu deren Umsetzung aber den Organen eines freiheitlichen, demokratischen Korporatismus zu dieser Zeit bereits die »politische Durchschlagskraft« gefehlt habe.

806 Die Maßnahmen im Bericht des Zentralausschusses, 12.3.1932, Drs. RWR 380, BArch R 401/206, fol. 396‘-398‘. Sie unterschieden sich damit nicht wesentlich von den von der Brauns-Kommission ins Auge gefassten Maßnahmen, wenn auch das Volumen deutlich divergierte (vgl. hierzu das entsprechende Gutachten, BArch R 43-I/2040, fol. 81‘-83). Zur Frage der Finanzierung: An möglichen Arbeiten mangele es nicht, die Ausschussarbeiten hätten gleichwohl deutlich gemacht, dass in der Finanzierung »die eigentlichen Schwierigkeiten für die Durchführung zu sehen sind.« Bericht des Zentralausschusses, 12.3.1932, Drs. RWR 380, BArch R 401/206, fol. 398‘.

807 Ebd., fol. 398‘.

808 Ebd., fol. 398‘-399.

809 Ebd., fol. 399.

schaft« dringend der »Wiederherstellung des Vertrauens in Deutschland und in der Welt.«[810] Das sei zu hoffen, der Bericht des Zentralausschusses solle dafür eine rationale Grundlage bilden.

Es war freilich das charakteristische Dilemma des Reichswirtschaftsrats, seine Arbeit nicht unmittelbar selbst zur Geltung bringen zu können, im Gegenteil: Man blieb nach wie vor auf den Konsens der Regierung angewiesen. Die Arbeiten des Zentralausschusses stehen damit gleichsam paradigmatisch für die fragile Präsenz des Reichswirtschaftsrats im politischen System: Zwar musste die Regierung die vorgeschlagenen Maßnahmen politisch nicht umsetzen, inhaltlich ignorieren konnte sie diese gleichwohl (noch) nicht. Spätestens mit der Kanzlerschaft Papens aber erodierte auch dieser Vorbehalt.

4.5.3 Agenda Setting als politischer Akteur

Der Zentralausschuss hatte mit seinem Bericht einen aus seiner Sicht gangbaren Alternativvorschlag zur Überwindung der ökonomischen und sozialen Krise vorgelegt: Kern dieser Strategie war der Versuch, über die aus öffentlichen Mitteln finanzierte Durchführung »zusätzlicher« und ökonomisch sinnvoller Arbeiten sowohl die »Erstarrung« der deutschen Wirtschaft aufzubrechen, private Initiative zu stimulieren und dadurch, ganz entscheidend, Menschen wieder in Arbeit zu bringen. Denn so gravierend die ökonomischen Probleme auch waren: den Beteiligten graute vor den politischen Implikationen, die Nichthandeln oder zu zögerliches Handeln barg. Die Stabilität der politischen Ordnung stünde auf dem Spiel, und selbst ein Fehlschlag des Projekts sei billiger als »die Barrikaden«, wie es der Berichterstatter Paul Baecker zuspitzend formuliert hatte.[811] Klar war auf der anderen Seite aber auch, dass die Finanzierung der Maßnahmen die Achillesferse des gesamten Vorhabens darstellte – und gerade hier war man (gezwungenermaßen) vage und unverbindlich geblieben, eine »törichte Pumppolitik«[812] sollte aber unter allen Umständen vermieden werden. Am Geld (und der reservierten Haltung der Reichsbank)[813] drohte also ein Projekt zu scheitern, dessen Umset-

810 Ebd., fol. 399'.

811 Paul Baecker, 10. Sitzung des Zentralausschusses, 8.3.1932, BArch R 401/619, fol. 584.

812 So plakativ Bonn, 9. Sitzung des Zentralausschusses, 4.3.1932, ebd., fol. 390. Auch wenn vielen im Ausschuss die wirtschaftsliberale Grundhaltung Bonns ein Dorn im Auge war, stand für die überwiegende Mehrheit außer Frage, auf das bloße Anwerfen der Notenpresse nicht zurückgreifen zu können und zu wollen.

813 Holtfrerich, »Konjunkturpolitik«, S. 672 spricht hier vom »Widerstand der Reichsbank unter Präsident Luther«, der die diskutierten »Arbeitsbeschaffungspläne«, denen auch Brüning »nicht abgeneigt« gewesen sei, zunichte gemacht hätte.

zung als zwingende Notwendigkeit erachtet wurde. Wie aber sah es mit dem politischen Willen aus, ins Risiko zu gehen? Lenkt man den Blick also auf die Wirkungsgeschichte des Berichts, so wird rasch deutlich, dass er zwar einerseits als zentraler inhaltlicher Bezugspunkt fungierte, andererseits aber zwischen dem Finanzierungsproblem auf der einen und den begrenzten (tatsächlichen oder selbstgewählten)[814] politischen Handlungsräumen der Regierung auf der anderen Seite zerrieben oder zerredet zu werden drohte. Dass dem Reichswirtschaftsrat kein Initiativrecht zuhanden war, um seinen inhaltlichen Vorstößen Nachdruck und damit politisches Gewicht zu verleihen, ist nur auf den ersten Blick das Problem. Denn welche Auswirkungen hätte im Frühjahr 1932 unter den gegebenen politischen Bedingungen – insbesondere infolge von Wahlkampf und Wahl in Preußen am 24. April[815] – eine parlamentarische Initiative im Reichstag bewirkt? Insofern war man ohnehin auf den Konsens und den guten Willen der Regierung angewiesen, und beides schien kaum vorhanden zu sein. Bereits Anfang April hatten Gespräche auf Ressort- und Ministerebene stattgefunden, auf welche Weise konkret die Vorschläge des Reichswirtschaftsratsrats in die Tat umgesetzt werden könnten.[816] Dabei wurde rasch deutlich, dass sich die Lage – etwa bei der Reichsbahn[817] – noch drastischer darstellte als befürchtet, weshalb man »praktisch

814 Dies bezieht sich auf Holtfrerich, »Alternativen«, S. 629: »Wenn Brüning seinen eigenen Handlungsspielraum eingeschränkt sah, dann auf Grund der von ihm selbst vertretenen politischen Prioritätenskala.« Und weiter ebd., S. 631: »Eine Zwangslage aber, die Alternativen grundsätzlich ausschloß, hat es wohl nicht gegeben.« Entscheidend ist historiographisch indes nicht, ob es »grundsätzlich« Alternativen gegeben hätte, sondern ob die Akteure (also auch die zahlreichen Brüning-Kritiker im RWR) praktisch gangbare Alternativen perzipierten. Selbst der RWR blieb hier sehr zurückhaltend, wohl wissend, dass die Investitionssumme aufzubringen alles andere als trivial war.

815 Die Wahlen zum Preußischen Landtag vom 24.4.1932 hatten – wie auch in den übrigen Ländern, in denen gewählt worden war (Bayern, Hamburg, Anhalt, Württemberg) – einen massiven Stimmungszuwachs der NSDAP zur Folge, die ihre Mandate von 9 (bzw. 6, vgl. den folgenden Hinweis) auf 162 erhöhen konnte. Zusammenfassend Winkler, *Weimar*, S. 456–458, Zitat S. 458: »Die Wahlentscheidung war aber nicht nur ein Votum gegen die seit 1925 regierende Weimarer Koalition, sondern gegen Weimar schlechthin. Die absolute Mehrheit wollte etwas radikal anderes als die parlamentarische Demokratie, war aber im Hinblick auf die Alternativen zutiefst in sich gespalten [...].« Statistiken in dem von Falter u.a. hg. Band *Wahlen und Abstimmungen*, hier S. 101: Im Unterschied zu der bei Winkler, *Weimar*, S. 157 genannten Zahl von 9 NSDAP-Abgeordneten ab 1928 werden hier lediglich 6 genannt. Noch eindrücklicher indes ist der Stimmenzuwachs der NSDAP in absoluten Zahlen (346.771 Stimmen zu 8.007.384) und Prozent (1,8 % zu 36,3 %).

816 Vgl. Aktenvermerk über eine Chefbesprechung in der Reichskanzlei, 8.4.1932, BArch R 43-I/882, fol. 245–246‘ mit Anlage 1: Vermerk über die Besprechung im Reichsarbeitsministerium, 1.4.1932, ebd., fol. 247–250 und Anlage 2: Vermerk über die Besprechung im Reichsarbeitsministerium, 5.4.1932, ebd., fol. 251–252‘. Das Ladungsschreiben des RWiM, 2.4.1932, BArch R 43-I/2045, fol. 24 (»Betr.: Gutachten des Reichswirtschaftsrats zur Frage der Arbeitsbeschaffung«).

817 Vermerk Besprechung im Reichsarbeitsministerium, 1.4.1932, BArch R 43-I/882, fol. 247‘: Statement aus der Anhörung im RWR, »könne nicht mehr aufrecht erhalten werden«, es seien zwischenzeitlich »alle Reserven aufgezehrt« und ein »Fehlbetrag von etwa 600 Millionen RM zu erwarten.«

nur mit mehr oder weniger hohen verlorenen Zuschüssen« zu rechnen habe.[818] Die Reichsbank war dafür nicht oder nur in sehr engen Grenzen zu haben, das Finanzministerium fürchtete gar einen »Generalangriff auf die Reichskasse«[819], und so blieb das Finanzierungsproblem in der Schwebe. Umgekehrt bedeutete dies aber auch, dass die im Zentralausschuss lagerübergreifend als notwendig anerkannten Arbeitsbeschaffungsmaßnahmen nicht weiter verfolgt werden konnten – zumindest nicht in der vom Reichswirtschaftsrat konzipierten Dimensionierung. Zwar kritisierten Vertreter der Arbeitgeberorganisationen gegenüber Reichskanzler Brüning die Gewerkschaften für die von ihnen genährte Illusion, Maßnahmen von »phantastische[m] Ausmasse« umsetzen zu können.[820] Gleichzeitig sei man aber »einig mit den Gewerkschaften« in der Forderung, dass man »die Zeit vor dem nächsten Winter« unbedingt nutzen müsse.[821] Und auch die Arbeitnehmervertreter betonten in ihrer Besprechung mit Reichskanzler Brüning die unmittelbare »Notwendigkeit eines umfassenden Arbeitsbeschaffungsprogramms« auf Grundlage der »Vorschläge des Reichswirtschaftsrats«.[822] Brüning rechtfertigte die bisherige Zurückhaltung der Regierung gegenüber den Arbeitgebervertretern damit, angesichts der herrschenden »Wahlepidemie« im Land faktisch »gelähmt« worden zu sein, ohne dabei aber konkret avisierte Maßnahmen in Aussicht zu stellen.[823] Deutlicher wurde er indes im Gespräch mit den Vertretern der Gewerkschaften: Die »Hauptgründe« für die verheerende Lage des Landes lägen zum einen darin, nach dem Krieg auf zu großem Fuße gelebt zu haben, zum anderen in der grassierenden »politische[n] Unsicherheit«, die jede wirtschaftliche Erholung unmöglich mache.[824] Grundsätzlich könne aber der »Tiefpunkt der Depression« überwunden werden, »wenn in der Reparationsfrage eine Lösung gefunden werde

818 Vermerk Besprechung im Reichswirtschaftsministerium, 5.4.1932, ebd., fol. 251.

819 Ebd., fol. 252. Die Reichsbank sei nur zu Gesprächen über etwaige Finanzierungsmodelle bereit, wenn der »Reichshaushaltsplan 1932 ohne wesentliche Belastung der Reichsbank in Ordnung komme.« (Vermerk Chefbesprechung, 8.4.1932, ebd., fol. 246). Vgl. auch bereits Köhler, »Arbeitsbeschaffung«, S. 285.

820 Vermerk Besprechung in der Reichskanzlei mit Arbeitgebervertretern, 13.5.1932, BArch R 43-I/2045, fol. 121–123, hier fol. 121'. Bei den Vertretern handelte es sich um Kraemer und Kastl für den RDI sowie Köttgen und Braunweiler für den Arbeitgeberverband.

821 Ebd.

822 Vermerk Besprechung in der Reichskanzlei mit Arbeitnehmervertretern, 13.5.1932, ebd., fol. 124–126' (das Zitat fol. 124') sowie Vermerk Besprechung in der Reichskanzlei mit den Gewerkschaften, 18.5.1932, ebd., fol. 147–150'.

823 RK Brüning, Vermerk Besprechung in der Reichskanzlei mit Arbeitgebervertretern, 13.5.1932, ebd., fol. 122.

824 RK Brüning, Vermerk Besprechung in der Reichskanzlei mit Arbeitnehmervertretern, 13.5.1932, ebd., fol. 125. In diesem Zusammenhang (ebd., fol. 125') fällt auch das vormittags gegenüber den Arbeitgebervertretern erwähnte Stichwort der »Wahlepidemie, die das deutsche Volk befallen habe« und die »verhindere, dass die unbedingt erforderliche Beruhigung des Wirtschaftslebens eintrete.«

[...], die dauernden und restlosen Charakter habe.«[825] Als wenig verklausulierte Absage an die Pläne einer aktiven Konjunkturpolitik schließlich konnte die Aussage des Reichskanzlers interpretiert werden, »nur diejenigen Projekte« ins Auge zu fassen, »die sofort verwirklicht werden könnten«. »Wirtschaftsexperimente« seien ebenso wie alle »politischen Experimente« »gefährlich« und daher zu meiden. »Oberstes Gebot« der Regierung sei das »Gleichgewicht« der Haushalte und die »Aufrechterhaltung der Währung.«[826] Brüning kehrte damit implizit zur Axiomatik der Brauns-Kommission zurück, die in ihrem Gutachten, darauf wurde oben bereits verwiesen, »Stabilität« zur Vorbedingung etwaiger Maßnahmen gemacht hatte, wohingegen der Bericht des Reichswirtschaftsrats dafür keinen politischen (und zeitlichen) Spielraum mehr sah.

Keine zwei Wochen nach dieser Unterredung war die politische Lage eine ganz andere geworden: Durch den Regierungsantritt Franz von Papens am 1. Juni 1932 und die kurz darauf erfolgte Auflösung des Reichstags setzte sich die von Brüning als wirtschaftsschädlich perhorreszierte »Wahlepidemie« fort. Der damit einhergehende Bruch lässt sich auch anschaulich aus mikrohistorischer Perspektive illustrieren: Zwar hielt auch Papen an der Notwendigkeit arbeitsbeschaffungspolitischer Maßnahmen fest, gab diesen jedoch mit dem Slogan der »Entlastung der Wirtschaft« von bürokratischen Fesseln eine neue Wendung. Es müsse klar sein, dass dies nur einen »Anstoss für die Wirtschaft bedeuten könne, aus sich selbst heraus wieder zu gesunden.«[827] Mit Blick auf die bevorstehenden Reichstagswahlen am 31. Juli stellte Reichswirtschaftsminister Warmbold bereits den »Erlass entscheidender Notverordnungen« in Aussicht. Die Arbeitsbeschaffung, als deren »wichtigstes Problem« nun die »Auflockerung des Tarifwesens und die Vereinfachung der Sozialversicherung« galt,[828] stellte nur mehr einen Teilaspekt dar, während man im Kern auf private Initiative der Unternehmen infolge umfassender Kostensenkungsmaßnahmen setzte. Wenn, dann sollte Arbeitsbeschaffung vor allem »wegen des psychologischen Effekts« betrieben werden. Um den Eindruck einer möglichst großen Zahl wieder Eingegliederter zu erwecken, sollte aber dabei »auf die Verwendung von Maschinen in weitestem Umfange verzichte[t]« werden – selbst dann, »wenn es unwirtschaftlicher sei«.[829] Dem seitens des Reichswirtschaftsrats mit Vehemenz propagierten Anspruch, trotz der erheblichen Herausforderungen den Versuch einer sachlich begründeten und ökonomisch sinnvollen Wirtschaftspolitik zu unternehmen, war damit der Boden

825 Ebd., fol. 125.

826 RK Brüning, Vermerk Besprechung in der Reichskanzlei mit den Gewerkschaften, 18.5.1932, ebd., fol. 148', 150.

827 RFM Schwerin von Krosigk, Protokoll Ministerbesprechung, 21.7.1932, R 43-I/1457, fol. 178–179.

828 Protokoll Ministerbesprechung, 28.7.1932, BArch R 43-I/1457, fol. 207–212 (Zitate fol. 207, 209).

829 Reichskommissar Bracht, ebd., fol. 212. »Der Reichskanzler stimmte dieser Auffassung ausdrücklich zu.«

entzogen. Das hier von Papen kurz von den Juli-Wahlen 1932 intern »ausdrücklich« goutierte »Wirtschaftsprogramm« setzte auf den Effekt, ohne dabei – zumindest in diesem Fall – auf die ökonomische Effektivität zu achten. Insofern überrascht es nicht, dass das avisierte Programm auch einen Vorstoß enthielt, den Reichswirtschaftsrat selbst einer grundlegenden Reform zu unterziehen, die bei Lichte betrachtet einer Zerschlagung gleichkam. Denn um »in Zukunft aktionsfähig« zu sein, sollte die Mitgliederzahl auf 48 reduziert, die Ausübung des Mandats auf vier Jahre begrenzt, die Mitgliedschaft auf »Vorschlag der Regierung« durch den Reichspräsidenten erlangt und eine parallele Abgeordnetentätigkeit ausgeschlossen werden. Eine enge Verbindung von Reichswirtschaftsrat und Reichsrat sei anzustreben.[830] Wie dann zunächst auch unter nationalsozialistischer Regierung 1933 war damit ein Gremium angedacht, der ganz gezielt die zentralen institutionellen Eigenarten des existierenden Reichswirtschaftsrats – Unabhängigkeit, Delegationsprinzip bei freiem Mandat, Kooperationsmaxime –, wie sie sich im Verlauf der 1920er Jahre herausgebildet hatten, zu eliminieren trachtete.[831] Eine politische Rolle konnte er unter den Bedingungen der Regierung Papen damit nicht mehr spielen.

Interessant ist dabei dennoch, dass unmittelbar nach den Wahlen der RDI in Person von Ludwig Kastl einen ausführlichen Brief an Reichskanzler Papen sandte, in dem erneut das Problem der Arbeitsbeschaffung aufgegriffen wurde.[832] Kastl lobte zunächst die von der Regierung projektierten Maßnahmen zur Arbeitsbeschaffung in Höhe von »rd. 135 Millionen RM«, mahnte aber dringend eine signifikante Erhöhung dieses Betrages an.[833] Er verwies dabei »auf die Arbeiten des Reichswirtschaftsrats«, der »praktische Vorschläge zur Durchführung eines umfassenden Arbeitsbeschaffungsprogramms« unterbreitet und »mit besonderer Sorgfalt [...] die Möglichkeiten der Finanzierung [...] durchgeprüft« habe.[834] Neben unbedingt notwendigen Investitionen in die Reichsbahn (auch unter Inanspruchnahme der Reichsbank, wie im Gutachten des Reichswirtschaftsrats ausgeführt), gelte es vor allem, die Technisierung der Reichspost und des Telekommunikationswesens trotz potentiell damit verbundener Freisetzungen von Arbeitskräften voranzutreiben. Man dürfe keiner optischen Täuschung erliegen: Es habe sich schließlich »immer gezeigt, dass der richtige Einsatz technischer Fortschritte letzten Endes zu einer Vermehrung der Beschäftigung führt«,[835] nur eben nicht

---

830 Ebd., fol. 207–208. Vgl. auch knapp Lilla, *Reichswirtschaftsrat*, S. 120–123, hier insb. 120–121.

831 Vgl. BArch R 3101/8434 (Entwurf einer VO, März 1933) und BArch R 43-I/1197, fol. 92–94 (Gesetzentwurf über die Aufhebung des RWR, März 1934).

832 RDI an RK Papen, 2.8.1932, BArch R 43-I/2045, fol. 249–255.

833 Ebd., fol. 249, 250.

834 Ebd., fol. 250, 251.

835 Ebd., fol. 252–254 (Zitat fol. 254).

sofort. Kastl, mit ihm wohl aber nur Teile des RDI,[836] positionierte sich mit diesem Schreiben gleich in zweierlei Hinsicht außerhalb des von der Regierung Papen gesetzten Rahmens: Einmal, indem er am Gutachten des Reichswirtschaftsrats festhielt und dieses als positive Folie den Maßnahmen der Regierung gegenüberstellte. Zum anderen wegen der technokratischen, politisch kalten Maxime, derzufolge ökonomisch sinnvolle Investitionen nicht dem zeitlichen Rhythmus der Politik folgten, sich diesem gelegentlich bewusst widersetzen müssten. Während also Kastl etwa die Automatisierung als ökonomischen Segen von morgen pries, war sie für die Regierung politischer Fluch, weil sie heute die Leute auf die Straße setzte. Da lag, zumal vor Wahlen, nahe, was zu tun sei.

Drei Wochen später, Ende August 1932, ein anderes Bild: Bei einem »Empfang« von Vertretern des RDI bei Reichskanzler Papen stellte dieser sein schließlich am 3. September als »Verordnung des Reichspräsidenten zur Belebung der Wirtschaft«[837] erlassenes »umfassendes Wirtschaftsprogramm« vor – und stieß dabei auf große Zustimmung.[838] Die monetäre Entlastung der Wirtschaft gefiel den anwesenden Verbandsvertretern ebenso wie »die Ablehnung planwirtschaftlicher Projekte«. Man sei unter diesen Umständen »gern bereit mitzuhelfen an einer Belebung der Wirtschaft«.[839] Vom Reichswirtschaftsrat und seinem Gutachten, von aktiver Konjunkturpolitik und verzwickten Finanzierungsplänen keine Rede mehr. Es sollte kein halbes Jahr dauern, und das Problem stand wieder auf der Tagesordnung: nun unter der Losung der nationalsozialistischen »Arbeitsschlacht«.[840]

Was zeigt uns die Arbeit des Zentralausschusses, jenseits seiner inhaltlichen Positionierung? Aus der hier eingenommenen Perspektive ist festzuhalten, dass sich in der Arbeit des Ausschusses – von seiner Entstehung, über die Beratung und

836 Auf die Divergenzen innerhalb des RDI und seiner Führung ausführlich Bähr/Kopper, *Industrie*, S. 90–113, hier insb. S. 102–110.

837 RGBl. 1932 I, S. 425–432.

838 Aufzeichnung über den Empfang von Vertretern des RDI bei RK Papen, 25.8.1932, BArch R 43-I/1141, fol. 234–240'.

839 Krupp von Bohlen und Halbach, ebd., fol. 236, 237. Mit Blick auf die Entlastung der Wirtschaft, die mit einer »starken Senkung der öffentlichen Ausgaben später weiter fortgesetzt« werden müsse auch Siemens, ebd., fol. 237.

840 Vgl. etwa Straßer, *Aufbauprogramm* und dessen Reichstagsrede am 10.5.1932, 62. Sitzung des Reichstags, StenB 446, S. 2510–2521 sowie Reinhardt, *Arbeitsschlacht*. Zur propagandistisch überhöhten »Arbeitsschlacht« vgl. insb. Humann, *Arbeitsschlacht*, S. 51–55, 58–116. Daneben auch exemplarisch Wulff, »Third Reich«; James, *Weltwirtschaftskrise*, S. 335–342, 361–367; Buchheim, »NS-Regime«, S. 387–391. Auf das übergreifende Thema NS, Arbeitslosigkeit, Arbeitsbeschaffung, Wahlverhalten etc. kann und soll hier nicht gesondert eingegangen werden. Stellvertretend sei auf den Sammelband von Buggeln/Wildt (Hg.), *Arbeit im Nationalsozialismus* von 2014 verwiesen sowie speziell zum Arbeitsrecht auf Rüthers, »Betriebsverfassung« und Kranig, *Lockung und Zwang*, hier S. 26–66.

Verabschiedung des Berichts, bis zu seinem »Nachleben« – die ganze Ambivalenz des Reichswirtschaftsrats, seine »Geschichte« verdichtet. Für die Deutung seiner Rolle als Institution und Akteur ist also entscheidend, diese »Unausgetragenheit« zu akzeptieren und nutzbar zu machen: Zum einen musste er trotz – oder gerade aufgrund – seiner auf Sachlichkeit und ökonomische Stichhaltigkeit zielenden Arbeit weiter darauf setzen, von Seiten der Regierung (an)gehört zu werden. Die Politik des Reichswirtschaftsrats blieb damit an Voraussetzungen geknüpft, die er selbst nicht garantieren konnte.[841] Zum anderen, und das hebt die hier rekonstruierten Beratungen von den vorangegangenen ab, stand dem Akt der Selbstbehauptung um die Jahreswende 1931/32 die manifeste Entmachtungsdrohung nur ein halbes Jahr später diametral gegenüber. Gleichzeitig waren die maßgeblichen Akteure nicht bereit, sich dem Marginalisierungsprozess durch eine Änderung des eigenen Selbstverständnisses zu unterwerfen, im Gegenteil. So klar man auch die Lage erkannte und mit der Einrichtung des Zentralausschusses darauf ja auch reagierte, so sehr hielt man umgekehrt an dem im Verlauf der 1920er Jahre etablierten institutionellen Selbstverständnis fest – offenbar auch zu dem Preis, die Aufrechterhaltung der eigenen DNA mit der Auflösung der Institution bezahlen zu müssen. Weitet man das Bild, so wird allerdings zweierlei deutlich: *Erstens* erklärt sich die nicht vollzogene Umsetzung des vom Reichswirtschaftsrat empfohlenen Arbeitsbeschaffungsprogramms nur zum Teil daraus, dass man ein Programm des Reichswirtschaftsrats nicht umzusetzen bereit gewesen wäre. Es fehlten auch die dafür notwendigen Mittel. *Zweitens* aber hatte sich (spätestens) infolge des Regierungsantritts Papens die Umwelt des Reichswirtschaftsrats radikal gewandelt. Für eine Institution, die trotz aller Ambivalenzen auf die Pragmatik des wirtschaftlich Begründbaren setzte, schien kein politischer Raum mehr zu existieren. Das vordringliche Setzen auf den psychologischen Effekt ungeachtet ökonomischer Unsinnigkeiten macht dies unmittelbar deutlich. Es ist eine Frage der Perspektive, ob man das Festhalten des Reichswirtschaftsrats an den selbst diktierten Logiken als Realitätsverweigerung disqualifizieren oder als Prinzipientreue feiern will.

Nachdem die Brauns-Kommission bereits im Frühjahr 1931 Konturen eines Arbeitsbeschaffungsprogramms skizziert hatte und das Thema auf der Tagesordnung ganz oben stand, wollte und konnte der Reichswirtschaftsrat nicht akzeptieren, von der Regierung mit nachrangigen *policies* abgespeist zu werden. Das kam einer Beschäftigungstherapie gleich, deren Ziel – institutionelle Sedierung – klar erkannt wurde. Die Reaktion war in ihrer Radikalität neu, griff aber in der Umsetzung auf gewohnte, konventionelle Instrumente zurück: Denn die Arbeit des Zentralausschusses unterschied sich weder in Modus noch politischem

841 In Anlehnung an Böckenförde, »Entstehung«, S. 112 (im Original kursiv): »Der freiheitliche, säkularisierte Staat lebt von Voraussetzungen, die er selbst nicht garantieren kann.«

Anspruch von all den übrigen Arbeits-, Unter- und Hauptausschüssen, mit denen der Reichswirtschaftsrat stets operativ auf den Prozess der Politikformulierung einzuwirken beabsichtigt hatte. Was diesen Ausschuss von all den anderen indes unterschied, war nicht nur der Akt der Selbstbehauptung, sondern der damit unmittelbar verbundene Anspruch des *agenda setting*, der die übrigen politischen Akteure und insbesondere die Regierung unter Zug- und Handlungszwang setzen sollte – und es auch tat. Die Rolle des Reichswirtschaftsrats durchlief also zwischen Dezember 1931 und Mai 1932 einen Wendepunkt: Zwar vermochte er durch den Zentralausschuss autonom in Erscheinung zu treten und als Bezugspunkt der inhaltlichen Debatte über Chancen und Grenzen aktiver Konjunkturpolitik zu fungieren. Die dadurch kurzzeitig errungene Vetomacht blieb indes Episode: Zum einen, weil die Regierung – wenn überhaupt – in nur sehr begrenztem Umfang bereit war, sich auf ein derartiges Programm einzulassen. Zum anderen aber, weil sich auch ungeachtet der politischen Prioritätensetzung kaum Möglichkeiten finden ließen, ein Programm, das eine Trendumkehr herbeizuführen geeignet schien, solide zu finanzieren. In der gegebenen Situation reduzierte sich nun aber das Problem der Arbeitsbeschaffung auf die nicht (mehr) ökonomisch, sondern nur politisch zu entscheidenden Frage, ob man zur Stabilisierung der sozialen Lage und aus Sorge vor einer Destabilisierung der politischen Ordnung insgesamt ökonomisch Risiko nehmen müsse – ein Risiko, das unter dem Strich »immer noch billiger als die Barrikaden«[842] wäre? In dieser politischen Entscheidungssituation erwiesen sich, und das hatten die vergangenen Jahre bereits erwarten lassen, die Instrumente des Reichswirtschaftsrats als stumpf. Seine strukturell ohnehin fragile Position erodierte in dem Moment, als die maßgeblichen Akteure die politische Ordnung insgesamt einer Revision zu unterziehen bereit schienen. Spätestens mit dem Regierungsantritts Papens war dieser Schritt vollzogen. Für den Reichswirtschaftsrat, wie er sich im Verlauf der 1920er Jahre etabliert hatte und wie er von seinen führenden Personen auch verstanden werden wollte, war unter diesen Bedingungen kein Platz mehr. Bemerkenswert ist indes, dass er von dieser Degradierung Ende 1932 nicht allein betroffen war, sondern vielmehr das gesamte politische System einen Transformationsprozess durchlief, an dessen Ende »Weimar« nicht mehr existierte. So gesehen verlor also nicht der Reichswirtschaftsrat seine politische Rolle, das gesamte Spielfeld verschwand. Auch das verdeutlicht den gleichsam paradigmatischen Charakter des Reichswirtschafts-

842 Berichterstatter Baecker, 10. Sitzung des Zentralausschusses, 8.3.1932, BArch R 401/619, fol. 584 (das Protokoll notiert Zustimmung). RK Brüning betonte im Gespräch mit den Gewerkschaften, 18.5.1932, BArch R 43-I/2045, fol. 150, dass eine Abkehr vom eingeschlagenen Deflationskurs unwägbare Gefahren für die Währungsstabilität und die reparationspolitische Gesamtkonstellation impliziere, wodurch die »Lage Deutschlands unhaltbar« werden könnte.

rats, der in seiner gesamten Struktur – seiner Fragilität und Persistenz – die Unausgetragenheit der Weimarer Republik und ihrer Wirtschaftsordnung in sich trug.

In der Sprache des historischen Institutionalismus zeigt sich so ein zwiespältiger Befund: Nachdem der Reichswirtschaftsrat mit dem Angebot eines 15-köpfigen, flexiblen und aktionsfähigen Ausschusses bei der Regierung auf taube Ohren gestoßen war, hatte die durchaus frustrierte Führungsriege die Konsequenz gezogen und sich selbständig ohne Regierungsauftrag konstituiert. Zur Frage von Arbeitsbeschaffung und aktiver Konjunkturpolitik schweigen zu müssen wollte man nicht akzeptieren. Dieser Schritt kann daher als institutionelle *conversion* qualifiziert werden, als gezielte »Umsteuerung« und Neuanpassung, um auf die veränderten Umweltbedingungen zu reagieren. Dies dokumentiert klar den Willen der Akteure, im Spiel bleiben und die offene oder implizite Degradierung nicht hinnehmen zu wollen; der Verweis auf Verfassungsrecht blieb dabei, das ist bemerkenswert, auffallend leise. Mit Abschluss der intensiven Beratungen des Zentralausschusses und der Vorlage des Berichts Mitte März 1932 muss dieser Akt der *conversion* – zunächst – als erfolgreich erachtet werden, war es doch auf diesem Wege gelungen, sich Gehör zu verschaffen. Dass man auch weiterhin kein Druckmittel in Händen hielt, um die Regierung zum Handeln im eigenen Sinne zu bewegen, war für den Reichswirtschaftsrat weder überraschend noch neu. Gleichwohl konnte Druck aufgebaut werden: Man musste sich mit dem Gutachten befassen, und die Äußerungen etwa Ludwigs Kastls noch im August 1932 machten deutlich, dass es auch weiterhin in der Debatte blieb. Umgekehrt verschloss sich der Reichswirtschaftsrat durch dieses Vorgehen auch die Möglichkeit auf ein Arrangement mit der Regierung, die an einem autonomen Akteur innerhalb der politischen Ordnung offenkundig kein Interesse (mehr) hatte. Die unmittelbare Auflösungsdrohung durch die Regierung Papen kann aus dieser Perspektive als Reaktion auf eine neue Situation verstanden werden, in der das bloße Ignorieren des Reichswirtschaftsrats keine erfolgversprechende Option mehr bot. Die institutionelle *conversion* erwies sich so nicht als Ausweg aus dem Dilemma, sondern als Sackgasse.

Dazu trug jedoch auch maßgeblich bei, dass mit der Etablierung des Zentralausschusses nicht nur ein Akt der Umsteuerung verbunden war, sondern eben auch ein Akt der Renitenz und Beharrung, die als *drift* beschrieben wurde. Denn so sehr man angesichts der skizzierten Umstände dazu bereit war, eine Neupositionierung der Institution einseitig zu realisieren, so wenig war man bereit, dafür das eigene Selbstverständnis zu opfern. Im Gegenteil speiste sich die vollzogenen Neujustierung ja gerade aus der Überzeugung, die eigene DNA nicht verändern zu wollen. Zusammengenommen führt dies zu dem paradoxen Befund, dass die Ausformung eines institutionellen Selbstverständnisses während des vergangenen Jahrzehnts zwar die in dieser entscheidenden politischen Frage vollzogene institutionelle Anpassung motivierte, man gerade damit aber auf das politische Abstellgleis fuhr. Die Veränderung der Umwelt hatte sich als wirkmächtiger erwiesen:[843] So verpuffte die Selbstbehauptung des Reichswirtschaftsrats unter dem Eindruck der ökonomischen Schieflage, der politischen Prämissen der Regierung und einer bereits im Gange befindlichen Transformation des politischen Systems, die dem ohnehin fragilen Akteur endgültig den Boden entzog.

4.6 Der Reichswirtschaftsrat als Akteur – Fragilität und Persistenz

4.6.1 Der Reichswirtschaftsrat als politischer Akteur: Fragilität

Die vier empirischen Beispiele, die einerseits einen Längsschnitt der Arbeiten des Reichswirtschaftsrats von seiner vorläufigen Einrichtung bis zu seiner endgültigen Auflösung abbilden, andererseits thematisch »große Fragen« der Weimarer Republik akzentuieren, zeichnen das Bild einer zwar fragilen, dennoch aber persistenten Institution, illustrieren Veränderungen ebenso wie augenfällige Kontinuitäten. Dabei ist es vor allem das Ambivalente, Unfertige, Amorphe, das die Geschichte des Reichswirtschaftsrats auf den ersten Blick kennzeichnet, und das in seiner niemals abgeschlossenen Formgebung, seinem immens dynamischen Umfeld und dem damit verbundenen notorischen Anpassungsdruck begründet liegt.

Lenkt man also den Blick zunächst auf die *Fragilität* des Reichswirtschaftsrats, so basierte diese *zum einen* auf seiner merkwürdigen rechtlichen Fassung, die sein historisches Dasein dimensionierte und historiographisch zu allerhand Missverständnissen Anlass gab. Zwar fügt sich seine Entwicklung gut in das Bild der jüngeren Verfassungsgeschichtsschreibung, die vor allem Dynamik, Wandlungsfähigkeit und »Ausgestaltungsoffenheit« betont und die Frage aufwirft, ob man überhaupt von »der« Weimarer Reichsverfassung sprechen könne.[844] In der Praxis stellte die geringere Kompetenzausstattung für den Reichswirtschaftsrat aber dann doch ein erhebliches Problem dar. Die Verordnung von 1920, die bis zuletzt die rechtliche Grundlage des Reichswirtschaftsrats und seiner Tätigkeit bildete, war in

843 Vgl. hierzu auch Abelshauser, »Freiheitlicher Korporatismus«, S. 168–170, der argumentiert, es hätten selbst in der Spätphase der Weimarer Republik noch Räume der Kooperation existiert, den beteiligten Akteuren und Institutionen (Verbänden) aber unter den gegebenen Bedingungen die »Durchschlagskraft« (ebd., S. 168) gefehlt, kooperatives Handeln auch zu implementieren (hier auch eine kurze Passage zum Zentralausschuss des RWR).

844 Vgl. Gusy, *100 Jahre*, S. 10–11.

der Überzeugung erlassen worden, sehr bald wieder obsolet zu werden – nämlich dann, wenn die Vorgaben von Art. 165 WRV zumindest in seinen wesentlichen Bestandteilen durchberaten, in Gesetzesform gebracht und vom Reichstag beschlossen sein würden. Dass es dazu zunächst sehr lange nicht und dann ganz und gar nicht kam, konnte man 1920 nicht wissen, vermutlich nicht einmal ahnen. Dieser Schwebezustand prägte allerdings den Reichswirtschaft in zweierlei Hinsicht: Zum einen blieb damit die Frage, wie er dereinst dimensioniert sein würde, welche Rechte im zukommen und welche Aufgaben er erledigen sollte, offen. Zum anderen bot er konkurrierenden Akteuren im politischen Entscheidungsprozess die Möglichkeit, den Reichswirtschaftsrat beiseite zu schieben, wenn er aus unterschiedlichen Erwägungen nicht einbezogen werden sollte. Beide Faktoren trieben den Reichswirtschaftsrat in eine Phase der Identitätsfindung, die durch Anpassung an die veränderten Umstände und die Ausformung eines institutionellen Selbstverständnisses geprägt war. So durchlief der Reichswirtschaftsrat einen Prozess der Institutionalisierung, der sich schon früh, spätestens aber seit 1923 von den gehegten Erwartungen zu lösen begann und angesichts der enormen Herausforderungen einem pragmatischen Pfad folgte, der die ökomische Ratio der eigenen Arbeit *und* die Notwendigkeit der Beteiligung am politischen Entscheidungsprozess akzentuierte. Beides blieb freilich in der Schwebe, da man aufgrund der begrenzten Kompetenzen und vor allem aufgrund des fehlenden Gesetzesinitiativrechts auf den guten Willen der Regierung angewiesen war. Die ostentative Abgrenzungsrhetorik und das Beharren auf einem distinkten Modus politischer Kommunikation ist als Versuch zu deuten, diesen Mangel zu kompensieren.

Spiegelten sich in der Hybridität des Reichswirtschaftsrats auch anschaulich die vielfältigen Spannungen einer in ihrem konkreten Design ebenso unausgetragenen wie umstrittenen Wirtschaftsordnung, so verweist seine fragile Rolle als politischer Akteur *zum anderen* auch auf die Fragilität des politischen Systems der Weimarer Republik – und die Zeit, sich einzuspielen, unterschiedliche Praktiken zu erproben und möglicherweise auch wieder als untauglich zu verwerfen, hatte man nicht. Das fortgesetzte und offenbar nicht zu unterbrechende »Anhäufen von Problemen«[845] unterwarf die politische Ordnung als Ganzes einem rigiden Zeitregime, dem man sich anzupassen hatte. Für den Reichswirtschaftsrat essentiell war die zwar rechtlich geregelte, politisch aber offen gehaltene Frage seiner konkreten Einbindung in den Prozess der Politikformulierung. Die historische Bewertung seiner spezifischen Rolle muss daher mit zahlreichen Unschärfen und näherungsweisen Einschätzungen hantieren. Das mag auf den ersten Blick unbefriedigend erscheinen, ist es aber vor allem deshalb nicht, weil (erst) dadurch der Reichswirtschaftsrat in seinem konkreten historischen Umfeld Konturen gewinnt. Denn ge-

845 So der Untertitel von Plumpe, »Weimar«.

rade Uneindeutigkeit und Veränderlichkeit waren es, die das politische System, die Wirtschaftsordnung und den Reichswirtschaftsrat gemeinsam prägten. Klar ist indes, dass ihm in der politischen Praxis zu keiner Zeit jene Scharnierfunktion in der Wirtschafts-, Sozial- und Finanzpolitik des Reichs zukam, wie (in der Verfassung) ursprünglich intendiert. Auf den Institutionalisierungsprozess jenseits dieser im engeren Sinne verfassungsrechtlichen Ebene wurde bereits verwiesen, ebenso auf die schon früh greifbare Haltung der Akteure, auf den Buchstaben der Verfassung zugunsten stärkerer Praxisrelevanz (gerne) verzichten zu wollen. Doch trotz dieser Befunde blieb der Makel, ein politisch abhängiger Akteur zu sein. Fünf zentrale Aspekte definieren diese Fragilität des Reichswirtschaftsrats zwischen 1920 und 1933:

Erstens, und das illustrieren die empirischen Beispiele anschaulich, ging es stets um die grundlegende (Doppel-)Frage, ob – und wenn ja, zu welchem Zeitpunkt – man mit der Beratung eines bestimmten politischen Vorhabens betraut wurde. Die Norm sah zwar vor, dass es sich dabei um sämtliche Anliegen »von grundlegender Bedeutung« handeln solle; der Passus war jedoch nicht nur in den parallel laufenden Beratungen des Verfassungsausschusses hart umkämpft, sondern von Beginn an auf ein politisches Vorverständnis, eine politische Kultur angewiesen.[846] Und so zeigt die Praxis, dass es trotz aller Institutionalisierungs- und institutionellen Verfestigungstendenzen nicht gelang, Modus und Logik der Einbindung des Reichswirtschaftsrats einem berechenbaren Regime zu unterwerfen. Zu stark wog das Pfund in der Hand der Regierung, den Reichswirtschaftsrat abhängig von taktischen Erwägungen auf das Spielfeld zu setzen, herunterzunehmen oder auf der Ersatzbank schmoren zu lassen. Diese konstitutive Asymmetrie musste sich nicht zwingend zu Lasten des Reichswirtschaftsrats auswirken, tat dies aber in der Praxis, da sich ein konsensuales Verständnis über einen tatsächlich belastbaren *modus operandi* offenbar nicht etablieren ließ. Dies verdeutlicht auch, welch sekundäre Relevanz der Rechtsnorm zukam: Man konnte sich darauf berufen (und tat dies auch), doch mit welchen Folgen? Dass der Ausschuss die Fragen von aktiver Konjunkturpolitik und Arbeitsbeschaffung eigenmächtig an sich zog, ist vor diesem Hintergrund nicht nur als Reaktion auf den als degradierend empfundenen Umgang der Regierung zu deuten, sondern grundsätzlicher als Einsicht, dass man auf ein ge-

846 Von Seiten der Regierung war in den Gesetzesberatungen immer deutlich gemacht worden, dass man die interpretationsbedürftigen Formulierungen nicht zuungunsten des RWR auslegen würde. Die Meinungen gingen auch innerhalb des RWR auseinander, inwiefern dieser Zusage zu trauen sei. Vgl. hier die Ausführungen in Kap. 2.2 zum Verfassungsausschuss und seinem mit dieser Frage explizit betrauten Unterausschuss (Beratungen in der 14. Sitzung des Unterausschusses, 23.3.1926, in der es ausschließlich um die Diskussion missverständlicher Passagen des bereits vorgelegten Berichtes ging: BArch R 401/573, fol. 239–276).

meinsames Verständnis, wie die Arbeit des Reichswirtschaftsrats zu erfolgen habe, nicht (mehr) setzen konnte. Doch das war nur die eine Seite: Denn selbst wenn die Regierung politisch elementare, aber heikle Vorhaben dem Reichswirtschaftsrat zur Beratung zugewiesen hatte, konnte sie durch Steuerung des Zeitpunkts Fakten schaffen; auch dies ein Aspekt, der in den Verfassungsberatungen erheblichen Raum eingenommen hatte und (dennoch) in der Praxis Anlass zu fortgesetztem Ärger bot. So fanden sich die eigens eingerichteten Arbeits- und Unterausschüsse von Beginn an nicht nur unter erheblichen Zeitdruck gesetzt – das allein unterminierte schon die auf fundierte Evaluation eines Problems gepolte Arbeitsweise. Zudem stand der Reichswirtschaftsrat damit auch in der Öffentlichkeit unter Rechtfertigungsdruck und trug ungewollt zur Verfestigung des Topos der Behäbigkeit, Schwerfälligkeit und Ineffizienz bei. Die vor allem zu Beginn der 1930er Jahre an Vehemenz gewinnende, grundsätzliche Kritik am Reichswirtschaftsrat griff darauf gerne zurück.[847] Beides, Art und Zeitpunkt der Einbindung des Reichswirtschaftsrats verdeutlichen die Fragilität seiner politischen Existenz, obwohl – und das gilt es zu betonen – das Prozedere »eigentlich« rechtlich geregelt, unter den Beteiligten umfassend diskutiert und anerkannt war. In der Praxis freilich überwogen für die Regierung die Verlockungen, die sich aus einer offenen Formulierung ergaben – nicht generell, wohl aber mit zunehmender Dauer. Und dennoch wuchs dem Reichswirtschaftsrat eine spezifische Funktion als ökonomische Autorität zu, dessen Stellungnahmen politisch nicht ignoriert werden konnten, auch wenn man sie inhaltlich nicht teilte. Damit erklärt sich auch das gegen Ende der Weimarer Republik immer virulenter werdende Bestreben der Regierung, den Reichswirtschaftsrat erst gar nicht mehr mit den Fragen »von grundlegender Bedeutung« zu befassen, sondern diese entweder in konkurrierende Gremien auszulagern oder gleich ganz auf fundierte (zusätzliche) Expertise zu verzichten.[848] Die zunehmende Exklusion des Reichswirtschaftsrats und seine von der Regierung Papen initiierte, von der Regierung Hitler dann umgesetzte Umgestaltung bzw. Auflösung verdeutlichen also seine Relevanz, nicht seine Irrelevanz.

---

847 Vgl. etwa die Zusammenfassung der Pressekonferenz des RWR vom Oktober 1930, abgedruckt in den MittRWR vom 20.12.1930, hier S. 43: Es sei Ziel der Pressekonferenz, die Öffentlichkeit besser als bisher über die Arbeiten des RWR zu informieren. Da die Sitzungen aber zumeist »vertraulich wären«, sei darüber »nur wenig bekannt geworden. Darauf sei es auch wohl zurückzuführen, daß die Arbeiten des Reichswirtschaftsrats oft als bedeutungslos hingestellt würden. Dies sei aber nicht der Fall.« Rund 400 Gesetzentwürfe seien in den vergangenen zehn Jahren beraten und »zahlreiche Sondergutachten« erstattet worden. Diese Arbeit sei »für die Reichsregierung nach ihrer wiederholten eigenen Erklärung unentbehrlich.«

848 Auf das Beispiel, etwa zum Zweck der Arbeitsbeschaffung auch auf die Verwendung von Maschinen zu verzichten, selbst wenn dies ökonomisch widersinnig sei, wurde bereits oben in Kap. 4.5 verwiesen: Protokoll Ministerbesprechung, 28.7.1932, BArch R 43-I/1457, fol. 207–212, hier fol. 212.

Zweitens der Umgang mit den Gutachten, Berichten, Stellungnahmen des Reichswirtschaftsrats: Wichtig ist dieser Aspekt insbesondere deshalb, weil der rasche Blick auf die (zumeist dann doch nicht erfolgte) Umsetzung der elaborierten Einlassungen dazu verleitet (hat), anhand der Implementierung von Vorschlägen des Reichswirtschaftsrats auf seine politische Relevanz zu schließen. Das ist freilich nicht völlig unplausibel, trifft aber nicht den Kern und war daher auch hier nicht Gegenstand der Untersuchung. Denn auch gemessen am eigenen Selbstverständnis bestand seine primäre Aufgabe gerade nicht darin, »Gesetze zu machen«, sondern vielmehr eine sowohl rationale, ökonomisch wirksame und breit akzeptierte Entscheidungsgrundlage zu bieten. Das folgte einer anderen Handlungslogik. Den Reichswirtschaftsrat an seinem reinen *output* oder »erfolgreichen« Stellungnahmen zu messen, greift daher zu kurz. Dennoch sollte dieser Befund umgekehrt nicht dazu führen, die Wirklichkeit zu glätten: Denn in der Tat war ein vom Reichswirtschaftsrat erstattetes Gutachten zunächst einmal nicht mehr und nicht weniger als ein vom Reichswirtschaftsrat erstattetes Gutachten; ihm kam kein inhärentes Zwangspotential zu: die Regierung konnte damit grundsätzlich nach eigenem Gutdünken verfahren – und tat dies auch, wie die skizzierten Beispiele zeigen. Arbeit wurde deshalb auch für die Schublade, bisweilen den Papierkorb geleistet, und das sorgte unter den Führungsfiguren des Reichswirtschaftsrats für reichlich Unmut und Frustration. Doch auch hier ist der Bezugspunkt deutlich zu machen: Selbst ein rechtlich belastbares und politisch akzeptiertes Gesetzesinitiativrecht hätte nicht davor bewahrt, mit Vorschlägen, mochten sie noch so breit diskutiert worden sein, im parlamentarischen Prozess Schiffbruch zu erleiden. Viel entscheidender als die Umsetzung erschien den Akteuren die konkrete Berücksichtigung ihrer Arbeit im Verfahren, gerade weil man von ihrer grundsätzlichen Notwendigkeit und inhaltlichen Substanz überzeugt war. Und doch: Neben der Abhängigkeit von der Bereitschaft der Regierung, dem Reichswirtschaftsrat Aufgaben konkret zuzuweisen, stellte der Umgang mit seinem *output* eine weitere Facette seiner Brüchigkeit dar.

Dazu kam *drittens* eine Divergenz der Zeitlichkeit: Während der Reichswirtschaftsrat qua Selbstverständnis und Arbeitspraxis darauf ausgerichtet war, die Entscheidungsfindung den sachlichen (ökonomischen) Notwendigkeiten anzupassen und sich damit – wenn auch nicht generell, so doch tendenziell – ganz bewusst der Rhythmik des politischen Tagesgeschäftes entzog, hatten Regierung und Reichstag einer Logik der Entscheidungsfindung zu gehorchen, die auch und vor allem tagespolitischen Erwägungen Rechnung tragen musste. Die Verfassungsorgane basierten auf unterschiedlichen Formen politischer Legitimation, und die Regierung unterlag daher ganz anderen Rechtfertigungszwängen, denen sich der Reichswirtschaftsrat als per Delegationsprinzip konstituiertes, faktisch niemandem (in der Öffentlichkeit) rechenschaftspflichtiges Gremium unter Verweis auf vermeintliche oder tatsächliche Sachzwänge und Alternativlosigkeiten stets entziehen konnte. Vereinfacht formuliert: Die ökonomische Plausibilität einer Maßnahme musste der Reichswirtschaftsrat nicht am Wahltag rechtfertigen. Wichtiger als diese demokratietheoretische Überlegung war in der Praxis aber der damit vielfach in Politik und Öffentlichkeit erweckte Eindruck besonderer Behäbigkeit, die man sich weder finanziell noch politisch leisten könne. Bis zu einem gewissen Grade wurde diese Einstellung von den führenden Köpfen des Reichswirtschaftsrats ja auch geteilt, und die aus Kostengründen erfolgte Einsparung des Plenums ab 1923 daher allgemein akzeptiert. Gleichzeitigt bot dieser Topos ein sicheres und dauerhaftes Reservoir für Kritik unterschiedlicher Art, die vom Vorwurf der Unsichtbarkeit über die Beschäftigung mit Nebenthemen bis hin zur Forderung nach einer grundlegenden Reform des Reichswirtschaftsrats reichte. Die Konflikte zwischen diesen Ebenen unterschiedlicher Zeitlichkeit waren indes grundsätzlicher Art und berührten die divergierenden Logiken, denen Politik und Ökonomie jeweils folgten. Dabei stand der Reichswirtschaftsrat unter einer besonderen Spannung, bündelten sich doch in ihm sowohl der Anspruch auf aktive Gestaltung wie auch der Appell an die ökonomische Ratio und die Interessen der wirtschaftlichen Akteure, die nicht selten quer zu den Imperativen des Politischen liegen konnten. Die bisweilen merkwürdige Schizophrenie, der sich einzelne Personen in ihrer Doppelfunktion als Reichstagsabgeordnete und Mitglieder des Reichswirtschaftsrats leisten mussten, werfen ein besonders grelles Licht auf diese Ambivalenzen.[849] Unterm Strich musste man sich jenseits all der theoretischen Diskussionen entscheiden – und der Reichswirtschaftsrat agierte in dieser Frage, ob nun *expressis verbis* oder eher implizit, sehr klar: Versachlichung der Politik statt Politisierung der Sache. Umso größer der Ärger, wenn Gesetzesvorhaben der Regierung – wieder einmal – kurz vor knapp zugeleitet wurden, und eine fundierte Beratung damit faktisch obsolet war.

All dies schürte – *viertens* – ein Klima, in dem der Reichswirtschaftsrats stets um seinen Fortbestand bangen musste: Dies jedoch nicht primär deshalb, weil es konkrete Pläne der Regierung dafür gegeben hätte – das geschah erst unter Papen –, sondern vor allem deshalb, weil man sich im Reichswirtschaftsrat sehr darüber im Klaren war, dass die eigene Relevanz vom Modus der eigenen Arbeit abhing. Kurz: Bekam man nichts zu Papier, wurde man überflüssig. Interessant und bemerkenswert ist freilich, wie die Akteure mit diesem Damoklesschwert drohender Irrelevanz umgingen. So avancierte der Verweis auf die (stets) drohende Bedeutungslosigkeit zur Beschwörungsformel und setzte interne Kohäsionskräfte frei, die ganz entscheidend zur Ausformung eines autonomen Selbstverständ-

849 Vgl. die Liste der MdRWR, die gleichzeitig bzw. zeitweilig auch als MdR fungierten bei Lilla, *Reichswirtschaftsrat*, S. 291–292 (71 Personen).

nisses, einer institutionellen DNA durch Abgrenzung beitrugen. Wie anhand der empirischen Beispiele gezeigt werden konnte, half an kritischen Punkten der Beratungen stets der Appell an die institutionelle Eigenart und die Verantwortung, es eben anders als im Reichstag anzugehen, sich zumindest um eine gemeinsame Position bei gleichzeitiger Anerkennung etwaiger Differenzen zu bemühen. Darin bestand die Besonderheit des Reichswirtschaftsrats, aber eben auch sein zentrales Problem, dadurch an politischer Durchschlagskraft einzubüßen. Wichtiger indes erschien den Akteuren das Festhalten an der Prämisse, dass auf Sachfragen auch sachliche Antworten gefunden werden mussten und konnten. Kurioserweise führte dies an einer ganz anderen Stelle zu Schwierigkeiten, nicht im Verhältnis von Reichswirtschaftsrat und Regierung bzw. Reichstag, sondern vielmehr zwischen Reichswirtschaftsräten und den durch sie repräsentierten Verbänden: So bekundete etwa Hans Kraemer als konzilianter Vertreter des RDI bisweilen Mühe, seine im Reichswirtschaftsrat vertretene Position auch den eigenen Leuten verkaufen und deren Unterstützung erhalten zu können. Das Beispiel der »Kreditaktion« konnte eindrücklich deutlich machen, dass diese alles andere als voraussetzungslos zu haben war. Noch deutlicher die Diskrepanz zwischen der Haltung Ludwigs Kastls zur Frage der Arbeitsbeschaffung und nur wenige Tage später jener Krupps, die davon nichts mehr wissen wollte. Ähnlich auch das Problem der (sozialdemokratisch geprägten) Gewerkschaften, bei allzu nachgiebiger Haltung gegenüber »dem Kapital« die eigenen Anhänger in die Arme der kommunistischen Konkurrenz zu treiben und damit einer Destabilisierung des politischen Systems Vorschub zu leisten, die man gerade durch die auf Kompromiss ausgerichtete Arbeit im Reichswirtschaftsrat ja zu verhindern trachtete.[850] Diese potentielle Diskrepanz zwischen Führung und Basis erscheint in diesem Zusammenhang jedoch nur als sekundäres Problem: Für das Selbstverständnis des Reichswirtschaftsrats wesentlich bedeutsamer war – *fünftens* – die damit latent in Frage gestellte Prämisse, derzufolge Stellungnahmen des Reichswirtschaftsrats und seiner Ausschüsse als Stellungnahmen »der Wirtschaft« aufzufassen seien, also auf dem Konsens der Normadressaten fußten, der als unabdingbare Voraussetzung politischen Gewichts verstanden wurde. Erodierte diese Prämisse, war also nicht mehr davon auszugehen, dass hinter dem Reichswirtschaftsrat »die« deutsche Volkswirtschaft stand, drohte das Aus. Denn dann war es, und das wurde von den Mitgliedern des Reichswirtschaftsrates klar erkannt,[851] für die Regierung einfacher, auf kurzem Wege direkt mit den Verbänden zu sprechen; die skizzierte Selbstbehauptung

850 So etwa Rudolf Hilferding, 29. Sitzung des Reparationsausschusses, 2.10.1922, BArch R 401/614, fol. 248–249. Dieses wie auch die genannten Beispiele wurden bereits oben ausgeführt und belegt.

851 Vgl. oben Kap. 4.3 bereits Fritz Baltrusch, 5. Sitzung des Reparationsausschusses, 29.6.1921, BArch R 401/611, fol. 418.

des »Zentralausschusses« sollte dagegen ein markantes Zeichen setzen. Und so drohte Marginalisierung aus vielen Richtungen: Die dadurch entbundenen Kohäsionskräfte festigten aber gerade aufgrund der Einsicht in die Brüchigkeit der eigenen Rolle interne Beharrungskräfte und verweisen damit gleichzeitig auf Aspekte der Persistenz. Beides, Fragilität wie Persistenz, charakterisieren den Reichswirtschaftsrat als politischen Akteur.

4.6.2 Der Reichswirtschaftsrat als politischer Akteur: Persistenz

Legt man die klassische Deutung des Reichswirtschaftsrats als einer im Kern wenn auch nicht irrelevanten, so doch nachrangigen Institution zugrunde, so kann die Fragilität seiner politischen Rolle, wie sie eben unter systematischen Gesichtspunkten skizziert wurde, nicht überraschen; wohl aber ist die Frage nach seiner Persistenz zu stellen. Persistenz meint dabei nicht nur das bloße institutionelle »Überleben«, das für sich genommen schon erklärungsbedürftig wäre. Persistenz meint hier auch und vor allem die darüber hinaus reichende politische Relevanz des Reichswirtschaftsrats, die ihrerseits auf einer spezifischen institutionellen Anpassungsleistung beruhte. Die empirischen Beispiele konnten diese Rolle innerhalb des politischen Systems trotz der grundsätzlichen Fragilität erhärten.

Zunächst aber sticht bereits sein bloßer Fortbestand ins Auge: Offenbar konnte sich die Institution im Spiel halten, obwohl 1923 erhebliche Etatkürzungen und der Verlust seines ursprünglichen Herzstücks – des Plenums – zu verdauen waren, und obwohl der über Jahre hinweg ausgefeilte und den veränderten bzw. sich ständig ändernden Rahmenbedingungen adjustierte »Gesetzentwurf über den endgültigen Reichswirtschaftsrats« 1930 an dem verfassungsändernden Quorum scheiterte, und obwohl ihr (danach) durch regierungsfreundlichere Organe Konkurrenz entstanden war. Diese formale Dimension, also die Aufrechterhaltung der Institution, ist wichtig, da sie die Anpassungsfähigkeit der Akteure und die dem Reichswirtschaftsrat zugeschriebene Relevanz akzentuiert: Auf seinen ökonomischen Sachverstand wollte man offenbar nicht verzichten. Sie verweist aber nur auf einen Teil des hier interessierenden *institutional change*, der sich eben unterhalb dieses formalen Rahmens vollzog. Dabei kann ein bemerkenswerter Zusammenhang zwischen der Ausformung einer eigenen institutionellen Identität auf der einen, und der Persistenz des Reichswirtschaftsrats auf der anderen Seite beobachtet werden, der für ein angemessenes Verständnis seiner politischen Rolle in der Weimarer Republik entscheidend ist: Gerade die in vielerlei Hinsicht an die veränderten Umstände vollzogenen Adaptionsprozesse – Verzicht auf Umsetzung des Art. 165 WRV, Verzicht auf Vollversammlung und Parlamentscharakter, Verlagerung der Arbeit in die Ausschüsse, Einrichtung einer *task force* etc. – sicherten zwar den institutionellen Fortbestand des Reichswirtschaftsrats, sorgten umgekehrt aber auch für seine langsame, aber stete Fahrt aufs politische Abstellgleis. Da diese Anpassungsleistungen nur aufgrund seines spezifischen Selbstkonzepts möglich waren, manövrierte man sich – ob sehenden Auges oder mit Scheuklappen sei dahingestellt – in der gegebenen Situation der frühen 1930er in eine Sackgasse, aus der es für den Reichswirtschaftsrat keinen Ausweg mehr geben sollte. Ein Reichsorgan dieses Zuschnitts wurde nicht mehr benötigt, selbst wenn sowohl in der Regierung Papen wie auch (zumindest anfänglich) der Regierung Hitler Interesse an der bloßen Hülle eines »Reichswirtschaftsrats« bestand.[852] Was wir sehen ist also ein fortwährender institutioneller Anpassungsprozess, der allerdings dort seine Grenze fand, wo die über Jahre mühsam stabilisierte Eigenlogik aufs Spiel gesetzt werden musste. Die führenden Akteure des Reichswirtschaftsrats waren, und das gilt es festzuhalten, zu keiner Zeit bereit, den Fortbestand der Institution auf Kosten ihrer leitenden Prinzipien zu sichern. Das erklärt, weshalb der Verlust des Plenums 1923 auch als Chance begriffen wurde, durch die Fokussierung auf Sacharbeit an politischer Relevanz zu gewinnen. Umgekehrt aber traf die Bildung von Konkurrenzorganen durch den Reichspräsidenten bzw. die Regierung Brüning den Reichswirtschaftsrat ins Mark, da er – seinem Selbstverständnis nach – in seiner wesentlichen Funktion beschnitten worden war. Beide Dimensionen – Anpassung und Beharrung – sind kennzeichnend.

Die Rolle des Reichswirtschaftsrats als politischer Akteur, sein Selbstverständnis und sein Handeln, wie es hier anhand der Empirie nachvollzogen wurde, kann als Dreischritt konzeptualisiert werden. Auf die drohende Selbstauflösung folgten die Ausformung und Behauptung der eigenen Identität, die, herausgefordert durch den Missachtungsgestus der Regierung, konfrontativ bekräftigt wurde; angesichts der veränderten Umstände bewirkte dies aber nicht mehr eine Rekalibrierung und Stärkung der institutionellen Stellung, sondern deren Infragestellung. Konkret: Im Zuge der Beratungen des von der Reichsregierung gewünschten Sozialisierungsausschusses und gleichsam parallel zur – bekannteren – Sozialisierungskommission, war deutlich geworden, dass die Betonung der politischen Gegensätze und das Festhalten an entsprechenden Forderungen den Reichswirtschaftsrat über kurz oder lang ins Abseits befördern würde – das Experiment wäre als postrevolutionäre Luftnummer enttarnt, sein Ende nicht weiter aufgefallen. Und auch eine Angleichung an den Reichstag wurde, wenn auch habituell erstrebt, als Vorbild für die praktische Arbeit abgelehnt. Von Beginn an, spätestens aber ab dem Zeitpunkt, als klar war, dass man die von der Ver-

852 In der Tat beschränkt sich das genannte Interesse lediglich auf den Fortbestand eines »Reichswirtschaftsrats«, dessen Zuschnitt, Legitimation und Aufgabenspektrum aber mit dem »Weimarer« RWR nur den Namen gemein hatte. Vgl. die Ausführungen oben, Kap. 2.1 und Kap 4.5.

fassung projektierte und von vielen erträumte Schlüsselstellung nicht würde von selbst erlangen können, sah sich der Reichswirtschaftsrat also mit Statusfragen konfrontiert, die beantwortet werden mussten.

Entscheidend ist nun zu sehen, dass der Reichswirtschaftsrat diese Statusfrage, diese Suche nach einer spezifischen, kohärenten und persistenten Rolle im politischen System zweigleisig löste: Zum einen als Reaktion auf die praktischen ökonomischen Herausforderungen; zum anderen durch die Bereitschaft, sich von den im Kern hypertrophen Erwartungen, wie sie die Verfassung genährt hatte, zu lösen. Die skizzierten Beratungen im Verfassungsausschuss dokumentieren diesen sukzessiven Loslösungsprozess, dem auf der anderen Seite eine Neupositionierung korrespondierte. Wichtigste Variablen dieses Selbstverständnisses waren neben dem Anspruch, glaubhaft und verlässlich für »die Wirtschaft« als Ganzes sprechen zu können, die Überzeugung, eine rationale, ökonomisch fundierte *und* politisch adäquate Arbeit abzuliefern, die als belastbare und von den potentiellen Normadressaten zumindest prinzipiell akzeptierte Grundlage für die politischen Entscheidungsträger – Regierung und Parlament – dienen konnte und auch sollte. Was man dezidiert ablehnte war eine »Politik der Straße«[853], ein Schielen auf taktische Geländegewinne, auch wenn man die unterschiedlichen inhaltlichen Positionen und ideologischen Prämissen einander zubilligte und als *fait social* akzeptierte. Das war die zentrale Lehre aus dem faktischen Scheitern des »Sozialisierungs«- und »Verständigungsausschusses«, der unterm Strich nur den Dissens zu konstatieren, Lösungen aber nicht anzubieten vermocht hatte. Damit war die für den Reichswirtschaftsrat während der gesamten Weimarer Republik konstitutive Konstellation geschaffen: Die Funktion, die man sich selbst zuschrieb und die man im politischen System einzunehmen und zu festigen suchte, sollte gerade darin bestehen, die Heterogenität der ökonomischen Interessen im Modus einer zwar kontroversen, aber lösungsorientierten Diskussion unter Ausschluss »politischer« Handlungsrationalitäten zu kanalisieren, in diesem Sinne also eine »Politik der Ökonomie« zu versuchen. Die Effekte dieser steilen Lernkurve sollten bereits während der Verhandlungen des Reparationsausschusses zum Tragen kommen: Denn auch hier traten eben nicht nur ökonomische Probleme auf, die man grundsätzlich so oder auch anders sehen, und die man durch eingehende Beratung und viel guten Willen kanalisieren und lösen konnte. Mit der (spätestens) durch das Londoner Ultimatum 1921 auf die politische Agenda gesetzten »Erfüllungspolitik« stand ein extrem kontroverses, sämtliche ideologische Befindlichkeiten ansprechendes und Unversöhnlichkeit nicht nur potentiell, sondern, wie die Ermordung Walther Rathenaus ja zeigen sollte, ganz

853 Vgl. bereits oben Kap. 4.3: Hans Kraemer, 19. Sitzung des Reparationsausschusses, 9.11.1921, BArch R 401/613, fol. 86–87.

konkret provozierendes Thema zur Entscheidung an. Der Reichswirtschaftsrat konnte dabei in zweierlei Hinsicht seine Sonderrolle deutlich machen: Zum einen bot er einen geschützten Raum, in dem das Thema in aller Deutlichkeit adressiert und unter den volkswirtschaftlich relevanten Akteuren auch politisch (und nicht nur von seiner ökonomischen und fiskalischen Seite her) diskutiert werden konnte. Zum anderen schuf erst die Ausformung eines solchen Kommunikationsraums die Grundlage, das Thema auch ökonomisch zu evaluieren und damit der selbstgesetzten Aufgabe zu entsprechen, belastbare und sachgerechte Entscheidungsgrundlagen zu liefern. Dass die Beratungen von der zunehmend an Dynamik gewinnenden Geldentwertung gleichsam absorbiert wurden, verdeutlicht einmal mehr, dass der Reichswirtschaftsrat, wollte er ernst genommen werden, auf die aktuellen Entwicklungen reagieren und seine volatilen Strukturen darauf abstimmen musste. Persistenz erarbeitete sich der Reichswirtschaftsrat also durch eine Festigung seines Selbstverständnisses, ganz bewusst auf »Politik« und die Duplizierung von Reichstagsdebatten verzichten zu wollen. Freilich liegt auf der Hand, dass der Anspruch, gerade *keine* »Politik« zu machen bzw. machen zu wollen, an sich hoch politisch ist. Denn er impliziert eine parlaments- und pluralismuskritische Haltung, die nicht apodiktisch durch den aufklärerischen Verweis auf die pazifizierende Kraft des rationalen Diskurses unter den Teppich gekehrt werden kann. Darauf wird noch einzugehen sein. Und dennoch ist der Anspruch der Akteure historiographisch ernst zu nehmen: Denn er wurde nicht nur wie eine Monstranz rhetorisch vor sich her getragen; er wurde vielmehr zur Grundlage eines institutionellen Selbstverständnisses, das sowohl kohäsive Kräfte nach innen entfalten, als auch erhebliches Abgrenzungspotential nach außen bieten konnte. Er erlaubte also, Form zu gewinnen. Dieser Prozess war kein rein diskursiver: So ging der Trend schon früh dahin, die »eigentliche« Arbeit in eigens konfigurierten Ausschüssen zu leisten, die zur Aufrechterhaltung und Perpetuierung dieser Form wesentlich besser geeignet schienen, als ein mit 326 Individuen unterschiedlichster ökonomischer Provenienz, politischer Affiliation und persönlichem Profil (und Gestaltungsdrang) zusammengesetzte Vollversammlung. Auch dies, die Verlagerung strittiger Fragen in immer kleinere Formate, die zwar stets dem Abteilungsproporz gehorchten, bisweilen aber nicht mehr als drei bis sechs Köpfe vereinten, wurde zum Stil erhoben – gerade dann, wenn die Stimmung aus Sicht der Akteure zu kippen, »politisch« zu werden drohte. Keine Politisierung der Sache, sondern Versachlichung der Politik – diese Floskel fungierte als Bindeglied einer an sich fragilen Institution und verlieh ihr Persistenz.

Der so gefundene und über die Jahre stabilisierte Habitus zeigte sich auch anhand der Kartellfrage und dem damit unmittelbar verknüpften Problem der Weimarer Wirtschaftsordnung. Auch hier stießen aufgrund der sehr heterogenen, teils diametral entgegengesetzten Betroffenheiten die Ansichten der Mitglieder des Reichswirtschaftsrats aufeinander. Doch auch hier war man nicht bereit, zur Rolle der Kartelle in der Wirtschaftsordnung eine generelle, damit notwendig politische Bewertung vorzunehmen; besser sollten die strittigen Fragen je für den Einzelfall geprüft und abgewogen werden.[854] Man sah also die zentrale Aufgabe des Reichswirtschaftsrats darin, die politische Dimension eines ökonomischen Problems nicht nur aus den Beratungen als sachfremd auszuklammern (auch wenn man ihre Virulenz sah und akzeptierte), sondern darüber hinaus die politischen Zwänge von Regierung und Parteien nicht auch für sich annehmen zu wollen. Dahinter stand die Überzeugung, dass eine »politikfreie« (und in diesem Sinne technokratische) Problemlösungsrationalität der Lage nicht nur angemessen, sondern im Kern parlamentarischen Verfahren überlegen sei.[855] Hier lag bei aller – retrospektiv durchaus bemerkenswerter – Resistenz des Reichswirtschaftsrats gegenüber der Verlockung des einfachen Arguments eine der Ursachen für seine Marginalisierung im politischen Entscheidungsprozess der frühen 1930er Jahre: Denn Regierung und Parlament mussten, ob sie wollten oder nicht, die »Politik der Straße« zumindest einkalkulieren und strategisch verarbeiten. Wer von Wahlen abhing, unterlag anderen Zwängen als der Reichswirtschaftsrat, dessen Mitglieder, mochten Sie auch parallel MdR sein, primär als Delegierte ihres sozioökonomischen Milieus agierten. Der Politisierungsverzicht barg also die Gefahr, als politischer Akteur auszufallen;[856] umgekehrt nahm sich ein Reichswirtschaftsrat, der aus politischen Erwägungen ökonomisch sachfremde

854 Die beiden Belege zur Maxime der Einzelfallentscheidung und Komplexität der Wirklichkeit bereits oben, Kap. 4.4: Gutachten zur Frage der Verhütung unwirtschaftlicher Preisbindungen, 12.8.1930, Drs. RWR 371, BArch R 401/216, fol. 68; Eduard Hamm, 172. Sitzung des Wirtschaftspolitischen Ausschusses, 5.8.1930, BArch R 401/407, fol. 388.

855 Dabei stand vor allem die Abgrenzung zur Parteipolitik bzw. der Logik des parteipolitischen Wettbewerbs im Vordergrund, die, so die Ansicht, sozio-ökonomische Notwendigkeiten nicht angemessen bearbeiten könne, etwa: Paul Mitzlaff, 23. Sitzung des Verfassungsausschusses, 2.7.1923, BArch R 401/568, fol. 425 oder Hermann Thissen, 4. Sitzung des Unterausschusses des Verfassungsausschusses, 6.10.1925, BArch R 401/570, fol. 204: »Meine Herren, die Krankheit unserer Zeit ist die Politisierung aller Dinge (Sehr richtig!) [...]. Die Wirtschaft ist aber dasjenige Gebiet, das der Entpolitisierung am intensivsten bedarf«. Und ebd., fol. 205: »Aufgabe der Regierung also wäre es, trotz der Allmacht des parlamentarischen Systems und der parlamentarischen Kräfte diesen gegenüber darum zu ringen, dass nicht unsachlich politische Taktik überwuchert gegenüber sachlichen Lebensnotwendigkeiten der Wirtschaft und auch des sozialen Lebens.«

856 Hier ergibt sich ein interessanter Seitenblick auf die These bei Peukert, *Weimarer Republik*, S. 271: So sei die »Machtergreifung« Hitlers 1933 nicht Resultat einer besonderen Persistenz der traditionellen Eliten, sondern umgekehrt ein Indiz für »deren besonders weitreichende Schwächung angesichts massenhafter Politisierung.« Der Politisierungsverzicht des RWR oder – umgekehrt – seine politische Kaltstellung erscheinen dann in einem größeren Zusammenhang.

Entscheidungen gegen den Willen der Wirtschaftsakteure traf, selbst aus dem Spiel. Eine vertrackte Situation.

Als die Regierung aus Gründen der Besänftigung des schon seit Längerem im Reichswirtschaftsrat schwelenden Unmuts schließlich den Ministerien die Weisung erteilte – oder besser: den guten Rat gab –, zu beschäftigungstherapeutischen Zwecken den Ausschüssen eher nachrangige Materien von geringer politischer Brisanz zu übermitteln, erfolgte der Bruch. Das über die Jahre entwickelte Selbstverständnis zwang nachgerade dazu, eine institutionelle *conversion* zu vollziehen. Nicht zuletzt die weit verbreitete Unzufriedenheit mit dem Agieren der Regierung fungierte als ein Trigger, nun autonom und im Sinne des bisher noch nicht verwirklichten, aus Sicht des Reichswirtschaftsrats ihm aber »eigentlich« längst zustehenden Initiativrechts Stellung zu beziehen.[857] Angesichts des Gegenwinds aus der Regierung schien dieser Schritt der einzig mögliche zu sein, um Gesicht und *standing* wahren zu können. Dass diese erneute Anpassungsleistung in die Sackgasse führen sollte, lag dabei weniger an der Radikalität des vom Reichswirtschaftsrat vollzogenen *move*, als an der drastischen Veränderung des politischen Systems insgesamt, in dem er zusehends einen Fremdkörper darstellte. Die unter Papen 1932 entworfene, 1934 unter Hitler vollzogene Abschaffung des Reichswirtschaftsrats war dazu de facto gar nicht mehr nötig.

Aus der Binnenperspektive korrespondierte der Persistenz des Reichswirtschaftsrats die immer im Raum stehende Drohung der Irrelevanz; denn kein Organ schien so abhängig von der eigenen politischen Relevanz zu sein wie der Reichswirtschaftsrat. Zentral war es von Beginn an daher, die »führenden Köpfe« der Wirtschaft als Mitglieder gewinnen und (vor allem) halten zu können. Ein Wirtschaftsrat, welcher Form auch immer, der die gesamte Volkswirtschaft zu repräsentieren vorgab, dessen Stellungnahmen aber von den wirklich wichtigen Spielern – Unternehmen, Verbände, Lobbyisten, Gewerkschaften, Politikern im weitesten Sinne – gar nicht verhandelt waren und damit nur marginale Bindewirkung entfalten konnten, war für das politische Entscheidungszentrum überflüssig. Schließlich lag der entscheidende Vorzug des Reichswirtschaftsrats ja gerade darin, die maßgeblichen Normadressaten im Vorfeld integrieren und damit – zumindest der Theorie nach – für ein höheres Maß an Akzeptanz der politischen Entscheidungen sorgen zu können. Das war die eine Seite. Doch auch der umgekehrte Fall stellte eine erhebliche Gefahr dar: Denn wenn die »führenden Köpfe« tatsächlich im Reichswirtschaftsrat versammelt waren und so die »Stimme der Wirtschaft« glaubhaft zu Gehör bringen konnten, wirkte dies nur dann, wenn

857 Besonders anschaulich die Begründung der Etablierung des Zentralausschusses in dessen 2. Sitzung, 21.1.1932, BArch R 401/618, hier fol. 25–26 von Theodor Leipart.

die Regierung diese auch hören *wollte*. Ignorierte man ihn, drohte ein Exodus. Dass dies für die Regierung auch Vorteile mit sich bringen konnte – bilaterale Absprachen mit Verbandsvertretern unter Ausschluss der Öffentlichkeit, Vergrößerung des Handlungsraums –, verschärfte das Problem für den Reichswirtschaftsrat nur und sorgte dafür, dass man auf derlei Zurücksetzungen stets allergisch reagierte. In jedem Fall sorgte die latente Drohung baldiger Irrelevanz dafür, die internen Kohäsionskräfte zu stärken, einen faktischen Zwang zur Kooperation zu erzeugen, der die Praxis der Ausschussarbeit entscheidend prägte. Man war also dazu verdammt, »etwas zustande zu bringen«: Das förderte in ganz erheblichem Maße die Bereitschaft, auf Maximalforderungen zu verzichten und Möglichkeiten einer gemeinsamen Lösung auszuloten, zumal damit auch das pragmatische Interesse verbunden war, angesichts »echter« Probleme zu substantiellen Ergebnissen für »die Wirtschaft« gelangen zu müssen. Zumindest in Fragen der Wirtschaftspolitik[858] lässt sich dieser kanalisierende Effekt deutlich zeigen.

Was also die Persistenz des Reichswirtschaftsrats in der Weimarer Republik kennzeichnete, waren neben einem spezifischen Selbstverständnis und einem damit einhergehenden Habitus die Bereitschaft zur Kooperation, die zwar den Konflikt weder ausschloss noch unterschiedliche ökonomische Interessen und politische Prinzipien negierte, wohl aber über das Medium der »Sachlichkeit« einen Raum öffnete, der Möglichkeiten des Ausgleichs bot, die außerhalb des Reichswirtschaftsrats (jenseits informeller Netzwerke) nicht existierten. Diese selbst geschaffene Sonderstellung wirkte stark kohäsiv und bildete die Grundlage jener Persistenz, die den Reichswirtschaftsrat zwischen 1920 und 1932/34 mehr als nur am Leben hielt. Denn augenscheinlich füllte er eine wahrgenommene Lücke im politischen System der Weimarer Republik, die man bei aller Kritik am existierenden Reichswirtschaftsrat nicht unbesetzt lassen wollte – auch wenn immer umstritten blieb, wie und womit diese gefüllt sein sollte. Auch die nach 1945 ventilierten Überlegungen, den Reichswirtschaftsrat als Bundeswirtschaftsrat zu revitalisieren,[859] legen nahe, dass man zur Kanalisierung wirtschaftlicher Interessen und Probleme (zunächst) offenbar einen Ort wünschte, der nicht Parlament, aber eben auch nicht bloßer Expertenrat sein sollte. Die im Reichswirtschaftsrat praktizierte ostentative und identitätsstiftende Abgrenzung zum Parlament wurde aber nicht nur deshalb so deutlich artikuliert, weil man sich durch »rationale Sacharbeit« von den – durchweg negativ konnotierten – Praktiken des Reichstags und jedweder »Partei-

858 Dass dies für den Bereich der Sozialpolitik nicht in gleichem Maße angenommen werden kann, wurde bereits mehrfach betont; das Ideologisierungspotential lag hier höher, die unterschiedlichen Positionen der Abteilungen I und II im RWR auch entsprechend weiter auseinander.

859 Vgl. hierzu Nützenadel, »Wirtschaftliche Interessenvertretung«; Nützenadel, *Stunde der Ökonomen*, S. 136–151; Rehling, *Konfliktstrategie*, S. 288–299; zeitgenössisch auch Forsthoff, »Problematik«; Geberth, *Bundeswirtschaftsrat*, hier S. 2–4, 33–35.

politik« abzugrenzen suchte; sie wurde auch deshalb so deutlich artikuliert, weil man der Problemlösungskompetenz parlamentarischer Verfahren – und zu diesen gehört nun einmal Parteipolitik[860] – skeptisch gegenüber stand und ein anderes Modell politischer Entscheidungsfindung suchte. Auch das also ist eine Dimension der skizzierten Persistenz: Der Reichswirtschaftsrat blieb im Spiel, weil er für ganz unterschiedliche ideologische Überzeugungen und wirtschaftliche Interessen eine Projektionsfläche bot. Nicht zuletzt deshalb spielte er in den amorphen Diskussionen um eine Verfassungsreform eine nicht unwesentliche Rolle. Hier wurde er als mit dem Reichsrat fusioniertes (berufsständisches) Oberhaus imaginiert, das die sozio-ökonomische und regionale Dimension der Gesellschaft als Kontrast zur »formalen Demokratie«[861] des liberalen Parlamentarismus zur Geltung bringen sollte. Doch so sehr auch aus heutiger Sicht die Kritik an der zunehmenden Politisierung und Militarisierung auf der einen, die Betonung der Sachlichkeit und des Ausgleichs auf der anderen Seite Verständnis erheischen mag, so wenig sollte dabei der parlamentskritische und technokratische Impetus unterschätzt werden: Er bildete eine integrierende Klammer des Reichswirtschaftsrats.[862] Vielleicht ist dies der Grund, weshalb die Realisierung eines Bundeswirtschaftsrats in den 1950er Jahren aufgegeben wurde: eine Alternative oder »Ergänzung« zum Parlament, die der Reichswirtschaftsrat für links und rechts hatte sein sollen, wollte man nun nicht mehr haben.

Die Doppelstruktur von Fragilität und Persistenz, die den Reichswirtschaftsrat in der Weimarer Republik charakterisierte, erklärt seinen *institutional change*, ohne dabei Norm und Praxis, Binnensicht und Außenperspektive, eigenes Handeln und Wandel der Umwelt getrennt voneinander betrachten und analysieren zu müssen. Vielmehr wird deutlich, dass erst beides zusammen seine Existenz wie auch seine politische Rolle begründete: So führte das kontinuierliche Herausgefordert-Sein zur Ausformung eines Selbstverständnisses, das sich im politischen Umfeld zu behaupten vermochte, ohne dabei aber die Fragilität je abschütteln zu können. Die institutionellen Anpassungsprozesse, die anhand der empirischen Fälle nachge-

860 Vgl. einführend Alemann, *Parteiensystem*, S. 209–221.

861 Der Begriff nimmt Bezug auf die Polemik von Tatarin-Tarnheyden, »Kopfzahldemokratie«, die sich einreiht in eine Summe an antiparlamentarischen staatstheoretischen Schriften der Zeit, als deren Fixstern freilich Carl Schmitt gelten muss. Vgl. Grabowsky, »Formal- und Realdemokratie« und stilbildend Schmitt, *Parlamentarismus*.

862 Das mag auch manche auf den ersten Blick kuriose persönliche Bande erklären, wie Max Hachenburg dies am Beispiel von Friedrich Edler von Braun und Adolf Cohen zeigt (Hachenburg, *Lebenserinnerungen*, S. 204). Die skizzierte »antiparlamentarische« Latenz musste freilich nicht (konnte aber) gleichbedeutend mit »anti-demokratisch« sein, auch wenn die polemische Kritik an der liberalen Demokratie vor allem aus berufsständischer Tradition gepflegt wurde – und auf diesem Wege auch in die Deutung des RWR diffundierte (vgl. auch hierzu Kap. 5).

zeichnet wurden, und die sich maßgeblich aus der politischen Praxis speisten, verfolgten dabei vor allem – weitgehend erfolgreich – das Ziel, im Spiel zu bleiben. War man also zum Wandel der Form bereit, so wies man jede Veränderung des Inhalts von sich. Als sich in den frühen 1930er Jahren vor dem Hintergrund massiver ökonomischer, fiskalischer und sozialer Verwerfungen das politische System grundlegend zu wandeln begann, war der schwankende Boden, auf dem man interagiert hatten, erodiert. Das Spiel für den Reichswirtschaftsrat war aus.

5. Reichswirtschaftsrat und Weimarer Republik

5.1 Der Reichswirtschaftsrat im Spannungsfeld von Ökonomie und Politik

5.1.1 Reichswirtschaftsrat, Wirtschaftsordnung und politisches System

Der Weimarer Reichswirtschaftsrat war ein merkwürdiges Gebilde: Einer typologischen Charakterisierung scheint er sich beharrlich zu entziehen, mit den gängigen, teils analytischen, teils historischen Kategorien – Parlament, Stände- oder Räteorgan, Experten- oder Sachverständigenrat, Lobbyistenversammlung, korporatistisches Gremium – erfasst man bestenfalls Teilaspekte. Komplizierter noch die Aufgabe, die ohnehin schwer fassbare Struktur des Reichswirtschaftsrats diachron zu verorten: So ist dabei nicht nur sein institutioneller Wandel zu berücksichtigen, der komplexer war, als es das tradierte Niedergangsnarrativ suggeriert. Zusätzlich muss geklärt sein, *welcher* »Reichswirtschaftsrat« eigentlich gemeint ist: Der nie etablierte Reichswirtschaftsrat als institutionelle Krönung des »Räteartikels« der Verfassung? Der »Vorläufige Reichswirtschaftsrat« auf Grundlage der Verordnung vom Mai 1920? Oder jener weitgehend fiktive Reichswirtschaftsrat, der über Jahre im Verfassungsausschuss diskutiert worden war, dessen Einrichtung im Gesetzgebungswege aber misslang? Die naheliegende Antwort, auf den »Vorläufigen« von 1920 und dessen Diskrepanz zu den gehegten Erwartungen zu verweisen, ist nicht falsch, ignoriert aber die Praxis des Reichswirtschaftsrats, seine institutionellen Wandlungs- und Anpassungsprozesse. Und so zeigt sich dem Betrachter das sehr vielschichtige und vielfältig schillernde Bild einer Institution, die ihren Ort im politischen System der Weimarer Republik mühsam finden und festigen musste; es sollte ein prekärer bleiben.

Die Geschichte des Reichswirtschaftsrats, wie sie hier erzählt wurde, ist typisch für die Zeit, in der sie spielt: Angesichts der enormen ökonomischen und sozialen

Herausforderungen und angesichts eines brüchigen politischen Grundkonsenses[1] trat das durch die Revolution entbundene utopische Potential bald hinter einen gebieterischen Zwang zur Pragmatik zurück. Das mag floskelhaft klingen, macht aber auf einen markanten Bruch aufmerksam, der die revolutionäre Umbruchsphase vom »Alltag« der Republik, so dynamisch und dramatisch dieser auch gewesen sein mag, trennt. Die imaginierte Vielzahl möglicher Zukünfte[2] reduzierte sich damit auf eine doch recht bescheidene Auswahl, deren Umsetzung, hart umkämpft, überdies von Mehrheiten abhing, die man haben musste. Für den Reichswirtschaftsrat ist dies ein besonders charakteristischer Aspekt seiner Geschichte, der sein Changieren zwischen Erwartung und Ernüchterung, Bedeutung und Randständigkeit, Persistenz und Fragilität erklärt. Die unterschiedlichen Konzepte einer (mehr oder weniger radikalen) Umgestaltung von Wirtschaft und Staat verschwanden als konkrete Optionen bald vom Tisch, auch wenn sie als regulative politische Ideen wirkten und zur Reduzierung der Kooperationsbereitschaft unter der Last geringer werdender Verteilungsspielräume beitrugen.[3] Das ganze Gefüge blieb vor diesem Hintergrund »unausgetragen«, offen für Interpretation und Revision, abhängig von den jeweils möglich (politischen) Kräfteverhältnissen: Zwar basierte die »Ordnung des Wirtschaftslebens« auf der verfassungsrechtlichen »Grundentscheidung« für ein die liberalen Rechtsinstitute des Eigentums und der

1 Nur von 1919–1920 (Kab. Scheidemann, Bauer, Müller) und von 1921–1922 (Kab. Wirth) stellten die Parteien der »Weimarer Koalition« aus SPD, DDP und Zentrum die Regierung, teils ohne parlamentarische Mehrheit. Vgl. die Zusammenstellung der Wahlergebnisse der Reichstagswahlen sowie der unterschiedlichen Regierungen exemplarisch bei Büttner, *Weimar*, S. 802–804, 807–808.

2 Auf die einschlägige Literatur, insbesondere die Arbeiten von Rüdiger Graf, wurde bereits oben verwiesen.

3 Zur These der Konfliktverschärfung aufgrund geringer werdender Verteilungsspielräume vgl. exemplarisch Plumpe, »Reichsverband«, S. 140–142, Zitat S. 141: Die Strategie, »soziale und politische Konflikte gleichsam monetär zu pazifizieren«, war infolge der Inflation an ein faktisches Ende gelangt. Anschaulich auch die Gegenüberstellung der beiden Denkschriften des RDI von 1925 und 1929, wo ein signifikanter Wandel von einer eher moderaten Grundhaltung zur deutlichen Kritik an der – aus Sicht des RDI – grundsätzlich verfehlten Politik illustriert werden kann (ebd., S. 141–152). Die beiden (bereits im Titel bezeichnenden) Denkschriften: *Deutsche Wirtschafts- und Finanzpolitik* (1925) sowie *Aufstieg oder Niedergang* (1929). Auf der anderen Seite des politischen Spektrums entwarf die aus den Reihen der Gewerkschaften Ende der 1920er Jahre favorisierte »Wirtschaftsdemokratie« eben nicht nur eine Alternative zur »liberalen« Marktökonomie, sondern auch zu den im sozialistischen Lager ursprünglich ventilierten Konzepten. Vgl. Naphtali u.a., *Wirtschaftsdemokratie*. Hierzu bereits oben Kap. 2.1.

Vertragsfreiheit »gewährleistendes« Modell.[4] Darüber hinaus blieb aber vieles in der Schwebe.

Der Vorzug, diese ambivalenten empirischen Phänomene als »unausgetragen« zu beschreiben und ganz bewusst auf die gängige Charakterisierung als transitorisch zu verzichten,[5] markiert einen Perspektivwechsel, der die diachrone Semantik der Entwicklung durch eine synchrone der Heterogenität und Gleichzeitigkeit ersetzt. Darin liegt auch der methodische Grund, den Reichswirtschaftsrat nicht typologisch kategorisieren und ihn damit in eine Reihe »vergleichbarer« Institutionen stellen zu wollen.[6] Vielmehr soll sein spezifischer Charakter als typisches Phänomen »seiner Zeit« akzentuiert werden: Anschlussfähig für weiterführende Perspektiven erscheint er nämlich vor allem dann zu sein, wenn man ihn als Versuch interpretiert, die heterogenen Erwartungen und politischen Zielvorstellungen der Akteure angesichts der gemeinsam erfahrenen (ökonomischen) Herausforderungen institutionell einzuhegen und damit handhabbar zu machen. Der Reichswirtschaftsrat ist in all seiner Fragilität damit (1.) als konkrete Antwort auf diese sich dynamisch verändernden Kontexte und die sich daraus ergebenden politischen Problemstellungen zu begreifen.

Das Fragile und Unfertige in den Fokus zu rücken, das Reichswirtschaftsrat, Wirtschaftsordnung und Republik verband, bedeutet auf der anderen Seite nicht, die Anomie zum Strukturprinzip zu erklären. Denn der Ausformung eines institutionellen Selbstverständnisses korrespondierte zwar nicht die dringend erhoffte Ausformung belastbarer und reziprok internalisierter Verfahren zur Einbindung des Reichswirtschafsrats in den politischen Entscheidungsprozess. Sein Profil gewann aber (2.) gerade *deshalb* scharfe Konturen. Diese Ambivalenz erklärt auch das Auseinandertreten von Pragmatik und Politisierung, die das Verhältnis des Reichswirtschaftsrats zu seiner Umwelt nicht bloß rhetorisch, sondern auch ganz konkret prägte, auch wenn man sich vor allzu großen Simplifizierungen mit Blick auf den

4 Vgl. die Art. 152–154 sowie die maßgebende Generalklausel des Art. 151, nach der die »Ordnung des Wirtschaftslebens [...] den Grundsätzen der Gerechtigkeit mit dem Ziele der Gewährleistung eines menschenwürdigen Daseins für alle entsprechen« müsse. Vgl. Anschütz, *Verfassung*, S. 697–750, Art. 151 ebd., S. 698–701. Auch Gusy, *Weimarer Reichsverfassung*, S. 272–286, 342–369. In der Tat »gewährleistet« die Verfassung diese Rechte, sie »garantiert« sie aber nicht. Ob es sich dabei um Haarspalterei oder eine Differenzierung von juristischer Brisanz handelt, wurde bereits zeitgenössisch diskutiert, muss hier aber nicht weiter vertieft werden; vgl. stattdessen Hederer, »Wirtschaftsordnung«, S. 788–789. Auf die grundlegende »Entscheidung« der Verfassung für die »Prinzipien des bürgerlichen Rechtsstaates« von Schmitt, *Verfassungslehre*, S. 35 et passim wurde bereits verwiesen.

5 Vgl. mit Blick auf die Wirtschaftsordnung der Weimarer Republik etwa Ambrosius, *Staat und Wirtschaftsordnung*, S. 128 (Wirtschaftsordnung im »historischen Übergang«). Weitere Nachweise bereits oben, Kap. 1.2.

6 Klassisch die zeitgenössische Studie von Glum, *Deutsche und französische Reichswirtschaftsrat*. Auch Lilla, *Reichswirtschaftsrat*, S. 11–19.

Gegensatz als solches oder die vermeintliche Politikferne ökonomischer Interessen hüten sollte. Doch auch für das Parlament war diese Spannung konstitutiv, verhieß doch gerade der in den Anfangsjahren kultivierte, auf Kooperation hin angelegte Stil der Reichstagsarbeit auf lange Sicht keine Rendite im eigenen Milieu, das nach einer ideologisch möglichst knitterfreien Welt dürstete. Pragmatik und Verständigungsbereitschaft wurden so rasch als Schwäche oder mangelndes Durchsetzungsvermögen interpretiert.[7] Offenbart dieses von Reichstag wie Reichswirtschaftsrat ganz ähnlich empfundene Spannungsverhältnis zur Exekutive auch interessante Parallelen, so wird dennoch ein markanter Unterschied greifbar: Während, wie es scheint, die Zentrifugaltendenzen im Reichstag im Verlauf der Zeit angesichts der auch allgemein wahrnehmbaren Tendenzen abnehmender Kooperationsbereitschaft zunahmen,[8] lässt sich im Reichwirtschaftsrat eine *gegenläufige* Bewegung erkennen. Einerseits versprach man sich von der sukzessiven Entparlamentarisierung einen Bedeutungszuwachs – irrtümlich, wie sich erweisen sollte. Andererseits stärkte gerade die Paralyse des Reichstags die Kohäsionskräfte und das habituelle Selbstverständnis des Reichswirtschaftsrats: Der Modus pragmatischer Problemlösung und die Überzeugung, dass dieser auch politisch notwendig sei, hatte an Form gewonnen und schlug sich nun – wie die Diskussion um Arbeitsbeschaffung und Konjunkturpolitik zeigt – im konkreten Handeln nieder. Dass letztlich Reichstag *wie* Reichswirtschaftsrat am (sehr ernsten) Spiel immer weniger beteiligt wurden, widerspricht dieser Beobachtung gegenläufiger Entwicklungen nicht. Beide Institutionen erlagen einem Sog zur exekutiven Entscheidung, der nicht auf Deutschland beschränkt war, hier aber in der Folge besonders radikale Konturen annehmen sollte.[9] Für den Reichswirtschaftsrats entstand damit ein Problem der politischen Positionierung: Nichts versprach man sich davon, die par-

7 Pointiert mit Blick auf das Parlament Mergel, *Parlamentarische Kultur*, S. 482: »Was den Reichstag im Inneren zusammenhielt, stelle ihn vor Legitimationsprobleme nach außen.«

8 Ebd., S. 483–484.

9 Vgl. zur europäischen Dimension des Phänomens knapp Boldt, »Weimar«, S. 227–228. Theoretisch instruktiv die Arbeiten von Juan Linz, *Totalitäre und autoritäre Regime*, insb. S. 1–19, 129–146 et passim, sowie Linz, *Breakdown*. Interessant ist das neben den klassischen Beispielen Italien, Spanien, Portugal oder auch Kroatien seltener zitierte (aber sehr aufschlussreiche) Beispiel Österreich, das im Kontext der großen ökonomischen und sozialen Krise Ende der 1920er Jahre eine Verfassungsrevision vornahm, die – bemerkenswerterweise nach dem Vorbild der WRV – eine Stärkung des Bundespräsidenten vorsah. Diese Novellierung gilt noch heute. Mit der Regierungsübernahme durch Kanzler Engelbert Dollfuß 1932 transformierte sich die Erste Republik jedoch bald in ein autoritäres (oft als »kleriko«-oder »austrofaschistisch« charakterisiertes) System, deren Praxis im öffentlichen Geschichtsbewusstsein Österreichs als nach wie vor umstritten gilt – insbesondere mit Blick auf das Verhältnis zum nationalsozialistischen Deutschland. Darauf soll hier nicht näher eingegangen werden; vgl. stellvertretend Tálos, *Austrofaschistische Herrschaftssystem*, insb. S. 15–18 (Verfassungsrevision 1929), S. 79–123 (Verfassung von 1934), S. 501–536 (Verhältnis zum NS), S. 537–549 (»Anschluss«). Auf eine »entfernte Verwandtschaft« von Italien, Deutschland und den USA in dieser Frage verweist Wolfgang Schivelbusch in seinem gleichnamigen, instruktiven Essay.

teipolitisch strukturierten Mechanismen der parlamentarischen Arbeit zu duplizieren. Aus einem technokratischen Politikverständnis heraus setzte man vielmehr darauf, unter Verweis auf Sachzwänge und begrenzte Handlungsräume parlamentarische Entscheidungsfindungs- und Aushandlungsprozesse gleichsam abzukürzen bzw. auf ihren ökonomisch (re-)formulierbaren Kern einzudampfen. Doch die Grenze zwischen rationalem Pragmatismus und einer Politik der autoritären Alternativlosigkeit war angesichts der verbreiteten Parlamentskritik fließend.[10] Im Reichswirtschaftsrat zeigt sich also, und das macht die Einordnung des Phänomens (3.) so komplex, beides: Auf der einen Seite der demokratie- und verfassungsbejahende Anspruch, politisches Handeln an der Wirklichkeit zu orientieren und dadurch zu legitimieren, dass man die stets vorhandene populistische[11] Latenz der Politik in Zaum hielt. Auf der anderen Seite aber eben auch ein technokratischer Ansatz,[12] der sich parlamentarischen und parteipolitischen Entscheidungsprozessen überlegen wähnte und sich an messbaren Effekten, nicht wabernden Affekten zu orientieren suchte. Diese eben auch im Reichswirtschaftsrat wirksame autoritäre Verlockung[13] sollte jedoch nicht (mehr) umfassend zur Geltung gelangen, weil die Exekutive ihn dazu unter den gegebenen Bedingungen nicht mehr benötigte. Denn mit dem faktischen Ende der Reparationsverpflichtungen 1932 war für die Regierung der letzte disziplinierende Faktor verschwunden, der das mühsame Austarieren von außenpolitischer Notwendigkeit und innenpolitischer Stimmungslage noch bis zu einem gewissen Grad erzwungen hatte. Nun schienen einfachere Wege möglich: Der Reichswirtschaftsrat konnte dabei nur stören – und wurde vom Feld genommen.

---

10 Zur Parlamentarismuskritik vgl. vor allem Hacke, *Existenzkrise*, S. 77–125 (et passim). In diesem Zusammenhang kann auch auf das berühmte Diktum Franz Neumanns verwiesen werden, der 1930 Otto Kirchheimers rhetorischer Frage, was denn eigentlich nach Weimar käme, ebenso lakonisch wie ernüchtert das Plädoyer entgegenhielt, »erst einmal Weimar« zu verwirklichen: Neumann, »Soziale Bedeutung«, S. 582: »Es ist eine zentrale Aufgabe der sozialistischen Staatstheorie, den positiven sozialen Gehalt des zweiten Teils der Weimarer Verfassung zu entwickeln und konkret darzustellen.« Und der zentrale Satz: »Wenn Kirchheimer in seiner Überschrift, die sehr stark kommunistischen Ideengängen nahekommt, ›Weimar...und was dann?‹ fragt, so kann die Antwort nur lauten: Erst einmal Weimar!« (Im Original teilweise kursiv).

11 Vgl. die einflussreiche Arbeit von Müller, *Populismus*, hier S. 18 (Populismus als »Schatten der repräsentativen Demokratie«), S. 19 (»Populisten sind zwangsläufig antipluralistisch«, da sie einen »moralischen Alleinvertretungsanspruch« für sich reklamieren), sowie ausführlich und differenziert hierzu S. 25–66.

12 Vgl. hierzu insb. van Laak, »Technokratie«, insb. S. 106, 114–115.

13 So verweist etwa Raphael, »Sozialexperten«, S. 334–340 auf die Möglichkeitsräume, die sich für die Planungselite infolge der Ausschaltung des Parlaments (und damit, anders formuliert, der Reduzierung der Vetoakteure) ergaben bzw. ergeben konnten. Die Rhetorik aus der Mitte des RWR, mithilfe des agilen 15er-Ausschusses ein ebenso kompetentes wie handlungsfähiges Gremium zur Verfügung zu stellen, kann (auch) in diese Richtung gedeutet werden.

Die fragile Stellung, die der Reichswirtschaftsrat im politischen System der Weimarer Republik einnahm, und die in entscheidendem Maße sein spannungsreiches Verhältnis zur Exekutive definierte, ist der eine Teil. Der andere ist seine ambivalente Position in der Wirtschaftsordnung der Weimarer Republik: Das betraf zum einen die Form, die erst gefunden, zum anderen die Praxis, die sich einspielen musste. Der offen kommunizierte Anspruch, Repräsentant »der Wirtschaft« zu sein, nicht nur aggregierte Lobbyinteressen zu artikulieren, sondern das gesamte »wirtschaftlich tätige Volk«[14] auch tatsächlich zu »verkörpern«,[15] kollidierte nicht selten mit der Wirklichkeit, in der die ganz praktischen Probleme politischer Repräsentation – sei es der Kreis der Teilnehmer, sei es das Verhältnis von Elite und Basis – virulent wurden.[16] Die im parlamentarischen System über freie und gleiche Wahlen organisierte »Abbildung« der Bevölkerung konnte das Delegationsprinzip im Reichswirtschaftsrats nicht leisten, so sehr sich Berufsständetheoretiker auch an der »rechenhaften« und »mechanischen« Logik des Parlamentarismus abarbeiten mochten. Und so war aus dem verhängnisvollen Zwang zur Spiegelung der Wirklichkeit im Kleinen kein Entkommen. Gerade weil aber der Anspruch, »die Wirtschaft« als Ganzes zu vertreten, auf einem brüchigen Fundament ruhte, erwies es sich in der Praxis als entscheidend, dass die volkswirtschaftlich relevanten Branchen und, wichtiger noch, ihre »führenden Köpfe«[17] auch tatsächlich vertreten waren. So hing viel am Informellen und an der geteilten (und adskribierte) Überzeugung von der eigenen Relevanz. Vor diesem Hintergrund besaß das institutionelle Selbstverständnis, verstanden als kommunikativ vermittel-

14 So Ludwig Heyde, Der Reichswirtschaftsrat. Ein deutscher Versuch der Erziehung zu wirtschaftspolitischer Sachlichkeit, BArch R 401/1720, fol. 332–347, hier fol. 347: Der RWR als »eine wichtige und nachahmenswerte Schule des wirtschaftlich tätigen Volkes«. Die angesprochene »autoritäre Latenz« wird an Heydes Text bereits greifbar.

15 An dieser Stelle sei erneut das in Art. 5 der VO vom Mai 1920 normierte freie Mandat der MdRWR in Erinnerung gerufen (»[...] Vertreter der wirtschaftlichen Interessen des ganzen Volkes«, »[...] nur ihrem Gewissen unterworfen und an Aufträge nicht gebunden.«). Zum Repräsentationsproblem des RWR aus zeitgenössischer Perspektive bereits Glum, *Deutsche und französische Reichwirtschaftsrat*, S. 19, 26–31, 44 et passim, sowie hierzu die Rez. von Neumann, »[Rez.] Glum«. Auch Glum, »Reichswirtschaftsrat«, S. 582: »Der Reichswirtschaftsrat ist eine Repräsentation der Wirtschaft im Staat.« Vgl. neben Ritter, »Politische Repräsentation« auch den systematischen Ansatz bei Linden/Thaa, »Krise und Repräsentation«.

16 Ein im RWR intensiv und sehr kontrovers diskutiertes Beispiel war die Frage, ob der »Reichslandarbeiterbund« als tariffähig gelten könne, oder nicht. Ein eigens eingerichteter Unterausschuss zur Klärung der Frage beschied dessen Ansinnen sowie das des »Reichsverbands der deutschen land- und forstwirtschaftlichen Arbeitgebervereinigungen« ablehnend. Vgl. die entsprechende Stellungnahme vom 26.6.1927 in den Vorstandsakten des RWR, BArch R 401/12, fol. 280–287 sowie das Gutachten des renommierten Arbeitsrechtlers Walter Kaskel ebd. fol. 288–292.

17 Vgl. »Grundlagen für die Benennung und die Tätigkeit der Mitglieder im vorl. Reichswirtschaftsrat«, o.D. [1922] mit hds. Ergänzungen (Dr. Hauschild), BArch R 8104/63, fol. 263.

ter Abgrenzungscode[18] und Surrogat politischer Potenz gleichermaßen, zwei zentrale Ausprägungen: Einmal ging es um den Anspruch, autonom eine koordinierte und kooperative Artikulation wirtschaftlicher Interessen gegenüber dem politischen Entscheidungszentrum zu organisieren, und diesen »gemeinsamen Tisch«[19] im Interesse der Allgemeinheit auch unter Stressbedingungen aufrechtzuerhalten.[20] Doch das eigentlich Spezifische des Reichswirtschaftsrats manifestierte sich in seiner Funktion, im Spannungsfeld von parlamentarischer Demokratie, expertokratischer Rhetorik und exekutivem Regierungshandeln ökonomische Interessen eben nicht nur zu sammeln und »höheren Stellen« vorzutragen, sondern diese als *politischer* Akteur zu adressieren. Nur deshalb, nur aufgrund dieses weitergehenden Anspruchs blieb seine Position unsicher, herausgefordert und fragil. Eine Auflösung dieses institutionellen Schwebezustandes zwischen Politik und Ökonomie schien indes ohne Transformation der *gesamten* politischen Ordnung kaum möglich. Das Ende des Reichswirtschaftsrats konvergierte damit (4.) konsequenterweise mit dem Ende der parlamentarischen Demokratie in Deutschland.

5.1.2 Der Reichswirtschaftsrat und die Politik der Ökonomie

Auch wenn der Reichswirtschaftsrat rückblickend als Surrogat einer aus der Revolution (ja gerade nicht) hervorgegangenen politischen Rätestruktur erscheint, und auch wenn seine Einrichtung dem Druck der Straße gefolgt sein mag: Im Kern gehorchte er einem pragmatischen Imperativ, der angesichts der Lage auf »Entlastung« (des »politischen Parlaments«), »Versachlichung« (des politischen Diskurses) und »Ausgleich« (sozio-ökonomischer Grundkonflikte) zielte. Nun wäre es freilich naiv, von diesem Programm[21] auf die tatsächliche Praxis zu schließen; dass diesen Prinzipien aber eine handlungsleitende, regulative Funktion zukam, kann kaum

18 Zur Theorie vgl. Luhmann, *Wirtschaft der Gesellschaft*, S. 48–51. In Bezug auf den Reichstag Mergel, *Parlamentarische Kultur*, S. 30, 473.

19 So Hauschild, »Zehn Jahre Reichswirtschaftsrat. Gemeinschaftsarbeit für eine bessere Zukunft«, in: Vossische Zeitung Nr. 308, 3.7.1930.

20 Mergel, *Parlamentarische Kultur*, S. 53 verweist gerade darauf, dass die »Kultur der Kooperation« in der Nationalversammlung (nur) im Kontext der »Ausnahmesituation« (ebd., S. 50) funktionierte und »nicht für die grundsätzlichen Konflikte« galt. Plumpe, *Betriebliche Mitbestimmung*, S. 440 argumentiert, dass die Ordnung der betrieblichen Mitbestimmung in der Weimarer Republik »nur zum Teil an zeitbedingten Faktoren« gescheitert war, sondern vielmehr – und hier wäre zuzuspitzen: im Unterschied zum RWR – an der »Unwahrscheinlichkeit nüchterner Verständigung schlechthin.« Gleichwohl unterminierten die prekären ökonomischen Rahmenbedingungen »einen dauerhaften und erfolgreichen Prozeß der Kooperation« im Betrieb (ebd., S. 436).

21 Darauf wurde bereits oben, Kap. 2.1 und 2.2, ausführlich unter Bezugnahme insbesondere auf Hugo Sinzheimer sowie den Kommentar der VO von Hans Schäffer verwiesen.

bestritten werden. Denn als verbindendes Element dieser drei plakativen Chiffren fungierte die Annahme, dass das Parlament »einer Ergänzung bedarf«[22], dass also die auf dem Land lastenden Aufgaben nicht vom Reichstag allein, sondern nur mithilfe eines Gremiums geleistet werden könnten, das den »Partei-Politikern« das eigentlich Wichtige – Wirtschaft, Soziales, Finanzen – im Wesentlichen abnahm. Das Parlament folgte dieser Logik freilich nur sehr bedingt, denn die eigene Entmachtung in zentralen Politikfeldern wollte und konnte man nicht akzeptieren; daher die schneidende Rhetorik vom Reichswirtschaftsrat als bloßem »Beirat der Regierung«, der keine Forderungen zu stellen habe.[23] Die fragile Position des Reichswirtschaftsrats resultierte damit auch aus der Ambivalenz, einerseits von der Notwendigkeit der »Versachlichung« der politischen Auseinandersetzung überzeugt zu sein, andererseits mit diesem Ansinnen an Grenzen der politischen Wirksamkeit zu stoßen. Das mag in der jeweiligen Situation unterschiedliche Gründe gehabt haben; die fundamentale Spannung zwischen den Logiken des Ökonomischen und des Politischen trug dazu aber entscheidend bei.

Dass Ökonomie und Politik divergierenden Rationalitäten gehorchen, kann, ohne die Frage theoretisch überfrachten zu wollen, aus unterschiedlichen Perspektiven plausibel gemacht werden: Nicht zuletzt für die Ideengeschichte zeigt sich darin ein die europäische Politiktheorie prägendes Strukturmoment, das entlang der Antonyme hierarchisch vs. egalitär erschlossen werden kann:[24] Während Ökonomie über das Prinzip des Tausches unter Gleichen funktioniert, folgt Politik der hierarchischen Logik der Repräsentation. So schematisch diese – typisch »moderne« – Unterscheidung[25] auch erscheint, so verdeutlicht sie doch, dass in der Sprache der Ökonomie Konflikte nicht zu letzten Fragen stilisiert, sondern in lösbare Problemstellungen transformiert werden; denn verhandelbar ist grundsätzlich alles. Das Narrativ des Reichswirtschaftsrats, sachliche Lösungen für politische Herausforderungen anzubieten, bestand gerade in dem Anspruch, eine Übersetzungsleistung erbringen, politische Fragestellung ökonomisch reformulieren, »versachlichen« und damit entschärfen zu können.

Dass diese Methode allerdings Grenzen besaß und Übersetzungsprobleme in der Praxis alles andere als selten waren, konnten die empirischen Beispiele zeigen: So gab es Dinge, die sich einer »ökonomischen« Umprägung schlicht entzo-

22 Sinzheimer, »Rätegedanke«, S. 9.

23 Bezug nehmend auf die Stellungnahme des Ältestenrates zur Rolle und Funktion des RWR im politischen Entscheidungsprozess – vgl. bereits oben Kap. 3.3. Auch StS Julius Hirsch, 1. Sitzung des Reparationsausschusses, 16.6.1921, BArch R 401/611, fol. 151, der aber gleichzeitig (ebd., fol. 165) die Relevanz des RWR für die Regierung hervorhebt. Bereits oben, Kap. 4.3.

24 Vgl. hierzu Hederer, *Im Sog*, S. 73–100, insb. S. 79–80, 87, 97–100.

25 Ebd., sowie zum theoretischen Hintergrund Dumont, *Homo aequalis* (»idéologie moderne«, S. 11–38).

gen, Dinge also, deren politischer Kern nicht oder nur zu einem hohen Preis – Formelhaftigkeit, Offenhalten, Nichtentscheiden – ignoriert werden konnte. Umgekehrt stieß aber auch eine »rein ökonomische« Arbeit bei Regierung oder Parlament oftmals auch deshalb auf Ablehnung, weil man aus Opportunitätserwägungen einer zwar sachlich gut begründeten, politisch aber schwer vermittelbaren Position nicht folgen wollte oder konnte. Dahinter musste kein böser Wille stecken; was aber in der vertrauten Atmosphäre eines Arbeitsausschusses möglich war, musste dies noch lange nicht in der von der Öffentlichkeit kritisch beäugten Sphäre des Parlaments oder des Regierungshandelns sein.[26] Die im Reichswirtschaftsrat kontrovers geführte Debatte, ob der Ausschluss der Öffentlichkeit von seinen Beratungen politischen Einfluss koste oder eine vertrauensvolle, »nicht-politische« Arbeit erst mögliche mache, legt das Dilemma frei. Umgekehrt erklärt dies die gemeinsame Haltung von Regierung und Parlament, den Reichswirtschaftsrat als lediglich zuarbeitenden Beirat unter Kontrolle halten zu wollen, um potentiell politisch inopportunen Positionen die öffentliche Bühne und damit ihre Wirksamkeit zu nehmen. Dass das Publikum (damit) von der Arbeit des Reichswirtschaftsrats nur wenig erfuhr, lag also durchaus im Interesse der übrigen Akteure des politischen Systems. Und so ging es um mehr als nur PR: Es ging (5.) um die Frage, wo man sich als eine zwischen Politik und Ökonomie changierende Institution in der politischen Ordnung von Weimar positionieren konnte – und in dieser Spannung blieb der Reichswirtschaftsrat gefangen. Denn eine Politik der Ökonomie, wie er sie praktizierte, war alles andere als voraussetzungslos, im Gegenteil: Angesichts der konstitutiven »Differenz« zwischen unterschiedlichen gesellschaftlichen Subsystemen und den damit einhergehenden wechselseitigen Steuerungsproblemen scheinen kommunikative Pannen, Missverstehen oder Übersetzungs-

26 Auch Mergel, *Parlamentarische Kultur*, S. 50, 53, 73, 79, 473–474 (Erosion des »Wir-Gefühls«) et passim, der die kooperative Atmosphäre des Reichstags und seiner Ausschüsse besonders in den Fokus rückt, muss konzedieren, dass diese sowohl im Zeitverlauf tendenziell abnahm, als auch nicht zwingend in Grundsatzkonflikten griff.

fehler eher die Regel als die Ausnahme zu sein;[27] die Theorie funktionaler Differenzierung kann hierfür trotz der bisweilen hermetischen Sprache[28] einen plausiblen Erklärungsansatz liefern.

Doch auch zeitgenössisch war das Thema des »richtigen« Verhältnisses von Politik und Ökonomie von enormer Relevanz, ging es doch nicht nur um die Verarbeitung einer wahrgenommenen »Verwirtschaftlichung« der Politik, sondern umgekehrt auch um die in liberalen Kreisen kritisierte »Politisierung« der Wirtschaft. Die Debatte um »Deutschland als Wirtschaftsstaat« stand dafür paradigmatisch,[29] doch in gewisser Weise spiegelte sich darin auch die von Emil Lederer bereits Jahre zuvor diagnostizierte Veränderungsdynamik, die eine Diffusion von Prinzipien des Marktes in die Sphäre der Politik mit sich gebracht habe.[30] Ein »Bedürfnis nach neuen politischen Formen«[31] war entstanden, und die im Umfeld der Revolution teils erbittert geführten Debatten hatten dem Rechnung zu tragen versucht; der Reichswirtschaftsrat bot darauf *eine* mögliche Antwort. Das Charakteristische dieser »neuen politischen Formen« war freilich ihre Ambivalenz: Und so positionierte sich der Reichswirtschaftsrat trotz aller Sachlichkeitsrhetorik als ein *politischer* Akteur, dessen Anspruch weit über das Feld ökonomischer Politikberatung oder Interessenaggregation hinausging. Es stand somit die Frage im Raum, wie man auf diese Weise »Politik machen« konnte, ohne ökonomische Glaubwürdigkeit zu verlieren, wie weit man umgekehrt in der Sphäre der Ökonomie bleiben konnte, ohne politisch sprach- und wirkungslos zu werden. Denn die Sprache »der Politik«, darin war man sich im Reichswirtschaftsrat einig, wollte man nicht sprechen. Aber brauchte man sich dann nicht zu wundern, als politischer Akteur nicht ernstgenommen zu werden, wenn man politisch zu kommunizieren nicht bereit war?

---

27 Vgl. Luhmann, *Wirtschaft der Gesellschaft*, S. 48–51 (zur Dyade offen / geschlossen), S. 63–64 (Bedürfnisbefriedigung als spezifische »Leistung« des Subsystems »Wirtschaft«, nicht aber dessen eigentliches »Ziel«). Vgl. auch ebd., S. 27 sowie S. 324–349 zu den »Grenzen der Steuerung«, hier S. 325, 346: »Keine Politik kann die Wirtschaft, kann Teilbereiche der Wirtschaft sanieren; denn dazu braucht man Geld, also Wirtschaft.« »Die Politik kann daher nur Bedingungen schaffen, die sich auf die Programme und damit die Selbststeuerung der Wirtschaft auswirken.« Und: »Jedes Funktionssystem orientiert sich an eigenen Unterscheidungen, also an eigenen Realitätskonstruktionen. Kein Steuerungsversuch kann diese Differenz aufheben oder auch nur überbrücken.« Vgl. auch Joas/Knöbl, *Sozialtheorie*, S. 351–392, die Zitate S. 383, 387, 389. »Systeme« folgen einer eigenständigen Logik und sind demnach »von außen nicht steuer- und kontrollierbar«: »Die Wirtschaft kann auf die Politik nur mittels des Codes Zahlen/Nichtzahlen reagieren, eine andere Sprache steht dort nicht zur Verfügung«. Kurz: Der »Steuerungspessimismus Luhmanns ist radikal.«

28 Luhmann, *Wirtschaft der Gesellschaft*, S. 84 spricht selbst davon, dass seine Theorie autopoietischer Systeme »wahrscheinlich zu komplex und zu esoterisch für den Alltagsgebrauch in der gesellschaftlichen Kommunikation« sei.

29 Vgl. hierzu bereits oben Kap. 2.1.

30 Lederer, »Ökonomische Element«, S. 553 (»Herrschaft des Prinzips« anstelle der Logik des Tausches).

31 Ebd.

Während man sich im Reichswirtschaftsrat die Verdammung einer rauen, brutalen »Politik der Straße« leisten konnte, war es ja gerade auch Aufgabe der im Reichstag vertretenen Parteien, Stimmungen genau dort aufzunehmen, zu filtern und politisch zu adressieren – sei es, um von Populismen profitieren, sei es, um Radikalisierungstendenzen des eigenen Milieus die Spitze nehmen zu können.[32] Ein solches Politikverständnis, das die Dynamik von »Stimmungen« miteinbezog, musste dabei nicht zwingend im Widerspruch zu rationaler Sacharbeit stehen,[33] sofern man diese nicht umgekehrt zu einer »Epistemisierung des Politischen« radikalisierte.[34]

Reichstag und Reichswirtschaftsrat spielten also auf unterschiedlichen Feldern; umso mehr war man auf eine produktive Kooperation und die Vermeidung »nutzloser Doppelarbeit«[35] angewiesen. Dem Reichswirtschaftsrat kam dabei die zentrale Aufgabe zu, nicht nur Sachkompetenz in wirtschaftspolitischen Fragen einzubringen, sondern durch die Einbindung der Normadressaten die Akzeptanz politischer Entscheidungen zu erhöhen und potentiellen Widerstand bereits im Vorfeld aus dem Weg zu räumen. Aber konnte es gelingen, politische Stimmungen ökonomisch umzuformulieren und als sachlich angemessene, »gereinigte« Lösungen wieder in den politischen Entscheidungsprozess einzuspeisen? Für einen fragilen Akteur in einem um Legitimität und Stabilität ringenden politischen System keine triviale Aufgabe. Die in der englischsprachigen Forschung geläufige Differenzierung, »Politik« sei die »Verwirklichung von Politik mit Hilfe von Politik auf der Grundlage von Politik«[36] akzentuiert vor diesem Hintergrund eine ganz fundamentale Einsicht: Denn »Politik« in diesem Sinne erschöpft sich weder in technokratischer »Sacharbeit« (*policy*) noch in bloßer Marktschreierei (*politics*). Sie wird vielmehr erst möglich im konkreten Zusammenspiel von Sachorientie-

32 Vgl. einführend Alemann, *Parteiensystem*, hier S. 209–221: Die Politikwissenschaft ordnet Parteien (in modernen politischen Systemen) typischerweise zentrale Funktionen zu, etwa (nach Steffani) die Funktionen der »Transmission (sozialer und ideologischer Kräfte), Herrschaft, Legitimation, Rekrutierung«. Ergänzende, weniger *top-down* orientierte Funktionen wären etwa: Partizipation, Transmission, Selektion, Integration, Sozialisation, Selbstregulation, Legitimation.

33 Vgl. etwa Mergel, *Parlamentarische Kultur*, S. 478 verweist in diesem Zusammenhang auf die grundsätzliche Möglichkeit sachlicher Arbeit, auf den »Sog der Institution«, dem sich auch Parteien mit einem »systemsprengenden Anspruch« nicht zu entziehen vermocht hätten.

34 Vgl. hierzu auch die jüngst diskutierte Kritik einer zunehmenden »Epistemisierung des Politischen«, die von der Annahme ausgeht, politische Konflikte und Krisen ließen sich durch wissens- bzw. wissenschaftsbasierte Politik lösen. Umgekehrt, so Bogner, *Epistemisierung*, S. 118, wäre damit eine »Krise der Demokratie als Folge der Ignoranz […], genauer gesagt als Folge inkompetenter Politik oder geistig überforderter Wähler und Wählerinnen« zu deuten. Das wiederum berge demokratiegefährdende Effekte.

35 Hans Kraemer, 6. Sitzung des Reparationsausschusses, 6.7.1921, BArch R 401/611, fol. 449 (das Zitat bereits oben, Kap. 4.3).

36 Das Originalzitat: »Wenn eine gewisse Wortspielerei erlaubt ist, könnte man formulieren, daß Politik die Verwirklichung von Politik – *policy* – mit Hilfe von Politik – *politics* – auf Grundlage von Politik – *polity* – ist.« (Rohe, *Politik*, S. 67). Vgl. auch ebd., S. 63, 64, 67, 74 et passim, sowie bereits Kap. 4.3.

rung *und* Parteipolitik innerhalb eines geteilten institutionellen Rahmens (*polity*). Doch genau darin bestand für eine Politik der Ökonomie, wie sie der Reichswirtschaftsrat bot, in den frühen 1930er Jahre die Quadratur des Kreises, weil sie nur unter Voraussetzungen funktionieren konnte, an denen es (6.) gerade mangelte: institutionalisierte und auch unter Stressbedingungen belastbare Verfahren zur Politikformulierung und ein Konsens über die gemeinsamen Spielregeln. Dem Reichswirtschaftsrat schienen in dieser Gemengelage die Hände gebunden: Man musste auf die baldige Implementierung des »endgültigen« Reichswirtschaftsrats hoffen – und bis dahin weiter improvisieren. Das Ergebnis war ein starkes institutionelles Selbstkonzept, dem ein leerer Ort im politischen System der Weimarer Republik korrespondierte.

5.2 Der (leere) Ort des Reichswirtschaftsrats in der deutschen Geschichte

Historische Analogien zur Weimarer Republik sind im Geschichtsbild einer breiten Öffentlichkeit ebenso beliebt wie düster: Eine politische Ordnung, geprägt von Weltkrieg, Revolution, Inflation, Verelendung, Wirtschaftskrise, Massenarbeitslosigkeit, politischer Radikalisierung und Gewalt, kulminierend in der Diktatur des Nationalsozialismus. »Strukturähnlichkeiten zur Weimarer Lage« zu diagnostizieren, sei es mit Blick auf die »Legitimation der parlamentarisch-repräsentativen Regierungsweise« oder deren mangelnde Fähigkeit, »Zusammenhalt« und Verteilungsgerechtigkeit zu organisieren,[37] dient denn auch zumeist vor allem dazu, Entwicklungstendenzen zu perhorreszieren, verhängnisvolle Dynamiken aufzuzeigen und den dünnen Firnis politischer Stabilität (demokratischer Systeme) in Erinnerung zu rufen. Die Weimarer Republik als Lehrstück und mahnendes Exempel. Ob nun diese Analogiebildungen Stichhaltigkeit und Signifikanz beanspruchen können, einen Erkenntniszuwachs durch diachronen Vergleich bieten, oder aber umgekehrt die Heterogenität der Kontexte unzulässig verkürzen und historische Erkenntnis damit gerade verhindern, darüber lässt sich angeregt diskutieren.[38] Die

37 Hacke, »Weimar und die Gegenwart«, S. 9. Dass der Kontext divergiert, konzediert freilich auch Hacke. Die zitierte Einleitung ist einem Essayband des Autors vorangestellt, der aus der Perspektive des Liberalismus und der politischen Theorie die Brüchigkeit der Weimarer Republik in den Fokus rückt, auch wenn der Band, die neueren Forschungstrends rezipierend, eine positivere Lesart der Chancen und Möglichkeiten der 1920er Jahre vorschlägt. Zur Topik des »Weimar-Vergleichs« auch Hacke, »Fragilität«, hier S. 181–183.

38 Diskussionsstoff ergibt sich dabei auch aus den unterschiedlichen wissenschaftlichen Prägungen der Ideengeschichte als Teil der Politik- wie der Geschichtswissenschaft. So ist es etwa für die Politikwissenschaft nicht nur legitim, sondern (bis zu einem gewissen Grad) auch geboten, normativ zu argumentieren

eigentlichen Schwierigkeiten entstehen freilich, wenn aus historischen Deutungen »Lehren« gezogen oder normative Erwartungen an die Gegenwart gerichtet werden sollen: Denn ein solches (in Wahrheit geschichtspolitisches) Unterfangen ist gezwungen, die Standort- und Zeitgebundenheit desjenigen zu reflektieren, der »Lehren« zu ziehen beabsichtigt.[39] Spricht man also über die Weimarer Republik aus *dieser* Perspektive, geht es im Kern nicht darum, *welche* Lehren man zieht, sondern *wessen*. Die Geschichte des Reichswirtschaftsrats, wie sie hier erzählt wurde, macht da keine Ausnahme.

Wie lässt sich also der Reichswirtschaftsrat in unser Bild der Weimarer Republik integrieren, welchen historischen Ort nimmt er als politischer Akteur in der deutschen Geschichte des 20. Jahrhunderts ein? Beide Fragen sind weder leicht noch eindeutig zu beantworten. Dennoch wäre es unbefriedigend, auf eine übergreifende Perspektive aus Sorge vor Simplifizierung zu verzichten. Das Bild, das hier vom Reichswirtschaftsrat entwickelt wurde, rückte den institutionellen Wandel, die Ausformung eines spezifischen institutionellen Habitus sowie die Persistenz und gleichzeitige Fragilität seiner Rolle im politischen System ins Zentrum. Wofür steht er damit? Zunächst ist davon auszugehen, dass der Reichswirtschaftsrat (7.) für die Zeitgenossen eine (wahrgenommene) Leerstelle im politischen System füllte, eine Leerstelle, deren Dimensionierung allerdings amorph, umstritten und deutungsoffen war und blieb. Doch auch wenn deren Ausgestaltung von politischen Priorisierungen, ökonomischen Zwängen und ideologischen Überzeugungen abhing: auf einen »Reichswirtschaftsrat« wollte und konnte man offenbar nicht verzichten. Denn mit der Parlamentarisierung

– so auch Hacke, »Weimar und die Gegenwart«, S. 13 im zitierten Essayband: »Die vorgelegten Studien sind ideengeschichtlich ausgerichtet. Ihr Fluchtpunkt bleibt in vielerlei Hinsicht die Gegenwart [...]«.

39 Es ist wichtig zu betonen, dass damit die Relevanz historischer »Lehren« nicht deskreditiert werden soll, im Gegenteil. Gegenüber den eigenen Verstrickungen und dem grundsätzlichen »Hiatus« zwischen Vergangenheit und Gegenwart gilt es aber stets sensibel zu bleiben. Auf den Klassikertext von Koselleck zum Auseinandertreten von »Erfahrungsraum« und »Erwartungshorizont« wurde bereits verwiesen. Darüber hinaus Koselleck, »Historia«, S. 62: »Hinter allem, was bisher angeführt wurde: hinter der Singularisierung der Geschichte, hinter ihrer Verzeitlichung, hinter ihrer unentrinnbaren Übermacht und hinter ihrer Produzierbarkeit kündigte sich ein Erfahrungswandel an, der unsere Neuzeit durchherrscht. Die Historie verlor darüber ihren Zweck, unmittelbar auf das Leben einzuwirken. Die Erfahrung vielmehr schien seitdem das Gegenteil zu lehren.« Dennoch gilt: »Die Historie verweist auf Bedingungen möglicher Zukunft, die nicht allein aus der Summe der Einzelereignisse ableitbar ist. Aber in den von ihr erforschten Ereignissen zeichnen sich Strukturen ab, die den Handlungsspielraum der Zukunft zugleich bedingen und begrenzen.« (Koselleck, »Darstellung«, S. 156–157). Vgl. auch Lübbe, *Geschichtsbegriff*, S. 232: Aus der Geschichte könne man lernen, »wer wir und andere sind«; dies aber habe »unmittelbar gar keinen normativen Charakter«. Ähnlich ebd., S. 255: »Kurz: Aus der Geschichte können wir lernen, wer einer ist und wieso er ist, wie er ist und wieso er sich so verhält, und wir können so aus der Geschichte lernen, ihn zu verstehen. Dieses Verstehen ist von unseren praktischen Interessen [...] unabhängig«.

der politischen Ordnung schien nicht nur ein Kapazitätsproblem, sondern eben auch ein Substanzproblem heraufbeschworen: Das »politische Parlament« musste nun trotz seiner Anfälligkeit für »irrationale« Wendungen ein Übermaß komplexer, umstrittener und ökonomisch weitreichender *policies* bewältigen, ohne einen sachgerechten *output* garantieren zu können. Das wollte man nicht riskieren, und darauf bezog man sich, wenn man dem Reichswirtschaftsrat eine »Entlastung«- und »Versachlichungsfunktion« zusprach. Doch im Kern ging es um mehr: Es ging um die demokratietheoretisch elementare Frage, ob man den anomischen und autodestruktiven Potentialen der »Volksherrschaft« freien Lauf lassen, oder aber diese institutionell einhegen oder exekutiv bannen sollte.[40] Von wenigen Ausnahmen abgesehen[41] konnte die Vorstellung einer pluralistischen, d.h. die strukturelle Heterogenität moderner Gesellschaften akzeptierenden und organisierenden politischen Ordnung in der Zwischenkriegszeit nicht auf breite Unterstützung hoffen. Die Suche nach »Gemeinschaft«, Ordnung im Chaos, politischen Halt (in ideologischen Konstrukten) und charismatischen Führerfiguren ist demgegenüber von der Forschung als ein wesentliches Charakteristikum der Zeit herausgearbeitet worden.[42] Für die Deutung des Reichswirtschaftsrats als politischer Akteur ist diese keineswegs neue Erkenntnis von Bedeutung: Schließlich sollte auch er als Instrument zur »Abschwächung der Allmacht des politischen Parlaments« fungieren – ein mit Art. 165 WRV verbundener »Versuch«, der aber »nicht gelungen« war.[43]

40 Hidalgo, *Antinomien*, S. 179–183; Hacke, *Existenzkrise*, S. 209–218.

41 Hier wäre etwa auf den Rechtstheoretiker Hans Kelsen zu verweisen, der erst in den vergangenen Jahren auch als Politik- und Pluralismustheoretiker rezipiert wurde: Vgl. etwa den von Jestaedt und Lepsius hg. Sammelband Kelsen, *Verteidigung*, darin insb. Jestaedt/Lepsius, »Rechts- und Demokratietheoretiker«, sowie der Klassiker Kelsen, »Wesen und Wert«. Vgl. hierzu auch Hidalgo, *Antinomien*, S. 218–222 et passim; Hacke, *Existenzkrise*, S. 216–236. Neben Kelsen wäre auch exemplarisch auch Bonn, *Krisis*, insb. S. 127–131 (zum Thema Minderheitenschutz), S. 151 (Plädoyer für »sozialen Pluralismus«) zu nennen. Zu Bonn grundlegend Hacke, »Einleitung«.

42 Vgl. exemplarisch Mergel, *Parlamentarische Kultur*, S. 409–410; Mergel, »Führer«; Boldt, »Weimar«, S. 228; Gusy, »Verfassungsumbruch«, S. 48; Reitmayer, »Ordnungsentwürfe«, S. 57–59. Instruktiv auch der Ansatz von Makropoulos, »Tendenzen«, S. 686: »Die theoretisch entscheidende Dichotomie im Diskurs der 20er Jahre ist deshalb nicht die zwischen ›rechts‹ und ›links‹ oder zwischen ›konservativ‹ und ›progressiv‹, sondern zwischen Positionen und Konzepten, die von ihrer diskursiven Beschaffenheit her zwingend auf Kontingenzaufhebung zielten, und solchen, die etwas anvisierten, was man Kontingenztoleranz nennen könnte, und was als soziales Dispositiv des Kontingenzmanagements absolute Lösungen prinzipiell ausschließt.«

43 So etwa 1929 Ernst Fraenkel, »Kollektive Demokratie«, S. 349. Ähnlich skeptisch auch Bonn, *Krisis*, S. 122: Der RWR sei »mit hochgespannten Erwartungen begrüßt worden. Gegenüber dem Dilettantismus des Reichstags sollte die sachliche Arbeit ernsthafter Männer neue Erkenntnisse fördern und neue Wege weisen. Er hat in Wirklichkeit weder neue Methoden für die Erforschung sozialer und wirtschaftliche Probleme geschaffen, noch das parlamentarische Verhandlungssystem durch neue Formen bereichert.«

Mit der Einrichtung des Reichswirtschaftsrats war also vor allem der Anspruch verbunden, »unpolitische Sacharbeit«[44] zu leisten, um dem Bedürfnis nach wirtschaftlicher, sozialer und politischer Stabilität und Berechenbarkeit entsprechen zu können. Damit aber war ihm (8.) von Beginn an eine charakteristische Ambivalenz eingeschrieben: So schien man nicht wahrzunehmen, dass diese im Kern technokratische, mit Expertenwissen und dem Herrschaftsdiskurs der Sachzwänge operierende Logik nicht nur den liberalen Parlamentarismus und damit ein Bauprinzip der Weimarer Verfassung untergrub, sondern auch die eigenen Existenzbedingungen. Dennoch musste der Versuch, mithilfe deliberativer Kommunikationsstrukturen und der Selbstevidenz »ökonomischer ratio«[45] ein Korrektiv der dem parlamentarischen System inhärenten »populistischen« Potentiale anzubieten, nicht zwingend »antidemokratisch« oder »autoritär« wirken.[46] Vielmehr schlossen sich Verfassungsbejahung, Verteidigung der Republik und Kritik an der bestehenden politischen Ordnung, wie sie sich unter dem Druck der Ereignisse entwickelt hatte, keineswegs aus; und auch die Polyvalenz des in der Weimarer Republik diskutierten Demokratiebegriffs entzieht sich einer vereinfachenden Zuordnung.[47] Die offenkundige Distanz des Reichswirtschaftsrats zur Politik der Präsidialkabinette allerdings umgekehrt als demokratietheoretisch motivierten Widerstand gegen die autoritäre Transformation des politischen Systems zu interpretieren, erscheint ebenso zweifelhaft – dafür waren die Motive, die dieser Distanzierung zugrunde lagen, doch zu vielfältig. Denn das offensive Bestreben, von der Paralyse des Reichstags auch institutionell profitieren zu wollen, indem der »Dilettantismus«[48] und die Ineffizienz »der Politik« durch »Sachlichkeit« substituiert würden, stellte in der konkreten historischen Situation vor allem eine an die Regierung gerichtete, von dieser aber letztlich ausgeschlagene Offerte dar: Die Bereitschaft, die alte institutionelle Hülle (erneut) abzustreifen und politische Agilität und Anpassungsbereitschaft durch eine für die Regierung »in ständiger Bereitschaft« gehaltene *task force* – den späteren »Zentraulaus-

44 Die Zeit dränge nun, die »Schaffung eines der Regierung ständig zur Seite stehenden unpolitischen Beirats wirtschaftlicher Sachverständiger« voranzubringen: Begründung des Verordnungs-Entwurfs, 20.10.1919, BArch R 43-I/1192, fol. 22.

45 So Rudolf Hilferding, 29. Sitzung des Reparationsausschusses, 2.10.1922, BArch R 401/614, fol. 162 (das vollständige Zitat bereits oben, Kap. 4.3).

46 Auf diese Dichotomie verweisen allerdings, wenn auch nicht zwingend unter Bezugnahme auf den RWR, jene Arbeiten, die anknüpfend an Philippe Schmitter mit dem Gegensatz von »liberalem« und »autoritären« Korporatismus operieren. Vgl. Schmitter, »Still the age«, S. 103–108, 126; exemplarisch Abelshauser, »Freiheitlicher Korporatismus«, S. 149 oder auch Rehling, *Konfliktstrategie*, S. 14–27 et passim.

47 Vgl. zum grundlegend antinomischen Charakter der Demokratie als Konzept Hidalgo, *Antinomien*, S. 11–25, 51–64 sowie beispielhaft mit Blick auf die Weimarer Republik ebd., S. 216–222. Vgl. auch Hacke, *Existenzkrise*, S. 77–90 et passim; Boldt, »Demokratie«, knapp S. 609–610.

48 Bonn, *Krisis*, S. 122 (»Dilettantismus des Reichstags«).

schuss«[49] – praktisch unter Beweis zu stellen, macht (9.) die autoritäre Latenz dieses Selbstbehauptungsanspruchs deutlich. Mochte man also auch inhaltlich mit der Regierung nicht einverstanden sein, einer Zusammenarbeit verweigern wollte man sich gleichwohl nicht. Denn primär bestand das Ziel in einem Zuwachs eigener politischer Relevanz – und nicht im Protest gegen die autoritäre *conversion* des politischen Systems.[50]

Dass der Reichswirtschaftsrat in den Planspielen der Regierungen seit den frühen 1930er Jahren nur mehr eine nachgeordnete Rolle einnahm bzw. gleich ganz suspendiert werden sollte, war die Wirklichkeit, mit der man sich zu arrangieren hatte. Die Sackgasse, in die der Reichswirtschaftsrat einerseits getrieben wurde, anderseits entschlossen ging, verdeutlicht aber auch, dass (10.) im Kontext einer veränderten politischen Landschaft eine Institution, die bei allem expertokratischem Superioritätsgestus doch einen deliberativen, problemorientierten Politikansatz verfolgte, keinen Ort mehr finden konnte. Denn ebenso wie die politische Ordnung von Weimar verdankte der Reichswirtschaftsrat seine Existenz dem situativen Bemühen einer *classe politique*, angesichts desaströser Realitäten ein funktionsfähiges Gemeinwesen mit funktionierenden Institutionen implementieren und mit Leben füllen zu wollen. Doch wie sollte angesichts einer Vielzahl unbewältigter Herausforderungen »Politik gemacht« werden, die weder dem Imperativ der Straße noch der Logik technokratischer Wissensproduktion allein gehorchte? Es fällt in Rückschau leicht, den durch den Reichswirtschaftsrat entworfenen Modus politischer Kommunikation als Illusion zu disqualifizieren. Doch was uns sein paradox, ja ortlos anmutender Versuch lehrt, ist der Anspruch, Politik gerade unter den Weimarer Stressbedingungen durch die kühle Ratio des Ökonomischen und die Beteiligung der Normadressaten zu entschärfen. Die Räume für eine solche Politik der Ökonomie waren am Ende der Weimarer Republik indes denkbar klein geworden – nicht zuletzt, weil die Akteure selbst aus unterschiedlichen Gründen der bestehenden Ordnung nur mehr bedingt Legitimität attestieren wollten. Und die Erosion des ohnehin brüchigen Konsenses über die gemeinsamen Spielregeln minimierte die Handlungsoptionen des Reichswirtschaftsrats weiter: Zum einen in Richtung des eigenen Milieus, das den Glauben an seine politische Relevanz verlor. Zum anderen in Richtung des politischen Entscheidungszentrums, das neben Alternativen zum Parlamentarismus auch Alternativen zur Generierung ökonomischen Wissens sondierte. Der Reichswirtschaftsrat galt nun als Relikt einer überwundenen politischen Ordnung;

---

49 Das Zitat bereits oben in Kap. 4.5: Theodor Leipart, 63. Sitzung des erweiterten Vorstandes des RWR, 6.11.1931, BArch R 401/13, fol. 251–252.

50 Die These bezieht sich auf die Institution des RWR, nicht auf die Haltung einzelner Mitglieder oder Gruppen, die davon freilich im Einzelfall abweichen konnten.

der von ihm angebotenen politisch-kommunikativen Alternative, seiner Politik der Ökonomie, war spätestens jetzt der Boden entzogen.

Danksagung

Bei vorliegender Arbeit handelt es sich um meine Habilitationsschrift, die im Wintersemester 2022/23 vom Fachbereich Philosophie und Geschichtswissenschaften der Goethe-Universität Frankfurt am Main angenommen wurde. Sie entstand in einem besonderen wissenschaftlichen Umfeld:

Louis Pahlow möchte ich dabei an erster Stelle danken – nicht nur für die vertrauensvolle Zusammenarbeit und die große Unterstützung in den vergangenen Jahren, sondern auch für die intensive Förderung des Vorhabens, das er nicht zuletzt selbst mit angeregt hatte. Die kollegiale und produktive Lehrstuhlatmosphäre hat entscheidend dazu beigetragen, das Projekt auch unter den Stressbedingungen einer Pandemie fertigstellen zu können. Sehr zu Dank verpflichtet bin ich daneben Werner Plumpe, dessen wertvolle Anregungen die inhaltliche Formgebung der Studie wesentlich geprägt haben, und an dessen Lehrstuhl ich zahlreiche menschlich angenehme wie intellektuell anregende Erfahrungen sammeln konnte. Dass mein jahrelanger Tanz auf zwei Hochzeiten in Forschung und Lehre glückte, ist wesentlich auf diese spezifischen Frankfurter Bedingungen zurückzuführen.

Über die Zeit konnte die Arbeit von wissenschaftlichem Austausch profitieren: Zu danken ist hier (chronologisch) den Professorinnen und Professoren sowie Studierenden der Forschungskolloquien in Würzburg (Dietmar Grypa), Frankfurt (Andreas Fahrmeir/Christoph Cornelißen), Berlin (Alexander Nützenadel/Nikolaus Wolf), Mainz (Andreas Rödder) und Karlsruhe (Korinna Schönhärl/Marcus Popplow); gleiches gilt für das Frankfurter Max-Planck-Institut für Rechtsgeschichte und Rechtstheorie sowie den von Julia Eichenberg, Benjamin Lahusen, Marcus M. Payk und Kim Christian Priemel organisierten Berliner Arbeitskreis »Geschichte, Recht und Rechtsgeschichte«. Für die Möglichkeit, meine Arbeit im Prozess ihrer Entstehung an diesen unterschiedlichen Orten zur Diskussion stellen zu können, sei sehr herzlich gedankt!

Zur schönen Atmosphäre an beiden Fachbereichen der Goethe-Universität trugen nicht zuletzt meine dort tätigen Kolleginnen und Kollegen bei; stellvertretend seien genannt: Lukas Herget, Felix Jehle, Lucas Schwalbach und Ralf Seinecke in der Rechtsgeschichte, Johannes Bähr, Ralf Banken, Friederike Sattler und Verena Steller am Historischen Seminar. Besonderer Dank gilt Josef Memminger (Frankfurt), Michael C. Schneider (Düsseldorf), Korinna Schönhärl (Paderborn) und Kim Priemel (Oslo), die mir mit gutem Rat zur Seite standen.

Für die Gewährung eines großzügigen Druckkostenzuschusses danke ich der Geschwister Boehringer Ingelheim Stiftung für Geisteswissenschaften sehr.

Nicht zuletzt möchte ich Jürgen Hotz herzlich für die engagierte Betreuung durch den Campus-Verlag danken!

C., M. und L. ist das Buch gewidmet.

Frankfurt am Main, im Sommer 2023

Abkürzungen

Abs.	Absatz
Abschr.	Abschrift
ADGB	Allgemeiner Deutscher Gewerkschaftsbund
AdR	Akten der Reichskanzlei (Quellenedition)
AfA-Bund	Allgemeiner freier Angestelltenbund
APuZ	Aus Politik und Zeitgeschichte
Art.	Artikel
Aufl.	Auflage
BArch	Bundesarchiv
Bd.	Band
Bearb.	Bearbeiter/in bzw. bearbeitet (von)
BGB	Bürgerliches Gesetzbuch
BVP	Bayerische Volkspartei
DDP	Deutsche Demokratische Partei
DDR	Deutsche Demokratische Republik
ders.	derselbe
dies.	dieselbe/n
Diss.	Dissertation
DJZ	Deutsche Juristen-Zeitung
DNVP	Deutschnationale Volkspartei
DRG	Deutsche Reichsbahn-Gesellschaft
Drs. (RWR)	Drucksache (des Reichswirtschaftsrats)
DVP	Deutsche Volkspartei
EdG	Enzyklopädie deutscher Geschichte
Entw.	Entwurf
et al.	et alii (und andere)
Fa.	Firma
fol.	folio (Blatt)
Fn.	Fußnote
FS	Festschrift
GG	Grundgesetz
Geh.	Geheim(er)
GuG	Geschichte und Gesellschaft

GRUR	Gewerblicher Rechtsschutz und Urheberrecht
hds.	handschriftlich
HRG	Handwörterbuch zur deutschen Rechtsgeschichte
Hg.	Herausgeber/in
HZ	Historische Zeitschrift
insb.	insbesondere
Jg.	Jahrgang
JZ	Juristen-Zeitung
Kab.	Kabinett
Kap.	Kapitel
KG Berlin	Kammergericht Berlin
KPD	Kommunistische Partei Deutschlands
M	Mark
MD	Ministerialdirektor
MdR	Mitglied des Reichstags
MdRWR	Mitglied des (Vorläufigen) Reichswirtschaftsrats
Mio.	Millionen
MittRWR	Mitteilungen des Reichswirtschaftsrats
MR	Ministerialrat
Mrd.	Milliarden
MSPD	Mehrheitssozialdemokratische Partei Deutschlands
MuW	Markenschutz und Wettbewerb
NDB	Neue Deutsche Biographie
Nr.	Nummer
NS	Nationalsozialismus
NSDAP	Nationalsozialistische Deutsche Arbeiterpartei
o.D.	ohne Datum
OGG	Oldenbourg Grundriss der Geschichte
o.O.	ohne Ortsangabe
ORR	Oberregierungsrat
o.S.	ohne Seite(nangabe)
p.a.	per annum
PVS	Politische Vierteljahresschrift
RArbM	Reichsarbeitsminister
RDI	Reichsverband der Deutschen Industrie
Red.	Redaktion
REM	Reichsminister für Ernährung und Landwirtschaft
Rez.	Rezension
RFM	Reichsminister der Finanzen
RG	Reichsgericht
RGBl.	Reichsgesetzblatt
RGSt	Entscheidungen des Reichsgerichts in Strafsachen
RGZ	Entscheidungen des Reichsgerichts in Zivilsachen
RJM	Reichsjustizminister
RK	Reichskanzler

RM	Reichsmark
RR	Regierungsrat
RWiM	Reichswirtschaftsminister
RWR	(Vorläufiger) Reichswirtschaftsrat
Sp.	Spalte
SPD	Sozialdemokratische Partei Deutschlands
StenB	Stenographische Berichte der Nationalversammlung / des Reichstags
StS	Staatssekretär
Urt.	Urteil
USPD	Unabhängige Sozialdemokratische Partei Deutschlands
UStS	Unterstaatssekretär
UWG	Gesetz gegen den unlauteren Wettbewerb
VfZ	Vierteljahreshefte für Zeitgeschichte
VO	Verordnung
VSWG	Vierteljahresschrift für Sozial- und Wirtschaftsgeschichte
WRV	Weimarer Reichsverfassung
ZAG	Zentralarbeitsgemeinschaft
ZGE	Zeitschrift für Geistiges Eigentum
ZNR	Zeitschrift für Neuere Rechtsgeschichte
ZParl	Zeitschrift für Parlamentsfragen
ZUG	Zeitschrift für Unternehmensgeschichte

Quellen und Literatur

Archivalische Quellen

BArch Bundesarchiv Berlin-Lichterfelde

- R 43-I Reichskanzlei
- R 43-II Reichskanzlei
- R 101 Reichstag
- R 401 (Vorläufiger) Reichswirtschaftsrat
- R 601 Präsidialkanzlei
- R 3001 Reichsjustizministerium
- R 3101 Reichswirtschaftsministerium
- R 3105 Sozialisierungskommission
- R 3106 Reichskommissar für den Mittelstand
- R 3905 Reichskommissar für Arbeitsbeschaffung
- R 8104 Zentralarbeitsgemeinschaft

Gedruckte Quellen und zeitgenössische Literatur

Akten der Reichskanzlei. Das Kabinett Scheidemann, bearb. von Hagen Schulze, Boppard am Rhein 1971.

Akten der Reichskanzlei. Das Kabinett Bauer, bearb. von Anton Golecki, Boppard am Rhein 1980.

Der Aufbau der Gemeinwirtschaft. Denkschrift des Reichswirtschaftsministeriums vom 7. Mai 1919 (Deutsche Gemeinwirtschaft, Bd. 9), Jena 1919.

Der Aufbau der Bezirkswirtschaftsorganisation. Materialsammlung, zusammengestellt im Reichswirtschaftsministerium (Recht und Wirtschaft, Sonderausgabe), Berlin 1921.

Aufstieg oder Niedergang? Deutsche Wirtschafts- und Finanzreform 1929. Eine Denkschrift des Präsidiums des Reichsverbandes der Deutschen Industrie (Veröffentlichungen des Reichsverbandes der Deutschen Industrie, Bd. 49), Berlin 1929.

Beratungen über die Frage der Selbstverwaltungskörper, 12. Juni 1919, Berlin (Veröffentlichungen des Reichsverbandes der Deutschen Industrie, Heft 3), Berlin 1919.

Beratungen über den Gesetzentwurf über Betriebsräte, 24. September 1919, Berlin (Veröffentlichungen des Reichsverbandes der Deutschen Industrie, Heft 7), Berlin 1919.

Bericht über die erste ordentliche Mitgliederversammlung des Reichsverbandes der Deutschen Industrie (14. April 1920) (Veröffentlichungen des Reichsverbandes der Deutschen Industrie, Heft 13), Berlin 1920.

Die deutsche Industrie und die Wiedergutmachungsfrage. Bericht über die dritte Mitgliederversammlung des Reichsverbands der Deutschen Industrie (München, 27. bis 29. September 1921) (Veröffentlichungen des Reichsverbandes der Deutschen Industrie, Bd. 17), Berlin 1921.

Deutsche Wirtschafts- und Finanzpolitik (Veröffentlichungen des Reichsverbandes der Deutschen Industrie, Bd. 29), Berlin 1925.

Erzeugungs- und Absatzbedingungen der deutschen Wirtschaft. Auf Grund der Veröffentlichungen des Enquete-Ausschusses zusammengestellt durch B. Dernburg u.a., Berlin 1931.

Kritisches zur Planwirtschaft, hg. vom Präsidium des Hansabundes, Berlin 1919.

Mitteilungen des Reichswirtschaftsrats (Jg. 1, 1920/21 – Jg. 13, 1933).

Die Parteien und das Rätesystem. Parteiprogramme, Anträge, Aufsätze und Aeußerungen hervorragender Politiker aller Parteien nebst den Gesetzentwürfen der Deutschen und der Oesterreichischen Regierung, hg. von Alexander Bessmertny und M[ark] Neven Du Mont, Charlottenburg 1919.

Protokoll über die Verhandlung des Parteitags der Sozialdemokratischen Partei Deutschlands, abgehalten in Weimar vom 10. bis 15. Juni 1919, Berlin 1919.

Sitzung des Hauptausschusses des Reichsverbandes der Deutschen Industrie (13. April 1920) (Veröffentlichungen des Reichsverbandes der Deutschen Industrie, Bd. 12), Berlin 1920.

Statistisches Jahrbuch für das Deutsche Reich, 52. Jg. 1933, Berlin 1933.

Übersicht über den Aufbau des Reichsverbandes der Deutschen Industrie (Nach dem Stande vom 1. Juni 1920) (Veröffentlichungen des Reichsverbandes der Deutschen Industrie, Bd. 14), Berlin 1920.

Verhandlungen der Sozialisierungs-Kommission über die Reparationsfragen, I. Band, Berlin 1921.

Verhandlungen des achten Evangelisch-sozialen Kongresses, abgehalten zu Leipzig am 10. und 11. Juni 1897, Göttingen 1897.

Verhandlungen des fünfunddreißigsten Deutschen Juristentages (Salzburg). Erster Band (Gutachten), 1. Lieferung, Berlin/Leipzig 1928.

Verhandlungen des Fünfunddreißigsten Deutschen Juristentages (Salzburg). Zweiter Band (Stenographischer Bericht), 1. Lieferung, Berlin/Leipzig 1928.

Verhandlungen des Fünfunddreißigsten Deutschen Juristentages (Salzburg). Zweiter Band (Stenographischer Bericht), 2. Lieferung, Berlin/Leipzig 1929.

Verhandlungen des Vereins für Sozialpolitik in Regensburg 1919 (Schriften des Vereins für Sozialpolitik, Bd. 159), München/Leipzig 1920.

Verhandlungen und Berichte des Unterausschusses für allgemeine Wirtschaftsstruktur (I. Unterausschuß), 3. Arbeitsgruppe: Wandlungen in den wirtschaftlichen Organisationsformen, 4. Teil: Kartellpolitik, 1. Abschnitt (Generalbericht), Berlin 1930.

Verhandlungen und Berichte des Unterausschusses für allgemeine Wirtschaftsstruktur (I. Unterausschuß), 3. Arbeitsgruppe: Wandlungen in den wirtschaftlichen Organisationsformen, 4. Teil: Kartellpolitik, 2. Abschnitt (Vernehmungen), Berlin 1930.

Der Vorläufige Reichswirtschaftsrat 1927–1933, hg. vom Büro des Vorläufigen Reichswirtschaftsrats, Berlin 1933.

Wirtschaftskrisis und Gewerkschaftsforderungen. Denkschrift der Spitzenverbände der deutschen Gewerkschaften an die Reichsregierung (Eine Antwort auf die Eingabe der Vereinigung der Deutschen Arbeitgeberverbände an den Reichskanzler vom 12. Mai 1925), Berlin 1925.

»Zehn Jahre Vorläufiger Reichswirtschaftsrat«, in: *Gewerkschaftszeitung* 40 (1930), S. 404–406.

Das Zugabewesen (Schriftenreihe, Forschungsstelle für den Handel Berlin, Bd. 8), Leipzig 1930.

Anschütz, Gerhard, *Die Verfassung des Deutschen Reichs vom 11. August 1919. Ein Kommentar für Wissenschaft und Praxis*, Berlin [14]1933.

Anschütz, Gerhard/Thoma, Richard (Hg.), *Handbuch des Deutschen Staatsrechts*, Erster Bd. (Das Öffentliche Recht der Gegenwart, Bd. 28), Tübingen 1930.

Apelt, Willibalt, *Vom Bundesstaat zum Regionalstaat. Betrachtungen zum Gesetzentwurf über den endgültigen Reichswirtschaftsrat*, Berlin 1927.

Aufhäuser, Siegfried, »Aufbau der Bezirkswirtschaftsräte«, in: *Recht und Wirtschaft* 10 (1921), S. 125–127.

Beckerath, Herbert von, »Politische und Wirtschaftsverfassung (Festgabe für Werner Sombart zum 70. Geburtstag, 19. Jänner 1933)«, in: *Schmollers Jahrbuch für Gesetzgebung, Verwaltung und Volkswirtschaft im Deutschen Reiche* 56 (1932), S. 1098–1116.

Bergstraesser, Arnold, *Nation und Wirtschaft*, Hamburg 1933.

Bergstraesser, Arnold, »Neuere Literatur zum Gedanken des berufsständischen Staates«, in: *Schmollers Jahrbuch für Gesetzgebung, Verwaltung und Volkswirtschaft im Deutschen Reiche* 47 (1924), S. 283–299.

Berliner, Cora, »Die Aufgaben der Bezirkswirtschaftsräte«, in: *Recht und Wirtschaft* 10 (1921), S. 72–75.

Bernhard, Georg, *Wirtschaftsparlamente. Von den Revolutionsräten zum Reichswirtschaftsrat*, Wien u.a. 1923.

Bibra, Wilhelm Freiherr von, *Der Reichswirtschaftsrat und seine Reform* (Diss. jur. Erlangen), Coburg 1933.

Böhm, Franz, »Das Problem der privaten Macht (Ein Beitrag zur Monopolfrage)«, in: *Die Justiz* 3 (1927/28), S. 324–345.

Böhm, Franz, *Wettbewerb und Monopolkampf. Eine Untersuchung zur Frage des wirtschaftlichen Kampfrechts und zur Frage der rechtlichen Struktur der geltenden Wirtschaftsordnung*, Berlin 1933.

Bonn, Moritz Julius, *Die Krisis der Europäischen Demokratie*, München 1925.

Bonn, Moritz Julius, »Die Auflösung des modernen Staates« (1921), in: ders., *Zur Krise der Demokratie. Politische Schriften in der Weimarer Republik 1919–1932*, hg. von Jens Hacke (Schriften zur europäischen Ideengeschichte, Bd. 9), Berlin/Boston 2015, S. 111–136.

Braun, Friedrich Edler von, »Die Zukunftsbedeutung des Reichswirtschaftsrats«, in: *Recht und Wirtschaft* 10 (1921), S. 117–119.

Brentano, Lujo, *Der Schrecken des überwiegenden Industriestaats* (Volkswirthschaftliche Zeitfragen, Bd. 183/184), Berlin 1901.

Brentano, Lujo, *Was Deutschland gezahlt hat. Die bisherigen Leistungen auf Grund des Vertrages von Versailles*, Berlin/Leipzig 1923.

Buhl, Herbert, *Die Wertreklame. Eine betriebswirtschaftliche Studie*, Stuttgart 1929.

Callmann, Rudolf, »Außenseiter und Kampfpreise«, in: *Juristische Wochenschrift* (1930), S. 1647–1650.

Cohen, Max, »Was wird aus dem Rätegedanken?«, in: *Neue Rundschau* 31 (1920), S. 657–670.

Cohen, Max, »Was wird mit dem Reichswirtschaftsrat?«, in: *Sozialistische Monatshefte* 36 (1930), Heft 8, S. 750–754.

Curtius, Julius, *Bismarcks Plan eines Deutschen Volkswirtschaftsrats*, Heidelberg 1919.

Dölz, Bruno, *Das Zugabe-Unwesen*, Köln 1928.

Erhard, Albert, *Der vorläufige Reichswirtschaftsrat. Seine rechtliche Stellung und Natur* (Diss. jur. Erlangen 1923), Erlangen 1923.

Erkelenz, Anton, *Der Abbauwahn. Gegen Deflation, gegen Inflation, für Stabilität*, Berlin 1932.

Eucken, Walter, »Staatliche Strukturwandlungen und die Krisis des Kapitalismus«, in: *Weltwirtschaftliches Archiv* 36 (1932), S. 297–321.

Eulenburg, Franz, »Arten und Stufen der Sozialisierung. Dritter Bericht«, in: *Verhandlungen des Vereins für Sozialpolitik in Regensburg 1919* (Schriften des Vereins für Sozialpolitik, Bd. 159), München/Leipzig 1920, S. 207–250.

Feiler, Arthur, *Der Ruf nach den Räten* (Zur deutschen Revolution, Bd. 6), Frankfurt a.M. 1919.

Fraenkel, Ernst, »Kollektive Demokratie [1929]«, in: ders., *Gesammelte Schriften, Bd. 1: Recht und Politik in der Weimarer Republik*, hg. von Hubertus Buchstein, Baden-Baden 1999, S. 343–369.

Fraenkel, Ernst, *Zur Soziologie der Klassenjustiz* (Jungsozialistische Schriftenreihe), Berlin 1927.

Fraenkel, Ernst, »Zehn Jahre Betriebsverfassungsgesetz«, in: *Die Gesellschaft* 7 (1930) 2, S. 117–129.

Fraenkel, Ernst, »Verfassungsreform und Sozialdemokratie«, in: *Die Gesellschaft* 9 (1932) 12, S. 486–500.

Fraenkel, Ernst, *Der Doppelstaat. Recht und Justiz im »Dritten Reich«* [1941], Frankfurt a.M. 1984.

Franke, Hans H., *Die rechtspolitischen Grundlagen der Reform des Wettbewerbs. Eine rechtsvergleichende Studie*, Berlin 1930.

Franke, Hans H., *Die Reform des Wettbewerbsrechts. Eine rechtspolitische Studie*, Berlin 1930.

Franke, Hans H., *Die Reform des Wettbewerbsrechts. Die Gestaltung des Zugabeverbots. Ein kurzer Abriß*, Berlin ^{2}1931.

Frauendorfer, Max, *Der Ständische Gedanke im Nationalsozialismus* (Nationalsozialistische Bibliothek, Bd. 40), München 1932.

Frauendorfer, Max, *Was ist ständischer Aufbau?*, Berlin 1934.

Frauendorfer, Max, *Ständischer Aufbau* (Grundlagen, Aufbau und Wirtschaftsordnung des nationalsozialistischen Staates, Dritter Band: Die Wirtschaftsordnung des nationalsozialistischen Staates, Bd. 47), Berlin/Wien 1938.

Freyer, Hans, »Herrschaft und Planung. Zwei Grundbegriffe der politischen Ethik [1933]«, in: ders., *Herrschaft, Planung, Technik. Aufsätze zur politischen Soziologie*, hg. von Elfriede Üner, Weinheim 1987, S. 17–43.

Friedlaender, Heinrich, »Artikel 156. Sozialisierung«, in: Hans Carl Nipperdey (Hg.), *Die Grundrechte und Grundpflichten der Reichsverfassung. Kommentar zum zweiten Teil der Reichsverfassung, Bd. 3: Artikel 143–165 und »Zur Ideengeschichte der Grundrechte«*, Berlin 1930, S. 321–348.

Fudickar, Kurt, *Deutsche Reparationen und interalliierte Kriegsschulden-Abkommen* (Veröffentlichungen des Reichsverbandes der Deutschen Industrie, Bd. 33), Berlin 1926.

Gesch, Konrad, *Der Reichswirtschaftsrat. Untersuchungen über seine Herkunft und seine Gestaltung* (Diss. Erlangen, 1926), Stuttgart 1926.

Gierke, Otto von, *Die soziale Aufgabe des Privatrechts* [1889], Freiburg 1943.

Gieseke, Paul, »Wirtschaftliche Selbstverwaltung als juristischer Begriff«, in: *Recht und Wirtschaft* 10 (1921), S. 245–249.

Gieseke, Paul, *Die Rechtsverhältnisse der gemeinwirtschaftlichen Organisationen* (Schriften des Instituts für Wirtschaftsrecht an der Universität Jena), Jena 1922.

Glum, Friedrich, »Das Problem des Reichswirtschaftsrates«, in: *Recht und Wirtschaft* 10 (1921), S. 35–41.

Glum, Friedrich, *Selbstverwaltung der Wirtschaft. Eine öffentlichrechtliche Studie*, Berlin 1924.

Glum, Friedrich, *Der deutsche und der französische Reichswirtschaftsrat. Ein Beitrag zu dem Problem der Repräsentation der Wirtschaft im Staat* (Beiträge zum ausländischen Öffentlichen Recht und Völkerrecht, Bd. 12), Berlin/Leipzig 1929.

Glum, Friedrich, »Der Reichswirtschaftsrat«, in: Anschütz/Thoma (Hg.), *Handbuch des Deutschen Staatsrechts I*, S. 578–585.

Göppert, Heinrich, *Staat und Wirtschaft* (Recht und Staat in Geschichte und Gegenwart, Bd. 33), Tübingen 1924.

Göppert, Heinrich, »Staat und Wirtschaft«, in: *DJZ* 38 (1933), Sp. 48–52.

Goldschmidt, Hans, *Reichswirtschaftsrecht*, Berlin 1923.

Grabowsky, Adolf, »Formal- und Realdemokratie. Ein Nachwort«, in: *Zeitschrift für Politik* 15 (1926), S. 123–135.

Grosch, Walter, *Der Reichswirtschaftsrat in seiner jetzigen und zukünftigen Ausgestaltung* (Diss. jur. Gießen), Gießen 1931.

Hachenburg, Max, »Der künftige Reichswirtschaftsrat«, in: *DJZ* 30 (1925), Sp. 1693–1697.

Hachenburg, Max, »Der endgültige Reichswirtschaftsrat«, in: *DJZ* 33 (1928), Sp. 209–215.

Hachenburg, Max, *Lebenserinnerungen eines Rechtsanwalts und Briefe aus der Emigration*, hg. von Jörg Schadt (Veröffentlichungen des Stadtarchivs Mannheim, Bd. 5), Stuttgart u.a. 1978.

Haubold, Wilhelm: *Die Stellung des Reichswirtschaftsrates in der Organisation des Reiches*. Dissertation zur Erlangung der Würde eines Doktors der Wirtschaftswissenschaften (Dr. oec.) dem Akademischen Senat der Handels-Hochschule Berlin vorgelegt, Berlin 1932.

Haubold, Wilhelm, *Reichswirtschaftsrat und Reichsreform*, Berlin 1933.

Hauschild, Harry, *Der vorläufige Reichswirtschaftsrat 1920–1926. Denkschrift*, Berlin 1926.

Hauschild, Harry, »10 Jahre Reichswirtschaftsrat«, in: *Mitteilungen des Vorläufigen Reichswirtschaftsrats* 10 (1930), Heft 4, S. 25–27.

Hauschild, Harry, [Art.] »Reichswirtschaftsrat«, in: *Internationales Handwörterbuch des Gewerkschaftswesens*, hg. von Ludwig Heyde, Bd. 2, Berlin 1932, S. 1319–1322.

Heilberg, Leopold, *Der Aufbau der Gemeinwirtschaft auf Grund des Art. 165 der Verfassung des Deutschen Reiches vom 11. August 1919* (Diss. jur. Köln), Köln 1929.

Heimann, Eduard, *Soziale Theorie des Kapitalismus. Theorie der Sozialpolitik* [1929], Frankfurt am Main 1980.

Heller, Hermann, »Ziele und Grenzen einer deutschen Verfassungsreform«, in: *Neue Blätter für den Sozialismus* 3 (1932), S. 576–580.

Herlé, Jakob/Metzner, Max, *Aufgaben und Tätigkeit der Kartelle in der Gegenwart*, Berlin [1925].

Herrfahrdt, Heinrich, *Das Problem der berufsständischen Vertretung von der französischen Revolution bis zur Gegenwart*, Stuttgart/Berlin 1921.

Heßler, Fritz, *Zugaben und unlauterer Wettbewerb*, Halle (Saale) 1929.

Heyde, Ludwig, »Prinzipien- und Gestaltungsfragen eines Reichswirtschaftsrats«, in: *FS für Max Pappenheim zum 50. Jahrestag seiner Doktorpromotion, dargebracht von der Rechts- und Staatswissenschaftlichen Fakultät der Christian-Albrechts-Universität zu Kiel* (Veröffentlichungen der Schleswig-Holsteinischen Universitätsgesellschaft, Bd. 32), Breslau 1931, S. 484–514.

Hilferding, Rudolf, *Die Schicksalsstunde der deutschen Wirtschaftspolitik*, Berlin 1925.

Hilferding, Rudolf, *Die Aufgaben der Sozialdemokratie in der Republik*, Berlin [1927].

Hoff, Curt, *Der Aufbau der Arbeitsgemeinschaft* (Veröffentlichungen des Reichsverbandes der Deutschen Industrie, Bd. 10), Berlin 1920.

Hoff, Curt, »Reichswirtschaftsrat«, in: *Sitzung des Hauptausschusses des Reichsverbandes der Deutschen Industrie (13. April 1920)* (Veröffentlichungen des Reichsverbandes der Deutschen Industrie, Bd. 12), Berlin 1920, S. 20–32.

Huber, Ernst Rudolf, *Das Deutsche Reich als Wirtschaftsstaat* (Recht und Staat in Geschichte und Gegenwart, Bd. 85), Tübingen 1931.

Huber, Ernst Rudolf, »Selbstverwaltung der Wirtschaft«, in: *Deutsches Volkstum* (1932), Heft 2, S. 883–889.

Huber, Ernst Rudolf, »Die Berufsstände und der Staat«, in: *Deutsches Volkstum* (1932), Heft 2, S. 953–958.

Isay, Hermann, *Das Rechtsgut des Wettbewerbsrechts*, Berlin 1933.

Isay, Rudolf, »Der Vernichtungszweck im Wettbewerbsrecht«, in: *GRUR* 1929, S. 1368–1380.

Isay, Rudolf/Nipperdey, Hans Carl, *Die Reform des Kartellrechts. Zwei Referate*, Berlin 1929.

Jäckel, Hermann, »Wirtschaftsdemokratie«, in: *Protokoll der Verhandlungen des 12. Kongresses der Gewerkschaften Deutschlands (2. Bundestag des Allgemeinen Deutschen Gewerkschaftsbundes). Abgehalten in Breslau vom 31. August bis 4. September 1925*, Berlin 1925, S. 202–216.

Kelemen, Sándor, *Kartellrechtliche Probleme im Lichte des internationalen Rechts. Eine kritische Studie über die Kartellbeschlüsse des Warschauer Kongresses der International Law Association und des Salzburger Deutschen Juristentages vom Jahre 1928* (Abhandlungen des Instituts für Internationales Recht an der Elisabeth-Universität in Pécs, Ungarn, Bd. 9), Pécs 1929.

Kelsen, Hans, »Vom Wesen und Wert der Demokratie [2. Aufl. 1929]«, in: ders., *Verteidigung der Demokratie. Abhandlungen zur Demokratietheorie*, hg. von Matthias Jestaedt/Oliver Lepsius, Tübingen 2006, S. 149–228.

Kelsen, Hans, »Wer soll der Hüter der Verfassung sein?«, in: ders., *Wer soll Hüter der Verfassung sein? Abhandlungen zur Theorie der Verfassungsgerichtsbarkeit in der pluralistischen, parlamentarischen Demokratie*, hg. von Robert Chr. Van Ooyen, Tübingen 2008, S. 58–105.

Keynes, John Meynard, *The Economic Consequences of the Peace*, London 1920.

Keynes, John Meynard, *Die wirtschaftlichen Folgen des Friedensvertrags*, München/Leipzig 1920.

Kirchheimer, Otto, *Die Grenzen der Enteignung. Ein Beitrag zur Entwicklungsgeschichte des Enteignungsinstituts und zur Auslegung des Art. 153 der Weimarer Verfassung*, Berlin/Leipzig 1930.

Kleinwächter, Friedrich, *Die Kartelle. Ein Beitrag zur Frage der Organisation der Volkswirthschaft*, Innsbruck 1883.

Kleinwächter, Friedrich, [Art.] »Kartelle«, in: *Handwörterbuch der Staatswissenschaften*, Bd. 5, Jena ^{2}1900, S. 39–45.

Kronheim, Walter, *Die staatsrechtliche Stellung des Reichswirtschaftsrats* (Diss. jur. Frankfurt), Frankfurt a.M. 1921.

Lautenbach, Wilhelm, »Möglichkeiten einer Konjunkturbelebung durch Investitionen und Kreditausweitung. Denkschrift«, in: Borchart/Schötz (Hg.), *Wirtschaftspolitik in der Krise*, S. 309–325.

Lederer, Emil, »Das ökonomische Element und die politische Idee im modernen Parteiwesen«, in: *Zeitschrift für Politik* 5 (1912), S. 535–557.

Lederer, Emil, »Probleme der Sozialisierung. Erster Bericht«, in: *Verhandlungen des Vereins für Sozialpolitik in Regensburg 1919* (Schriften des Vereins für Sozialpolitik, Bd. 159), München/Leipzig 1920, S. 99–116.

Lederer, Emil, *Planwirtschaft*, Tübingen 1932.

Lehnich, Oswald, *Kartelle und Staat unter Berücksichtigung der Gesetzgebung des In- und Auslandes*, Berlin 1928.

Leipart, Theodor, »Gewerkschaften und Reichswirtschaftsrat«, in: *Die Arbeit* 1 (1924), S. 193–200.

List, Erich, *Der Berufsständegedanken in der deutschen Verfassungsdiskussion seit 1919* (Diss. jur. Leipzig), Leipzig 1930.

Lobe, Adolf, »Zur gesetzlichen Regelung des Zugabewesens«, in: *MuW* 13 (1913/14), S. 426–435.

Lobe, Adolf, *Die Wertreklame in wirtschaftlicher und juristischer Beurteilung. Gutachten*, Hannover 1928.

Manoïlescu, Mihaïl, *Le Siècle du corporatisme. Doctrine du corporatisme intégral et pur*, Paris 1934.

Marbe, Karl, *Psychologie der Wertreklame*, Stuttgart 1930.

Mitzlaff, Paul, »Die Zuständigkeit der Bezirkswirtschaftsräte«, in: *Recht und Wirtschaft* 10 (1921), S. 121–125.

Moellendorff, Wichard von, *Deutsche Gemeinwirtschaft*, Berlin 1916.

Moellendorff, Wichard von, »Zur Geschichte der Planwirtschaft«, in: *Recht und Wirtschaft* 9 (1920), S. 9–11.

Moellendorff, Wichard von, »Der Reichswirtschaftsrat«, in: ders., *Konservativer Sozialismus*, S. 255–259.

Moellendorff, Wichard von, *Konservativer Sozialismus*, hg. von Hermann Curth, Hamburg 1932.

Naphtali, Fritz, »Die Wirtschaftsenquete«, in: *Sozialistische Monatshefte* 32 (1926), Heft 7, S. 456–459.

Naphtali, Fritz, *Kapitalkontrolle* (Deutsche Gemeinwirtschaft, Bd. 8), Jena 1919.

Naphtali, Fritz, »Die Verwirklichung der Wirtschaftsdemokratie«, in: *Protokoll der Verhandlungen des 13. Kongresses der Gewerkschaften Deutschlands (3. Bundestag des Allgemeinen Deutschen Gewerkschaftsbundes). Abgehalten in Hamburg vom 3. bis 7. September 1928*, Berlin 1928, S. 170–190.

Naphtali, Fritz u.a., *Wirtschaftsdemokratie. Ihr Wesen, Weg und Ziel*, Berlin 1928.

Nawiasky, Hans, »Grundlegende Rechtsfragen der berufsständischen Ordnung«, in: *Monatsschrift für Kultur und Politik* 2 (1927), Heft 8, S. 708–717.

Neisser, Hans, »Für und wider die Arbeitsbeschaffung«, in: *Die Arbeit* (1931), Heft 1, S. 36–41.

Neisser, Hans, »Kredit und Konjunktur nach J. M. Keynes«, in: *Weltwirtschaftliches Archiv* 34 (1931), S. 1–15.

Neumann, Franz, »Der Salzburger Juristentag«, in: *Die Arbeit* 5 (1928), Heft 10, S. 656–662.

Neumann, Franz, [Rez.] »Friedrich Glum, Der Deutsche und der Französische Reichswirtschaftsrat (1929)«, in: *Die Arbeit* 6 (1929), Heft 10, S. 667–668.

Neumann, Franz, »Die soziale Bedeutung der Grundrechte in der Weimarer Verfassung«, in: *Die Arbeit* 7 (1930), Heft 9, S. 569–582.

Neumann, Franz, »Der Entwurf eines Kartell- und Monopolgesetzes«, in: *Die Arbeit* (1930), Heft 12, S. 773–791.

Neumann, Franz, »Über die Voraussetzungen und den Rechtsbegriff einer Wirtschaftsverfassung«, in: *Die Arbeit* 8 (1931), Heft 6, S. 588–606.

Nipperdey, Hans Carl, »Wettbewerb und Existenzvernichtung«, in: *Kartell-Rundschau* (1930), S. 127–152.

Nussbaum, Arthur, *Das neue deutsche Wirtschaftsrecht. Eine systematische Übersicht über die Entwicklung des Privatrechts und der benachbarten Rechtsgebiete seit Ausbruch des Weltkrieges*, Berlin ²1922.

Pelka, Georg, *Warum ein gesetzliches Zugabenverbot. Leitfaden für die Gesamtwirtschaft*, Brandenburg 1929.

Pelka, Georg, *Gegen das Zugabenunwesen. Für ein gesetzliches Verbot*, Brandenburg 1929.

Planck, Reinhold, *Vom Privatrecht zum Gemeinrecht. Der Weg zur Selbsterneuerung des deutschen Volkes* (Deutsche Gemeinwirtschaft, Bd. 3), Jena 1919.

Plötz, Georg, *Der Reichswirtschaftsrat*, Berlin 1920.

Pothmann, Wilhelm, *Der Reichswirtschaftsrat* (Arbeitgeberverband der Gas-, Wasser- und Elektrizitätswerke Mitteldeutschlands, Veröffentlichungen, Bd. 22), Erfurt 1929.

Potthoff, Heinz, *Was heißt Volkswirtschaft?* (Deutsche Gemeinwirtschaft, Bd. 11), Jena 1919.

Radbruch, Gustav, »Die politischen Parteien im System des deutschen Verfassungsrechts«, in: Anschütz/Thoma (Hg.), *Handbuch des Deutschen Staatsrechts I*, S. 285–294.

Rathenau, Walther, *Die neue Wirtschaft*, Berlin 1918.

Reinhardt, Fritz, *Die Arbeitsschlacht der Reichsregierung*, Berlin 1934.

Römer, Josef, *Der Gedanke der Berufsständischen Vertretung und der Reichswirtschaftsrat* (Diss. jur.), Würzburg 1921.

Röpke, Wilhelm, »Praktische Konjunkturpolitik. Die Arbeit der Brauns-Kommission«, in: *Weltwirtschaftliches Archiv* 34 (1931), S. 423–464.

Rosenthal, Alfred, »Die Gesetzesvorschläge betreffend das Zugabewesen«, in: *GRUR* (1913), S. 92–94.

Rückert, Hans, *Wettbewerbsgrenzen und Kundenbevorteilung. Ein Beitrag zum Rabatt- und Zugabewesen* (Veröffentlichungen der Industrie- und Handelskammer Leipzig, Bd. 9), Leipzig 1929.

Schäfer, Heinrich, *Reichsverfassung und Rätesystem. Diktatur oder Demokratie?*, Köln 1920.

Schäffer, Hans, *Der Vorläufige Reichswirtschaftsrat. Kommentar der Verordnung vom 4. Mai 1920*, München u.a. 1920.

Schäffer, Hans, »Der Vorläufige Reichswirtschaftsrat und seine Kritiker«, in: *Recht und Wirtschaft* 10 (1921), S. 141–143.

Schäffer, Hans, »Kartelle und Konzerne«, in: Bernhard Harms (Hg.), *Strukturwandlungen der Deutschen Volkswirtschaft. Vorlesungen gehalten in der Deutschen Vereinigung für Staatswissenschaftliche Fortbildung, Erster Bd.*, Berlin ²1929, S. 327–361.

Schmitt, Carl, *Die geistesgeschichtliche Lage des heutigen Parlamentarismus* [²1926], Berlin ⁸1996.

Schmitt, Carl, *Verfassungslehre [1928]*, Berlin ⁹2003.

Schmitt, Carl, »Das Zeitalter der Neutralisierungen und Entpolitisierungen«, in: ders., *Der Begriff des Politischen. Text von 1932 mit einem Vorwort und drei Corollarien*, Berlin ⁷2002, S. 79–95.

Schmitt, Carl, »Die Wendung zum totalen Staat (1931)«, in: ders., *Positionen und Begriffe im Kampf mit Weimar – Genf – Versailles 1923–1939*, Hamburg 1940, S. 146–157.

Schmitt, Carl, »Weiterentwicklung des totalen Staats in Deutschland (Januar 1933)«, in: ders., *Positionen und Begriffe*, S. 185–190.

Schwarzkopf, Karl, »Rückblick auf die ersten beiden Arbeitsjahre des Vorläufigen Reichswirtschaftsrats«, in: *Recht und Wirtschaft* 11 (1922), Sp. 601–610.

Simons, Walter, »Die Wirtschaftspolitik des Reichsverbandes der Deutschen Industrie«, in: *Bericht über die erste ordentliche Mitgliederversammlung des Reichsverbandes der Deutschen Industrie (14. April 1920)* (Veröffentlichungen des Reichsverbandes der Deutschen Industrie, Bd. 13), Berlin 1920, S. 7–26.

Sinzheimer, Hugo, *Ein Arbeitstarifgesetz. Die Idee der sozialen Selbstbestimmung im Recht* [1916], Tübingen ²1977.

Sinzheimer, Hugo, »Der Rätegedanke und die Reichsverfassung. Rede, gehalten auf dem Parteitag der Sozialdemokratischen Partei Deutschlands am 12. Juni 1919 in Weimar«, in: ders., *Das Rätesystem. Zwei Vorträge zur Einführung in den Rätegedanken*, Frankfurt a.M. 1919, S. 5–23.

Sinzheimer, Hugo, »Die praktische Ausgestaltung des Rätegedankens. Rede, gehalten in der Versammlung der Arbeiterräte und Funktionäre der Soz. Partei Groß-Berlins in Berlin am 10. Oktober 1919«, in: ders., *Rätesystem*, S. 25–37.

Smend, Rudolf, *Verfassung und Verfassungsrecht*, München/Leipzig 1928.

Sombart, Werner, *Der moderne Kapitalismus, 3 Bde.*, Leipzig u.a. 1902/1927.

Sombart, Werner, *Die Ordnung des Wirtschaftslebens*, Berlin ²1927.

Sombart, Werner, »Die Wandlungen des Kapitalismus«, in: Franz Boese (Hg.), *Verhandlungen des Vereins für Socialpolitik in Zürich, 13.-15. September 1928* (Schriften des Vereins für Socialpolitik, Bd. 175), München/Leipzig 1929, S. 23–41.

Spann, Othmar, *Der wahre Staat. Vorlesungen über Abbruch und Neubau der Gesellschaft* [1921], Jena ⁴1938.

Straßer, Gregor, *Das wirtschaftliche Aufbauprogramm der NSDAP. Eine Rede Gregor Straßers, gehalten vor 15000 nationalsozialistischen Betriebszellenmitgliedern am 20. Oktober 1932 im Berliner Sportpalast*, Berlin 1932.

Tarnow, Fritz, »Die grosse Wirtschaftsenquete«, in: *Die Arbeit* 3 (1926), S. 413–419.

Tarnow, Fritz, »Warum der Reichswirtschaftsrat nicht endgültig werden konnte. Ein Beitrag zur Psychologie der ›Interessentenhaufen‹«, in: *Gewerkschaftszeitung* 40 (1930), S. 484–486.

Tatarin-Tarnheyden, Edgar, *Die Berufsstände. Ihre Stellung im Staatsrecht und die Deutsche Wirtschaftsverfassung*, Berlin 1922.

Tatarin-Tarnheyden, Edgar, »Kopfzahldemokratie, organische Demokratie und Oberhausproblem«, in: *Zeitschrift für Politik* 15 (1926), S. 97–122.

Tatarin-Tarnheyden, Edgar, »Artikel 165: Recht der Berufsstände und Wirtschaftsdemokratie«, in: Hans Carl Nipperdey (Hg.), *Die Grundrechte und Grundpflichten der Reichsverfassung. Kommentar zum zweiten Teil der Reichsverfassung, Bd. 3: Artikel 143–165 und »Zur Ideengeschichte der Grundrechte«*, Berlin 1930, S. 519–598.

Tatarin-Tarnheyden, Edgar, *Berufsverbande und Wirtschaftsdemokratie. Ein Kommentar zu Artikel 165 der Reichsverfassung*, Berlin 1930.

Tatarin-Tarnheyden, Edgar, »Verfassungsneubau zum völkischen Rechtsstaat«, in: *DJZ* 38 (1933), Sp. 1224–1229.

Tatarin-Tarnheyden, Edgar, *Werdendes Staatsrecht. Gedanken zu einem organischen und deutschen Verfassungsneubau*, Berlin 1934.

Tatarin-Tarnheyden, Edgar, *Der Einfluß des Judentums in Staatsrecht und Staatslehre* (Das Judentum in der Rechtswissenschaft, Bd. 5), Berlin 1937.

Teschemacher, Hermann, *Der Berufsstand im Lichte der Staatslehre und die Rechtsstellung der berufsständischen Organisation im Rahmen des Artikels 165 Reichsverfassung* (Diss. jur. Erlangen), München u.a. 1933.

Thoma, Richard, »Das Reich als Demokratie«, in: Anschütz/ders. (Hg.), *Handbuch des Deutschen Staatsrechts I*, S. 186–200.

Tschierschky, Siegfried, *Wirtschaftsverfassung*, Breslau 1924.

Tschierschky, Siegfried, »Der 35. Deutsche Juristentag zur Kartellfrage«, in: *Kartell-Rundschau* 26 (1928), S. 487–504.

Tschierschky, Siegfried, »Die amtlichen Preissenkungsbestrebungen auf Grund der Kartell-NotVo«, in: *Kartell-Rundschau* 28 (1930), S. 603–617.

Vogel, Emanuel Hugo, *Grundzüge einer sozialorganischen Privatwirtschaftsverfassung. Eine verfassungspolitische Studie zur Frage: Ständischer Wirtschaftsstaat oder sozialorganische Kooperativverfassung*, Berlin 1931.

Wagemann, Ernst, *Geld- und Kreditreform*, Berlin 1932.

Weber, Max, *Soziologische Grundbegriffe*, Tübingen [6]1984.

Weber, Max, *Wirtschaft und Gesellschaft. Grundriss der verstehenden Soziologie. 2 Teile in einem Band*, Frankfurt a.M. 2010.

Wiese, Leopold von, »Die Probleme der »Sozialisierung«. Vierter Bericht«, in: *Verhandlungen des Vereins für Sozialpolitik in Regensburg 1919* (Schriften des Vereins für Sozialpolitik, Bd. 159), München/Leipzig 1920, S. 251–260.

Wissell, Rudolf, *Praktische Wirtschaftspolitik. Unterlagen zur Beurteilung einer fünfmonatlichen Wirtschaftsführung*, Berlin 1919.

Wissell, Rudolf/Moellendorff, Wichard von, *Wirtschaftliche Selbstverwaltung. Zwei Kundgebungen des Reichswirtschaftsministeriums* (Deutsche Gemeinwirtschaft, Bd. 10), Jena 1919.

Woytinsky, Wladimir, »Aktive Wirtschaftspolitik«, in: *Die Arbeit* 8 (1931), Heft 6, S. 413–440.

Literatur seit 1945

Abelshauser, Werner, »Freiheitlicher Korporatismus im Kaiserreich und in der Weimarer Republik«, in: ders. (Hg.), *Die Weimarer Republik als Wohlfahrtsstaat. Zum Verhältnis von Wirtschafts- und Sozialpolitik in der Industriegesellschaft* (VSWG Beihefte, Bd. 81), Stuttgart 1987, S. 147–170.

Abelshauser, Werner, »Kriegswirtschaft und Wirtschaftswunder. Deutschlands wirtschaftliche Mobilisierung für den Zweiten Weltkrieg und die Folgen für die Nachkriegszeit«, in: *VfZ* 47 (1999), S. 503–538.

Albrecht, Klaus L., *Hugo Sinzheimer in der Weimarer Nationalversammlung. Sein Beitrag zum wirtschaftlichen Rätesystem und zu den arbeits- und wirtschaftsrechtlichen Grundrechten der Reichsverfassung* (Diss. jur. Frankfurt), Frankfurt a.M. 1970.

Alemann, Ulrich von (Hg.), *Neokorporatismus*, Frankfurt/New York 1981.

Alemann, Ulrich von, *Organisierte Interessen in der Bundesrepublik* (Grundwissen Politik, Bd. 1), Opladen [2]1989.

Alemann, Ulrich von, *Das Parteiensystem der Bundesrepublik Deutschland*, Bonn 2003.

Alemann, Ulrich von/Eckert, Florian, »Lobbyismus als Schattenpolitik«, in: *APuZ* 15–16 (2006), S. 3–10.

Ambrosius, Gerold, *Der Staat als Unternehmer. Öffentliche Wirtschaft und Kapitalismus seit dem 19. Jahrhundert*, Göttingen 1984.

Ambrosius, Gerold, »Ansätze einer gemeinwirtschaftlichen Theorie öffentlicher Unternehmen in der Weimarer Republik«, in: *Zeitschrift für öffentliche und gemeinwirtschaftliche Unternehmen* 3 (1980), S. 141–158.

Ambrosius, Gerold, *Staat und Wirtschaftsordnung. Eine Einführung in Theorie und Geschichte* (Grundzüge der modernen Wirtschaftsgeschichte, Bd. 3), Stuttgart 2001.

Ambrosius, Gerold, »Agrarstaat oder Industriestaat – Industriegesellschaft oder Dienstleistungsgesellschaft? Zum sektoralen Strukturwandel im 20. Jahrhundert«, in: Reinhard Spree (Hg.), *Geschichte der deutschen Wirtschaft im 20. Jahrhundert*, München 2001, S. 50–69.

Ambrosius, Gerold/Hubbart, William H., *Sozial- und Wirtschaftsgeschichte Europas im 20. Jahrhundert*, München 1986.

Bähr, Johannes, *Staatliche Schlichtung in der Weimarer Republik. Tarifpolitik, Korporatismus und industrieller Konflikt zwischen Inflation und Deflation 1919–1932* (Einzelveröffentlichungen der Historischen Kommission zu Berlin, Bd. 68), Berlin 1989.

Bähr, Johannes, »›Recht der staatlich organisierten Wirtschaft‹. Ordnungsvorstellungen und Wandel der deutschen Wirtschaftsrechtslehre im ›Dritten Reich‹«, in: ders./Ralf Banken (Hg.), *Wirtschaftssteuerung durch Recht im Nationalsozialismus. Studien zur Entwicklung des Wirtschaftsrechts im Interventionsstaat des »Dritten Reichs«* (Das Europa der Diktaturen, Bd. 9), Frankfurt a.M. 2006, S. 445–468.

Bähr, Johannes, *Carl Friedrich von Siemens 1872–1941. Ein Unternehmer in Zeiten des Umbruchs*, München 2023.

Bähr, Johannes/Kopper, Christopher, *Industrie, Politik, Gesellschaft. Der BDI und seine Vorgänger 1919–1990*, Göttingen 2019.

Bender, Gerd: »Korporatismus und industrielle Moderne – soziologische Aspekte«, in: Aldo Mazzacane u.a. (Hg.), *Korporativismus in den südeuropäischen Diktaturen. Il corporativismo nelle dittature sudeuropee* (Das Europa der Diktaturen, Bd. 6), Frankfurt a.M. 2005, S. 49–61.

Bender, Gerd, »Tarifautonomie, Regulierte Selbstregulierung, Korporatismus. Eine Skizze«, in: Peter Collin u.a. (Hg.), *Regulierte Selbstregulierung im frühen Interventions- und Sozialstaat* (Moderne Regulierungsregime, Bd. 2), Frankfurt a.M. 2012, S. 53–67.

Benz, Arthur, »Das Zusammenspiel der Ebenen beim expliziten und impliziten Verfassungswandel«, in: Christoph Hönnige u.a. (Hg.), *Verfassungswandel im Mehrebenensystem*, Wiesbaden 2011, S. 21–40.

Berger, Peter L./Luckmann, Thomas, *Die gesellschaftliche Konstruktion der Wirklichkeit. Eine Theorie der Wissenssoziologie*, Frankfurt a.M. ^{21}2007.

Berghoff, Hartmut/Köhler, Ingo/Wixforth, Harald, »Navigation im Meer der Interessen. Binnenwirtschaftspolitische Steuerungsinitiativen des Reichswirtschaftsministeriums«, in: Holtfrerich (Hg.), *Reichswirtschaftsministerium*, S. 421–516.

Berndt, Roswitha, »Der Vorläufige Reichswirtschaftsrat 1920–1932. Ein Beitrag zur ›Verankerung der Räte in der Weimarer Verfassung‹«, in: *Wissenschaftliche Zeitschrift der Martin-Luther-Universität Halle-Wittenberg, Gesellschafts- und Sprachwissenschaftliche Reihe* 21 (1972), S. 53–63.

Beyme, Klaus von, »Der liberale Korporatismus als Mittel gegen die Unregierbarkeit?«, in: Alemann (Hg.), *Neokorporatismus*, S. 80–91.

Beyme, Klaus von, »Der Neokorporatismus – Neuer Wein in alte Schläuche?«, in: *GuG* 10 (1984), S. 211–233.

Biebricher, Thomas, *Die politische Theorie des Neoliberalismus*, Berlin 2021.

Biechele, Eckhard, *Der Kampf um die Gemeinwirtschaftskonzeption des Reichswirtschaftsministeriums im Jahre 1919. Eine Studie zur Wirtschaftspolitik unter Reichswirtschaftsminister Rudolf Wissell in der Frühphase der Weimarer Republik* (Diss. phil. Berlin), Berlin 1973.

Blaich, Fritz, *Staat und Verbände in Deutschland zwischen 1871 und 1945* (Wissenschaftliche Paperbacks, Bd. 14), Wiesbaden 1979.

Blaich, Fritz, *Der Schwarze Freitag. Inflation und Weltwirtschaftskrise*, München 1985.

Blanke, Sandro, »[Art.] Hugo Sinzheimer«, in: *NDB* Bd. 24, Berlin 2010, S. 474–475.

Blasius, Dirk, *Weimars Ende. Bürgerkrieg und Politik 1930–1933*, Frankfurt a.M. 2008.

Böckenförde, Ernst-Wolfgang, »Die Entstehung des Staates als Vorgang der Säkularisation«, in: ders., *Recht, Staat, Freiheit. Studien zur Rechtsphilosophie, Staatstheorie und Verfassungsgeschichte*, Frankfurt a.M. 1991, S. 92–114.

Bogner, Alexander, *Die Epistemisierung des Politischen. Wie die Macht des Wissens die Demokratie gefährdet*, Bonn 2021.

Bohn, Sascha, *Die Idee vom deutschen Ständestaat. Ständische, Berufsständische und Korporative Konzepte zwischen 1918 und 1933*, Hamburg 2011.

Boldorf, Marcel (Hg.), *Deutsche Wirtschaft im Ersten Weltkrieg* (Handbücher zur Wirtschaftsgeschichte), Berlin/Boston 2020.

Boldorf, Marcel, »Forschungsfragen und Wissensstände«, in: ders. (Hg.), *Deutsche Wirtschaft*, S. 3–19.

Boldorf, Marcel, »Ordnungspolitik und kriegswirtschaftliche Lenkung«, in: ders. (Hg.), *Deutsche Wirtschaft*, S. 23–65.

Boldt, Hans, »[Art.] Parlament, parlamentarische Regierung, Parlamentarismus«, in: *Geschichtliche Grundbegriffe* Bd. 4, Stuttgart 2004, S. 649–676.

Boldt, Hans, »Parlamentarismustheorie: Bemerkungen zu ihrer Geschichte in Deutschland«, in: *Der Staat* 19 (1980), S. 385–412.

Boldt, Hans, »Demokratie in krisengeschüttelter Zeit«, in: Christoph Gusy (Hg.), *Demokratisches Denken in der Weimarer Republik* (Interdisziplinäre Studien zu Recht und Staat, Bd. 16), Baden-Baden 2000, S. 608–634.

Boldt, Hans, »Weimar: Verfassung ohne Verfassungskultur«, in: Detlef Lehnert (Hg.), *Konstitutionalismus in Europa. Entwicklung und Interpretation* (Historische Demokratieforschung, Bd. 7), Köln u.a. 2014, S. 223–238.

Bollmeyer, Heiko, »Repräsentative Partizipation? Parlamentskonzeptionen in den Verfassungsberatungen von Weimar 1919«, in: Christoph Gusy/Heinz-Gerhard Haupt (Hg.), *Inklusion und Partizipation. Politische Kommunikation im historischen Wandel* (Historische Politikforschung, Bd. 2), Frankfurt/New York 2005, S. 113–133

Borchardt, Knut, »Zwangslagen und Handlungsspielräume in der großen Weltwirtschaftskrise der frühen dreißiger Jahre: zur Revision des überlieferten Geschichtsbildes [1979]«, in: ders., *Wachstum, Krisen, Handlungsspielräume der Wirtschaftspolitik. Studien zur Wirtschaftsgeschichte des 19. und 20. Jahrhunderts* (Kritische Studien zur Geschichtswissenschaft, Bd. 50), Göttingen 1982, S. 165–182.

Borchardt, Knut, »Noch einmal: Alternativen zu Brünings Wirtschaftspolitik?«, in: *HZ* 237 (1983), S. 67–83.

Borchardt, Knut, »Zum Scheitern eines produktiven Diskurses über das Scheitern der Weimarer Republik: Replik auf Claus-Dieter Krohns Diskussionsbemerkungen«, in: *GuG* 9 (1983), S. 124–137.

Borchardt, Knut, »Wege aus der Arbeitslosigkeit: Die Diskussion in Deutschland in den frühen dreißiger Jahren«, in: *Vierteljahreshefte zur Wirtschaftsforschung* (1984), S. 6–16.

Borchardt, Knut, »Das Gewicht der Inflationsangst in den wirtschaftspolitischen Entscheidungsprozessen während der Weltwirtschaftskrise«, in: Gerald D. Feldman (Hg.), *Die Nachwirkungen der Inflation auf die deutsche Geschichte 1924–1933* (Schriften des Historischen Kollegs, Kolloquien 6), München 1985, S. 233–260.

Borchardt, Knut, »Einleitung«, in: ders./Schötz (Hg.), *Wirtschaftspolitik in der Krise*, S. 17–52.

Borchardt, Knut, »[Art.] Neisser, Hans Philip«, in: *NDB* 19, Berlin 1999, S. 53–54.

Borchardt, Knut, »Eine Alternative zu Brünings Sparkurs? Zu Paul Köppens Erfindung französischer Kreditangebote«, in: *VfZ* 63 (2015), S. 229–239.

Borchardt, Knut/Schötz, Hans Otto (Hg.), *Wirtschaftspolitik in der Krise. Die (Geheim-)Konferenz der Friedrich-List-Gesellschaft im September 1931 über Möglichkeiten und Folgen einer Kreditausweitung* (Monographien der List-Gesellschaft e.V., Neue Folge, Bd. 13), Baden-Baden 1991.

Bremer, Klaus J., »Die Kartellverordnung von 1923. Entstehung, Inhalt und praktische Anwendung«, in: Hans Pohl (Hg.), *Kartelle und Kartellgesetzgebung in Praxis und Rechtsprechung vom 19. Jahrhundert bis zur Gegenwart* (Nassauer Gespräche, Bd. 1), Stuttgart 1985, S. 111–128.

Buchheim, Christoph, »Die Erholung von der Weltwirtschaftskrise 1932/33 in Deutschland«, in: *Jahrbuch für Wirtschaftsgeschichte* (2003), Heft 1, S. 13–26.

Buchheim, Christoph, »Das NS-Regime und die Überwindung der Weltwirtschaftskrise in Deutschland«, in: *VfZ* 56 (2008), S. 381–414.

Buchstein, Hubertus/Göhler, Gerhard, »Ernst Fraenkel (1898–1975)«, in: Wilhelm Bleek/Hans J. Lietzmann (Hg.), *Klassiker der Politikwissenschaft. Von Aristoteles bis David Easton*, München 2005, S. 151–164.

Büttner, Ursula, »Politische Alternativen zum Brüningschen Deflationskurs. Ein Beitrag zur Diskussion ›ökonomischer Zwangslagen‹ in der Endphase der Weimarer Republik«, in: *VfZ* 37 (1989), S. 209–251.

Büttner, Ursula, *Weimar. Die überforderte Republik 1918–1933*, Bonn 2008.

Büttner, Ursula, »Ausgeforscht? Die Weimarer Republik als Gegenstand historischer Forschung«, in: *APuZ* 18–20 (2018), S. 19–26.

Büttner, Ursula, »Verfassung in spannungsreicher Zeit: Die Weimarer Republik«, in: Voigt (Hg.), *Aufbruch zur Demokratie*, S. 31–43.

Buggeln, Marc/Wildt, Michael (Hg.), *Arbeit im Nationalsozialismus*, München 2014.

Burhop, Carsten, *Wirtschaftsgeschichte des Kaiserreichs 1817–1918*, Göttingen 2011.

Collin, Peter, »Regulierte Selbstregulierung der Wirtschaft. Neue Normstrukturierungen im späten 19. und frühen 20. Jahrhundert«, in: *ZNR* 37 (2015), S. 10–31.

Collin, Peter, *Privat-staatliche Regulierungsstrukturen im frühen Industrie- und Sozialstaat* (Methodica. Einführungen in die rechtshistorische Forschung, Bd. 2), Berlin/Boston 2016.

Collin, Peter, »The Legitimation of Self-Regulation and Co-Regulation in Corporatist Concepts of Legal Scholars in the Weimar Republic«, in: *Politics and Governance* 5 (2017), S. 15–25.

Czada, Roland, »Konjunkturen des Korporatismus: Zur Geschichte eines Paradigmenwechsels in der Verbändeforschung«, in: Wolfgang Streeck (Hg.), *Staat und Verbände* (PVS Sonderheft 25/1994), Opladen 1994, S. 37–64.

Doering-Manteuffel, Anselm, »Ordnung jenseits der politischen Systeme: Planung im 20. Jahrhundert«, in: *GuG* 34 (2008), S. 398–406.

Dörre, Klaus, »Die neue Landnahme. Dynamiken und Grenzen des Finanzkapitalismus, in: ders./ Stephan Lessenich/Hartmut Rosa, *Soziologie – Kapitalismus – Kritik. Eine Debatte*, Frankfurt a.M. 2009, S. 21–86.

Dörre, Klaus/Lessenich, Stephan/Rosa, Hartmut, »Landnahme – Beschleunigung – Aktivierung: Eine Zwischenbetrachtung im Prozess der gesellschaftlichen Transformation«, in: dies., *Soziologie – Kapitalismus – Kritik. Eine Debatte*, Frankfurt a.M. 2009, S. 295–303.

Dreier, Horst, »Nachwort: Was ist doppelt am ›Doppelstaat‹? Zu Rezeption und Bedeutung der klassischen Studie von Ernst Fraenkel«, in: Ernst Fraenkel, *Der Doppelstaat*, hg. von Alexander v. Brünneck, Hamburg [3]2012, S. 274–300.

Dreier, Horst, »Grundrechte in der Zwischenkriegszeit«, in: ders., *Staatsrecht in Demokratie und Diktatur. Studien zur Weimarer Republik und zum Nationalsozialismus*, hg. von Matthias Jestaedt/ Stanley L. Paulson, Tübingen 2016, S. 125–183.

Dreier, Horst, »Verfassungsgerichtsbarkeit in der Weimarer Republik«, in: ders., *Staatsrecht*, S. 59–123

Dreier, Horst/Waldhoff, Christian (Hg.), *Das Wagnis der Demokratie. Eine Anatomie der Weimarer Reichsverfassung*, Bonn 2019.

Dumont, Louis, *Homo aequalis. Genèse et épanouissement de l'idéologie économique* (Bibliothèque des Sciences Humaines), [Paris] 1977.

Ebbinghaus, Bernhard, *Can Path Dependence Explain Institutional Change? Two Approaches Applied to Welfare State Reform* (MPIfG Discussion Papers 05/2), 2005.

Ehlert, Hans Gotthard, *Die wirtschaftliche Zentralbehörde des Deutschen Reiches 1914 bis 1919. Das Problem der »Gemeinwirtschaft« in Krieg und Frieden* (Beiträge zur Wirtschafts- und Sozialgeschichte, Bd. 19), Wiesbaden 1982.

Eyll, Klara von, »Berufsständische Selbstverwaltung«, in: *Deutsche Verwaltungsgeschichte, Bd. 4: Das Reich als Republik und in der Zeit des Nationalsozialismus*, hg. von Kurt G. A. Jeserich u.a., Stuttgart 1985, S. 66–76.

Falter, Jürgen/Lindenberger, Thomas/Schumann, Siegfried, *Wahlen und Abstimmungen in der Weimarer Republik. Materialien zum Wahlverhalten 1919–1933*, München 1986.

Faulenbach, Bernd, *Geschichte der SPD. Von den Anfängen bis zur Gegenwart*, München 2012.

Feldman, Gerald D., »Der deutsche Organisierte Kapitalismus während der Kriegs- und Inflationsjahren 1914–1923«, in: Winkler (Hg.), *Organisierter Kapitalismus*, S. 150–171.

Feldman, Gerald D./Steinisch, Irmgard, *Industrie und Gewerkschaften 1918–1924. Die überforderte Zentralarbeitsgemeinschaft* (Schriftenreihe der VfZ, Bd. 50), Stuttgart 1985.

Feldman, Gerald D., *The Great Disorder. Politics, Economics, and Society in the German Inflation, 1914–1924*, New York/Oxford 1993.

Fisch, Stefan, »Wirtschaftliche Zentralstellen in Deutschland bis zur Gründung eines eigenständigen Reichswirtschaftsamts 1917«, in: Holtfrerich (Hg.), *Reichswirtschaftsministerium*, S. 27–95.

Fisch, Stefan, »Strukturwandel von Reichswirtschaftsamt und Reichswirtschaftsministerium im Übergang zur Weimarer Republik«, in: Holtfrerich (Hg.), *Reichswirtschaftsministerium*, S. 96–145.

Fischer, Albert, »Staatsverschuldung in der Weimarer Republik«, in: Thorsten Beigel/Georg Eckert (Hg.), *Vom Wohl und Wehe der Staatsverschuldung. Erscheinungsformen und Sichtweisen von der Antike bis zur Gegenwart*, Münster 2013, S. 199–222.

Föllmer, Moritz/Graf, Rüdiger (Hg.), *Die »Krise« der Weimarer Republik. Zur Kritik eines Deutungsmusters*, Frankfurt/New York 2005.

Föllmer, Moritz/Graf, Rüdiger/Leo, Per, »Einleitung: Die Kultur der Krise in der Weimarer Republik«, in: Föllmer/Graf (Hg.), *»Krise« der Weimarer Republik*, S. 9–41.

Forsthoff, Ernst, »Zur Problematik des Bundeswirtschaftsrates«, in: *Die öffentliche Verwaltung* 5 (1952), S. 714–717.

Foucault, Michel, *Die Geburt der Biopolitik. Geschichte der Gouvernementalität II. Vorlesungen am Collège de France 1978–1979*, hg. von Michel Sennelart, Frankfurt a. M. 2006.

Fraenkel, Ernst, »Der Pluralismus als Strukturelement der freiheitlich-rechtsstaatlichen Demokratie [1964]«, in: ders., *Gesammelte Schriften, Bd. 5: Demokratie und Pluralismus*, hg. von Alexander v. Brünneck, Baden-Baden 2007, S. 256–280.

Fraenkel, Ernst, »Hugo Sinzheimer«, in: *JZ* 15 (1958), S. 457–461.

Fraenkel, Ernst, »Rätemythos und soziale Selbstbestimmung. Ein Beitrag zur Verfassungsgeschichte der deutschen Revolution«, in: *APuZ* (1971), Heft B 14, S. 3–26.

Ganghof, Steffen/Schulze, Kai, »Vetospieler und Institutionen«, in: Georg Wenzelburger/Reimut Zohlnhöfer (Hg.), *Handbuch Policy-Forschung*, Wiesbaden 2015, S. 113–148.

Geberth, Rolf, *Bundeswirtschaftsrat und Conseil économique. Die französischen Erfahrungen als Hinweis auf die Zweckmäßigkeit deutscher Pläne zur Errichtung eines zentralen Wirtschaftsrates* (Diss. Univ. Mainz 1960), Mainz 1960.

Giddens, Anthony, *Die Konstitution der Gesellschaft. Grundzüge einer Theorie der Strukturierung* (Theorie und Gesellschaft, Bd. 1), Frankfurt/New York [3]1997.

Graf, Rüdiger, »Optimismus und Pessimismus in der Krise – der politisch-kulturelle Diskurs in der Weimarer Republik«, in: Hardtwig (Hg.), *Ordnungen in der Krise*, S. 117–140.

Graf, Rüdiger, *Die Zukunft der Weimarer Republik. Krisen und Zukunftsaneignungen in Deutschland 1918–1933* (Ordnungssysteme, Bd. 24), München 2008.

Graf, Rüdiger, »Either-Or: The Narrative of ›Crisis‹ in Weimar Germany and in Historiography«, in: *Central European History* 43 (2010), S. 592–615.

Grebing, Helga, *Arbeiterbewegung. Sozialer Protest und kollektive Interessenvertretung bis 1914*, München [3]1993.

Greidel, Rolf-Peter, »Der sozial-ökonomische Rat der Niederlande. Institutionelle Wahrnehmung organisierter Interessen«, in: *Jahrbuch des öffentlichen Rechts der Gegenwart* 32 (1983), S. 219–296.

Grimm, Dieter, *Die Bedeutung der Weimarer Verfassung in der deutschen Verfassungsgeschichte. Vortrag am 10. Oktober 1989 in der Reichspräsident-Friedrich-Ebert-Gedenkstätte*, [Heidelberg] 1990.

Groh, Dieter/Brandt, Peter, *›Vaterlandslose Gesellen‹. Sozialdemokratie und Nation 1860–1990*, München 1992.

Gusy, Christoph, *Die Weimarer Reichsverfassung*, Tübingen 1997.

Gusy, Christoph (Hg.), *Demokratie in der Krise: Europa in der Zwischenkriegszeit* (Interdisziplinäre Studien zu Recht und Staat, Bd. 45), Baden-Baden 2008.

Gusy, Christoph, »Verfassungsumbruch bei Kriegsende«, in: ders. (Hg.), *Demokratie in der Krise*, S. 15–51.

Gusy, Christoph, »Die Weimarer Verfassung und ihre Wirkung auf das Grundgesetz«, in: *Die Weimarer Verfassung. Wert und Wirkung für die Demokratie*, hg. von der Friedrich-Ebert-Stiftung, Berlin 2009, S. 27–50.

Gusy, Christoph, »Die Weimarer Verfassung zwischen Überforderung und Herausforderung«, in: *Der Staat* 55 (2016), S. 291–318.

Gusy, Christoph, *100 Jahre Weimarer Verfassung. Eine gute Verfassung in schlechter Zeit*, Tübingen 2018.

Hacke, Jens, »Einleitung: Moritz Julius Bonn – Liberale Krisendiagnostik in der Weimarer Demokratie«, in: Moritz Julius Bonn, *Zur Krise der Demokratie. Politische Schriften in der Weimarer Republik 1919–1932*, hg. von Jens Hacke (Schriften zur europäischen Ideengeschichte, Bd. 9), Berlin/Boston 2015, S. 1–38.

Hacke, Jens, *Existenzkrise der Demokratie. Zur politischen Theorie des Liberalismus in der Zwischenkriegszeit*, Frankfurt a.M. 2018.

Hacke, Jens, *Liberale Demokratie in schwieriger Zeit. Weimar und die Gegenwart*, Hamburg 2021.

Hacke, Jens, »Einleitung. Weimar und die Gegenwart«, in: ders., *Liberale Demokratie*, S. 7–14.

Hacke, Jens, »Wagnis der Demokratie. Der Liberalismus zwischen Erneuerung und Existenzkrise«, in: ders., *Liberale Demokratie*, S. 17–34.

Hacke, Jens, »Die Fragilität der Demokratie. Zum Verhältnis von Recht und Politik in der Weimarer Republik«, in: ders., *Liberale Demokratie*, S. 178–197.

Hacker, Jacob S./Pierson, Paul/Thelen, Kathleen, »Drift and conversion: hidden faces of institutional change«, in: James Mahoney/Kathleen Thelen (Hg.), *Advances in Comparative-Historical Analysis*, Cambridge 2015, S. 180–208.

Hall, Peter A., »Historical Institutionalism in Rationalist and Sociological Perspective«, in: James Mahoney/Kathleen Thelen, (Hg.), *Explaining Institutional Change. Ambiguity, Agency, and Power*, Cambridge 2010, S. 204–223.

Hall, Peter A./Taylor, Rosemary C. R., *Political Science and the Three New Institutionalisms* (MPIfG Discussion Papers, Bd. 96/6), Köln 1996.

Hardach, Gerd, »Kriegsfinanzierung«, in: Boldorf (Hg.), *Deutsche Wirtschaft*, S. 89–104.

Hardtwig, Wolfgang (Hg.), *Ordnungen in der Krise. Zur politische Kulturgeschichte Deutschlands 1900–1933* (Ordnungssysteme, Bd. 22), München 2007.

Hardtwig, Wolfgang, *Freiheitliches Bürgertum in Deutschland. Der Weimarer Demokrat Eduard Hamm zwischen Kaiserreich und Widerstand* (Zeithistorische Impulse, Bd. 14), Stuttgart 2018.

Hardtwig, Wolfgang, »Eduard Hamm (1879–1944) – Ein Bürger im Kampf gegen den Nationalsozialismus«, in: *Recht und Politik* 56 (2020), S. 68–72.

Harnisch, Hartmut, »Agrarstaat oder Industriestaat. Die Debatte um die Bedeutung der Landwirtschaft in Wirtschaft und Gesellschaft Deutschlands an der Wende vom 19. zum 20. Jahrhundert«, in: Heinz Reif (Hg.), *Ostelbische Agrargesellschaft im Kaiserreich und in der Weimarer Republik. Agrarkrise – junkerliche Interessenpolitik – Modernisierungsstrategien*, Berlin 1994, S. 33–50.

Hederer, Franz, *Im Sog des Egalitären. Ökonomisches Denken und der Wandel gesellschaftlicher Ordnungsvorstellungen in der Sattelzeit*, Göttingen 2014.

Hederer, Franz, »Hermann Isay (1873–1938)«, in: *ZGE* 8 (2016), S. 133–137.

Hederer, Franz, »[Art.] Isay, Hermann«, in: *Biographisches Handbuch des Geistigen Eigentums*, hg. von Louis Pahlow u.a., Tübingen 2017, S. 150–154.

Hederer, Franz, »How to Handle Economic Power? Law-Making and the Reich Economic Council in Weimar Germany«, in: *Management and Organizational History* 14 (2019), S. 366–381, DOI: 10.1080/17449359.2019.1659822.

Hederer, Franz, »[Rez.] Krüger, Das Stinnes-Legien-Abkommen (2018)«, in: *ZNR* 41 (2019), S. 331–334.

Hederer, Franz/Priemel, Kim Christian, »In der Schwebe. Markt, Staat und Wettbewerb in Deutschland zwischen 1918 und 1948«, in: *HZ* 313 (2021), S. 89–123.

Hederer, Franz, »Wirtschaftsordnung«, in: Voigt (Hg.), *Aufbruch zur Demokratie*, S. 787–799.

Hederer, Franz, »Wer soll das bezahlen, wer hat so viel Geld? Die Reparationen im Reichswirtschaftsrat nach dem Londoner Ultimatum von 1921«, in: Jan-Otmar Hesse/Dieter Ziegler (Hg.), *1919 – Der Versailler Vertrag und die deutschen Unternehmen* (Schriftenreihe der ZUG, Bd. 35), München 2022, S. 343–374.

Hederer, Franz, »[Art.] Reichsarbeitsgericht«, in: *HRG 2. Aufl.*, Bd. 4, Berlin 2023, Sp. 1457–1460.

Hederer, Franz, »[Art.] Reichswirtschaftsgericht«, in: *ebd.* (im Erscheinen)

Hederer, Franz, »[Art.] Reichswirtschaftrat«, in: *ebd.* (im Erscheinen)

Helms, Ludger, »Die »Kartellparteien«-These und ihre Kritiker«, in: *PVS* 42 (2001), S. 698–708.

Henning, Friedrich Wilhelm, *Deutsche Wirtschafts- und Sozialgeschichte in der ersten Hälfte des 20. Jahrhunderts, Teil I: Deutsche Wirtschafts- und Sozialgeschichte im Ersten Weltkrieg und in der Weimarer Republik 1914 bis 1932* (Handbuch der Wirtschafts- und Sozialgeschichte, Bd. 3/I), Paderborn u.a. 2003.

Herbst, Ludolf, »Gab es ein nationalsozialistisches Wirtschaftssystem?«, in: Albrecht Ritschl (Hg.), *Das Reichswirtschaftsministerium in der NS-Zeit. Wirtschaftsordnung und Verbrechenskomplex* (Wirtschaftspolitik in Deutschland 1917–1990), Berlin/Boston 2016, S. 611–644.

Héritier, Adrienne, »Einleitung: Policy-Analyse. Elemente der Kritik und Perspektiven der Neuorientierung«, in: dies. (Hg.), *Policy-Analyse. Kritik und Neuorientierung* (PVS Sonderheft, Bd. 24/1993), Opladen 1993, S. 9–36.

Hesse, Jan-Otmar, »›Der Mensch des Unternehmens und der Produktion‹. Foucaults Sicht auf den Ordoliberalismus und die ›Soziale Marktwirtschaft‹«, in: *Zeithistorische Forschungen* 3 (2006), 291–296.

Hesse, Jan-Otmar, »Zur Semantik von Wirtschaftsordnung und Wettbewerb in nationalökonomischen Lehrbüchern der Zeit des Nationalsozialismus«, in: Bähr/Banken (Hg.), *Wirtschaftssteuerung durch Recht*, Frankfurt a.M. 2006, S. 473–508.

Hesse, Jan-Otmar, »Die globale Verflechtung der Weimarer Wirtschaft. De-Globalisierung oder Formwandel?«, in: Christoph Cornelißen/Dirk van Laak (Hg.), *Weimar und die Welt. Globale Verflechtungen der ersten deutschen Republik*, Bonn 2021, S. 347–377.

Hesse, Jan-Otmar/Roelevink, Eva-Maria: »Cartel law and the cartel register in German twentieth-century history«, in: Susanna Fellman/Martin Shanahan (Hg.), *Regulating Competition. Cartel registers in the twentieth-century world*, London/New York 2016, S. 191–207.

Hesse, Jan-Otmar/Köster, Roman/Plumpe, Werner, *Die Große Depression. Die Weltwirtschaftskrise 1929–1939*, Bonn 2015.

Hidalgo, Oliver, *Die Antinomien der Demokratie*, Frankfurt a.M. 2014.

Hirschman, Albert O., *Leidenschaften und Interessen. Politische Begründungen des Kapitalismus vor seinem Sieg*, Frankfurt a.M. 1980.

Hofmeister, Björn., »Kultur- und Sozialgeschichte in der Weimarer Republik 1918 bis 1933«, in: *Archiv für Sozialgeschichte* 50 (2010), S. 445–501.

Holtfrerich, Carl-Ludwig, »Alternativen zu Brünings Wirtschaftspolitik in der Weltwirtschaftskrise?«, in: *HZ* 235 (1982), S. 605–631.

Holtfrerich, Carl-Ludwig, »Aus dem Alltag des Reichswirtschaftsministeriums während der Großen Inflation 1919–1923/24«, in: ders. (Hg.), *Reichswirtschaftsministerium*, S. 224–360.

Holtfrerich, Carl-Ludwig, »Konjunkturpolitik: Vom Beginn der Austerität 1929 bis zur sekundären Deflation 1931/32«, in: ders. (Hg.), *Reichswirtschaftsministerium*, S. 637–676.

Holtfrerich, Carl-Ludwig (Hg.), *Das Reichswirtschaftsministerium der Weimarer Republik und seine Vorläufer. Strukturen, Akteure, Handlungsfelder* (Wirtschaftspolitik in Deutschland 1917–1990, Bd. 1), Berlin/Boston 2016.

Homburg, Heidrun, »Das Reichswirtschaftsamt / Reichswirtschaftsministerium in der Formierungsphase 1917–1923. Strukturen und Akteure«, in: Holtfrerich (Hg.), *Reichswirtschaftsministerium*, S. 146–223.

Höpner, Martin, »Der organisierte Kapitalismus in Deutschland und sein Niedergang. Unternehmenskontrolle und Arbeitsbeziehungen im Wandel«, in: Roland Czada/Reinhard Zintl (Hg.), *Politik und Markt* (PVS Sonderheft, Bd. 34/2003), Wiesbaden 2004, S. 300–321.

Huber, Ernst Rudolf, *Selbstverwaltung der Wirtschaft*, Stuttgart 1958.

Huber, Ernst Rudolf, *Deutsche Verfassungsgeschichte seit 1789, Bd. IV: Die Weimarer Reichsverfassung*, Stuttgart u.a. 1981.

Humann, Detlev, *»Arbeitsschlacht«. Arbeitsbeschaffung und Propaganda in der NS-Zeit 1933–1939* (Moderne Zeit, Bd. XXIII), Göttingen 2011.

Hung, Jochen, »Beyond Glitter and Doom. The New Paradigm of Contingency in Weimar Research«, in: ders. u.a. (Hg.), *Beyond Glitter and Doom. The Contingency of the Weimar Republic*, München 2012, S. 9–15.

Huster, Ernst-Ulrich, »Soziale Grundrechte«, in: Voigt (Hg.), *Aufbruch zur Demokratie*, S. 457–469.

Jaeger, Hans, »[Art.] Lautenbach, Wilhelm«, in: *NDB Bd. 13*, Berlin 1982, S. 726–727.

Jaeger, Hans, *Geschichte der Wirtschaftsordnung in Deutschland*, Frankfurt a.M. 1988.

James, Harold, *Deutschland in der Weltwirtschaftskrise 1924–1936*, Stuttgart 1988.

James, Harold, »Das Reichswirtschaftsministerium und die Außenwirtschaftspolitik: ›Wir deutschen Pleitokraten, wir sitzen und beraten‹«, in: Holtfrerich (Hg.), *Reichswirtschaftsministerium*, S. 517–578.

Jestaedt, Matthias/Lepsius, Oliver, »Der Rechts- und der Demokratietheoretiker Hans Kelsen – Eine Einführung«, in: Hans Kelsen, *Verteidigung der Demokratie. Abhandlungen zur Demokratietheorie*, hg. von dens., Tübingen 2006, S. VII-XXIX.

Joas, Hans: Einführung, »Eine soziologische Transformation der Praxisphilosophie – Giddens' Theorie der Strukturierung«, in: Giddens, *Konstitution der Gesellschaft*, S. 9–23.

Joas, Hans/Knöbl, Wolfgang, *Sozialtheorie. Zwanzig einführende Vorlesungen*, Frankfurt a.M. 2004.

Jovovic, Thomas, »Deutschland und die Kartelle – eine unendliche Geschichte«, in: *Jahrbuch für Wirtschaftsgeschichte* (2012) 1, S. 237–273.

Kailitz, Steffen, »Demokratie und Wirtschaftspolitik in der Weimarer Republik in international vergleichender Perspektive. Eine Replik auf den Beitrag von Tim B. Müller«, in: *VfZ* 63 (2015), S. 437–451.

Katz, Richard S./Mair, Charles, »Changing Models of Party Organization and Party Democracy. The Emergence of the Cartel Party«, in: *Party Politics* 1 (1995), S. 5–28.

Kellenbenz, Hermann, *Deutsche Wirtschaftsgeschichte, Bd. II: Vom Ausgang des 18. Jahrhunderts bis zum Ende des Zweiten Weltkrieges*, München 1981.

Kluge, Ulrich, *Die deutsche Revolution 1918/1919. Staat, Politik und Gesellschaft zwischen Weltkrieg und Kapp-Putsch*, Frankfurt a.M. 1985.

Knortz, Heike, *Wirtschaftsgeschichte der Weimarer Republik*, Göttingen 2010.

Kocka, Jürgen, »Organisierter Kapitalismus oder Staatsmonopolistischer Kapitalismus? Begriffliche Vorbemerkungen«, in: Winkler (Hg.), *Organisierter Kapitalismus*, S. 19–35.

Köhler, Henning, »Arbeitsbeschaffung, Siedlung und Reparationen in der Schlussphase der Regierung Brüning«, in: *VfZ* 17 (1969), S. 276–307.

Kolb, Eberhard/Schumann, Dirk, *Die Weimarer Republik* (OGG, Bd. 16), München [8]2013.

König, Thomas/Debus, Marc, »Veto Players, Reform Processes and Policy Change: Concluding Remarks«, in: Thomas König u.a. (Hg.), *Reform Processes and Policy Change. Veto Players and Decision-Making in modern Democracies*, New York 2010, S. 269–283.

Könke, Günter, »Planwirtschaft oder Marktwirtschaft? Ordnungspolitische Vorstellungen sozialdemokratischer Nationalökonomen in der Weimarer Republik«, in: *VSWG* 77 (1990), S. 457–487.

Köppen, Paul, »›Aus der Krankheit können wir unsere Waffe machen.‹« Heinrich Brünings Spardiktat und die Ablehnung der französischen Kreditangebote 1930/31, in: *VfZ* 62 (2014), S. 349–375.

Köppen, Paul, »Weil nicht wahr sein kann, was nicht wahr sein darf. Zur Verweigerung einer quellenbasierten Diskussion über Heinrich Brünings Sparpolitik«, in: *VfZ* 63 (2015), S. 569–578.

Köster, Roman, »Die Kartell- und Monopoldebatte der Nationalökonomie während der Weimarer Republik«, in: Peter Collin (Hg.), *Treffräume juristischer und ökonomischer Regulierungsrationalitäten* (Studien zur europäischen Rechtsgeschichte, Bd. 286; Moderne Regulierungsregime, Bd. 3), Frankfurt a.M. 2014, S. 211–233.

Köster, Roman, »Keine Zwangslagen? Anmerkungen zu einer neuen Debatte über die deutsche Wirtschaftspolitik in der Großen Depression«, in: *VfZ* 63 (2015), S. 241–257

Koselleck, Reinhart, »›Erfahrungsraum‹ und ›Erwartungshorizont‹ – zwei historische Kategorien«, in: Ulrich Engelhardt u.a. (Hg.), *Soziale Bewegung und politische Verfassung. Beiträge zur Geschichte der modernen Welt* (Industrielle Welt, Sonderbd.), Stuttgart 1976, S. 13–33.

Koselleck, Reinhart, »Historia Magistra Vitae. Über die Auflösung des Topos im Horizont neuzeitlich bewegter Geschichte«, in: ders., *Vergangene Zukunft. Zur Semantik geschichtlicher Zeit*, Frankfurt a.M. [11]2020, S. 38–66.

Koselleck, Reinhart, »Darstellung, Ereignis und Struktur«, in: ders., *Vergangene Zukunft*, S. 144–157.

Kranig, Andreas, *Lockung und Zwang. Zur Arbeitsverfassung im Dritten Reich* (Schriftenreihe der Vierteljahreshefte für Zeitgeschichte, Bd. 47), Stuttgart 1983.

Krohn, Claus-Dieter, »›Ökonomische Zwangslagen‹ und das Scheitern der Weimarer Republik. Zu Knut Borchardts Analyse der deutschen Wirtschaft in den zwanziger Jahren«, in: *GuG* 8 (1982), S. 415–426.

Kruedener, Jürgen von, »Die Überforderung der Weimarer Republik als Sozialstaat«, in: *GuG* 11 (1985), S. 358–376.

Kruedener, Jürgen von, »Hätte Brünings Deflationspolitik erfolgreich sein können?«, in: Christoph Buchheim u.a. (Hg.), *Zerrissene Zwischenkriegszeit. Wirtschaftshistorische Beiträge. Knut Borchardt zum 65. Geburtstag*, Baden-Baden 1994, S. 289–306.

Krüger, Dieter, *Das Stinnes-Legien-Abkommen 1918–1924. Voraussetzungen, Entstehung, Umsetzung und Bedeutung*, Berlin 2018.

Krüger, Peter, *Versailles. Deutsche Außenpolitik zwischen Revisionismus und Friedenssicherung*, München [2]1993.

Krüger, Peter, *Die Außenpolitik der Republik von Weimar*, Darmstadt [2]1993.

Lehmbruch, Gerhard, »Liberal Corporatism and Party Government«, in: Philippe C. Schmitter/ders. (Hg.), *Trends Toward Corporatist Intermediation*, Beverly Hill/London 1979, S. 147–183.

Lehnert, Detlef, *Sozialdemokratie zwischen Protestbewegung und Regierungspartei 1848 bis 1983*, Frankfurt a. M. 1983.

Leonhardt, Holm A., »Zum Richtungsstreit in der Kartellgeschichtsforschung«, in: *ZUG* 61 (2016), S. 107–115.

Leonhard, Jörn, »Prekäre Selbstversicherung. Die Weimarer Republik als geschichtspolitisches Argument«, in: *APuZ* 18–20 (2018), S. 11–18.

Leonhard, Jörn, *Der überforderte Frieden. Versailles und die Welt 1918–1923*, München 2018.

Lilla, Joachim, »Die Mitglieder des Vorläufigen Reichswirtschaftsrates 1921 bis 1933 nach Gruppen«, in: *VSWG* 93 (2006), S. 34–57.

Lilla, Joachim, *Das Ende des Vorläufigen Reichswirtschaftsrats 1932–1934 und der Generalrat der Wirtschaft 1933* (2007) (https://www.zukunft-braucht-erinnerung.de/das-ende-des-vorlaeufigen-reichswirtschaftsrats-1932-1934-und-der-generalrat-der-wirtschaft-1933/(Zugriff 11.5.23).

Lilla, Joachim, *Der Vorläufige Reichswirtschaftsrat 1920–1933/34. Zusammensetzung – Dokumentation – Biographien. Unter Einschluß des Wirtschaftsbeirats des Reichspräsidenten 1931 und des Generalrats der Wirtschaft 1933* (Handbücher zur Geschichte des Parlamentarismus und der politischen Parteien, Bd. 17), Düsseldorf 2012.

Linden, Markus/Thaa, Winfried, »Krise und Repräsentation«, in: dies. (Hg.), *Krise und Reform politischer Repräsentation*, Baden-Baden 2011, S. 11–41.

Linz, Juan J., *The Breakdown of Democratic Regimes: Crisis, Breakdown, and Reequilibration* (The Breakdown of Democratic Regimes, ed. by J. J. Linz / A. Stepan), Baltimore/London 1978.

Linz, Juan J., *Totalitäre und autoritäre Regime* (Potsdamer Textbücher, Bd. 4), Berlin ^{2}2003.

Lipset, Seymour M./Rokkan, Stein, »Cleavage Structures, Party Systems, and Voter Alignments: An Introduction«, in: dies. (Hg.), *Party Systems and Voter Alignments. Cross-National Perspectives*, New York 1967, S. 1–64.

Llanque, Marcus, »Die politische Kultur des Kompromisses in der Weimarer Republik«, in: Schumann/Gusy/Mühlhausen (Hg.), *Demokratie versuchen*, S. 297–322.

Löhnig, Martin/Preisner, Mareike (Hg.), *Weimarer Zivilrechtswissenschaft* (Beiträge zur Rechtsgeschichte des 20. Jahrhunderts, Bd. 77), Tübingen 2014.

Löwith, Karl, »Der okkasionelle Dezisionismus von C. Schmitt«, in: ders., *Gesammelte Abhandlungen. Zur Kritik der geschichtlichen Existenz*, Stuttgart u.a. ^{2}1969, S. 93–126.

Lübbe, Hermann, *Geschichtsbegriff und Geschichtsinteresse. Analytik und Pragmatik der Historie* (Schwabe Philosophica, Bd. 14), Basel ^{2}2012.

Luhmann, Niklas, *Die Wirtschaft der Gesellschaft*, Frankfurt a.M. 1994.

Mader, Ursula, »Das ›Wiesbadener Abkommen‹. Ein einführender Kommentar zur Rede Walther Rathenaus am 9. November 1921«, in: Walther Rathenau, *Das Wiesbadener Abkommen. Rede am 9. November 1921. Mit einem einführenden Kommentar von Ursula Mader* (Freiwalder Hefte, Bd. 6), Leipzig 2003, S. 7–20.

Mahoney, James, »Path dependence in historical sociology«, in: *Theory and Society* 29 (2000), S. 507–548.

Mahoney, James/Thelen, Kathleen, »A Theory of Gradual Institutional Change«, in: dies. (Hg.), *Explaining Institutional Change. Ambiguity, Agency, and Power*, Cambridge 2010, S. 1–37.

Maier, Charles S., »Die Nicht-Determiniertheit ökonomischer Modelle. Überlegungen zu Knut Borchardts These von der ›kranken Wirtschaft‹ der Weimarer Republik«, in: *GuG* 11 (1985), S. 275–294.

Makropoulos, Michael, »Tendenzen der Zwanziger Jahre. Zum Diskurs der Klassischen Moderne in Deutschland«, in: *Deutsche Zeitschrift für Philosophie* 39 (1991), S. 675–687.

Matz, Johannes, *Die Regulierung der akzessorischen Wertreklame. Eine Untersuchung zur Entstehung von Zugabeverordnung (1932) und Rabattgesetz (1933)* (Schriften zum Wirtschaftsrecht), Berlin 2004.

Mergel, Thomas, *Parlamentarische Kultur in der Weimarer Republik. Politische Kommunikation, symbolische Politik und Öffentlichkeit im Reichstag* (Beiträge zur Geschichte des Parlamentarismus und der politischen Parteien, Bd. 135), Düsseldorf 2002.

Mergel, Thomas, »Führer, Volksgemeinschaft und Maschine. Politische Erwartungsstrukturen in der Weimarer Republik und dem Nationalsozialismus 1918–1936«, in: Wolfgang Hardtwig (Hg.), *Politische Kulturgeschichte der Zwischenkriegszeit 1918–1939* (GuG Sonderheft, Bd. 21), Göttingen 2005, S. 91–127.

Merkel, Wolfgang, »Institutionen und Reformpolitik: Drei Theoriestudien zur Vetospieler-Theorie«, in: *Berliner Journal für Soziologie* 13 (2003), S. 255–274.

Müller, Christoph, »Hugo Sinzheimer (1875–1945). Selbstorganisation und Selbstverwaltung im Arbeitsrecht«, in: Detlef Lehnert (Hg.), *Vom Linksliberalismus zur Sozialdemokratie. Politische Lebenswege in historischen Richtungskonflikten 1890–1945* (Historische Demokratieforschung, Bd. 8), Köln u.a. 2015, S. 145–174.

Müller, Jan-Werner, *Was ist Populismus. Ein Essay*, Bonn 2016.

Müller, Tim B., *Nach dem Krieg. Lebensversuche moderner Demokratien*, Bonn 2014.

Müller, Tim B., »Demokratie und Wirtschaftspolitik in der Weimarer Republik«, in: *VfZ* 62 (2014), S. 569–601.

Müller, Tim B., »Die Geburt des Sozial-Liberalismus aus dem Geist der Verwaltung. Zur Erfindung der modernen Wirtschaftspolitik in der Weimarer Republik«, in: Anselm Doering-Manteuffel/Jörn Leonhard (Hg.), *Liberalismus im 20. Jahrhundert* (Stiftung Bundespräsident-Theodor-Heuss-Haus, Wiss. Reihe, Bd. 12), Stuttgart 2015, S. 127–155.

Nassall, Hans, *Der Vorläufige Reichswirtschaftsrat und die Wirtschaftsvertretungen in den einzelnen Ländern zur Zeit der Weimarer Republik* (Diss. jur. masch. Freiburg i.Br.), 1950.

Neebe, Reinhard, »Konflikt und Kooperation 1930–1933: Anmerkungen zum Verhältnis von Kapital und Arbeit in der Weltwirtschaftskrise«, in: Werner Abelshauser (Hg.), *Die Weimarer Republik als Wohlfahrtsstaat. Zum Verhältnis von Wirtschafts- und Sozialpolitik in der Industriegesellschaft* (VSWG Beihefte, Bd. 81), Stuttgart 1987, S. 226–237.

Neidhart, Gottfried, *Die Außenpolitik der Weimarer Republik* (EdG, Bd. 53), München ²2006.

Neuhaus, Helmut, *Reichsständische Repräsentationsformen im 16. Jahrhundert. Reichstag – Reichskreistag – Reichsdeputationstag* (Schriften zur Verfassungsgeschichte, Bd. 33), Berlin 1982.

Nocken, Ulrich, »Corporatism and Pluralism in Modern German History«, in: Dirk Stegmann u.a. (Hg.), *Industrielle Gesellschaft und politisches System. Beiträge zur politischen Sozialgeschichte. Festschrift für Fritz Fischer zum siebzigsten Geburtstag* (Schriftenreihe des Forschungsinstituts der Friedrich-Ebert-Stiftung, Bd. 137), Bonn 1978, S. 37–56.

Nocken, Ulrich, »Korporatistische Theorien und Strukturen in der deutschen Geschichte des 19. und 20. Jahrhunderts«, in: Alemann (Hg.), *Neokorporatismus*, S. 17–39.

Nörr, Knut Wolfgang, *Zwischen den Mühlsteinen. Eine Privatrechtsgeschichte der Weimarer Republik*, Tübingen 1988.

Nörr, Knut Wolfgang, *Die Leiden des Privatrechts. Kartelle in Deutschland von der Holzstoffkartellentscheidung zum Gesetz gegen Wettbewerbsbeschränkungen* (Beiträge zur Rechtsgeschichte des 20. Jahrhunderts, Bd. 11), Tübingen 1994.

Nörr, Knut Wolfgang, »Auf dem Wege zur Kategorie der Wirtschaftsverfassung: Wirtschaftliche Ordnungsvorstellungen im juristischen Denken vor und nach dem Ersten Weltkrieg«, in: ders. (Hg.), *Geisteswissenschaften zwischen Kaiserreich und Republik. Zur Entwicklung von Nationalökonomie, Rechtswissenschaft und Sozialwissenschaft im 20. Jahrhundert*, Stuttgart 1994, S. 423–452.

North, Douglass C., *Institutionen, institutioneller Wandel und Wirtschaftsleistung* (Die Einheit der Gesellschaftswissenschaften, Bd. 76), Tübingen 1992.

Novy, Klaus, *Strategien der Sozialisierung. Die Diskussion der Wirtschaftsreform in der Weimarer Republik*, Frankfurt/New York 1978.

Nützenadel, Alexander, »Wirtschaftliche Interessenvertretung in der parlamentarischen Demokratie. Die Debatte über den Bundeswirtschaftsrat in den fünfziger Jahren«, in: *VfZ* 51 (2003), S. 229–260.

Nützenadel, Alexander, *Die Stunde der Ökonomen. Wissenschaft, Politik und Expertenkultur in der Bundesrepublik 1949–1974* (Kritische Studien zur Geschichtswissenschaft, Bd. 166), Göttingen 2005.

Otto, Martin, »[Art.] Edgar Tatarin-Tarnheyden«, in: *NDB* Bd. 25, Berlin 2013, S. 794–796.

Papperitz, Günter, *Geschichte und Problematik des Reichswirtschaftsrates* (Diss. jur. Mainz), Mainz 1956.

Pahlow, Louis, »Geschichtliche Entwicklung. Rechtsquellen«, in: *UWG Großkommentar*, Bd. 1, hg. von Otto Teplitzky/Karl-Nikolaus Peifer/Matthias Leistner, Berlin/Boston [2]2014, S. 82–106.

Pauly, Walter, *Grundrechtslaboratorium Weimar. Zur Entstehung des zweiten Hauptteils der Reichsverfassung vom 14. August 1919*, Tübingen 2004.

Petzina, Dietmar, »Elemente der Wirtschaftspolitik in der Spätphase der Weimarer Republik«, in: *VfZ* 21 (1973), S. 127–133.

Petzina, Dietmar, *Die deutsche Wirtschaft in der Zwischenkriegszeit*, Wiesbaden 1977.

Petzina, Dietmar, »Soziale und wirtschaftliche Entwicklung«, in: *Deutsche Verwaltungsgeschichte, Bd. 4: Das Reich als Republik und in der Zeit des Nationalsozialismus*, hg. v. Kurt G. A. Jeserich u.a., Stuttgart 1985, S. 39–66.

Petzina, Dietmar, »Arbeitslosigkeit in der Weimarer Republik«, in: Abelshauser, Werner (Hg.), *Die Weimarer Republik als Wohlfahrtsstaat. Zum Verhältnis von Wirtschafts- und Sozialpolitik in der Industriegesellschaft* (VSWG Beihefte, Bd. 81), Stuttgart 1987, S. 239–259.

Petzina, Dietmar, »Was there a Crisis Before the Crisis? The State of the German Economy in the 1920s«, in: Jürgen von Kruedener (Hg.), *Economic Crisis and Political Collapse. The Weimar Republic 1924–1933* (German Historical Perspectives, Bd. V), New York u.a. 1990, S. 1–19.

Peukert, Detlev J. K., *Die Weimarer Republik. Krisenjahre der Klassischen Moderne*, Frankfurt a.M. 1987.

Pfister, Ulrich u.a. (Hg.), *Deutschland 1871. Die Nationalstaatsbildung und der Weg in die moderne Wirtschaft* (Die Einheit der Gesellschaftswissenschaften im 21. Jahrhundert, Bd. 6), Tübingen 2021.

Pfister, Ulrich u.a., »Einleitung«, in: dies. (Hg.), *Deutschland 1871*, S. 1–19.

Pierson, Paul, »Increasing Returns, Path Dependence, and the Study of Politics«, in: *American Political Science Review* 94 (2000), Heft 2, S. 251–267.

Pierson, Paul, »Not Just What, but When. Timing and Sequence in Political Processes«, in: *Studies in American Political Development* 14 (2000), S. 77–92.

Pierson, Paul/Skocpol, Theda, »Historical Institutionalism in Contemporary Political Science«, in: Ira Katznelson/Helen V. Milner (Hg.), *Political Science: The State of the Discipline*, New York/London 2002, S. 693–721.

Plumpe, Werner, »Kapital und Arbeit. Konzept und Praxis der industriellen Beziehungen im 20. Jahrhundert«, in: Reinhard Spree (Hg.), *Geschichte der deutschen Wirtschaft im 20. Jahrhundert*, München 2001, S. 178–199.

Plumpe, Werner, *Betriebliche Mitbestimmung in der Weimarer Republik. Fallstudien zum Ruhrbergbau und zur Chemischen Industrie* (Quellen und Darstellungen zur Zeitgeschichte, Bd. 45), München 1999.

Plumpe, Werner, »Der Reichsverband der Deutschen Industrie und die Krise der Weimarer Wirtschaft«, in: Andreas Wirsching (Hg.), *Herausforderungen der parlamentarischen Demokratie. Die Weimarer Republik im europäischen Vergleich* (Schriftenreihe der Stiftung Reichspräsident-Friedrich-Ebert-Gedenkstätte, Bd. 13), München 2007, S. 129–157.

Plumpe, Werner, »Ökonomisches Denken und wirtschaftliche Entwicklung«. Zum Zusammenhang von Wirtschaftsgeschichte und historischer Semantik der Ökonomie, in: *Jahrbuch für Wirtschaftsgeschichte* 50 (2009), Heft 1, S. 27–52.

Plumpe, Werner, »Rathenau als Planwirtschaftler«, in: *Zeitschrift für Ideengeschichte* 7 (2013), Heft 1, S. 105–114.

Plumpe, Werner, »Die Logik des modernen Krieges und die Unternehmen: Überlegungen zum Ersten Weltkrieg«, in: *Jahrbuch für Wirtschaftsgeschichte* 56 (2015), S. 325–357.

Plumpe, Werner, *Carl Duisberg (1861–1935). Anatomie eines Industriellen*, München 2016.

Plumpe, Werner, »Der Weg aus dem Abgrund: War die Weimarer Republik zu retten?«, in: Christoph Nonn/Tobias Winnerling (Hg.), *Eine andere deutsche Geschichte 1517–2017. Was wäre wenn…*, Paderborn 2017, S. 161–177.

Plumpe, Werner, »Weimar: Über das Anhäufen von Problemen«, in: Andreas Wirsching u.a. (Hg.), *Weimarer Verhältnisse? Historische Lektionen für unsere Demokratie*, Bonn 2018, S. 23–35.

Plumpe, Werner, *Das kalte Herz. Kapitalismus: Die Geschichte einer andauernden Revolution*, Berlin 2019.

Pohl, Hans (Hg.), *Kartelle und Kartellgesetzgebung in Praxis und Rechtsprechung vom 19. Jahrhundert bis zur Gegenwart* (Nassauer Gespräche, Bd. 1), Stuttgart 1985.

Popper, Karl R., »Wissenschaftslehre in entwicklungstheoretischer und in logischer Sicht (1972)«, in: ders., *Alles Leben ist Problemlösen. Über Erkenntnis, Geschichte und Politik*, München [4]1999, S. 15–45.

Puhle, Hans-Jürgen, »Historische Konzepte des entwickelten Industriekapitalismus. ›Organisierter Kapitalismus‹ und ›Korporatismus‹«, in: *GuG* 10 (1984), S. 165–184.

Priemel, Kim Christian, »Die deutschen Unternehmer in der Revolution. Zur Kartographie eines Forschungsfeldes«, in: Karl Christian Führer (Hg.), *Revolution und Arbeiterbewegung in Deutschland 1918–1920* (Veröffentlichungen des Instituts für soziale Bewegungen, Darstellungen, Bd. 44), Essen 2013, S. 311–335.

Preller, Ludwig, *Sozialpolitik in der Weimarer Republik*, Stuttgart 1949.

Raphael, Lutz, »Sozialexperten in Deutschland zwischen konservativem Ordnungsdenken und rassistischer Utopie (1918–1945)«, in: Wolfgang Hardtwig (Hg.), *Utopie und politische Herrschaft im Europa der Zwischenkriegszeit* (Schriften des Historischen Kollegs, Kolloquien, Bd. 25), München 2003, S. 327–346.

Reckendrees, Alfred, »Weimar Germany: The first open access order that failed?«, in: *Constitutional Political Economy* 26 (2015), S. 38–60.

Reckwitz, Andreas, »Anthony Giddens«, in: Dirk Kaesler (Hg.), *Klassiker der Soziologie, Bd. II: Von Talcott Parsons bis Anthony Giddens*, München [5]2007, S. 311–337.

Rehling, Andrea, *Konfliktstrategie und Konsenssuche in der Krise. Von der Zentralarbeitsgemeinschaft zur Konzertierten Aktion* (Historische Grundlagen der Moderne, Bd. 3), Baden-Baden 2011.

Rehling, Andrea, »Demokratie und Korporatismus – eine Beziehungsgeschichte«, in: Tim B. Müller/Adam Tooze (Hg.), *Normalität und Fragilität. Demokratie nach dem Ersten Weltkrieg*, Hamburg 2015, S. 133–153.

Reitmayer, Morten, »Politisch-soziale Ordnungsentwürfe und Meinungswissen über die Gesellschaft in Europa im 20. Jahrhundert – eine Skizze«, in: Lutz Raphael (Hg.), *Theorien und Experimente der Moderne. Europas Gesellschaften im 20. Jahrhundert* (Industrielle Welt, Bd. 82), Köln u.a. 2012, S. 37–63.

Riedel, Hannspeter, *Der Rätegedanke in den Anfängen der Weimarer Republik und seine Ausprägung in Art. 165 WRV* (Europäische Hochschulschriften, Reihe Rechtswissenschaft, Bd. 1161), Frankfurt a.M. u.a. 1991.

Ritschl, Albrecht, »Zu hohe Löhne in der Weimarer Republik? Eine Auseinandersetzung mit Holtfrerichs Berechnungen zur Lohnposition der Arbeiterschaft 1925–1932«, in: *GuG* 16 (1990), S. 375–402.

Ritschl, Albrecht, *Deutschlands Krise und Konjunktur 1924–1934. Binnenkonjunktur, Auslandsverschuldung und Reparationsproblem zischen Dawes-Plan und Transfersperre* (Jahrbuch für Wirtschaftsgeschichte, Beihefte, Bd. 2), Berlin 2002.

Ritschl, Albrecht, »Knut Borchardts Interpretation der Weimarer Wirtschaft. Zur Geschichte und Wirkung einer wirtschaftsgeschichtlichen Kontroverse«, in: Jürgen Elvert/Susanne Krauß (Hg.), *Historische Debatten und Kontroversen im 19. und 20. Jahrhundert. Jubiläumstagung der Ranke-Gesellschaft in Essen, 2001* (Historische Mitteilungen der Ranke-Gesellschaft, Bd. 46), Stuttgart 2003, S. 234–244.

Ritschl, Albrecht, »Hat das Dritte Reich wirklich eine ordentliche Beschäftigungspolitik betrieben?«, in: *Jahrbuch für Wirtschaftsgeschichte* (2003), Heft 1, S. 125–140

Ritschl, Albrecht, »Der späte Fluch des Dritten Reichs: Pfadabhängigkeiten in der Entstehung der bundesdeutschen Wirtschaftsordnung«, in: *Perspektiven der Wirtschaftspolitik* 6 (2005), S. 151–170.

Ritschl, Albrecht, »Schuldenkrise und Austerität. Die Rolle des Reichswirtschaftsministeriums in der Deflationspolitik 1929–1931«, in: Holtfrerich (Hg.), *Reichswirtschaftsministerium*, S. 579–636.

Ritter, Gerhard A., »Die Sozialdemokratie im Deutschen Kaiserreich in sozialgeschichtlicher Perspektive«, in: *HZ* 249 (1989), S. 295–362.

Ritter, Gerhard A., *Der Sozialstaat. Entstehung und Entwicklung im internationalen Vergleich*, München ^{2}1991.

Ritter, Gerhard A., »Die Entstehung des Räteartikels 165 der Weimarer Reichsverfassung«, in: *HZ* 258 (1994), S. 73–112.

Ritter, Gerhard A., »Politische Repräsentation durch Berufsstände. Konzepte und Realität in Deutschland 1871–1933«, in: Wolfram Pyta/Ludwig Richter (Hg.), *Gestaltungskraft des Politischen. FS für Eberhard Kolb* (Historische Forschungen, Bd. 63), Berlin 1998, S. 261–280.

Roelevink, Eva-Maria, »Warum weniger eine neue Theorie als vielmehr eine neue empirische Kartellforschung notwendig ist: Eine Replik auf Holm A. Leonhardt: Zum Richtungsstreit in der Kartellgeschichtsforschung«, in: *ZUG* 61 (2016), S. 116–120.

Roelevink, Eva-Maria/Ziegler, Dieter, »Wie organisiert war der Kapitalismus im Kaiserreich? Verbände, Kartelle und personelle Verflechtungen«, in: Pfister u.a. (Hg.), *Deutschland 1871*, S. 245–275.

Roellecke, Gerd, »Konstruktionsfehler der Weimarer Verfassung«, in: *Der Staat* 35 (1996), S. 599–613.

Rohe, Karl, *Politik. Begriff und Wirklichkeit. Eine Einführung in das politische Denken*, Stuttgart u.a. ²1994.

Roth, Regina, *Staat und Wirtschaft im Ersten Weltkrieg. Kriegsgesellschaften als kriegswirtschaftliche Steuerungsinstrumente* (Schriften zur Wirtschafts- und Sozialgeschichte, Bd. 51), Berlin 1997.

Rückert, Joachim, »Weimarer Verfassung zum Gedenken«, in: *Rechtshistorisches Journal* 18 (1999), S. 215–244.

Rückert, Joachim, »Das Bürgerliche Gesetzbuch – eine Gesetzbuch ohne Chance?«, in: *JZ* 58 (2003), S. 749–760.

Rückert, Joachim, »Koalitionsrecht, Tarifverträge, kollektives Arbeitsrecht und ihr Prinzip in Deutschland«, in: *Zeitschrift für Arbeitsrecht* 50 (2019), S. 515–578.

Rüthers, Bernd, »Die Betriebsverfassung im Nationalsozialismus«, in: *Arbeit und Recht* 18 (1970), S. 97–109.

Rüthers, Bernd, *Rechtstheorie*, München ⁴2008.

Sabrow, Martin, *Die verdrängte Verschwörung. Der Rathenau-Mord und die deutsche Gegenrevolution*, Frankfurt a. M. 1999.

Scharnweber, Carsten, *Deutsche Kartellpolitik 1926–1929* (Phil. Diss. Tübingen 1970), Hannover 1970.

Schieder, Wolfgang, »Das italienische Experiment. Der Faschismus als Vorbild der Krise der Weimarer Republik«, in: *HZ* 262 (1996), S. 73–125.

Schivelbusch, Wolfgang, *Entfernte Verwandtschaft. Faschismus, Nationalsozialismus, New Deal 1933–1939*, Frankfurt a.M. 2008.

Schlemmer, Thomas, »Grenzen der Integration. Die CSU und der Umgang mit nationalsozialistischer Vergangenheit – Der Fall Dr. Max Frauendorfer«, in: *VfZ* 48 (2000), S. 675–742.

Schlosser, Hans, *Neuere Europäische Rechtsgeschichte*, München ²2014.

Schmidt, Manfred G., »Einführung«, in: ders. (Hg.), *Staatstätigkeit. International und historisch vergleichende Analysen* (PVS Sonderheft, Bd. 19/1988), Opladen 1988, S. 1–35.

Schmitter, Philippe C., »Still the age of Corporatism?«, in: *The Review of Politics* 36 (1974), S. 85–131.

Schmitter, Philippe C./Lehmbruch, Gerhard (Hg.), *Trends Toward Corporatist Intermediation*, Beverly Hill/London 1979.

Schneider, Michael, »Arbeitsbeschaffung. Die Vorstellungen von Freien Gewerkschaften und SPD zur Bekämpfung der Wirtschaftskrise«, in: *Sozialdemokratische Arbeiterbewegung und Weimarer Republik. Materialien zur gesellschaftlichen Entwicklung 1927–1933, Bd. 1*, hg. von Wolfgang Luthardt, Frankfurt a.M. 1978, S. 220–229.

Schneider, Michael C., »Alte und neue Fähigkeiten der Selbstbeschreibung. Der Aufbau einer nationalen Statistik«, in: Pfister u.a. (Hg.), *Deutschland 1871*, S. 159–178.

Schneider, Peter/Kuda, Rudolf, *Arbeiterräte in der Novemberrevolution. Ideen, Wirkungen, Dokumente*, Frankfurt a.M. ³1973.

Schneider, Volker/Janning, Frank, *Politikfeldanalyse. Akteure, Diskurse und Netzwerke in der öffentlichen Politik* (Grundwissen Politik, Bd. 43), Wiesbaden 2006.

Scholl, Stefan, *Begrenzte Abhängigkeit. ›Wirtschaft‹ und ›Politik‹ im 20. Jahrhundert* (Historische Politikforschung, Bd. 23), Frankfurt a.M. 2015.

Schröter, Harm G., »Kartellierung und Dekartellierung 1890–1990«, in: *VSWG* 81 (1994), S. 457–493.

Schröter, Harm G., »Quo vadis Kartelldiskurs«, in: *ZUG* 62 (2017), S. 302–309.

Schubert, Werner, »Der Vorläufige Reichswirtschaftsrat und die Aktienrechtsreform in der Weimarer Zeit«, in: ders./Peter Hommelhoff (Hg.), *Die Aktienrechtsreform am Ende der Weimarer Republik. Die Protokolle der Verhandlungen im Aktienrechtsausschuß des Vorläufigen Reichswirtschaftsrats unter Vorsitz von Max Hachenburg*, Berlin/New York 1987, S. 9–69.

Schulze, Hagen, *Weimar. Deutschland 1917–1933*, Berlin 1982.

Schumann, Dirk/Gusy, Christoph/Mühlhausen, Walter (Hg.), *Demokratie versuchen. Die Verfassung in der politischen Kultur der Weimarer Republik* (Schriftenreihe der Stiftung Reichspräsident Friedrich-Ebert-Gedenkstätte, Bd. 18), Göttingen 2021.

Schumann, Dirk/Gusy, Christoph/Mühlhausen, Walter, »Eine Entwicklung mit offenem Ausgang? Die Verfassung der Weimarer Republik im ›Laboratorium der Moderne‹«, in: dies. (Hg.), *Demokratie versuchen*, S. 9–29.

Schwab, Dieter, »Das BGB und seine Kritiker«, in: *ZNR* 22 (2000), S. 325–357.

Sebaldt, Martin, »Theorie und Empirie einer Forschungstradition: Das Panorama der klassischen Verbändeforschung«, in: ders./Alexander Straßner (Hg.), *Klassiker der Verbändeforschung*, Wiesbaden 2006, S. 9–33.

Sombart, Nicolaus, *Die deutschen Männer und ihre Feinde. Carl Schmitt – ein deutsches Schicksal zwischen Männerbund und Matriarchatsmythos*, München 1991.

Sontheimer, Kurt, *Antidemokratisches Denken in der Weimarer Republik*, München [4]1994.

Spoerer, Mark, »Demontage eines Mythos? Zu der Kontroverse über das nationalsozialistische ›Wirtschaftswunder‹«, in: *GuG* 31 (2005), S. 415–438.

Steinmeier, Frank-Walter: *[Rede] beim Festakt »100 Jahre Weimarer Reichsverfassung«, 6.2.2019 in Weimar* (https://www.bundespraesident.de/SharedDocs/Downloads/DE/Reden/2019/02/190206-Weimar-100Jahre-Reichsverfassung.pdf?__blob=publicationFile; Zugriff 11.5.2023).

Steinmo, Sven u.a. (Hg.), *Structuring Politics. Historical Institutionalism in Comparative Analysis* (Cambridge Studies in Comparative Politics), Cambridge 1992.

Stolleis, Michael, »Die Entstehung des Interventionsstaats und das öffentliche Recht«, in: *ZNR* 11 (1989), S. 129–147.

Strauss, Walter, »Die Erfahrungen mit dem vorläufigen Reichswirtschaftsrat und der Wirtschaftsenquete«, in: *Ratgeber von Parlament und Regierung. Eine Vortragsreihe des Instituts zur Förderung öffentlicher Angelegenheiten*, Frankfurt a.M. 1951, S. 45–71.

Streeck, Wolfgang, *Korporatismus in Deutschland. Zwischen Nationalstaat und Europäischer Union* (Theorie und Gesellschaft, Bd. 45), Frankfurt a.M. 1999.

Streeck, Wolfgang, »Staat und Verbände: Neue Fragen. Neue Antworten?«, in: ders., *Korporatismus in Deutschland*, S. 280–309.

Streeck, Wolfgang/Schmitter, Philippe C., »Gemeinschaft, Markt, Staat – und Verbände?«, in: Streeck, *Korporatismus in Deutschland*, S. 191–222.

Streeck, Wolfgang/Thelen, Kathleen, »Introduction: Institutional Change in Advanced Political Economies«, in: dies. (Hg.), *Beyond Continuity. Institutional Change in Advanced Political Economies*, Oxford 2005, S. 1–39.

Sydow, Jörg u.a., »Organizational Path Dependence. Opening the Black Box«, in: *Academy of Management Review* 34 (2009), S. 689–709.

Tálos, Emmerich, *Das austorfaschistische Herrschaftssystem. Österreich 1933–1938* (Politik und Zeitgeschichte, Bd. 8), Wien/Münster 2013.

Tarnow, Fritz, »Der Reichswirtschaftsrat in der Weimarer Republik«, in: *Gewerkschaftliche Monatshefte* (1951), Heft 10, S. 562–568.

Thelen, Kathleen. »How Institutions Evolve. Insights from Comparative Historical Analysis«, in: James Mahoney/Dietrich Rüschemeyer (Hg.), *Comparative Historical Analysis in the Social Science*, Cambridge 2003, S. 208–240.

Thelen, Kathleen/Mahoney, James, »Comparative-historical analysis in contemporary political science«, in: James Mahoney/Kathleen Thelen (Hg.), *Advances in Comparative-Historical Analysis*, Cambridge 2015, S. 3–36.

Thiemeyer, Theo, *Gemeinwirtschaftlichkeit als Ordnungsprinzip. Grundlegung einer Theorie gemeinnütziger Unternehmen* (Volkswirtschaftliche Schriften, Bd. 146), Berlin 1970.

Tooze, Adam, »The German National Economy in an Era of Crisis and War, 1917–1945«, in: Helmut Walser Smith (Hg.), *The Oxford Handbook of Modern German History*, Oxford 2011, S. 400–422.

Tooze, Adam, *Sintflut. Die Neuordnung der Welt 1916–1931*, München 2015.

Tooze, Adam, »Wirtschaftsstatistik im Reichswirtschaftsministerium, in seinem statistischen Reichsamt und im Institut für Konjunkturforschung«, in: Holtfrerich (Hg.), *Reichswirtschaftsministerium*, S. 361–420.

Torp, Claudius, »Das Janusgesicht der Weimarer Konsumpolitik«, in: Heinz-Gerhard Haupt/ders. (Hg.), *Die Konsumgesellschaft in Deutschland 1890–1990. Ein Handbuch*, Frankfurt/New York 2009, S. 250–267.

Torp, Claudius, *Konsum und Politik in der Weimarer Republik* (Kritische Studien zur Geschichtswissenschaft, Bd. 196), Göttingen 2011.

Torp, Claudius, »Die politische Repräsentation der Konsumenten nach dem Ende des Ersten Weltkriegs«, in: *Comparativ* 11 (2011), Heft 2, S. 49–66.

Torp, Cornelius, »Weltwirtschaft vor dem Weltkrieg. Die erste Welle ökonomischer Globalisierung vor 1914«, in: *HZ* 279 (2004), S. 561–609.

Torp, Cornelius, *Die Herausforderung der Globalisierung: Wirtschaft und Politik in Deutschland 1860–1914*, Göttingen 2005.

Tsebelis, George, »Decision Making in Political Systems: Veto Players in Presidentialism, Parliamentarism, Multicameralism and Multipartyism«, in: *British Journal of Political Science* 25 (1995), S. 289–325.

Tsebelis, George, »Veto Players and Law Production in Parliamentary Democracies. An Empirical Analysis«, in: *American Political Science Review* 93 (1999), S. 591–608.

Tsebelis, George, »Veto Players and Institutional Analysis«, in: *Governance* 13 (2000), S. 441–474.

Tsebelis, George, *Veto Players. How Political Institutions Work*, Princeton 2002.

Tsebelis, George, »Veto Player Theory and Policy Change: An Introduction«, in: Thomas König u.a. (Hg.), *Reform Processes and Policy Change. Veto Players and Decision-Making in modern Democracies*, New York 2010, S. 3–18.

Ullmann, Hans-Peter, »Kriegswirtschaft«, in: Gerhard Hirschfeld u.a. (Hg.), *Enzyklopädie Erster Weltkrieg*, Paderborn [2]2014, S. 220–232.

van Laak, Dirk, »Zwischen ›organisch‹ und ›organisatorisch‹. ›Planung‹ als politische Leitkategorie zwischen Weimar und Bonn«, in: Burkhard Dietz u.a. (Hg.), *Griff nach dem Westen. Die »Westforschung« der völkisch-nationalen Wissenschaften zum nordwesteuropäischen Raum*

(1919–1960), Teilbd. I (Studien zur Geschichte und Kultur Nordwesteuropas, Bd. 6), Münster u.a. 2003, S. 67–90.

van Laak, Dirk, »Planung. Geschichte und Gegenwart des Vorgriffs auf die Zukunft«, in: *GuG* 34 (2008), S. 305–326.

van Laak, Dirk, »Technokratie im Europa des 20. Jahrhunderts – eine einflussreiche ›Hintergrundideologie‹«, in: Lutz Raphael (Hg.), *Theorien und Experimente der Moderne. Europas Gesellschaften im 20. Jahrhundert* (Industrielle Welt, Bd. 82), Köln u.a. 2012, S. 101–128.

Voigt, Rüdiger (Hg.), *Aufbruch zur Demokratie. Die Weimarer Reichsverfassung als Bauplan für eine demokratische Republik*, Baden-Baden 2021.

Vorländer, Hans, »›Verfassungskultur‹ aus politikwissenschaftlicher Perspektive. Prolegomena zu einer Verfassungswissenschaft als Kulturwissenschaft«, in: Detlef Lehnert (Hg.), *Konstitutionalismus in Europa. Entwicklung und Interpretation* (Historische Demokratieforschung, Bd. 7), Köln u.a. 2014, S. 187–197.

Waldhoff, Christian, »Folgen – Lehren – Rezeptionen. Zum Nachleben des Verfassungswerks von Weimar«, in: Dreier/ders. (Hg.), *Wagnis der Demokratie*, S. 289–315.

Wedel, Joachim von, *Zur Entwicklung des deutschen parlamentarischen Zweikammersystems* (Schriften zur Verfassungsgeschichte, Bd. 82), Berlin 2011.

Wehler, Hans-Ulrich, *Deutsche Gesellschaftsgeschichte. Vom Beginn des Ersten Weltkriegs bis zur Gründung der beiden deutschen Staaten 1914–1949*, Bonn 2009.

Weinzen, Hans Willi, »Wirtschaftsdemokratie und deutsche Arbeiterklasse in der Weimarer Republik 1928–1933«, in: Heiko Haumann/Axel Schildt (Red.), *Deutsche Arbeiterbewegung vor dem Faschismus* (Argument Sonderband AS 74), Berlin 1981, S. 80–109.

Weinzen, Hans Willi, »Genossenschaft und Wirtschaftsdemokratie. Zur sozialdemokratischen Strategie in der Zwischenkriegszeit«, in: Richard Saage (Hg.), *Solidargemeinschaft und Klassenkampf. Politische Konzeptionen der Sozialdemokratie zwischen den Weltkriegen*, Frankfurt a.M. 1986, S. 104–133.

Welskopp, Thomas, »Die Dualität von Struktur und Handeln. Anthony Giddens' Strukturierungstheorie als praxeologischer Ansatz in der Geschichtswissenschaft«, in: Andreas Suter/Manfred Hettling (Hg.), *Struktur und Ereignis* (GuG, Sonderheft 19), Göttingen 2001, S. 99–119.

Winkler, Heinrich August, »Einleitende Bemerkungen zu Hilferdings Theorie des Organisierten Kapitalismus«, in: ders. (Hg.), *Organisierter Kapitalismus*, S. 9–18.

Winkler, Heinrich August, *Liberalismus und Antiliberalismus. Studien zur politischen Sozialgeschichte des 19. und 20. Jahrhunderts* (Kritische Studien zur Geschichtswissenschaft, Bd. 38), Göttingen 1979.

Winkler, Heinrich August, »Organisierter Kapitalismus: Zwischenbilanz einer Diskussion«, in: ders., *Liberalismus und Antiliberalismus*, S. 259–263.

Winkler, Heinrich August, »Organisierter Kapitalismus? Versuch eines Fazits«, in: ders., *Liberalismus und Antiliberalismus*, S. 264–271.

Winkler, Heinrich August, »Unternehmer und Wirtschaftsdemokratie in der Weimarer Republik [1971]«, in: ders., *Liberalismus und Antiliberalismus*, S. 195–204.

Winkler, Heinrich August, *Weimar 1918–1933. Die Geschichte der ersten deutschen Demokratie*, München 1998.

Winkler, Heinrich August (Hg.), *Organisierter Kapitalismus. Voraussetzungen und Anfänge* (Kritische Studien zur Geschichtswissenschaft, Bd. 9), Göttingen 1974.

Winter, Thomas von, »Vom Korporatismus zum Lobbyismus. Paradigmenwechsel in Theorie und Analyse der Interessenvermittlung«, in: *ZParl* 35 (2004), S. 761–776.

Winter, Thomas von, »Entwicklung und Bedeutung interessengeleiteter Demokratie«, in: Stefanie Lejeune (Hg.), *Interessengeleitete Gesetzgebung. Lobbyismus in der Demokratie* (Gesetzgebung und Verfassung, Bd. 7), Baden-Baden 2015, S. 41–53.

Wirsching, Andreas, „›Vernunftrepublikanismus‹ in der Weimarer Republik. Neue Analysen und offene Fragen«, in: ders./Jürgen Eder (Hg.), *Vernunftrepublikanismus in der Weimarer Republik. Politik, Literatur, Wissenschaft* (Stiftung Bundespräsident-Theodor-Heuss-Haus, Wissenschaftliche Reihe, Bd. 9), Stuttgart 2008, S. 9–26.

Wirsching, Andreas, *Die Weimarer Republik. Politik und Gesellschaft* (EdG, Bd. 58), München ^{2}2008.

Wirsching, Andreas, »Die paradoxe Revolution 1918/19«, in: *APuZ* (2008), Heft 50–51, S. 6–12.

Wulff, Birgit, »The Third Reich and the Unemployment. National Socialist Work-creation in Hamburg 1933–4«, in: Richard J. Evans/Dick Geary (Hg.), *The German Unemployed. Experiences and Consequences of Mass Employment from the Weimar Republic to the Third Reich*, New York 1987, S. 281–302.

Zacher, Clemens, *Die Entstehung des Wirtschaftsrechts in Deutschland. Wirtschaftsrecht, Wirtschaftsverwaltungsrecht und Wirtschaftsverfassung in der Rechtswissenschaft der Weimarer Republik* (Schriften zum Wirtschaftsrecht, Bd. 153), Berlin 2002.

Ziegler, Dieter, »Die Kriegswirtschaft im Ersten Weltkrieg – Trends der Forschung«, in: *Jahrbuch für Wirtschaftsgeschichte* 56 (2015), S. 313–323.

Personenregister